国家社科基金2016年度项目

新时期
云南边疆民族地区微观语言规划研究

郝兴跃　著

云南人民出版社

图书在版编目（CIP）数据

新时期云南边疆民族地区微观语言规划研究 / 郝兴跃著. -- 昆明：云南人民出版社，2023.12
ISBN 978-7-222-22590-9

Ⅰ.①新… Ⅱ.①郝… Ⅲ.①边疆地区-民族地区-语言规划-研究-云南 Ⅳ.①H002

中国国家版本馆CIP数据核字(2023)第244589号

项目负责人：王　韬
责任编辑：陈　锴
装帧设计：昆明昊谷文化传播有限公司
责任校对：周　云　李　红
责任印制：李寒东

新时期云南边疆民族地区微观语言规划研究
XINSHIQI YUNNAN BIANJIANG MINZU DIQU WEIGUAN YUYAN GUIHUA YANJIU
郝兴跃　著

出版	云南人民出版社
发行	云南人民出版社
社址	昆明市环城西路609号
邮编	650034
网址	www.ynpph.com.cn
E-mail	ynrms@sina.com
开本	787mm×1092mm　1/16
印张	33
字数	627千
版次	2023年12月第1版第1次印刷
印刷	云南出版印刷集团有限责任公司国方分公司
书号	ISBN 978-7-222-22590-9
定价	480.00元

如需购买图书、反馈意见，请与我社联系
总编室：0871-64109126　　发行部：0871-64108507　　审校部：0871-64164626　　印制部：0871-64191534

版权所有　侵权必究　印装差错　负责调换

代　序

语言规划是当代中国语言学的热点研究领域,在国家语委的主持、领导下,建设、培养起了以21个校部共建科研机构为骨干的强有力的研究队伍,建成了以"中国语言绿皮书"《中国语言生活状况报告》为成果发布的大平台,十多年来,极大推动了语言规划学的研究,出现了在2014年至2016年间涌现《语言战略研究》等五家语言规划学专业刊物的盛况。郝兴跃先生的《新时期云南边疆民族地区微观语言规划研究》是在当代语言规划研究热潮中出现的一部理论与现实紧密结合、基于对语言多样性最典型地区云南省充分调查基础之上、富于原创性的语言规范理论的力作,大大丰富了当代语言规划学研究。郝著有以下几个鲜明特点:

一、保留了宝贵的微观语言规划的社会状况和数据。著作对富有语言社会生活特色地区的"微观语言规划"做了全面、真实、充分的调查和论述。书名中每一个关键词"云南""民族地区""微观语言规划"在书中都得到了落实,其中特别是对"微观语言规划"的调查与论述,覆盖了边疆地区少数民族个人、家庭、乡村、城镇机关单位、学校教育单位等各个方面,调查形式有问卷、访谈、回忆录、个案研究等。这是一部有关云南边疆民族地区微观语言规划"实态状况"的百科全书式的著作。

二、是一部充满理论创见、富于理论含量的语言规划学著作。作者对调查中发现的一些新的、复杂的、繁难的语言生活与语言规划问题,没有回避,敢于直面、敢于思考,做出了得当、合适、正确的分析和结论。如对"民族语言"与对"民族文字"的不同态度;民族语言文字的声望与国家通用语言文字声望的落差;在"初级场域""次级场域""高级场域"表现出来的语言态度和语言行为的差别;对母语情感得分高,对国家通用语言应用上得分高的差别;微观语言规划受到宏观语言规划的影响与渠道;民语能力与民语态度的差别;语言障碍与语言培训的不同步。

特别是在民族地区普遍存在的语言生活中的冲突性与协调性等问题，郝书都做出了独到的思考，既富理论创意，又有很强的现实指导性。

三、全书有很强的理论价值、对现实的认识价值，还对各种语言管理、社会管理工作部分有着强大的指导价值。

该书稿是国家社科基金项目的结题成果。从现有书稿的恢宏巨幅和扎实调查数据与精当的理论分析来看，期待本书早日面世，以飨读者。

厦门大学嘉庚学院人文与传播学院院长
国家语言资源监测与研究教育教材中心主任
厦 门 大 学 中 文 系 教 授 、 博 导
2020年6月20日

前　言

　　云南位于祖国西南，分别与越南、老挝、缅甸三国接壤，与柬埔寨、泰国、孟加拉国等国毗邻，与新加坡、马来西亚、印度等相距不远。云南还是一个多民族多语言的省份，25个世居少数民族使用着两大语系（汉藏、南亚）四大语族（壮侗、藏缅、苗瑶、孟高棉）的27种语言，民族语言文化丰富多彩。进入21世纪以来，经济全球化以及区域经济一体化等国际形势的变化，尤其是"一带一路"倡议等的实施，给云南边疆民族地区带来了重要机遇，成为面向南亚东南亚的辐射中心和改革开放的前沿地带。抓住这一千载难逢的重要历史机遇，云南必将在社会、政治、经济、文化、教育等方面迎来大发展，必将对中华民族伟大复兴起到难以取代的作用。然而，无论是国家战略的实施，还是地方社会经济文化的发展，都离不开语言的铺路作用。不同国家、不同民族、不同领域、不同行业之间要做到政策、设施、贸易、资金乃至民心的互联互通，需要充分发挥语言的"通事"和"通心"功效。（李宇明，2015）

　　要实现语言的"通事"和"通心"的作用，就必须开展科学合理的语言规划。虽然"语言规划"这一术语的提出以及开展语言规划研究的历史仅半个多世纪，但语言规划古已有之，并在一定程度上伴随人类社会的发展而发展。从语言文字创制、规范化到统一，从通用语产生到普通话地位确立，从语言文字自发习得到有计划有组织的教育与传播，再到语言文字的雅化以及良好声望的树立，都标志着人类社会无时无刻不在有意识或者无意识地对其语言的本体、地位、习得与声望进行着规划。之所以要开展诸如此类的规划行为，就是要充分发挥语言的"通事"与"通心"的功效。

　　传统观念认为语言规划由国家或政府部门所发起，通过宪法或者行政命令确立语言地位，对语言文字进行规范化处理，通过国家机器树立语言的声望与形象，对语言进行教育和传播，所以语言规划往往发生在国家层面。然而，语言规划无处不在。除了国家层面开展自上而下的宏观规划外，中观层面的省区市往往要根据各地的实际确立实施宏观语言政策的计划与方案，才能在微观层面发挥实效。微观层面的行业终端、社区、家庭和个人除了对宏观语言政策做出响应外，也往往会根据自身的实际在语言选择、语言使用、语言学习、语言保持、语言传承等方面做出符合自身利益的规划。稍有不同的是，宏观或者中观层面的语言规划往往是大张旗鼓的、自上而下的、显性的行为，而微观层面的语言规划往往是隐性的、润物细无声的。很多个人、很多家庭、很多社区、很多行业终端组织即便做出了符合他们自身实际的语言规划，却往往意识不到这种行为，因此微观层面的语言规划往往被忽视。然而，微观层面的语言规划却无时无处不在，使用一种语言或者学习一种语言其实已经暗含了个人对宏观语言政策的响应。这种响应也是一种语言规划，因为微观层面的语言意识、语言态度、语言要求等往往构成了个人、家庭或者社区的语言政策，并在很大程度上左右着人们的语言选择、学习和使用。因此，微观层面的语言规划可以在很大程度上反映或检验宏观语言规划的实施效果。如果忽视微观层面的语言规划，宏观层面的语言政策则难以发挥实效。所以，对微观层面的语言规划开展研究，重视自下而上的作用，对宏观语言政策的制定、修改和完善将发挥重要作用。

　　云南边疆民族地区由于存在多语现象，微观层面个人、家庭、社区等基层组织所面临的语言规划任务更加凸显。除了民族母语使用、保持和传承外，少数民族还面临本地汉语方言、国家通用语言文字以及外语的学习与使用的问题。在什么情况下使用或者不使用什么语言、要不要坚守本民族母语、是学习国民教育系列的通用外语（英语）还是邻国语言等等问题，无不表明需要开展科学合理的语言规划才能搞好上述不同语言或语言变体之间的关系。

　　有鉴于此，受国家社科基金2016年度项目的支持，我们在云南边疆八个州市（文山、红河、普洱、西双版纳、临沧、德宏、保山、怒江）开展了为期三年的调查，针对少数民族个人、家庭、乡村、城镇机关单位和学校的语言规划实践开展了研究，结果付梓成册，构成本书。

　　全书由八个章节构成。第一章为绪论，按照社会语言学的研究范式介绍了云南的地理人文背景，为项目的实施做了铺垫；第二章介绍了语言规划的内涵与范围，讨论了语言政策与语言规划的关系，在对国内外相关研究进行梳理的基础上论证了语言学界由重视宏观语言规划研究向微观语言规划研究的转向；第三章对微观语言规划的定义做了界定，对微观语言规划研究的框架进行了解读，构建了适用于本研究的理论框架；第四章到第七章以定性和定量的方式对云南边疆少数民族个人和家庭、乡村、城镇机关单位、学校教育单位的语言规划开展了实证研究，以问卷、访谈、回忆录、个案研究等方式调查了不同领域微观层面的语言规划问题。第八章对全书做了总结，同时讨论了新时期云南边疆民族地区语言规划的对策，为制定符合边疆多民族多语言实际的语言政策提供了参考。

本研究采用的数据收集于2016—2017年，到本成果付梓印刷，与读者诸君见面时，已过了六七个年头，因此本项目所汇报的结果只能反映彼时的情况。在边疆民族地区社会、经济、文化快速发展的时代，尤其是在铸牢中华民族共同体意识的时代精神感召下，构成边疆地区微观语言规划诸要素的少数民族的语言使用、语言能力、语言态度等不可能不发生改变，需要引起广大读者的注意。

由于研究者水平所限，书中疏漏不当之处在所难免，还望学界方家不吝赐教！

目 录

第一章　绪　论 ·· 1

第二章　语言规划——从宏观到微观 ·· 9
　第一节　语言规划的肇始、内涵与范围 ··· 10
　第二节　语言规划与语言政策的关系 ·· 14
　第三节　语言规划国外研究 ·· 18
　第四节　语言规划国内研究 ·· 25
　第五节　本章小结 ··· 36

第三章　微观语言规划 ··· 41
　第一节　微观语言规划的定义 ··· 42
　第二节　微观语言规划的理论框架 ··· 47
　第三节　微观语言规划的范围 ··· 54
　第四节　本章小结 ··· 60

第四章　边疆民族个人及其家庭的语言规划 ·· 63
　第一节　调查对象与研究方法 ··· 65
　第二节　家庭与个人语言使用情况 ··· 69
　第三节　实证分析：T检验、单因素方差分析和相关性调查 ··················· 76
　第四节　影响个人语言规划的因素分析 ··· 94
　第五节　个人及家庭语言规划个案 ··· 109
　第六节　本章小结 ··· 141

第五章　乡村语言规划 ··· 145
　第一节　研究背景 ··· 146
　第二节　研究设计 ··· 151
　第三节　怒江白族瓦嘎村的语言规划 ··· 158
　第四节　红河彝族麻栗树村的语言规划 ·· 176
　第五节　临沧佤族坝卡村和芒伞村的语言规划 ·· 196
　第六节　少数民族乡村居民语言规划剖析 ··· 227
　第七节　本章小结 ··· 244

第六章　城镇机关单位的语言规划 ··· 247
　第一节　新闻宣传单位的语言规划 ··· 251
　第二节　文教单位的语言规划 ··· 267
　第三节　司法单位的语言规划 ··· 284
　第四节　医疗单位的语言规划 ··· 309
　第五节　其他机关事业单位的语言规划——以德宏州为例 ························· 325
　第六节　不同单位之间语言规划对比分析 ··· 337
　第七节　本章小结 ··· 354

第七章　学校教育领域的语言规划 ··· 357
　第一节　调查范围与调查对象 ··· 358
　第二节　汉语文规划 ··· 365
　第三节　外语规划 ··· 388
　第四节　本章小结 ··· 429

第八章　结论——新时期云南边疆民族地区语言政策 ···························· 433

参考文献 ··· 451

附　录 ··· 480

后　记 ··· 513

第一章 绪 论

云南地处中国西南边陲，经济长期欠发达。进入21世纪以来，随着经济全球化、区域经济一体化以及东盟自由贸易区创建等国际形势的快速发展，我国也加快了西部地区改革开放的进程，实施了一系列具有重大影响的国家政策。从西部大开发到"一带一路"倡议，云南从改革开放的最"末梢"变成了改革开放的最"前沿"（张彪、彭庆华，2016），成为辐射南亚东南亚的中心枢纽。除了享有沿边开放的便利所带来的优势外，居住在这里的少数民族正逐渐摆脱贫困，交通通信越来越便利、城镇化率越来越高、少数民族受教育的程度逐年提升。但在现代化程度提升的同时，一些富有民族特色的传统亦面临挑战。以少数民族语言为例，语言转用、语言兼用、语言流失、语言濒危甚至语言消亡不断显现，语言竞争还是语言和谐成为少数民族语言生活中难以回避的话题。新时期新情况为民族地区自上而下的宏观语言政策和语言规划调整带来了机遇和挑战。因此，为完善新时期边疆民族地区的语言政策，从少数民族个人、家庭、社区等微观层面入手，采取自下而上的方式研究边疆民族地区的语言规划问题成为服务少数民族利益、服务国家政策的必然选择。

云南之所以能站到改革开放的前沿，并成为"一带一路"倡议等国家政策的枢纽地带，这与其独特的地理位置和丰富的民族文化密不可分。以此为背景，研究生活在这里的少数民族的语言规划问题，不论是从宏观的还是从微观的视角入手，都必须要置之于云南独特的地理、文化和民族等要素之中。

云南土地面积约39万平方公里，在全国排第8位，但人均GDP经常排全国31个省区市的倒数位置。之所以能成为"面向西南开放的桥头堡"、能位居"一带一路"倡议的最前沿，这完全是由其重要的地理位置所决定的。云南东面与广西壮族自治区和贵州省相邻，北部和西北部分别与四川省和西藏自治区毗邻；东南部、南部、西南部和西部分别与越南、老挝、缅甸三国直接接壤，边境线长达4060公里。共有8个州市与上述三国接壤。其中，怒江傈僳族自治州、保山市、德宏傣族景颇族自治州、临沧市、西双版纳傣族自治州等5个州市与缅甸接壤，西双版纳傣族自治州和普洱市2个州市与老挝接壤，文山壮族苗族自治州、红河哈尼族彝族自治州和普洱市3个州市与越南接壤。此外，云南还与泰国、柬埔寨、孟加拉国、印度等东南亚、南亚国家邻近。最近几年来陆续开放了20多个边境口岸，使云南成为中国唯一一个可以从陆上沟通东南亚、南亚,辐射中东乃至东非的省份。因此,云南既是连接亚洲大陆腹地与东南亚、南亚次大陆的重要链条,又是中国通往东南亚、南亚乃至非洲和欧洲的门户。

云南的地形特点是北高南低,山高谷深,大江大河纵贯南北,红河、澜沧江、怒江由云南高原自北向南奔流而下,形成了古代不同民族迁徙的走廊和文化传播的通道。(刘稚,1999)正是沿着这些天然的走廊和通道,氐羌从青藏高原沿江而下,百越和百濮从东南亚低地平原溯河而上,形成了云南独特的民族类型,孕育了丰富多彩的民族传统文化。从民族关系上看,越南、柬埔寨、缅甸、泰国等东南亚国家的主要民族都可以在云南世居少数民族中找到相同或相近的族源。这些民族跨境而居,虽然境内外政治环境不同,但相同民族之间的亲缘关系却很难被边界所阻隔。

独特的地理位置和独特的高山大川造就了独特的民族,根据云南省统计局2021年5月14日发布的统计结果[①],全省常住人口中,汉族人口为3157.3万人,占66.88%;各少数民族人口为1563.6万人,占33.12%,约占同期全国少数民族人口的14%,少数民族人口数仅次于广西。在全国55个少数民族中,有52个生活在云南这片土地上。云南少数民族中,人口数量超过5000人以上的便有25个,其中15个为云南特有民族。这15个民族分别为白族、哈尼族、傣族、傈僳族、佤族、拉祜族、纳西族、景颇族、布朗族、普米族、阿昌族、基诺族、怒族、德昂族和独龙族。此外,云南还是我国跨境民族最多的省份,共有16个民族跨境而居,他们分别是傣族、壮族、苗族、景颇族、瑶族、哈尼族、德昂族、佤族、拉祜族、彝族、阿昌族、傈僳族、布依族、怒族、布朗族和独龙族。

独特的地理环境,加上独特的少数民族历史、文化等因素的综合作用促成了独特的民族分布格局。有的民族分布在全省各地,而有的民族又相对集中,形成了大杂居、小聚居的格局。一些民族的分布还表现出了一定的规律性特征,比如彝族和苗族主要分布在滇中、滇东、滇东北和滇东南一带;哈尼族主要分布在滇南和滇东南地区;傈僳族、怒族、独龙族、傣族、拉祜族、佤族、景颇族、布朗族、纳西族、藏族、阿昌族和德昂族等主要分布在滇南、滇西和滇西北的广大地区。此外,云南少数民族的居住还表现出了立体分布的特征,比如白族、壮族、回族、纳西族等多居于平坝地区;傣族、阿昌族则居住于低热河谷地区;彝族、哈尼族、拉祜

---

① 云南省统计局:《云南省第七次全国人口普查主要数据公报》(2021年5月14日),http://stats.yn.gov.cn/tjgz/tzgg/202105/t20210514_1051768.html。

族、佤族、景颇族、布朗族、瑶族、德昂族等多居住于半山区或边远山区。相比较而言，苗族则多居住于高寒山区。藏族和普米族主要居住于滇西北高原；傈僳族、怒族和独龙族则主要分布在怒江、独龙江两侧的山区。

此外，在云南还有8个民族自治州：文山壮族苗族自治州、红河哈尼族彝族自治州、西双版纳傣族自治州、德宏傣族景颇族自治州、楚雄彝族自治州、大理白族自治州、怒江傈僳族自治州、迪庆藏族自治州。另外8个市虽然不是民族自治州，但也拥有丰富的民族资源，比如丽江的纳西族，昆明的白族、彝族，昭通的苗族、彝族，曲靖的布依族、水族等，有些市还有不少民族自治县，比如临沧市的沧源佤族自治县、耿马傣族佤族自治县，普洱市的西盟佤族自治县、孟连傣族拉祜族佤族自治县等。加上前面提到的8个民族自治州中的一些民族自治县，云南的少数民族自治县多达29个，为全国之最。

不同的民族分布和居住格局对少数民族语言的形成、使用和保持产生了重要作用。相对而言，居住在平坝地区的少数民族便于与其他民族接触，其语言使用容易受到外来因素的影响，这些地区容易出现双语或者多语现象。而生活在相对闭塞的山区的民族由于很少受到外来语言文化的冲击，本民族的语言往往保持较好，多为单语使用者。而生活在边境线上的民族的语言不仅受到了来自本国通用语的影响，还受到了邻近国家语言的影响。

此外，特殊的地理位置使云南变成了不同文化的交汇区。来自中原地区的汉族文化和来自东南亚、南亚国家的异域文化在这里与传统的少数民族文化交流碰撞，自北向南形成了康巴文化、纳西文化、白族文化、傣族文化、哈尼文化、壮族文化等。独特的地理环境以及民族构成，造就了独特的民族文化，形成了别具民族特色的民族传统节日、民族民间传说等等。

在长期的生活实践中，云南少数民族还形成了许多独具特色的民族传统，其中值得一提的是具有少数民族特色的民族传统节日。比如，壮族的"拢端节"、哈尼族的"库扎扎节"、傣族的"泼水节"、佤族的"摸你黑"、阿昌族的"阿露窝罗节"、傈僳族的"阔时节"等等，这些民族节日不仅极大地丰富了少数民族的语言文化生活，作为少数民族文化的一个重要组成部分，它们也为少数民族的语言文化展示提供了重要机遇，成为少数民族语言使用、传承与保护的重要元素。

除了传统节日外，这些或起源于氐羌，或源于百越或百濮的少数民族在长期与恶劣的自然环境进行抗争的过程中，还创作了很多丰富多彩的民族民间传说，其中最具有代表性的当属少数民族创世史诗，而且几乎每个民族都有反映本民族历史文化传统的创世史诗，比如阿昌族的《遮帕麻与遮咪麻》、佤族的《司岗里》、彝族的《阿细的先基》、壮族的《布洛陀》、纳西族的《创世记》、瑶族的《密洛陀》、哈尼族的《十二奴局》《普嘎纳嘎》等。这些创世史诗多为鸿篇巨著，从开天辟地、日月星辰到人类起源、世间万象，再到洪水泛滥、人类迁徙，最后到定居成婚、生生不息等，以神话传说为基本内容，以天、地、人的起源为基本形式，集说、唱、叙事为一体，全方位描写了少数民族的历史、文化等。

虽然这些传说尚未发现科学的依据，但民族民间传说却成为少数民族文化的一个重要组成部分。通过民族民间传说，少数民族既保存了本民族的记忆，也保留了本民族的文化。更为重要的是，在受到外来文化冲击而本民族语言日渐衰弱的情况下，包括创世史诗在内的民族民间传说却在民族语言保护方面发挥了重要作用。

独特的历史、地理与文化不仅造就了独特的民族，也造就了独特的民族语言。在近40万平方公里的土地上产生了两大语系（汉藏语系和南亚语系）四大语族（壮侗语族、藏缅语族、苗瑶语族、孟高棉语族）的26种民族语言。从语言系属来看，源于氐羌的民族使用汉藏语系藏缅语族的语言，源于百越的民族使用壮侗语族语言，而源于百濮的民族则使用南亚语系孟高棉语族的语言。（刘稚，1999）

显而易见，云南不仅多民族多语言，而且还存在独特的语言现象：语言种类多，语言支系繁杂；部分语言有语无文甚至跨境使用；语言转用、语言兼用现象普遍，部分语言出现了濒危。

首先，语言种类多。除回族、满族、水族使用汉语外，人口5000人以上的25个世居少数民族使用着26种民族语言。这些语言大多属于汉藏语系，少部分属于南亚语系。但值得注意的是，云南很多民族仍然有语无文。虽然19世纪末20世纪初传教士曾经为没有文字的民族创造了拉丁文文字，新中国成立后党和政府也广泛开展了民族文字的创制工作，但由于少数民族语言的支系繁杂，尤其方言众多，很难为少数民族统一文字，故不论是传教士所创的拉丁文文字，还是新中国成立后所创制的拼音文字，它们的使用情况均未达到理想效果，因此，很多民族仍然处于有语言无文字的状况。据统计，目前共有8个少数民族使用除汉文外的9种民族文字，它们分别是彝文、纳西文、藏文、傈僳文、拉祜文、佤文、景颇文、德傣文和西傣文，并且其中很多文字的普及率也不高。

其次，云南少数民族语言还存在另一奇特现象，即很多边境民族所使用的语言属跨境语言。所谓跨境语言，即同一语言为不同国家的民族所使用的语言。（戴庆厦，1993）云南由于有漫长的边界线，且与缅甸、老挝和越南三国接壤，沿边界线居住着壮族、傣族、布依族、苗族、瑶族、彝族、哈尼族、景颇族、傈僳族、拉祜族、怒族、阿昌族、独龙族、佤族、布朗族、德昂族等16个民族，他们与境外同一民族相邻而居，他们语言相通，风俗习惯、宗教信仰相同，相互之间保持着密切的经济、文化联系。（刘稚，1999）而他们所使用的语言自然成了跨境语言。

再次，多民族多语言的状况导致了语言转用、语言兼用现象的普遍发生。除了回族、满族、水族转用汉语外，目前还有不少民族正走在转用汉语的道路上。当然，也有一些居住在杂居区且人数较少的民族转用了在当地影响较大的民族语言，比如生活在怒江的怒族、独龙族转用傈僳语等。此外，国家通用语推行的同时，政府也采取了保护少数民族语言的政策，实施了双语教学等措施，所产生的结果是语言兼用，即既使用本民族语言，又兼用汉语乃至其他民族的语言，从而产生了民—汉、汉—民、民—民双语现象。（李锦芳，2009）在多民族聚居的地区，一些人口较少的民族在兼通汉语的同时，还兼通其他民族的语言，比如基诺族除了自己的民族母语外，还兼通傣语和汉语，形成了三语甚至多语现象。当论及双语或三语问题时，还不得不提到教育系统的三语现象。如果说多民族聚居区的三语或多语是一种自然的社会形态的话，边疆民族地区教育系统的三语现象则带有明显的人工规划的痕迹。自改革开放以来，英语作为通用外语的教学已成为教育系统的一种常态，尤其是自21世纪初教育部关于在有条件的小学开设外语课程的指导意见后，英语教学从中学扩展到了小学。为跟上全国的步伐，云南边疆民族地区也在中小学阶段广泛开设了英语课程，从而在原来的民汉双语的基础上又增加了一门语言，形成了教育系统内独特的民汉英三语现象。就外语而言，虽然云南与越南、老挝、缅甸三国接壤，邻近泰国、柬埔寨、孟加拉国等东南亚、南亚国家，但这些国家的语言尚未进入中小学课程体系，目前仅在高等教育的小语种培养体系里占有一席之地。这与目前在边境地区除了需要使用国际通用外语外，还需要使用邻国语言如越南语、泰语、老挝语、缅甸语、柬埔寨语等非通用外语的现实形成了反差。

最后，在影响较大的语言影响下，少数民族语言的使用范围在逐渐缩小，人数不断减少，出现了兼用、转用、衰退、濒危、消亡等现象。（寸红彬、张文娟，2016）据学者调查，目前云南有18种少数民族语言由于使用人数锐减而出现了濒危。（许鲜明、白碧波，2014）保护濒危语言成为政府和学界亟待解决的重要问题之一。

不可否认的是，造成少数民族语言兼用、转用、衰退、濒危、消亡等现象，与国家通用语言文字推广存在一定关联。长期以来，造成边疆民族地区经济发展滞后的重要原因之一就在于少数民族缺乏使用国家通用语言的能力，为此各级政府一直把国家通用语推广作为促进边疆民族地区社会经济发展的重要手段。然而，据统计数据显示，截至2018年，即便云南已经连续多年在边疆民族地区开展了民汉双语教学，云南仍还有为数不少的民族不能较好地使用国家通用语言文字。在1574万少数民族人口中，不通汉语或基本不通汉语的少数民族尚有50多万人。[①]因此，语言沟通问题在很大程度上制约了边疆民族地区社会、经济、文化的发展。做好这些地区的语言规划不仅有利于宏观的国家政策，也有利于提升边疆民族地区的社会、经济、文化水平。然而，这似乎预示着一种难以调和的矛盾，民族语言能力与国家通用语言能力存在此消彼长的态势，一些少数民族的国家通用语言能力提高了，但民族语言能力却退化了。很明显，以保护少数民族语言为由而错失发展机遇，或忽视少数民族语言的保护，都是边疆民族地区发展规划失调的重要表征，其中也包括语言规划失调。

总而言之，随着全球化、现代化，以及都市化、城镇化进程的推进，不同民族之间的交流日益频繁，文化交融不断深入，语言接触愈加密切多样。一个少数民族只讲一种语言的现象难以适应形势发展的需要，双语、多语现象正成为各少数民族语言使用的大趋势。因此，搞好边疆民族地区的语言规划，构建和谐的语言生活不仅是时代的需要，更是国家战略的需要。虽然国家层面或者宏观层面的语言政策为边疆民族地区的语言规划实践指明了方向，但鉴于特殊的历史时期、独特的地理位置、复杂的民族构成、丰富多彩的民族语言文化、相对滞后的经济发展水平等，从微观视角出发，研究边疆民族地区最基层的语言规划成为摆在我们面前的重要使命。

---

① 参见郑毅在"直过民族"普通话培训工作推进会上的讲话：《群策群力，推进"直过民族"普通话培训工作的开展》，http://www.ynjy.cn/chn201004051544082/article.jsp?articleId=275557656。

第二章
语言规划——从宏观到微观

本章主要围绕语言规划的定义展开探讨，包含语言规划的肇始、语言规划的内涵以及语言规划的范围。鉴于语言规划与语言政策之间存在紧密关系，故对二者之间的关系进行了梳理。在对国内和国外语言规划的发展历程进行回顾的基础上，揭示了语言规划从重视宏观研究转向宏观研究与微观研究并重甚至更偏重微观研究的趋势。

第一节　语言规划的肇始、内涵与范围

语言规划既是语言发展的产物，也是社会发展的产物。语言规划影响社会发展，社会发展又影响语言规划。（赵守辉，2008）因此，语言规划不仅是应用语言学的一个分支，也与社会语言学密不可分。

从某种意义上说，语言规划就是对语言以及语言的使用进行干预。之所以要对语言进行干预或规划，这源于人们对语言现状的不满。（Haugen，1987）事实上，语言规划的行为古已有之，如果说仓颉造字或者古人在甲骨上刻字也算对语言的本体进行干预的话，那么语言规划的实践从人类诞生便开始了。不容置疑的是，中国的始皇帝嬴政统一六国文字的做法、佛教诞生初期为规范梵语语法以达到宣扬佛教思想目的而编写的印度《巴尼尼语法》，以及英王詹姆斯一世统一不同版本的圣经而推出语言文字标准规范的《钦定圣经》译本，都应该被认为是语言规划的早期实践。尽管如此，很多学者还是偏向于认为语言规划实践始于第二次世界大战后。（赵守辉，2008）

第二次世界大战以后，英国、法国、荷兰、葡萄牙、西班牙等国的殖民体系纷纷解体，而新兴国家如亚洲的印度、印度尼西亚、马来西亚和新加坡，非洲的喀麦隆、坦桑尼亚和刚果等纷纷独立。这些新兴国家所面临的最迫切的问题是选择合适的国家通用语言及官方语言，而各社会群体或族群都希望自己的语言被选中，从而成为国家的通用语言或者官方语言，为此展开了激烈的竞争。这些新兴国家的政府不得不对这些纷争采取相应的措施。而应对这一问题的最好方式莫过于对语言进行合理的规划。除了新兴国家面临语言规划问题外，西方国家也面临类似问题。同样是在第二次世界大战以后，大量移民涌入西方，在许多西方国家形成了多民族、多

语言和多文化的复杂局面。而新移民的语言地位和语言教育问题，也成为西方国家亟待解决的社会问题。为解决这些新独立国家的语言问题，以及新流入西方国家的移民的语言问题，语言规划应运而生。

然而，在语言规划肇始之时，相关的活动并没有被称为语言规划，而是被叫作语言工程（Language Engineering）、多语政治（glottopolitics）、语言发展或者语言规约。（赵守辉，2008）"语言规划"作为一个正式的术语，学界公认始于20世纪50年代Haugen对语言规范化问题的研究。在对现代挪威语言状况进行思考和分析的基础上，Haugen撰写了《现代挪威标准语的规划》（*Planning for a standard language in modern Norway*）一文，并于1959年发表在《人类学语言学》（*Anthropological Linguistics*, Vol.1.3. Mar, 1959）上，当该文于1961年被收入《斯堪的纳维亚语研究》（*Scandinavian Studies* 33, pp. 68-81）时，他把原题目改为了《当代挪威的语言规划》（*Language planning in modern Norway*）。该文不仅全面深入地阐述了现代挪威标准语的形成和发展，更从历史与历时的角度探讨了与标准语相关的语言规划问题，这标志着"语言规划"一词的正式肇始。作为20世纪50年代末60年代初正式提出语言规划概念的语言学家，Haugen的研究在语言规划理论中具有开拓性意义。（刘海涛，2007）

那么，什么是语言规划？这确实很难给它下一个准确的定义。（赵守辉，2008）比较粗略的解释是：语言规划指人们围绕语言所进行的一系列人工干预活动。但因为出发点不同，学界对语言规划的界定有诸多不同的版本，刘海涛（2007）在对过去相关文献进行分析的基础上，提取了30多种语言规划的定义，他对这些定义进行了概括，总结出了一些具有共性的特征。他认为，在20世纪90年代之前，有关语言规划的定义大多为"语言规划是人类有意识的活动，是对语言发展的干预，是影响他人语言行为的一种活动"；"语言规划是为了解决因语言的多样性而引起的交流问题"；"语言规划一般由国家授权，是一种有组织的活动"；"语言规划不仅针对语言本体，更多的是对语言应用的规划"；"语言规划和语言政策是国家或地区社会政策的有机组成部分"。90年代之后，人们对语言规划又有了新的认识，"语言规划是对语言多样性的一种人工调节"；"语言规划不是要消灭语言的多样性，而是要保护这种多样性"；"语言规划的目的不再只是解决交际问题了，而且也应该考虑其他非交际的问题"；"语言规划要考虑受众的感受，考虑规划行为对整体语言生态系统的影响"；等等，不一而足。国内学者在国外研究的基础上，也尝试对语言规划的定义做了界定，郭龙生（2007）认为，语言规划指在一定的时空范围内特定群体为最大限度地发挥语言文字的作用，根据相关理论对语言的习得、语言的本体、语言的功能，以及与之相关的各要素所开展的有意识的、长期系统的、有组织的前瞻性调节活动。相对而言，周庆生（2010）的定义似乎更全面，他认为通常情况下，语言规划是大规模的、由政府进行的、国家层面的规划，是对社会说话方式或识字方式进行的变革或影响。语言规划通常包括四个方面：一是有关社会的"地位规划"，二是有关语言本身的"本体规划"，三是有关学习的"教育语言规划"（或"习得规划"），四是有关形象的"声望规划"。

在宏观语言规划理论框架下，国内外学者针对语言规划开展了全方位的研究，从不同层面和不同视角拓展了语言规划的含义，使语言规划的范围得到了延伸。首先，德裔加拿大学者Heinz Kloss（1977）把语言规划分成6个范畴和12个类型。这6个范畴指语言规划的级别、方法、终极目标、特性、范围和功能；12个类型指国家级与非国家级语言规划、创新与保守型语言规划、保持取向与过渡取向型语言规划、地位与本体规划、单目标与多目标语言规划、建设性与破坏性语言规划。

以色列语言学家Robert Cooper（1989）把语言规划划分为地位规划（Language Status Planning）、本体规划（Language Corpus Planning）和习得规划（Language Acquisition Planning）。Cooper的语言规划三分法被当作经典语言规划范式（Classic language planning paradigm）得到了学界的广泛认可。Cooper就三者之间的关系做了明确界定，他认为，地位规划指在影响群体内部语言之间的功能分配方面所做出的有意识的努力，比如多语社区的语言选择或政府文件用语等；本体规划则是针对语言的拼写、用词、语言结构规范化等方面所做出的努力；习得规划则指有组织地采取某种活动以促进某种语言的学习。

按照规划的顺序，日本学者真田信治（2002）把语言规划划分为以下3个阶段。第一阶段开展地位规划，即当同一共同体内存在多语现象或语言变体时，需要通过规划赋予不同语言或语言变体不同的社会职能。在明确了语言的地位后，第二阶段开始本体规划，即在前一阶段明确了语言或语言变体能达到规划所预期的效果后，开展的有组织的规划行为，这些行为包括文字创制和文字改革、标准化、现代化等。在完成前两个阶段的规划后，第三阶段进行推广规划，即对各项语言政策的适用范围、对象及推广方法等进行规划。

归纳起来看，初期的语言规划仅包含地位规划和本体规划，习得规划为后来所加。地位规划包含确立不同语言变体的社会地位，比如教学语言、行政管理语言、司法语言等。本体规划指针对语言结构方面所采取的措施，包括语言文字标准化、词库建设、创制文字、语言文字纯洁化、国际化等。从二者所关注的内容上来看，地位规划和本体规划并非泾渭分明、非此即彼，本体规划往往是地位规划的手段或延伸。（戴曼纯，2014）然而，不论是地位规划还是本体规划，语言规划的实施效果却要取决于习得规划，因为仅有地位规划和本体规划而无习得规划，语言规划的目标是无法实现的。习得规划借助语言学习来推广语言，促进语言的传播，因此，它担负着地位规划和本体规划的实施。一旦政策制定者确定某一语言在公共生活领域的作用及具体语言形式后，语言习得就由教育工作者负责组织实施。（Cooper，1989）因此，没有习得规划，地位规划和本地规划便难以完成。

在Cooper语言规划三分法的基础之上，芬兰学者Harald Haarmann（1990）又增加了一个维度，即声望规划。他认为，必须在地位规划、本体规划和习得规划的基础上加上声望规划，因为语言规划有两个目标，一是外部目标，二是内部目标。地位规划就是语言规划的外部目标，而本体规划则是语言规划的内部目标。对这两个目标进行评价的行为就是声望规划。在语言规划活动中，要留心来自规划者和被规划者双方的评价，这样才可以区分与语言规划相关的声望和与被规划相关的声望。

中国学者李宇明（2008）在语言地位规划和本体规划的基础上提出了功能规划的概念。他认为语言存在功能与现象之分。就前者而言，语言功能可分为8个层次，即国语、官方工作语言、教育语言、大众传媒语言、公共服务语言、公众交际语言、文化语言、日常交际语言。就后者而言，语言现象包括国家通用语言文字、少数民族语言、汉语方言、外国语文、繁体字等5种。语言功能规划的目的就是规划各功能层次上的语言作用。李宇明还专门为此设计了一个语言功能规划表，并尝试把上述8个层次的语言功能与5种语言现象填入表中，从中发现了一些有趣的规律性或倾向性的东西。

传统语言规划往往被认为是来自政府部门的自上而下的语言干预活动，故未对规划的实践范围做具体的界定。自Kaplan和Baldauf（2003）在综合考察了过去语言规划的全部研究成果后，他们分别提出了"以目标为导向的语言规划框架"以及"基于层级和意识的语言规划目标演变框架"。（Baldauf，2004）在这两个框架的基础上，他们把语言规划分为3个层级，分别为宏观语言规划、中观语言规划和微观语言规划。这一划分方法为明确语言规划的研究范围指明了方向。

基于Kaplan和Baldauf的划分，郭龙生（2007）根据语言规划所涉及的范围，将语言规划细分为国际级、跨区级、国家级、省级、地区级、县级和企业级。国际级指世界范围内为解决国际上的交流困难而开展的语言规划行为，如创制世界语等，这种规划多由个人或机构来实施；跨区级指国与国之间为了解决相邻或相关几个国家之间的交流问题所采取的语言规划行为；国家级指一国之中央政府在其行政实体内部所开展的语言规划；省级指一国之中央级以下的省级行政区划内部的语言规划，如中国的民族自治区内的语言规划；地区级指省级以下行政区划内部的语言规划活动；县级指地区级别之下的更小行政单位，如民族自治县内部的语言规划；企业级指某一大型企业内部的语言规划；等等。郭龙生进而对上述7个不同级别进行了归纳，分成3个板块，即宏观语言规划、中观语言规划和微观语言规划。宏观语言规划指国家级的或理论上涉及全国人口的语言规划，涉及范围较大，通常从国家和政治角度予以规划。中观语言规划指范围大小属于中间状态的语言规划，如省级的语言规划，常从语言保持、语言复生、语言生态等角度来考察语言规划；微观语言规划指范围较小，如针对某一个企业、学校、工厂、机关等所进行的语言规划，多为具体层面的操作。

结合中国的语言国情，李宇明（1997、2008）分别提出并阐述了语言生活这一具有中国特色的语言规划理论。为便于开展语言规划实践和研究，李宇明（2012）结合我国语言生活状况和语言生活的管理体制的实际，将语言生活划分为宏观、中观和微观3个层级。其中，宏观层级包含国家层面和超国家层面的语言生活，中观层级包含领域语言生活和地域语言生活，微观语言生活包含个人语言生活和社会终端语言生活。与此类似，陈章太（2016）从语言生态的角度，把语言规划的范围划分为4个方面，分别为宏观层级的语言生态、中观层级的语言生态、微观层级的语言生态和虚拟世界的语言生态。

综合起来看，宏观层级的语言规划范围涵盖国家级的语言生活，涉及面广，影响面大。中观层面的语言规划介于宏观和微观之间，往往起到上承国家层面的语言政策，下启最基层的微观语言规划的作用，其范围包含一些较大规模的不同领域和不同地域的语言规划。微观层面的语言规划范围最明确、具体，往往都是最基层的语言规划对象，如个人、家庭、社区等等。

第二节　语言规划与语言政策的关系

我们在上节探讨了语言规划的肇始、内涵以及范围。事实上，一提到语言规划，总会联想到语言政策，语言规划与语言政策之间存在什么样的关系？它们是同一概念的不同提法，还是本来就存在区别？为便于相关研究的开展，我们有必要对其关系做详细阐述。

传统语言规划往往与语言政策相关联，一提到语言规划，必然联想到语言政策，甚至很多学者（如Fishman，1974）就直接把语言规划与语言政策相等同。因为语言规划是对语言的一种人为干预，涉及语言政策的制定，所以传统观念把语言规划看成是一种自上而下的语言改革运动，因此语言规划往往被当作是国家权力机构、政府或政府授权的组织所发起的行为。所以，传统的语言规划范围大都局限于宏观的政府决策部门，即便是涉及一些微观的个体，也只不过是由政府所聘、反映政府意志、沦为政府或政治代言人的文化名人、语言学家等，他们只不过是政治行动者所利用的工具而已。基于此，很多学者（戴曼纯、贺战茹，2010）认为语言政策（Language Policy）与语言规划（Language Planning）密不可分。张治国（2014）也认为，即便是在国外，"语言规划"与"语言政策"的含义基本上是一致的，它们只是代表了一种不同的时尚，并没有本质上的差别。因此，语言规划与语言政策常常被合并为同一个词汇（Language Policy and Language Planning），被缩写为LPLP。

事实上，认真追究语言规划的发展历程，我们会发现，语言规划与语言政策之间并不完全相同，它们之间存在明显的差异。

从语言规划的发展历程，我们大致可以看出语言规划为什么与语言政策发生了分野。我们在上一节讨论语言规划的含义时曾经论及了语言规划的缘起。自20世纪50年代原殖民地国家获得独立而掀起语言规划的浪潮以来，语言规划经历了3个发展阶段。（张治国，2014）按照加拿大卡尔加里大学（University of Calgary）Ricento（2000）的划分，这3个阶段分别为20世纪50年代到70年代早期的第一个阶段，70年代早期到80年代晚期的第二阶段以及80年代迄今的第三阶段。在第一个阶段，西方殖民主义刚刚终结，传统的殖民地纷纷独立。这些新独立的民族国家满怀信心地开始了为自己将来步入现代化进程而进行各种"规划"（Spolsky，2009），语言规划也被纳入议事日程而受到了高度重视。许多国家甚至把语言规划当成一项工程来看待。因此，第一阶段的语言规划往往被冠以"语言工程"的称号（language engineering），社会语言学家也加大了对语言规划的研究。然而，事与愿违，进入20世纪七八十年代后，这些曾经信心满满的国家所开展的语言规划纷纷表现出失败的迹象。例如，印度获得独立后的语言规划目标是用印地语代替英语，但结果却发现英语在印度的使用难以消弭。类理，许多非洲新独立的国家也试图推行本民族的语言，但经过十多二十年的努力，几乎所有国家的人民都还在使用原殖民者推行的语言。这就是第二阶段的语言规划，此时的语言规划收效甚微，语言规划的研究跌入了低谷，学界对语言规划产生了质疑。进入90年代后，国际格局发生了重要变化：苏联解体，东欧剧变，新独立了许多国家；冷战结束，全球化时代序幕拉开，国际间的交往日益频繁。所有这一切又使世界各国（包括苏联解体后新成立的国家）开始重视自己国家的语言规划。语言规划渐渐走出低谷，并进入了第三个阶段。第三阶段的研究兴趣更倾向于"语言政策"，学者们也更喜欢使用"语言政策"一词，原因是该词似乎更具中性色彩。（Spolsky，2000）由此可知，在语言规划遭受挫折后，学者们意识到了语言规划与语言政策其实是存在差异的，否则没有必要采用一个中性的词汇来回避语言规划实践中所遭遇的不利局面。

从上面语言规划发展的3个阶段来看，虽然语言规划与语言政策被当成同义词而互换，但那主要发生在语言规划的第一阶段内。当Einar Haugen于20世纪50年代后期提出语言规划这一概念时，语言规划指的是一切旨在改变言语社团语言行为的所作所为，此时的语言政策会被当作语言规划的同义词。（戴曼纯，2014）比如，Fishman（1974）认为，语言政策指官方机构和部门（如教育部、校方、单位领导层）实施的隐性或显性语言规划。语言政策可以是国家或机构针对语言结构、使用和习得制定实施的指导方针和规定，既可能是明文规定（如把语言政策写入宪法）也可能隐而不言（比如美国的语言政策）。显然，Fishman把语言政策等同于语言规划。而进入第二尤其是第三阶段后，语言政策这一概念被学界所青睐，其实就是要凸显二者之间的差异。

随着语言规划与语言政策研究的进一步发展，它们之间的差异受到了来自中外学界的广泛认可。（张治国，2014）仅从字面含义来看，"规划"与"政策"明显不同。"规划"是一种过程和路径，表现出一定的动态性；而政策往往是一种法律法规，具有静态的特征。规划是为达到目的而必须经历的一个过程，是一种路线图或者说是为某一计划的实施而制定的蓝图，是发展的路径。既然是"规划"，则可分为长期规划、中期规划和短期规划，那么不论国家、单位和个人都可以进行。如果从汉语来看，"政策"似乎是国家或团体的决定。而英文使用policy一词则随意得多，比如教师在课堂上宣布有关的规定或纪律时常常说"This is my policy"。从这个意义上来看，个人也可以成为"政策"的主体。总而言之，"规划"预告未来应该怎样，具有主动性，而"政策"则指具体的指导方针，是对决策和行动的某种鼓励或限制，为决策者的行动设定活动范围。（张治国，2014）

虽然国内外学者广泛认同语言规划与语言政策存在差异，但是对二者的界定也存在不同看法。一种观点认为，语言政策是官方行为（Ager，2001；周庆生，

2010），是国家通过立法或者政府手段用来调节语言使用的政策，这种调节可以起到保护区域性语言和少数民族语言的作用，也可能遏制某种语言的传播（戴曼纯、贺战茹，2010）。相对而言，语言规划比语言政策更具体，是针对语言政策所实施的具体操作。语言政策有松（thin policy）有紧（thick policy），前者往往表现为少数零散的规定，而后者则反复密集地在法律法规中显现出来，并且有专门的机构来行使调节语言的功能。（Siiner，2006：163）与此类似，语言规划是政府或社会团体为了解决语言在社会交际中出现的问题，有目的、有计划、有组织地对语言文字及其使用进行干预与管理，使语言文字更好地为社会服务。因此，语言规划是一项有目的、有计划的系统工程，它主要是政府行为。（陈章太，2005）

另一种观点与此略有不同。虽然语言政策由政府机构制定和推行有其优势，但是大多数学者（Tollefson，2011：357）认为语言政策既可由政府机关、学校、法院等公共机构负责，也可由公司、企业、非政府组织等私人机构自行制定。因此，上至政府机构，下至黎民百姓，均可制定相应的语言政策，且均会对社会结构和发展、人们的生活等产生重要影响。生活中的语言使用，小到词语发音和使用，大到语言选择和学习，都属语言政策及规划的范畴。语言是民族身份的重要标志，更是群体构建的关键要素，所有人不论老幼、不论地位高低，都被各自的语言群体社会化。所有人都在某种程度上管理、保护和推广语言。不同形式的语言政策和语言规划在不同社会应运而生。（Wright，2007：164）因此，个人、家庭、公司、组织和政府都可能是语言政策和规划的主体。

由此可见，上述两种观点的差异主要体现在政策与规划的主体上。第一种观点倾向于认为语言政策是政府或官方的行为，强调政府或者官方的主体性。第二种观点的不同之处在于认为语言政策不仅是官方行为，也可以是小到企业甚至个人的行为，语言政策的主体扩大到了个人。至于语言规划的主体，两种观点的看法差异不大，二者几乎都认同官方和个人的主体作用。

除了上面两种观点的交锋外，语言政策与规划的目标也在一定程度上宣告着二者的差异。确切地说，语言政策是具体语言规划过程背后更宽泛的语言目标、政治目标和社会目标；（Deumert，2009：371）而语言规划则是一种社会化过程，它往往通过地位规划、本体规划和习得规划来促使人们改变语言的使用。语言规划可能受到语言政策导向的制约，比如：当语言被视作问题时，则可能通过语言规划来消除语言的多样性；当语言被看作权利时，就需要在语言竞争环境中解决语言权利问题；当语言被认为是资源时，则需要通过语言规划来促进语言的民主和多元化。

（戴曼纯，2014）

相比较而言，中国学者在论述语言规划与语言政策的关系时，往往强调二者的顺序问题（张治国，2014），即孰先孰后的问题。苏金智（2004）认为，语言政策是语言规划的重要内容，但它只是语言规划的一部分，所以先有语言规划，然后才有语言政策。而陈章太（2005）则认为："语言政策是基础、核心，是行政行为；语言规划是语言政策的延伸与体现，语言规划的理论又可以为语言政策的制定提供理论依据，语言规划既是政府行为，又是社会行为。"所以语言政策在先，语言规划在后，语言规划是语言政策的一部分。于根元（2004）也持有类似看法，他认为，语言规划的任务是贯彻执行语言政策，当政府从社会或自身的需要等出发而明确了自己的语言政策后，才在此基础上进一步对语言进行规划。于根元对二者的所谓先后关系做了进一步补充，他认为，虽然语言政策对语言规划有直接的影响，但语言政策的提出也要以语言规划的理论为基础，否则，语言政策将无法实行。

总而言之，语言政策与语言规划犹如一对孪生兄弟，联系紧密。或许正是因为二者常常成对出现，所以很多学者把它们当成同一个概念。但是随着学科发展的深入，更多的学者越来越倾向于认同二者之间的差异：除了定义上的不同外，二者的主体性、目标性乃至先后顺序都可能有所不同。虽然学界对语言规划与语言政策存在差异的立场渐趋一致，但依然在语言规划与语言政策的主体上存在分歧。我们认为，造成这种差异的原因是视角的不同所导致的，而不是在根本概念上存在分歧。如果从宏观的视角来看，语言政策与语言规划都应该是政府和官方的行为。而如果从微观的视角来看，个人等基层组织也可以在语言政策与语言规划上发挥主体作用。但语言政策与语言规划历来强调的是宏观的自上而下的作用，往往忽视基层等个人的作用。因此，如果我们采取反传统的做法，从微观视角出发，探寻个体等基层组织在语言政策与语言规划中的主体作用，或许能解决传统语言政策与语言规划所不能解决的问题。

第三节　语言规划国外研究

语言规划虽然历史悠久，但是相关的理论研究却很年轻，只不过半个多世纪而已。我们在第一节讨论了语言规划的定义、语言规划的肇始、语言规划的内涵以及语言规划的范围。事实上，语言规划的理论研究几乎与该术语的诞生同步发生。通过文献梳理我们发现，国际上语言规划研究主要沿两条轴线开展，一是围绕语言规划诸要素开展；二是围绕语言取向的研究，比如以语言为问题取向的研究，以语言为资源取向的研究，以语言为权利取向的研究。以这两条主轴为核心，国际语言规划研究发展到现在，出现了一些新的发展趋势。

一、关于语言规划诸要素的研究

如前所述，国外对语言规划的研究几乎与Haugen提出"语言规划"一词同步。为了对纷繁复杂的语言规划进行梳理、解释和规范，Haugen（1966）提出了著名的语言规划2×2矩阵框架。该框架虽然蕴含了语言地位规划和本体规划的含义，但真正提出语言规划二分法的并不是Haugen（赵守辉，2008），而是德裔加拿大人类社会学家Heinz Kloss。Kloss在1969年题为《群体双语研究的可能性：一个报告》（Research possibilities on group bilingualism: a Report）的报告中指出，应区分两种不同的语言：一种是作为社会制度的语言，一种是作为自主语言系统中的语言。与此相对应，语言规划也应包括两个层面：语言地位的规划和语言本体的规划。（周庆生，2005）Kloss对本体和地位规划之间的差异做了详细说明，他认为如果没有一些专家（主要是语言学家和作家）组成学会、委员会或者其他官方或半官方机构从事一些长期的团队工作，本体规划是无法实现的；而地位规划则没有那样的单独建制，通常是政治家和官员日常工作的一部分，其多数具有一些法律背景而少有社会语言背景。直到20世纪80年代，Haugen（1983）才又对其2×2矩阵框架进行了修正并对一些理念进行了更全面的阐释，引用了Kloss的地位规划和本体规划来解释他在1969年报告中的社会和语言。下面是包含了语言的地位规划与本体规划的2×2矩阵图：

	规划的形式（政策规划）	规划的功能（语言培育）
地位规划（关于社会）	1. 选择/抉择过程（包含问题的确认与规范的分配）	3. 实施/教育推广（包含改正与评估）
本体规划（关于语言）	2. 符号化/标准化（包含文字、语法和词汇系统）	4. 精细化/功能发展（包含术语现代化和文体发展）

Haugen（1983），转引自赵守辉（2008）

Haugen 1983年的修正框架为后来学者们对语言规划的研究厘清了思路，统一了学术语言。因此，其修正框架奠定了语言规划研究的理论基础。（赵守辉，2008）

继Haugen之后，Cooper（1989）提出了著名的"八问方案"。Cooper试图用一句话来描述语言规划过程中难以回避的8个问题：（1）什么样的实施者；（2）试图影响哪些人的；（3）什么行为；（4）为什么目的；（5）在什么情况下；（6）通过什么手段；（7）以什么样的决策过程；（8）取得了什么样的效果。在这八大组成部分中，Cooper对"通过什么决策过程"论述得特别详细，寓意规划是自下而上的过程，而非自上而下的规定，突出社会的发展变化对语言规划的作用。除此之外，Cooper还首次将"语言的教育规划"或语言习得规划引进语言规划领域。他将习得规划的基本框架解释为由总体目标（习得、再习得、保持）和实现目标的主要方法（学习机会、学习动机、学习机会加学习动机）两个相互影响的变量构成。（黄晓蕾，2014）Cooper的习得规划理论不仅使语言规划研究的范围得到了拓展，更为经典语言规划三分法理论做出了重要贡献。

语言规划是一种实践行为，有规划就必然产生结果，而这样的结果能否为人们所接受，在很大程度上制约着规划的效果。要让该产品被人们接受，规划者就要关心其声望。声望好的产品容易被人们所接受，而声望一般或者声望不好的产品便乏人问津。名牌产品和名牌大学使人趋之若鹜就是这样的道理。因此，语言规划者必须考虑规划的结果是否能让人们所接受，是否具有好的声望。在这样的基础上，Haarmann又贡献了一种理论：语言声望规划。在此之前，语言规划往往被看成是一种自上而下的政府行为，很少有人会考虑规划的结果（产品）是否能被人们所接受，很少有人会考虑产品的声望。Haarmann把语言规划者分成四个层次，包括政府行为、机构行为、团体行为和个人行为。四个层次的规划者对规划的目标和对象有着各自的优势，第一和第二层次对地位和习得规划作用最大，而第三和第四层次对本体和声望规划更容易发挥作用。也就是说，如果地位和本体规划失败，这常常是因为忽视声誉规划的缘故。要让潜在的个体使用者对所规划的语言结构和功能有正面的积极评价，所制定的标准才能赢得公众的真心支持。

在Haarmann研究的基础上，Ager又对声望规划做了发展和补充。Ager（2005a，2005b）以威尔士、法国、加拿大等国家的语言规划经验为例，全面阐释了声誉和形象两种规划的不同作用，区分了地位、声誉、形象和认同之间的区别和联系。他认为语言规划工作者和政府决策人员习惯于以社会或经济政策解决问题的方式，如对语言地位和本体的规划，或者是语言习得等问题，往往可以应对自如，但对于软的、看不见的东西（如声誉和形象）则不知所措。（赵守辉，2008）

20世纪90年代末，即在Haarmann（1990）提出声望规划后不久，Kaplan和Baldauf

（1997）对此前的语言规划研究成果进行了梳理和总结。他们对几乎所有的语言规划理论和实践的重大问题，比如语言规划的目的、语言规划的过程，甚至语言规划过程中的经济因素等都进行了深入的探讨，做了广泛评论，并在此基础之上，推陈出新，建立了他们自己的语言生态系统模型，以大量丰富的实例论证了影响语言生态的多种作用力，对语言规划理论研究做出了重要的贡献。

21世纪初，Kaplan和Baldauf（2003）又基于对亚洲太平洋国家语言习得规划的研究，结合过去既有的经验，吸收各种不同理论，推出了到目前为止综合性最强的语言规划框架。（赵守辉，2008）该框架全面总结和概括了众多语言规划理论和模型，尤其是在上文所述的Haugen（1966）语言规划2×2矩阵框架基础上，融入了Cooper（1989）的"习得规划"和Haarmann（1990）的"声誉规划"，并做了进一步的理论阐述，完善了语言规划理论，拓展了人们的视野，标志着语言规划学科体系的成熟。（赵守辉，2008）

从上面的梳理中可以看出，Haugen与Kloss提出了语言规划中的地位规划和习得规划，为语言规划这门学科的理论研究奠定了基础。Cooper在他们的基础上增添了习得规划或教育规划，因为语言规划的目的是要把规划的结果进行推广，而教育规划是最好的途径，因此Cooper的研究成果充实了语言规划研究的内容。而Haarmann和Ager的研究又对语言规划的研究范式做了极佳的补充。既然语言规划的目的是要推广其产品，故产品必须具有良好的声望，才能被规划者所接受，因此还需在经典语言规划的基础上增加一个新的维度，即语言声望规划。Kaplan和Baldauf紧随其后，对之前的所有研究成果进行了概括和总结，但并非简单的重复，而是推陈出新，创建了一个语言规划研究的综合框架。

从地位和本体规划的角度来看，语言规划似乎是政府或官方行为，因此传统的语言规划研究往往以宏观的视角，研究语言立法、语言政策的制定、语言文字的规范等，研究的对象往往为政府或官方的主体行为。而从习得规划尤其是声望规划的角度来看，采用宏观的视角可能会忽视一些更为重要的领域。因为习得规划或教育规划的对象是具体的被规划对象，是一些非常微观的个体，而且规划的产品能否被这些具体的个体所接受，则需要采用自下而上的范式，把研究的视角放在微观的、个体的主体行为上。就这一点来说，Kaplan和Baldauf的语言生态系统模型或语言规划研究综合框架做了很好的诠释。

二、围绕语言规划取向所开展的理论研究

语言规划取向是指人们对语言及语言多样性问题所持的态度和看法。语言规划取向视角下的语言观有4种：（1）语言问题取向；（2）语言生态取向；（3）语言权利取向；（4）语言资源取向。语言规划取向为我们提供了研究少数民族语言规划的新视角，对探究少数民族多语问题具有一定借鉴意义。

20世纪五六十年代，由于传统殖民地的终结，新兴国家为了解决语言的交流问题，提出了一个国家、一个民族、一种语言的口号，认为多语言导致了交际障碍，妨碍了国家和民族的统一。因此，解决语言的交流问题成为摆在这些新兴国家面前的当务之急，而语言学家对语言规划的研究兴趣正好发轫于这些新兴国家的语言问题。当时（即20世纪60年代末70年代初），美国一些语言学家和人类学家如Ferguson（1968）、Das Gupta（1968）、Rubin和Jerrnudd（1971）、Fishman（1974）等利用福特基金等研究资助，开始全面总结这些新生国家的语言规划实践经验。他们将研究视野从语言工程或语言管理扩展到语言规划，推动了语言规划作为一门学科的发展。尽管如此，由于受到语言问题观或者语言交际观的影响，在很长的一段时间里，这些研究者的兴趣一直局限在新生国家的语言规划活动（Rubin and Jernudd，1971）上，以至语言规划被看作是发达国家学者帮助发展中国家解决语言问题的学科。然而，正如我们在前文所论述的一样，把语言当成问题，试图用一种语言来代替另一种语言以达到统一国家和民族并解决交际问题的愿望并没有如期实现。进入90年代后，由于国际交往和人口流动增加，特别是对语言的认识从工具观上升到了权利观和资源观后，研究的视角发生了改变。

进入20世纪八九十年代，尤其是随着语言多元化、民族多元化等成为当时社会的主要话题后，语言规划研究者开始向生态学的领域寻求语言规划的研究方法，这一时期可以称为以生态学为导向的研究时期。（黄晓蕾，2014）

如同语言规划一词一样，语言生态这一术语也于1972年首次提出。Haugen（1972）在《语言生态学》（*The Ecology of Language*）一文中，将语言生态学定义为针对特定语言及其环境之间相互关系的研究，它不仅描写语言的社会和心理状况，同时描写该种状况对于自身语言的影响。然而，真正将语言生态的相关理论纳入语言规划研究，并对其进行系统分析和阐述的则是上文提及的德裔学者Haarmann。Haarmann将语言生态定义为一种试图将生态规律应用于语言的社会研究，并建立了相关的生态关系模型。在《从语言的总体理论看语言规划方法论框架》一文中，Haarmann对语言规划过程中各种生态变量之间以及各种功能类别之间

的相互作用进行了详细的分析和阐述，提出了语言培植和语言规划的理想类型。而最终以语言生态观为基础开展语言规划研究的则是Kaplan和Baldauf。他们的 *Forces at work in a linguistic eco-system*（《论语言生态系统内发挥作用的力量》）以及 *An Evolving Framework for Language Planning Goals by Levels and Awareness*（《基于层次和意识的语言规划目标演化框架》）对在此之前的20世纪语言规划理论进行了整合和提升。尤其是在 *Language Planning: from Practice to Theory*（《语言规划——从实践到理论》）一书中，他们对过去将近四十年的语言规划研究进行了分析和总结，在整合前人理论的基础上，基于语言生态观提出了一个综合性的研究框架。

那么生态语言规划与传统语言规划有什么不同呢？Mühlhaüsler（2000）的研究很有代表性。Mühlhaüsler认为，传统语言规划的结果是减少语言多样性，而生态语言规划的目标是保持语言生态系统内交流方式和结构的多样性，最终结果就是保护了语言的多样性。另外，传统语言规划往往依靠管理和控制为中心的精简方式，而生态语言规划则强调语言的"自我调节"。在语言的本体方面，传统的本体规划强调单一系统的规范，而生态语言规划对标准的必要性表示怀疑，也不认可用一种语言取代多种方式交流的观念；就语言的地位而言，传统的语言规划关注个体语言的等级，而生态语言规划强调去除"语言的"与"非语言的"之间的界线。语言规划的生态模式将成为改变全球语言格局的重要方式。（王辉，2013）

以语言为问题取向的语言规划结果便是少数族裔语言的消亡。20世纪末21世纪初，少数族群的语言权利受到了空前的重视。一般认为，语言权利包括少数族群的语言保持、语言使用以及接受双语教育的权利，然而Skutnabb-Kangas（2000）则更进一步，她将语言权利同人权相联系，提出了语言人权的概念。在Skutnabb-Kangas看来，语言权利这一概念虽然源自语言人权，但二者是有区别的。语言权利所指更加宽泛，很多语言权利即使重要，也不能或不应该看作是语言人权。假如语言人权的范围被放大，它将变得毫无意义。除此之外，她还提出了两种语言权利观，即"必要的语言权利"和"充实取向的语言权利"。"必要的语言权利"是应该能实现且必须要实现的基本权利，因为这是个体过上"有尊严"生活的先决条件；而"充实取向的权利"是一种"额外"的权利，依靠这样的权利，个体可以过上"好"的生活。因此，只有"必要的语言权利"属于语言人权。而"充实取向的语言权利"，比如学习一门外语的权利可以被看作是一种语言权利，但这并不是不可剥夺的人权，因此不属于语言人权。Skutnabb-Kangas的语言权利观不仅成为维护语言公平的重要思想武器（王辉，2013），而且为多语环境下少数族裔的语言规划提供了理论指导。

如果只是把语言当成交际的工具，则容易陷入以语言为问题的导向，而基于问题导向的语言规划的结果就是单语制，也就是少数族裔语言的消亡。在语言生态观和语言权利观的启示下，语言资源观应运而生。以语言资源为导向的研究强调语言也是一种重要的资源。基于这一立场，少数族裔的语言、双语能力、多语能力等都是重要的资源，它们在诸如国际交流、国家安全、社会生活和教育领域等都能发挥重要作用。既然语言也是一种资源，那么它就是一种需要管理、发展和保护的资源。因此，少数族群的语言是一种特殊的重要资源。（Ruiz，1984）不仅如此，语言资源还可以被看作是一种人力资源。（Kaplan，1997）从宏观层面上看，语言规划属于国家资源发展规划的范畴。一般情况下，一个国家的资源发展规划往往包括自然资源和人力资源的发展与保护规划，而语言规划则属于国家人力资源规划的范畴。

三、最近的发展趋势

在语言规划的生态观、权利观和资源观的推动下，国际上的语言规划研究出现了新的动向。除了语言权利受到关注外，少数族群的语言作为一种特殊资源也受到空前的重视。（Kontra，1999）濒危语言以及少数族群的语言保护被提上了议事日程。针对少数族群语言的濒危现象，Fishman（1991）制定了著名的濒危语言"代际传承分级量表"（GIDS），分层论述了导致语言濒危的各种原因。1992年，美国著名的语言学期刊 *Language* 在第一期的首要位置（1—42页）发表了一组关于濒危语言的文章。在同年举行的第15届世界语言学家大会上，"濒危语言问题"成为会议的两大主题之一。为了推进世界语言文化的多元化（戴曼纯、贺战茹，2010），联合国教科文组织于1999年11月17日宣布每年的2月21日为世界母语日，确定2008年为国际语言年。2002年的会议主题是 Linguistic Diversity: 3000 Languages in Danger（语言多样性：三千种语言濒临灭绝），会议的口号是 In the galaxy of languages, every word is a star（世界语言汇成银河，每个词汇都是明星）。对濒危语言的关注推动了学者在语言及语言规划研究中借用"生态"这样的隐喻来分析语言及其所处的环境，揭示语言生态系统在语言规划研究中的重要意义。语言多样性不再被看作是一种问题，而成为语言规划的主要目标。（王辉，2013）

进入21世纪后，英语的全球传播（Sharifian，2009）等问题受到极大的关注。面对影响较大语言如英语和国家通用语的传播与竞争，语言规划国际化（跨境语言规划）成为一种新的趋势。（Clyne，1992；Zhao，2008）Clyne讨论了世界上16种主要的跨境语言，他认为造成这些跨境语言的主要因素为殖民移民、地缘政治和宗教传播等。随着对语言规划问题了解的深入，国外学者开始对语言规划的微观方面（Kaplan、Baldauf，2003）和声誉规划（Haarmann，1990；Ager，2005）产生了浓厚兴趣，更加注重自下而上的基层作用。

第四节 语言规划国内研究

语言规划这一术语虽然不是中国人的发明，但是语言规划的实践在中国自古有之，且从未中断。

中国是一个拥有悠久历史的文明古国，中华文明之所以能绵延五千余年而未曾出现中断，主要原因之一就是拥有先进复杂的语言文字系统。从古至今，为了能传播文明，实现民族的统一和富强，中国人一直在依靠自己的智慧对语言文字进行规划。自"黄帝正名百物，以明其财"（桑哲，2011），秦始皇统一六国文字实现书同文，北魏孝文帝改革等以来，来自上层的对语言文字的规划实践几乎从未停歇。（郭熙，2013）即便是在微观层面，两千多年来中国历代文人们针对语文的是非问题，一直在使用诸如"雅俗""正谬""文质""工拙"一类词语来规范中国的语言文字。（戴昭铭，1998）及至20世纪二三十年代，类似的活动依然在进行。当时，为顺应时代的发展掀起了白话文运动，要求"我手写我口"，实现了"言文一致"，放弃了数千年来"言"与"文"不一致的传统，惠及了当今所有的汉语使用者（郭熙，2013），为中国后来的文字改革、国家的现代化发展等打下了基础。当然，中国近现代以来最重要的语言规划莫过于1949年新中国成立后的汉字简化以及汉语拼音拉丁化等，这为快速消除文盲、提升全民族的文化水平起到了不可替代的作用。即便是在进入21世纪的今天，中国的语言规划实践也从未停歇，普通话的全面推广、汉语的国际化、现实生活中的语言文字规范化活动等无时不在宣告语言规划的存在。

虽然我们可以为我们悠久的语言规划历史感到自豪，但开展系统的理论研究却晚于西方，这是不争的事实。如在第三节所论述，西方自Haugen提出语言规划这一概念后，旋即掀起了相关的理论研究。从Kloss提出语言地位规划、本体规划理论，到Haugen的2×2矩阵理论，Cooper的习得规划理论，直到Haarmann和Ager的语言声望规划理论等，西方的语言规划理论研究已走过了半个多世纪。相对而言，中国的语言规划研究却晚了近二十年，是改革开放的东风才把西方的理论引入中国。及至20

世纪80年代，才陆续开始有学者撰文就语言规划问题进行探讨，还主要是引介性文章。比如刘涌泉、周流溪（1988）曾尝试对语言规划进行解释介绍。他们认为，语言规划是"国家或社会团体为了对语言进行管理而进行的各种工作的统称"。虽然这种解释可能过于简略，但却引起了国内学者的广泛关注。进入90年代后，国内语言规划的研究渐入佳境，特别是进入21世纪后，中国学者的研究已逐渐走出了引进介绍的桎梏，开始结合中国的国情，尤其是语言国情，取得了开拓性的成就。

通过文献分析，我们发现国内的语言规划研究主要沿着三条轴线展开。一是根据Haugen、Kloss、Cooper、Haarmann以及Ager等人的划分，针对语言规划诸要素所展开的研究；二是国别研究，针对国际上语言规划成功与不成功的案例进行介绍和分析，意图对我国的语言规划实践和理论研究提供借鉴；三是针对国内语言国情的研究。由于语言规划主要发生在多语环境下，因此民族地区的语言规划问题便进入了研究者的视野，主要关注以下几个方面的问题：边疆民族地区普通话推广、少数民族语言权利与语言政策、少数民族语言濒危与保护、跨境语言等。

一、语言规划诸要素的研究

国内学者由于知识结构、学术背景、认识水平、研究角度等的不同，也尝试对语言规划进行分类。柯平（1991）、祝婉瑾（1992）从语言地位规划和语言本体规划两个层面论述了语言政策的制定、官方语言的选择、共同语推广、民族文字创制、术语的规范化和标准化等问题。苏金智（1992）在语言地位计划和本体计划的基础上提出了语言声望计划，声望计划指语言计划者的声望和语言计划接受者的声望，这应该是借鉴了Haarmann（1990）的观点提出的声望计划。胡壮麟（1993）的视角要独特一些，他把语言规划分为语言地位规划、语言材料规划和元规划。语言地位规划考虑的是某语言在社会交际中的地位，语言材料规划指针对语言材料的加工改造和完善，而元规划则是"对语言规划的规划"，指"语言规划的理论"，即研究语言规划的目的、原则、方法和策略的科学。徐大明、陶红印、谢天蔚（1997）确定了两个规划类型，分别为语言地位规划和语型规划，后者指对语言本身的改造，如对音韵、语法、词汇以及书写系统等方面的改造，这其实就是本体规划。

郭龙生（2007）在地位规划、本体规划之外，增加了一个新的维度，即语言的传播规划。所谓传播规划，即为扩大某语言的影响而进行的规划活动，比如确定传播范围、手段、方式与途径，建立传播机构和组织，组建传播队伍，明确传播的目的是传播文化和价值观念等。

综合起来看，国内学者的分类未能在国外研究的基础上有大的突破，国外的分类总体上是经典的三分法，即语言地位规划、本体规划和习得规划，后来又增加了声望规划，而国内学者似乎更重视语言地位规划和本体规划，而很少论及习得规划，比如陈松岑（1999）、冯志伟（1999）、戴庆厦（2004）、陈章太（2005）等。虽然苏金智（1992）论及了声望规划，但并未超越Haarmann的理论。胡壮麟（1993）在语言地位规划之外，提出了语言材料规划和元规划。从他对语言材料规划的定义来看，其实与语言本体规划并无太大差异，只是他提出的元规划无人论及，有独特视角，其实已超越了语言规划的范畴，因为那是对语言规划理论的研究，而非语言规划本身，故似乎未引起太大关注。郭龙生（2007）提出的传播规划很有中国特色，尤其适用于如普通话推广这样的话题，但未考虑到外语教育问题、少数民族语言传承以及在民族地区开展的双语教育等问题。至此，从所收集的文献来看，中国学者更关注的是语言地位规划和本体规划，对习得规划（教育规划）以及声望规划等范畴重视不够，也就是重自上而下的规划而轻自下而上的规划，所采用的分类范式是宏观语言规划理论，对中观和微观范畴的语言规划重视不够。

这种情况近年来有了明显的改观。李宇明（2008）认为，在语言地位规划和语言本体规划之外，还应专门进行语言功能规划。功能规划的任务是规划各功能层次的语言作用，或者说是规划各语言现象在各功能层次上的价值与作用。为此，李宇明划分了5种语言现象和8个语言功能层次。前者分别为国家通用语言文字、少数民族语言、汉语方言、外国语文和繁体字；后者分别为国语、官方工作语言、教育、大众传媒、公共服务、公众交际、文化、日常交际等。在上述划分的基础上，李宇明分别论述了5种语言现象在8个功能层次上的不同作用。客观地说，李宇明的研究论及了语言规划研究的方方面面，不仅指明了宏观语言规划的范围，更兼顾了语言规划的中观和微观的层级。

二、语言规划国别研究

在针对语言规划诸要素开展研究的同时，研究国外的语言政策与语言规划的经验教训，可对中国的语言规划实践和理论研究起到一定的借鉴作用，所谓"他山之石可以攻玉"。因此，语言政策与语言规划国别研究成为中国学者所关注的热点问题之一。

2001年，语文出版社出版了由周庆生主编的《国外语言政策与语言规划进程》，该书汇集了涉及欧洲、北美洲、亚洲、拉丁美洲、非洲各大洲一些国家的语言政策和语言规划的论文和文献,对国内学者了解国外语言规划和政策研究起到了开创性作用。(周明朗,2003)伍慧萍(2003)以德语在欧盟机构的地位问题为出发点,追溯了德国政府如何从德语地位边缘化到重视的演变过程,分析了德国政府语言政策价值观转变的动因,通过大量例证解释了德国政府为提升德语在欧盟中的地位所做出的努力以及所产生的效果。刘汝山、刘金侠(2003)介绍了澳大利亚语言政策与语言规划。他们认为,澳大利亚语言政策的制定和语言规划的实施在很大程度上与联邦政府和整个社会对待语言尤其是除英语之外的其他语言(即languages other than English)的态度密切相关。由中国社会科学出版社出版,周玉忠、王辉主编的《语言规划与语言政策:理论与国别研究》(2004)对世界一些国家所进行的语言规划进行了详细介绍,对这些国家语言政策的得失也进行了恰如其分的评价。赵守辉、王一敏(2009)介绍了语言规划视域下新加坡华语教育的五大关系,尝试通过对新加坡华语教育中存在的五对矛盾关系的分析,从新的高度和视角揭示海外华语教育的宏观微妙性和微观复杂程度,目的是为汉语的海外传播和教学提供借鉴。戴曼纯、贺战茹(2010)的研究发现,法国的语言政策与语言规划实践经历了由紧到松的政策变迁。之所以经历这样的变迁,是因为法国的语言规划经验教训表明,语言政策是一把双刃剑,它能为民族国家的统一做出贡献,也会导致部分民族语言和方言面临灭绝。王烈琴(2012)论述了世界很多国家的语言规划和语言政策的主要特点,她认为美国、英国、法国、日本、新加坡等国家都有着强烈的语言意识,设立了专门的语言规划机构,既重视语言文字的规范化,也重视语言的对外传播,给中国语言规划的启示是要有敏感的语言意识,既要借鉴国外的语言规划经验,也不能照搬照抄,要结合本国实际开展语言规划。王辉(2012)从语言作为问题、语言作为权利、语言作为资源3个角度考察了澳大利亚百年来的语言政策,他把澳大利亚的语言政策划分为放任时期、同化时期、多元化时期和优先化时期,从而构建了一个能够反映澳大利亚语言政策演变的语言政策模型。这个模型对于分析中国或其他国家的语言政策具有一定的参考价值。在对乌克兰的语言生活状况和语言规划进行概述后,戴曼纯(2012)认为,历史原因造成的双语现象,公共领域的俄语优势,以及法律、政治、社会、文化教育及地域差异等因素制约了乌克兰的语言规划,影响了人们的语言态度,造成了语言群体的不确定性,结果阻碍了乌语标准化的进程,降低了乌语的推广效率。更严重的是,由于受各种因素的交错影响,乌克兰的语言政治与社会政治往往纠葛在一起。(戴曼纯,2013)张维佳、崔蒙(2014)认为,明治维新和第二次世界大战结束是日本国语政策变化的两个关节点。明治维新时期,日本确立了旨在规范全国方言的"标准语"地位，第二次世界大战后力图沟通方言之间交际的"共通语"得到了日本社会的广泛认同。该文从国家政治、经济发展、文化认同等角度探究日本国语政策嬗变及其背后的原因。谢倩（2015）的研究发现，英国虽然实施国家语言政策已十多年，但其语言教育仍存在地区发展不均、语种配置过于集中、各级教育政策失调等问题，鉴于此，英国在不断地调整规划其国家语言政策，强调其国家语言能力的构建。英国语言政策规划实践与经验对我国语言政策研究具有启示意义。巨静（2015）尝试通过美国当代联邦立法中为数不多的有关语言教育与语言使用的典型立法案例，来整合还原美国语言政策及规划的特征。尹少君、邹长虹（2016）追溯了菲律宾自殖民时期到21世纪的语言政策变迁，论证了菲律宾外语教育政策在去单一性的同时，也重视英语教育及语言交际能力的培养，主张外语教育政策的多元化发展。

综上所述，在就语言政策与语言规划所进行的国别研究中，国内学者主要探讨了制约和影响这些国家语言规划的因素。一些因素起到了积极作用，而另外一些因素则起到了消极作用。因此，有成功的案例，也有不成功的案例。比如，法国的语言规划虽然达到了统一国家和民族的目的，但是却导致了少数语种的消亡，因此不得不采取前紧后松的语言政策。而乌克兰的语言政策却往往受到政治等各种因素的左右，降低了乌克兰语标准化的进程。

总之，开展语言规划国别研究的目的，主要还在于引介，而引介的对象往往是这些国家语言规划的经验和教训，这对我们国家开展语言规划、制定合理的语言政策来说应该能起到一定的借鉴作用。

三、国内语言国情研究

中国学者开展语言规划的历史虽然晚于西方，大抵发端于20世纪80年代，但一开始便与西方关于不同语言取向的语言规划研究进行了对接，比如语言问题取向、语言权利取向、语言资源取向、语言生态取向等，这正好与中国改革开放、民族融合的进程相衔接，并展示出了新的研究动向。以2015年6月26—28日在北京外国语大学举行的"语言政策及语言规划研讨会"为例，该会的主题为"国家语言能力研究，外语教育政策研究，语言生活状况，语言战略与国家安全研究，语言资源研究"等，这些主题较好地代表了当前国内学界的研究动向。

（一）关于国家语言能力

随着经济全球化尤其是国际竞争的日益加剧，语言对于国家的重要性越来越凸显,"国家语言能力"这一概念应运而生。国家语言能力不仅代表着一种软实力,更是一种硬实力的体现。(李宇明,2011)针对我国当前的语言能力现状,李宇明提出了提升我国国家语言能力的几项举措,包括外语规划、汉语国际传播、公民语言能力提升等。戴曼纯(2011)从语言规划的安全需求及安全价值、外语人才的培养、小族语言的开发利用等角度论证了提高国家语言能力的依据。张强、杨亦鸣(2013)针对学界对语言能力的界定存在的争议,尝试构建了"机能—素质—技能"三层语言能力模型,指出了学术界在语言能力研究中应当关注的要点和需注意的问题。魏晖(2014)结合国家《中长期语言文字事业改革和发展纲要(2012—2020)》的要求,指出只有把握和了解了国民语言能力状况后,才能有针对性地提出提高国民语言能力的政策和措施。赵世举(2015)讨论了语言能力与国家实力全球竞争中的国家语言能力,指出在世界上各国全面博弈的时代,语言能力正发挥着无可替代的作用而成为国家综合实力的重要组成部分。文秋芳(2016)对国家语言能力进行了重新定义,基于"政府处理在海内外发生的涉及国家战略利益事务所需的语言能力"的视角,把语言能力分成五个分项,每个分项能力包含两个或四个指标。张浩明(2016)从语言规划与政策的层面出发,全方位论述了当前中国国民的语言能力问题,指出中国当前的语言能力不能完全适应国家、社会及个人发展的需要,讨论了提升国家语言能力的对策。

除了从宏观层面探讨国家语言能力的界定、构成、提升等问题外,也有学者把研究的视角转向了少数民族的语言能力问题。林泳海、张茜、王勇(2011)认为我国少数民族儿童具有语言能力优势,他们不仅掌握本民族的语言,还掌握其他少数民族语言和汉语,故具有双语或多语能力,所以应当充分认识并挖掘其潜在价值,大力发展双语教育,搞好民族语言文化的传承和发展。朴爱华(2013)针对民族地区汉语教育以及少数民族的汉语水平问题,提出了构建少数民族汉语语言能力描述语料库的构想。他认为,应加强面向民族地区的汉语语言能力研究,这符合国家语言能力的政策需求。

(二)关于外语教育政策

外语教育政策是语言政策的重要组成部分,国内学界对外语教育政策的研究从未松懈。近年来的研究更趋紧密。沈骑、冯增俊(2009)对新中国成立六十年以来我国外语教育政策研究进行了综述,对相关研究成果进行了梳理和归纳,并对外语教育政策的研究现状及趋势做了简要分析。外语教育虽然成就斐然,但其中存在的问题不容回避。针对这些问题,学界展开了多方位的研究。曾丽(2011)的研究发现,元语言意识在从第一语言到第二语言再到第三语言的学习中，呈逐渐发展的态势，因此，她建议民族地区的学校应根据学习者掌握语言的实际情况，有权决定什么时候开设英语课程，甚至有权决定是否有必要开设英语课程，民族地区的学校应选择与民族文化和语言类型相近的区域性外语种类。李丽生（2011）对我国外语教育中存在的语种设置集中、结构和发展不均衡等问题进行了批判，指出应该赋予地方教育机构更大的自主权，实施多元外语教育。外语教育政策中存在的问题从另一个侧面反映了决策者的语言观，因为政策制定者的语言观直接影响了外语教育政策的科学性和合理性。因此程晓堂（2012）主张外语教育政策制定者要充分考虑语言学理论对外语教育的意义、内容、过程和结果的启示作用。蔡基刚（2014）对大学英语与英语专业同质化现象进行了批判，分析了导致这种现象存在的原因，他认为大学英语是为满足国家政策需求而开设的一门课程，因此应培养学生用英语从事专业学习和研究的学术能力，才能在高等教育中更好地找到自己的地位。从这个意义上来说，必须调整高校的外语教育政策。沈骑、夏天（2014）认为，外语教育政策的发展与国际关系、国家战略和社会发展息息相关，蕴含意识形态和权利话语，呈现动态发展变化以及政策发展不均衡等特征，因此处于转型期的中国外语教育政策必然要面对战略性、规划性以及价值抉择等变革问题。苏琪（2015）根据"9·11"事件后美国的外语政策走向，指出要借鉴美国的经验教训，对我国的外语教育进行合理规划，使之服务于国家安全需要。与此类似，毕俊峰（2016）基于南亚是我国实施"一带一路"倡议的重要区域，主张我国面向南亚东南亚的外语教育规划应根据南亚东南亚国家的语言等级、语言秩序和语言功能，确定优先发展的关键语种，做好相关稀缺语种人才资源的战略储备。

（三）关于语言生活

自2005年国家语委开始每年一次向社会发布"中国语言生活状况"报告以来，关于语言生活的研究就掀起了一股高潮。有学者（王铁琨、侯敏，2008）专门针对《中国语言生活状况报告》进行梳理，对汉语新词的产生背景和使用的状况加以概括与总结，也有学者（屈哨兵，2011）把中国的语言生活纳入语言服务的视角加以研究，并提出了"语言服务"这一概念。针对语言生活研究中存在的问题，李宇明首先分析了中国语言生活的时代特征（2012a），指出了当前语言生活中的两类问题，即语言本身的问题和现实语言生活中的问题如濒危语言问题等（2012b），进而把语言生活划分为宏观、中观、微观3个层级（2012c），讨论了不同层面语言规划的任务、特点和现状，为全面深入地观察语言生活提供了一个学术框架。为落实党的十八大精神和《国家中长期教育改革和发展规划纲要（2012—2020年）》以及国家语委发布的《国家中长期语言文字事业改革和发展规划纲要》，陈章太（2013）、李宇明（2013）等纷纷撰文，各抒己见，论述了和谐语言生活的构建问题。于是，语言生活中的弱势群体进入研究视野（王玲，2013），尤其重视针对边疆民族地区的语言生活调查，如张黎、杜氏秋姮（2014）对中越边境上相邻的两个边民互市市场（中国广西凭祥境内的浦寨市场和越南同登市境内的新清市场）的语言生活特点以及相关问题进行了分析。戴庆厦、和智利、杨露（2015）以云南省德宏州中缅边境线上的吕英村为个案进行研究，分析了该村稳定使用母语和多语兼用以及与境外语言和谐的语言使用状况。他们的研究发现，语言生活受国家实力、民族关系的制约，国家强则语言强，因此建议中国语言学家要重视边境语言生活研究。黄行（2016）从少数民族语言生活可持续发展的角度出发，指出在推广普及国家通用语言文字的同时，要依法保障少数民族使用发展本民族语言文字的权利。

总而言之，语言生活成了一个热门话题，研究成果汗牛充栋。不仅如此，语言生活这一国产概念正逐渐成熟，并开始走向国际。（李宇明，2013）

（四）关于语言战略与国家安全

进入21世纪以来，国际格局发生了重大变化，"9·11"事件、恐怖主义、全球化等国际热点问题引起了世界各国政府以及专家学者对国家安全的关注，在此背景下，语言问题上升到了国家战略层面。研究语言战略与国家安全成为语言规划领域的热门话题。从语言与文化安全的角度，李克勤、朱庆葆（2009）认为有必要采取措施扩大本国语言与文化的影响力，以确保本国之语言、风俗、传统和制度等主流文化价值体系不会受外在因素的冲击而遭致侵蚀、破坏或颠覆。针对美国政府"语言问题安全化"及其"关键语言"战略，王建勤（2010、2011）分析了这种战略可能对我国国家安全带来的潜在威胁，提出了相应的对策，比如加强外语语种规划，制定中国的关键语言政策，全面提升国家的外语能力，以应对美国语言问题安全化战略对我国带来的军事和政治威胁。由于关键语言的确定事关国家利益和国家安全，张天伟（2015）探讨了关键语言的定义、特点等问题，并对我国关键语言政策制定的决定性因素进行了阐述。

从某种程度上来看，美国的关键语言战略或者语言问题安全化行为其实都是对美国语言意识形态的一种反映。作为一种隐性的语言政策，语言意识形态反映的是人们的语言观及其对待语言变体或其他语言的态度，因此一个国家的语言政策所体现的是这个国家的语言意识形态。鉴于此，董晓波（2016）对英美等西方资本主义国家的语言意识形态理论进行了梳理，探讨了语言意识形态的社会功能以及受语言意识形态支配的以国家利益为导向的语言战略。

最近几年来，语言规划研究更加强调以社会现实需求为动力，更加重视把语言作为社会的构建要素，尤其强调语言是一种重要的国家战略资源。（赵蓉晖，2016）因此，当中国政府提出"一带一路"倡议时，语言安全便成为了服务和推进"一带一路"倡议中一个不容忽视的问题。为此，沈骑（2016）在对语言安全理论以及相关概念进行梳理后，深入分析了"一带一路"倡议中潜在的语言安全问题，提出了建构"一带一路"语言安全倡议的对策与建议。

（五）关于语言资源

随着我国改革开放进程的加快，现代化、信息化、城镇化的快速发展，社会对语言的实际需求不仅表现为量的增加，且出现了质的变化，更表现出了多样化的需求。语言的功能发生了改变，人们对语言的认识也正发生变化。过去，出于交际需要被视为问题的"多语多言"现象已不再是问题，而是被看作一种重要的资源。受"问题取向"向"资源取向"转变的影响，语言规划理论界一开始便展开了语言究竟是不是资源的争论，陈章太（2008a、2008b、2009）论述了语言资源与语言问题的关系，探讨了语言资源的形成、分类及其性质转化等问题，他认为语言是一种有价值的、可利用的、能产生出效益且能发展的特殊社会资源。鉴于此，李现乐（2010）便从语言资源与语言问题的视角出发，探讨了微观和宏观层面语言服务对语言资源的配置、开发和利用。既然语言是一种资源，那么利用现代信息技术合理开发、利用和保护这种资源便提上了议事日程。李宇明（2010）不失时机地提出了中国语言资源有声数据库的建设问题，邢富坤（2011）论述了多语种语言资源的建设原则与方法。他们的研究对制定科学合理的语言政策，保存和开发语言资源，促进普通话推广、语言文字信息化和语言规划的科学发展起到了积极作用。鉴于语言资源具有特殊性和变化性特征，尹小荣等（2013）尝试运用言语社区理论对语言资源的价值进行评估，这不仅有利于从功能角度上更好地认识语言资源的价值，也拓展了语言规划的研究视野。认清了语言资源的性质尤其是不同层面上的价值后，语言资源保护成了学者们关注的重要话题。曹志耘（2015）从宏观层面上讨论了中国语言资源保护工程的定位问题，明确了语言资源保护应该是一项国家工程，需要全社会参与，必须采取科学合理的手段如田野调查、在线采录、文献典藏等方式进行保护。除此之外，李小萍（2016）还认为，当前的语言资源保护是对"语言文化遗产保护观"的完善，应该兼顾语言的工具性与人文性，更进一步加深了人们对语言资源的认识。

如上文所言，语言规划研究离不开社会的现实需求。"一带一路"语言资源建设引起了关注，聂丹（2015）认为语言资源建设应该覆盖"一带一路"共建国家的全部语种，这是解决"一带一路"建设语言互通问题的基础。此外，少数民族语言也是一种重要的语言资源。易红、杨勇（2016）从非物质文化遗产的角度论述了土家语资源的发掘与保护，朱艳华（2016）论述了跨境民族语言资源所具有的特殊的社会功能，如国际交际、跨境文化传播、边防信息收集、跨境民族认同等。

四、边疆民族地区语言问题研究

正如Nancy Hornberger（2006）所言，语言规划总是发生在多语地区。因此，少数民族的语言规划问题进入了中国语言规划理论界的研究视野，研究的视角转向边疆民族地区普通话推广、少数民族语言权利与语言政策、少数民族语言濒危与保护、双语或三语问题以及跨境语言等问题。

（一）民族语言政策

相关研究包含4个方面：第一，少数民族语言的重要性。由于我国是多民族统一的国家，许多民族拥有自己的语言文字，故必须重视民族语言的敏感性，保持其连续性和稳定性。（道布，2005）第二，比较与解读。周庆生（2000）梳理了1927年至1949年间国共两党有关民族语言文字使用的规定，对两党少数民族语言文字方针和实践进行了分析和概括；张晓传等（2013）回顾了我国少数民族语言规划的历史，对新中国成立前后这两个不同时期的语言规划情况进行了对比。第三，民族语言文字。新中国成立以来政府帮助10个民族创制了14种拼音文字，随着国内外社会环境的变迁，有必要对少数民族语言文字政策加以完善和创新（哈正利，2009），毕竟原有文字方案存在诸多问题，如适应性问题等。（海路，2012）第四，转型时期的民族语言政策。经济全球化以及近年来的经济体制转轨给少数民族语言文字的使用带来了一些新的情况和问题，引起了国内"第二代民族政策"的讨论。（黄行，2014）少数民族语言政策会随着国内国际形势的变化而更加引人关注。

（二）濒危语言保护

在对国外相关研究进行综述的基础上，学者们探讨了语言濒危的类型和层级、语言衰亡的原因等。（徐世璇、廖乔婧，2003）针对濒危语言保护，王远新（2004）对广东畲族语言使用情况开展了调查，提出了濒危语言保护的对策。孙宏开（2006）尝试对少数民族语言活力进行排序，主张优先保护处于濒危的语言。虽然少数民族语言面临挑战，但社会转型也带来了机遇，比如语言观的转变，语言不仅是交际工具，更是文化资源和经济资源；（李宇明，2011）国家出台少数民族语言文字新文件，政府组织抢救濒危语言，国际贸易催生跨境小语种热等（周庆生，2013），这都为少数民族濒危语言保护带来契机。然而，尚有诸多问题亟待解决，比如濒危语言的标准、濒危语言的结构特点、濒危语言与衰变语言的差异（戴庆厦，2015），急需制定中国濒危语言认定及保护研究工作规范（李锦芳，2015）。

（三）双语或三语问题

民族地区历来存在双语现象，但对少数民族双语的重要性认识却存在差异。（戴庆厦，2007）因此，本着兼顾少数民族的眼前需要和长远利益的考量，鼓励母语与通用语并行使用（王远新，2010），这是构建民族地区双语和谐社会的关键。为此，研究视角转向语言态度，谢俊英（2006）调查了中国不同民族群体对普通话的态度。针对在京少数民族大学生的民汉双语态度调查结果表明，民汉双语教育符合现实社会生活的实际需要，也符合广大少数民族群众的愿望。（邬美丽，2008）近年来，外语学习在少数民族语文教育中有了很大的发展，出现了三语现象。因此，解决少数民族的双语教育，还要考虑三语的关系。（戴庆厦，2007）

（四）跨境语言问题

全球化衍生出了复杂的跨国问题，而语言规划首当其冲，其中最重要的是跨境语言（cross-border languages）问题。跨境语言通常指处于不同国家境内的同一种语言的不同变体，且在不同国家境内都有相当数量的相同族群的人在使用。国内自马学良、戴庆厦（1983）提出跨境语言概念以来，引起了广泛关注，首先解决了跨境语言研究要解决的理论和方法问题（戴庆厦，2009），继而开展了针对跨境少数民族语言状况的调查（周庆生，2013；黄行，2014），依据近年来跨境语言调查的实践经验，分析了跨境语言概念的科学定位、研究的内容、理念和构想等（戴庆厦，2014），并出现了具体的、更具有针对性的研究，如跨境语言与边疆安全问题（黄行等，2014；袁善来等，2014），媒体语言以及学术领域中的跨境语言问题等（郭龙生，2014）。总而言之，跨境语言虽然是语言生活中由来已久的一种语言现象，但相关研究起步晚、成果少。

纵观中国的语言规划研究，虽然经历的时间晚于西方，但研究的深度和广度均可圈可点，可以说成就斐然。除了20世纪八九十年代的研究难以摆脱西方理论的窠臼外，进入21世纪后便全面开花。在进行国别研究，吸取别国经验教训的同时，与中国的语言国情做了紧密的结合，研究的视角触及了语言规划理论研究的不同层面，既有针对外语教育政策的研究也有关于语言生活的研究，更重要的是能结合国家的现实需要，从语言安全、语言资源等视角出发，把语言问题上升到国家战略安全的层面，这不仅有利于国家战略的实现，也赋予了语言规划研究新的内涵。

然而，过多地关注于宏观层面的语言问题，必然导致对微观层面语言问题尤其是隐性语言问题的忽略，这些问题包括个人、家庭、社区等基层单位的语言使用、语言选择、语言态度等。虽然某一个个人、某一个家庭、某一个民族乃至某一个组织的语言问题不足以对一个国家的语言战略产生影响，但正是这些个体元素构成了一国之语言规划的全部。因此，针对这些来自基层的个体、家庭或社区的语言使用、语言态度问题等展开研究，理应成为语言规划研究的重要组成部分。

第五节　本章小结

本章讨论了语言规划的定义、语言规划与语言政策的关系、语言规划国内外研究现状。

学术界在提出一种新的理论时，总要对其含义进行界定，语言规划也不例外。在20世纪50年代末Haugen首次提出语言规划这一概念时，也曾将其定义为人们由于对语言现状不满而采取的干预活动。但鉴于语言规划属于社会规划的一个组成部分，而社会又是不断发展和变化的，故语言规划也随之发展变化。因此，学界很难在语言规划的定义上达成广泛的一致。但从刘海涛所汇总的30多种语言规划的定义中大致可以看出，20世纪90年代之前的语言规划往往被看成是对语言的干预，其目的是要解决交际问题。90年代后，受语言权利观和生态语言学的影响，语言规划又被看成是对语言多样性的人工调节，规划的目的不是要消灭多语现象，而是要把多语看成是一种权利和资源而加以保护。为何会有这样的变化，这与语言规划这一学科的历史密切相关。语言规划缘起于第二次世界大战后摆脱殖民统治后新兴国家的国语选择与推广，但是这些国家的美好愿望并未就此得到实现，相反却导致了一些小族语的消亡。因此，必须对语言规划做出适当调整，对语言规划的定义也要与时俱进。尽管如此，学界在语言规划的内涵方面却是高度的一致，即语言规划包含与社会相关的地位规划、与语言相关的本体规划、与教育相关的习得规划和与形象相关的声望规划这几个方面。语言规划所牵涉的面十分广泛，它上自国家决策，下至黎民百姓关切，因此学界主张从宏观、中观和微观3个层面来看待语言规划问题。

围绕语言规划的定义和内涵，中国学者提出了功能规划和语言生活的概念，也可算得上是对语言规划理论的一种贡献。

在讨论语言规划的定义时，还不得不提到语言政策。鉴于二者经常成对出现，很多人往往把二者看成是同一个概念。但通过仔细梳理，尤其是根据语言规划与语言政策在现实社会中的表现，越来越多的学者倾向于认同二者之间的区别。语言政策主要是一种法律法规，往往表现为国家或团队的决定，而语言规划则是一种过程和路径，它通常预告未来会怎样，具有动态性。既然"政策"指具体的指导方针，它必定会对"规划"起到某种鼓励或限制作用，为开展规划的人的行动设定活动范围。虽然二者之间存在差异并被广泛认可，但这种差异并非泾渭分明。事实上，二者之间通常你中有我、我中有你，如果把政策比作理论的话，规划则强调实践。因此，政策指导规划，但政策必须倚重规划实践。制定政策的过程其实就是规划的过程，在规划过程中往往又会根据社会现实重新制定政策。因此，应该用一种全新的视角来看待二者之间的关系。由于传统语言政策与语言规划强调宏观的自上而下的作用，往往忽视来自基层的自下而上的作用。因此，还应考虑从微观视角出发，探寻基层单位在语言政策与语言规划中的主体作用，才能更好地发挥语言政策与规划的作用。

虽然语言规划实践古已有之，但是相关的理论研究却很年轻。语言规划的理论研究几乎与该术语的诞生同步发生。自Haugen 20世纪50年代末提出语言规划这一概念以来，也只不过半个多世纪而已。

从国际范围来看，语言规划研究主要沿两条轴线开展。第一条轴线围绕语言规划的内涵，即语言规划诸要素展开。第二条轴线主要是以语言取向为中心的研究，比如以语言为问题取向的研究，以语言为资源取向的研究，以语言为权利取向的研究。按照第一条轴线开展的研究产生了语言的地位规划、本体规划、习得规划和声望与形象规划。这是语言规划的最核心内容。其中地位规划和本体规划本由Kloss提出，但是Haugen通过其著名的2×2语言规划矩阵框架加以阐释，明确了其在语言规划中的核心地位。但仅靠这两个要素还不能实现语言规划的目标，为此Cooper提出了习得规划或教育规划，他认为这是实现语言地位规划和本体规划目标的途径。然而，规划的结果能否被人们所接受，这也不容忽视，因此Haarmann提出了声望规划，即规划的产品要有良好的声望。在此基础上Ager提出了形象规划，这对声望规划起到了很好的补充作用。在Haarmann的声望规划提出后不久，Kaplan和Baldauf即着手对此前的语言规划研究成果进行了全面的梳理和总结，完善了语言规划理论，并标志着语言规划学科体系的逐渐成熟。从第一条轴线的研究来看，语言地位规划和本体规划强调宏观的官方作用，习得规划虽然也包含了来自上层的决策，但针对微观个体的习得作用也不容忽视。而声望和形象规划把研究的重点放在规划的产品上，则是直接把研究的视角转移到了语言规划的微观层面上。

按第二条轴线展开的研究主要是以不同语言取向为核心的研究，主要有4个方面的内容，包含语言问题取向、语言生态取向、语言权利取向和语言资源取向。语言问题取向的理论依据是20世纪五六十年代的"一个国家、一个民族、一种语言"的口号，认为是多语导致了交际问题，妨碍了国家和民族的统一。开展这方面研究的主要代表人物有Fishman、Ferguson、Das Gupta、Rubin和Jerrnudd等。以语言生态为取向的研究诞生于语言多元化、民族多元化的社会背景下，其理论基础来源于生态学，其目标是保持语言生态系统内交流方式的和结构的多样性，规划的目的就是保护语言的多样性，这与语言问题为取向的语言规划形成了鲜明的对照。此阶段的主要代表人物有Haarmann、Kaplan、Baldauf以及Mühlhaüsler等。以语言权利为取向的研究是少数族群的语言权利受到了空前重视的结果。Kentra et al.认为语言权利包括少数族群的语言保持、语言使用以及接受双语教育的权利，而Skutnabb-Kangas则更进一步将语言权利同人权相联系，提出了语言人权的概念。语言权利观不仅成为维护语言公平的重要的思想武器，而且为多语环境下少数族裔的语言规划提供了理论指导。语言资源取向的研究受到了语言生态观和语言权利观的启示，因此Ruiz认为少数族群的语言是一种特殊的重要资源，而Kaplan甚至把语言资源看作是一种人力资源。

相对于国外研究，国内研究晚了二十余年。刚开始的研究主要围绕语言规划诸要素的研究开展，虽然难以摆脱国外研究的束缚，但是研究成果起到了很好的引介作用。进入20世纪90年代，国内研究渐入佳境，并逐渐取得了丰硕成果。归纳起来看，国内研究主要包含以下几个方面：针对语言规划内涵的研究、语言规划国别研究、国内语言国情研究，针对边疆民族地区的语言问题研究。就语言规划内涵而言，在国外研究的基础上，中国学者如胡壮麟提出了语言材料规划和元规划，郭龙生提出了传播规划，李宇明提出了语言功能规划等，这些都很好地充实了语言规划的理论基础。在国别研究方面，学者们的研究涉及美、英、法、德、日、澳等国的语言规划实践，为我国学者的研究提供了很好的借鉴。针对国内语言国情的研究，国内学者的研究涉及国家的语言能力、外语教育政策、语言生活、语言战略与国家安全、语言资源等领域。针对边疆民族地区的语言问题，主要研究内容包含少数民族语言政策、濒危语言保护、跨境语言问题等。

综合国内外的研究，我们不难发现，国外研究不论是在语言规划的内涵还是外延上，都在逐渐地由宏观转向微观，更加重视自下而上的来自基层的微观语言规划的作用。相对而言，国内研究主要关注宏观层面的语言问题，虽然近年来有更多的视角转向边疆民族地区的语言规划问题，但主要关注的还是宏观层面的问题，对边疆民族地区个人、家庭、社区等基层单位的语言使用、语言选择、语言态度等等微观层面的语言规划仍然重视不够。因此，针对基层个体、家庭或社区的语言使用、语言态度问题等展开研究，理应成为语言规划研究的重要组成部分。

第三章
微观语言规划

我们在第二章论述了语言规划的发展历程，揭示了学界如何从关注宏观语言规划到重视微观语言规划的转变。本章将对微观语言规划的含义加以界定，对微观语言规划研究的理论框架进行说明，并尝试构建用于本研究的理论框架，对少数民族地区开展的微观语言规划研究对象加以描述。

第一节　微观语言规划的定义

我们在上一个章节讨论了语言规划的定义，探讨了语言规划与语言政策的关系，并对国内外的语言规划研究现状进行了梳理。从大多数关于语言规划的定义来看，语言规划似乎是在国家层面进行并由政府主导实施的大规模地对社会说话方式或识字方式进行的变革或影响。（周庆生，2010）然而，如果我们对语言规划诸要素进行认真研讨便会发现，这种观点运用于地位规划和本体规划似乎是比较恰当的。语言地位规划因涉及确立不同语言变体的社会地位而具有政府宏观决策的色彩，这不难理解；本体规划涉及语言文字标准化、文字创制、语言文字纯洁化、国际化等行为，这必须要依靠国家机器才能运转，这也是符合常理的。然而，不论是地位规划还是本体规划，其实施的效果却要取决于习得规划，因为仅靠地位规划和本体规划而无习得规划则难以达到规划的目标。习得规划借助语言学习来推广语言，促进语言的传播，它担负着地位规划和本体规划的实施。从这个意义上来看，针对个人的语言习得，或者是针对个体所开展的语言教育规划便具有了重要作用。另外，一旦政策制定者确定某一语言在公共生活领域的作用及具体语言形式后，语言习得就由教育工作者负责组织实施。（Cooper，1989：1）没有习得规划，地位规划和本体规划便难以完成，作为语言习得规划主体的习得者或教育工作者便在整个语言规划体系里扮演着重要的作用。因此，语言规划不仅是政府或国家层面的宏观行为，也包含了语言习得者或教育工作者等来自最基层的微观行为。此外，从语言声望规划的角度来看，语言规划还要关注规划的产品是否具有良好的声望，即所规划的产品是否能为个体所接受。因此，来自基层个体的反馈也是语言规划的重要内容。

从语言规划发展的历程来看，第二阶段的语言规划（1970年代到1980年代）之所以收效甚微，遭受质疑（张治国，2014），原因是语言规划者只考虑到了宏观层面政府或国家的决心和意志，未考虑来自基层的个体反馈，没有开展微观层面的语言规划的缘故。

从语言规划理论研究角度来看，国外的研究从关注宏观规划向关注微观规划过渡。按第一条轴线展开的研究从地位规划和本体规划发展到习得规划和声望规划，其实就是从宏观语言规划发展到了微观语言规划；按第二条轴线展开的研究从语言问题取向逐渐过渡到语言生态取向，最后发展到了语言权利取向和语言资源取向。以问题为取向的语言规划注重的是宏观层面的语言交际问题，其规划的目的是消除由于多语言而带来的交际障碍以实现国家和民族的统一，结果却导致了小族语的消亡。而以语言生态尤其是以语言权利和语言资源为取向的语言规划关注多语环境下少数族裔语言的生态，语言和语言资源的保护以及语言权利等微观层面的问题。相对而言，国内的研究虽然也有类似经历，但更重视宏观层面的国家语言政策、语言安全、语言战略等问题，对微观层面的语言规划重视不够。虽然如此，中国学者对语言生活的关注，尤其是对语言生活不同领域的划分，却是非常具有中国特色的语言规划理论，其中也蕴含了微观语言规划的要素。

综上所述，微观语言规划是语言规划发展的必然结果，它和宏观语言规划或中观语言规划一同构成了一个有机的语言规划理论体系。那么，什么是微观语言规划呢？

虽然微观语言规划是语言规划理论发展的必然结果，但对其定义尚无确切的界定，相关研究也乏善可陈。Cooper在提出习得规划时指出，语言地位规划和本体规划的成败取决于习得规划中教育工作者对宏观决策的执行情况，其中包含了微观语言规划的成分，但Cooper未对其进行阐述。Haarmann（1990）针对过去语言政策的理论缺陷，强调了政策实施的双向性，其中一方是政策制定者，另一方是政策的接受者。政策实施的成功概率在更大程度上要取决于接受者，因此规划的产品必须有良好的声望。Haarmann的声望规划注意到了自下而上的作用，即微观语言规划的作用，但Haarman同样未对微观语言规划进行解释。

最早提出微观语言规划理论的是Kaplan和Baldauf。他们在对语言规划理论界产生重要影响的著作《语言规划：从实践到理论》一书中，从政府机构、教育机构、非政府组织、其他组织和个人等视角全方位考察了语言规划现象，认为语言规划可视规模的大小分为宏观规划和微观规划。一般认为，语言规划是一种大规模的活动，它主要出现在宏观层面。但实际上，语言规划发生在各个层级，尽管鲜有文献研究微观层面的语言规划问题，但它们却在我们的生活中随处可见。（Baldauf，2005）

以教育领域的语言规划为例，因为教育方面的语言规划要涉及具体的个人，因此可以看作是一种特殊的语言规划。一般的语言规划大多由政府一级的组织来进行，涉及社会的许多领域，因此是一种宏观的规划，而教育领域的语言规划与其相比范围要小得多，因此，是一种微观的规划。（Kaplan、Baldauf，1999）Kaplan和Baldauf的主要理论贡献就在于他们指出语言规划应该以民众为中心，也就是说，理想的语言规划和政策的实施应该采取自下而上的策略，而不是自上而下的方法，语言政策不仅包括国家层面的宏观的政策，微观的语言规划活动更为常见，其影响也越来越大。（Eggington，2005）尽管如此，Kaplan和Baldauf并未在该书中对微观语言规划做出确切的界定。只是针对不断有学者先后对语言在家庭、学校、生产制造部门、管理部门、执法机构、销售与服务业、家庭学校和社区等社会组织结构中的众多行业进行调查研究试验，展开微观语言规划实践，积累了丰富经验后，Baldauf（2006）才对这些研究进行了理论总结，把微观语言规划界定为语言规划实践小型化、个体化和地方化发展趋势的主要表现形式。（赵守辉，2008）

　　国内学者对微观语言规划的研究明显晚于西方学者，最近几年才引起关注，且相关研究大多散见于不同的论著，尚未形成一个完整的理论体系。李明琳、李雯雯（2007）以及吴欣欣（2013）在论及语言规划的范围时指出，语言规划者除了政府或政治代言人外，还包括家庭、学校、工作场所或工作单位、地方行政部门等，这表明她们的研究注意到了来自基础的自下而上的作用，而这些规划者正好属于微观语言规划的范畴。赵守辉、张东波（2012）在《语言规划的国际化趋势：一个语言传播与竞争的新领域》一文的结论部分指出，由于受福柯微观权力观（governmentality）的启迪，近年来学者们对语言规划的微观方面产生浓厚兴趣，更加注重自下而上的基层作用，侧重研究具体领域如家庭、学校、法院、健康医疗、商业的语言使用。这里的自下而上的基层作用其实指的就是微观语言规划。鉴于语言规划的目的是对语言生活进行有效的引导和科学的管理，李宇明（2012）为便于对纷繁复杂的语言生活进行观察和分析，将语言生活划分为宏观、中观和微观3个层级。宏观层级的语言生活指国家层面或超国家层面的语言生活，中观层面的语言生活指领域语言生活和地域语言生活，微观层面的语言生活指个人语言生活、家庭和乡村的语言生活以及一些行业终端的语言生活。显而易见，对微观层级语言生活的观察和分析，指的就是微观语言规划。戴曼纯（2014）在对20世纪70年代至80年代新兴后殖民多语国家的语言政策及规划成效令人失望的原因进行分析时指出，当时的语言规划研究对受国家政策和计划影响的社团关注不足，主要把精力放在国家机构自上而下的规划上，忽略了少数民族语言使用的政策偏好、学习通用语对社团的影响、身份认同、幸福感等问题。此外，政策推广过程中过分看重显性政策，而忽略了隐性政策具有同样的重要性，过分关注机构等宏观层面，忽略了微观层面的作用。由此可见，微观层面的语言规划同宏观层面的语言规划同等重要。

以上分析表明，国内已有不少学者关注到了微观层面的语言规划，并对其范围进行了论述，但基本都未对其确切含义加以解释。

事实上，先于当前很多学者对微观语言规划的关注，周庆生（2010）曾对微观语言规划做了专门论述。他在《语言规划发展及微观语言规划》一文中回顾了第二次世界大战后语言规划的发展历程后指出，"人们越来越接受这种观点，即语言规划可以在不同层面，即宏观、中观和微观发生"。在对Kaplan和Baldauf的语言规划框架进行分析后，周庆生（2010）尝试对微观语言规划做了如下定义：

> 微观语言规划指的是商业、社会公共中介、群体或个人掌控的中介，制定出能被公认为语言政策的东西，计划利用并开发他们的语言资源；所有这些并不是某些较大宏观政策的直接结果，而是对其自身需要、自身"语言问题"、自身对语言治理的要求所做出的一种回应。

基于上述定义，周庆生分别论述了6个方面的微观语言规划，包括销售服务的微观语言规划、制造业的微观语言规划、行政管理的微观语言规划、学校的微观语言规划、家庭的微观语言规划和社区的微观语言规划。因此，从现有文献来看，周庆生是到目前为止首次给微观语言规划下定义并对微观语言规划的范围进行界定的学者。

从语言规划理论发展的路径来看，学界有很多观点基本是相同的，但也存在一定的差异。比较一致的看法是，语言规划由不同层级构成，包含宏观、中观和微观层面的语言规划，都认为要重视来自基层的自下而上的作用。最大的不同在于哪些领域属于宏观、哪些属于中观、哪些属于微观。以教育领域的语言规划为例，Kaplan和Baldauf（1999）明确指出，因教育领域的语言规划范围较小，因此是一种微观的规划。国内学者李明琳、李雯雯（2007），周庆生（2010），赵守辉、张东波（2012）以及吴欣欣（2013）等也把学校划入微观语言规划的范畴。而根据李宇明（2012）的划分，教育领域的语言规划属于领域语言规划，故应该纳入中观语言规划的范畴。戴曼纯（2014）认为经典时期的语言规划由于看重显性政策而忽略了隐性政策所能发挥的作用,过分关注机构(如学校)这一宏观层面,忽略了微观层面。很显然,戴曼纯把学校划入到了宏观语言规划的范畴。

此外,在微观语言规划的定义上也不甚明朗,比如Baldauf的定义似乎过于简洁笼统,他认为微观语言规划是语言规划实践小型化、个体化和地方化发展趋势的表现形式,其中对小型化和地方化的范围就很难做出明确的界定,因为究竟多小为小型化,在什么样的地域属于地方化。如果按照李宇明的划分,领域语言规划中就包含了某些部门和地域的语言规划,而这些是属于中观层面的语言规划,而非微观层面的语言规划。

周庆生的定义虽然详细具体,但对"中介"一词的界定值得商榷。根据国内外学者对微观语言规划范围的描述,商业机构、群体或个人本身就是语言规划者,属于微观语言规划的范畴,而周庆生把微观语言规划界定为"是商业、社会公共中介、群体或个人掌控的中介",读者可能会问:个体能掌控什么样的"中介",这个"中介"就是微观语言规划吗?此外,他的定义中提到,这些所谓"中介……制定出能被公认为语言政策的东西",其中的"语言政策"也容易与政府部门制定的宏观语言政策产生混淆,因为政府部门的"语言政策"往往是显性存在的、一种自上而下的法律、法规或者条例。个体的语言规划所能产生的只能是一种隐性的语言意识、语言态度,或者身份认同、幸福感等,因此这些隐性的个体的"语言政策"未必是"公认"的。当然,周庆生把微观语言规划界定为"不是某些较大宏观政策的直接结果,而是对其自身需要、自身语言问题、自身对语言治理的要求所做出的一种回应",这是非常清楚明了的,也有利于指导人们开展微观语言规划研究。

综合上述国内外学者的各种不同观点,有关微观语言规划概念界定的出发点是语言规划所发生的范围。从范围大小的视角来看,宏观语言规划发生在国家或者超国家范围内,中观语言规划发生在比国家层面稍小的地域或者领域之内,而微观语言规划则发生在最小的基层单位,即所谓的语言规划"地方化""个体化"或者"小型化"。虽然对某些地域或者领域的语言规划到底是属于中观语言规划或者微观语言规划可能还会产生争议和分歧,但是从范围大小的视角来界定微观语言规划的范畴,如个人、家庭、生产制造部门、机关单位、地方行政部门、法庭等等,这几乎是国内外学者普遍一致的看法。尽管如此,这里仍然存在一个较大问题,即微观语言规划如何自下而上对宏观语言规划产生作用?从宏观的角度来看,政府或者国家拥有足够的资源来对语言的本体、地位、习得(教育)以及声望或形象进行规划,而某些非常微观的领域比如个人或者家庭,尤其是非常弱势的微观群体,他们没有能力更没有资源来对某种语言的本体、地位、教育和声望形象进行规划。但是他们确确实实能对这些来自宏观层面的决策做出响应，而且这也是国内外学者所一致认可的事实。但遗憾的是，目前国内外有关微观语言规划如何自下而上影响宏观语言规划尚缺乏相关界定。

鉴于此，综合上述各种观点与考量，我们尝试对微观语言规划做出如下定义：

> 微观语言规划是基层单位或个体（如家庭、社区/乡村、法庭、医疗机构、地方行政部门和学校等）根据自身的需要在语言使用、语言选择、语言学习、语言态度（认同）等方面做出的反应。它以自下而上的方式对宏观语言规划做出隐性的或者显性的反馈，是语言规划的重要组成部分。

这一定义包含了两方面的内容，一是微观语言规划发生的范围，这与国内外学界的界定是一致的。不同的是，我们明确了微观语言规划发生作用的方式，即基层单位或者个体通过语言选择、语言使用、语言学习以及语言态度或语言认同等方式来对宏观语言规划发生作用。通过这样的界定，明确了微观语言规划研究的范畴、对象、内容乃至范式，为微观语言规划研究指明了方向。

第二节 微观语言规划的理论框架

从对微观语言规划定义的界定可以看出，微观层面的语言使用、语言选择、语言学习以及语言态度等，原本就是客观存在的，只不过针对微观层面语言规划的研究来得晚了一些。从传统的角度来看，国内外一直以Haugen（1966、1983），Kloss（1977）和Cooper（1989）提出的框架为理论模型，关心的是大型语言规划项目及措施，实施方式是自上而下的政府行为，语言规划的主要目标是要改变或影响整个社会成员的语言生活或语言行为。（赵守辉，2008）由此可见，如果语言规划只是从"大处着眼"，只关心政府行为、只关心大型项目的实施，而不注重从"小处着手"，不重视社会成员对政府行为的反馈，则无从知道语言规划的实施效果。

事实上，经典语言规划已经包含了微观语言规划的成分。经典语言规划中的习得规划在很大程度上所关注的就是微观层面社会成员的语言学习。这或许是为什么20世纪七八十年代便有学者开始尝试采用社会学的一些研究方法来拓展语言规划的研究领域（黄晓蕾，2014），Cooper就是其中的典型代表，他在《语言规划与社会变化》（*Language Planning and Social Change*，1989年）一书中提出了一系列语言规划研究的概念和方法，包含习得规划（acquisition planning）、语言规划明细表（accounting scheme）和交互网络（interaction networks）。其中的习得规划包含两个重要的变量，即总体目标和实现目标的方法。总体目标包含习得、再习得和保持，实现目标的主要方法包括学习机会、学习动机、学习机会加学习动机。习得规划的基本框架可用图3.1表示：

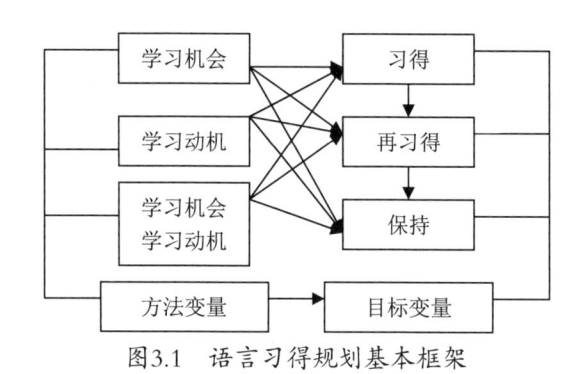

图3.1 语言习得规划基本框架

从图3.1中习得规划的方法变量与目标变量来看，语言规划的对象不仅是社会、国家和国际等较大宏观社群，同时也是不同族群、个体职业者等来自基层的微观社群，因此Cooper将语言规划视为"不断缩小的、较小范围内的一系列决定"，从而构成了一张语言习得规划交互网络。从这一网络中可以看出，语言规划的目标就是要改变人们的语言行为，而实现这一目标的最好方法就是对人们的语言习得进行规划，为语言使用者提供语言学习的机会与动机，使语言学习转化为语言习得和再习得，最终实现语言保持目标。显而易见，Cooper的语言习得规划，尤其是语言习得交互网络标志着语言规划研究开始向微观共时层面拓展，进入了宏观与微观研究并存的时期（黄晓蕾，2014），也标志着微观语言规划研究的雏形。

除了关注社会成员的语言生活和语言行为，比如社会成员的语言习得、再习得直至语言保持外，学者们还把注意力集中到了语言规划的执行效果上，因为要使语言规划的对象（targeted subjects）即社会成员愿意接受和使用语言规划者所规划的产品，这样的产品就必须是值得羡慕和推崇的，并可作为典范进行学习。（Fishman，1983）因此，规划的产品，即语言政策的好坏，可在很大程度上通过社会个体成员的日常行为加以检验。（Woolard，1985）如果把语言规划的产品与商品的生产、销售等商业操作相对比的话，这就如同工厂需要进行市场需求分析、产品设计、广告宣传和后期服务一样，语言规划也要强调正确的时间、地点和对象以及对象的反馈等，否则语言规划便难以获得成功。（Cooper，1989）基于这样的思想，Haarmann（1990）正式提出了声望规划这一概念。他认为，语言规划的结果就是一件产品，公众对这样的产品有自由选择的权利。要使该产品被人们所接受并经受得住考验，该产品就必须是公众所需要的、质量可靠的产品。换句话说，这样的产品必须具有良好的声望。反之，如果所规划的产品不符合公众所需或者因为质量等问题不具有良好的声望，便可能遭到公众的唾弃。所以，语言规划者必须对公众的这种自由选择过程进行有意识的干预，以便在公众心目中树立起该产品良好的声望。

然而，传统的语言规划者还是只习惯于把自己的工作看成是一种自上而下的政府行为，很像计划经济的管理模式。政府或者代表政府的机构和权威人士按照国家的意愿设计和生产语言规划的产品，他们很少考虑语言规划对象的感受，往往想当然地认为他们的接受和使用是理所当然的，所以很少考虑其所规划出的产品的可接受度，因此也不会在乎其产品的声望。这种传统的语言规划模式往往是单向的自上而下的模式，如图3.2所示：

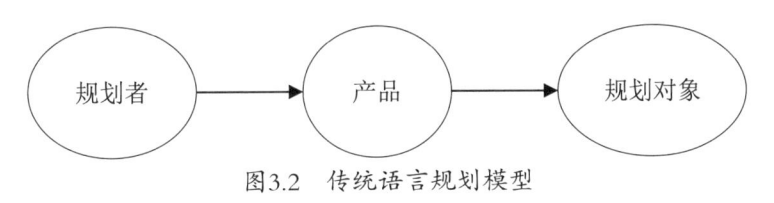

图3.2　传统语言规划模型

在图3.2中，传统语言规划的缺陷显而易见，因为这样的规划是否有效果不在规划者的考虑范畴内。针对这一缺陷，Haarmann所提出的语言声望规划便强调了政策实施即语言规划的双向性：一端是政策制定者，另一端则是政策的接受者。在Haarmann的模式中，政策成功的概率更取决于接受者，因为"在语言规划过程中，个人的控制能力是接受或排斥规划措施的最基本力量"。（赵守辉，2008）此外，Haarmann还强调，由于语言规划产品实施者具有多样性，所以产品推广者以及推广过程必须具有良好的声誉。从这个意义上来说，语言规划者必须时刻关注其所规划的产品的质量以及被规划对象对该产品的反馈，犹如市场经济模式下的生产者与消费者之间的关系一样，生产经营的成功与否在很大程度上要看消费者对其生产和经营的认可程度。由此可见，声望规划不仅承认来自规划者的自上而下的作用，也强调规划对象自下而上的反作用，由此形成了一个上下循环且共通的框架（见图3.3）。

图3.3　声望规划模型

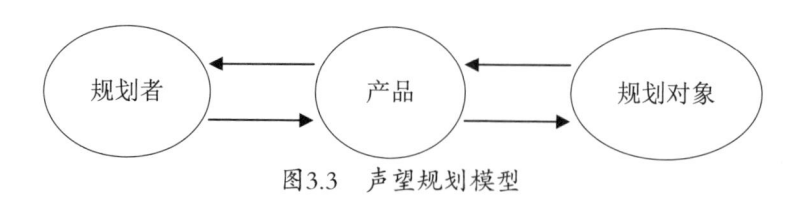

在这一左右循环共通的框架内，语言规划者与规划对象的关系不再只是实施者与接受者的关系。在Haarmann看来，规划者由四个层次组成，即官方、机构、团体和个人。官方和机构对地位和习得规划的影响力最大，但团体和个人则更容易在本体和声望规划方面发挥实效。从这个意义上来说，传统的规划对象即语言规划产品的接受者也在整个规划过程中发挥作用，具有了规划者的特征，形成了如下模式：

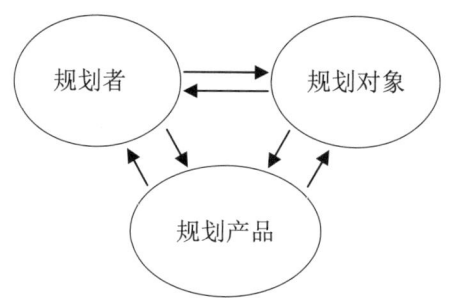

图3.4　声望与形象规划模型

图3.4中的模型构成了声望规划的全过程：语言规划者在开展宏观规划时，要优先考虑声望。不仅产品必须是有声望的，就连推广的过程也不能例外，甚至连产品的设计者与推销者，即语言规划专家和实践工作者也要有良好的声望，才能成功地完成规划任务，实现规划的目标。之所以把声望放在如此高的地位，这是充分考虑到了规划对象感受的缘故。换一个角度来看，规划的产品是否有声望，这不是规划者说了算的，这完全取决于规划对象是否认可。从这个意义上来说，规划对象也变成了规划者。因此，Haarmann的声望规划推动微观语言规划向前迈进了一大步。

尽管如此，Haarmann提出的声望规划并未立即引起学界的关注。语言规划学界对声望规划研究兴趣的兴起，得益于英国社会语言学家Ager的大力提倡。（赵守辉，2008）Ager（2005）在对地位、声望、形象和认同这四种语言规划中最常见的概念进行区分和描述时，提出了形象规划概念。他认为，地位与认同是具体真实的方面，而声望和形象则是抽象的、非真实的社会心理方面。地位相对于认同，声望相对于形象。认同和地位是形象与声望的基础，但并不一定会带来形象和声望的变化。来自政府层面的自上而下的宏观规划对于那些具体的"真实问题",如语言地位、本体或习得规划可应付自如,但对于那些抽象的、软的、看不见的声望和形象则无能为力。Ager的形象规划理论对Haarmann声望规划所做出的最大贡献在于为多语环境下的语言规划研究提供了思路。Zhao和Liu(2007)以新加坡为例对此情形做了极好的表述:在新加坡,华语的声望已不如英语,但在华人群体中仍然有积极的形象,因此大多数华人家长还是会要求其子女学习华语。推己及人,我们不由得想起云南边疆民族地区,虽然少数民族语言的声望不能与国家通用语相提并论,但少数民族语言仍然在少数民族群体中存在良好形象,很多少数民族对自己的民族语言怀有亲切感,觉得自己的民族语言优美动听。从这个意义上来说,Ager的形象规划理论对在少数民族地区开展微观语言规划提供了重要依据。

　　微观语言规划被进一步认可和接受,与Kaplan和Baldauf(1997、2003、2004)的研究密不可分。在对Haugen、Kloss、Cooper、Haarmann和Ager等人的成果进行总结的基础之上,Kaplan和Baldauf(1997)推陈出新,以丰富的实例论证了影响语言生态的多种要素,创建了语言生态系统模型。接下来他们又对亚太国家语言习得规划的历史做了深入研究,在总结既往经验并吸收各种理论的基础之上,推出了一个全面的综合性语言规划框架(Kaplan、Baldauf,2003),即"以目标为导向的语言规划框架"。该框架不仅融入了Haugen(1966)的2×2矩阵框架、Cooper(1989)的习得规划和Haarmann(1990)的声望规划,还根据语言规划的目标提出了具有开创性意义的宏观规划(macro planning)、中观规划(meso planning)和微观规划(micro planning)。这应该是国际上有学者第一次提出了宏观、中观和微观的概念,也标志着微观语言规划这一概念正式进入研究视野。

　　Kaplan和Baldauf不只是停留在理论研究层面,Kaplan还在20世纪90年代中后期便和其他合作者在美国进行了大规模的微观语言规划实践。而Baldauf(2004)则再次对语言规划理论做了总结,他在*Language Planning and Language Policy: Recent Trends, Future Directions*(《语言规划和语言政策:当前趋势与未来方向》)一文中指出了语言规划发展的方向,包含语言规划的层次、隐性语言规划、语言规划的执行者及其作用、早期义务外语学习规划等四个维度。这四个方面均包含了语言地位、本体、习得和声望规划四种类型。基于此,Baldauf提出了著名的语言规划目标框架,即*An Evolving Framework for Language Planning Goals by Levels and Awareness*(《基于层级和意识的语言规划目标演变框架》)。

　　总之,不论是"以目标为导向的语言规划框架",还是"基于层级和意识的语言规划目标演变框架",二者都明确了语言规划的目标、达标的路径以及规划的层级。详见图3.5：

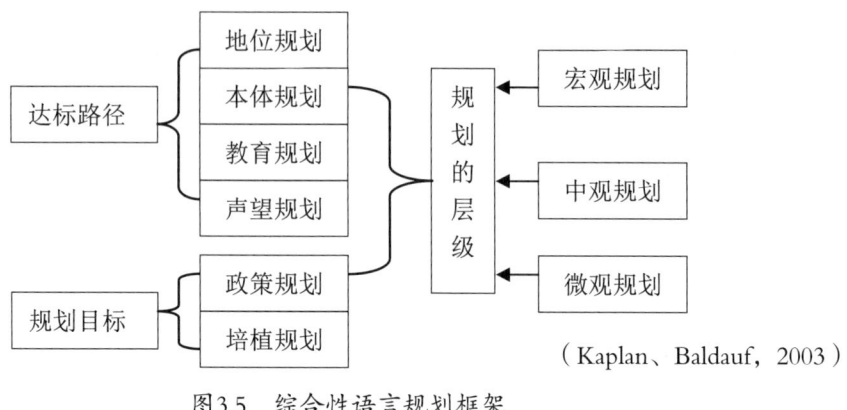

图3.5 综合性语言规划框架

从图3.5中可以看出，语言规划的目标可以通过四条途径来实现，分别是关于社会的地位规划、关于语言的本体规划、关于学习的教育规划和关于形象的声望规划。规划的目标包括两项内容，一是关于形式的政策规划，一是关于功能的培植规划。从规划的目标以及实现目标的路径来看，这基本上是对过去研究的概括与总结。与过去研究不同的是，他们明确了规划的层级。不论是规划的目标、还是达标的路径，二者都包含了宏观规划、中观规划和微观规划三个层级。显而易见，Kaplan和Baldauf的研究正式赋予了微观语言规划合法的地位。

从Cooper的习得规划，到Haarmann和Ager的声望与形象规划，再到Kaplan和Baldauf的综合语言规划框架中可以看出，语言规划不只发生在社会、国家或国际等较大层面。语言规划发生在社会的各个层面，有宏观的，有中观的，也有微观的。从某种意义上来说，微观层面的语言规划关乎语言的习得、语言的声望与形象，尤其是语言规划的目标和达标的路径。因此，微观层面的语言规划是任何宏观或者中观语言规划者都不能忽视的重要范畴。

反观国内，学者们一直关注于宏观层面的语言规划，这可能受"规划"二字，尤其是与之相对应的"政策"二字的中文含义所影响的缘故，然而不管承认与否，国内有关语言规划的研究中已经包含了微观语言规划的成分，最典型的例子莫过于"语言生活"概念的提出。20世纪末21世纪初语言生活这一提法初现文献时（李宇明，1997），便引起了学界的关注，如郭熙（1998）分析了当时中国面临的一些语文生活问题，彭泽润、彭建国（2001）研究了20世纪中国的语言生活、语言教育和语言理论之间的关系。但真正引起学界普遍关注的是2005年国家语委开始每年一次发布"中国语言生活状况"报告，尤其是戴庆厦（2007）的论文《中国语言生活状况研究的新篇章——喜读〈中国语言生活状况报告（2005）〉》发动了国内学界对语言生活问题的关注，如李宇明（2008）对2007年的中国语言生活状况做了概述，王铁琨、侯敏（2010）根据2008年的数据分析了2008年中国的语言生活。"语言生活"这一"国产"概念已经得到学界认可，并引起了社会的高度关注。（李宇明，2013）尤其是近年来，有关语言生活的研究更是硕果累累。（郭熙，2015）

那么，什么是语言生活，它与微观语言规划又存在什么样的关系呢？关于语言生活的定义，目前所见只有李宇明有过明确的界定。李宇明（1997）认为，运用和应用语言文字的各种社会活动和个人活动，可以概称为语言生活。后来李宇明（2013）又对这一界定做了详细解释：凡运用语言、研究语言、学习语言和语言教育等活动，凡应用语言学成果的各种活动，都属于语言生活的范畴。从这个意义上来说，国家有国家的语言生活，乡村有乡村的语言生活，社区有社区的语言生活，家庭有家庭的语言生活，就连个人也有个人的语言生活。这是任何人都否认不了的事实。相比较而言，语言规划和语言政策更具有官方色彩，而"语言生活"似乎则更贴近社会现实，似乎更符合语言应用或运用语言的客观世界。而这里的乡村、社区、家庭和个人的语言生活不正好是Kaplan和Baldauf所描述的微观层面的语言规划吗？

鉴于语言生活和语言生态的丰富性和多样性，为便于观察和开展语言规划实践，李宇明（2012）结合我国语言生活状况和语言生活的管理体制的实际，将语言生活划分为宏观、中观和微观3个层级。其中，宏观层级包含国家层面和超国家层面的语言生活，中观层级包含领域语言生活和地域语言生活，微观语言生活包含个人语言生活和社会终端语言生活。这明显是"语言生活"贴近社会现实的真实写照。

与此类似，陈章太也在《语言战略研究》（2016）的卷首语中指出，中国当前的语言生态表现出了多样性和层级性的特点。所谓多样性，即"各民族语言文字、方言土语并存分用、和谐发展，现实生活语言使用功能得到充分发挥，虚拟世界语言使用非常活跃，可谓百花齐放、异彩纷呈"。层级性表现在4个方面，分别为宏观层级的语言生态，中观层级的语言生态，微观层级的语言生态和虚拟世界的语言生态。

从宏观和中观层面来看，李宇明（2012）认为国家有较为合适的语言政策，一些重要领域有基本的语言规划，国家和地方都有负责语言规划的组织机构。国家通用语处于主体地位，在国家、社会生活中发挥主导作用，各民族语言文字也在日常生活中各自发挥其作用，总体语言生活和谐。然而，微观层面的语言规划还没有真正纳入国家语言规划的视野，微观层级的语言生态比较薄弱，存在的问题也较多。没有形成合理的工作机制，社会语言服务的组织不健全，是语言规划中最为薄弱的环节。相较而言，民族地区由于存在多语现象，一方面面临民族语言使用、转用、兼用、濒危、保护等重要的语言规划问题，另一方面还存在国家通用语言文字的推广和普及、外语教育、跨境语言等热点问题。所有这些问题的解决，如仅依靠宏观语言政策或者在宏观和中观层面开展语言规划是难以奏效的，必须着力于微观层面，采取自下而上的方法，自上而下的语言政策或者语言规划才能产生实效。

第三节　微观语言规划的范围

　　从上文的论述中可以看出，Cooper的习得规划框架包含习得的总体目标与实现目标的途径，标志着语言规划研究的范围逐渐向微观领域拓展，为微观语言规划研究奠定了理论基础。Haarmann的声望规划和Ager的形象规划注重规划的产品，强调规划对象对规划过程和规划结果的反馈，直接把研究的重心放在了微观语言规划层面。Kaplan与Baldauf对过去所有研究做了总结，提出了语言规划生态系统模型，推出了综合性的语言规划框架，尤其是"基于层级和意识的语言规划目标演变框架"，直接使用了微观语言规划这一概念。李宇明、陈章太等根据中国的语言实际，提出了语言生活这一具有开创性的语言规划概念，并根据中国实际把语言生活划分成了不同的层级。从微观的视角来看，国内国外学者所关注的语言规划问题，主要包括个人、家庭、社区（乡村）、学校、作为行业终端的城镇机关单位等。那么微观层面的语言规划是如何发生的呢？下面我们分别做一些简单陈述。

一、个人的语言规划

　　人一生下来便面临语言问题。首先以啼哭宣告脱离母体，然后以各种不同的声音表达自己的意愿，还要逐渐弄懂来自周围一切声音的含义。这些都是一个新生婴儿必须要解决的语言问题。当长到一定的年龄后，他必须要明确哪些是符合社会规范、有涵养的表达方式，哪些是必须遵从的规范的语言（李宇明，2012），哪些是不规范的语言，或者是粗俗的语言要尽量回避。更重要的是，他还常常要在家长、老师和同伴之间的语言中做出选择，使用家长和教师认同的语言可能获得奖励，使用同龄人的语言可能得到同伴的接纳，等等。此外，个人的语言能力在很大程度上影响并制约着个人的事业成就、个人发展,甚至收入水平。

提升个人的语言能力面临语言规划问题,这首先存在口头交流和书面表达的问题。有些人擅长口头交流,他们可能在社会生活中获得便利;而另外一些人则可能擅长书面表达,这对从事语言文字工作的人来说是必备的技能。可是对一些没有文字的少数民族个人来说,他们便天然地处于劣势,因此他们必须通过语言规划来弥补这一缺陷。就个人来说,他们所面临的是其他语言的选择问题:国家通用语是必须要掌握的。其次,在国家步入信息化、知识化、国际化的时代,个人还面临外语学习的问题,且面临口头语言和书面语言的问题。对于一般的个人来说,随大流选择一门主要的外语语种比如英语即可,而对于边疆民族地区的个人来说,是英语还是邻国语言,这是他们必须要做出的选择。因此,符合个人语言能力发展是人生规划中最为重要的内容之一。最后,人的一生中经常会碰到各种语言困难,包括语言使用困难、语言知识困难、语言技术困难、语言决策困难等,所有这些问题唯有通过语言规划的手段方能加以解决。但就目前而言,个人对语言生活的规划还不自觉,社会对个人的语言生活的指导还不系统,更缺乏专司此职的社会机构,缺乏有效的社会举措,相关学术研究也十分欠缺。(李宇明,2012)

二、家庭的语言规划

家庭是社会最小的结构单元。在众多单语制家庭,语言规划的发生往往是无意识的、自发的。使用什么语言、说什么话,似乎是用不着规划的。然而家庭领域的语言规划常常涉及3个方面,即语言实践、语言意识形态和语言管理。(Spolsky,2011)也就是说,看似自发的语言实践,其中也包含有意识的语言选择,只不过这种语言选择是隐性的。凡存在有语言变体的地方,家庭成员会有意识地选择合适的语言变体。以笔者以及身边同事为例,在家庭内部、朋友、熟人之间会自发地使用本地方言,对外交流或正式场合会选择使用普通话进行沟通交流。大家都会有意识地遵守一种约定俗成的规定,以便语言的使用合适得体。这种有意识的选择其实受到了来自社会的影响,即宏观语言规划作用的影响,从而导致家庭语言意识的改变。比如,包冬梅(2011)发现,城市散居蒙古族青年进京后同上一代交流时,单纯使用本族语的情况减少,使用蒙汉双语或汉语的概率提升,而在与同辈或下一代的语言交际中,这种现象愈加明显。对这些散居在大城市的少数民族来说,汉语是流通语、公共语,必须融入这种影响较大语言环境中才能够获得更好的生存条件。

然而,在多语言环境下,尤其是多语言家庭,家庭语言规划也未必都是隐性的。戴庆厦、和智利、杨露（2015）研究发现，德宏州中缅边境吕英村村民能使用6种语言，分别为景颇语、载瓦语、勒期语、浪速语、傈僳语和汉语。当这些能够操多种语言的人在一起时，什么情况下使用母语，什么情况下使用兼用语，都不是随意的，而是有一定的规律可循。一般而言，如果双方都能听懂对方的语言，就各说各的母语；若只有一方能够兼用对方的语言，则会迁就聊天对象，用对方的母语进行交际；当谈话双方都不懂对方的母语时，则选择普通话进行交际。一般来说，在交际双方都能互通对方母语的前提下，该村村民以说自己的母语视为对对方的尊重。即便在家庭内部，这一现象同样存在。比如一位16岁的景颇浪速支系的初中女生说，当她与属于载瓦人的外婆用载瓦语交谈时，外婆就骂她说不懂礼貌，告诉她浪速人就要用浪速语讲话。生活在该村的不同民族养成了这样的习俗，"见面说自己的母语，别人才会觉得你把他当朋友"。

当然，还有更显性的、精心安排的家庭语言规划案例。吴欣欣（2013）举了这样的例子，一位美国语言学家和他的塞尔维亚妻子生活在加拿大的一个法语城市，他们决定在与孩子交谈时使用德语。之所以做这样的安排，是因为他们觉得孩子在北美既可以学好英语，又可以在日常生活中通过与同龄孩子的交往自然习得法语。

可以预见，随着语言环境的日益复杂化，家庭内部的语言规划表现出了从隐性走向显性的趋势。这种情况在当前的大城市中表现得越来越突出。传统的隐性规划主要表现为使用方言还是使用国家通用语的问题，近年来，随着英语热的出现，很多城市家庭内部讨论最多的是孩子的外语学习问题，遍布城市各个角落的儿童英语培训班就从另一个侧面反映了家庭内部的语言规划迹象。

总而言之，在多语言的少数民族家庭，儿童刚一出生，父母也许就要考虑是让孩子学习国家通用语，还是方言，还是民族母语；而在城市，家长除了上述问题外，还要考虑让孩子何时学习外语，开始制定家庭语言计划。尽管许多家长并不具备外语习得的相关知识，也不懂得教育规划的理念，但他们还是在努力规划着下一代的语言发展。

三、乡村的语言规划

以乡村的语言生活为切入点研究乡村的语言规划是不错的选择。中国是一个以农耕为主的国家，很多乡村主要由一两个大姓加上少数其他姓氏的村民组成，长期的生活实践形成了固有的方言，乡土乡音成了村民认同的主要标志。乡村的语言生活通常以自然方式运行，几乎看不出语言规划的痕迹。然而在多语的少数民族地区，村民们却面临语言使用和语言选择的问题。通常情况下，与本民族的人交流时使用本民族的语言，与其他民族的人交流时则可能选择第三种语言进行交流。一般认为第三种语言可能是国家通用语，但在民族地区，可能是本地的汉语方言，也可能是本地影响较大的民族语。

近年来，随着经济文化的发展，乡村语言生活正发生巨大变化。广播、电视、电话等通信手段使得城市与乡村的沟通变得容易且频繁，城市对乡村的语言生活产生了重大的影响。年轻人可能会以说国家通用语为荣，而老年人则觉得年轻人忘记了自己的乡土乡音而大为不快，从而产生语言生活中的不和谐现象。

这种情况在民族地区的乡村也或多或少地存在。传统的少数民族乡村由于地理位置偏僻，与外界的交流较少，而能较好地保护本民族语言。然而，在城市化进程的影响下，很多少数民族子弟也外出到城市打工，一些少数民族乡村由于扶贫的缘故也整体搬迁到了一些乡镇居住生活，再加上新农村建设的影响，他们的语言生活越来越有了城市的气息。所有这一切都将导致少数民族的语言观念和语言实践发生深刻变化。而首当其冲的是青少年，即使他们的家乡不受城镇化的影响，他们也可能由于远离自己的乡村到城镇求学而导致其语言观念和语言实践的改变。这种改变可能有积极的一面，也可能有消极的一面。从积极的角度来看，他们可能在国家通用语的传播方面发挥作用，比如成为其父母国家通用语的老师。但从消极的角度来看，具有民族特色的、乡土语言中的文化内涵正从他们身上退去，富有文化内涵的语词被逐步遗忘。总而言之，青少年语言实践的改变终将导致乡村语言生活的改变，并进而影响到整个社会的语言规划。

四、学校的语言规划

在论及语言政策与语言规划的关系时，Ricento和Hornberger（2006）发现了一个非常重要的干预变量，那就是教育，而作为教育者的教师始终处于语言政策的中心地位。（李明琳、李雯雯，2007）作为教育部门或地方语言机构制定政策的关键落实者、重要执行者，教师的教学工作在很大程度上影响和决定着语言政策的实施，同时也反过来作用于政策的制定。除了教师外，作为语言政策的执行对象，学生对语言政策的认同、态度、接受程度等也无时不检验着语言政策的执行效果，他们与教师一起构成了一个语言规划的闭合系统。因此，作为教育主阵地的学校往往成为语言规划的重镇。

学校以及学校教育对国家语言规划成功与否之所以具有举足轻重的作用，是因为它上连国家，要执行国家的语言政策，推行国家的通用语言，开设国家或社会所需的外语课程；也因为它下连个人和家庭，弥补家庭语言与学校语言之间的鸿沟。通常情况下，儿童在入学之前就已经掌握了众多本地语言变体或方言中的一种及以上，但是他们在学校期间需要掌握一门指定的语言，该语言一般是本国的官方语言或标准语，这就导致了语言鸿沟的产生。这种现象在民族地区表现得尤为明显，很多民族学生在上学前只会使用本民族语言，但学校往往只能选择一种语言作为应完成的教学目标或教学用语。然而，教师究竟是使用学校提倡的语言授课还是学生的家庭用语进行授课，这曾经给在民族地区的学校教育带来过困扰。好在基于民族平等政策，各少数民族享有使用本民族语言文字的权利，再加上出于保护少数民族语言文字的需要，故在民族地区的中小学校开展民族语与国家通用语的双语授课模式，较好地填补了家庭语言与学校语言之间的鸿沟。

学校除了起到诸如此类承上启下的作用外，其内部尚存在诸多需要认真面对的语言规划问题。根据Cooper等提出的习得规划或教育规划的理论，学校还面临如何教、教谁、教什么、教到何种程度、如何评估等问题。以高校的外语教学为例，曾经有些高校专门用一个学期的时间为学生突击英语，以提高大学英语四、六级通过率。笔者所在高校一以贯之的做法是在新生进校军训期间抽空给学生进行分级考试，开展分级教学。这就是如何教的问题。很多高校一度把学生的四、六级成绩与学位证和毕业证挂钩，以为通过了四级或者六级考试，便达到了外语教育的目的，学生便可以顺利毕业，这可以被视为教到何种程度的例证。近年来，社会各界对外语教育中英语一枝独秀的做法提出了批评，主张多元的外语教育，于是各高校纷纷在外语教育中增设了其他语种的教学，沿边省区的高校开设了邻国语言课程。这便回答了教什么语言的问题。因此，从某种角度来看，学校才是语言规划实践的主战场。

五、工作单位的语言规划

工作单位也存在或多或少的语言规划行为，也存在具体的语言实践或影响语言选择的语言意识形态。虽然语言意识形态难以察觉，且总是以隐性的方式存在，但最后会通过单位内部的语言实践展现出来，或表现在显性的语言管理行为中，因而具有显性特征。

工作单位的语言规划有时体现国家的宏观语言政策，比如中国的工作场合通常会使用国家通用语来进行交流。当然，工作单位或工作场所的语言规划行为还会受到其他客观因素的影响。比如，Cooper和Carpenter（1976）在研究埃塞俄比亚市场上的语言使用时发现，卖方会努力学习买方所说的语言，这其实是卖方为了追求利益而在工作场所对语言使用所采取的调整行为。再比如，中国的一些涉外企业在招聘员工时可能对员工提出外语要求，甚至要求通过外语面试，这显然是出于单位内部的实际需求而做出的语言规定。

六、地方行政部门的语言规划

作为行业终端的机关单位如科研院所、广播电视、新闻出版、法庭、医院、车站、商场等，其语言生活颇受行业语言规划的影响。（李宇明，2012）这些机构的语言生活体现在两个方面，分别为生活中的语言交际和工作中的语言规范。在正式的场合，比如法庭审判时可能使用国家通用语言，在民族地区可能使用民族语言或者配备民族语言的翻译。而在非正式场合，比如单位内部的会议以及日常交际中，又可能使用本地方言。简单来说，在这些机构工作的人员可能存在两种语言使用情况，即在工作中使用工作语言，而下班后则使用日常语言。在民族地区，一些要和少数民族打交道的机关工作人员甚至还要求能使用一些少数民族的语言。

总而言之，诸如政府管理部门之类的机关单位往往是语言政策或语言规划的主体，它们往往代表国家采取行政干预或法律调控手段来管理一国之语言生活和解决语言中出现的问题，其宗旨是确保国家的语言规划的顺利进行。世界上很多国家都有专司语言文字管理的机构，如中国的国家语言文字委员会、教育部语言文字管理司等相关部门。在民族地区的州一级单位都有专门负责民族语言文字规划的机构，比如民族宗教局等。在更基层的单位，即便没有专门的机构，但也有专门的职位来负责相关的事宜。

事实上，除了专门的语言管理部门外，其他行政部门也可能存在语言问题而需要采取一定手段对语言使用做出相应的规定。比如，中国国家文物局就于2005年8月16日对中国文化遗产标志上的文字做了如下规定：确定中国文化遗产标志上方采用简体中文"中国文化遗产"，下方采用汉语拼音ZHONG GUO WEN HUA YI CHAN，各民族自治地方可使用当地少数民族文字，在对外交往工作中可使用英文CHINA CULTURAL HERITAGE或其他国家文字。这种情况在多语民族地区尤为突出。虽然国家层面有相应的语言文字政策对多语民族地区的语言规划进行调节，但仍有很多领域是暂时无法触及的，此时，地方行政机构便要发挥主体作用。一种显性的语言规划便通过当地的语言景观得到了充分展示。比如：在有民族文字的地区，街道名称、路标等公共标识便会以民汉双语的方式展示出来；在外国人较多的地方，比如著名景区，会出现汉英双语甚至三语的景区介绍。但遗憾的是，目前关于这方面的研究同样还很欠缺。

从上面7个微观层面可以看出，任何政策都需要得到贯彻和执行，否则便不能产生效果，语言政策概莫能外。而执行政策的对象往往是处于最基层的个体和单位，他们对上层决策的接受、反应或反馈在很大程度上制约着宏观语言规划的效果。也就是说，无论决策者采取何种手段，总有其影响力难以触及的地方，而这正是微观语言规划可以发挥作用的地方。因此，微观语言规划存在于家庭内部、存在于社团群体当中、存在于集贸市场当中。忽视这些微观层面的规划力量，必然降低宏观层面的规划效应。因此，开展语言规划研究，不仅要关注自上而下的宏观作用，自下而上的反作用力也不容忽视。

第四节　本章小结

本章主要论述了微观语言规划的定义、微观语言规划研究的理论框架以及微观语言规划的范围。

在微观语言规划的定义部分，我们对微观语言规划产生的历史背景作了交代。语言规划研究从地位规划和本体规划发展到习得规划和声望规划，其实就是从宏观语言规划发展到了微观语言规划，因为语言规划不仅是政府或国家层面的宏观行为，也包含了语言习得者或教育工作者等来自最基层的微观行为。此外，从语言声望规划的角度来看，语言规划还要关注规划的产品是否具有良好的声望，即所规划的产品是否能为个体所接受。因此，来自基层个体的反馈也是语言规划的重要内容，而基层反馈就是微观语言规划。虽然微观语言规划客观存在，其作用也正日益凸显，并获得了广泛认可，但学界在某些范畴仍然存在一定的分歧，比如关于学校领域的语言规划就有三种不同看法，有些学者（如戴曼纯）把它归于宏观规划的范畴，有些学者（如李宇明）把它划入中观规划的范畴，但是更多的学者（如Kaplan和Baldauf、李明琳和李雯雯、周庆生、赵守辉和张东波、吴欣欣等）把它划归微观领域。这表明，学界对微观语言规划的界定尚存在分歧。为此，我们对微观语言规划的定义进行了探究。虽然很多学者论述了微观语言规划的重要性，赋予了其在语言规划体系里应有的地位，但很多学者都忽略了对其进行界定。在我们发现的两种界定中，Baldauf的界定略显简略，而周庆生的界定虽然详细，但存在难以把握的概念。在这两者的基础上，结合我们自身所做的研究，我们尝试进行了重新界定，认为微观语言规划是基层单位和个体（如家庭、社区／乡村、法庭、医疗机构、地方行政部门和学校等）根据自身的需要在语言使用、语言选择、语言学习、语言认同等方面做出的反应。它以自下而上的方式对宏观语言政策做出隐性或显性的反馈，是语言规划的重要组成部分。

在对微观语言规划的定义进行界定后，我们探讨了开展微观语言规划研究的理论框架，其中包括Cooper的习得规划框架，Haarmann的声望规划和Ager的形象规划框架，Kaplan和Baldauf的微观语言规划理论框架，以及李宇明等提出的语言生活与语言生活的层级理论。

根据上述理论框架，我们尝试对微观语言规划范围内的一些主要对象做了界定，主要包括个人的语言规划、家庭的语言规划、乡村的语言规划、学校的语言规划、工作单位的语言规划以及地方行政部门的语言规划。他们对来自上层决策的接受、反应或反馈在很大程度上制约着宏观语言规划的效果。忽视这些微观层面的规划力量，必然降低宏观层面的规划效应。因此，从第四章起，我们将针对云南边疆民族地区个人和家庭、乡村、学校、城镇机关单位的语言规划展开讨论。

第四章
边疆民族个人及其家庭的语言规划

语言规划由地位规划和本体规划发展到了习得规划与声望规划，其实就是由宏观规划到微观规划的发展以及宏观规划与微观规划并重的一个发展过程。从Cooper的习得规划框架到Haarmann和Ager的声望形象框架，再到Kaplan和Baldauf的微观语言规划理论框架以及李宇明等对语言生活层级的划分，语言规划不仅发生在宏观层面，也发生在微观层面。因此，语言规划研究开始关注较小的社会群体，如教会、学校、家庭等，学界的研究视角才开始转向家庭等微观层面。（Piller，2002）之所以要重视微观的元素，是因为来自上层的决策必须通过正规或非正规的教育方式才能得以贯彻与执行，因此教育规划或者习得规划中作为个体的作用受到了关注，个人这一微观成分构成了语言规划中的一个重要环节。此外，语言规划的内容或语言规划的产品需要有良好的声望，才能获得语言规划对象或语言规划接受者的认可。于是，语言规划对象或者语言规划的接受者即普通个人的作用受到了语言规划研究者的重视。

处于社会最基层的个人虽然不能对显性的语言政策或语言规划产生影响，但是他无时无刻不在其所生活的范围内比如家庭内部等，通过其语言选择、语言使用等方式在发挥着其应有的作用。虽然具体的某一个人或者其所属家庭的语言规划行为难以对宏观的社会产生显性的影响，但正是千千万万个"个体"和"家庭"构成了整个语言社会的全貌。他们的语言态度、语言认同、语言使用、语言选择、语言学习等随时随地都在影响着语言规划的进程。

就家庭语言规划（Family Language Planning）而言，在社会流动相对稳定的地区或时期，其语言规划的痕迹不是十分明显。在大多数地区比如汉族地区，很多家庭用语就是父母的母语即普通话或者方言，语言规划特征并不十分凸显。但在边疆民族地区，由于社会、经济、文化的快速发展，尤其是受全球化的影响，家庭语言规划日益凸显，家庭用语不一定是父母的语言。特别是在不同民族组成的家庭里，父母的母语各不相同，孩子所使用的语言既可能是父母一方中的语言，也可能都不是，而是第三种语言。因此，家庭的语言规划变得迫切起来。那么，什么是家庭语言规划？目前相关界定并不多见。国内学者王玲（2016）从语言意识的角度出发认为家庭语言规划指的是影响家庭内部成员语言使用的相关计划、理念等。国外学者如Schiffman（1996）和Shohamy（2006）等认为，家庭语言规划主要指家庭内部为儿童语言发展所设定的基本框架，所反映的是家庭的语言意识甚至整个社会对儿童语言习得和发展的基本态度。从总体上看，语言规划涵盖以下内容：语言意识和理念的阐释，语言态度、语言实践（如何使用语言）和影响或干涉语言规划和管理（如何影响语言）的相关理念。（Spolsky，2004）从现有的成果来看，几乎大部分的语言规划着重点都在公共领域中的语言使用和语言问题，家庭内部的语言状况常常被忽略（Wiley、Wright，2004；Ricento，2006；Robinson，2006），而家庭语言规划研究则可以在很大程度上为语言规划研究提供有意义的实证支持（王玲，2016）。类理，边疆民族地区的家庭语言规划研究也将对语言规划理论和实践产生积极意义。

第一节　调查对象与研究方法

为获取少数民族家庭和个人的语言规划情况，我们采用了问卷、访谈和日志的方法采集数据。对所采集到的数据利用Excel 2003和SPSS 16.0进行统计与分析，在对样本进行总体描述和概括后，再进行个案研究。

一、调查对象

语言规划总是发生在多语和多文化背景下（Hornberger，2006），而边疆民族地区正是由于其独特的语言和文化特征而成为语言规划研究的高地。鉴于此，个人语言规划的理想对象莫过于能使用多种语言的少数民族个体。除了语言使用外，语言学习也是个人语言规划的重要表征，因为学习或者不学习一门语言既可展示个人的语言意识、语言信念、语言态度等，也是对宏观语言政策的一种隐性响应，是一种自下而上的语言规划。尽管任何个人都是语言使用和学习的主体，但从研究的视角来看，语言学习与使用的最典型代表非学生群体莫属，因为他们不仅是积极的语言使用者，更是积极的语言学习者。他们不仅要学习和使用本民族母语，还要学习和使用国家的通用语言文字，在学校里还要学习一门尽管不一定用得上的外语。他们的语言使用与学习不仅反映了其语言意识及语言态度，也在很大程度上揭示了家庭、乡村、社区乃至整个少数民族社会的语言规划现状。因此，我们拟以具有民族母语、汉语和外语学习或使用经历的学生作为边疆民族地区个人语言规划的研究对象。考虑到18—20岁的年轻人为语言使用和语言学习较为活跃的群体，我们拟以高中生、预科生和大学生作为个人语言规划的调查对象。

任何个人的语言使用和学习都离不开特定的场域，如家庭、乡村、社区、学校、工厂、医院、单位等。相对于所有语言学习与使用的场域来说，除学校外，家庭在个人的语言规划中扮演着最重要的作用，因为个人的语言行为总会受到祖父母、父母、配偶、兄弟姐妹、叔叔阿姨等人的语言使用、语言意识和语言态度的影响。因此，抛开家庭的作用而孤立地研究个人的语言行为是难以充分揭示个人语言规划的真实面貌的。正是基于这样的原因，我们在调查个人语言实践的同时，也把他们的家庭纳入了调查的范围。

在明确了调查对象后，项目组以条件抽样和方便抽样（Brewis，2014；雷蕾，2016）的方式开展调查。出于方便抽样的考虑，项目组决定从所在高校开始问卷调查。据调查，云南高校少数民族学生的比重为20%（张建新，2009），但鉴于研究的对象为边疆地区的少数民族，故抽样时设定了研究对象的条件为来自云南边疆8个州市的少数民族学生；又由于"语言规划发生于多语地区"的现实，故要求抽样对象本人或者其家庭成员还在使用本民族语言。

项目组首先在同事、朋友中通过微信发出协助调查的请求，提出调查对象的条件，即受调查者必须是来自云南边疆8个州市的少数民族学生，要求受调查者本人或者其家庭成员中有人使用本民族语言。该请求得到了积极响应，有些教师和学生甚至推荐了符合条件的外校学生参与调查，但因为受到条件抽样的限制，虽然发出了100份问卷，却只收回了50份有效问卷，回收率和有效率均为50%。这50位受调查者分别来自昆明理工大学、云南民族大学、云南师范大学、昆明医科大学、大理大学、曲靖师范学院、福建江夏学院。他们均为符合条件的来自云南边疆州市且本人或家人还在使用本民族语言的少数民族学生。包含西双版纳、德宏、红河、临沧、怒江、普洱和文山8个州市，其中来自文山和红河的调查对象最多，占比达到或接近30%，来自另外5个州市的调查对象人数均为个位数。从民族类别来看，受调查者包括白族、布朗族、傣族、哈尼族、拉祜族、傈僳族、苗族、普米族、佤族、彝族和壮族。

虽然首次调查的50名少数民族学生及其家庭符合了"边疆"和"能使用民族语言"这两个要件，但人数偏少。为了增加统计意义，我们仍然以条件抽样与方便抽样相结合的方式，以云南民族大学2016级少数民族预科学生为调查对象，发放了120份调查问卷，回收115份问卷，排除非边疆地区（比如大理的白族、楚雄的彝族和傈僳族等）的少数民族预科生，获得80份有效问卷，问卷有效率66.7%。本次抽样的80名调查对象分别来自西双版纳、保山、德宏、红河、临沧、怒江、普洱和文山，其中来自红河的人数最多，来自临沧、文山和德宏的受调查人数紧随其后，来自其余州市的受调查者人数较少,均为个位数。这80名受调查者的民族类别较为齐全,共16个民族类别,包括阿昌族、白族、布朗族、傣族、德昂族、哈尼族、回族、景颇族、拉祜族、傈僳族、苗族、普米族、佤族、瑶族、彝族和壮族。人数最多的为彝族、哈尼族和傣族,均超过了十位数,其余13个民族的人数为个位数。

为增加调查的覆盖面,项目组到了红河哈尼族彝族自治州蒙自第一高级中学进行问卷调查,同样采用了条件抽样与方便抽样的方式进行。填写问卷的受调查者必须是少数民族学生,调查对象为项目组成员的朋友所任教的班级,均为高三学生,平均年龄为17.5岁,也属于语言使用活跃的群体范畴。共发放问卷85份,回收76份,排除不符合条件的问卷,共获取46份有效问卷,回收率和有效率分别为89%和54.1%。这46份问卷的回答者均来自红河哈尼族彝族自治州内各县市,包括河口县、红河县、建水县、金平县、开远市、绿春县、蒙自市、屏边县和元阳县,涉及的民族包括傣族、哈尼族、拉祜族、蒙古族、苗族、彝族和壮族,其中彝族受调查者人数最多,其次为壮族和哈尼族。

经过近一年半的时间,项目组共调查了来自云南边疆地区的176名少数民族大学生、预科生和高三学生以及他们的家庭,通过问卷、访谈和写回忆录的方式对这些受调查者个人和家庭的语言实践进行了较为全面的考察。

二、问卷内容与构成

根据项目所需,本问卷的制作借鉴了国内外学者(邬美丽,2008;陈保亚,2013;巴战龙,2016;Fishman,1970;Kaplan、Baldauf,1997;Schwartz,2008;Spolsky,2008;Ruby,2012;Stavans,2012)关于少数民族语言使用、语言态度、语言学习、语言保持、语言生活等方面的研究。问卷为半结构式问卷,包括两大部分:第一部分为调查对象及其家庭的基本情况,包括受调查者的姓名、性别、民族、就读学校、个人的语言熟练程度以及家庭住址、父母的文化程度、职业背景、家庭主要成员、家庭成员的语言使用情况和家庭成员的民族成分。第二部分为相关问题调查,涉及语言学习、语言态度、语言使用、语言学习计划、民族语言文字等5个方面的内容,每个项目均包含数个与个人和家庭语言规划相关的具体问题。

访谈与上述5个方面的调查内容相关,主要在于澄清学生问卷中一些看似矛盾和调查者需要进一步了解的内容。比如有相当部分的受调查者对英语持较低的认同,但绝大多数受访者在选择学习语言时均选择了英语,为此我们以面谈、电话、邮件、微信和QQ等方式了解了不同学生的语言学习取向。

三、回忆录

为便于开展个案研究，更好地了解边疆民族地区语言规划情况，本研究借鉴了民族志研究中常用的日志与回忆录的方式收集所需信息。在前面三次抽样过程中，项目组即有意识地通过访谈的方式征询受调查者是否愿意撰写日志和回忆录，介绍其本人和家庭的语言使用情况。在撰写日志或回忆录的过程中要求学生提供以下信息：

1. 个人信息如姓名、性别、民族、就读学校、专业、年级、会什么民族语言；
2. 家庭情况介绍如家庭人数、民族、使用何种语言、职业等；
3. 多语现象对本人和家庭生活带来的影响；
4. 家庭成员如何协调多语关系，父母如何对待子女的语言使用与语言学习；
5. 对未来学习、生活和事业中的语言规划，比如是否要继续学习母语，或是学习另一门外语等；
6. 回忆个人的语言学习经历（包括民族母语、汉语方言与国家通用语、其他民族语言、外语等）；
7. 回忆从小到大发生在自己身上或别人身上的与语言学习、语言使用有关的情况。

该请求得到了部分受调查者的积极响应，在近一年的时间内收到了19份日志或回忆录，分别来自傣族2份、彝族2份、苗族3份、壮族4份、白族2份、哈尼族1份、布朗族1份、佤族3份、傈僳族1份。这些回忆录的撰写者来自红河、怒江、文山、西双版纳、临沧和怒江5个州市，部分相同民族来自不同地域，比如3个苗族受访者分别来自西双版纳、红河和文山，这为对比分析带来了可能。当然也有些民族来自相同地区，比如2个白族受访者均来自怒江、3个佤族受访者均来自临沧，来自相同地域受访者的回忆录有利于相互验证。本章所开展的个案研究数据主要来自这19个日志或回忆录。

四、访谈

项目组在发出调研请求的同时也征求了受访者是否愿意接受访谈的意见。访谈包括两种形式：一种主要通过社交手段如电话、QQ、微信等方式进行，目的在于澄清核实问卷内容，以此种方式共访谈了51人次。另一种为面对面的深度访谈，深度访谈的对象主要为愿意撰写日志和回忆录的受访者，共19人。访谈问题主要包括（但不限于）以下：

1. 你为什么要学习本民族语言、汉语（国家通用语／方言）、英语？
2. 你是如何学会本民族语言、汉语（国家通用语／方言）、英语的？
3. 你是否制定有语言学习计划？父母等长辈对你的语言学习是否有要求？是否要求学习本民族语言，为什么？
4. 你最喜欢什么语言，为什么？
5. 家庭成员之间是否碰到过语言交流障碍？
6. 你是先学会哪一种语言的？
7. 你认为你的语言熟练程度如何？
8. 你就读的学校是否开展民汉双语教学？

五、研究工具与数据处理

本项目采用的研究工具为Excel 2003和SPSS 16.0。首先用Excel对所收集到的数据进行初步汇总和统计，然后使用SPSS进行描述性统计与推断性统计分析。描述性统计的目的是对数据进行集中或离散性统计分析，推断性统计的目的是分析数据之间的差异性和相关性。例如，为了弄清农村受调查与城镇受调查者的语言熟练程度是否存在差异，我们使用了独立样本T检验；对不同民族构成的家庭（单一民族家庭、民汉家庭和民民家庭）的受访者语言熟练程度采用了单因素方差分析（One-Way ANOVA）和事后多重检验（Post Hoc Multiple Comparison），以了解不同民族构成家庭的受调查者在母语、汉语和英语的熟练程度上是否存在差异；对受调查者的语言熟练程度与父母的文化程度进行了Pearson相关检验，以了解父母的文化程度对受调查者在语言学习上可能产生的影响。

第二节　家庭与个人语言使用情况

本节调查的内容包括受调查者家庭所在地、父母受教育的程度以及职业、受调查者及其家庭成员的语言熟练程度，受调查的民族类别以及其家庭成员的民族构成。考虑到部分研究对象可能对年龄问题敏感，故未对受调查者的年龄进行调查。不过由于三次抽样的对象分别来自大学一、二年级，大学预科以及高中三年级，可以大致推断受调查者的平均年龄约在18岁到21岁之间。这一部分人接受过幼儿教育、初等教育、中等教育，即将或正接受高等教育，经历过民族母语、汉语方言、普通话和外语学习与使用的洗礼，是活跃的语言使用者和学习者，形成了较为固定的语言观,是语言规划研究的理想对象。

在176名受调查者中,来自农村家庭的共有131人,占比达74.4%,来自城镇家庭的受调查者人数为45人,占比为25.6%。从这一数字大致可以看出,云南少数民族的主体仍然生活在农村地区。关于176名受调查者的民族类别、家庭所在地、语言使用情况等具体信息,我们将在下文进行详细分析。

一、家庭所在地

如本章第一节所介绍的那样,我们进行了3次抽样,共获得有效调查问卷176份。由于在进行问卷调查时做了条件限定,故受调查家庭均来自云南边疆8个州市(文山、红河、普洱、西双版纳、临沧、德宏、保山和怒江)。下表为176名受调查者的家庭所在地分布统计表。

表4.2.1 受调查家庭所在地

家庭所在地	西双版纳	保山	德宏	红河	临沧	怒江	普洱	文山	总数
频数(人)	9	1	12	79	23	12	11	29	176
百分比(%)	5.1	0.6	6.8	44.9	13.1	6.8	6.2	16.5	100
有效百分比(%)	5.1	0.6	6.8	44.9	13.1	6.8	6.2	16.5	100
累积百分比(%)	5.1	5.7	12.5	57.4	70.5	77.3	83.5	100	

从受调查者家庭所在地的统计结果来看,来自红河哈尼族彝族自治州的受调查人数最多,这主要是因为第三次抽样的地点为该州的1所中学的46名学生,占了整个抽样人数的26%。其他人数较多的州市包括文山和临沧,来自保山的受调查者仅1名,人数最少,这或许与保山市的非民族自治州性质有关,该市虽属于边疆州市范畴,但民族特色相对不如其他地区鲜明。

二、民族分布

根据项目研究的性质,我们在抽样时不针对某一具体民族,凡是来自云南边疆8个州市的少数民族均纳入研究范畴。这三次抽样所得176份样本中的民族分布情况如下:

表4.2.2 受调查者的民族分布

民族	频数（人）	百分比（%）	有效百分比（%）	累积百分比（%）
阿昌族	1	0.6	0.6	0.6
白族	11	6.2	6.2	6.8
布朗族	3	1.7	1.7	8.5
傣族	17	9.7	9.7	18.2
德昂族	1	0.6	0.6	18.8
哈尼族	28	15.9	15.9	34.7
回族	4	2.3	2.3	36.9
景颇族	3	1.7	1.7	38.6
拉祜族	6	3.4	3.4	42
傈僳族	2	1.1	1.1	43.2
蒙古族	1	0.6	0.6	43.8
苗族	8	4.5	4.5	48.3
普米族	3	1.7	1.7	50
佤族	8	4.5	4.5	54.5
瑶族	1	0.6	0.6	55.1
彝族	51	29	29	84.1
壮族	28	15.9	15.9	100
合计	176	100	100	

表4.2.2中民族类别的统计结果表明，受调查者来自17个民族，除了彝族、回族、壮族、蒙古族、苗族、瑶族、白族外，其余阿昌族、布朗族、傣族、德昂族、哈尼族、景颇族、拉祜族、傈僳族、普米族和佤族均为云南特有少数民族。人数最多的为彝族，达到51人，其次分别为哈尼族和壮族，人数接近30人。瑶族、蒙古族、德昂族、阿昌族人数最少，每一民族类别仅1人。

三、家庭的民族构成

在调查中，我们发现受调查者家庭成员的民族构成比较复杂，有些家庭成员的民族成分均为同一民族，而有些家庭成员的民族成分却不一致。不一致的情况包括汉族和少数民族构成的家庭，以及不同少数民族构成的家庭。于是，我们把受调查家庭分成三种类型：一是为单一民族家庭，即所有家庭成员均为同一民族，比如一个傈僳族家庭中的祖父祖母、父亲母亲和兄弟姐妹等均为傈僳族。二是民汉家庭指家庭成员中既有少数民族也有汉族，这些家庭通常为族际婚姻家庭，即民汉婚姻家庭所构成。有趣的是，部分民汉家庭中大多数成员均为汉族，可能就是因为父亲或者母亲的民族身份，子女便选择了少数民族成分，究其原因可能还是因为国家对少数民族的优惠政策使然。三是民民家庭，即家庭成员中包含不同的少数民族，比如父亲为白族、母亲为傈僳族等等。3种民族构成的家庭类型统计结果见表4.2.3：

表4.2.3　家庭民族构成统计表

项目	单一民族家庭	民汉家庭	民民家庭	总数
频数（人）	100	68	8	176
百分比（%）	56.8	38.6	4.5	100
有效百分比（%）	56.8	38.6	4.5	100
累积百分比（%）	56.8	95.5	100	

在3种类型的家庭中，单一民族家庭数超过了五成，达到了100户；民汉家庭数量稍少，有68户，占比38.6%；由不同民族组成的民民家庭最少，仅8户，占比4.5%。家庭的民族构成必然对受调查者及其家庭的语言规划和语言实践带来影响。具体会产生什么样的影响，我们将在下一节加以分析。

四、家庭成员的语言使用情况

与受调查者的语言使用情况相比，其家庭成员的语言使用情况要复杂得多。大多数受调查者由于其学生身份，故属于三语型，即民—汉—英三语型，这相对比较明确。通过问卷分析，我们发现受调查者的家庭成员中存在6种类型的语言使用情况：（1）民汉型，指民族母语使用多于汉语或民族母语比汉语熟练的类型；（2）汉民型，与民汉型相反，即汉语使用多于民族母语或汉语比民族母语更加熟练的类型；（3）民语单语型，指只能使用民族母语的类型；（4）汉语单语型，指已放弃母语而转用汉语的类型；（5）三语型，指使用民族母语、汉语和其他民族语言的情况；（6）民民型，指尚未使用汉语，而使用两种民族语言的情况。详细统计结果见表4.2.4。

表4.2.4　家庭成员三代人语言使用类型统计（N=176）

类型	祖父人数/比例	祖母人数/比例	父亲人数/比例	母亲人数/比例	兄弟姐妹人数/比例
缺省	31人/17.6%	22人/12.5%	4人/2.3%	4人/2.3%	34人/19.3%
民汉型	45人/25.6%	45人/25.6%	70人/39.8%	62人/35.2%	56人/31.8%
汉民型	22人/12.5%	25人/14.2%	33人/18.8%	37人/21%	24人/13.6%
民语单语型	28人/15.9%	38人/21.6%	4人/2.3%	11人/6.2%	3人/1.7%
汉语单语型	39人/22.2%	37人/21%	56人/31.8%	57人/32.4%	54人/30.7%
三语型	3人/1.7%	1人/0.6%	4人/2.3%	1人/0.6%	4人/2.3%
民民型	8人/4.5%	8人/4.5%	5人/2.8%	4人/2.3%	1人/0.6%
总数	176人	176人	176人	176人	176人

注："缺省"数表示没有统计数据的问卷份数，后同。

根据表4.2.4的统计结果，176个家庭中三代人的语言使用类型总体上基本吻合，都表现出较多的民汉型、汉民型和汉语单语型。但仔细分析，三代人之间的语言使用类型还是存在不同程度的差别。首先，第二代父母辈与第三代兄弟姐妹的语言使用类型更为相似，表现为民汉型比例最高，汉语单语型次之，汉民型再次之。相对而言，第二代的民汉或汉民双语型比例稍高于第三代的双语型比例，存在一定的代际差异（相关T检验请参阅本章第三节），但不十分明显。这两代人之间的汉语单语型、民语单语型、三语型以及民民型比例均非常接近，不存在明显代际差异。代际差异主要体现在第一代祖父母辈的语言使用类型与第二代和第三代的语言使用类型上。就民汉和汉民型使用比例而言，第二代的人数比第一代的人数多了近十个或者超过了十个百分点，而与子女辈的非常接近，表明从第一代和第二代之间就开始出现了语言使用类型的代际差异，而且比较显著，这种差异一直持续到了第三代，只不过差异程度有所降低。

真正的代际差异体现在第一代和第二代之间的单语类型上，并以"一高一低"的方式展现出来：第一代的民语单语型比例远高于第二代的民语单语型，而汉语单语型则明显低于第二代。相对而言，第二代和第三代在单语类型上的差异不明显，表明第三代人的语言使用类型基本上延续了第二代人的语言使用类型。

家庭成员语言使用中还有一个十分有趣的现象，即语言使用类型表现出了某种程度上的性别差异，这种差异主要表现在民语单语使用类型上。不论是第一代还是第二代，女性的民语类型比例均高于男性的民语使用类型的比例，这可能与女性传统的作为家庭妇女的角色有关。

总而言之，从受调查者家庭成员的语言使用情况可以看出，家庭内部的语言使用正发生转变，要么是双语类型的转变，即从民汉型向汉民型转变，要么是汉民双语向汉语单语型的转变。

五、父母的文化程度

父母的受教育程度会对子女的教育产生影响，对语言使用情况的影响也不例外。正常情况下，如果父母的文化程度高，子女的某些语言熟练程度也会相应增加。表4.2.5是受调查者父母文化程度的调查统计情况：

表4.2.5　父母文化程度统计

	文化程度	文盲	小学	中学	中专以上	总数
父亲	频数（人）	5	52	74	45	176
	百分比（%）	2.8	29.5	42	25.6	100
母亲	频数（人）	2	80	63	31	176
	百分比（%）	1.1	45.5	35.8	17.6	100

从表4.2.5可见，少数民族受调查父母的文化程度不高。父亲具有中专以上受教育程度的人数为45人，占比仅25.6%，中学（含初中和高中）的比例超过了70%，甚至有近三成的父亲受教育程度仅为小学，有2.8%的父亲文化程度为零。相比较而言，母亲的文化程度则更低。中专以上文化程度者仅31人，所占比例不到两成；中学文化程度的比例也仅三成多一点，受教育程度为小学的比例最多，达到了45.5%。虽然文盲比例不多，仅1.1%，但在民族地区，尤其是从事农业生产的少数民族来说，如果没有相应的继续教育，许多仅有小学文化程度的人最终会沦为文盲。由于家庭生活中母亲与子女相处的时间往往多于父亲，因此母亲的文化程度将会在很大程度上影响到子女的语言使用情况。

六、父母的职业性质

父母的职业不仅影响家庭的经济收入，也与子女的语言学习、语言使用和语言熟练程度相关。为此，项目组对受调查者父母所从事的职业性质做了调查。为便于统计分析，把调查对象父母的职业分成两类，即农业类和非农业类。统计结果如表4.2.6：

表4.2.6　父母职业性质统计

	父亲		母亲	
	频数（人）	百分比（%）	频数（人）	百分比（%）
缺省	5	2.8	1	0.6
农业	99	56.2	114	64.8
非农业	72	40.9	61	34.7
总数	176	100	176	100

从表4.2.6可知，超过一半即56.2%的受调查者父亲从事的是农业，从事非农职业者仅40.9%。母亲从事农业的人数更多、比例更高，达到了114人（64.8%）。我们将在下一节对父母的职业与家庭所在地的性质与受调查者的语言熟练程度进行对比，探讨这两个要素如何与子女的语言熟练程度发生关系。

七、受调查者语言熟练程度

本项目采用自述的方式调查受访者的语言熟练程度。考虑到受调查者为在校高中生、预科生和大学生以及他们的民族身份，故主要调查了他们的民族母语、汉语和英语的熟练程度。在问卷中对熟练程度进行了界定，比如"熟练"表示"能听会说"，"一般"表示"能听但说的能力较弱"，"略懂"表示"会说会听简单的几个单词"，"不懂"则表示"完全不会"。调查结果如表4.2.7。

表4.2.7　受访者语言熟练程度

语言类别	人数与比例	缺省	熟练	一般	略懂	不懂	总数
民族母语	频数（人）	1	73	19	41	42	176
	百分比（%）	0.6	41.5	10.8	23.3	23.9	100
汉语	频数（人）	0	171	4	1	0	176
	百分比（%）	0	97.2	2.3	0.6	0	100
英语	频数（人）	6	21	55	82	12	176
	百分比（%）	3.4	11.9	31.2	46.6	6.8	100

从上面的调查结果来看，在民族母语、汉语和英语3门语言中，受访者的汉语水平最高，熟练程度者的比例达到了97.2%；英语水平最低，熟练程度者的比例仅一成多一点，超过一半的受访者英语水平为"略懂"或者"不懂"，即只"会说会听"几个简单的单词或者完全不会。相对而言，受访者的民族母语水平居中，超过四成的人母语达到了熟练程度，另外尚有一成的人还能听懂民族母语。但是另外有50%的受访者母语水平为"略懂"或者"不懂"，尤其是"不懂"者的比例高达23.9%，这一比例值得关注。

第三节　实证分析：T检验、单因素方差分析和相关性调查

我们在上节对受调查者的语言熟练程度、家庭成员的语言使用、父母的文化程度、父母的职业性质以及家庭的民族构成进行了汇总，从总体上对受访者及其家庭的语言使用以及可能影响语言使用的因素进行了描述。下面我们将对这些因素进行推断性统计，以较好地揭示影响个人语言规划不同因素之间所存在的关系。

一、农村与城镇家庭受访者语言熟练程度独立样本T检验

如上文所述，我们采取让受调查者自述的方式调查其不同语言的熟练程度。"熟练"指"能听会说"，"一般"指"能听但说的能力较弱"，"略懂"指"能听说几个简单的词汇"，"不懂"指"完全不会"。为便于SPSS统计分析，我们对上述4个要素分别赋分为："熟练"计4分，"一般"计3分，"略懂"计2分，"不懂"计1分。

（一）母语熟练程度对比

家庭所在地是否会影响受访者的母语熟练程度？是来自农村家庭的受访者母语更熟练，还是来自城镇家庭的受访者母语更熟练？二者之间是否存在显著差异？下面的统计结果将给出答案。

表4.3.1　农村与城镇受访者母语熟练程度对比（N=176，Missing=0）

受访者家庭性质	N	Mean	Std. Deviation	Std. Error Mean
农村家庭	131	2.96	1.212	0.106
城镇家庭	45	1.96	0.976	0.145

描述性统计结果表明，农村家庭受访者人数达到了131人，占总人数的75%，来自城镇的受访者人数为45人，占总人数的25%。农村受访者的人数超过城镇受访者的人数。那么他们的母语熟练程度如何呢？从表4.3.1可知，农村受访者母语熟练程度均值为2.96，接近3，即"能听但说的能力较弱"，但农村受访者的标准差达到了1.212，说明其内部的母语熟练程度存在较大差异，可能他们当中有一批人的母语能达到熟练程度，即"能听能说"。相对而言，城镇受访者的母语熟练程度为1.96，低于"略懂"水平，且标准误差较小，说明来自城镇受访者的母语水平基本仅限于"能听会说"简单的几个词汇而已。

表4.3.2 农村与城镇受访者母语熟练程度独立样本T检验[①]

	Levene's Test for Equality of Variances		t-test for Equality of Means					
	F	Sig.	T	df	Sig. (2-tailed)	Mean Difference	Std. Error Difference	95% Confidence Interval of the Difference	
								Lower	Upper
Equal variances assumed	16.254	.000	5.036	174	.000	1.006	.200	.612	1.401
Equal variances not assumed			5.593	93.995	.000	1.006	.180	.649	1.364

那么农村与城镇受访者二者之间母语的熟练程度是否存在不同？为此我们对其进行了T检验。表4.3.2中独立样本T检验结果中的方差齐性结果表明，sig值为.000，说明农村与城镇受访者母语熟练程度方差非齐性，存在显著差异。因此，由上表可知，T值为5.593，自由度（df）为93.995，两组数据平均值的差为1.006，标准误的差为.180，置信区间为.649—1.364。P值为.000，小于.05，说明农村与城镇受访者母语熟练程度存在显著差异，农村受访者的母语熟练程度明显高于城镇受访者的母语熟练程度。

---

① 关于T值、P值、标准误、置信区间、sig的值，通常情况下，当小于1，SPSS输出时，通常不会显示小数点前的0。故本书基于生成数据，采用在汇报数据中不加0、在统计数据中加0的方式叙述。

（二）英语熟练程度对比

一般情况下，来自城镇的学生因为学习条件和教育质量好于来自农村的学生，其英语程度要高于农村学生。但调查结果似乎不支持这一论断，详见表4.3.3：

表4.3.3 农村与城镇受访者英语熟练程度对比（N=172，missing=4）

受访者家庭性质	N	Mean	Std. Deviation	Std. Error Mean
农村	128	2.54	0.762	0.067
城镇	44	2.3	0.978	0.147

排除缺省值4人，描述性统计结果表明，农村家庭受访者人数达到128人，占总人数的73%，农村受访者英语熟练程度的均值为2.54。来自城镇的受访者人数为44人，占总人数的25%，城镇受访者的英语熟练程度为2.30。仅从平均数来看，似乎来自农村受访者的英语程度还稍高于来自城镇的受访者，这与习惯看法存在较大差异。在对学生的进一步调查中得知，虽然这些学生来自农村，但其中绝大多数都在城镇上学，故其英语水平不会差于城镇学生，再由于农村学生学习相对更用功一些，故他们的英语程度还会比城市学生稍高一些。那么，事实是否如此？调查结果如4.3.4：

表4.3.4 农村城镇受访者英语熟练程度独立样本T检验

	Levene's Test for Equality of Variances		t-test for Equality of Means						
	F	Sig.	t	df	Sig.（2-tailed）	Mean Difference	Std. Error Difference	95% Confidence Interval of the Difference Lower	95% Confidence Interval of the Difference Upper
Equal variances assumed	2.528	.114	1.695	170	.092	.244	.144	−.040	.527
Equal variances not assumed			1.502	61.908	.138	.244	.162	−.081	.568

独立样本T检验结果中的方差齐性结果表明，sig值为.114，说明农村与城镇受访者英语熟练程度方差齐性没有显著差异，两者之间的方差是齐性的。因此，由表4.3.4可知，T值为1.659，自由度（df）为170，两组数据平均值的差为.244，标准误的差为.144，95%置信区间为-.040—.527。P值为.092，大于.05，说明农村与城镇受访者英语熟练程度不存在显著差异。根据描述性统计结果观察，二者的英语熟练程度的平均值仅为2.54和2.30，还达不到"一般"水平，说明不论是来自农村还是来自城镇的少数民族受访者的英语程度均较低。

（三）汉语熟练程度对比

从上面关于民族母语与英语熟练程度的对比来看，农村受访者的母语水平与城镇受访者的母语水平存在显著差异，农村受访者的母语水平高于城镇受访者，农村受访者的母语水平接近"一般"，但达不到"熟练"程度。然而，在英语的熟练程度上，二者之间不存在显著差异，二者的英语熟练程度均较低。那么，二者之间的汉语水平是否存在差异？

表4.3.5　农村与城镇受访者汉语熟练程度对比（N=176，missing=0）

受访者家庭性质	N	Mean	Std. Deviation	Std. Error Mean
农村	131	3.96	0.229	0.02
城镇	45	3.98	0.149	0.022

从表4.3.5中的描述性结果可知，农村与城镇受访者的汉语水平均值分别达到3.96和3.98，非常接近4，基本可以认为二者的汉语水平已达到"熟练程度"。

表4.3.6　农村城镇受访者汉语熟练程度独立样本T检验

	Levene's Test for Equality of Variances		t-test for Equality of Means						
	F	Sig.	t	df	Sig.（2-tailed）	Mean Difference	Std. Error Difference	95% Confidence Interval of the Difference	
								Lower	Upper
Equal variances assumed	.779	.379	−.436	174	.663	−.016	.037	−.088	.056
Equal variances not assumed			−.533	117.929	.595	−.016	.030	−.075	.043

从表4.3.6可见，独立样本T检验方差齐性sig值为.379，说明农村与城镇受访者汉语熟练程度方差齐性没有显著差异，两者之间的方差是齐性的。因此，T值为−.436，自由度（df）为174，两组数据平均值的差为−.016，标准误的差为.037，置信区间为−.088—.056。P值为.663，大于.05，说明农村与城镇受访者汉语熟练程度不存在显著差异，根据描述性统计结果观察，二者的汉语熟练程度的平均值接近4，说明不论是来自城镇还是农村的少数民族学生，其汉语熟练程度较高，都接近熟练程度。

二、不同家庭类型受访者语言熟练程度单因素方差分析（One-Way ANOVA）

我们在上文讨论了3种类型的家庭（见表4.2.3），其中单一民族家庭占56.8%，民汉家庭占38.6%，民民家庭占4.5%。不同民族构成的家庭会对受访者的语言（母语、汉语、英语）熟练程度产生什么样的影响？我们拟采用单因素方差分析加以检验。

（一）家庭类型对母语熟练程度的影响

家庭作为最基本的社会单元必然对家庭成员的语言使用产生影响，换句话说，家庭成员使用何种语言、使用到何种程度，甚至家庭成员的语言态度等都会在受访者身上得到体现。表4.3.7对3种不同家庭类型受访者的母语熟练程度进行了描述。

表4.3.7 不同家庭类型受访者母语熟练程度（N=175，missing=1）

家庭类型	N	Mean	Std. Deviation	Std. Error	95% Confidence Interval for Mean Lower Bound	95% Confidence Interval for Mean Upper Bound	Min	Max
单民	100	3.26	1.107	0.111	3.04	3.48	1	4
民汉	62	1.76	0.9	0.114	1.53	1.99	1	4
民民	13	2.77	1.013	0.281	2.16	3.38	1	4
合计	175	2.69	1.244	0.094	2.51	2.88	1	4

从表4.3.7可知，来自单民家庭的受访者母语熟练程度最高，超过了"一般"水平，而来自民汉家庭的受访者母语熟练程度最低，均值仅1.76，介于"略懂"与"不懂"之间。来自民民家庭的受访者母语熟练程度介于二者之间，接近"一般"水平。那么，3种不同类型家庭中的受访者母语程度是否存在显著差异？

表4.3.8 不同家庭类型受访者母语熟练程度方差齐性检验

\multicolumn{4}{c}{Test of Homogeneity of Variances}
Levene Statistic	df1	df2	Sig.
3.632	2	172	0.029

P=.029，表明方差齐性检验结果为齐性。

表4.3.9 不同家庭类型受访者母语熟练程度单因素方差分析

	Sum of Squares	df	Mean Square	F	Sig.
Between Groups	86.418	2	43.209	40.63	0
Within Groups	182.919	172	1.063		
合计	269.337	174			

方差分析结果表明，F值为40.630，P=.000，说明来自3种不同民族构成家庭的受访者的母语熟练程度存在显著差异。

表4.3.10 母语熟练程度事后多重检验（Post Hoc Multiple Comparison）

Multiple Comparisons

	（I）家庭类型	（J）家庭类型	Mean Difference（I-J）	Std. Error	Sig.	95% Confidence Interval Lower Bound	95% Confidence Interval Upper Bound
LSD	单民	民汉	1.502**	0.167	0	1.17	1.83
	单民	民民	0.491	0.304	0.108	-0.11	1.09
	民汉	单民	-1.502**	0.167	0	-1.83	-1.17
	民汉	民民	-1.011**	0.315	0.002	-1.63	-0.39
	民民	单民	-0.491	0.304	0.108	-1.09	0.11
	民民	民汉	1.011**	0.315	0.002	0.39	1.63
Tamhane	单民	民汉	1.502**	0.159	0	1.12	1.89
	单民	民民	0.491	0.302	0.327	-0.31	1.3
	民汉	单民	-1.502**	0.159	0	-1.89	-1.12
	民汉	民民	-1.011**	0.303	0.012	-1.82	-0.2
	民民	单民	-0.491	0.302	0.327	-1.3	0.31
	民民	民汉	1.011**	0.303	0.012	0.2	1.82

**The mean difference is significant at the 0.05 level.

事后多重检验（Post Hoc Multiple Comparison）结果表明，来自单民家庭受访者的母语熟练程度与来自民汉家庭受访者的母语熟练程度之间存在显著差异（P=.000），单民家庭受访者的母语熟练程度与民民家庭受访者的母语熟练程度没有显著差别（P=.108），而民汉家庭受访者与民民家庭受访者的母语熟练程度之间存在显著差异（P=.002）。从描述性统计结果可知（表4.3.7），单民家庭受访者的母语熟练程度的平均值为3.26，民汉家庭受访者的母语熟练程度平均值为1.76，民民家庭受访者的母语熟练程度为2.77。

由此可见，母语熟练程度最高的受访者来自全为本民族构成的家庭，即单一民族家庭。在由不同民族构成的民民家庭中，受访者的母语水平出现了下降的趋势。这其实也不难理解，虽然父母或者父母与祖父母之间民族不同、语言不同，受访者可能会习得不同的民族语言。但是，由于民族语言的使用范围的限制以及功能的下降，多语给受访者带来的可能是机会，也可能是困扰，于是他们会寻找一门共同语来消除不同民族语言之间所带来的困扰，而这一共同语就是汉语，民民家庭受访者的母语水平因此出现了下降。相比较而言，民汉混合型家庭受访者的母语熟练程度最低，均值均为1.76，不到2，也就是说，他们的母语水平仅限于会说几个简单的单词，就如我们在调查中所了解到的一样，来自这种家庭的受访者受家庭成员中汉语的影响最重，民族语言只会说"吃饭""睡觉"等日常生活中最简单的词汇，仅此而已。

（二）家庭类型对汉语熟练程度的影响

从上面的分析可知，家庭类型影响了受访者的母语熟练程度。那么，受访者的汉语熟练程度是否受家庭类型的影响呢？

表4.3.11　汉语熟练程度描述性统计结果（N=175，missing=1）

家庭类型	N	Mean	Std. Deviation	Std. Error	95% Confidence Interval for Mean Lower Bound	95% Confidence Interval for Mean Upper Bound	Min	Max
单民	99	3.96	0.244	0.025	3.91	4.01	2	4
民汉	63	3.98	0.126	0.016	3.95	4.02	3	4
民民	13	4	0	0	4	4	4	4
合计	175	3.97	0.199	0.015	3.94	4	2	4

描述性结果表明，3种家庭类型的受访者汉语水平分别达到了3.98、3.96和4，达到或非常接近熟练程度，且标准误差很小，说明3种家庭类型受访者汉语水平的内部差异小，都达到了或几乎达到了最大值。

表4.3.12　汉语熟练程度方差齐性检验

Test of Homogeneity of Variances			
Levene Statistic	df1	df2	Sig.
1.801	2	172	0.168

方差齐性检验结果表明，P=.168，表明统计数据是齐性的。

表4.3.13　汉语熟练程度单因素方差检验（ANOVA）

	Sum of Squares	df	Mean Square	F	Sig.
Between Groups	0.035	2	0.017	0.437	0.647
Within Groups	6.823	172	0.04		
Total	6.857	174			

单因素方差分析结果显示，F值为.437，P=.647，说明来自3种不同家庭类型受访者的汉语熟练程度不存在显著差异。

表4.3.14　汉语熟练程度事后多重检验（Post Hoc Multiple Comparison）

	（I）家庭类型	（J）家庭类型	Mean Difference（I-J）	Std. Error	Sig.	95% Confidence Interval Lower Bound	95% Confidence Interval Upper Bound
LSD	单民	民汉	−0.025	0.032	0.446	−0.09	0.04
	单民	民民	−0.04	0.059	0.493	−0.16	0.08
	民汉	单民	0.025	0.032	0.446	−0.04	0.09
	民汉	民民	−0.016	0.061	0.794	−0.14	0.1
	民民	单民	0.04	0.059	0.493	−0.08	0.16
	民民	民汉	0.016	0.061	0.794	−0.1	0.14
Tamhane	单民	民汉	−0.025	0.029	0.787	−0.1	0.05
	单民	民民	−0.04	0.025	0.278	−0.1	0.02
	民汉	单民	0.025	0.029	0.787	−0.05	0.1
	民汉	民民	−0.016	0.016	0.687	−0.05	0.02
	民民	单民	0.04	0.025	0.278	−0.02	0.1
	民民	民汉	0.016	0.016	0.687	−0.02	0.05

事后多重检验（Post Hoc Multiple Comparison）结果显示，来自单民家庭受访者的汉语熟练程度与来自民汉家庭受访者的汉语熟练程度之间不存在显著差异（P=.446），单民家庭受访者的汉语熟练程度与民民家庭受访者的汉语熟练程度没有显著差别（P=.493），民汉家庭受访者与民民家庭受访者的汉语熟练程度之间也不存在显著差异（P=.794）。从描述性统计结果可知（见表4.3.11），单民家庭受访者的

汉语熟练程度的平均值为3.96，民汉家庭受访者的汉语熟练程度平均值为3.98，民民家庭受访者的汉语熟练程度为4。因此，无论家庭的民族构成如何，受访者的汉语水平均未受到影响，且都达到或几乎达到了熟练程度。

（三）家庭类型对英语熟练程度的影响

上面的检验结果显示，不同家庭类型对母语的熟练程度产生了影响，但对汉语的熟练程度并没有产生影响。那么，对英语的熟练程度是否会产生影响呢？统计结果如下：

表4.3.15 英语熟练程度描述性统计结果（N=170，Missing=6）

家庭类型	N	Mean	Std. Deviation	Std. Error	95% Confidence Interval for Mean Lower Bound	95% Confidence Interval for Mean Upper Bound	Min	Max
单民	99	2.46	0.812	0.082	2.3	2.63	1	4
民汉	59	2.58	0.792	0.103	2.37	2.78	1	4
民民	12	2.5	0.798	0.23	1.99	3.01	1	4
合计	170	2.51	0.801	0.061	2.38	2.63	1	4

描述性结果表明，3种家庭类型的受访者英语水平非常接近，分别为2.46、2.58和2.5，但每种家庭类型的标准误差均较大，说明3种家庭类型受访者英语水平的内部差异大，可能有部分受访者的英语水平较高，部分受访者的英语水平可能尚不及平均数，从最大值4和最小值1的差异也能看出这一倾向。

表4.3.16 英语熟练程度方差齐性检验

Test of Homogeneity of Variances			
Levene Statistic	df1	df2	Sig.
0.034	2	167	0.967

方差齐性检验结果表明，P=.967，说明统计数据为齐性。

表4.3.17 英语熟练程度单因素方差检验（ANOVA）

	Sum of Squares	df	Mean Square	F	Sig.
Between Groups	0.461	2	0.231	0.356	0.701
Within Groups	108.033	167	0.647		
Total	108.494	169			

方差结果显示，F值为.356，P=.701，说明来自3种不同民族构成家庭的受访者的英语熟练程度不存在显著差异。

表4.3.18 英语熟练程度事后多重检验（Post Hoc Multiple Comparison）

			Multiple Comparisons				
	（I）家庭类型	（J）家庭类型	Mean Difference（I-J）	Std. Error	Sig.	95% Confidence Interval Lower Bound	95% Confidence Interval Upper Bound
LSD	单民	民汉	−0.112	0.132	0.4	−0.37	0.15
		民民	−0.035	0.246	0.886	−0.52	0.45
	民汉	单民	0.112	0.132	0.4	−0.15	0.37
		民民	0.076	0.255	0.765	−0.43	0.58
	民民	单民	0.035	0.246	0.886	−0.45	0.52
		民汉	−0.076	0.255	0.765	−0.58	0.43
Tamhane	单民	民汉	−0.112	0.132	0.782	−0.43	0.21
		民民	−0.035	0.244	0.999	−0.7	0.63
	民汉	单民	0.112	0.132	0.782	−0.21	0.43
		民民	0.076	0.252	0.987	−0.6	0.75
	民民	单民	0.035	0.244	0.999	−0.63	0.7
		民汉	−0.076	0.252	0.987	−0.75	0.6

事后多重检验（Post Hoc Multiple Comparison）结果表明，来自单民家庭受访者的英语熟练程度与来自民汉家庭受访者的英语熟练程度之间不存在显著差异（P=.400），单民家庭受访者的英语熟练程度与民民家庭受访者的英语熟练程度没有显著差别（P=.886），民汉家庭受访者与民民家庭受访者的英语熟练程度之间也不

存在显著差异（P=.765）。从描述性统计结果可知（见表4.3.15），单民家庭受访者的英语熟练程度的平均值为2.46，民汉家庭受访者的英语熟练程度平均值为2.58，民民家庭受访者的英语熟练程度为2.50。由此可见，无论是单民家庭的受访者，还是民汉家庭的受访者，抑或是民民家庭的受访者，他们的英语水平均未出现显著差异，也未受家庭民族构成的影响，但共同之处是，他们的英语水平均低于"一般"，即"能听但说的能力较弱"，仅仅比"略懂""能听会说几个简单的单词"好一些。

总而言之，单因素方差分析研究表明，在民族母语、汉语和外语3种语言中，家庭类型只对民族母语产生影响。单一民族家庭的受访者个人母语熟练程度最高，民民家庭的受访个人民族母语熟练程度次之，汉民家庭类型的受访个人民族语言能力最低。就汉语和外语而言，家庭类型不产生影响，因为不同家庭类型受访个人的汉语和外语能力都不存在显著差异。不论何种家庭类型，受访个人的汉语能力基本都达到或者接近"熟练"程度，而外语能力均低于"一般"水平。

三、父母文化程度与受访者语言熟练程度的相关性

为了解父母的文化程度如何对受访者的语言熟练程度产生影响，我们采用Pearson进行相关检验。为方便SPPS进行运算，我们分别为其文化程度赋分，即中专以上赋3分、中学赋2分、小学以下赋1分。语言水平赋分保持不变，即"熟练"赋4分、"一般"赋3分、"略懂"赋2分、"不懂"赋1分。

（一）父亲受教育程度与受访者的母语水平

一般认为，父母的受教育程度会在一定程度上影响子女的学习成绩，也就是说，父母的受教育程度越高，子女的成绩就越好。以此类推，父亲受教育的程度应该会对子女的母语水平产生影响。然而结果是否如此，需要通过检验方能得出答案。

表4.3.19 父亲受教育程度与受访者母语水平

	Mean	Std. Deviation	N
父亲文化程度	1.98	0.767	171
受访者母语水平	2.7	1.238	175

表4.3.19中描述性统计结果表明，少数民族受访者父亲的文化程度偏低，均值低于2，即大多数父亲的文化程度在中学以下。受访者（即子女）的母语水平也不容

乐观，均值仅2.7，未达到"一般"水平，说明很多少数民族受访者的母语水平距离"熟练"尚存在一定的差距。那么，是不是说，只要父母的文化程度增高了，子女的母语水平也随之提高？

表4.3.20　父亲受教育程度与受访者母语水平的相关性

		父亲文化程度	受访者母语水平
父亲文化程度	Pearson Correlation	1	−.311**
	Sig.（2-tailed）		0
	N	171	170
受访者母语水平	Pearson Correlation	−.311**	1
	Sig.（2-tailed）	0	
	N	170	175

**. Correlation is significant at the 0.01 level（2-tailed）.

表4.3.20统计结果表明，相关系数在0.01的水平上具有显著性，受访者父亲的文化程度与受访者母语水平之间的P值为−.311，表明二者之间的关系呈负相关，即随着父亲文化程度的增加，受访者的母语水平随之下降。

（二）母亲受教育程度与受访者的母语水平

上面的统计结果否定了子女的母语水平会随父亲文化程度的增加而增加。相反，随着父亲文化程度的升高，子女的母语水平反而下降。那么，母亲的文化程度与子女的母语水平是否也具有同样的关系呢？

表4.3.21　受访者母语水平与母亲受教育程度

	Mean	Std. Deviation	N
母亲的文化程度	1.72	0.75	174
受访者母语水平	2.7	1.238	175

从表4.3.21可见，受访者母亲的文化程度比父亲的文化程度更低，均值仅1.72，说明大多数母亲的受教育程度为中学甚至初中以下水平。与父亲受教育程度与受访者母语水平的关系一样，受访者的母语水平并未随母亲的文化程度升高而升高，而是相反。下面是皮尔逊相关统计结果：

表4.3.22　受访者母语水平与母亲受教育程度的相关性

		母亲的文化程度	受访者母语水平
母亲的文化程度	Pearson Correlation	1	−.400**
	Sig.（2-tailed）		0
	N	174	173
受访者母语水平	Pearson Correlation	−.400**	1
	Sig.（2-tailed）	0	
	N	173	175

**. Correlation is significant at the 0.01 level（2-tailed）.

与表4.3.20的统计结果相同，表4.3.22中的相关系数在0.01的水平上具有显著性，说明受访者母亲的文化程度与受访者的母语水平之间的P值为−.400，表明二者的关系呈负相关，即随着母亲文化程度的增加，受访者的母语水平反而下降。

因此，不论是父亲的文化程度还是母亲的文化程度，与受访者的母语水平之间均呈负相关。这与实际情况是相吻合的。父母文化程度高者通常受汉语言文化影响的程度较深，汉语熟练程度也较高。这一情况也将反映在子女的母语水平上。不论是在父母身上还是在子女身上，汉语与母语的水平并不是齐头并进的，而往往是此消彼长。汉语水平提高往往意味着母语水平下降。最终结果就是受访者的母语水平并未随着父母文化程度的提高而提高，而是相反，即父母的文化程度越低，其子女的民族母语水平则越高。

（三）父亲受教育程度与受访者的英语水平

从上面的分析可知，父母受教育程度对子女的母语水平所起到的不是正向作用，而是负作用。父母文化程度越高，子女的母语水平就越低。这样的关系是否也存在于父母的受教育程度与子女的英语水平中呢？

表4.3.23　父亲受教育程度与受访者英语水平

	Mean	Std. Deviation	N
父亲文化程度	1.98	0.767	171
受访者英语水平	2.52	0.808	170

上文已经对父亲的文化程度做过描述，此处不再赘述。相比母语水平来说，受

访者的英语水平更低，均值仅2.52，进一步拉大了与"一般"水平的差距，更不要说"熟练"程度了。那么，是否可以说子女的英语水平低的原因在于父母的文化程度低？如果是这样的话，只要父母的文化程度提高了，子女的英语水平也应该会随之提高？

表4.3.24　父亲文化程度与受访者英语水平的相关关系

		父亲文化程度	受访者英语水平
父亲文化程度	Pearson Correlation	1	−0.081
	Sig.（2–tailed）		0.301
	N	171	165
受访者英语水平	Pearson Correlation	−0.081	1
	Sig.（2–tailed）	0.301	
	N	165	170

从表4.3.24可知，父亲的文化程度与受访者英语水平之间的皮尔逊系数为−.081，P值为.301，没有显著性，说明父亲的文化程度对受访者的英语水平影响微乎其微。

（四）母亲受教育程度与受访者的英语水平

排除了父亲文化程度与受访者英语水平的相关关系后，尚有必要对母亲的文化程度与受访者的英语水平的相关关系进行检验。

表4.3.25　母亲受教育程度与受访者英语水平

	Mean	Std. Deviation	N
母亲文化程度	1.72	0.75	174
受访者英语水平	2.52	0.808	170

表4.3.25描述性统计结果表明，母亲的文化程度较低，均值仅1.72，大多数为小学以下文化程度，而受访者的英语水平也较弱。那么，受访者的英语水平是否与母亲的文化程度有关呢？也就是说，受访者的英语水平是否会随着母亲文化程度的增加而提高，或者随着母亲的文化程度的下降而降低？表4.3.26是母亲文化程度与受访者英语水平的相关系数统计：

表4.3.26 母亲文化程度与受访者英语水平的相关关系

		母亲文化程度	受访者英语水平
母亲文化程度	Pearson Correlation	1	−0.086
	Sig.（2-tailed）		0.268
	N	174	168
受访者英语水平	Pearson Correlation	−0.086	1
	Sig.（2-tailed）	0.268	
	N	168	170

从表4.3.26可知，母亲的文化程度与受访者英语水平之间的皮尔逊系数为−.086，P值为.268，没有显著性，不存在相关性，说明母亲的文化程度对受访者的英语水平也不产生影响。

鉴于受访者汉语水平较高，97.2%的人达熟练程度（见第二节表4.2.7），故我们在此只统计了受访者的母语水平和外语水平与其父母文化程度之间的相关性。归纳起来看，受访者的母语水平与父母的文化程度呈负相关，即随父母文化程度的提高，受访者母语能力反而下降，反之亦然。就外语能力而言，受访者的外语熟练程度与父母的文化程度没有相关性。从受访者外语水平均值仅2.52（见表4.3.23和表4.3.25）的情况来看，可能大多数情况下不论父母文化程度如何，受访者的外语水平均不十分理想，毕竟自诉外语达熟练程度者仅11.9%（见本章第二节表4.2.7）。

四、英语学习年限与熟练程度之间的相关性

鉴于本次所调查的对象为大学生、大学预科生以及高中三年级学生，故外语（英语）学习构成了他们语言生活的重要内容，外语学习问题也必然成为其个人语言规划的重要组成部分。仅以外语学习的起始时间为例，可能因为受教育条件的限制，来自不同地方的受访者开始学习英语的时间差异较大，有的受调查者从初中才开始学习英语，而有的从小学便开始了英语学习。在教育水平相对落后的边疆民族地区，少数民族学生却面临多语学习任务，不同的英语学习起始时间，即不同的英语学习年限是否会对他们的英语熟练程度产生影响？详细情况见表4.3.27。

表4.3.27　英语学习起始时间统计

	Valid	Missing	Mean	Mode	Min	Max
岁数	168	8	10.25	9**	3	17
年级	172	4	4.72	3	1	7

**. Multiple modes exist. The smallest value is shown.

表4.3.27统计结果表明，受访者开始学习英语的平均年龄为10.25岁，最小的从3岁开始，最大的到17岁才开始，但众数为9（有多个众数，只显示最小值），说明大多数受访者开始学习英语的年龄为9岁。从开始学习的年级来看，平均数为4.72，最小值为一年级，最大值为七年级，但众数为三，说明大多数从三年级起开始学习英语。那么他们英语熟练程度如何呢？在不考虑学习年限的情况下，受访者的英语水平如何呢？如上文一样，根据自述的熟练程度，我们为"熟练"赋4分，"一般"赋3分，"略懂"赋2分，"不懂"赋1分。SPSS16.0对英语熟练程度的统计结果均值为2.52，低于3的"一般"水平，说明受调查者的英语程度较低。

一般认为，学习成绩与学习时间的长短呈正相关，照此理论推断，从小学开始学习英语者其英语水平就应该高于从初中开始学习英语者。那么，我们本次所调查的少数民族学生的英语学习年限与他们的英语水平之间是否存在相关性，统计结果如表4.3.28：

表4.3.28　英语学习时间与英语水平相关性

		开始学英语	英语水平
学习时间	Pearson Correlation	1	0.075
	Sig.（2-tailed）		0.344
	N	168	162
英语水平	Pearson Correlation	0.075	1
	Sig.（2-tailed）	0.344	
	N	162	170

双尾统计结果显示，受访者英语学习年限与其英语熟练程度之间的Pearson r=.075，p=.344，说明二者之间只存在弱相关。也就是说，从小学开始学习英语的受访者与从初中开始学习英语的受访者在英语熟练程度之间不存在较大差异。

为进一步研究从小学开始学习英语与从初中开始学习英语的受访者是否在英语的熟练程度上存在显著差异，我们进行了独立样本T检验，统计结果如表4.3.29：

表4.3.29 不同起始时间英语熟练程度描述性统计

	开始时间	N	Mean	Std. Deviation	Std. Error Mean
英语水平	小学开始	106	2.48	0.746	0.072
	初中开始	60	2.6	0.887	0.114

从描述性统计结果来看，初中开始学习英语的均值稍大于小学开始的英语熟练程度，但我们不能据此就认定初中开始学习英语的熟练程度超过了小学开始学习英语的熟练程度，毕竟小学开始的样本数106大于初中开始学习英语的样本数60，且二者之间的标准误差较大。因此，需要进行独立样本T检验以判断二者之间是否存在显著差异，结果如表4.3.30：

表4.3.30 不同起始时间英语熟练程度独立样本T检验

	Levene's Test for Equality of Variances		t-test for Equality of Means					
	F	Sig.	t	df	Sig.（2-tailed）	Mean Difference	Std. Error Difference	95% Confidence Interval of the Difference	
								Lower	Upper
Equal variances assumed	3.064	0.082	−0.92	164	0.359	−0.119	0.129	−0.374	0.136
Equal variances not assumed			−0.88	106.18	0.382	−0.119	0.135	−0.388	0.15

从独立样本T检验的结果来看，方差齐性检验的Sig值为.082，大于.05，说明两组数据的方差齐性没有显著差异。因此从Equal variances assumed一行的检验结果来看，t值为−.920，自由度（df）为164，标准误差为.129，置信区间为−.374—.136，p值为.359，大于.05，说明两种数据之间没有显著差异，也就是说，从小学三年级开始

学习英语与从初中一年级开始学习英语的两组人在当前的英语熟练程度上不存在显著差异。如果再结合上面的描述性统计结果，似乎可以认定所调查的少数民族学生从小学开始学习英语的水平不比从初中开始学习英语的水平高，在排除其他因素的情况下，甚至后者的均值还稍高一些。

这样的调查结果可能有些出乎意料，在什么都要从娃娃抓起的思想的影响下，英语作为一门外语课程也不甘落后。从常理来看，英语学习时间越早，投入的时间越多，学习的成效应该越好，这可能是宏观语言政策规定从小学三年级起开设英语课程的初衷。但必须要指出的是，教育部要求的是有条件的中小学应该从小学三年级起开设英语课程。这里的有条件不仅指教师、教材、教学设备、教学水平等软的环境，还应该包括学习者因素，比如语言意识、语言学能，尤其是语言接受能力等。从边疆地区的实际情况来看，即便是在政府的大力支持下解决了教学设备等硬件问题，但师资力量、师资水平、适合少数民族学生、学生的外语接受能力等软的环境尚未建立起来，在这样的语境下开设外语课程，显然达不到宏观外语政策规定的"有条件"的要求。在不具备条件的情况下开设外语课程，除了浪费人力、物力、财力外，其实并无多大实际意义。正如我们调查的很多学生所言，小学阶段除了学会26个字母外，什么都没有学到，只有到初中后才开始真正意义上的外语学习（见本章第五节）。事实上，在实际教学工作中我们也发现，很多从小学开始学习英语的学生，与从初中开始学习英语的学生相比，进入大学后，他们之间的英语成绩差异并不十分明显。这与国外同行的研究是完全一致的。根据英国的调查，从8岁开始学法语的儿童和从11岁开始学习法语的孩子，到16岁时的成绩相差甚微。（刘润清，1999）因此，在民族地区从小学开始学习英语不应该也搞一刀切，一定要实事求是，真正达到条件的可以开设英语课程，如若没有达到条件的话，不妨把相应的时间、人力、物力、财力等用于民族语言的学习或者汉语的学习上，这可能更符合边疆民族地区语言规划的实际。

第四节　影响个人语言规划的因素分析

本节主要对可能直接影响少数民族个人语言规划的因素如语言学习、语言使用、语言态度、语言学习计划、语言文字意识等5个方面的问题进行统计与分析。

一、语言学习情况

在问卷第一部分关于少数民族个人及其家庭基本情况问卷调查结果基础之上，本部分主要调查少数民族受访者个人的母语学习、普通话学习、本地汉语方言学习以及外语（英语）学习的情况。问卷由7个方面14个具体问题组成，分别包括语言习得顺序、英语学习开始时间（年龄与年级）、语言习得方式（包括民族母语、其他民族语言、本地汉语方言、普通话）、语言学习中的困难（含民族母语、国家通用语、英语）、不同语言学习之间的关系、长辈对语言学习的纠正、民汉双语课程学习情况等。调查结果如下：

表4.4.1　少数民族学生语言学习情况

问题	选项	人数（人）	统计结果人数（人／比例）
语言习得顺序	A．民汉 B．汉民英	109	A=69（63.3%），B=40（36.7%）
几岁开始学英语	开放	168	平均10.25，中位数10；最小3，最大17，众数9**
几年级开始学英语	开放	172	平均4.72，中位数4；最小1，最大7，众数3**
民族母语是如何学会的	A．向父母 B．向祖父母 C．向同龄孩子 D．学校学习	147	A=79（53.7%），B=27（18.4%），C=7（4.8%），D=3（2%）；AB=10（6.8%），ABC=11（7.5%），ABCD=1（0.7%），AC=7（4.8%），ACD=1（0.7%）；AD=1（0.7%）
其他民族语言是如何学会的	A．向父母 B．向祖父母 C．向同龄孩子 D．学校学习	129	A=12（9.3%），B=4（3.1%），C=60（46.5%），D=40（31%）；AB=1（0.7%）；ABCD=2（1.5%），ABD=1（0.7%），AD=3（2.3%），CD=6（4.7%）
本地汉语方言是如何学会的	A．向父母 B．向祖父母 C．向同龄孩子 D．学校学习	173	A=83（47.2%），B=2（1.1%）C=27（15.3%），D=16（9.1%）；AB=4（2.3%），ABC=4（2.3%），ABCD=10（5.7%），AC=10（5.7%），ACD=5（2.8%），AD=7（4%），CD=5（2.8%）
普通话是如何学会的	A．向父母 B．向祖父母 C．向同龄孩子 D．学校学习	172	A=10（5.8%），B=0，C=1（0.6%），D=134（77.9%）；ABCD=2（1.1%），ABD=1（0.6%），ACD=5（2.9%），AD=4（2.3%），CD=15（8.7%）

续表

问题	选项	人数（人）	统计结果人数（人/比例）
民族语言学习中的困难	A. 发音难学 B. 没有文字 C. 自己不愿学 D. 学了没用	157	A=56（31.8%），B=58（33%），C=15（8.5%），D=5（2.8%）；AB=18（10.2%），AC=1（0.6%），BC=2（1.1%），CD=2（1.1%）
普通话学习困难	A. 发音难学 B. 文字难学 C. 自己不愿学 D. 学了没用	123	A=69（56%），B=39（31.7%），C=9（7.3%），D=1（0.8%）；AB=5（4%）
英语学习中的困难	A. 发音难学 B. 文字难学 C. 语法难学 D. 学了没用	173	A=8（4.6%），B=3（1.7%），C=96（55.5%），D=3（1.7%）；AB=2（1.2%），ABC=20（11.6%），ABCD=5（2.9%），AC=24（13.9%），ACD=1（0.6%），BC=10（5.8%），BD=1（0.6%）
母语学习与汉语学习	A. 母语有助于汉语 B. 母语妨碍了汉语 C. 汉语有助于母语 D. 汉语妨碍了母语	160	A=56（35%），B=20（12.5%），C=58（36.3%），D=8（5%）；ABC=6（3.8%），AC=10（6.3%），BC=1（0.6%），CD=1（0.6%）
母语学习与外语学习	A. 母语有助于外语 B. 母语妨碍了外语 C. 外语有助于母语 D. 外语妨碍了母语	143	A=82（57.3%），B=15（10.5%），C=25（17.5%），D=13（9%）；ABC=1（0.6%），AC=7（5%）
长辈对语言学习的纠正	A. 经常 B. 偶尔 C. 从不	174	A=40（22.9%），B=92（53.5%），C=42（24.4%）
民汉双语课程	A. 有双语课程经历 B. 无双语课程经历 C. 对双语课程的评价（好，不好，一般） D. 双语课程开始与结束时间（开放）	176	无双语课程经历161人（91.5%），有双语课程经历15人（8.5%）。15人中评价"好"6，"不好"2，"一般"7；双语课程开始时间mode=3**年级，结束时间mode=6**年级，持续时间mean=2.33年。

**. Multiple modes exist. The smallest value is shown.

(一)关于语言习得顺序

虽然各少数民族都有或曾经有过自己的民族语言,但由于受各种因素的影响,有些人已经放弃了自己的民族语言而转用了功能更强大的国家通用语。对这部分少数民族来说,其民族语言已不再是其母语,汉语已经内化到了他们生活的方方面面而成为其事实上的母语。还有一些少数民族可能先学会了汉语,后来又通过家庭成员或者学校教育习得了本民族语言,对这部分人来说,民族语言固然还是他们的母语,但已不是第一语言。从这个意义上来说,研究少数民族的语言学习问题,首先要了解他们的语言习得或学习的顺序,也就是说,他们是先学会民族母语还是先学会汉语?调查发现,在176名受访者中,有67人(38.1%)未作答,接近四成,我们假设这部分人可能已经转用了汉语,把汉语当成了母语,故不存在语言学习或习得的顺序问题。但无论如何,在可能存在语言习得顺序问题的受访者中,先习得民族母语再习得汉语的人数最多,在109名受访者中占比63.3%。但同样不容忽视的是,先习得汉语再习得民族母语的人数也接近四成,在109名学生中占比36.7%,说明少数民族学生的语言习得方式可能正发生改变。在自然语言习得状态下,学习者通常是先习得父母的语言,然后再习得其他民族的语言或者国家通用语言。但在我们的实地调查中,比如在墨江哈尼村寨和西双版纳橄榄坝傣族村寨,我们发现,幼儿进入学前班后主要学习国家通用语言,然后在与父母等长辈和其他同龄人的接触中才逐渐学会本民族母语。故导致相当比例的少数民族学生先学会汉语,然后再学会本民族母语。

无论是先民后汉还是先汉后民,英语都是上学后通过非自然环境下的学校学习所获得,其习得顺序只能排在民汉语之后。

(二)英语学习开始的时间

由于中国执行的是全国统一的教学大纲,所以民族地区不论城市还是乡村的学校都开设了以英语为代表的外语课程,所不同的是开设英语课程的时间受条件的限制而有早晚之别。相对而言,城市学校开设外语课程的时间早于农村学校开设的时间,其直接结果便是受调查者开始学习英语的时间和长度存在差异。调查结果表明,受访者中开始学习英语的最小年龄为3岁,最大年龄为17岁,开始学习英语的平均年龄为10.25岁,但众数为9,说明大多数受访者开始学习英语的年龄为9岁。9岁所对应的年级为三年级。从学习英语的开始年级的统计结果来看,众数为3,表明大多数受访者从三年级起开始学习英语,进一步证实了上一个选项的调查结果。这与教育部要求有条件的地区应从小学三年级起开设英语课程的要求是相一致的(教育部，2001），表明宏观语言政策在微观层面得到了执行。

（三）民族母语等语言的习得

人们常说，父母是孩子的第一任老师，其实所强调的是家庭成员在儿童学习成长过程中所起的作用，语言学习也不例外。事实上，不仅父母，家庭中的其他成员如祖父母等对儿童的语言学习与习得也能起到一定的作用。在家庭自然环境下学会或习得的语言理应成为他们的民族母语。当儿童走出家门后，与他一起玩耍的小伙伴也会对他的语言学习起到潜移默化的作用。在儿童社会化过程中所学会的语言不仅包括其母语，可能还包括本地所通用的方言乃至国家的通用语言等。然而，在民族地区，由于受居住格局以及人员交流的影响，其语言学习可能要复杂得多。问卷调查结果表明，受调查者的民族母语主要是向其父母学得，比例为53.7%，如果把其他多选项中包含"父母"的选项也算在内的话，这一比例更高，超过七成，向祖父母学会民族母语的比例次之，同样，如果把包括"祖父母"的其他多选项也纳入其中的话，其比例也达到甚至超过了40%，通过同龄孩子或者学校学会民族母语的比例仅一成多，说明家庭仍然是儿童学会民族母语的重要场所，学校在民族母语的学习或习得方面未发挥重要作用。当儿童离开家庭环境后，可能还会习得其他儿童所使用的语言。调查结果表明，受访者的其他民族语言"向同龄孩子"学会的比例最高，为46.5%，如果加上多选项，则接近五成，虽然选择"学校学习"的比例也超过了三成，但事后调查得知，并不是学校开设其他民族语言课程，而是受访者与不同民族的同学在课后交往中学会了其他民族的语言。从这个意义上来说，"向同龄孩子"学会其他民族语言的比例更高，超过了八成。

汉语方言作为民族地区的重要交际用语，其使用功能和使用范围在非正式场合甚至超越作为国家通用语的普通话，从这个意义上来看，通过社会交际和在社会环境下学会本地汉语方言应该是主流方式。然而，调查结果表明，47.2%的受访者表示其汉语方言是向父母学会的，如果加上包含其他选项，则有近七成的个人通过父母学会了本地汉语方言，这一方面展示了家庭在个人语言规划中的重要作用，同时也揭示了汉语方言在家庭中的重要地位。当然，社会交际在汉语方言习得中的作用也不容忽视，毕竟15.3%（所有C选项相加应该超过三成）的受访个人表示其汉语方言是向同龄人学会的。当然有一成多的受访个人表示其汉语方言是在学校学会的，这应该理解成在学校范围内利用课间休息时与同学或者老师交流时学会的，毕竟课堂上老师主要使用国家通用语教学。向祖父母学会汉语方言的占比不足一成（包含所有的B选项），这可能与祖父母较多使用民族母语有关。

至于普通话的习得，将近八成（所有含D的选项相加则超过九成）的受访者选择"学校学习"，这并不意外，一方面是因为普通话是学校的教学用语，另一方面也显示国家推广普通话的工作起到了成效。

（四）语言学习中的困难

影响语言学习的因素，或者说给学习者语言学习带来困难的因素很多，有学习者因素如学能、性格等内在因素，也有诸如家庭环境、经济水平、教与学的条件等外部原因。从语言本体与习得规划的角度出发，我们主要从语言本体和学习者本人的态度两个维度进行了调查。关于民族语言学习中所碰到的困难，调查内容包括发音、文字、个人意愿以及对语言实用性的考量4个方面。结果表明，影响学习者学好民族母语的主要障碍在于发音难学（31.8%）和没有文字（33%），"自己不愿学"或"学了没用"的比例均为个位数，表明大多数受访者愿意学好本民族语言。关于国家通用语学习中所碰到的困难，受访者选择"发音难学"的比例高达60%（所有A选项），"文字难学"的比例为35.7%（所有B选项），这应该引起语言教育规划者的重视。相对汉族学习者来说，发音往往是自然习得的，而对那些汉语是第二语言的少数民族学习者来说，要排除来自母语的干扰学会新的一套语言系统，必然面临更多的困难。对英语学习而言，选择"语法难学"的比例最高，超过五成，加上多选项则接近90%，这与我们在日常教学工作中常常听到学生的抱怨是一致的，但并不表明学习者在语音和文字等方面就不存在困难。如果把包含有全部"发音难学"和"文字难学"的所有选项相加的话，其比例也不低，尤其是选择"发音难学"的比例也接近四成。

（五）不同语言的相互影响

语言学习中的迁移问题（Terence，2001；Lipski，2002；袁华，2017）一直是应用语言学和二语习得关注的焦点。语言与语言之间既存在共性，也存在差异。当学习者从不同语言之间找到共性时，语言学习便发生了正迁移（Daniels，1996），反之则发生负迁移（蔡慧萍，1999；Ionin，2010）。正迁移有助于第二语言学习，而负迁移则起妨碍作用。关于母语与汉语学习相互影响的调查结果表明，认为母语有助于汉语学习和汉语有助于母语学习的比例几乎相同，都超过了三成，说明在民族地区开展民汉双语教育、培养民汉双语使用人才具有较好的基础。有趣的是，母语妨碍汉语学习的比例还稍高于汉语妨碍母语学习的比例，似乎从某种程度上表明，在民族地区推广国家通用语教育不太会影响到少数民族对本民族母语的学习。而在母语与外语学习的关系方面，调查结果表明，选择母语有助于外语学习的比例最高，超过五成。这一认识与二语习得研究中的第一语言有助于第二语言习得的结论（Blackshire-Belay，2001）是相一致的。虽然外语有助于母语学习以及妨碍母语学习的比例都不高，但这部分个体的感受也值得关注。

（六）来自长辈的影响

如前所述，家庭对儿童语言能力的发展起重要作用。从长辈对儿童语言学习中是否采取纠正行为的访谈中，大致可以看出儿童语言能力发展的模式。调查表明，受访者中选择长辈"经常"纠正其语言学习中的错误的比例仅两成多一点，"偶尔"纠正的比例则超过了五成，甚至还有超过两成的受访者"从未"受到父母的纠正。这似乎表明，在家庭环境中，受访者的语言主要是自然习得的，通过有意识的学习或错误纠正来习得语言的比例较低。

（七）民汉双语课程

在少数民族地区开展民汉双语教育是国家有关少数民族语言文字政策的一种体现，政府正努力倡导并积极实施。但调查结果表明，针对少数民族民汉双语教育的情况并不乐观。虽然本次调查的人数仅176人，但他们均来自少数民族分布集中的8个边疆州市，具有一定的代表性。在全部受调查者中，有双语课程经历的受访者仅15人，占比8.5%，其余161人即91.5%的受访者均无双语课程经历。即便在15个有双语课程经历的受访者中，他们对所接受的双语课程的评价也不理想，评价"好"的仅6人，不足一半，评价"一般"和"不好"的占了多数，达到了9人。原因是多方面的，但开设时间短，平均只有2.33年，可能难以从根本上培养起受访者的双语能力，这应该是重要原因之一。总而言之，培养少数民族的双语能力需要开展科学合理的语言教育规划。

二、受访者个人语言态度调查

语言态度是语言规划的核心内容之一，因为语言态度影响人们的语言选择、语言学习和语言使用。积极的语言态度有助于语言的使用、传播与维持，而消极的语言态度可能导致人们放弃语言的学习与使用，长此以往甚至导致语言的衰变。然而，语言态度和语言学习态度并非完全相同，也就是说，喜欢一种语言并不一定意味着就一定会学习这种语言。换言之，不喜欢某种语言也不一定意味着不会学习该语言。为了解受访者真实的语言态度和语言学习态度，我们设计了此部分问卷，包含8个题项，涉及语言态度、语言学习态度、对语言声誉和语言重要性的看法以及语言选择4个方面。详细情况如表4.4.2：

表4.4.2 少数民族学生语言态度

问题	选项	人数（人）	统计结果人数（人/比例）
是否喜欢英语	A. 是 B. 否 C. 一般	176	A=78（44.3%），B=16（9.1%），C=82（46.6%）
更喜欢哪一种语言	A. 方言 B. 普通话 C. 本民族语言 D. 其他民语	176	A=69（39.2%），B=64（36.4%），C=40（22.7%），D=3（1.7%）
更喜欢学习哪一种语言	A. 汉语 B. 英语 C. 本民族语言 D. 其他民语	172	A=93（54%），B=22（12.8%），C=38（22%）D=10（5.8%），AB=5（2.9%），ABC=1（0.6%），ABCD=1（0.6%），AC=3（1.7%），AD=1（0.6%）
	A. 英语 B. 邻国语言	176	A=135（76.7%）；B=41（23.3%）
	A. 英语 B. 本民族语言	174	A=68（39.1%）；B=106（60.9%）
不喜欢学习哪一种语言	开放式问题，由受访者自己写不喜欢学习的语言	126	邻国语65（51.6%），英语25（19.8%），民族语7（5.6%），汉语2（1.6%），柬语2（1.6%），缅语8（6.3%），泰语7（5.6%），越南语7（5.6%），日语3（2.3%）
哪一种语言好听	A. 民比汉好听 B. 民没汉好听 C. 民比他民好听	159	A=69（43.4%），B=32（20.1%），C=58（36.5%）
哪一种语言重要	A. 民比汉重要 B. 民没汉重要 C. 民比他民重要	154	A=50（32.5%），B=60（39%），C=44（28.6%）

如表4.4.2所示，问卷首先调查了受访者对英语的态度，结果表明，"喜欢"英语者与对英语持"一般"态度的人数相当，均超过四成，另有10%左右的受访者表示"不喜欢"英语。在方言、国家通用语、本民族语言和其他民族语言4种语言或语言变体中，受访者对前两种的喜欢比例相差不大，分别为39.2%和36.4%。出乎意料的是，对本民族语言喜欢的比例仅22.7%，远低于对汉语方言和普通话的喜欢比例，

这或许与本民族语言使用功能和使用范围受限有关，也可能与国家推广普通话的宣传活动有关。那么，他们是否愿意学习他们所喜欢的语言？在汉语、英语、本民族语言和其他民族语言中，选择喜欢学习汉语的比例最高，超过了五成（54%），这与对汉语持积极态度的调查结果基本一致。喜欢学习本民族语言的比例也与对本民族语言所持态度一致，为21.6%。但是喜欢学习英语的比例却显著下降，仅一成多一点（12.8%），远低于喜欢英语的比例（44.3%），说明喜欢一门语言和喜欢学习一门语言不能完全画等号。喜欢一门语言只反映个人的语言态度，而是否喜欢学习一门语言则受多重因素的影响，比如在学习中碰到困难也可能改变一个人的看法。当然，如果还有其他学习选项，比如汉语学习、民族语言学习等，与这些可能更实用的语言相比时，外语学习的重要性必然显著下降。显而易见，个人的语言态度或者语言学习态度并不是绝对的，而要受到其他因素的制约。再比如，如果我们对可供选择学习的语言类别加以限制，情况是否还是如此？在英语与邻国语言选择中，选择英语的比例高达76.7%，超过了三分之二。而选择邻国语言的比例仅两成多一点（23.3%）。受访者虽然都来自与东南亚国家邻近的边疆州市，但他们中的绝大多数仍然要选择英语，这值得语言规划者注意。可是，假如让他们在英语与本民族语言中进行选择，结果会如何呢？统计结果显示，选择本民族语言的比例达到了60.2%，远超过了选择英语38.6%的比例。

　　为进一步了解受访者的真实态度，我们设置了一个开放性题项，让他们填写不喜欢学习的语言。统计结果表明，受访者最不喜欢学习的语言为邻国语言（51.6%），如果加上选择柬埔寨语、缅甸语、泰语和越南语的比例，不喜欢邻国语言的比例甚至超过了七成。其次为英语，不喜欢学习英语的比例为19.8%，接近两成。

　　在对语言声誉与语言重要性的认识上，我们仅设置了汉语、本民族语言和其他民族语言3种语言让受访者选择，目的是为语言规划中的少数民族语言保护和普通话推广提供依据。统计结果表明，超四成（43.4%）的受访者认为本民族语言比汉语好听，比其他民族语言好听的比例也超过了三成（36.5%），认为汉语比本民族语言好听的比例占两成（20.1%）。然而，在语言重要性的认识方面，受访者的态度发生了变化，认为汉语比民族语言重要的比例便超过了认为民族母语比汉语重要的比例。

三、个人语言使用情况

　　语言使用是个人语言规划的最直接、最具体的表现形式，因为一切与语言有关的显性的或隐性的语言政策如语言意识、语言态度、语言信念等，都要通过语言使用表现出来。使用一种语言即表明了使用者对这门语言的态度或信念。因此，语言使用就是语言规划实践。为了解来自边疆地区的少数民族受访者的具体语言使用情况，此部分问卷针对语言使用最常见的几种情况如社会交往以及在村寨、家庭和学校范围内本民族语言、汉语普通话、本地汉语方言和其他民族语言的使用情况进行了调查，详细情况见表4.4.3。

表4.4.3 个人语言使用情况

问题	选项	人数（人）	统计结果人数（人/比例）
给父母打电话		176	A=103（58.5%），B=2（1.1%），C=63（35.8%），AB=1（0.6%），ABC=1（0.6%），AC=6（3.4%）
给同学打电话	A. 本地汉语方言 B. 普通话 C. 本民族语言	173	A=83（48%），B=69（40%），C=2（1.1%），AB=12（6.9%），ABC=2（1.1%），AC=3（1.7%），BC=2（1.1%）
给伙伴打电话		175	A=125（71%），B=24（13.7%），C=9（5.1%），AB=5（2.8%），ABC=3（1.7%），AC=8（4.5%），BC=1（0.6%）
QQ、微信聊天		173	A=73（42.2%），B=70（40.5%），C=3（1.7%），AB=15（8.6%），ABC=9（5.2%），AC=2（1.2%），BC=1（0.6%）
家庭内部	A. 本地汉语方言 B. 本民族语言 C. 普通话 D. 其他民语	168	A=48（28.6%），B=53（31.5%），C=0（0%），AB=44（26.2%），BA=21（12.5%），AD=1（0.6%），DC=1（0.6%）
到别人家做客	A. 本地汉语方言 B. 普通话 C. 本民族语言 D. 对方的语言	175	A=123（70.3%），B=32（18.3%），C=4（2.3%），D=1（0.6%），AB=15（8.6%）
客人来访		175	A=122（69.7%），B=31（17.7%），C=4（2.3%），D=2（1.1%），AB=16（9.1%）
村寨内部	A. 本民族语言 B. 本地汉语方言 C. 普通话 D. 其他民语	171	A=83（48.5%），B=68（38.9%），D=1（0.6%），AB=17（9.9%），ABC=1（0.6%），BD=1（0.6%）

103

续表

问题	选项	人数（人）	统计结果人数（人/比例）
与其他民族交谈	A. 本民族语言 B. 普通话 C. 本地汉语方言 D. 对方的语言	170	A=13（7.6%），B=19（11.2%），C=117（68.8%），D=4（2.4%），ABC=2（1.2%），AC=9（5.3%），ACD=1（0.6%），BC=4（2.4%），CD=1（0.6%）
中小学上课回答问题		172	A=15（8.7%），B=146（85.9%），C=1（0.6%），AB=6（3.5%），ABC=1（0.6%），AC=3（1.7%），BC=1（0.6%）
中小学课后交谈	A. 本地汉语方言 B. 普通话 C. 本民族语言	175	A=121（69.1%），B=20（11.4%），C=19（10.9%），AB=2（1.1%），ABC=3（1.7%），AC=8（4.6%），BC=2（1.1%）
中小学老师上课		175	A=9（5.1%），B=158（90.3%），AB=8（4.6%）

调查结果表明，汉语方言在受访者的语言使用中表现出了强大的功能。不论是给父母、同学还是朋友伙伴打电话，甚至使用更为现代的社交软件如QQ、微信交流时，受访者使用比例最高的都是汉语方言。差异体现在国家通用语与民族语言的使用上。受访者在给父母打电话时使用比例较高的还有本民族语言，使用比例接近四成（统计表中所有含C的选项），而使用国家通用语的比例约2%。但是，在与同学、朋友和伙伴的交往中，以及使用QQ、微信聊天过程中，民族语言和国家通用语的使用情况则出现了此消彼长的情况。在用现代工具交流的过程中，以及与同学的交往中，国家通用语的使用比例接近五成（统计表中所有含B的选项），本民族语言的使用比例降到了个位数；在与朋友和伙伴的电话联系中，国家通用语的使用比例也超过了民族语言的使用。

上述统计结果在家庭内部的语言使用调查中得到了进一步验证。如果只是在家庭成员之间，本地汉语方言和民族母语的使用比例旗鼓相当，分别为28.6%和31.5%，但另有26.2%的受访者使用汉民双语（汉语多于民语，统计表中的AB），以及12.5%的受访者使用民汉双语（民语多于汉语，统计表中的BA）。无论如何，在家庭环境下，国家通用语的使用比例基本为零，使用其他民族语言为个别现象。然而，如果家庭环境发生了改变，比如有客人来访或者到别人家做客时，汉语方言的使用比例便陡然飙升，两种情况下汉语方言的使用比例都超过七成，国家通用语的使用比例也超过了民族语言的使用比例。

村寨内部的语言使用与家庭内部的语言使用有相似之处,使用比例最高的为民族语言,接近六成,使用本地汉语方言的比例次之,但也接近五成。但是如果与其他民族的人士交流时,使用汉语方言的比例便接近八成,远远超过了使用民族语言的情况。同样情况,使用国家通用语和其他民族语言的比例极低。

走出家庭和村寨进入学校范围后,语言使用情况发生了变化。在课堂上回答老师的提问时,汉语方言的使用比例仅一成左右,而国家通用语的使用比例则超过了九成。但是下课后,受访者使用汉语方言的比例又反弹回来,超过了七成,国家通用语的使用比例下降,与民族语言的使用比例相当,仅一成多一点。毫无悬念的是,课堂上教师的用语几乎都是国家通用语,超过九成,但仍有近一成的教师使用汉语方言(含A与AB选项),这也应该引起重视。但是不论如何,在课堂上教师没有使用民族语言的情况,学生使用民族语言回答问题的情况也极少。

归纳起来,在家庭和村寨内部,汉语方言与民族母语的使用情况基本相当,但是一当家庭环境改变或者与其他民族的人交流时,汉语方言的使用便占据了绝对优势。同样情况也发生在受访者与他人如同学和朋友的交流中。使用现代社交软件交流也不例外。在学校范围内,不论是老师还是学生,在课堂上使用的几乎都是国家通用语,方言和民族语言只在课后使用。

四、个人语言学习计划

个人语言学习计划是语言规划的一种表现形式,是个人语言规划的组成部分,但不能完全等同于个人语言规划。个人语言规划在很大程度上表现为一种隐性的语言态度、语言意识和语言信念,并通过语言使用和语言学习等方式表现出来。因此个人的语言学习计划(language learning plan)包含在个人的语言规划范围之内,二者之间是下位与上位的关系。了解个人的语言学习计划对研究个人的语言规划有着不可替代的作用。鉴于本次调查的对象多为18—20岁的高中生和大学生,其家庭成员尤其是长辈对他们的语言学习计划也纳入了调查范围。

表4.4.4 受访者及长辈对其语言学习的计划

问题	选项	人数（人）	统计结果人数（人/比例）
个人的语言学习计划	A. 有计划 B. 无计划 C. 不确定	168	A=129（76.8%），B=15（8.9%），C=32（19.3%）；英语32（19.3%），本民族语23（13.7%），英汉2（1.2%），英韩1（0.5%），汉语9（5.4%），汉英11（6.5%），英民8（4.8%），英民汉1（0.5%），汉英民3（1.8%），汉日1（0.5%），汉民4（2.4%），汉民英2（1.2%），日语3（1.8%），韩语1（0.5%），韩泰1（0.5%），邻国语7（4.2%），邻国语与民语2（1.2%），民英5（2.9%），民汉2（1.2%），民韩1（0.5%），泰汉英1（0.5%）
长辈对自己的语言学习规划	A. 有要求 B. 无要求 C. 不确定	172	A=53（30.8%），B=119（69.2%），C=2（1.2%）；英语13（7.6%），英民3（1.7%），民族语14（8.1%），民英1（0.6%），民汉1（0.6%）

为了让受访者自由表达其语言学习的意愿，我们把相关问题设置为半结构式问题，要求在"A有计划，B无计划，C不确定"中进行选择，同时要求选择"A有计划"者写出计划学习的语言。共168个受访者做了回答。研究结果（见表4.4.4）显示，有76.8%的受访者表示有语言学习计划，无语言学习计划者仅8.9%，但有近二成的受访者（19.3%）表示尚不确定。由于要求有学习计划者回答的问题为开放式问题，故他们的回答非常复杂，答案多达21种，计划学习的语言包括单语、双语甚至三语等。由于答案复杂，故选项的人数比例非常分散。有趣的是，很多人选择了两门或者三门以上的语言。少部分受访者在提供语言学习计划的同时还解释了原因，比如有人这样解释，因为英语水平不高，故要继续学好英语。这种回答从一个侧面解释了为什么计划学习英语的人数超过了计划学习汉语和本民族语言的比例。相对而言，计划学习邻国语言和日韩语言的比例最低。

关于父母等长辈对受访者个人语言学习计划的要求，调查结果发现，高达69.2%的受调查者表示，其长辈对他们的语言学习计划没有要求。很多受访者的解释是，"因为父母等长辈文化程度不高，故不干涉其语言学习计划"。在其余有要求的30.8%的长辈中，对受访者的语言学习计划提出明确要求的比例都很低，且主要集中在英语和民族语言两种语言的学习上，但比例仅为7.6%和8.1%。

五、语言文字意识与使用能力调查

云南共有25个世居少数民族，除回族、水族、满族3个民族通用汉语外，其余22个少数民族使用26种语言。虽然14个世居少数民族使用22种民族文字，但民族文字的使用情况要复杂得多。总体上来看，目前主要有藏族和傣族在稳定地使用自己的语言。彝族、纳西族等虽然有自己固有的文字，但使用的范围非常有限，新中国成立后，国家对少数民族原有文字进行了规范，为没有文字的少数民族新创了拉丁化文字。然而，对绝大多数少数民族来说，他们仍然处于有语无文的状态，很多少数民族甚至不知道自己的民族有文字或者有新创文字。为此，我们对受访者的本民族文字意识、对民族文字的看法、文字使用能力等进行了调查，详细结果如表4.4.5：

表4.4.5　文字能力与文字意识调查

问题	选项	人数（人）	统计结果人数（人／比例）
你的民族是否有固有的文字？	A. 有文字 B. 无文字	169	A=95（56.2%），B=74（43.8%）
你能否能使用本民族的文字？	A. 能使用 B. 不能使用	163	A=22（13.5%），B=141（86.5%）
你听说过新创文字吗？	A. 听说过 B. 未听说过	144	A=24（16.7%），B=120（83.3%）
你觉得你的民族文字怎么样？	A. 难学 B. 容易 C. 漂亮 D. 无用	168	A=86（51.2%），B=27（16.1%），C=49（29.2%），D=6（3.6%）
民族语言中借用的汉语词语发音是否发生改变？	A. 会改变 B. 不会改变	161	A=92（57.1%），B=69（42.3%）

第一个和第二个问题非常直接，主要调查受访者对本民族文字的了解情况。鉴于受访者经历了初等教育和中等教育，且他们中的部分人正接受高等教育，因此，不论是在正规的学校教育中，还是在平时的社会交往中，他们对本民族是否有文字或者新创文字的了解程度应该会高于普通民众。调查结果表明，认为自己的民族有文字的比例高达56.2%。这有些出乎我们的预期，因为不论是在前期的文献研究还是

在后来所进行的实地调查中，我们的印象是少数民族大多有语无文。进一步分析发现，回答有文字的问卷主要来自彝族和壮族等受访者。事实上，彝族、壮族有属于本民族的文字，就连白族也有老白文，只是很多人不知道而已。由于受访者中这三个民族的比例较高，彝族占29%，壮族占15.9%，白族占6.2%（详见本章第二节的统计），三者比例达到了51.1%，所以调查结果符合客观实际。

然而，有文字并不意味着这些文字得到了运用，也不一定意味着受访者具有了使用这些文字的能力。"你能使用本民族文字吗？"仅13.5%的受访者做出了肯定回答，而不能使用者的比例高达86.5%，如果加上未作答的人数，不能使用本民族文字的比例可能更高。之所以有如此高比例的人不能使用本民族文字，原因很多，有语言竞争的原因，更有社会、历史和文化等原因，但使用者的心理因素不容忽视。"你觉得你的民族文字怎么样？"近51.2%的受访者认为其民族文字难学，认为本民族文字漂亮的比例不足三成（29.2%）。"难学"可能是导致受访者不愿意学习本民族文字的众多原因之一，但如果很多人不认为自己的民族文字"漂亮"，则说明该文字的声望与影响不高。

新中国成立后，国家对一些少数民族文字进行了规范，对没有文字的少数民族创制了文字。那么这些新创文字的推广效果如何？"你听说过新创文字吗？"肯定回答仅16.7%，这一结果也出乎我们的预料，只有不足两成的受访者表示听说过新创文字。这些受访者大多接受过多年的正规教育，尚且未听说过新创文字，其余普通民众听说过的比例可能更低。这说明新创文字的推广和运用情况很差。原因是什么呢？或许是很多少数民族确实没有新创文字，又或许是新创文字的声望与影响不好，未进入他们的知识系统。

除了上述关于固有文字和新创文字的调查外，还有一个事实不容忽视，那就是关于汉语借词的问题。由于各种原因的综合作用，少数民族在科技、教育、政治、文化等方面的发展落后于汉族，导致其语言文字在表达相应概念时出现了空白。为解决交流问题，少数民族直接采取了从汉语或其他影响较大语言借用的办法。那么，借入的词汇在发音方面是否会发生改变，以使借入的词汇读起来像本民族文字一样，或者就不变化，以保留其原来的发音。调查结果显示，认为借入的汉语词汇会变化以适应本民族语言发音的比例超过五成，而不会变化以保留原样的比例也超过了四成（42.3%）。不论变化与否，都会对少数民族语言的本体带来影响。改变借词以适应本民族语言发音所表现的是语言"融合"策略，而保留原样则有"同化"的趋势（Skutnabbkangas，1979；Trosterud，2008），详细情况我们将在本章第六节中关于本体规划的部分进行讨论。

第五节　个人及家庭语言规划个案

我们在第二节对构成176个家庭和个人语言规划的基本要素做了统计与分析，从总体上描述了受调查家庭所在地、民族分布、家庭民族构成、家庭成员语言使用情况、受调查者父母的文化程度和职业性质，以及受调查者的语言熟练程度等，对上述调查结果做了描述性统计分析和推断性统计分析。在第四节影响个人语言规划的因素分析部分对受调查者的个人语言学习情况、语言态度、语言使用、语言学习计划、语言政策意识等进行了详细的统计与分析。根据上述结果，对少数民族家庭和个人的语言规划做了总体上的概述。为了更深入地挖掘少数民族个人和家庭的语言规划情况，我们从176个受调查者中挑选了20名进行个案分析，他们分别代表了来自云南边疆民族地区的彝族（3个）、白族（2个）、傣族（3个）、苗族（3个）、佤族（3个）、哈尼族（4个）、傈僳族（1个）和布朗族（1个）。通过深度访谈，尤其是通过他们的语言学习回忆录对其本人和家庭的语言规划情况做了更深入的研究。

一、彝族个案

在本次调查中，彝族受访者人数最多，占全部受调查者总数的29%。分布也最广，几乎所调查的8个边疆州市均有彝族分布。但相对而言，来自红河州的彝族最多，鉴于此，我们选择了红河州的2个案例。考虑到彝族分布广这一现实，我们也选择了彝族分布较少的文山州的一个案例。

（一）案例分析

案例1（2016年12月5日访谈）：伍云龙，男，彝族，某大学2016级航空学院本科生。家住红河哈尼族彝族自治州弥勒市西一乡中和村小额依小组。该村居民主要为彝族中的阿细人和撒尼人，有少数汉族村民，汉族能听懂彝族话但不能说。彝族中也有年长的人不会说汉语。村中相同民族之间交流使用民族语言，不同民族之间使用汉语方言。家中共同生活在一起的有父母、哥嫂等5人。父母为小学文化，哥嫂为初中文化，均在家务农。全家都是彝汉双语人，使用的语言为彝语中的阿细语。其自述的民族母语为"熟练"水平，能说能听，达到了"精通"程度。汉语和英语水平也达"熟练"程度。其语言习得顺序为阿细语—汉语—英语。学前班开始接受双语教育，到二年级结束，对双语课程上关于民族语言教育持较低的评价。英语课程从五年级12岁起开始学习。虽然最喜欢的语言为汉语和本民族语言，但对英语学习也持积极态度。不仅"可以通过英语学习英美文化"，还因为"经过十年的英语学习，对英语有了初步了解，学起来变得容易起来了"。至于民族母语，"幼时长辈让我学是为了沟通，后来要我学是让我念家而学"。"我觉得没必要再继续学习了，因为我自幼学习母语，现在已经很熟练了，再加上平时与父母沟通时都是用母语交流，基本不会遗忘，如果有需要的话适当学习一点母语的文字就差不多了。"在回忆录中，他对彝语、汉语和英语学习做了比较全面的介绍：

> ……我自小就在讲少数民族语言的家庭中长大，我的民族母语就是在父母、祖父母的熏陶下逐渐学会的，在这一过程中都未曾遇到什么大的问题。我学习汉语是从普通话开始的。自从双语教学结束后，我们上课使用的教学语言都是普通话。开始时出现过不能理解的情况，到后面，逐渐就能够听懂，但不太会说，最后读课文的过程中加以训练也就慢慢地学会了。而方言的学习主要是在初中时期，上中学以后，班上的同学大都来自不同的地方，交流的时候使用的语言大多是方言，慢慢地也就学会了。至于其他民族语言，上中学的时候，班上有几个同学也是少数民族，并且他们的语言跟我们的不同，而我们一时兴起就相互学习对方的民族语言，慢慢地也就学会了一点皮毛，虽然不会讲，但至少能够听懂。关于外语，起初我学习外语只是为了应付考试，但后来慢慢发现仅仅如此是不够的，到初三的时候，在老师的指引下找到了学习外语的兴趣，之后再对学习方法进行进一步的改进，也就小有成就了。

伍云龙回忆录　2017年1月

对母语学习和母语保持，他还做了比较理性的解释：

> 语言学习需要一个过程，即便是少数民族人士，长期不使用的话也会淡忘。在我的身边，这类的例子也存在不少。在我们村里，有几家的小孩自小送到城里读书，基本不接触民族语言，以至于不会讲，甚至连听懂都是问题，再反观当下的社会状况，很多少数民族人士正在渐渐地被汉化，虽然一两年之内没有多少变化，但十年、几十年之后会怎么样呢？我想到时候会使用民族语言的人可能已经少之又少了吧，这在给我们敲响警钟，

> 多民族文化共存是中华文化的一大闪光点,作为中华文化的一部分,民族语言的淡化亦是中华文化的一大损失,这应该引起大众的注意,保护少数民族语言的工作刻不容缓。其次,普通话、方言以及外语的学习也是如此。
>
> 伍云龙回忆录　2017年1月

案例2（2016年12月12日访谈）：于红萍,女,彝族,某理工大学化学工程学院能源化学工程专业15级学生。家住红河哈尼族彝族自治州石屏县龙武镇麻栗树村。该村距县城83公里,离最近的镇子5公里。现有农户137户500余人,村民以彝族为主,属于典型的花腰彝村寨。花腰彝自称"尼苏",能歌善舞。对唱山歌是青年男女约会、娱乐互动的一种方式。但随着年轻人外出打工、求学人数的增加,这种情况越来越少了。该村有少数外嫁进来的汉族、苗族,但这些人也学会了彝语。村里人大多说彝语,但除了年纪较大的老人外,大多数人都能听懂且会说汉语。

全家共6人,分别为祖父母、父母、姐姐和其本人。父亲初中文化,母亲小学文化,均在家务农。全家人的民族成分均为彝族,都使用彝汉双语。祖父也是彝汉双语,作为村里的村医,他不仅会说,而且会写汉字。祖母只会说彝语,汉语只能听懂简单的日常用语。其父辈这一代以前的人选择的结婚对象基本来自本村或附近村寨,大都是彝族,所以首先教会其子女的语言就是彝语,普通话是上学后跟老师和同学学会的。

个人自述的民族母语、汉语能力均为"熟练",英语"一般"。没有上过民汉双语课程,民族母语最先接触、最先学会。"从学说话就开始学它,有家人刻意地教我怎么发音,组成一句话,在什么样的场合适合说什么样的话,怎样表达会更好。"家人会及时纠正她的错误。另外,"周围的人都说彝语,有学习母语的环境,而且随时都可以用它来交流,自然而然就学会了"。虽然也把汉语归入"熟练"范畴,但其本人还是觉得普通话发音不准,带有严重口音且语言表达能力较弱。"汉语学得最辛苦,五岁上学之前没有机会接触会说汉语的人",更没有人教她说汉语。国家通用语言文字是上学后在课堂上跟着老师从拼音开始学会的。不仅如此,还吃尽了汉语方言的苦头：

> 一年级教我们的老师是汉族,她听不懂彝语也不会说,语言不通给她的教学和我们的学习带来了很大的困难,跟老师的交流也就少了,但是

老师很关心我们,她还跟我们学彝语。上小学的时候,多数同学都是彝族的,除了在课堂上回答问题,课后问老师问题之外,基本都在使用民族语言跟同学交流,所以除了比较基础的普通话,本地的方言我几乎听不懂也不会说。……考上县一中后,除了个别同学会说民族语外,其他人说的都是方言,甚至有些老师讲课也用方言,这给我的学习和生活带来了很大的问题。好在得到了一个同学的帮助,在我听不懂的地方问她,她用普通话解释给我听,以便于我更好地理解。在这样的环境下,慢慢地我学会了说这里的方言。高中时的同桌也是彝族,但她听不懂数学老师的课,原因是数学老师习惯用方言讲课。没多久,我这个同桌适应了这个环境,她也学会了这里的方言,和同学老师们玩得很好。今年堂弟也考上了县一中,他也面临同样的问题,就是听不懂那里的方言,而有些老师喜欢用方言讲课,有些老师说的普通话也不标准,特别是从县周边的一个镇上来的,带有严重的口音。

于红萍回忆录　2017年1月

虽然汉语方言给她带来了苦头,但却难以打消她对汉语的热爱。

　　……(它)有着几千年的历史,博大精深,细细品读,不管是文字本身还是它所蕴含的意义,你会发现很有趣、很美,有更多的奥秘等着去探索。

于红萍回忆录　2017年1月

对汉语的热爱转变成了学好汉语的决心,因此决定要继续学好汉语,她的看法是"作为我们的国语,学好汉语才是首要的"。至于民族母语的学习计划,虽然可能不会深层次地去学习,但却表示要用个人的力量把该支系的彝语传承下去,教后代说彝语,了解彝族文化。她的英语从初一开始学习,但初中没有学好,高中三年也没怎么学,以致到了大学,影响了毕业和将来找工作,因此发誓要学好英语。

案例3(2016年12月5日访谈):杨士萌,女,彝族,家住文山壮族苗族自治州文山市东山乡板桥村,该村大部分村民为彝族,少部分为苗族。现为某大学2016级会计专业学生。家中有父母、奶奶、妹妹等5人,全家均为彝族。父亲初中文化程度,职业经商；母亲小学文凭，和奶奶一起在家务农；妹妹在当地上高中。本人的民族母语水平为"略懂"，只能说一些简单的日常用语。汉语和英语均能听会说，自述为"熟练"水平。父亲和奶奶为彝汉双语人，母亲只会汉语，妹妹的民族母语也只是略懂，和本人情况相似。语言习得顺序为汉语—彝语—英语。民族母语向奶奶学习，汉语方言向父母学习，国家通用语则是在学校学会。在日常生活中，不论是与父母交流，还是和亲戚朋友交流，均使用本地汉语方言。

至于民族语言，"很少有人说本民族语言了"，因为"距离县城近，与外界交流多，交通又十分便利，所以越来越多的人不会说民族语言"。在家里和村里不说普通话，"家人和村里的人不怎么能听懂普通话"，只有与同学和老师交流才使用普通话。最喜欢的语言为汉语，民族母语次之，对英语的态度只能算"一般"。之所以最喜欢汉语，是因为"汉语在日常生活中运用得最多"。如果可以在邻国语言与英语两种外语中选择的话，她宁愿选择邻国语言也不选择英语，因为"邻国语言在今后的工作中用到的比英语多"。另外一个原因可能在于英语难学，"小学、初中时感觉学着还挺有趣的，可到了高中后就越来越难了"。关于本民族语言的学习经历，她在回忆录里这样写道：

……小时候在家里爸爸妈妈都不怎么教我们彝族语言，就奶奶一直在教我们，所以上幼儿园之前我的彝语说得不算特别溜，但也能勉强过得去。上学后，因为学校里老师要求说普通话，还有身边的小伙伴也都说汉语，有时候就要先把他们说的话翻译成彝语再去回答，感觉挺吃力的。真正出现问题是在小学三年级后，因为三年级后我对彝语越来越不敏感，跟奶奶说话时一直打结，最后奶奶只好说："别勉强了，用汉语说吧！"从那以后家里就很少说彝族语言了。随着年龄增大，接触的汉族朋友越来越多，以至于现在都不会说彝族语言了。

杨士萌回忆录　2017年1月

或许是因为研究效应的缘故，她在访谈和回忆录中都多次提到要继续学好民族语言，"以后回家还是要多和会说本民族语言的老人交流"，"民族语言我们应该传承"。与她的愿望以及奶奶坚持教他彝语行为相反的是，她的父母一直反对她学习本民族语言。对此，她未给出解释，但彝族语言功能下降或者使用范围缩小恐怕是其父母反对她学习彝族语言的缘故。

（二）小结

上述3个案例中，2例来自红河州，1例来自文山州。他们的个人语言学习经历以及家庭构成情况有相似之处，也存在一定程度的不同。

3个受访者均来自农村家庭，其家庭所在的村庄基本都是彝族村寨。父母的文化程度均不高，除了第三例杨士萌父亲的职业为经商外，其余均为在家务农。3例中大多数家庭成员都是彝汉双语者，只有第三例中杨士萌的母亲为汉语单语者，妹妹的彝族语言为"略懂"。就个人的语言熟练程度来看，来自红河州的两个受访者均能熟练使用母语和汉语，而来自文山的受访者的民族母语只是"略懂"。相对而言，前两例的语言学习与语言使用更为相似，他们的民族母语均为自然习得，在家庭和村寨内部均使用民族母语，有民族母语的使用环境。汉语学习均从普通话学习开始，汉语方言是在与同学的交往中学会的。第三例的情况差别较大，首先其汉语方言为父母所教，这一方面反映了父母的语言态度，另一方面也揭示了她的汉语语言环境。虽然其祖母坚持教其学习民族母语，但成效不佳，主要原因在于缺乏使用民族母语的环境，而最大的障碍可能来自父母的反对。这与红河州伍云龙的家庭形成强烈对照。伍云龙的家庭最初要求他学习民族母语是为了沟通和交流，后来要他学习民族母语是为了他能"念家"。

就语言态度而言，3个受访者都对汉语和民族母语持积极和肯定的态度，如伍云龙最喜欢的语言为汉语和本民族语言；于红萍虽然在汉语方言学习上碰到过挫折，但丝毫没有妨碍她对汉语的热爱，对她来说，汉语"有着几千年的历史，博大精深"；杨士萌最喜欢的语言也是汉语，民族母语次之。关于本民族语言，伍云龙认为没必要继续学习，原因是"自幼学习母语，现在已经很熟练了"，如果要学的话，应该"适当学习一点母语的文字"。于红萍也可能是因为已经熟练掌握了母语，而"可能不会深层次地去学习"。稍有不同的是，杨士萌决心要继续学好民族母语，但原因主要是其民族母语还不熟练。就外语学习而言，3个案例中也表现出了一些差异。除伍云龙对英语学习展示了信心外，于红萍和杨士萌多少表示了一些无奈。对于红萍来说，英语已经影响到了她的学业，而杨士萌则宁可学习邻国语言也不愿意学习英语。

二、白族个案

（一）案例分析

案例1（2016年12月5日访谈）：杨莉，女，白族，某师范大学哲政学院2014级法学专业学生。家住怒江傈僳族自治州泸水市六库镇白水河村村委会哇嘎村木坪小组。哇嘎村共有160户居民600余人。村中居民主要为白族、傈僳族和汉族。村民主要使用白族语，就连居住在该村的傈僳族和汉族也能使用白族语。但是，附近几个村子用的都是近似汉语的方言。家中常住人口3人，母亲、哥哥和其本人。父亲小学文化程度（已故），母亲文盲（在家务农）。父母、哥哥和其本人均为白汉双语人，祖父祖母为白语单语者。本人自述的民族母语、汉语、英语水平为"熟练"，能听会说，其他语言如缅甸语和傈僳语为"略懂"。语言习得的顺序为白语—汉语方言—国家通用语—英语—傈僳语。白族语为自然习得，"好像是天生就会的感觉，没感受到难度"，"泸水汉语（本地汉语方言）是在镇上学会的，普通话与该地的通用方言差别不大，都是在学校学会的"。小学一年级的时候基本听不懂老师讲的话。

>……因为不只是我一个人听不懂老师的话，老师只能将就我们学白族语，教学才得以进行。等到小学毕业，到镇上上学以后，发现很多名词白族语和汉语对不上号，上生物课经常是一脸迷茫，全靠想象力来填补新学的植物的样态。最后就是民族口音有点重，讲普通话的时候，稍不注意就平翘舌分不清楚，同学、朋友也会时不时取笑我一番，大家乐一乐。
>
>杨莉回忆录　2017年1月

关于汉语学习，家长们往往会鼓励并刻意教后辈从小学习汉语，这可能是因为看到年轻的一代在学校里碰到的尴尬事件的缘故。再由于在学校运用的机会多，很快也可以用汉语交流了。对于民族语言，"因为生长在白族语的环境里，不用刻意教小孩子白族语，大家基本都是无师自通的"。说到底，还是英语难学。

>一方面是因为运用的环境少，另一方面是接触晚了，再加上中学时候课业负担重，语法、口语一直都没有质的飞跃，只停留在能够进行简单交流而已。
>
>杨莉回忆录　2017年1月

虽然英语难学，但最喜欢的还是英语。但是对汉语的感情却很微妙。

>因为学习汉语时有太多古汉语夹杂在教学里边，很多时候不太理解古

人繁复的表达方式。我到现在都没有对汉语有感情，只是把它当成一个交流工具而已。

杨莉回忆录 2017年1月

就民族母语而言，由于远离家乡，缺乏应用环境，在大学校园里，白族语基本派不上用场。虽然没有使用本民族母语的机会，但对民族母语的感情仍在。

……如果我是一片叶子，那么白族语言就像是承载这片叶子的大树，她是我的根，就像落叶终会归根一般。

杨莉回忆录 2017年1月

英语从初中一年级13岁时开始学习，中学6年加上大学3年快10年的时间，感觉"进展缓慢而且学得比较累"。尽管英语学习不是太顺利，但其对英语的热爱程度却超乎想象。她的解释是，因为新事物具有独特吸引力，所以把注意力从民族语和汉语转到英语也就不足为奇了。但是更深刻的原因可能还在于：

由于我一直生活在多山土地贫瘠的怒江，对于英国那种温带海洋性气候的牧场很是向往，怎么也要去切身感受一番。

杨莉回忆录 2017年1月

另一个更为重要的原因是，高中时碰到了一个帅气的英语外教。

作为同龄人，和班里边的男同学比起来，他对我来说实在是太有吸引力了。

杨莉回忆录 2017年1月

由于其所在村庄以白族为主体，白族、汉族、傈僳族杂居，且附近村寨为其他民族居住，属于一个典型的多语社区。不同民族之间的交流是否顺畅？

听老一辈人讲，他们小的时候，各个村子都是自个儿忙活自个儿的，基本上是鸡犬之声相闻、老死不相往来的生活状态。没有交流，自然障碍就慢慢地越来越大了。

杨莉回忆录　2017年1月

即便到了现在,"由于很多会汉语的年轻人外出打工,老一辈的村民在接受政府调查的时候很可能听不明白政府工作人员意欲何为,很多时候都是言不达意,所以他们交流起来存在障碍"。语言不通不仅会带来交流障碍,有时甚至会引起冲突。

周某某家的庄稼被邻村的牛糟蹋后几经交涉,但由于语言不通,最后周某某只好在自家庄稼里撒上农药而把对方的牛毒死。

杨莉回忆录　2017年1月

当然,语言不通"也有好处,有时候可以用自己人的语言在外人面前讲不方便公开的事情"。

案例2(2016年12月5日访谈):夏英,女,白族,就读于某理工大学冶金与能源动力工程学院,为能源与动力工程专业大三学生。家住怒江州泸水市六库镇白水河村委会哇嘎中木坪村。木坪村有农户35户132人,其中白族125人、傈僳族1人、汉族6人。全村通用语为白族语言和本地汉语方言,但白族语言不同于大理白族自治州的白族语言。一般情况下与本民族的人交流使用白族语言,与其他民族的人交流使用本地汉语方言。

家中常住人口5人,父母、哥哥、姐姐和其本人。父母均为小学文化程度,在家务农。姐姐大学毕业后在大理下关云南白药厂上班,哥哥刚大学毕业,正在找工作。家庭内部语言使用较为复杂,有双语者,也有单语者。父亲是地道的白族,说白族话和汉语方言,为双语人;母亲是地道的汉族,只会说汉语方言,不会说白族语言,为单语者。姐姐为同母异父,主要使用汉语方言,白族语说得不流利。哥哥与其本人因出生在白族家庭和白族村庄,会说流利的白族话和汉语方言,为白汉双语人。此外,祖父母只会说白族话,为单语人,但单独居住。虽然母亲只会说汉语,但因为父亲和子女们都会汉语和白族语言,所以家庭交流不存在问题。通常情况下,"父母会什么语言,我们就用什么语言与他们交流"。但是对只会说汉语的母亲来说,生活在一个以白族语言为主的村庄多少还是有些不便。

因为只会一种语言，他们听不懂白族人讲的语言，就靠有人给他翻译，也许说的人还会用汉语跟他们再说一遍，但毕竟不可能全部。自然，一来听不懂，二来无法与之交流。那也可以说不会就学习啊，多听听就学会了，然而学习语言，对于小孩子来说不是难事，但对于大人，他们接受起来就比较难了！

夏英回忆录　2017年1月

　　个人的语言习得顺序为汉语—白族语—英语。自述的民族母语和汉语水平均为"熟练"，英语水平"一般"，能听说一些简单的傈僳语。没有上过民汉双语课程，民族语言和本地汉语方言向父母学习，普通话在学校学会。英语从小学六年级开始学习。

　　初中英语特别简单，经常满分。到了高中，难度加大了，学英语不再感觉简单了，更多的是为了一次次的考试。现在大学里，就为四、六级考试而学了，不过，我现在是不花工夫去学习英语了。

夏英回忆录　2017年1月

　　就语言态度而言，刚开始还是喜欢英语的，但后来都为了考试，再加上难学，故对英语的态度只能算"一般"。因此，最喜欢的语言还是汉语，不只是汉语实用，"而且汉语还有博大精深的中华汉字艺术"。相比之下，"我们本地的白族语是没有自己的文字的，所以我是这么形容它的，就是非正宗的白族语"。之所以非正宗，是因为"与大理的白族语大不相同！"因此，在她看来，正宗或者标准很重要，能讲一口流利标准的国家通用语才让人羡慕：

　　把自己的普通话说好，能流利地表达自己想要说的，能够让别人从我身上很明显地看到作为一个地道的云南少数民族，普通话说得的确好，也确实，在很多人第一次跟我聊天的时候都说我是不是外省人，我自豪地说，我是云南本地的。所以我一定会把我的普通话说得越来越好，其次不忘我之前会说的民族语言。

夏英回忆录　2017年1月

第四章　边疆民族个人及其家庭的语言规划

（二）小结

白族为中国人口排15位的少数民族，主要生活在云南的大理、丽江、怒江、昆明等地，周边省份如四川、重庆、贵州、湖南等地均有分布。尽管如此，一说到白族，人们首先想到的是大理。鉴于本课题的研究对象为边疆地区的少数民族，故把研究的视角转向了怒江。怒江与缅甸接壤，国境线长449.5公里，用本次个案研究中夏英的话说"摔一跤就可能到了缅甸"。该州总人口52万，其中傈僳族占51.6%、白族占26%、汉族占12%，其余民族包括彝族、独龙族等，白族为该州第二大人口民族。故本研究选择了两个来自怒江的白族学生做个案研究。

如上文所介绍的那样，两个个案均来自怒江州泸水市六库镇，同属于白水河村委会哇嘎中木坪村。毫无疑问，两个个案中存在诸多相似之处，除了来自同一个村庄，村庄的民族构成、语言使用情况相同外，两个个案的个人身份、年龄、性别等也基本完全一致。但是两个个案的家庭生活以及个人的成长经历却存在差异，这不仅在某种程度上影响了其家庭的语言使用情况，更在很大程度上影响了他们的语言观。

首先，两个个案的语言使用和语言熟练程度几乎完全一样，均能熟练使用民族母语和汉语，英语水平一般，能听能说简单的傈僳语。但是两个个案的语言习得顺序不同，杨莉先习得母语，然后再习得汉语，最后在学校学会英语和傈僳语。而夏英则先习得汉语，然后再习得母语，英语与傈僳语的学习情况与杨莉相似。两个个案的祖父母均为民族母语单语者，即只会使用白族语言，而从父辈开始变成了民汉双语者。从家庭的语言使用情况来看，表现出了民族单语向民汉双语发展的现象，但尚未出现其他民族地区常见的民汉双语向汉语单语发展的趋势，因为两个个案和与其同辈分的兄弟姐妹均为民汉双语甚至民汉英多语者。第二个个案夏英的母亲为汉语单语者的原因是族际婚姻中的常见现象，而不是代际传承的结果。

两个个案中最大的差异就在于两个家庭结构的不同，而可能正是这种差异导致了她们语言态度的巨大差异。首先杨莉的家庭成员均为白族，从小习得的是母语，到了上小学还听不懂老师的话（汉语），老师只好倒过来学习白族语言，才能勉强应付教学所需。到了中学，很多汉语名词仍然不能在白族语中找到对应的概念，要靠想象力才能理解一些本民族母语中没有的名称。即便现在，说话时仍然带着民族口音，讲普通话的时候平翘舌音不分，常常感受到了来自旁人的取笑。另外，在她看来，汉语中经常夹杂有太多古汉语，"很多时候不太理解古人繁复的表达方式"，结果只是"把它当成一个交流工具而已"。然而，值得关注的是，尽管她的英语也学得困难，进步也不明显，但对英语却充满了感情。从她的个人回忆录中，她提到了两个原因，一是自己的生活环境"多山土地贫瘠"从而向往英国那种"温带海洋性气候的牧场"，另一方面是在高中时碰到了一个来自英国的外教，那是一个年龄相仿、很有吸引力的"帅气的英语外教"。

夏英的家庭与成长环境与杨莉稍有不同，便形成了与杨莉截然不同的语言观。夏英的母亲为汉族，父亲为白族，而且父亲会使用白汉双语，这就给她提供了良好的双语环境。两种语言的共同进步使她少了小学和中学阶段来自语言方面的困扰，她可以轻松地使用两种语言，从而对汉语和本民族语言产生了积极的语言观，以至于她会觉得"汉语博大精深"，体会到了汉字的艺术价值。这与杨莉形成了鲜明的对照。虽然夏英原本也喜欢英语，但是不同阶段尤其是高中和大学为考试而学英语的教学使她丧失了对英语的兴趣，以至于都不学英语了。这也与杨莉形成了强烈的反差。

三、傣族个案

（一）案例分析

案例1（2016年12月10日访谈）：黑笑，女，傣族，某理工大学建筑与城市规划学院2016级建筑专业学生。家住红河哈尼族彝族自治州红河县迤萨镇，迤萨镇为红河县城所在地。

家中常住人口3人，父母和其本人。父母文化程度均为本科，父亲在事业单位任会计，母语是小学语文老师。父亲、祖父和祖母为傣族，使用汉傣双语。母亲为汉族，为汉语单语人。本人的民族母语自述为"略懂"，会听说日常生活中很简单的词语。同辈亲属中只有堂兄妹还会讲傣语，表兄妹已不会讲。在自家范围内使用的语言为本地汉语方言。春节回到祖父家，则使用傣语。祖父家所在的村庄为傣族聚居的村子。每当父亲一边的亲戚们用傣语交谈时，"我就一头雾水，不知所云"。其母亲也和她一样什么也听不懂。每当此时，她便会好奇地问他们在讲什么有趣的事情。好在她的堂兄妹会用当地汉语方言给她充当翻译。她的问题还不时会引来亲戚们的反诘，"为什么你父亲不教你傣语？"

> 事实上，不是父亲不教，也不是没有心血来潮地让父亲教过我讲傣语。父亲每次在我提出要学习这门语言后都兴致勃勃地教我，但是每次我都不会坚持多久。久而久之，学会的几个简单词汇都忘光了。
>
> 黑笑回忆录　2017年1月

在所有语言中,她最喜欢的语言是汉语,其次为本地方言,英语第三,傣语置末。之所以最喜欢汉语,这可能与其母亲的语文教师身份有关。上学前其母亲便给她讲汉语故事,即使听不太懂,但是汉语的启蒙就这样开始了。

> 母亲喜欢阅读,我亦如是。我认为汉字有一种极强的魅力,诗篇经文,字字珠玑。中华上下五千年,汉字积淀承载了厚重的华夏文化。
>
> 黑笑回忆录 2017年1月

之所以也喜欢本地汉语方言,除了日常生活中主要使用本地汉语方言外,她认为这是一种"家乡宝"情结。英语虽然从小学三年级就开始学习,但因为不是主课,记忆中的学习就是用中文给英文注音,所以其真正的理解和学习英语还是初中以后才开始。把本民族语言放在最后,主要是因为不经常接触和运用,"所以对它的了解和情感就相对显得淡薄了许多"。

案例2(2016年12月10日访谈):辆晃,女,傣族,某工业大学2016级生物工程专业学生,家住德宏州瑞丽市勐卯镇团结村双卯村小组。双卯村有123余户517人,其中傣族503人、汉族12人、景颇族1人、德昂族1人。该村属于坝区,靠近瑞丽城区,交通方便。村内使用较多的语言为傣语。

家中有5口人,父母、祖父、外祖父和其本人。父母受教育程度分别为初中和小学,均在家务农。父亲和祖父为汉族,说汉语,母亲和外祖父及其本人为傣族,说汉傣双语。在家庭生活中以说本地汉语方言为主。个人的语言习得顺序为汉语方言—傣语—国家通用语—英语,自述汉语和英语水平"熟练",傣语"一般",即能听但不太会说。之所以如此,这是"由于家庭原因,一开始学习的是汉语方言,慢慢地才接受傣语,上学后又学普通话和汉字,最后才学习外语"。傣语除了在家里向母亲学习外,主要是通过双语课程学习。

> 小时候上过双语课程,是从四年级开始上,一直到小学毕业。每周学习傣文2个小时,主要是学习基本的傣文字母、音标、简单的短语和句子,阅读短篇傣文。
>
> 辆晃回忆录 2017年1月

但是，由于住校的原因，民族母语的使用非常有限，刚开始在学校里学习普通话时，"可能是发音和吐字存在差别，所以学的比较慢和困难"。即便到了现在，随着学习层次的上升，"普通话说得还是不标准"。至于外语学习，"一开始是排斥，因为自己基本的语言还没有学透就要学另外一门语言，而且听不懂，学不进去"。只是后来随着学习时间的增加，"才慢慢地接受和喜欢上外语的"。

案例3（2016年12月10日访谈）：玉英罕，女，傣族，某大学艺术传媒学院2016级学生，家住西双版纳州勐海县勐遮乡曼根村曼光景仰。该村人口以傣族居多，除了少数入赘的汉族外，其余村民均为傣族。该村距离勐海县城32公里，离最近的镇还有5公里距离。周围村寨也是傣族居多，故村子里的大人多说傣语。

家中常住人口6人，分别为父母、祖父母、妹妹和其本人。全家均为傣族，父母会3种语言，分别为傣语、泰语和汉语；祖父母为双语使用者，会傣语和泰语；妹妹和她本人会4种语言，即在父母3种语言的基础上增加了英语。父母的文化程度不高，父亲小学文化，母亲初中文凭。身份为农民，但主要在城里做些小本生意。父亲精通傣文，在小学时学过汉语，会说汉语，但汉字认得不多，"成语也只是略知一二"。在邻国缅甸和泰国有亲戚，来往方便，但不常走动。与邻国亲戚交流时使用傣语。常买邻国的碟片来看看电视剧什么的。

其语言习得顺序为傣语—泰语—汉语—英语。傣语和汉语自述为"熟练"，英语和泰语为"略懂"。在上学前班前，一直学的都是本民族语言。从上学前班开始接触汉语，初中开始学习英语，但方言则是高中住校时才学会的。未上过民汉双语课程，但是与她同龄或比她大几岁的人都上过，这取决于学校是否开设这门课程。有些学校不开设民汉双语课程，或者开过又不开了，原因"可能是现在都是在应试教育吧，毕竟每个学校都要做出成绩，而小学时就只有语文和数学要进行统考"。关于将来的语言学习，她表示虽然会说本民族语言但不识本民族文字，因此打算利用寒暑假跟父亲学习傣文。另外，因为傣语与泰语有很多相似之处，故打算学习泰语到能交流的程度。而英语学习的空间很大，要争取通过六级考试。汉语一般的交流已经没有问题了，故不打算再投入时间和精力。

（二）小结

3个傣族个案虽然同为女性、年龄相仿、受教育经历相似，同为大学生，但是家庭所在地尤其是家庭的民族构成的差异给她们个人及其家庭的语言使用、语言学习和语言态度带来了重要影响。从上面的案例中我们可以看出，黑笑的民族母语能力几乎全无，仅"略懂"一些简单词汇，汉语能力"熟练"，对汉语持积极态度，认为汉字有一种极强的魅力，而对民族语言就相对感情淡薄。辆晃的民族母语能力一般，能听不会说。对她而言，不仅要学习国家通用语、民族语言，还要学习外语，这明显给她带来了沉重负担。玉英罕的民族母语和汉语均达"熟练"水平，虽然没有明确说明对民族母语持有多深厚的感情，但从其要学习傣文的决心可以看出她对民族母语持积极态度，从语言习得的顺序看，其邻国语言泰语的习得发生在汉语之前，但熟练程度不及汉语，故打算把泰语学到能交流的程度。

造成这种差异的原因与她们的家庭所在地有很大的关系。黑笑来自傣族与其他民族杂居或者混居的地区，且家庭所在地为县城。杂居地区不同民族之间为了交际的便利往往会使用汉语进行沟通交流，而很少使用自己的民族语言，除非是在自己家庭内部或者本民族之间。而在城镇地区，不论是少数民族聚居还是杂居的城镇，几乎毫无例外都是讲汉语。根据我们最近对哈尼族人口占70%的墨江县的调查，县城居民不论什么民族几乎都使用当地汉语方言沟通交流，不论是在家庭生活、日常交际还是在正规的办公场合均无例外。也就是说，排除其他因素的作用，只要黑笑走出家门，围绕她的都是汉语使用者。与此形成对照的是，玉英罕生活的是一个傣族聚居的村寨，周围也都是傣族村寨，村寨内部使用的都是傣族语言，在这样的环境下不使用傣语也是无法想象的。辆晃的家庭所在村寨介于二者之间，距离县城不远，且交通方便。虽然该村寨为傣族聚居，但距离县城较近的事实说明，即使不使用傣语，光靠汉语方言也能顺利完成交际任务。

除了家庭所在地地理位置的影响外，家庭成员的民族构成对她们的语言规划也起到了一定作用。黑笑和辆晃的家庭为傣汉家庭，父母中的一方为傣族，另一方为汉族。其结果就是汉语的习得发生在母语的习得之前。对黑笑来说，更重要的是母亲为小学语文老师，从小就给她讲汉语故事，这不仅为她的汉语习得提供了极好的输入，更重要的是在潜移默化中培养了她对汉语和汉字的认同。与她们俩不同的是，玉英罕的全员傣族家庭构成也注定了她是一个熟练的民族母语使用者。另外，由于家庭所在的村寨位于边境地带，也可能因为有亲戚在相邻的泰国和缅甸的缘故，这也在一定程度上影响了她的语言取向。

四、苗族个案

（一）案例分析

案例1（2016年12月12日访谈）：杨林，男，苗族，某理工大学信息工程与自动化学院2016级本科生，家住文山壮族苗族自治州广南县珠琳镇羊街村松树凹小组，属山区。该村村民以苗族居多，约100户500人，基本上没有汉族或其他民族的姑娘嫁入苗族家庭。周围除了1个村寨汉族居多外，其余5个村寨均苗族居多。故一般使用苗语，不过因受汉语的影响，所使用的苗语中也掺杂了一些汉语。

家中常住人口7人，包括父亲、母亲、两个弟弟、两个妹妹和其本人。父亲初中文化，母亲小学未毕业，职业均为在家务农。全家的民族成分都是苗族。包括祖父母在内，家庭成员均为苗汉双语人。除母亲不太懂普通话外，全家都能使用普通话交流。汉语算得上熟练，因为至少不存在交流上的问题。全家也都是熟练的苗语使用者。尽管如此，家人外出或到其他地方去和其他民族的人交流仍然存在困难。其他家庭基本也存在类似问题。

> 在与其他民族交流时也会产生矛盾，主要表现在苗族同胞去镇上或县上的政府或公安局办事时，因为不能理解普通话表达的意思，语言交流不畅，所以办事效率很低或办不成。为此，一些大人或老人在去镇上或者县城上办事时都通常叫我去，特别是一些需要填表的，所以一定程度上可以帮助到他人。
>
> 杨林回忆录　2017年1月

个人的语言习得顺序为苗语—汉语—英语。自述的母语和汉语程度为"熟练"，英语水平"一般"。民族母语为自然习得，"从一出生就开始学，一直学到现在，可以说很熟练了"。没有上过民汉双语课程。汉语是从小学一年级起才开始学，"一开始学普通话还是很困难的"。直到现在，虽然也学了很久且一直也使用着的，"但好多都不标准"。英语从七年级开始学，虽然目前大部分英语单词都能懂，"但使用起来却很困难，发音也不准"。一个和他一起长大的伙伴的情况更糟糕。这个人在汉语和英语学习上都更吃力，两门语言的使用与交流都不顺畅，而英语则更差以至于完全放弃不学了。关于语言学习计划，除了学习民族母语外，还希望能多学一些小语种，如邻国语言等，而汉语和英语要达到别人说自己马上就清楚的程度。

案例2（2016年12月12日访谈）：罗晓金，男，苗族，某大学生命科学学院生物工程专业2016级本科生。家住西双版纳州勐腊县磨憨镇尚勇村扒布麻村小组。该村位于高山之上，仅有一条宽约3米的土路与小镇相连，相隔16公里。最近的一个寨子为哈尼族村寨，也相距5公里。村民们接触的语言主要有苗语、汉语、哈尼语和傣语，但基本都会汉语，故不同民族之间的交流主要通过汉语进行，但在少数民族内部就直接使用本民族语言交流。由于长期的交融，不同民族之间多少都会一点对方民族的语言，但相比之下，还是傣语会的更多一些，"主要原因是便于和老挝的傣族做生意，另外就是和国内的傣族关系很好，逢年过节大家一起过"。

家中共有6人，分别为养父、养母、生父、哥哥、弟弟和其本人。父亲的文化程度为初中、母亲文盲，均为农民，主要依靠种植水稻、玉米、陆谷为生。哥哥在外打工，弟弟初中毕业辍学在家。全家的民族成分为苗族，都是苗汉双语人，在家庭内部和村寨里与本民族的人交流时使用苗语，外出做事或者与其他民族的人交流时使用汉语。

个人的语言习得顺序为苗语—汉语—英语，3门语言均自述为"熟练"。未上过民汉双语课程，苗语是在家里自然习得的，"我就读的学校一直都没有开设双语课程的，所以一直都没有在学校学过民族语言"。英语从四年级开始学习，但刚开始学得并不好，仅限于26个字母。后来经过6年的中学学习，"为了分数，学的还是不错的"，但是由于缺乏运用环境，所以"感觉学了6年英语，运用能力还是比不上学了1年的汉语"。对3门语言持客观态度，"我没有感觉到明显更喜欢哪一门语言，对于我来说，语言就是交流的工具，还有就是抒发感情"。然而对待文字的态度则与大多数人不同。

> 文字记录方面就不一样了。写文字我比较喜欢汉语，毕竟写得最多，用得最熟练，而且书写方便，写得快，别人也能看得懂，交流很方便。而英文，主要就是用来完成作业了，不排除有时候会写点日记什么的，但毕竟是很少很少。苗文的话，我主要用来记录自己民族习俗和特有的民歌、民俗。因为不同文化的缘故吧，自己民族的歌曲，翻译成汉语之后很难找到准确的表达方式，而且也很不方便。除此之外，我喜欢用苗文来和苗族网友聊天。总结一下，就是看场合选用不同的语言吧，哪个方便用哪个。
>
> 罗晓金回忆录　2017年1月

由此可见，其本人自述的苗语"熟练"名副其实，因为他不光能听会说，而且会使用苗文。在解释苗族的一个民俗活动时，他使用了苗文ua npua dab ntxhoog来表示，因为该民俗活动无法用汉字表述。据其本人介绍，他所会使用的苗文为传教士在老挝野牛山创制。因传教士所采用的是老挝野牛山的苗语方言发音，且与其所用的白苗语发音极其相似，所以就自学了这套苗文。

> 由于第二次世界大战后苗族逃难到世界各地，且基本上都是从老挝出去的，大多是白苗，也都在用这套文字，所以现在几乎全球通用了，因此叫国际苗文。我学习这套苗文的原因还有就是国内苗族文化作品几乎空白，我们的娱乐资源几乎都是国外苗族的作品，里面都是用国际苗文写的字幕，所以我就学了国际苗文。资源丰富、实用、易学。
>
> 罗晓金回忆录　2017年1月

到目前为止，这是我们在本次调查中非常少有的能使用本民族文字的案例。那么，他的本民族文字是如何学会的呢？

> 上学后通过学习，读了一些有关民族的书，知道我们苗族也有自己的文字，我顿时感到很兴奋，可惜没有人教。是啊，在这样的小地方，不要说有人教了，连会写、会读的都没有几个（人）。我是从小学就知道有文字的了，可是一直没学。主要是因为没有人教，没有资料，自己找不到资料去学，周围也没有知道的人可以一起讨论。直到高中时，会上网了，才在网络上找到了相应的教学视频和简单的教程，所以才开始正式自学苗文。说来也挺不可信的，我学的是国际苗文，因为我是白苗，说话发音与这套文字相匹配。这套拼音文字也叫七日文，因为据说只要会说苗语，学七天就可以顺利地书写了。我也就学了一个国庆节假期，就初步掌握了基本的拼写。后来再看视频跟着读，自己没事写写，马马虎虎还可以。
>
> 罗晓金回忆录　2017年1月

对于今后的语言学习计划，汉语打算读一读诗词散文，偶尔自己读读写写。英语要在大学期间通过六级。苗语希望能保持下去，毕竟来到大学就再也没有开口讲过苗语了。如果可能的话，"试试苗语文学作品创作和汉语作品翻译成苗语并加以推广"。

第四章　边疆民族个人及其家庭的语言规划

案例3（2016年12月12日访谈）：邓成英，女，苗族，家住红河州蒙自市冷泉镇楚冲村委会所基口村。该村属于山区，距离最近的冷泉镇尚有20余公里，交通极为不便。全村有农户30多户170多人，属贫困村，村民均为苗族，使用的语言为苗语。周边村子居住的是其他民族，彼此听不懂各自的民族语言，存在交流障碍。未上过学、不会讲汉语的人交流更困难，在和别人交流时总会掺杂着自己的民族语言，致使交流不能顺利进行。"比如亲戚们常常外出打工，别人叫你做什么，而你却做了另外一件事，最后弄得彼此都很尴尬。"

家中有5口人，分别为父母、哥哥、妹妹和其本人。父母分别为初中和小学文化，均在家务农，农闲时也经常外出打工。全家都是苗族，在家里和村内都使用苗语，偶尔也讲蒙自话（本地汉语方言），所以全家都是苗汉双语人。个人的语言习得顺序为苗语—汉语—英语，自述民族母语和汉语水平为"熟练"，英语"略懂"。没有上过民汉双语课程，苗语为自然习得，"因为家里人都是苗族，一回到家，都是讲苗语。用得多，讲得多，听得多，自然而然就学会了"。尽管其本人没有上过民汉双语课程，但其母亲却上过，"听妈妈说她们小的时候上过，只是早上上，下午就回家干活了。上了几个月，还唱本民族歌曲，听着挺有趣的"。汉语从方言开始学习，是父母教会的。

> 比如从"吃饭"学起，在民族语言里"闹猫"就是汉语方言中的"吃饭"，"闹"与"吃"相对，"猫"与"饭"相对，挺好学的。民族语言"告要么哦咱"，汉语方言："你要克干嘛？"一个字一个字的对着学。
> 邓成英回忆录　2017年1月

当然，除了在家里向父母学习汉语方言外，日常生活中比如逛街、做客、和同学聊天等都会听到别人说方言，所以方言很快就学会了。但这只是日常生活中的汉语，或者说是汉语方言，进入学校后，因为老师讲的是国家通用语，刚开始的时候碰到了很大的挫折。

> 我没有上过学前班，一来就上一年级。上课完全听不懂老师在说什么，不知道翻到哪页，上到哪里，致使作业不会做，成绩自然不好。那时完全是害怕上课，讨厌上课，一想起老师就害怕。在课堂上不敢回答问题，或者回答出来的问题也是掺杂着本民族语言。老师也听不懂。老师们

在教我们汉语时也学习我们的民族语言。

邓成英回忆录　2017年1月

幸运的是，老师当中也有很多是本民族的，在他们的课堂上，如果讲汉语学生听不懂，他们也会用本民族语言给学生进行解释。虽然刚开始的时候学得艰难一些，但也正是以这样的方式学会了普通话。英语从初一开始学，但学习方法却与母语和汉语不同，学习的效果也不如母语和汉语。

英语觉得挺难的，要先学习音标，拼读单词，再由词构成句，还有语法、时态。学自己的民族语言时没有那么多，只知道跟着别人说就行了。听得多、说得多也就会了。

邓成英回忆录　2017年1月

对此，她有深刻感触，语言要用才会，不用就会遗忘。她的堂姐嫁了汉族，才过了五年，"现在苗语讲得很结巴了"，还有她认识的一个朋友离开家乡去外省服役，三年后休假回家时"自己的语言都基本上忘记了，一张口就结巴，他自己也觉得很难受"。这显然是因为长时间不使用的结果，但也引起了她对不同语言文化交流的感叹：

文化交流给我们带来了多姿多彩的文化体验，但在交流的同时我们的文化却在慢慢流失。

邓成英回忆录　2017年1月

虽然多语学习增加了学习负担，但也有一定的乐趣，"当不会用自己的民族语言表达时，可以用汉语来表达，有些表达用不同的语言虽然意思是相同的，但感情色彩会有所区别"。在谈到自己未来的语言学习计划时，她做出了这样的感叹。

本民族语言是自己民族的一个文化，一种标志，不应该放弃学习。随着文化的交流，我们的民族语言中已经掺杂着很多汉字，很多外出的人多年后已经不会讲自己的民族语言了。身为一个苗族人，自己的语言有很多都听不懂，有自己的文字，但却看不懂。想想，这是一个苗族的悲哀。有时间时在学普通话的基础上也应该学习自己的民族文字来进行传承保护了。

邓成英回忆录　2017年1月

（二）小结

本节所介绍的3个苗族家庭分属不同地域：杨林来自文山壮族苗族自治州广南县，罗晓金来自西双版纳傣族自治州勐腊县，邓成英来自红河哈尼族彝族自治州蒙自市。除此之外，来自文山和红河的两个苗族个案属于苗族中的花苗支系，而来自西双版纳的苗族个案则属于白苗支系。在召集他们进行访谈的时候，我们曾试图让他们用苗语交谈，但结果都不能互相沟通，即使同属于花苗支系的两个个案也是如此。由此可见，即便是同一民族内部，甚至同一支系内部，来自不同地域的苗族语言差异也十分巨大，以致到了相互之间不能沟通的地步。

尽管如此，他们当中却存在诸多的共性。首先3个个案的生存环境极为相同，都来自山区农村，周边都是不同民族的村寨。家庭所在的村寨几乎都是苗族，在村寨内部使用苗语沟通，外出办事时使用汉语方言。家庭内部的民族构成与语言使用也几乎完全相同，家庭成员都是能使用本民族语言和汉语方言的苗汉双语人。在语言使用方面也表现出了共性，比如杨林的家人外出或到其他地方去和其他民族的人交流时仍然存在困难，邓成英的亲戚外出打工和别人交流时总会掺杂着自己的民族语言，致使交流不能顺利进行。造成这种困难的原因可能是国家通用语使用困难所导致。依据杨林的介绍，其母亲不太懂普通话，其他苗族同胞去镇上或县里的政府或公安局办事时，因为不能理解国家通用语表达的意思，导致办事效率低下甚至办不成事。邓成英虽然在家里向父母学会了本地汉语方言，但是上小学后还是碰到了语言障碍，这显然指的是国家通用语交流的障碍，这和杨林刚开始上学的情形十分相似。这种情况在我们最近（2017年2月18—23日）在墨江哈尼族自治县所做的田野调查得到了印证。在下乡入户调查之前，当地陪同的同志就告诫我们要使用方言与村民交谈，因为他们不太能听得懂国家通用语。

此外，他们的语言习得情况和语言态度也极为相似。3个个案的习得顺序均为苗—汉—英。苗语与汉语均达到熟练水平。苗语为自然习得，汉语方言通过家庭和村寨或与同龄人的交往中习得，国家通用语通过学校学会。英语学习情况也大同小异，虽然罗晓金的英语是从小学四年级开始学习，但似乎只学会了26个字母，只是到了中学阶段才有所起色，但是学了六年的英语感觉还不如学了一年汉语的效果好。杨林和邓成英的英语均从初中开始，学得都非常吃力，效果也不理想。虽然他们没有明确说明更倾向于哪种语言，但对民族母语和母语文化的热爱总洋溢在字里行间。

五、佤族个案

（一）案例分析

案例1（2016年12月12日访谈）：赵存刚，男，佤族，某大学民族文化学院佤语专业2016级学生。家住临沧市耿马傣族佤族自治县四排山乡芒翁村，全村辖4个村民小组，有农户135户，总人口703人，其中佤族694人、汉族9人，全村包括汉族在内均使用佤语。

家中有5人，包括父母、祖母、姐姐和其本人。父母小学文化程度，在家务农；姐姐在县城医院做护士。祖母为佤语单语者，不会说汉语；父母和姐姐均能使用佤语和汉语。在家庭和村寨内部使用佤语，到镇上或县城办事时使用汉语方言。

自述母语能力为"熟练"，汉语和英语能力"一般"。母语为自然习得，"从出生那一刻起，父母都在跟我讲佤语，所以很早就会本民族语言"。在整个小学阶段，因为老师是佤族，所以基本上都是用佤语沟通，但汉语能力有限，直到小学毕业以后汉语才说得通顺些。从上中学起，所接触的人基本上都使用汉语，因此汉语能力进一步提高。六年级时学过一年的民汉双语课程。英语从初中一年级13岁起开始学习，由于英语与本民族语的发音相似，所以学起来还容易些。对语言学习与使用有着明确的目标：

> 在祖国这温暖的怀抱里，我们必须会说且会使用普通话，以消除交流障碍。同时作为佤族的我，担任着传承保护祖先留给我们的语言的任务，所以要坚持本民族语言的学习，跟其他民族交流时则使用普通话。并努力学习本民族的优秀文化，让它永存在这个世界上。
>
> 赵存刚回忆录　2017年1月

在语言学习中曾经为"霜"还是"雪"这个字与母亲发生过争执。当见到甘蔗叶上有如盐巴样的颗粒物时，妈妈告诉他那是"雪"（佤语叫"哈"）。到初中上了地理课以后，对母亲的说法产生了怀疑。因为其故乡地处北回归线附近，且海拔不高，气候温暖，怎么会下雪呢？因此，周末从学校返家后与母亲讨论了"雪"与

"霜"的问题，怎么解释其母亲都不理解，以至于到了让母亲感到厌烦的地步。为了弄清楚到底是"霜"还是"雪"，他在一个雾气较浓、温度较低的上午与奶奶一起外出找野菜，见到了野草上有与小时候见过的同样的东西：

> 我高兴地问奶奶，奶奶奇怪地说：你不知道吗，这是"地达"（佤语，就是"霜冻"的意思）。我暗自高兴，妈妈错了，我是对的。这时我开始知道霜冻在佤语中的名称为"地达"。但心里又充满矛盾，我问奶奶见过雪吗，她说电视上的那个不就是雪吗，我说是，但你亲自见过雪吗？我反问奶奶。奶奶走了几步说：没见过，雪这个说法是我们的祖先口传下来的。

赵存刚回忆录　2017年1月

佤族生活在亚热带地区，即便是下霜，那也是很少见的，而下雪则从未发生过。而在佤族的语言里不仅有"霜"这个词汇，甚至还有"雪"。由此可见，他所学到的不仅仅是"雪"或者"霜"这两个词汇，更重要的是隐藏在这两个词汇后面的故事。通常情况下，对某一个事物的认知来源于实践，首先有感性接触，然后上升到理性认识。简单地说，你必须见过它，接触过它，才会给它命名，对本民族语言里叫不出来的词汇或者概念时，少数民族往往直接从汉语里借用，而"雪"这一概念并不存在于佤族的生活中，可其语言中竟然存在这一词汇和概念而不需从汉语中借用，这难免让他感叹："我们的祖先一定见过雪，但这里从没有下过雪，感觉太矛盾了。"

案例2（2016年12月12日访谈）：张静，女，佤族，某独立学院经济管理系会计专业2016级学生，家住临沧市沧源佤族自治县勐省镇农克村三组。农克村属半山区，有农户98户400余人，全部为佤族。通用语言为佤语和本地汉语方言，年长者只能使用佤族语言进行交流。

家中常住人口4人，分别为父母、姐姐和其本人。父母和姐姐均为佤汉双语人，但祖父母为只会说佤语的单语人。父母均为小学文化程度，都从事农业职业。个人自述民族母语和汉语水平熟练，傣族语言能听不会说，英语程度较低，为"略懂"，只会听说几个简单的单词。语言习得顺序为佤语—汉语—英语—傣语。佤语为自然习得。上过佤汉双语课程，但五年级开始，六年级就结束，汉语从小学就开始学习，外语从五年级起开始接触。

虽然其所在村庄和家庭仍然使用佤族语言，甚至年长者还只能使用佤语，但语言接触非常频繁，导致出现了3种类型的佤语使用者：

> 一种人会听会说，一种是能听不会说，第三种人已基本不会讲半句本民族的母语。
>
> 张静回忆录 2017年1月

她对上述3种佤语使用类型的成因做了这样的总结：对于生活在佤族比较集中的村寨的人来说，由于在家庭内部和村寨内部均使用佤族语言，所以不论老幼都能使用佤语，他们的佤语听和说都没有问题。而对生活在汉族当中的佤族来说，由于受环境影响，他们说佤语的能力基本丧失了，但又因为家里人是佤族，所以多多少少还是能听得懂。这部分人主要集中在"90后"，他们中的很多人只会听不会讲。对于第三种人来说，除了社会的影响外，父母的影响可能更大。如果父母从小就只和孩子讲汉话，不讲民族语言，会导致现在的孩子不会讲也不会听民族话。当然，还有一些到城镇就业的少数民族人士，由于长期使用汉语而导致不会使用佤语。

案例3（2016年12月12日访谈）：田韬，男，佤族，某大学民族文化学院佤语专业2016级学生，家住临沧沧源县勐董镇坝卡村班棚老寨第七组。该村交通方便，距离县城仅2—3公里；有7个组，每个组70多户人家；全村人口上万，大部分人都讲本民族语言。

全家均为佤族，有4口人，父亲是党员兼村小组副组长，父母的文化程度分别为初中和小学，均在家务农；哥哥在服兵役。除了祖父祖母只能使用佤语外，全家都是佤汉双语人。

自述民族母语、汉语为熟练，英语水平一般，略懂泰语，语言习得顺序为佤语—汉语—英语—泰语。母语为自然习得，"从小父母就教我讲母语，因为村寨是同一民族聚居，小时候听着大人之间聊天不知不觉就会了，有潜移默化的特点"。汉语是上小学后才开始学习，"刚开始学习确实感觉有些难度，但是慢慢就好了，几年前去街上做买卖时用汉语，渐渐激起了我学好汉语的决心"。佤汉双语课程五年级开始，六年级结束，学了1年的佤语基础与汉语。从六年级开始学习英语，"刚开始学习外语时自己很感兴趣，但是后来不背单词、词组和句型那些，就什么都不会，有几次外语考试成绩不理想，差点就放弃了"。

最喜欢的语言为国家通用语，认为"普通话博大精深，源远流长，文化底蕴深厚"。最喜欢学习的语言为本民族母语，"因为从小就说母语，学起来更容易，虽然学母语时间不长，但越学越感兴趣，激起了自己的上进心，添增了许多民族色彩"。针对一些父母要求自己的孩子从小学好汉语与外语，而完全不去学本民族语言，让本民族的语言和文化逐渐被埋没，他认为这是不对的。

（二）小结

本节所分析的3个案例均来自佤族分布最为集中的临沧沧源和耿马两县，故他们当中有许多的相同之处：家庭所在地均为佤族聚居的农村，村内大多使用佤族语；父母文化程度均为初中或小学文凭，父母的职业均为在家务农；家庭的语言使用情况也基本一致，祖父祖母都是佤语单语人，从父辈起到他们本人都变成了佤汉双语人；个人的语言熟练程度和使用情况也基本相同，民族母语均能熟练使用，汉语除赵存刚自认为"一般"外，另外两人都是"熟练"；他们的语言习得顺序也完全一致，都是民—汉—英习得类型，民族母语在家里自然习得，上过一年左右的民汉双语课程，汉语在学校学会，但方言是向父母学得或在社会交往中学会。

除了家庭背景、语言学习和语言使用方面存在诸多共同之处外，他们的语言观念也极其相似。他们都坚持在学习普通话时不应遗忘民族语，而应做传承保护。其次，他们都对汉语持积极的态度。赵存刚觉得在祖国温暖的怀抱里必须会说且会使用汉语，以消除交流障碍；张静明确表示最喜欢本地汉语方言，原因是觉得特别的亲切；田韬则更直接，他认为国家通用语博大精深，底蕴深厚，故而最喜欢国家通用语。

六、哈尼族个案

（一）案例分析

案例1（2016年12月10日访谈）：李智祥，男，哈尼族，就读于某大学建筑工程学院2016级工程造价专业。家住红河哈尼族彝族自治州绿春县牛孔乡阿东村哈洞小组。该村距县城44公里，附近有6个哈尼族自然村，1个瑶族自然村，1个拉祜族自然村。其中，哈尼族占当地总人口的92.28%，瑶族和拉祜族分别占4.98%和2.7%，大多使用哈尼语，"就连其他民族也会讲哈尼语"。到镇上和县城办事使用当地汉语方言。

家中常住5口人，分别为父母、两个妹妹和其本人。父亲小学文化、母亲文盲，均在家务农。父亲、母亲和两个妹妹及其本人都是哈汉双语人，两种语言均达到熟练程度；祖父祖母为只会使用哈尼语的单语人。在家庭内部和村寨里都使用哈尼语。个人的语言习得顺序为哈尼语—汉语—英语。民族语言为自然习得，汉语是在学校向同龄孩子和老师学会。没有上过民汉双语课程。英语从初中一年级开始学习，对英语学习没有兴趣，感觉英语难学难记。最喜欢的语言为汉语，本民族语言次之。认为"语言是用来交流的，用不到就不需要去学"，"在中国汉语通用，与人交流方便，英语很少需要，本民族语言便于与家人交流"。

案例2（2016年12月10日访谈）：周孔成，男，哈尼族，某民族大学政管学院2016级行政管理专业本科生。家住普洱市墨江哈尼族自治县龙坝乡大乜多村基初小组。该村距乡政府所在地18公里，距离县城48公里，下辖12个村民小组，有人口2980人，其中哈尼族2902人、汉族78人。使用语言为哈尼语中的白宏支系和本地汉语方言。

家庭成员包括祖父、父母、弟弟和其本人。父母初中文化程度，均在家务农，全家人都是哈尼白宏语和汉语双语人，在家庭内部使用白宏语，与汉族交往时使用白宏语和汉语方言，到镇上或县城办事时使用本地汉语方言。个人自述的民族母语和汉语均达到熟练程度，英语水平一般。语言习得顺序为白宏语—汉语—英语。民族母语是向父母和祖父母学会的，没有上过民汉双语课程，所以民族母语属于自然习得。汉语方言和普通话是在学校学会的，中小学老师上课既使用国家通用语，也使用本地汉语方言。英语从小学五年级12岁时开始学习，但到了现在一直成绩不好，也听不懂，不太喜欢英语，但还是要"努力学习英语，拿证书"。最喜欢的语言为汉语，"汉语是中国优秀文化的代表"。但是目前最愿意学习本民族语言，因为"需要传承和发扬本民族文化"。

案例3（2016年12月10日访谈）：王思宇，女，哈尼族，就读于某大学艺术与传媒学院2016级新闻传播学专业。家住红河哈尼族彝族自治州蒙自市南湖社区，使用的语言为本地汉语方言。

家中常住人口3人，父母和其本人。父亲为中专文化程度，母亲高中毕业，父母均从事个体行业。家庭内部使用的语言为本地汉语方言，不论是到别人家做客还是客人来访，几乎清一色使用本地汉语方言，偶尔也会使用本民族语言。家庭民族成分较复杂，父亲一边的亲属均为汉族，使用汉语方言；母亲一边的亲属均为哈尼族,使用汉哈双语。故除了汉族名字外,曾祖母还给她起了个哈尼名字"劳色","劳"在哈尼语里的意思是"龙",因出生日属龙,"色"是哈尼族女孩常用名。个人自述的民族母语水平为"略懂",汉语和英语水平为"熟练"。语言习得顺序为本地汉语方言—国家通用语—本民族语言—英语。最喜欢的语言为本地汉语方言,"感觉亲切,让人听起来舒服";国家通用语在学校学会,民族母语向母亲和祖父母学会了一些;英语从8岁三年级起开始学习。可能是因为其本人的专业为新闻传播,对语言学习均持积极态度,"打算在学好汉语的同时,继续学好英语和本民族语言"。

案例4(2016年12月10日访谈):黄贵芬,女,哈尼族,就读某师范学院2016级工程造价本科生。家住西双版纳傣族自治州勐海县格朗和乡苏湖村委会橄榄寨。格朗和乡为西双版纳州勐海县唯一的哈尼族乡,下辖5个村委会74个寨子,总人口15836人,哈尼族占该乡总人数的88.45%。橄榄寨有75户380多人,哈尼族占99.9%,只有3人为嫁入寨中的拉祜族和布朗族。使用语言为哈尼语和汉语。因为附近有一个傣族聚居的寨子,且两个民族之间的关系很好,所以很多年纪大一些的人都会讲傣语。

家中常住人口3人,父母和其本人。父母初中文化,在家务农,均为双语者,能使用哈尼语和汉语;祖父母为三语者,除了哈尼语和汉语外,还能使用傣语。在家中和寨子中使用哈尼语。外出办事或者与其他民族的人交流时使用汉语方言。

个人自述民族母语和汉语"熟练",英语水平"一般",傣语"略懂"。语言习得的顺序为哈尼语—汉语—傣语—英语。6岁之前在家里学会了哈尼语,6岁上学前班时开始学习汉语。学前班和小学阶段的老师和同学都是哈尼族,所以老师采用民族语言来解释汉语,这"也应该算是民汉双语课程吧",汉语学习充满了乐趣与期待。

> 我们当时学汉语就像现在学英语一样,老师读一遍汉语然后用民族语给我们翻译。每个人的学习兴趣都很浓,因为在我们的意识里,会讲汉语的人都特别了不起,不管是在学校还是在寨子里都喜欢用仅会的几个汉字——半民族语半汉语的交流,喜欢把所学的汉字分享给父母,就这样不到三年级,我们每个人的汉语水平已经不亚于一个汉族孩子,能够流利地交流、沟通了。

> 黄贵芬回忆录 2017年1月

现在的情况又有所不同，随着交通、通信技术的进步，电视、电话、电脑、网络的普及使得少数民族与外界融为一体，现在的孩子们在平时的生活中就能很好地把哈尼语和汉语学会。"不用老师教也不用刻意去学，潜移默化之中就能学会。""就连我80多岁的老祖祖都能基本用汉语交流。"

中学到县城读书，此时的同学已经不再全是哈尼族了，而是多了布朗族、拉祜族、基诺族、傣族、苗族、白族和汉族。不同民族的学生之间都能用汉语流利地交流，课程学习也完全没有问题。

> 有时候大家会一起分享自己的民族语言，相互学习。会民族语言，懂汉语，还学着英语的我们觉得很自豪，很为自己骄傲！多语言的学习和生活充满了乐趣！
>
> 黄贵芬回忆录　2017年1月

尽管如此，英语学习并不那么顺利。"英语的学习真让我头痛！"原因主要还在于教学方法或者是教学要求，"因为它的硬性要求违背了我们的叛逆心理"。

对本民族文化的流失感到痛心。"很多民谣、民歌在流失，小时候充满神秘色彩的神话故事、民间传说逐渐淡出，民族文化发展举步维艰。"

> 高二的时候有幸结识了一个在哈尼电视台工作的格朗和人。我那段时间经常抽空去他家里向他学习哈尼字，从他那学到了很多有关哈尼文化的东西，他送了我许多哈尼字资料。我叔叔也送了我两本哈尼书（全哈尼字编写）。与他们接触多了，我发现原来还是有许多人在努力传承、发扬我们的民族文化。
>
> 黄贵芬回忆录　2017年1月

虽然哈尼族在西双版纳州的分布少于傣族，但西双版纳电视台每个星期的二、四、六3天的19:30—20:30都有1个小时的哈尼语节目，收音机FM90.6频道也可以收听到哈尼语栏目。节目内容越来越丰富、成熟，播出的内容包括法律、时事政治、古老的民间故事、科技知识、好听的民族歌曲等。甚至还增加了一个互动栏目，每星期二、四、六20:30开始可以打电话点歌，可以与播音员交流互动。

（二）小结

哈尼族是一个跨境民族，在云南主要分布于红河哈尼族彝族自治州、普洱市、玉溪市和西双版纳州4个州市。红河州、普洱市与西双版纳州分别与越南、老挝和缅甸接壤，与泰国邻近，故哈尼族也分布于上述4个国家。因本书的研究对象为边疆的少数民族，故未针对玉溪市的哈尼族展开调查，所有4个案例均来自红河、普洱和西双版纳，其中来自红河州的有2个，普洱和西双版纳各1个。

4个个案中有3个来自农村，1个来自城市。农村的3个个案虽然来自3个不同州市，但他们的家庭背景、语言使用、村寨背景存在诸多共性。比如，父母的文化程度不高，从事的职业都是在家务农，所在村寨几乎都是哈尼族聚居的村寨，距离县城比较远。从语言使用的角度来看，受汉语的影响相对较小，故在家庭内部或者村寨内几乎都使用本民族语言。尽管如此，大多数家庭成员几乎都是哈汉双语人，都具有熟练使用两种语言的能力。祖父母辈的语言使用情况有所不同，来自红河绿春的李智祥的祖父母只能使用哈尼语，而来自普洱墨江的周孔成的祖父却能使用汉哈双语，来自西双版纳勐海县的黄贵芬的祖父母更能使用哈尼语、汉语和傣语三种语言。这一方面反映了家庭所处地理位置的影响，另一方面也反映了语言使用的变迁。对红河绿春的个案来说，家庭语言使用受外界的影响较小，故祖父母只能使用民族母语；而从其父母辈开始，外界的影响开始浸入家庭成员的语言使用，故都变成了哈汉双语人。普洱墨江的个案从祖父辈就变成了哈汉双语人，说明来自外界或者汉语的影响更早一些、程度更深一些。西双版纳的个案比较有趣，从其祖父母的哈—汉—傣三语变成了父母辈和本辈人的哈—汉双语，说明来自傣语的影响逐渐淡出。

与来自农村的哈尼族个案不同，来自城市的王思宇的语言使用情况表现出了较大差异。从语言使用来看，不论是在自家人之间，还是有客人来访，抑或是去别人家做客，所使用的语言都是本地汉语方言。之所以会与来自西双版纳和普洱的两个个案形成巨大差异，这与王思宇的家庭构成和家庭所在地有关。就其家庭来说，王思宇的父亲以及父亲一边的亲戚均为汉族，虽然母亲以及母亲一边的亲戚为哈尼族，但鉴于汉语使用较广，在家庭内部使用汉语就不足为奇了。

七、傈僳族和布朗族个案

由于愿意接受访谈和撰写回忆录的傈僳族和布朗族个案各1人，又考虑到乡村少数民族家庭和个人在语言规划方面存在诸多共性，故把这两个个案合并进行分析。

（一）案例分析

案例1（2016年12月12日访谈）：和政进，男，傈僳族，某大学法学专业2016级学生。家住怒江傈僳族自治州兰坪白族普米族自治县营盘镇凤塔村委会罗坪组。罗坪组为傈僳族聚居村寨，周边有汉族、白族和彝族聚居的村寨。罗坪组虽然很多人能讲不同民族的语言，但很多中老年人还只能说傈僳语。除此之外，其他人均会一点汉语、彝语和白族语言，但文盲居多，很多人尚不能书写阿拉伯数字。

家庭成员包括父亲、母亲、祖母、妹妹和其本人。父亲和妹妹使用傈僳语、白语、汉语三种语言，均达到熟练水平；祖母年近九旬，只能使用傈僳语；和祖母一样，母亲也只能使用傈僳族语言。父亲的文化程度为初中，母亲刚脱盲（2009年镇上组织了扫盲教育活动），均在家务农，妹妹外出打工。

个人自述能"熟练"使用的语言包括本民族语言、汉语和白族语言，英语能力"一般"，懂一些彝族语言和普米族语言，但不太流利。语言习得顺序是民族母语—白语—汉语。没有上过民汉双语课程，更没有上过专门的民族语言课程。傈僳族母语是在村子和家庭里学会的，最初主要是来自父母的指导，久而久之就慢慢学会了；汉语方言是在学校与同学和老师的交往中学会的，国家通用语则是课堂上通过老师的带读或者是通过普通话课程学会的。"初中二年级时上过专门的普通话课程，学了整整1年。"其他少数民族语言则是在村寨和学校通过与同学和其他同龄人的交往学会的。英语从初中二年级17岁时起开始学习，因为"讲得少，愿意讲的也少，久而久之，我的英语成为了英语与少数民族语言和文字的混合体，发音也是如此"。

在语言学习与使用中发生过冲突。比如在向同学学习白族语言的过程中，先学会了一些脏话，因使用不当还曾与同学发生过冲突而挨揍。在英语学习中，因受本民族语言的影响，而经常主谓颠倒，甚至把状语当成主语而被同学嘲笑。好在其本人从未放弃，对语言学习过程中的困难持积极态度。

> 我还是没有要放弃的念头，错就让它错下去吧，因为我会改正，此外我想了一下，这就是受到了本民族语言语法及发音的影响，无论如何，嘲笑也好，笑话也罢，我就是我自己，我还是相信我自己会学得好。
>
> 和政进回忆录　2017年1月

家人对其语言使用持开放态度，未对其进行干涉。但有些家庭则因为语言使用产生过冲突，有孩子因为违反父母的意愿而被揍的事情时有发生。在上述所提到的语言中最喜欢的还是母语，因为它在当地使用的广。对其他语言持积极和开放的态度，喜欢学习汉语是"因为汉语的传承历史久远，同时也更具有魅力"。个人的语言学习规划是学好英语、本民族语言和汉语，父母的要求是学好英语，因为本民族语言已经掌握。

案例2（2016年12月12日访谈）：何灿，女，布朗族，某医科大学2016级临床医学本科生。家住临沧市双江拉祜族佤族布朗族傣族自治县大文乡忙冒村土城组。忙冒村距大文乡政府所在地17公里，距县城40公里。有226户1092人，以汉族和布朗族居多。一般情况下，相同民族之间使用本民族母语交流，不同民族之间使用汉语方言，在语言沟通上不存在障碍。由于布朗族与傣族比较相似，还有些人兼用傣语，所以这部分人为布朗语—傣语—汉语三语者。

家庭成员包括父母、祖父母、姐姐、叔叔和其本人。父亲初中文化程度，母亲小学毕业。全家均为农民，主要种植水稻、玉米等农作物，以及其他如茶叶、核桃等经济作物。全家人都是汉语和布朗语双语人，在家里是使用布朗语，如果家里来了其他民族的客人时则使用汉语方言。针对语言学习，该村的布朗人也存在不同意见，有人主张孩子应该学习汉语和布朗语，要双语兼备。但也有人认为要紧随时代步伐，学好汉语便行，毕竟汉语是通用的。事实的确如此，村内许多小孩的布朗语已经退化，有些只能听不会说，而有些则不会说也不会听，只会说汉语。通常情况下，孩子上学之后，家长便不再干涉其语言学习。

个人自述的民族母语和汉语为"熟练"，英语水平"一般"。语言习得的顺序为布朗语—汉语—英语。刚开始说话时，父母教其说民族母语；在稍微掌握民族母语之后，父母才教学汉语（方言）；国家通用语为上学后学会的，因为上课要求要说普通话。从未上过民汉双语课程。初中才开始学习英语，但进步很快，原因是：

> 小学时候就特别喜欢英语，所以开始学英语的时候，充满激情与热情。另外，就觉得英语的好多发音和我们的发音很相似，学起来也不是那么的费劲，只要在语法与词汇上多下点功夫就行。

何灿回忆录　2017年1月

在小学阶段，学生中只有布朗族和汉族两个民族。上初中后，同学来自不同的地方，包含的民族更多，有傣族、拉祜族、佤族、回族等，大家就互相学习彼此的语言，"学习其他民族的语言就是一种享受，你可以感受其他语言不同于本民族语言的美，接触更多的文化"。到了高中与大学后，少数民族学生越来越少，会说本民族语言的人更少。至于未来的语言学习计划，"除英语之外，我打算再学习一种像泰语这样的周边国家语言，毕竟我们与这些周边国家的接触相对密切，需要更多的交流，这便要求我们要尽量避免语言沟通障碍。当然，虽说是要学习另一门语言，但对于母语也是要经常练习，不能将它忘记了"。

（二）小结

本节所介绍的两个个案为云南特有少数民族傈僳族和布朗族。两个民族的主要聚居地虽然相距较远，一个主要聚居于云南西北的怒江峡谷地带，另一个则主要聚居于云南西部、西南和南部的临沧、保山和西双版纳等地，但他们的语言生态以及语言使用方面却存在诸多共性。不论是傈僳语还是布朗语，它们都处于与其他多种语言和谐共生或相互竞争的语言生态环境当中。尽管如此，在具体案例中又难免存在差异。

首先，两个个案及其家庭所在村庄均为本民族聚居地，周边均有其他民族构成的村寨，从而导致两个地方的多语现象。比如，来自怒江兰坪白族普米族自治县的傈僳族个案和政进所在村庄的居民由于受到周边白族、汉族、彝族和普米族的影响，所以很多傈僳族人都懂一些其他民族的语言如白语、汉语、彝语乃至普米族语言。来自临沧双江的布朗族个案何灿所在村寨的居民由于长期受傣族文化的影响，许多布朗族人都会使用傣语，从而形成布朗语—傣语—汉语三语人。其次，多语生活给他们的语言使用或语言学习或多或少带来了一些困扰。和政进在向同学学习白族语言的过程中，先学会了一些脏话，因使用不当还曾与同学发生过冲突而挨揍。在英语学习中，因受傈僳族语言的影响而经常主谓颠倒，甚至把状语当成主语而被同学嘲笑。他所在村庄的一些家庭还因为语言使用产生过冲突，这些家庭的孩子因为违反父母的意愿而被揍的事情时有发生。何灿所在布朗山寨的一些家庭对孩子们的语言学习也曾持不同意见，有人主张应该两种语言都学习，要求汉语和布朗语同时兼备，而也有人认为要紧随时代步伐，只需要学好汉语便行，因为汉语是通用的。

当然，差异也是明显存在的。在和政进的家中，祖母和母亲还是傈僳语单语人。这种情况还存在于该村的中老年人中。这部分人的文化程度不高，许多人还是文盲。即便是和政进的母亲也是2009年参加了镇上组织的扫盲教育活动后才脱盲。

在何灿的家中，其父母、祖父母、姐姐、叔叔与其本人全部都是汉语—布朗语双语人。相对而言，和政进家庭及其所在村寨受汉语影响的程度要小一些，傈僳语的保持情况更好，其家庭或者村寨还处于从傈僳语单语向傈僳语—汉语双语转变或者多语转变的过程中；而何灿的家庭或村寨已经完成了民族语言单语向民汉双语的转变，全部都是汉语—布朗语双语人，该村还出现了向汉语单语转变的趋势，因为一些家庭已经开始了孩子是否只需学会汉语就行的讨论，而村内的一些小孩的布朗语已经开始出现了退化，只会听不会说了。除此之外，他们的语言学习经历还存在一定差异。对和政进来说，汉语是第三语言，也就是说，在他从家庭环境中习得民族母语之后，通过其他渠道学会汉语之前，他还学会了白族语言，甚至达到了熟练程度，可见白族语言在当地的影响力不容小觑。和其他个案通过与同龄人交往而学会汉语方言不一样的是，他的汉语方言是在学校内通过老师和同学学会的，而国家通用语则是在专门的普通话课堂上学会的。对何灿来说，她的民族母语和汉语方言都是父母教会的，父母在让她学会民族母语的同时也教她汉语方言。这一方面反映了其家庭的民汉双语现实，另一方面也反映了布朗族家庭也在重视本民族语言的传承保护。

第六节　本章小结

本章以实证研究常用的手段，即问卷、访谈、日志或回忆录等方式收集了来自云南边疆8个州市的176个少数民族个人及其家庭的语言使用情况，运用质化和量化的方法对所收集的材料进行了分析处理，多维度探讨了个人和家庭的语言规划情况。

第一节介绍了研究对象、开展本研究所采用的方法以及研究的工具，数据采集的方法主要为问卷、访谈和回忆录，所采用的工具为Exel 2003和SPSS 16.0。第二节为家庭和个人基本情况的统计分析，包括家庭所在地、民族分布、家庭构成、家庭成员的语言使用、父母的文化程度、父母的职业性质、受调查者的语言熟练程度等。第三节对所收集到的数据进行了描述性统计分析，在此基础之上分别对来自城镇与农村的受访者，以及来自不同家庭类型的受访者的语言熟练程度、结合其父母的受教育情况进行了独立样本T检验、单因素方差检验（ANOVA）、相关性分析等推断性统计分析。第四节对有可能直接影响个人语言规划的因素如语言学习、语言使用、语言态度、语言计划、民族文字意识等进行了统计与分析。第五节为个案研究，涉及20个对象，分别代表来自云南边疆地区的彝族、苗族、白族、哈尼族、佤族、傣族、傈僳族和布朗族8个民族，以深度访谈和回忆录的方式对他们以及他们家庭语言规划情况展开了调查与分析。

就语言本体规划而言，少数民族个人对本民族传统文字存在知识盲区，对新创文字的认同较低，大多数少数民族处于有语无文状态。尽管如此，个案研究中发现有部分少数民族个人对本民族文字产生兴趣，但他们所感兴趣的并非国内新创文字，而是邻国的文字。在针对佤族的个案研究中我们还发现，受访者能借助百科知识，对本民族中一些特殊词汇的含义进行自我校正。不仅如此，大多数受访者还对语言本体诸要素如语音、语法和语义展示出了敏感性，能借助不同语言语音上的相似性来提高学习的效率、能注意到少数民族语、汉语两种语言在语义以及语法方面的差异。

少数民族个人和家庭的语言地位规划是通过个人和家庭语言使用类型的转换来实现的。在针对家庭成员个人的研究中归纳出了6种不同的语言使用类型；在以家庭为单位的研究中发现了5种语言使用类型。不同的语言使用类型揭示了不同语言的地位，尤其是家庭中3代人语言使用类型的转换更是从历史的角度展示了不同语言地位的变迁。除此之外，他们还通过语言选择（不同民族类型家庭）、语言学习、语言使用等方式实现了对不同语言在其个人生活或者家庭生活中所处地位的规划。

习得/教育规划涉及个人的语言学习计划。在民汉英3种语言中，接近四成的受访者计划把英语学好，然而当前民族地区的外语教育教学存在问题，一是为什么学，二是外语是否加重了他们的语言学习负担，三是何时开始学等。除了外语问题外，民族语言教育或者说民汉双语教育处于停顿状态，需要进行合理规划。

就语言的声望/形象规划来说，受访者通过他们的语言态度展示了对不同语言的声望和形象的看法。通常情况下，他们的看法往往受语言本体规划和语言地位规划的影响。因此，声望与形象规划在很大程度上就是对本体规划和地位规划的评价。研究结果显示，在少数民族个人与家庭的语言生活中，汉语因使用场域广而"更重要"从而享有更高的地位，而汉字也拥有良好的形象。少数民族语言可能因为在家庭和村寨中有着强大的使用功能，故而比其他语言"好听"，但民族文字的形象却逊色很多，这要么是因为本来就没有文字的缘故，要么就是对新创文字的不认同，即使是有文字，也有很多人认为"难学"。各种因素的综合作用，再加上缺乏宏观层面的关于少数民族语言文字的声望/形象规划，少数民族语言文字的声望与形象难以与作为国家通用语言文字的普通话和规范汉字相提并论。尽管如此，微观层面的语言声望与形象规划却无时不在家庭和个人的语言生活中发挥作用。

总而言之，本章从家庭的背景出发，围绕家庭成员（个人）的语言类型，以家庭为单位的3代人的语言使用类型转换，尤其是受调查者个人的语言学习、语言使用、语言选择、语言态度、语言文字意识等，从语言规划的4个维度探讨了家庭和个人在微观层面的语言规划实践。鉴于本研究所涉及的对象来自边疆各州市，涉及面较广，涉及的民族众多，故很难面面俱到，以至于存在同类研究中难以避免的一些局限性，比如研究对象中的某些地区或者某些民族的样本偏少等。为弥补这一缺陷，我们采用了案例分析方法，力图通过典型性案例来弥补不足，同时揭示一些深层次的有代表性的问题。

从本章的研究中不难发现，云南边疆少数民族绝大多数生活在农村地区，且本研究所涉及的176个个人及其家庭中的74.4%来自农村，所研究的20个个案中有18个来自农村；在分析家庭和个人的语言规划实践时，总难以回避他们所生活的乡村的语言背景。诸多迹象表明，乡村在语言规划中具有特殊含义。因此，下一章将围绕少数民族乡村的语言规划实践进行探讨。

第五章
乡村语言规划

我们在上一章讨论了云南边疆民族地区少数民族个人及其家庭的语言规划问题。通过对受访者家庭背景（包括家庭成员的语言熟练程度、父母的职业、父母受教育程度等），以及受访者的语言使用、语言学习、语言态度等因素的研究，探讨了受访者及其家庭在语言的地位、本体、教育或者习得，以及声望规划方面所做出的努力。从上一章的研究中不难看出，个人和家庭的语言实践离不开这些个人和家庭所生活的社区。从语言规划实践的角度来看，不同个人和家庭组合在一起构成了一个个各具特色的言语社区（speech community）。生活在同一言语社区的个人或者家庭的语言规划往往与这一语言社区（language community）的民族构成、居住格局、与周边言语社区的关系，甚至与县城的距离等因素都密切相关。因此，针对言语社区的研究必须纳入微观语言规划研究的视野。鉴于云南边疆少数民族大多来自乡村，因此乡村语境下的微观语言规划研究成为本章的研究焦点。

第一节 研究背景

自20世纪末21世纪初以来，语言规划的生态环境受到了特别关注，学界越来越倾向于语言规划不仅发生在宏观层面，也发生在中观和微观层面。微观语言规划开始引起国外学者的关注，比如Kaplan和Touchstone（1995）研究了洛杉矶银行销售与服务场所的语言规划问题，Corson（1999）探讨了学校环境下L1与L2双语或多语教育政策问题，McEntee-Atalianis（2006）研究了由165个国家组成的国际海事组织里的6门官方语言和3门工作语言在行政管理领域的语言规划问题。地方语境（local context）下的微观语言规划进入研究视野。首先，Baldauf（2006）归纳了微观语言规划可能发生的不同的语境，如销售服务语境、生产制造语境、法庭语境、行政单位语境、学校语境等。紧随其后，Bernard Spolsky（2009）提出了语言管理（Language Management）理论，而语言管理也离不开特定的环境，只不过他用了场域（domain）一词。这些场域有宏观层面的政府域和超国家组织域，但更多的是微观层面的家庭域、学校域、司法卫生域等。不论是语境，还是场域，抑或是言语社区，国外学者都展开了针对性研究。比如，Jones（1996）在一项社区导向型研究中比较了两项在法国布里多（Breton）言语社区所开展的微观研究，结果表明比较研究法可用于验证整个语言社区的语言发展趋势,并能揭示一些可能会被语言规划者忽略的地方特征。Yoshimitsu(2000)对生活在墨尔本的日裔双语孩子的语言维持进行了研究,研究发现微观层面的语言保持需要家长与儿童的共同努力才能实现。Mac Giolla Chriost(2002)对威尔士的微观语言发展进行了归纳总结,并以此为基础对北爱尔兰的爱尔兰语言规划提出了建议,即要在微观层面才能取得语言规划的进展,因为国家层面的爱尔兰语规划既可能带来统一,也可能导致分裂。即便到了近十年来,有关地方语境下的语言规划也毫无减弱的趋势。Paciotto(2010)对一所学校和一个语言社区开展了为期十个月的民族志研究,探讨了社会语言环境和社会经济环境对当地世居民族语言维持的作用;Anthony J. Liddicoat与Kerry Taylor-Leech(2014)回顾了利用微观语言规划来促进多语教育的4种场域。

国外语言规划研究的地方化发展趋势也对国内学界产生了重要影响,研究的视角也触及了不同的场域(domain)、语境或言语社区。苏晓青、付维洁(2008)对徐州石化管道工业区和矿务局工业区职工子弟学校学生语言使用的状况进行了比较研究,探讨了该子弟学校学生在语言交际能力、语言使用能力和语言认知态度方面存在的差异。邬美丽(2008)调查了在京少数民族大学生的家庭语言使用习惯,她的研究发现,在京少数民族大学生家庭语言使用中存在普遍的代际差异,研究展示了家庭语言使用与语言规划的密切联系。郝亚明(2011)对比分析了3种不同居住格局的蒙古族社区,研究发现不同民族居住格局对少数民族语言传承具有决定性的作用。刘宏宇、李琰(2012)对北京市3个单位社区藏族高级知识分子的语言使用情况进行了调查,研究表明藏族母语在家庭中还有着很强的地位和功能。白志红、刘佳(2016)在对云南临沧沧源佤族新村的双语教育进行分析后发现,影响佤语生态的不仅有双语教育政策的实施和普通话的推广,还有经济因素、社会发展、人口流动等。在为佤族受教育者提供双语学习的语言环境和选择权的同时,既要立足学校和家庭,但又要有所超越,而不是孤立、生硬地传承某种语言文字。

与国外研究相比,国内学者似乎更关注乡村社区语境下的语言规划问题,研究对象主要包括语言使用、语言态度、濒危语言保护、语言传承,以及最近比较热门的语言生活问题等。

首先,对基层民众的语言使用与语言态度开展研究,可以揭示宏观语言规划对微观语言规划所产生的作用,也可以通过微观规划对宏观规划的效果加以检验,而检验的最好依据就是被规划语言的使用情况以及使用者的语言态度。鉴于语言规划多发生于多语地区,因此少数民族地方语境下的语言使用与语言态度成为学者们近十年来的关注重点。赵敏（2007）对云南新平县哈尼族卡多人的3个聚居点的语言使用情况进行了实地调查，分析了卡多人语言使用状况、变化及发展情况。范俊军（2009）也是以同样的方式，对云南德宏州大盈江南岸芒缅山区的仙岛人的语言使用进行了研究，分析了该地所使用的3种语言（仙岛语、景颇语、汉语）的语言地位、作用和社会功能。何丽等（2010）以昆明市沙朗白族乡为个案，分析城市附近乡村白族的语言使用、语言关系以及语言态度。王远新（2011）调查了新疆锡伯族聚居区乌珠牛录村锡伯族的语言使用和语言态度，研究发现，乌珠牛录村锡伯族对普通话语言文字、锡伯语语言文字持积极态度，而对汉语方言和外语则持消极态度。王丽等（2011）则以大理巍山县大仓镇啄木郎村为个案，研究了该地彝族语言使用的现状及发展趋势。尹小荣、刘静（2013）对新疆察布查尔锡伯自治县的家庭语言保持现状进行了调查，研究发现锡伯族家庭在语言使用、语言能力和语言态度方面均不同程度地出现了代际差异。

其次，语言保护与语言传承被纳入语言规划的范畴。由于需要保护与传承的语言往往是处于濒危境地的少数民族语言。因此，学界把目光转向了少数民族聚居或者多民族杂居的乡村地区。比如，王远新（2004）在广东博罗和增城畲族聚居地就畲族的语言使用情况开展了研究，提出了保护濒危语言的路径，即濒危语言使用者要拥有自己的聚居地，且该语言必须要成为家庭内部和聚居地的主要用语。寸红彬、汪榕（2014）调查了德宏州盈江县冒乡芒缅村委会仙岛寨和忙线村委会勐俄寨的仙岛语使用情况，分析了仙岛语濒危的原因。马米奇（2014）以一个回族聚居乡村为例，讨论了民族地区开展普通话推广的对策。张林（2015）采用了联合国教科文组织制定的濒危语言评估指标和语言活力评估量表对云南省文山壮族苗族自治州富宁县谷拉乡布央语的濒危程度和语言活力进行了评估，研究发现布央语已处于活力不足、明显濒危的状态。王海滨（2015）对云南丽江六德彝族傈僳族乡营山村委会的三板桥、郎者上、郎者下3个自然村他留人的语言使用和语言态度进行了调查研究，对他留语得以保留的原因进行了剖析。

其三，乡村语言生活成为语言规划研究的热点问题。语言生活指人们为了生存、交际和发展而对语言文字的使用状况。（陈章太，2011）事实上，语言生活所包含的内容不仅只是使用语言文字，凡是与语言相关的各种活动，比如语言学习与教育、语言在各种场合各个领域的运用、语言研究及其成果的开发应用等都属于语言生活的范畴。（李宇明，2007）自21世纪初《中国语言生活绿皮书》发布以来，关于语言生活的话题便引起了国内学界的广泛关注。鉴于语言生活与人们的生活息息相关，故研究人员一开始便把研究的视角转向了不同语境下的语言生活，其中乡村语境下的语言生活尤为突出。

关于乡村语境下的语言生活研究最早见刊的有邝永辉等（1998）关于广东韶关市郊区石陂村的语言生活调查，但真正引起关注并受到学界重视还是进入21世纪以来的事情。继邝永辉等人之后，林伦伦和洪英（2005）对广东潮安县李工坑村的畲族语言生活进行了调查，他们的研究发现，李工坑村全村通行畲话，所有村民几乎都能熟练使用潮州话，大多数会说普通话，还有为数不少的村民掌握了其他方言，语言生活十分丰富。张振江与张晓斌（2008）同样以广东畲族的语言生活为调查对象，他们以揭东县会中岭村客家人的语言使用策略为例，分析了导致客家人语言生活渐趋复杂的成因。或许是受到上述研究的启发，研究人员开始把注意力转向了语言资源更为丰富的云南少数民族乡村。田静等（2009）在云南通海县里山乡彝汉杂居区开展了田野调查，从民族分布、内部凝聚力、地理位置和交通条件、对汉族的认同度、族际婚姻、语言接触等角度分析了影响和制约里山彝族语言生活的因素。赵凤珠（2010）对位于西双版纳景洪市西南7公里左右的嘎洒镇的傣族语言生活进行了调查，分析了影响其语言生活的要素，研究发现家庭语言教育、社区语言教育、社会因素等几个方面都对傣族语言的发展变化产生重要影响。戴庆厦等（2015）以德宏傣族景颇族自治州芒市西南部的中缅边境村寨——吕英村为个案，分析多民族杂居的边境村寨语言生活的状态及其问题，讨论了加强边境地区的语言和谐、语言保护等问题。王丽、施璐（2016）对居住在怒江兰坪县兔峨乡的兔峨、吾皮江、碧鸡岚、果力、江末、小村等自然村的自称为"柔若"或者"麦人"的语言生活进行了调查，她们的研究发现不同居住格局导致了柔若语不同的命运，并提出了保护柔若语的对策与建议。

当然，有关语言生活的研究不仅限于云南少数民族乡村，也不仅限于少数民族。比如，庄初升、岳嫣嫣（2011）从语言环境、语言态度和语言交际3个方面论述了位于广东北部的连南瑶族自治县石蛤塘村村民的语言生活现状，从社会语言学的角度分析了族姓、权势、婚姻和年龄4个因素对该村村民语言生活的制约作用。谢俊英（2011）在对城市化过程中城市和乡村的语言生活进行概述后指出，农民工回流乡村所带来的不仅是生活方式的改变，而且还意味着乡村语言生活的改变，使得乡村的语言表达更靠近城市的语言表达习惯。李荣刚（2011）通过对江苏省一个叫作连岛的乡村社区的语音变项进行了调查，结果表明，岛上不同年龄、职业、性别的居民正重新规划自己的语言，以适应城市化所带来的社会与文化转型。

国内学界对乡村语言生活之所以如此着迷，除了语言生活本身所具有的魅力之外，当前中国社会的剧烈变化，尤其是经济全球化、乡村城市化发展、社会流动加速等原因，为以乡村语言生活为核心的社会语言学研究带来了契机。正如李荣刚（2016）所言，对不同文化背景下乡村语言规律的研究对促进社会语言学在中国的发展有着积极意义。

由此可见，国外学者在地方语境理论指导下所开展的微观语言规划研究也给国内学者开展相关研究带来了启发。结合中国的宏观语言规划实际，即国家通用语与汉语方言、少数民族语言、外语之间的关系，国内学者把更多的注意力投向了乡村地区的语言规划。这不仅对Baldauf地方语境理论做出了补充，也能更好地解决中国宏观语言规划在微观层面的实现问题。

所谓宏观语言规划在微观层面的实现，其实就是在地方语境下寻求不同语言使用之间的平衡。在云南边疆民族地区这一语境下，要实现宏观语言规划的目标，就必须在微观层面搞好国家通用语言的推广与少数民族语言保护、方言使用、外语学习之间的平衡。然而，就现有国内外研究来看，国外基于地方语境的微观语言规划研究缺乏乡村语境下的研究，且其研究对象多为移民及移民家庭的语言规划，虽然其研究范式可以借鉴，但研究成果难以移植。国内涉及乡村语言规划研究的数量众多，成果丰硕，但相对比较分散，比如有研究语言使用和语言态度的，也有研究语言保持与濒危语言保护的，而且只是针对某地的一个或者几个村庄，既缺乏比较也缺乏整合。此外，最近的热门研究是语言生活，强调民族地区语言生活的和谐以及和谐语言生活的构建，但对和谐语言生活下暗藏的语言竞争重视不够。更重要的是，国内关于乡村语言态度、语言使用、语言保持、语言保护，甚至包括语言生活的研究在内，均未纳入语言规划的框架，很少从语言规划的角度对乡村地区的微观语言规划实践进行探讨，有关边疆民族地区乡村语境下的微观语言规划的研究则更少。这是当前地方语境（Local Context）下国内研究与国外研究的最大区别。

综上所述，鉴于微观语言规划是检验宏观语言规划效果的重要手段，微观语言规划受到了西方学界的极力推崇，因此自20世纪末Kaplan et al.（1995）等人发起了针对销售服务行业的微观语言规划研究以来，微观语言规划研究遍及了生产制造领域、司法卫生领域、行政领域、学校教育领域、家庭领域，几乎所有受宏观语言规划覆盖的领域均进入了微观语言规划研究的范畴。从语言管理理论（Spolsky, 2009）的视角来看，这些范畴就是所谓的"域"或者"领域"（domain），而从微观语言规划研究的视角来看，这些范畴被称为地方语境（local context）（Baldauf,

2006）。鉴于本项目的研究对象为云南边疆民族地区的微观语言规划问题，故我们采用了Baldauf的理念。为此，本章将借鉴这一范式，结合国内学者在乡村语言生活研究方面所取得的成果，研究云南边疆民族地区乡村的语言规划问题。

第二节 研究设计

鉴于国内外都把最基层的言语社区作为微观语言规划研究的重要场所，Baldauf等人把这些言语社区的语言规划统称为地方语境（local context）下的语言规划，这些地方语境包含销售服务语境、生产制造语境、法庭语境、行政单位语境、学校语境等。Spolsky在《语言管理》（Language Management）一书中把它们称为语言管理的场域（domain），其中有微观层面的家庭场域、工作场域、学校场域、司法场域、医疗场域以及宏观层面的政府场域、超国家组织场域等。不论是Baldauf的地方语境论还是Spolsky的语言管理场域论，他们似乎都忽略了乡村语境或者乡村场域。之所以出现这样的空缺，这可能与他们所处的西方的社会形态和社会组织有关。

由于中华文明在很大程度上仍是建立在传统农耕基础上的文明，故乡村一直在中国文化中扮演着重要角色。因此，不论是从中国的文化，还是从中国的社会形态的视角出发，乡村都是语言规划研究不能忽视的重要场域。此外，从微观语言规划的视角来看，乡村均具备地方语境或者场域的基本特征，因此乡村不应该被排除在微观语言规划研究的范畴之外。除了具备一般言语社区的特质外，乡村言语社区还具有一定的特殊性，比如相对封闭、人员流动性小的熟人社区等（费孝通，2012），因此乡村往往在语言保持、语言使用、语言态度等方面具有独特的研究价值。可能正是基于这样的现实，乡村语言实践才引起了国内学界的重视，同时也填补了乡村语境下语言规划研究的空白。

相比较而言，本章所要研究的乡村还不同于普通意义上的乡村。这些乡村分布于云南边疆民族地区，多属于少数民族聚居的乡村。居住在这些乡村的少数民族除了使用本民族语言外，还使用本地汉语方言，由于普通话的推广，他们中的一些人也开始使用国家通用语。另外，在国家宏观外语教育规划的影响下，年轻的一代进入学校后还要学习一门外语（通常为英语）。对那些生活在区域影响较大语言背景下的少数民族来说，他们还要在不同影响较大语言的包围下，努力保持自己的语言。对边境线上的村庄来说，其语言关系则更为复杂，除了要做好国内不同语言之间的规划外，可能涉及境外语言或者跨境语言的规划问题。

总而言之，边疆民族地区存在复杂的语言国情，语言生活丰富多彩，语言和谐的背后存在语言竞争。处理好不同语言之间的关系成为生活在这些地区的民众不得不面临的问题。而搞好这些地区的语言规划问题也成为研究者义不容辞的责任和义务。

一、调查范围与调查对象

鉴于当前国内有关乡村语言使用情况的研究多限于某地的一个或者几个乡村，缺乏不同民族文化背景下乡村语言使用、语言态度、语言选择等方面的整合研究，且多数未从语言规划的角度进行探讨。为此，我们利用项目组所在地的区位优势，扩大了乡村研究的范围，尽可能在力所能及的范围内增加需要调查研究的乡村的数量。项目组用了一年多的时间，兵分六路，先后调查了云南边疆民族地区的6个州市12个少数民族乡村。这6个州市分别为怒江傈僳族自治州、临沧市、文山壮族苗族自治州、红河哈尼族彝族自治州、普洱市、西双版纳傣族自治州。12个少数民族村寨详细情况见表5.2.1：

表5.2.1 受调查乡村基本概况

乡村名称	所属州市	家庭数（户）	人数（人）	民族
蒙自市冷泉镇楚冲行政村所基口村	红河州	30	171	苗族
石屏县龙武镇麻栗树村	红河州	137	538	彝族
弥勒市西一镇中和村委会小额依村	红河州	105	450	彝族
泸水市六库镇白水河村委会哇嘎村	怒江州	160	671	白族
兰坪白族普米族自治县营盘镇凤塔村委会罗坪组	怒江州	25	80	傈僳族
沧源佤族自治县勐董镇坝卡村	临沧市	502	2079	佤族
耿马傣族佤族自治县四排山乡芒翁村委会芒伞村	临沧市	135	703	佤族
双江县大文乡忙冒村	临沧市	265	1083	布朗族
墨江哈尼族自治县联珠镇癸能村	普洱市	744	3010	哈尼族
墨江哈尼族自治县联珠镇克曼村	普洱市	554	2420	哈尼族
勐海县格朗和乡苏湖村委会橄榄寨	西双版纳州	75	375	哈尼族
砚山县者腊乡小新寨村	文山州	83	386	壮族

表5.2.1汇总了我们所调查的12个少数民族村寨的基本情况，包括乡村所在的州（市）、县、乡（镇）和村寨名称、家庭数、人口数、民族。由表5.2.1可见，这些村寨都是少数民族相对集中的村寨，共涉及8个民族，分别为苗族、彝族、白族、傈僳族、佤族、布朗族、哈尼族和壮族。其中，彝族村寨有两个，均来自红河哈尼族彝族自治州，一个位于石屏县，另一个位于弥勒市。来自石屏麻栗树村的彝族自称"花腰彝"，而来自弥勒小额依村的彝族自称"撒尼"。两个彝族村寨的彝族属于不同支系，且两地相距甚远，故虽然同为彝族，但支系差异较大。

虽然佤族支系之间的差别不如其他民族那么明显，但鉴于佤族基本都生活在边境沿线，故我们调查了两个佤族村寨。其中，一个位于沧源佤族自治县，该县主要分布为佤族。另一个来自耿马县，该县主要分布佤族和傣族。

哈尼族主要分布在红河、普洱和西双版纳一带，因项目组在红河州已调查了两个彝族村寨，故把哈尼村寨的调查重点放在普洱市和西双版纳州。项目组在普洱市墨江哈尼族自治县调查了两个哈尼村寨，分别为癸能村和克曼村。虽然这两个哈尼村寨同属于连珠镇，但却来自不同的哈尼支系，其中癸能村为哈尼碧约支系，克曼村为哈尼豪尼支系。在西双版纳州调查的哈尼村寨位于勐海县格朗和乡苏湖村委会，名为橄榄寨，这里的哈尼族自称僾尼，与红河、普洱等地的哈尼族存在一定差异。

其余苗族村寨、傈僳族村寨、白族村寨、壮族村寨各一个，但分布于不同州市。虽然存在地理位置、人口数量、民族构成以及支系差异，但仍然存在诸多共性。首先，它们都是少数民族聚居的乡村，都具有所有民族地区乡村的特征和民族特征；其次，这些村庄的语言生态环境十分相似，民族语言、汉语方言、国家通用语等构成了这些乡村的基本语言使用基调。因此，本书希望通过针对这十二个村寨的研究能从中发现一些规律性的东西，为乡村语言规划研究提供借鉴。

从表5.2.1中可见，每个村寨的人口数量、户数等各不相同。人口数最多的为墨江哈尼族自治县联珠镇癸能村，该村有744户3010人；最少的为怒江傈僳族自治州兰坪白族普米族自治县营盘镇凤塔村委会罗坪村，该村仅25户80人。12个村庄所有户数相加共2815户11966人。要在一年左右的时间内对2800余户人家和11000多名乡村人口做穷尽式调查既不可能，也无必要。因此我们把调查的重点放在村干部访谈、部分家庭入户调查和部分村民问卷3个方面。

考虑到同一乡村语言生活具有同质化倾向，因此，在选取入户家庭和普通村民作为调查对象时，我们采用了社会语言学研究常用的随机抽样和方便抽样相结合的模式，因为这样的研究结论也往往具有相当的代表性（徐大明，1997）。此外，国外学者如Sankoff（桂诗春、宁春岩，1997）等也认为，语言行为比其他行为有较大的同质性。因此，我们在每个村寨采取上述方式调查了8—10户人家、30名左右村民以及3—5位村干部。他们的语言态度、语言选择、语言能力、语言使用等基本上能反映该村的微观语言规划情况。

（一）村干部

之所以选择村干部为研究对象，主要基于以下考量：其一，作为乡村带头人，村干部最了解乡村的人文历史等基本村情，比如该村的家庭数、人口数量、受教育程度、民族构成、村民的经济来源等构成该村语言生态的基本要素。因此，村干部是我们获取乡村人口结构、社会经济状况、教育文化水平等可能间接影响乡村语言规划的最好渠道。其二，作为中国最基层的行政官员，他们上连乡镇领导，下连各村村民，作为上情下达、下情上传的纽带，他们的语言使用、语言态度在某种程度上更能反映该村的语言规划的真实面貌，也能在一定程度上影响到乡村层面的语言规划。其三，通过对乡村干部的访谈，拉近与他们的距离，由他们带领或者介绍进入普通家庭做入户调查或者针对村民进行问卷调查，更能获得村民的信任，方便获取第一手资料。鉴于每个村的村干部数量有限，且不一定能找到，我们制定的访谈目标为3—5名村干部。

（二）乡村家庭

在村干部的带领或者介绍下，选取一些家庭做入户调查，可以更微观地观察到家庭环境下的语言规划情况，更进一步了解在家庭内部几代人之间的语言熟练程度、语言使用和语言态度等直接影响语言规划的要素。入户调查的主要目的在于通过部分家庭的语言使用来揭示全村的语言规划全貌。我们事先制作了入户调查卡片，由调查员在乡村干部或由我们所聘请的向导的带领下，进入普通村民家中进行调查。基于乡村居民语言行为的同质性倾向，我们在每个乡村抽取了10户左右的家庭开展入户调查。

（三）普通村民

根据传统乡村调查的常见模式，调查小组在访谈和入户的基础上也进行了相应的问卷调查。问卷调查的对象尽可能地涵盖不同年龄段和不同性别。但鉴于所调查的乡村较多，且大多数青壮年外出务工，而且乡村居民作息时间不定，有些人即便不在外地打工，也可能走亲访友或在田间地头干活，所以要面面俱到可能存在一定难度。由于通过村干部和入户调查已经大致掌握了乡村的语言概貌，故对其他村民的调查除了对村干部访谈和入户调查结果进行验证外,还尝试对其他一些影响乡村层面语言规划的元素进行分析,故在每个村寨针对30名左右的村民进行调查。

鉴于村庄大小不一,村干部数量也存在差异,故每个村寨调查的村干部共3—5名,对每个村寨选取10户左右人家进行入户调查,问卷调查采取方便抽样的方式,力图获取30份左右的有效问卷。这样一来,在12个乡村里,我们共获取了49名村干部127个家庭386名村民的调查结果。详细统计结果如表5.2.2:

表5.2.2 调查对象统计

乡村名称	民族	干部(人)	户数(户)	村民(人)
红河州蒙自市冷泉镇楚冲行政村所基口村	苗族	3	10	30
红河州石屏县龙武镇麻栗树村	彝族	4	10	30
红河州弥勒市西一镇中和村委会小额依村	彝族	5	10	30
怒江州泸水市六库镇白水河村委会哇嘎村	白族	5	8	30
怒江州兰坪白族普米族自治县营盘镇凤塔村委会罗坪组	傈僳族	3	10	30
临沧市沧源佤族自治县勐董镇坝卡村	佤族	4	13	41
临沧市耿马傣族佤族自治县四排山乡芒翁村委会芒伞村	佤族	4	12	39
临沧市双江县大文乡忙冒村	布朗族	4	10	30
普洱市墨江哈尼族自治县联珠镇癸能村	哈尼族	5	10	30
普洱市墨江哈尼族自治县联珠镇克曼村	哈尼族	5	10	30
西双版纳州勐海县格朗和乡苏湖村委会橄榄寨	哈尼族	4	10	30
文山州砚山县者腊乡小新寨村	壮族	3	14	36
合计		49	127	386

考虑到乡村中有部分人不会写字,所以在做问卷调查时,调查员采用询问记录、代替填写的方式来完成问卷。针对有文化的受访者,我们尽量让他们亲自填写问卷。访谈时采用了录音和记录同步进行的方式,事后再根据录音内容对现场记录进行补充。访谈时基本根据事先列好的提纲进行访谈,但鉴于在访谈过程中常常会出现一些事先无法预料的情况,故要求调查员能根据当时的情境随机应变地转换话题,以便对问卷问题进行修正。

二、调查内容与方式

调查内容包括两大方面：一是间接影响乡村语言规划的非语言因素，包括乡村的地理位置、人口状况、村民受教育程度、村民的经济来源等；二是直接影响乡村语言规划的语言因素，主要包括村民的语言熟练程度、语言使用、语言态度、宏观语言政策影响、少数民族语言保持情况等。

考虑到乡村居民的生活习惯，尤其是大量村民外出务工的特点，项目组主要利用农闲、年节等少数民族居民可能在家的时候开展进村入户调查。鉴于调查的村寨较多，且分布在边疆不同州市，项目组进行了分工，其中一些小组调查了两个以上村寨。为了解决可能存在的语言沟通问题，项目组从所在高校及周边高校少数民族学生中聘请了向导，由他们带领进入其所生活的村寨开展相关调查，一方面解决了语言问题，另一方面也容易获得当地人的认可，打消他们的疑虑，从而更容易获取第一手资料。当然，项目组也通过当地的地方领导带领进行调研，节省了许多时间成本。

（一）访谈

针对村干部的访谈为结构式访谈，即按照事先设计好的提纲进行访谈。访谈包括三部分内容：第一部分是个人基本情况，包括姓名、性别、民族成分、文化程度、职务、年龄和会使用的语言等基本情况。第二部分是乡村的基本情况，包括乡村名称、家庭数、人口数、乡村的民族构成（不同民族所占人数及比例）、村民的受教育程度、乡村的主要经济来源、乡村的历史背景、不同年龄段的语言熟练程度等。在进行问卷分析时，我们发现部分乡村干部所提供的一些数据存在相互矛盾的地方。针对这些问题，我们通过后期的入户调查和问卷结果进行验证，如还有疑问，我们则在后期通过电话进行核实。第三部分主要涉及一些宏观的来自上层的语言决策，比如干部任用对语言的要求、民族语言的广播电视等，但更多的还是村内的语言使用、语言保持、语言评价等微观层面的问题。我们在下一节案例分析中针对乡村语言生态环境的分析主要依据乡村干部的介绍以及他们所提供的信息，但针对更具体和更微观的语言规划方面的分析则结合来自入户调查和问卷调查的结果进行。

（二）入户调查

入户调查由5个方面的内容构成：（1）家庭成员的基本情况如姓名、年龄、民族成分、使用何种语言以及文化程度；（2）家庭内部的语言使用情况，即在什么情况下使用民族母语、本地汉语方言、国家通用语或者其他民族语言及其使用的比例；（3）家庭成员的语言熟练程度，用"熟练"（表示能听会说）、"一般"（表示能听但说的能力较弱）、"略懂"（表示会简单的几个单词）、"不懂"（表示完全不会）这几个变量来描述家庭成员在民族母语、方言、国家通用语或其他民族语言方面的熟练程度；（4）家庭成员的语言态度，用"最喜欢""喜欢""一般"和"不喜欢"来调查受访家庭成员对待不同语言的态度；（5）对下一代语言学习的看法，用"最支持""支持""一般"和"不支持"来调查家庭成员对待下一代在学习民族母语、汉语和外语方面的看法。考虑到我们所调查的乡村大多为少数民族聚居村寨，间或有少数族际婚姻家庭，故在进行入户调查时，我们尽量兼顾不同类型的家庭。

（三）问卷调查

村民问卷由两部分构成。第一部分包括个人基本情况，如姓名、性别、民族成分、文化程度、年龄阶段、个人使用的语言等，但增加了家庭成员语言熟练程度的调查等内容。第二部分内容较多，由22个题项构成，主要包括民族身份、语言使用、语言纠正、个人的语言态度、对下一代语言学习的态度、语言声望、语言保持、语言与文化等内容。

（四）观察

项目组在访谈和入户调查的同时也结合观察法收集相关资料。比如，在村委会的宣传栏上往往会发现一些村情介绍，这为我们提供了该村的地理位置、历史人文等相关情况。此外，我们曾经试图在乡村地区发现使用少数民族语言文字的招牌，但乡村一级皆很少发现使用少数民族文字的案例（反倒是在县城一级的机关单位还有使用民汉双文招牌的情况）。有趣的是，在入户调查的过程中，我们注意到一些家庭中不管是什么时候，普遍开着电视，播放的均为中央台或者云南台的电视节目。后来发现，播放少数民族语言节目的时间通常在晚上8—9点，而我们的调查主要在白天进行，故没有见到收看使用少数民族语言的电视节目的情况。值得一提的是，我们在墨江哈尼族自治县联珠镇克曼村牛皮大鼓传人的家中注意到主人4岁的小女孩在和其他年龄稍大一些的孩子玩耍时偶尔说民族语言。后经询问得知，因小孩在上幼儿园，和家长相处的时间有限，而在乡村幼儿园里主要学国家通用语，民族语言只有放学后或者放假期间才有机会学习和使用，故要再过几年年龄稍大一些后才能流利使用。这一观察与我们对村民语言熟练程度的调查结果相吻合，即12岁以下年龄较小儿童的母语熟练程度不如年龄稍大一些的孩子。这些孩子的语言习得顺序发生了逆转，汉语变成了第一语言，而民族母语变成了第二语言。

三、案例选取

如上所述，我们调查了12个边疆少数民族村寨，访谈了49名村干部，对127个家庭进行了入户调查，还对386名其他普通村民进行了问卷调查。考虑到乡村在一定程度上具有同质性特征，也由于限于篇幅的缘故，我们选择了其中3个点4个民族村寨作为个案。这3个点分别为怒江傈僳族自治州泸水市的瓦嘎村、临沧市沧源佤族自治县的坝卡村和耿马傣族佤族自治县的芒伞村以及红河州石屏县的麻栗树村。涉及的民族分别为白族、佤族和彝族。从地理位置上看，怒江的瓦嘎村位于滇西北，临沧居中位于滇西，红河州位于滇东南。3个点4个村寨自北向南贯穿了云南西部边境地区，南北距离600—700公里。虽然通过4个村寨还难以概括边疆少数民族村寨的语言规划全貌，但所选4个村寨均来自比较典型的少数民族聚居区。尽管他们使用的语言存在差异，但在家庭语言政策、村寨内的语言使用情况、村民的语言态度、语言保持以及民族母语与方言和国家通用语之间的关系方面仍然存在诸多共性，故通过对这4个乡村的案例分析也能较好地反映边疆民族地区乡村语言规划的现实。

第三节　怒江白族瓦嘎村的语言规划

作为一个民族特色浓郁的民族，白族历来是不同学术背景研究人员关注的对象。白族的语言以及语言使用近年来也引起了语言学界尤其是社会语言学界的广泛关注。除了何丽等（2010）和邓瑶（2011）研究了城市化过程中居住在城市边缘的白族的语言使用、语言态度以及不同语言之间的关系外，周辉（2011）以安宁市糍粑铺村白汉双语社区为个案，调查了双语社区中白语、普通话和方言的使用情况。但更多的研究则聚焦于大理以及与大理毗邻的丽江地区，如邓瑶、何稳菊（2012）对大理喜洲的白族居民语言生活进行了调查；赵金灿等（2012）对大理鹤庆两地3个村庄400余人的语言使用进行了抽样调查和统计分析；戴庆厦（2014）和李春风（2014）对丽江玉龙县九河白族乡少数民族的语言生活进行了个案分析，探讨了该地少数民族母语使用以及兼用语的现状，对其成因进行了分析。这些研究主要从语言生活的视角对乡村白族的语言使用等情况进行研究，而从语言规划的视角进行研究的成果仍十分少见。另外，从地域角度来看，针对怒江乡村白族的语言使用或语言生活的调查尚存空白。基于这样的研究现状，尤其是本项目的要求，我们把注意力转向怒江傈僳族自治州的白族语言状况，选择了泸水市白水河村委会瓦嘎村为个案研究对象，对该村的语言使用、语言选择、语言态度等构成微观语言规划的诸多要素展开了研究。

一、瓦嘎村简介

（一）人文地理

瓦嘎村地处山区，隶属于泸水市六库镇白水河村委会。距县城（即六库镇）约30公里，村民到县城的主要交通工具为摩托和汽车。瓦嘎村总面积1.33平方公里，耕地面积222亩，村民主要种植玉米、小麦和核桃等经济作物。收入来源主要依靠务农和外出务工。近年来，政府在该村开展了扶贫项目，如为贫困户建档立卡提供低保，为村民看病就医提供农村合作医疗保险；组织剩余劳力外出务工，村中20—45岁的青壮年大多在广东、深圳、江苏、浙江等地务工。外出务工者中男性主要从事建筑行业，女性多为加工厂员工。外出打工者大多成群结伴，工作和居住地相对集中，所以即便外出务工，对他们的白族语言并未带来太大的影响。

瓦嘎村周围10公里范围内有2个汉族村寨炉子湾村和蘑菇厂村，2个白族村寨坡头村和中木坪村。不同村寨不同民族之间联系频繁，遇红白喜事经常走动，故他们之间的关系十分融洽。

据村中老人回忆，瓦嘎村有两百多年历史，而白族居民主要是清末民初为躲避战乱由其他地方迁入，其他民族是20世纪70年代通过换户[①]和嫁娶的方式进入该村。

（二）人口与受教育程度

瓦嘎村是一个白族、汉族和傈僳族聚居的村庄，有村民84户357人。其中白族人数最多，有73户326人，占全村总人数的83%。汉族仅8户23人，占比11%。傈僳族人数最少，只有3户8人，占比6%。在全部84户人家中，有11户为族际婚姻家庭。族际婚姻家庭分为3种类型，分别为傈僳族与白族家庭，汉族与白族家庭以及傈僳族、白族和汉族家庭。

村内原有小学1所，但规模较小，只招收低年级小学生。虽然如此，年龄较小的孩子上学还算方便。但自2010年前后，该校被撤销并合并到了村委会所在地的白水河完小。其实，这是前些年在中国乡村地区广泛开展的"撤点并校"运动，即把一些规模小，即所谓"一师一校"的乡村学校合并到规模较大、办学条件较好的中心

[①]20世纪70年代，为促进民族地区社会经济文化发展而采取的一种方式，即把相邻村寨劳动技能好的汉族家庭整体搬迁到少数民族村寨，以此来交流劳动技巧、改变贫富固化、拉动经济发展，同时又把部分少数民族家庭搬迁到汉族村寨居住和生产。

完小。这样做的目的在于节约成本、便于管理和提高教学质量。但其所带来的负面影响也不容忽视,很多低年级学生要走很远的路去上学,给学生和家长都带来了不便。乡村学生上学的不方便可能会增加他们的出行成本,甚至可能导致中途辍学现象,这对提高乡村村民的整体教育文化程度可能存在负面影响。瓦嘎村的小孩子原本在村内就可以上小学,现在却要到3公里之外的白水河小学上学,这对道路通行不便的乡村孩子来说,不能不说是一种额外负担。而如果他们还要继续接受初中和高中教育,则要到28公里外的县城中学就读。

因此,受多方面原因的影响,瓦嘎村村民的受教育程度仍然不高,文盲比例较大,表5.3.1为村民的受教育程度统计:

表5.3.1 瓦嘎村村民受教育程度统计

受教育程度	文盲	小学	初中	高中	中专	合计
人数	232人	71人	36人	15人	3人	357人
百分比	65%	20%	10%	4.2%	1%	100%

由表5.3.1可见,文盲在全部村民中的比例超过了六成(65%),受到过中学及以上教育的比例不到两成(15%左右),文盲和小学文化程度者超过八成(85%),占了该村绝大多数人口比例。

二、村民语言熟练程度与使用情况

虽然从严格意义上来说,瓦嘎村也是白族、汉族、傈僳族3个民族杂居的村庄,但因为白族占比超过八成,故村内的通用语为白语。汉族和傈僳族也使用白语,他们在村内不使用白语的情况非常少见。乡镇领导干部到村里开会、布置工作或者传递上级意图时也使用白族语。大多数村民都具备一定的汉语能力。当他们外出办事,比如看病、到集市购物时则说泸水话,即当地汉语方言。尽管如此,年纪较大的村民汉语能力依然不足,赶街、购物时往往要借助手势等非语言手段才能完成交际任务。每逢周末赶集,地点为泸水市六库镇所在地。相对而言,生病就医时要更复杂一些,碰到这种情况,他们往往让能够讲汉语的家人陪伴就医。让能讲汉语的家人与医生沟通病情,才能顺利克服语言交流障碍。由于很多会说汉语的家人大都外出务工,所以很多上了年纪的村民生病时也很少到医院看病,一般的病痛往往就是给祖先烧香祭拜一下,以此获得一些心理慰藉,期望能使病情得到缓解。

从总体上来看，瓦嘎村村民还谈不上全面的全民双语型，白语仍然是村内的通用语言，上了年纪的人的汉语能力有限，而能讲国家通用语的村民则只有20人左右，这些人多是有外出做工或者有外出求学经历的人，不过在村里通常不说国家通用语。他们只有外出务工，或者上学时才会使用国家通用语。

为全面揭示该村村民的语言使用情况，我们把全村人口分成5个年龄段，60岁以上为老年组、40—59岁为中年组、20—39岁为青年组、13—19岁为少年组、12岁以下为儿童组，分别调查了不同年龄段村民的民族母语、汉语方言、普通话和其他民族语言的熟练程度。调查结果如表5.3.2：

表5.3.2 瓦嘎村村民语言熟练程度

年龄段	人数	比例	民族母语	汉语方言	普通话	其他语言
60岁以上	48人	13%	熟练	一般	不会	略懂傈僳语
40—59岁	95人	26%	熟练	一般	不会	
20—39岁	101人	30%	熟练	熟练	一般	
13—19岁	76人	21%	熟练	熟练	一般	略懂英语
12岁以下	37人	10%	熟练	熟练	一般	

从表5.3.2可见，瓦嘎村全民熟练使用白语，且不存在年龄差异，不论是老中青年还是少年儿童均能熟练地使用，能听会说，无衰退迹象。而在汉语能力上则表现出了一定的年龄差异，40岁以上的中老年人的汉语方言能力一般，而年龄在40岁以下的村民大多数都能熟练地使用本地汉语方言。与方言相比，国家通用语的能力较为逊色。中老年人完全不会使用国家通用语，青壮年和少年儿童由于外出务工或求学学会了国家通用语，但发音不标准，国家通用语能力只能算一般。除了民族母语和汉语外，60岁以上的老年人懂一些傈僳语，但仅此而已。虽然生活在傈僳族聚居的怒江州，但60岁以下的白族村民很多不会使用傈僳族语言。18岁以下的青少年由于受学校教育的影响，开始学会了一些英语。在傈僳语与英语之间出现了一退一进的局面。

三、村干部访谈结果与分析

上文对瓦嘎村的历史、地理和人文环境进行了简介，从总体上分析了该村村民的受教育程度以及语言使用情况。其中，一些信息来自我们自己的调查，但是大部分则是根据对村干部的访谈、对普通家庭的入户调查以及对普通村民的问卷结果所做出的概括。为了更微观地了解该村的语言规划情况,我们将分别对村干部访谈、入户调查以及问卷结果进行分析。

访谈1:张季仁,男,会计,白族,高中文化程度,年龄42岁。

> 我们村以白族居多,占比超过90%。我本人白语和汉语都能讲,但工作中使用得最多的还是白族语言,比如在村小组会上、村内账目公示、召开村民会议等都使用白族语言,使用的比例超过90%。在村委会开会,或者到乡镇开会时才使用本地汉语方言,但那样的时候不多,使用汉语方言的比例不超过5%。就我本人来说,在家庭和村内与其他普通村民也没有太大差别,主要使用民族语言,赶街或到县城办事就使用汉语方言。普通话会讲,但使用得更少,主要是送小孩上学与老师交谈,或开家长会时使用。我个人认为白族语言不会消失,因为大家都讲白族话。就我们村来说,白族语言比汉语使用更广,而且白族话更好听。这与国家提倡说普通话并不矛盾,说普通话的同时还应传承保护民族语言。

访谈2:杨兴胜,男,治保主任,白族,初中文化程度,40岁。

> 我们村大多数人家都是白族,只有很少几户汉族和傈僳族。至于说什么话,当然是白族语言了。那几家汉族和傈僳族在他们家庭内部使用他们自己的语言,但是和白族交往时也会讲白族话,交流不成问题。我在工作中,比如在组上开会、与同村村民交往时说白族话。到镇上开会主要说泸水话(当地汉语方言)。现在的年轻人会说普通话的越来越多了,不过他们在村里还是说白族话。所以,会说普通话不会影响使用白族语言。非要我在白族语言和汉语中进行评价的话,我还是觉得白族话好听些,当然重要嘛就比不上汉语了。

访谈3:张李苏,男,组长,白族,小学文化程度,现年50岁。主要分管村内的基本事务。

> 与村民打交道多,都说白族话。汉语能讲,赶街买东西、看病、买化肥农药都说汉语,还有去镇里开会说的也是汉语。

第五章 乡村语言规划

访谈4：王中正，男，村民小组副组长，白族，初中文化程度，现年40岁。协助组长处理村内事务。

我们村的村民大多是王姓、周姓和杨姓，这些都是老住户，都是白族，其他几家汉族和傈僳族是外村迁来的，有些是嫁娶进入本村的。我们不同民族的人在一起关系融洽，大小事情都互相帮忙，语言交流没有问题，他们也听得懂白族话，我们也会说汉话。不过在村子里主要是说白族话，因为我们白族人多嘛。可能是习惯吧，我还是喜欢白族话，好听。至于我个人的工作中，大多是讲白族话。只是在乡镇开会的时候才说泸水话（本地汉语方言），普通话只有外出旅游的时候讲，占的比例很少。

访谈5：杨云中，男，白族，高中文化程度，白水河村委会主任，现年49岁。

我们村委会共有700余户人家，3000人左右，包含26个自然村或村民小组。每个自然村（或组）有大有小，大的70—80户，小的20—30户。我所在的中木坪村就只有24户人家。白水河村是一个多民族杂居的地方，有白族、汉族、傈僳族、怒族等。其中，白族主要居住在瓦嘎村、中木坪村和青木坪村等自然村。白族户数在85%以上，剩余的汉族和傈僳族户数各占7%或8%。村民的主要收入为农业生产、经济林果或外出务工。全村只有一所完小，就是在村委会的白水河完小，附近村寨的孩子都在这里上学。村民的文化程度都不高，还存在很多文盲、半文盲，读到初高中的人不多，村民大多外出打工了，留在村子里的大多是老人和小孩。几个白族村寨都说白族话，我本人回到中木坪村也会说白族话。只是在村委会召集会议的时候说方言。就我个人而言，因为工作性质的缘故，感觉汉语更重要一些，当然，因为说惯了，还是白族话更亲切更好听些。这些年随着外出务工人员的增加，人口流动大，孩子上学都学国家通用语。

从上面对5位村干部的访谈情况来看，受访者均为白族，其中包含村委会主任、村民小组组长、副组长、村会计以及治保主任，说明该村白族人数多，在乡村事务和人际交往中处于主导地位。受访的5位村干部年龄都在40—50岁，正处于年富力强阶段，人生阅历相对丰富，所以他们的语言使用和语言态度更具有代表性。从他们的白族语言使用情况来看，瓦嘎村的白族语言仍然充满活力，在家庭和村寨内部还稳定地使用白族语言，所以白族语言不存在消亡的危险。而在上街购物或者在更为正式的场合比如在村委会开会等，则使用当地通用的泸水汉语方言。说明白汉两种语言都能在不同的语境下发挥作用，表现出了功能互补、和谐共存的态势。

四、8个族际婚姻家庭的语言使用情况

鉴于上文已对瓦嘎村白族的总体语言情况进行了描述，我们便把入户调查的重点放在了族际婚姻家庭上。希望通过对这些家庭的语言使用、语言态度以及语言能力的调查，以更深入地揭示不同语言在少数民族乡村语境下的生存情况，也就是在更微观的层面剖析乡村层面的语言规划。

第一户：这是一个白族和傈僳族组成的家庭，全家共7口人，分别为户主王五成（男，67岁），其妻何杨娟（65岁）；长子王杨旗（40岁）及其妻子沐得香（37岁）；次子王军旗（34岁，久病未婚），以及户主的两个孙子（一个读初中，一个读小学）。除了儿媳妇沐得香为傈僳族外，全家的民族成分都是白族。这一家人的文化程度不高，除了户主的妻子何杨娟和次子王军旗为初中文化程度外，其余均为小学文化程度。在语言熟练程度方面，全家人都能熟练地使用汉语方言，白族语除了儿媳妇只是一般水平外，其他也都达到熟练水平。至于其他民族语言，由于儿媳妇沐得香为傈僳族，所以她能熟练使用傈僳语，而其他人只是"略懂"，但他丈夫王杨旗的情况好一些，基本能听，只是不会说而已，算一般水平。对这一家人来说，日常生活中基本都使用白族语，占比约90%，虽然家中有一个傈僳族，但使用也不多，只是她的亲戚来访时才使用，占比约7%。虽然能使用汉语，但只是上街购物时使用，约占3%。就语言态度而言，全家人的喜好程度基本一致。从最喜欢到不喜欢进行排序，全家人的喜欢程度顺序为本民族语言—外语—汉语，也就是说，这一家人最喜欢的语言为白族语，喜欢外语的程度超过了汉语。而在对下一代的语言学习态度上则出现分歧，虽然大多数人支持学习白族语言，而沐得香则最支持学习的语言是外语，何杨娟支持学习汉语而反对学习外语。

第二户：户主杨尹全（63岁，傈僳族）和其妻子王莲英（63岁，白族），育有二子杨王成和杨王新，年龄分别为40岁和34岁，已经另立门户且有了自己的孩子，故他们各自的家庭未纳入这一户的调查范围。两个儿子及其各自家庭的民族成分随母亲王莲英，为白族。就这4人而言，户主杨尹全能熟练使用傈僳语、白语和汉语方言3种语言，其妻的白语和汉语水平为熟练，但傈僳语只是略懂，两个儿子均是熟练的白语和汉语双语者。在家庭生活中均使用白语,赶街购物说汉语方言,至于傈僳语,只有回老家或与傈僳族亲戚在一起时才说。从使用的比例来看,白语占90%,汉语和傈僳语各占5%。全家人的语言态度比较一致,按照"最喜欢"—"喜欢"—"一般"—"不喜欢"的顺序进行选择,他们最喜欢的语言均为白语,喜欢的语言为汉语,除了母亲王莲英不喜欢外语外,其他人对外语的态度为一般。然而,在下一代的语言学习上,全家人的意见出现了一定程度的分化。作为祖父母的杨尹全和王莲英最支持学习的语言为汉语,其次为本民族语言;而其两个儿子正好相反,他们最支持学习的语言为本民族语言,其次为汉语。对外语学习的态度一般,不反对也不支持,采取顺其自然的态度,但全家人都不支持学习其他民族语言,其实就是指祖父的母语傈僳语。

第三户:这也是一个傈僳族和白族族际婚姻组成的家庭。户主为何李新(62岁,白族),妻子宋小花(55岁,傈僳族),他们有两个儿子一个女儿。女儿外嫁他乡,不纳入统计;长子何宋军(30岁,白族)已另立门户并育有两个孩子,次子何宋飞(15岁,白族)辍学在家。户主及其妻子为文盲,两个儿子均为小学文化程度。4个人的语言能力非常一致,都能熟练使用民族母语和汉语方言,作为傈僳族的宋小花依然能熟练使用傈僳语,但其他家庭成员只是略懂傈僳语。就语言使用来说,日常生活中都使用白族语,占比超过90%;与汉族交流时使用汉语,与傈僳族交流时使用傈僳语,普通话使用很少,只是何宋飞上学时使用,但现在不使用了,后面几种语言的使用情况加起来最多也就10%。全家人的语言态度也相当一致,都是喜欢本民族语言,对汉语持一般态度,对外语则不喜欢。对下一代的语言学习观念差异较大,作为第一代人的何李新和宋小花最支持学习的还是本民族语言,其次为汉语,再其次为其他民族语言。作为第二代人的何宋军和何宋飞则正好相反,他们最支持的是汉语,其次为本民族语言,对其他民族语言持一般态度。全家人的共同之处是,都不支持学习外语。

第四户:这是一个三口之家。父亲宓杨何(51岁,白族),母亲张杨春(50岁,傈僳族),均为小学文化程度。他们育有两女一子,两个女儿已经出嫁,不在统计之列。儿子宓张荣(26岁,白族)中专毕业,尚未成家,目前在县城工作,春节期间刚好在家休假,故纳入调查范围。全家三口人都能熟练使用本民族母语和汉语方言,父亲略懂母亲的傈僳语,母亲也略懂白语。儿子能熟练使用国家通用语,而父母的国家通用语能力一般。家庭日常生活中白语和汉语交替使用,白语使用稍多一些,约占50%,汉语方言占40%,剩余10%为普通话,只在外出比如旅游时使用。这一家人的语言态度表现出了一定程度上的代际差异,父母最喜欢的是汉语,其次为本民族语言,不喜欢外语;而儿子除了与父母一样最喜欢汉语外,还喜欢外语,而对本民族语言的态度则只是一般。在对待下一代的语言学习上,全家三口人的态度基本一致,都是最支持学习汉语,其次为本民族语言,最后为外语。

第五户:这是一个三代同堂家庭。第一代祖父苏正武(80岁,白族),第二代儿子苏银华(48岁,白族)、儿媳茶小花(43岁,傈僳族),第三代孙女苏丽娟(22岁,白族)和孙子茶利苏(17岁,白族)。除了孙子和孙女为初中文化程度外,其余均为小学文化程度。除茶小花外,全家均能熟练使用民族母语和本地汉语方言。茶小花的傈僳语只能听不能说,白语也是同样的情况,不过她能熟练使用汉语方言。普通话能力一般,而孙子茶利苏则达到熟练水平。家庭语言使用出现分化,白语使用只有40%,到乡镇赶集时使用汉语方言或普通话,普通话的使用比例超过方言,方言仅20%左右,而普通话有40%。祖父最喜欢的语言为本民族语言,其次为汉语;儿子和儿媳以及孙子最喜欢汉语,其次为民族语言。出乎意料的是,孙女与祖父一样,最喜欢本民族语言,其次为汉语。全家人的共同之处是,都不喜欢外语。对后代的语言学习,祖父最支持学习本民族语言,其次为汉语,外语一般,不支持学习其他民族语言;儿子和儿媳最支持汉语学习,其次为外语,本民族语言一般,不支持学习其他民族语言;孙子最支持学习外语,其次为汉语,本民族语言一般;孙女最支持学习汉语,其次为本民族语言,外语一般。孙辈都不支持学习其他民族语言。

第六户:这是一个白汉族际婚姻家庭。调查对象包括父亲李正华(72岁,白族)、母亲张幺妹(70岁,汉族)和他们的两个已成家并自立门户的儿子张李新(43岁,白族)和李张本(38岁,白族)。他们各自的家庭未纳入统计范围。两代人中,父母均为文盲,两个儿子的文化程度仅小学毕业。4个人的语言熟练程度非常相近,都能熟练使用白语和汉语方言,普通话能力一般或略懂,张李新略懂傈僳语,是因为其妻为傈僳族(未进入调查范围)。家庭日常生活中大多数情况下使用白语,占比约90%,上街或外出时才使用汉语方言,占比约10%。他们的语言态度也很一致,最喜欢的是白语,其次为汉语,对外语的态度一般。谈到下一代的语言学习,全家人最支持的仍然是白语,其次为汉语,对外语或其他民族语言的态度一般。

第七户:这也是一户白汉族际婚姻家庭,但不同的是,这是一个重组家庭。父亲李胖子(52岁,汉族)携女儿李杨仙(11岁,汉族)与母亲李秀芝(49岁,白族)及其子杨军利(29岁,白族)重新组合了目前这个家庭。他们的文化程度均不高,父母为文盲，儿子和女儿均为小学文化程度。全家人均能熟练使用汉语方言，普通话只是略懂，在民族母语的能力上存在差异，父亲和女儿的白语水平一般，能听不能说，母亲和儿子的白语水平均为熟练。这种差异导致了白语和汉语在家庭日常语言生活中平分秋色，各占50%，当然，赶集购物、外出和与其他民族交往还主要使用汉语方言。在对待不同语言的态度上，父亲和女儿一致，最喜欢汉语，其次为白语；母亲与儿子相同，最喜欢白语，其次为汉语。全家人都不喜欢外语。关于下一代的语言学习问题，父亲母亲和女儿观点一致，最支持汉语，其次为本民族语言；而儿子则相反，他最支持本民族语言，其次为汉语。全家人都不支持下一代人学习外语。

第八户：这也是白汉族际婚姻家庭，户主周朝云（53岁，白族）及其妻夏光美（54岁，汉族）均为小学文化程度，他们育有一子一女。儿子（24岁，白族）中专毕业目前在下关工作，女儿周夏英（20岁，白族）还在昆明某大学上学。全家4口人均能熟练地使用当地汉语方言。除了母亲夏光美的白族语言能力一般外，其余均能熟练使用。普通话能力只有在上大学的女儿达到熟练程度，其他家庭成员一般。另外，全家人都会一点傈僳语。在家庭内部的语言使用上，白语接近六成，汉语为四成左右。在对待不同语言的态度上，他们存在一定的差异。父亲和儿子最喜欢汉语，其次为本民族语言；母亲喜欢汉语，对白语持一般态度，不喜欢外语；在上大学的女儿则最喜欢外语，其次为本民族语言。谈到今后下一代的语言学习时，父亲、母亲和儿子最支持学习的语言为汉语，其次为本民族语言，对外语和其他民族语言持一般态度，只有女儿最支持下一代学习外语。

上面讨论了瓦嘎村8个族际婚姻家庭的语言使用、语言熟练程度、语言态度以及对下一代语言学习的看法，其中包括5个白傈僳族际婚姻家庭、3个白汉族际婚姻家庭。总体上来看，8个家庭的文化程度均不高，父母辈几乎都是文盲、半文盲、小学和初中文化程度，子女辈中只有2个中专1个大学程度者，其余均为小学、初中或高中文化程度。所调查的8个家庭均能熟练使用本地汉语方言，除了族际婚姻家庭中非白族的一方白语能力一般外，其余均能熟练使用白语。除了这些共性特征外，所调查家庭的语言使用和语言态度还是反映出了一些特殊的语言规划特征。

首先，就语言态度而言，大多数受访家庭都把本民族语放在了最喜欢语言的位置上。除了第一个受访家庭喜欢外语超过汉语外，其余家庭都把汉语置于"喜欢"语言的位置上而仅次于本民族语言，甚至很多家庭成员表示不喜欢外语。然而，个人的语言态度与是否支持下一代的语言学习不构成因果关系，比如在苏正武家庭，全家都不喜欢外语，但在下一代的语言学习上，却没有人反对学习外语，甚至还有人把外语学习列入了最支持和支持的行列。尽管如此，在下一代的语言学习上很少有家庭成员在这一个问题上取得完全一致。比如，第一户家庭的何杨娟支持学习汉语而反对学习外语，但王五成则持完全相反的观点，他支持学习外语，反对学习汉语，其两个儿子王杨旗和王军旗则支持学习外语，但也不反对学习汉语。第二户家庭不支持也不反对，第三户家庭则明确表示反对，第四户家庭把外语置于汉语、本民族语之后。但总体来看，大多数家庭最支持下一代学习的语言不是本民族语言就是汉语。另一个带有普遍性的倾向是，对本地其他民族语言的支持度很低，大多数持"不支持"或者"一般支持"态度。所谓其他民族的语言，就瓦嘎村所处的地理位置而言，其实指的就是当地傈僳语。即便在有傈僳族和白族构成的家庭中都不支持学习傈僳语，而在全部由白族构成的家庭或者白汉婚姻家庭中就更不会有人支持学习傈僳语了。

其次，8个家庭的语言规划受制于家庭成员的语言能力和文化程度。比如，在白族和傈僳族构成的家庭内部，大多数白族语的使用基本都超过90%，但这些家庭的共同特征是所有家庭成员均能熟练使用白族语言。如果这些家庭中出现了某一成员白语能力较低的情况，这样的家庭便会重新规划家庭内部的语言使用，比如在第五户家庭中，由于儿媳妇茶小花的傈僳语退化，而白语又只能听不能说，但她能熟练使用汉语，故这一个家庭的白语使用减少到了40%，而方言和普通话则上升到了60%。在白汉族际婚姻家庭中也存在同样的情况，比如第七户家庭，由于这是一个重组家庭，当家庭成员中汉族一方的父亲和女儿由于白语能力不足，故采用了汉语方言进行弥补，所以日常生活中出现了白语和汉语各占一半的情况。此外，家庭成员的文化程度也影响了家庭内部的语言规划。总体上来看，文化程度低的家庭更多地使用本民族语言，而在文化程度稍高的家庭，民族语言的使用呈下降趋势，而汉语呈上升态势，这在第四户傈僳族和白族婚姻家庭以及第八户白族和汉族婚姻家庭中可以找到证据。另外，在对待外语的态度上也表现出了这样的态势。对外语态度一般或不支持下一代学习外语，这可能与他们的文化程度和生活环境有关。文化程度较低，比如初中、小学或文盲者，其语言生活中最常用的语言不外乎本民族语言、汉语方言，最多是普通话。外语与他们的生活无任何关系，所以倒不是他们对外语持有任何偏见，而是他们不了解外语，故持有这样的观点。而针对文化程度较高的人来说，比如中专或者大学程度的人来说，他们自身的外语学习经历以及他们对外语的了解程度促使他们对外语持积极态度，并支持下一代学习外语。

最后，该村还存在一种非常独特的隐性的语言规划情况。父母在给孩子取名时把父亲和母亲的姓结合起来取名。中国数千年的传统都是孩子随父姓，孩子取名时很少考虑母亲的家族姓氏。只是在较发达地区或者大城市才出现了在父姓基础上增加母姓的情况，而且还不是十分普遍。而在我们所调查的8户人家中，不论是白傈僳家庭还是白汉家庭，以及我们所做的问卷调查中，瓦嘎村把父母的姓氏结合起来给下一代取名都是一种普遍现象，这似乎意味着瓦嘎村白族村民具有通过语言使用来达到家庭和谐乃至语言和谐的目的。

五、对30位村民的问卷调查

我们在上文对瓦嘎村5位村干部和8户人家的语言能力、语言使用、语言态度等影响微观语言规划的因素进行了分析，对一些具有共性和个性特征的语言规划现象进行了讨论。为进一步验证上述研究所得出的结论，我们以随机的方式在部分村民中发放了问卷，共回收30份有效问卷。问卷由两大部分组成，第一部分是个人基本情况，包含姓名、性别、年龄、婚姻状况、家庭成员语言熟练程度等；第二部分问卷涉及语言使用、语言态度（包含对下一代语言学习的态度）、宏观语言政策影响、民族语言保持等几个方面。

（一）受调查者基本情况统计

所调查的30人中，男性23人，占比76.7%；女性7人，占比23.3%。其中，已婚者19人，占比63.3%；未婚者11人，占比36.7%。19岁以下青少年阶段7人，占比23.3%；20—39岁之间的青壮年阶段9人，占比30%；40—59岁之间中年阶段9人，占比30%；60岁以上中老年阶段5人，占比16.7%。从民族构成来看，白族26人，占比86.7%；汉族3人，占比10%；傈僳族1人，占比3.3%。从上面的统计情况来看，问卷调查所涉及的对象中男性、已婚者、白族居多，比例接近或者超过八成，年龄分布相对比较分散，但明显青壮年和中年阶段的人数最多，二者相加达到六成。从参与社会活动的积极程度来看，较多的男性、较多的已婚者以及较多的青壮年和中年人，表明这些人有着较为丰富的语言使用经历，其语言规划行为具有较高的代表性。而较多的白族与该村超过80.7%的白族人口比例相一致。因此，问卷调查结果能在很大程度上反映该村的语言规划现状。

（二）语言使用情况

本部分主要调查该村村民在不同场合的语言使用情况，包含8个问题，均为结构性问题，每个问题有2—4个选项。问题及统计结果见表5.3.3：

表5.3.3 瓦嘎村村民语言使用情况（N=30）

使用场景	民族语 N（人）	民族语 比例（%）	其他民语 N（人）	其他民语 比例（%）	汉语方言 N（人）	汉语方言 比例（%）	普通话 N（人）	普通话 比例（%）	多语 N（人）	多语 比例（%）	备注
在家里	24	80	1	3.3	3	10	0	0	0	0	缺省2
在村寨里	26	86.7	1	3.3	3	10	0	0	0	0	
上街购物	5	16.7	1	3.3	23	76.7	0	0	2*	6.6	*白汉
村／乡开会	14	46.7	0	0	14	46.7	2	6.7	0	0	
城镇办事	0	0	0	0	29	96.7	1	3.3	0	0	
医院看病	10	33.3	0	0	17	56.7	2	6.7	1*	3.3	*白汉
医生使用	9	30	0	0	18	60	2	6.7	1*	3.3	*白汉
与其他民族交流	11	36.7	0	0	15	50	3	10	1*	3.3	*白汉傈

表5.3.3统计结果表明，瓦嘎村村民在家庭和村寨内部使用本民族语言的比例达到或者超过80%，这与该村白族在本次调查中的人数比例相吻合，从这个意义上来说，白族说白语的比例为100%。而走出村寨的范围，到了集市购物、到乡村开会、到医院看病，其语言使用则出现了分化。不同语言在不同场合被使用的比例各不相同。比如，在乡村开会时使用本民族语言与汉语方言的比例各占近五成，都是46.7%，而到城镇办事则几乎100%使用汉语。在医院环境下和医生交谈时，民族语言的使用有所上升，但也只是10%左右。事实上，这10%左右的比例可能指的是乡村诊所环境下的语言使用。如果到了县城的医院，可能使用民族语言的比例还会下降，甚至为零，因为在医生诊治过程中，必然碰到很多新的名词或术语，按照少数民族语言从汉语借用新词的惯例，即便医生能用民族语言与患者进行一般性的交谈，但碰到此种情况时，医患双方也只能使用汉语方言或者普通话。那么对于那些汉语能力弱的人怎么办呢？在我们与村民的交谈中得知，年纪较大的不会使用汉语方言或汉语表达能力差的老年人到县城看病时往往有会说汉语的家人陪伴，这样既起到陪护作用又解决了语言问题。一般的小毛病村民们基本都不看医生，也就不存在语言交流问题。有趣的是，尽管瓦嘎村村民大部分为全民双语型，部分甚至三语型（懂一些傈僳语），即在大多数人具备汉语能力的情况下与不同民族交谈时也并不是100%采用国家通用语来完成交际任务，而方言和普通话相加也只是六成，仍然有近四成（36.7%）的人使用本民族语。似乎可以这样认为，对瓦嘎村的村民来说，白族

语在一定范围内如家庭和村寨内部仍然是族际交流过程中的通用语,离开村寨范围比如赶街购物或到县城办事则使用汉语方言或普通话,民族语言和汉语在瓦嘎村村民的语言生活中起到了良好的互补作用。

(三)对下一代语言学习的规划

入户调查时我们发现,很少有家庭成员在下一代的语言学习计划上取得完全一致。从总的情况来看,大多数家庭最支持下一代学习的是本民族语言或者汉语,不太支持学习其他民族语言,对外语的分歧也很大。我们在村民问卷中以另一种方式再次对这一问题进行了调查,试图从不同侧面调查他们对下一代语言学习的真实看法。

表5.3.4 瓦嘎村村民对下一代语言学习的干预(N=30)

问题	统计分析(人数与比例)			备注
您是否会对下一代的语言学习或语言使用进行干涉?	会 12人(40%)	不会 18人(60%)	—	—
孩子在语言学习过程中,是否对其发音、用词进行纠正?	经常 8人(26.7%)	偶尔 21人(70%)	从不 0人(0%)	缺省 1人(3.3%)
您觉得您的孩子应该学习英语吗?	应该 29人(96.7%)	不应该 1人(3.3%)	—	—

语言规划就是对语言文字的干预活动,那是语言规划本体论的立场。从语言习得规划的角度来看,习得规划也是对习得过程的一种干预。从表5.3.4可见,该村村民对下一代的语言学习会进行干预的仅占四成,不予干预的比例高达六成。在孩子学习民族语言的过程中,会对发音或用语错误进行经常性干预的比例尚不足三成(26.7%)。较高的偶尔干预或不干预比例说明该村村民中有相当大比例的人对孩子的语言学习采取放任的态度,说明其中很多人尚未对下一代人的语言学习规划形成比较固定的看法。然而,这或许只是针对民族语言与汉语而言。因为在多数情况下,民族语言与汉语乃自然习得。自然状态下的语言习得不需要外界的过多干预,这或许是较少有受调查者纠正孩子语言学习错误的原因。但出乎意料的是,在下一代的外语学习规划方面,受调查村民的态度则比较一致,从表5.3.4可见,高达96.7%的村民认为下一代应该学习英语,说明英语的影响已经渗透到了偏僻的少数民族山村。

(四)宏观语言政策的影响

按照国家有关少数民族语言文字的规定,各少数民族都有发展和使用本民族语言文字的权利。因此，一些少数民族自治地方办有专门的少数民族语文的报刊，针对没有文字的少数民族则设置了专门的广播电视节目。比如，云南广播电视台就用15种少数民族语言广播，另外还有9个电视台用民族语播音。（赵长雁等，2014）那么在白族作为一个人数和影响力仅次于傈僳族的怒江州，白族是否能收听到专门的用白语广播的电视或广播节目，为此我们也进行了调查，详细结果见表5.3.5：

表5.3.5 瓦嘎村本民族语广播电视收听情况（N=30）

问题	统计分析（人数与比例）			备注
是否可收听到本民族语的广播、电视？	能 1人（3.3%）	不能 28人（93.3%）	—	缺省 1人（3.3%）
如果能收听收看到的话，是否经常收听到？	经常 0人（0%）	偶尔 17人（56.7%）	从不 2人（6.7%）	缺失 11人（36.7%）
当您收听收看到本民族语的广播、电视、电影时，您的感受是？	高兴 19人（63.3%）	没感觉 0人（0%）	—	缺失 11人（36.7%）

调查结果表明，只有1名受调查者表示能收听到民族语广播电视节目，而其民族身份为傈僳族。如果再排除一个缺失项的话，调查结果中不能收听到民族语（白语）广播电视节目的比例便不是93.3%，而应该是100%。事后调查得知，在傈僳族聚居的怒江州，相关部门只开设有傈僳语广播电视节目，并无相关的白语广播电视节目。既然该州没有白语广播，那么为什么又会有超过五成（56.7%）的受访者表示偶尔能收听到白语广播呢？这存在两种情况，一是附近大理州的白语广播，或者是云南广播电视台的白语广播偶尔传播到了怒江。但不论是大理的还是云南台的白语广播，主要针对的对象都是大理白族。尽管偶然收听到本民族语的广播电视节目后有超过六成（63.3%）的受访者表示高兴，但考虑到大理白语与怒江白语存在的差异，瓦嘎村村民偶然听到的白语广播对其个人、家庭或者乡村的语言实践影响有限，而且尚有近四成（36.7%）的受访者未在这一问题上作答，说明他们或许从没有收听或者收看到本民族语言的广播电视节目。因此，仅从本民族语言规划的角度来看，宏观层面的语言政策并未对瓦嘎村白族村民的语言生活发生作用。

（五）语言态度

我们在对村干部的访谈和入户调查中都调查了瓦嘎村村民的语言态度。从总体上来看，受调查者最喜欢的语言为白族语，其次为汉语。很多受调查者都反映白语好听。而语言的使用偏好则明显受使用场域的影响。在家庭或村寨内部，明显是白语比汉语使用更广泛，而走出这两个场域后，比如在村委会开会、上街购物，或者到县城办事，民族语言的使用率则要让位于汉语。那么，其他普通村民是否也持有相同看法？表5.3.6是我们的调查结果。

表5.3.6　瓦嘎村普通村民语言态度调查（N=30）

问题	统计分析（人数与比例）				备注
您更喜欢哪一种语言？	方言 13人（43.3%）	普通话 4人（13.3%）	本民族语 12人（40%）	其他民语 0人（0%）	缺省 1人（3.3%）
您觉得您的民族语言？	比汉语好听 11人（36.7%）	不如汉语好听 3人（10%）	比其他民语好听 15人（50%）	不如其他民语好听 0人（0%）	缺省 1人（3.3%）
您觉得您的民族语言？	比汉语重要 10人（33.3%）	不如汉语重要 14人（46.7%）	比其他民语重要 4人（13.3%）	不如其他民语重要 1人（3.3%）	缺省 1人（3.3%）
您的民族母语是否会逐渐消亡？	会　3人（10%）		不会　26人（86.7%）		缺省 1人（3.3%）

统计结果表明，受调查者所喜欢的语言为汉语（方言）和本民族语言，二者之间的比例相差不大。喜欢普通话的比例虽然不高，仅13.3%，但考虑到普通话在该村极少使用，以及相对较弱的普通话能力，能有超过一成的受访者表示更喜欢普通话，说明普通话在逐渐获得部分村民的认可。至于哪一种语言更好听，问卷调查者似乎不如村干部那样自信，只有36.7%的人认为本民族语言比汉语好听，而当和其他民族语言相比时，则有一半的受访者表示比其他民族语言好听。就语言的重要性来说，认为本民族语言比汉语重要的人数为33.3%，认为汉语更重要的人数比例为46.7%。前者之所以低于后者，可能是因为受访者是从总体使用或者更宏观的层面出发来进行评价的，而不仅仅考虑到了家庭或村寨内部的使用。就目前而言，受访者仍然对本民族语言充满信心，仍然有近九成（86.7%）的人认为本民族语言不会消亡。

（六）语言保持

边疆民族地区语言规划所要解决的重要问题之一就是保持民族语言的使用，使其不走向濒危。（郭龙生，2008；黄行，2017）那么，就本民族母语的未来发展，瓦嘎村村民持有何种看法？表5.3.7相关问题可从另一个角度反映白族语言在该村的生存状况。

表5.3.7 瓦嘎村白族语言保持情况调查表（N=30）

问题	统计分析（人数与比例）	备注
您觉得您的民族语言会长期存在下去吗？	会 22人（73.3%） 不会 7人（23.3%）	缺省 1人（3.3%）
如果您的民族语言出现了衰退现象，您对造成这种现象的看法是：	A. 汉语的影响 1人（3.3%） B. 其他民族语言的影响 4人（13.3%） C. 本民族不重视 15人（50%） D. 经济文化发展 7（人27%）	缺省 2人（6.7%）
您认为推广普通话是否会威胁到您的民族语言的生存？	会 14人（46.7%） 不会 15人（50%）	缺省 1人（3.3%）
您觉得是否有必要保护本民族语言，为什么？	有必要 21人（70%） 不必要 8人（26.7%）	缺省 1人（3.3%）

表5.3.7调查结果表明，认为本民族语言会长期存在下去的比例超过七成（73.3%），虽然比认为本民族语言不会消亡的自信程度有所下降（86.7%，见表5.3.6），但这一问题所反映的是对白族语言未来的看法。从当前的情况来看，该村几乎所有的白族家庭以及绝大多数族际婚姻家庭仍然在稳定地使用白族语言，故有86.7%的人认为白族语言不会消亡，这反映的是当前状态。如果考虑到未来社会经济的发展、其他语言的影响，尚有73.3%的受访者认为白族语言会长期存在下去，所反映的是受访者对白族语言的生命力和保持力拥有信心。然而，由于语言生态环境的改变，很多少数民族语言都面临衰退危险，一些甚至已经处于衰退或者濒危状态。因此，假如白族语言出现了衰退，瓦嘎村村民会把这一问题归咎于什么原因？调查结果表明，五成受访者把这一问题归咎于内因——本民族不重视，另有近一半的受访者归咎于外部因素如汉语的影响（3.3%）、其他民族语言的影响（13.3%）、经济文化发展（27%）。之所以有半数受访者认为本民族不重视，是因为一些家庭不重视本民族语言的传承，这在其他民族地区也存在类似情况。

事实上，认为汉语可能造成白族语言衰退的受访者仅3.3%，如果以普通话推广"会"与"不会"两个选项来考查的话,调查结果显示,选择"会"与选择"不会"的比例十分接近,各占近50%,这应该比较客观。然而是否应该保护其本民族语言?肯定回答的比例并不是想象的那样高,仅70%,尚有近三成的人认为不必要,这与近乎100%的受访者喜欢本民族语言的比例不相一致。当然,也可能是因为他们认为白族语言不存在衰退危险,故不必保护。

六、小结

本节以访谈、入户和问卷的方式调查了怒江傈僳族自治州六库镇白水河村委会瓦嘎村的语言规划情况。从该村的人文、地理、村民的受教育程度出发调查了村民的语言规划情况,包括语言熟练程度、语言使用、语言态度、对下一代语言学习的规划、对本民族语言保护的看法等等。总体上来看,除了族际婚姻家庭中非白族的一方白语能力一般外,其余村民均能熟练使用白语。在家庭和村寨内部白语的使用比例达到90%以上。除了年纪较大的老年人外,大多数能熟练使用汉语,走出村寨范围后的所有活动基本上都使用当地汉语方言,普通话只有少数年轻人会说,但在村子内部和家庭生活中都不使用。因此,就语言使用而言,不同语言在不同的场合发挥不同的作用,各种语言都能找到其合适的位置,展示出了多语和谐的局面。当然,如果家庭生活中出现了某一成员白语能力较低的情况,这样的家庭便会重新规划家庭内部的语言使用,通过降低白族语言的使用,增加大家都能共同使用的语言的比例,以达到和谐生活的目的。

就语言态度而言,虽然存在个体差异,即不同家庭乃至同一家庭内部不同成员之间存在不同的语言态度,但从总体上来看,该村村民都对本民族语言抱有深厚感情,这是民族语言在村寨内部和家庭内部得以保持的最重要的心理基础。因此,该村大多数村民对白族语言充满信心,不认为白族语言会消亡。虽然白族语言展示了旺盛的生命力,但也出现了一些问题。在对村干部的访谈中,不止一人曾提到了现在年轻人说的白族话不纯正。这种不纯正不仅是借用汉语新词的问题,还有为图方便而说"汉白话",即在说白族话的同时夹杂很多汉语,这可能对白语的传承保护产生负面冲击。

事实上,在与村民的交谈中,我们确实发现他们所说的民族语言中夹杂着很多汉语词汇。经过初步统计,诸如此类的汉语借词比如手机、电冰箱、电视机、电网公司、超市等在该村白语里占了将近20%的比重。瓦嘎村白语中汉语借词的出现在某种程度上反映了当前的中国乡村社会变迁。当然,这主要还是社会大环境的改变所驱动的。近年来，社会、政治、经济尤其是科学技术的迅猛发展催生了很多新词和新概念，这些新的词语或概念无法在白族语中找到对等的表述，因此白语采取了拿来主义，直接从汉语中借用，这样省却了很多麻烦。

此外，该村村民的总体文化程度偏低，但表现出了文化程度低的家庭白族语言使用高于文化程度高的家庭。换句话说，在文化程度较高的家庭中，白族语言的使用出现了下降的趋势。这种情况值得关注，因为依据这样的逻辑，将来随着村民受教育程度的提高，白族语言的使用将会逐渐减少。因此，在提高少数民族受教育文化水平的同时，必须要做好合理的语言规划，把民族语言的保护提上议事日程。

第四节　红河彝族麻栗树村的语言规划

彝族是云南少数民族中人口最多的民族，总数达502.8万人，占全省总人口的10.94%（第六次全国人口普查），也是中国人口排第6位的少数民族。彝族分布范围广，全省大部分州市均有分布，最多的分布于楚雄州和红河州。彝族所使用的语言属于汉藏语系藏缅语族彝语支，因彝族分布范围广，故形成了不同的方言，且方言之间差异较大，乃至不同地方彝族之间无法直接沟通。尽管如此，彝语中仍有30%—50%的相同或相似词汇，还有相同或相似的语法结构。同所有其他民族一样，彝族也存在大杂居小聚居的情况。从地理分布来看，有的居住在山区或半山区，有的居住在河谷和平坝地区。其语言使用与居住格局存在密切关系。聚居在山区和半山区的彝族，彝语保持较好，多以本民族语言为主要交际工具；在平坝地区与汉族杂居的彝族，很多人已经不会说本民族语言。另外，彝族有自己的文字，分老彝文和新彝文。新彝文因与彝族生产和生活脱节（秦和平，2014），认可度较低。较被各地彝族认可的是经过改进后的老彝文。

关于彝族语言的研究历来被学界关注，有从语言本体开展的研究，如孙宏开（2008）、沙马拉毅（2010）、何朝俊（2016）等；也有从彝族语言保持与语言传承的角度开展的研究，如加洛木呷（2012）、张鹭（2015）、骆牛牛（2015）、苏连科（2015）等。而关于彝族语言使用情况的研究也逐渐引起语言学家的关注，如杨艳（2008）、田静（2009）、木乃热哈（2009）、王丽（2011）等。本节拟以红河州石屏县龙武镇龙车村委会麻栗树村为例，通过对该村彝族语言生活的调查，探寻乡村层面彝族语言规划的现状。

一、麻栗树村简介

麻栗树村是红河哈尼族彝族自治州石屏县龙武镇龙车村委会下辖的一个自然村，距离村委会约2公里，距离龙武镇5公里，距县城83公里。麻栗树村属于高寒山区，海拔1998米，总面积6.42平方公里。周围村庄有龙车、松树岗、水尾、旧沙、狐狸洞、峨爽和宜其达。前六个村子距离较近，在2公里左右，都是彝族村寨。最后一个村寨为汉族村寨，距离稍远，有5公里左右。由于这些村寨相隔较近，不同村寨之间相互通婚。但大多数属于族内婚姻，只有少数和汉族通婚情况。不过，从总体上来看，村民之间关系融洽。

未通水泥路之前，村民的交通工具主要是马车，进村道路为土路。自2015年铺通水泥路后，交通条件得到改善。再加上近年来该村村民经济收入的提高，很多家都买了摩托车、三轮车、拖拉机、面包车，甚至有几户人家因在外面打工或在单位工作还买了小轿车。尽管如此，由于距离县城较远，村民们除了偶尔走亲戚、看病或在县城读书外，很少到县城去。

麻栗树村及附近村寨的彝族自称"尼苏"，也称"花腰彝"。主要的传统节日包括祭龙和火把节。

村民嫁娶时，往往会宴请宾客。吃饭的时候敬酒唱歌，饭后就围成一个圈边唱边跳乐①，一般是男女对唱，男队唱完一首歌，女队接着又唱一首；唱的歌不能重复，很有比赛的味道。除此之外，丧葬仪式上也有唱歌跳乐，只是场合不同，唱歌的内容和曲调也就不一样。除了敬酒歌中会掺杂几句汉语外，其余均用彝语歌唱。

村民的主要收入来源为在家务农，主要栽种粮食和经济作物如水稻、烟草、小麦、萝卜、露水草、玉米、小米辣、四季豆、菜豌豆等。近年来，外出打工者越来越多，只有年纪较大的妇女、儿童和老年人留守村中。随着新农村建设和扶贫工作的推进，村里铺了水泥路，建了公房用于举办文艺活动和办客②，路边安置了11盏太阳能路灯，村民们的生活水平日渐好转。

麻栗树村现有农户138户，总人口510人。虽然彝族可以和其他民族通婚，但外嫁进来的其他民族姑娘仍然不多，到目前为止汉族不超过20人，苗族和哈尼族各1人。这些人后来多数都学会了彝语，有些人的彝语说得还很流利，但多数能听不能说。

---

① 当地彝族把跳舞称为"跳乐"。
② 当地人语言，指村民的红白喜事可以在公房里操办。

村里有小学1所，学生人数和班级数每年都不一定，这要取决于当年适龄儿童的人数。目前主要开设有学前班和一至四年级的班级。学前班的老师是彝族，会讲彝语，来自邻村。原来的学前教育为一年，现在改为两年。一年级至四年级的教学由一对夫妻教师担任，他们是汉族，不会讲彝族话。学生五年级至六年级要到龙武镇中心完小就读。不论是本村小学还是龙武镇中心完小，均未开设民汉双语课程。初中和高中通常要到县城就读。

麻栗树小学的生源除了来自本村外，附近村子的学童也来此就读。比如，该村对面的松树岗村，直线距离也就三四百米，但因为地处山区，公路却有2公里多，所以这个村的小孩来麻栗树村读书一般都走小路，但要过一条小溪。若是雨天，则多数选择走公路，所以老师了解路况后允许他们迟到。最近几年由于家庭经济情况改善，交通越来越方便，很多附近村子的家长选择把孩子送到镇上去读。

虽然村民的总体文化程度不高，但和其他地区的乡村相比，情况还是不错的，因为毕竟有不少人读到了中专或中专以上。当然，还是有很多人读到小学或者初中毕业就没有再继续学业，总体受教育情况统计如表5.4.1：

表5.4.1　麻栗树村村民受教育程度统计

受教育程度	文盲	小学	初中	高中	中专及以上	合计
人数	150人	173人	130人	12人	45人	510人
百分比	29.4%	33.9%	25.5%	2.3%	8.8%	100%

虽然最近几年读到中专以上的人数有所增加，但因为这些人多数在外工作，所以村民的总体受教育情况仍然不好。从表5.4.1可知，文盲人数几乎占了三成，如果和小学文化程度者相加，二者的比例则超过了六成（63.3%）。初中文化程度的比例稍高一些，有25.5%，但高中程度则少得多，仅2.3%。虽然中专文化程度比例稍高，有8.8%，但如前所述，这些人多在外地工作，这无助于提升村民的总体文化程度。

二、麻栗树村民语言熟练程度与使用情况

麻栗树村彝族是众多彝族中的一个支系，自称"尼苏"，外界多称其为"花腰彝"。村子里通用的语言是彝语。如上文所说，有少数其他民族的姑娘嫁入本村后也渐渐学会了彝语，即便说得不好，但也会听。村民中除了年龄较大的老年人外，大多数会听会讲汉语。对这些老年人来说，日常生活中的汉语大多都能听懂，只是口头表达不方便而已。不过去看病、到县城购物没有问题，因为他们往往会带着一个会说汉语的家属一同前往。好在村委会和距离该村2公里左右的狐狸洞村也各有1个诊所，村民一般选择去这些地方看病，因为两地的医生都是彝族，所以医生与患者之间都使用彝语。

除此之外，村民大多会听会说本地汉语方言，甚至有超过一半的人会讲普通话，碰到外地来人听不懂本地汉语方言时，他们也会说普通话。乡镇领导在村里开会时多使用汉语方言，有时候也讲普通话。另外，村里举行大型活动比如火把节或文艺晚会时也会用到普通话。由于大多数村民普遍具备良好的汉语水平，即便碰到不会说彝语的情况，对话中的一方也可以说汉语。我们在调查过程中就发现有这样的情况存在，当两人交谈时，偶尔有一方说彝语另一方说汉语的情况。表5.4.2为不同年龄段村民的语言熟练程度统计：

表5.4.2　麻栗树村村民语言熟练程度统计表（N=510）

年龄段	人数	比例	民族母语	本地汉语方言	普通话	其他民语
60岁以上	95人	18.6%	熟练	一般（因人而异）	一般	不会
40—59岁	132人	25.9%	熟练	熟练	一般	不会
20—39岁	173人	33.9%	熟练	熟练	熟练	不会
13—19岁	60人	11.8%	熟练	熟练	熟练	不会
12岁以下	50人	9.8%	熟练	多数一般，少数熟练	一般	不会

虽然彝族拥有自己的文字，但该村能使用本民族文字的只有1人。村民们赶街要到镇上，每五天一次。镇上原来居住的多数是汉族，现在也有很多彝族家庭移居镇上。来镇上卖东西一般多是外来的汉族，但本地彝族也常带上自己栽种的土特产去销售，所以赶街时使用彝语的比例也不小。因此，赶街时使用的语言为汉语和彝语：如果对方说汉语，则使用汉语；如果对方使用彝语，则使用彝语。

该村在机关单位工作的正式职工不多，只有5—6人，但打工者不少，有100多人，年龄在18岁至50岁之间，多数是在工厂打工或饭店打工，他们回村后仍然使用本民族语言。经济发展对该村的语言使用所产生的影响显而易见。很多村民认为，他们使用的已经不是很纯的民族语了，当中掺夹了很多汉语。除了日常用语还纯正外，其他情况下似乎彝汉双语混合起来说更方便更易懂。就其平时所说的民族语言中，近代新发明出来的东西都是从汉语中借入的，比如手机、电脑、电磁炉、电视、太阳能热水器、饲料等等。

由此看来，麻栗树村村民都能熟练使用民族母语，除了60岁以上老人和12岁以下的儿童中部分村民的汉语能力一般外，其余汉语水平也达到了熟练程度。而且13—18岁和19—39岁两个年龄段的村民还能熟练使用普通话，这些人的占比高达45.7%。另外，由于该村以及周围村寨均为彝族村寨，除了一个相距5公里开外的汉族村寨外，没有其他少数民族聚居的情况。村中虽然有少数汉族、哈尼族和苗族姑娘嫁入，但由于数量有限，故未对该村村民的语言使用产生影响。因此，从总体上来看，麻栗树村村民属于彝汉双语使用类型。之所以产生这样的语言使用类型，可能与该村的地理位置、村民的受教育程度尤其是近年来该地的经济发展和交通条件的改善有关。

三、村干部访谈

前文介绍了麻栗树村的人文地理以及村民的语言使用情况，从宏观上对该村彝族村民的语言现状做了总体介绍，下面拟从村干部的访谈中探讨更微观的语言规划实践。

访谈1：余永才，男，彝族，村民小组组长，初中学历，年龄48岁。主要分管村内的行政事务。会说彝语、本地汉语方言和普通话。

> 我个人的语言使用是这样安排的，在家里和村内与村民交谈时使用彝族话。但是，当儿媳妇在家时就要说汉话（方言），因为儿媳妇是汉族。赶街、上县城、村子里召开村民会议都使用方言。到镇上或者县里开会，外地来人又听不懂方言，或者去大城市旅游，就使用普通话。在三种语言中，彝族话说的多一些，约占一半，就算50%吧。汉语方言约占40%，普通话使用场合有限，也就10%左右。我们村彝族占绝大多数，超过96%都是彝族。附近几个村也都是彝族村，所以我认为彝语不会消亡。不过汉化很严重，年轻人都外出打工挣钱去了，他们的民族文化和语言会渐渐淡忘。所以还是要保护民族语言啊。普通话不会影响彝语的，两样可以同时学。万一哪一天彝语消失了，那不是汉语的问题，主要是本民族不重视的问题。如果重视了，就不会消亡。我觉得嘛还是彝族话好听一些，重要性肯定比不上汉语。

访谈2：余永康，男，彝族，龙车村委会主任，44岁，初中文化程度。彝语和汉语都很熟练，普通话也能听会说。

我在跟本族人交流、到各个自然村或者村民小组开会的时候讲彝族话，与其他民族交谈、与来检查工作的上级领导、在村委会开会的时候讲本地方言。到镇上或者县里开会，与听不懂我们当地方言的人交谈的时候说普通话。从百分比的情况来说，我认为六成是彝族话、三成方言、一成普通话。短期来看，我们这个地方的彝族话不会消失，因为我们都说彝族话。但是很多家长不教娃娃说彝语，年轻人多数在外打工讨生活，他们想说也没得机会（说彝族话），孩子们上学堂后就开始说普通话。所以，我个人认为，假如彝族话消亡的话，汉语的影响是有的。对我们来说，彝族话好听些。但是走出乡村，走出大山，不说汉语不行啊，所以从大的范围来说，不消说，汉语更重要。你们下午要克（去）的麻栗树村是龙车村委会下属的一个自然村，有100多户500多人，彝族的比例最大，超过90%。其余汉族、苗族、哈尼族都是个位数。麻栗树村是一个团结和睦的村庄，村民中有很多有知识有见识的人才，这几年村内的发展越来越好，去年修了路，村民的生活正逐渐改善。

访谈3：普兴旺，男，彝族，50岁，小学学历，村民小组副组长，党员。分管村内财务。

我们这里负责事情的干部都要求是彝族，对语言没有要求，因为大家彝族话和汉语都会说，很多人还会说普通话。乡里乡亲的，见面打招呼，在村子里、在家里，都说我们的民族语言，这应该占七成。如果赶街、进城、有别的民族来我们这里，还有上面的领导来，我们就讲方言。说方言的比例能有两成左右，但是普通话说的不多，如果对方听不懂，还有就是去镇里开会的时候，会用到普通话。叫我说的话，彝族语言不会消亡。说普通话或者方言不会影响我们说彝族话，普通话是全国的通用语言，大家都应该会说。假如我们的民族语言衰退了，那可能是经济发展、交通改善后，很多人走出了大山，不说本民族话，才会影响我们的民族语言。因为我是彝族，当然会认为我们的民族话更好听，更重要。

访谈4：余永亮，男，彝族，初中文化程度，45岁，党支部书记。

我们村是一个典型的少数民族彝族村寨，世世代代居住的都是彝族，说的都是彝族话，除了少数嫁进来的汉族、苗族、哈尼族媳妇外，其余都是彝族。虽然她们中少数人不会说彝族话，但听是没有问题的。另外，我们彝族也会说汉话，上街、外出、去县城办事都说汉话。这些年随着经济发展，年轻人都外出打工去了，他们找回来的都是汉族姑娘，嫁的也都是汉族男子，说彝族话的情况对他们来说越来越少了。照这样下去，几代人后，彝族话就消失了。这与会说普通话没有关系，完全是经济发展的影响。出去打工，不说汉语，怕是找不着工作。所以汉语当然比彝族语言重要。不过，对我们生活在村里的人来说，还是讲彝族语言顺耳一些，听着亲切自然。对我个人来说，说彝族话有50%左右，方言应该有35%，普通话有15%。彝族话主要在家里、在村内和本民族的人讲，方言是赶街买东西跟其他民族的人交流的时候讲。如果进城看病、开会，或者去大城市的话，会说普通话。

从上面对4位村干部的访谈来看，他们会根据不同的场合对其语言使用进行相应的规划，在家里和村内以及和本民族交谈时使用本民族语言；上街购物、外出开会、接待上级领导的时候则使用本地方言；碰到不懂当地方言的其他民族的人士或者在乡镇和县城的会议上发言时会说普通话。3种语言中，民族语言的使用在50%—70%之间，方言的使用在20%—40%之间，普通话为10%左右，因人而异。可能是出于对本民族语言的热爱，抑或是因为习惯成自然的缘故，他们都认为本民族语言更好听，但是对汉语的重要性却有着比较客观的认识，比较一致地认为汉语比民族语言重要。虽然对本民族语言的生存状态展示出了信心，但从他们对经济发展、年轻人外出打工、部分家庭不教孩子说本民族语言等事例的陈述中看出，彝族语言传承保护的未来存在隐忧。

四、家庭语言使用情况

为更进一步探究麻栗树村民的最微观的语言实践或语言规划活动，项目组走进部分家庭开展了入户调查。调查内容包括家庭成员构成、家庭成员之间的关系、年龄、文化程度、民族成分以及家庭内部的语言使用情况、语言熟练程度、语言态度以及对下一代语言学习的规划等。

第一户家庭：这是一个三口之家，全家都是彝族。父亲余学鹏，48岁，小学文化程度；母亲龙云珍，47岁，也是小学文化程度。他们有一个儿子余育华，22岁，中专毕业在县城工作。全家人都能熟练使用彝语和本地汉语方言，除了母亲的普通话能力一般外，父亲和儿子的普通话也达到了熟练程度。通常情况下，在家里和与当地村民交谈时都使用彝族语言，去县城相关部门办事的时候使用本地汉语方言，如果去了大城市则使用普通话。3种语言的使用比例分别为彝语50%、本地汉语方言30%、普通话20%。全家人对不同语言的态度非常一致，最喜欢的语言为本民族语言，其次为汉语，对外语的态度一般。只是针对下一代的语言学习表现出了较大的差别，父亲和儿子最支持的是外语，其次为汉语，对本民族语言持一般支持看法；母亲则相反，她最支持下一代学习本民族语言，其次为汉语，对外语持一般支持态度。

第二户家庭：这是一个族际婚姻家庭，丈夫余中元为彝族，38岁，初中文化程度；其妻胡三婼为哈尼族，30岁，小学文化程度。他们育有两女一子。大女儿余美喜9岁，小学在读，次女2岁，最小的儿子仅4个月。丈夫、妻子和大女儿均能熟练使用彝语、方言和普通话，妻子还会说其本民族的语言哈尼语。次女的彝语一般，方言略懂。全家人在日常生活中彝语、方言和普通话3种语言混合使用。相对而言，彝语的使用比例高一些，约占50%；夫妻之间交流时也会使用方言，约占40%；普通话是在督促大女儿学习、做作业时使用，约占10%。哈尼语很少说，只有妻子回娘家时才会说。如果双方的家庭在一起时，就说方言。夫妻二人的语言态度略有差异，丈夫最喜欢彝语，其次为汉语，对英语持一般态度；妻子最喜欢汉语，其次为哈尼语，对彝语持一般态度。两个女儿最喜欢彝语，其次为汉语，对外语没有概念，故没有评价。对孩子的语言学习，夫妻二人还比较一致，最支持学习汉语，其次为彝语，丈夫对英语持一般支持态度，妻子对哈尼语持一般支持态度。

第三户家庭：这是一个三代同堂家庭，也是族际婚姻家庭。第一代柏学发（丈夫，52岁）和余凤妹（妻子，53岁）均为彝族，他们的儿子柏艳彪（26岁，彝族）娶了哈尼族姑娘张冬梅（24岁）为妻并育有一女儿（2岁）。除了柏艳彪的学历为中专外，其余均为小学或初中文化程度。作为哈尼族的张冬梅能熟练使用哈尼语，但彝语只是略懂，其2岁的女儿正在学习不同语言，能听会说方言，普通话也能听，但彝语只是略懂一些简单的单词。除这母女二人之外，其他人均能熟练使用彝语、方言和普通话。可能是因为儿媳妇张冬梅的彝语能力较弱的缘故，这一家人的彝语使用仅30%左右，而方言的使用高达50%，普通话也达到了20%。具体使用情况是，在大家都能说彝语的时候使用彝语，当与不太懂彝语的张冬梅交流的时候使用方言，而如果方言也解释不清楚的时候则使用普通话。全家人的语言态度以及对下一代的语言学习态度基本一致，他们最喜欢的语言为本民族母语，其次为汉语，对外语的态度一般。对下一代的语言学习最支持的语言为汉语，其次为彝语，对英语持一般支持态度。

第四户家庭：这是一个四口之家，全家均为彝族。丈夫余永和，42岁，小学文化程度；其妻杨艳32岁，也为小学文化程度。他们有两个女儿，大女儿（9岁）和小女儿（7岁）均在上小学。全家人包括两个女儿都能熟练使用彝语，其中丈夫和妻子的方言能力为熟练，普通话程度一般，两个女儿的方言能力一般，普通话水平为略懂。在家庭内部经常使用彝语，占比70%左右。当用本民族语言不方便表达的时候就说本地方言，占比约25%。普通话只有在教女儿学习做作业的时候偶尔用一下，占比5%左右。全家人最喜欢的语言是本民族语言，汉语其次，对外语持一般或者不喜欢态度。针对下一代的语言学习，丈夫最支持学习的语言为汉语，其次为彝语，英语一般，妻子最支持的语言为汉语，其次为英语，彝语一般。

第五户家庭：这是一个彝汉族际婚姻家庭，全家共5口人，包括祖父余占文（62岁，彝族），父亲余永卫（30岁，彝族），母亲蒋周花（30岁，汉族），一个8岁儿子（小学二年级）和一个4岁女儿。祖父、父亲和儿子3人均能熟练使用彝语、方言和普通话；母亲蒋周花彝语水平一般，只能听不会说，但方言和普通话均很熟练；4岁的女儿正在学习彝语，略懂简单的日常用语，能熟练地使用方言，普通话水平一般。全家人在一起时日常生活中使用汉语方言的比例达70%，20%为彝语，剩余10%为教孩子做作业时使用普通话。全家人的语言态度略有不同，祖父最喜欢本民族语言，其次为汉语；父亲最喜欢的是汉语，其次为本民族语言，正好与祖父相反；作为汉族的母亲最喜欢的是汉语，对彝语态度一般；儿子的语言态度与父亲一致，最喜欢汉语，其次为彝语；女儿的语言态度与母亲一致，最喜欢汉语，对彝语态度一般。在下一代的语言学习上，祖父、父亲和母亲都非常一致，最支持学习汉语，其次为彝语。

第六户家庭：这也是一个三代同堂的彝族家庭，共5口人：祖父余义太（79岁）、父亲余文斌（43岁）、母亲普仕芬（42岁）、儿子余红君（20岁）和女儿余红颖（13岁）。祖父和父母的文化程度分别为初中和小学程度，儿子余红君大专在读，女儿余红颖还在读初中。全家人均能熟练使用民族母语和汉语方言。普通话除了祖父和母亲水平一般外,父亲和儿子均能熟练使用。在日常生活中,几乎都使用本民族语言,只有当其他民族的人来访时或者家庭成员之间互相开玩笑时才使用汉语方言,普通话为看电视、做作业、朗读课文的时候使用。综合起来看,民族母语的使用占80%,方言和普通话各占10%。全家人最喜欢的语言为彝语,除了祖父对汉语的态度一般外,其他人对汉语也持喜欢态度,只是仅次于民族母语而已。对后代的语言学习,祖父最支持的是彝语,其次为汉语;而父亲最支持的却是汉语,其次为英语,彝语排最后,与祖父的观点相左;母亲和儿子的观点一致,都是最支持学习汉语,其次为彝语,最后为英语。

第七户家庭:这是一个彝族家庭,全家共5口人。父亲余文锋(46岁),母亲普玉秀(45岁)。父母的文化程度分别为初中和小学,他们育有3个女儿。大女儿余婷(19岁),高中毕业在家,两个孪生女儿余红蕊和余红倩(均为11岁)读小学五年级。全家人都能熟练使用民族母语、方言和普通话。日常生活中使用彝语的比例达70%;有外人来访时使用方言,比例为20%;如果碰到用本民族语言或者方言不好表达的意思,或者孩子们在朗读课文、完成老师布置的作业时,则使用普通话,占比约10%。全家人的语言态度十分一致,都是最喜欢彝语,其次汉语,外语再次之。对下一代语言学习的态度也几乎完全相同,都是最支持学习汉语,其次为彝语,英语排最后。

第八户家庭:这是一个苗彝族际婚姻家庭,全家共3口人。丈夫余永宾(彝族,30岁),初中文化程度;妻子周保艳(苗族,21岁),中专文化程度。他们有一个2岁的女儿,民族类别为彝族。丈夫和妻子均能熟练使用各自的民族语言,也能熟练地使用方言和普通话。除此之外,妻子略懂彝语,丈夫则不会苗语,2岁的女儿会说方言,彝语正在学习,妻子也会教她说苗语。全家人在家庭生活中使用方言的比例超过70%,妻子回娘家时使用苗语,占比20%左右,如果和外地人说话,则使用普通话。就语言态度而言,夫妻二人都是最喜欢各自的民族母语,汉语其次,对外语持一般态度。对女儿未来的语言学习,夫妻俩最支持学习的仍然是各自的民族母语,其次为汉语。

第九户家庭:这又是一个三代同堂的彝族家庭。全家5口人,包括祖母余凤学(64岁,小学文化程度)、父亲普世勇(40岁,初中文化程度)、母亲李雪仙(38岁,小学文化程度)、女儿普文秋(15岁,初中毕业)、儿子普文涛(8岁,小学在读)。全家人都能熟练使用民族母语和汉语方言,普通话除了祖母不会说外,其他人都能说。但是在家庭内部,不论时间和场合,都使用彝族语言。全家人的语言态度非常一致，都是最喜欢本民族语言，其次为汉语，对外语持一般态度，而对孩子的语言学习态度则最支持汉语，其次为民族语言，外语排名最后。

第十户家庭：这是一个彝族家庭，全家4口人，父亲普世华（49岁）、母亲普静英（48岁），大儿子普文恩（28岁）、小儿子普文龙（22岁）。全家4口人都是初中文化程度，都能熟练地使用本民族语言、汉语方言和普通话。在家庭范围内，全家都使用民族母语，而上街购物时则都使用汉语方言，在城市与其他民族的人交谈时则使用普通话。全家人的语言态度以及对下一代语言学习的态度都是最喜欢（或支持）民族母语，其次为汉语，对外语不持立场。

在上面的10户家庭中，族内婚姻家庭即全家都是彝族的家庭共6户，族际婚姻家庭4户，其中2户为彝哈尼族际婚姻家庭，1户为彝汉族际婚姻家庭，1户为彝苗族际婚姻家庭。

从总体上来看，除了族际婚姻家庭中的汉族、哈尼族和苗族媳妇的彝族语言能力一般或者略懂外，受访家庭所有成员均能熟练使用彝语。但不论什么民族的人，大家的共同之处是都能熟练使用汉语方言，因此，日常交流不存在语言障碍。就语言使用而言，族内婚姻家庭在日常生活中几乎都使用本民族母语，当家中有来客或者碰到用本民族语言交流不便的情况时使用汉语方言，普通话的使用仅限于辅导孩子功课，或者孩子朗读课文、做作业时使用。如果用百分比来表述的话，在家庭日常生活中，族内婚姻家庭民族母语的使用比例在70%—80%之间，方言的使用在20%—10%之间，普通话的使用在10%左右。另外，族内婚姻家庭的语言态度高度一致，都是最喜欢本民族语言，其次为汉语，对外语持一般态度。

相对而言，族际婚姻家庭的语言使用存在较大差异。不论是在彝汉族际婚姻家庭，还是彝苗族际婚姻家庭，抑或是彝哈尼族际婚姻家庭，都存在彝语、方言和普通话3种语言高度混用的情况。不同家庭语言混用的程度各不相同，比如在第二户彝哈尼族际婚姻家庭中，彝族语言的使用占五成（50%），方言的使用占四成（40%），普通话的使用占一成（10%）；而同样是在彝哈尼族际婚姻的第三户家庭中，彝语的使用则降为30%，方言的使用则上升到了50%，普通话的使用也上升到了20%；而在第五户彝汉族际婚姻家庭和第八户彝苗族际婚姻家庭中，彝语的主导地位则完全让位于汉语方言，在这两个家庭中，彝语的使用仅占20%，而汉语方言的使用则高达70%，剩余10%的普通话主要用于教孩子做作业，与族内婚姻家庭情况相似。导致这种情况的出现，这可能与这类家庭媳妇的彝语语言能力有关，如果嫁入这类家庭中的人的彝语语言能力较好，这类家庭中的彝语使用比例就高；反之，如果新加入成员的彝语语言能力较弱,则倾向于使用方言,故方言使用比例上升。除了语言使用存在高度混用,且汉语方言在家庭语言生活中处于主导地位外,这些家庭的语言态度也不如族内婚姻家庭那么一致,即便是在同一家庭内部,不同成员之间的语言态度都略有不同,比如第二户中丈夫最喜欢彝语,其次汉语;而妻子则最喜欢汉语,其次为哈尼语,对彝语持一般态度;他们的两个女儿最喜欢彝语,其次为汉语。其他家庭也存在类似情况,即一些家庭成员最喜欢汉语,而另一些家庭成员最喜欢彝族语言。

不论是族内婚姻家庭还是族际婚姻家庭,对下一代的语言学习态度尽管不同成员之间也存在不同看法,但总体上最支持孩子学习的语言为汉语,其次为本民族语言,外语排最后,这样的家庭共有6户,分别为第二、三、四、五、七、九户,占60%;其余家庭中有人最支持学习本民族语言、汉语次之,但还是有不少家庭成员最支持学习汉语,彝语次之。在全部10个家庭中,只有第一户中的父亲和儿子最支持外语,其次为汉语,对本民族语言持一般支持看法。这一户应属例外,但可能与这一户中的儿子的文化程度和职业性质(中专毕业,在县城工作)有关。

五、普通村民问卷调查

上文针对村干部和家庭的调查分别围绕语言熟练程度、语言使用和语言态度等方面进行了研究。为更深入全面了解麻栗树村的语言规划全貌,我们又对该村30位村民进行了随机问卷调查,调查内容包括个人的基本情况,如姓名、性别、年龄、婚姻状况、家庭成员语言熟练程度等,受调查者个人的语言使用和语言态度以及当地宏观语言政策对乡村语言规划的影响,对民族语言保持的看法等几个方面。

(一)受调查者基本情况统计

在我们本次所调查的30人中,性别比例以及已婚者和未婚者的比例非常接近,年龄段趋向于青壮年人群。因调查是在彝族相对比较集中的乡村进行,故彝族占比最多。详细统计结果如表5.4.3:

表5.4.3 麻栗树村受调查村民个人基本情况统计

类别	对象	人数	比例	类别	对象	人数	比例
性别	男	16人	53.3%	民族	哈尼族	1人	3.3%
	女	14人	46.6%		苗族	1人	3.3%
婚姻	已婚	16人	53.3%		彝族	28人	93.3%
	未婚	14人	46.6%	语言类型	汉哈双语	1人	3.3%
年龄	19岁以下	6人	20.0%		汉彝双语	7人	23.3%
	20—39岁之间	15人	50.0%		苗汉双语	1人	3.3%
	40—59岁之间	7人	23.3%		彝语单语	1人	3.3%
	60岁以上	2人	6.6%		彝汉双语	20人	66.6%

从表5.4.3可见，受调查者中男性16人（53.5%）稍多于女性（14人，占比46.7%）。已婚者14人，占比46.7%；未婚者16人，占比53.3%。从年龄段来看，19岁以下青少年阶段6人，占比20%；20—39岁之间的青壮年阶段15人，占比50%；40—59岁之间中年阶段7人，占比23.3%；60岁以上中老年阶段2人，占比6.7%。从民族构成来看，彝族28人，占比93.3%；哈尼族和苗族各1人，占比各3.3%。此外，受调查者大多来自彝族族内婚姻家庭，共28人，其余彝苗、彝哈族际婚姻家庭各1人。

从统计情况来看，问卷所涉及的30位受调查者男女比例适当，已婚者和未婚者的比例也较为接近。年龄大多集中在青壮年阶段，占比达五成，而比之更年轻或者更年长的两个阶段的人数差距不大，差别仅3%左右，老年阶段的受调查人数不多。另外，本次受调查者彝族人数最多，超过九成。因此，不论是从性别、年龄，还是从民族类别来看，针对普通村民的调查结果应能较好地反映该村的语言规划现状。

如上文所述，麻栗树村村民大多能使用本民族母语和汉语方言，有些人的本民族母语语言能力强于方言，而部分人的汉语方言强于本民族母语。我们把前者划归为彝汉双语类型，而把后者称为汉彝双语类型。调查结果表明，彝汉双语者共20人，占比66.6%；汉彝双语者7人，占比23.3%。除此之外，调查者中有彝语单语者1人，占比3.3%，此人年逾六旬，是一位传统的家庭主妇，很少与外界接触，故只能使用本民族母语。不会使用彝语的有两人，其中一位是苗族，另一位是汉族，这两个人因为婚姻关系而进入该村，其语言使用类型分别为汉哈双语型和苗汉双语型。

（二）语言使用情况

除了语言使用类型外，我们的调查重点依然是该村村民在不同时间和不同地点的语言使用情况。比如，在家庭和村寨内部使用什么语言，上街购物、乡村会议、医院看病等不同环境下使用什么语言等。调查结果见表5.4.4：

表5.4.4 麻栗树村村民语言使用情况（N=30）

使用场景	本民族语 N(人)	比例（%）	汉语方言 N(人)	比例（%）	普通话 N(人)	比例（%）	双语/多语 N(人)	比例（%）	备注 N(人)	比例（%）
在家里	21	70	1	3.3	0	0	彝汉4	13.3	缺省4	13.3
在村寨里	27	90	2	6.6	0	0	彝汉1	3.3		
上街购物	0	0	29	96.7	0	0	彝汉1	3.3		
村/乡开会	19	63.3	4	13.3	4	13.3	彝汉3	10		
城镇办事	0	0	24	80	6	20	0	0		
医院看病	0	0	21	70	9	30	0	0		
医生使用	0	0	14	46.7	11	36.7	方普5	16.7		
与其他民族交谈	3	10	20	66.7	6	20	0	0	缺省1	3.3

统计结果表明，虽然受调查者中90%为彝汉或汉彝双语者，也就是说，仅1位彝语单语者不会使用汉语（见表5.4.3），但在家庭和村寨环境下，受调查者仍然主要使用本民族语言，使用彝汉双语或者汉彝双语的比例极低（见表5.4.4）。在家庭范围内使用彝汉双语的比例还超过一成（13.3%），而在村寨范围内则只有3.3%。这主要是因为在这两个场域，民族母语的使用占主导地位。而换一个角度看，民族母语的使用也主要限于家庭和村寨范围内。走出村寨的范围，不论是在集市购物，还是到县城办事，或者是到医院看病，彝族语言则完全被汉语所取代。换句话说，本民族母语主要用于族内交际，而族际交际则采用在当地使用更广泛的汉语方言。这一转换表明了受调查者可以根据交际目的和交际需要来调整和规划自己的语言使用。家庭或者村寨内部同一民族之间的交流，多涉及日常生活话题，使用本民族语言可能更容易沟通，也可能更能够表达其思想感情。而走出这一范围，参与不同民族之间的社会交际活动时，其所面临的语言交际任务会变得复杂起来，交谈的话题范围会更广泛。再加上交际双方需要使用共同语进行沟通的要求，因此，使用本地通用的汉语方言成了不二选择。除此之外，普通话的使用也值得关注。在乡村开会时使用普通话的比例与使用方言的比例相当，都为13.3%，到城镇办事、到医院看病、和医生

交谈时，普通话的使用比例逐级递增，分别为20%、30%和36.7%。这一方面说明麻栗树村村民具有较高的汉语熟练程度，也从另一个角度展示了他们对汉语方言、普通话的使用持较为开放的态度。

（三）对下一代语言学习的规划

"父母是孩子的第一任老师"这一说法也体现在父母对下一代的语言学习规划之上。父母往往会根据自身的语言实践或者根据某种语言在社会生活中的地位或者重要程度而对下一代的语言学习进行规划。这种规划可能是隐性的，也可能是显性的。有些家长可能明确要求下一代学习某种语言，并对孩子的语言学习进行干预，这是显性规划行为，所起到的是"言传"的作用。而另一些家长虽然不会对下一代的语言学习进行刻意的规划，看似听之任之，但是往往会通过日常生活中的语言使用而对下一代的语言学习起到"身教"的作用，这是隐性语言规划行为。对下一代显性的语言规划行为可以观察，而隐性的语言规划则难以察觉。因此，为比较直观地了解乡村村民对下一代的语言学习规划，我们设计了3个问题，调查结果见表5.4.5：

表5.4.5　麻栗树村村民对下一代语言学习的干预（N=30）

问题	统计结果（人数与比例）			备注
您是否会对下一代的语言学习或语言使用进行干预？	会　22人（73.3%）	不会　7人（23.3%）	—	缺省　1人（3.3%）
孩子在学习民族语言或汉语过程中，是否对其发音、用词进行纠正？	经常　10人（33.3%）	偶尔　16人（53.3%）	从不　3人（10%）	缺省　1人（3.3%）
您觉得您的孩子应该学习英语吗？	应该　30人（100%）	—	—	—

表5.4.5中的统计结果表明，73.3%的受访者表示会对下一代的语言学习进行干预，23.3%的受访者表示不会进行干预。对下一代语言学习中的发音或者用语错误经常加以纠正的比例为33.3%，偶尔纠正的比例为53.3%，从不进行纠正的比例为10%。事实上，这两个题项所考察的是同一个问题，对下一代语言学习过程中的错误加以纠正其实就是一种干预。为什么第一个题项中有23.3%的受访者表示不会干预，而第二个题项中只有10%的人表示从不加以纠正？这可能与这两个问题的性质有关。第一个问题是关于显性的语言规划，第二个问题是关于隐性的语言规划。从显性的规划

行为来看，比如要求下一代学习或者不学习某种语言，有超过两成的受访者表示不会对下一代的语言学习进行干预，这是可以理解的。换了一个角度，从隐性规划行为来看，表示从不对下一代的语言学习进行纠正的比例仅10%，这可能更接近现实。事实上，有些受访者可能已经对下一代的语言学习进行了干预，只是他们自己没有察觉而已。也就是说，表面上一些家庭或者个人没有针对下一代的语言规划行为，这只是来自显性的观察，而从隐性的角度来看，对下一代的语言规划行为其实无处不在。

以下一代的语言学习为例，入户调查发现，绝大多数受访者表示最支持学习的语言为汉语，其次为本民族语言，外语排名最后。而表5.4.5中却有100%的受访者表示下一代应该学习外语（英语），而事实的确如此，孩子在学校里都学习外语，而他们认为下一代也应该学习的本民族语言在学校里则无一席之地。这倒不是说他们对本民族语言的支持发生了改变。语言态度没有发生改变，只是在不同的家庭里有不同的表现形式。在对麻栗树村的调查中我们发现下面3种情况：

第一，不少家长担心孩子汉语不好而主动地在家里使用汉语，希望以此培养孩子的汉语能力。有的家长也试图在家里教孩子学普通话，比如辅导作业等。

第二，有些家长认为孩子应该学习普通话，但并不刻意地去教他们说普通话。他们的解释是怕自己讲的普通话不标准，让孩子在学校由老师教，可以学到更标准的普通话。

第三，也有一些家庭认为，应该在家里使用民族语言，通过这样的方式来教会下一代学会本民族语言。他们认为，下一代可以在课堂上学习汉语，而民族语言只能在家庭环境下学习，如果家长不教他们说本民族母语的话，他们将来根本就没有机会学习或者使用本民族语言了。

总之，在下一代的语言学习上，很少有家庭持完全相同的观点，或采取完全相同的做法。即便是在同一家庭内部，不同成员都有不同看法或者做法。但是不论承认与否，受调查者对下一代的语言规划行为都是存在的，或是显性的，或是隐性的。

（四）宏观语言政策的作用

宏观语言规划的成效取决于微观层面的执行情况。就少数民族乡村地区而言，国家层面的显性的宏观语言规划主要包括两方面的内容，一是推广国家通用语言，二是在有条件的地区使用少数民族语言文字。就少数民族乡村而言，要实现这两个规划目标，目前主要的手段就是广播和电视。就国家通用语而言，大量的广播电视使用了普通话，而广播电视的大量普及使这一规划目标变得容易起来。很多足不出户的少数民族乡村居民也可以通过广播和电视，在获取信息或实现娱乐目的的同时，渐渐地学会国家通用语言。针对不懂汉语的少数民族，很多民族自治地方政府也开设了少数民族语言广播，尽管其目的在于宣传和教育，即宣传党和政府的方针政策，但也会在一定程度上起到使用和保护少数民族语言的作用。那么，地处红河哈尼族彝族自治州的麻栗树村以及该州的彝族是否能收听到用本民族语言广播的彝语节目呢？表5.4.6是我们的调查结果。

表5.4.6 麻栗树村民本民族语广播电视收听情况（N=30）

问题	统计分析（人数与比例）			备注
是否可收听到本民族语的广播、电视？	能 2人（6.7%）	不能 28人（93.3%）	—	缺省 1人（3.3%）
如果能收听收看到的话，是否经常收听到？	经常 1人（3.3%）	偶尔 2人（6.7%）	从不 19人（63.3%）	缺省 8人（26.7%）
当您收听收看到本民族语的广播、电视、电影时，您的感受是？	高兴 24人（80%）	没感觉 2人（6.7%）	—	缺省 4人（13.3%）

调查结果显示，超过九成的（93.3%）的受访者表示不能收听到本民族语言的广播电视节目。那么，这是不是说该州没有开设彝语广播电视节目？答案是否定的。课题组在去麻栗树村进行调查之前，采访了红河州原广播电视台台长、现任《红河日报》主编的张总编辑以及红河电视台的哈尼语播音员白经翔两位同志，了解了该州有关少数民族语言的广播电视节目情况。据他们介绍，该州开办有专门针对哈尼族和彝族的广播电视节目，具体播放时间为每天18:30的哈尼语新闻、18:45的彝语新闻，以及其他时段的彝语与哈尼语资讯、民族家园和民族电影节目等。由此可见，虽然地方政府在一定程度上执行了有关民族区域自治地方使用少数民族语言文字的相关规定，也就是说，宏观语言规划并不缺位，然而其实施效果却并不尽如人意。超过九成的受访者表示不能收听到本民族语言的广播电视节目，仅1人（3.3%）表示经常收听收看，偶尔收听收看的也只有6.7%。这可能存在两方面的原因：首先是麻栗树村村民可能不知道有用本民族语言广播的广播电视节目，其次可能是他们不愿意收听收看使用本民族语言的广播电视节目。如果是第一个原因的话，相关部门应加大宣传力度，以更好地发挥宏观规划的作用；如果是第二个原因的话，这有些不合常理，因为问卷调查表明，如果能收听收看到本民族语广播电视节目时，有80%的

受访者表示高兴,也就是说,他们本身是乐意收听收看本民族语言的广播电视节目的。从这个意义上来看,政府部门所开设的彝语广播电视节目在目标受众范围内的知晓度并不高。广播电视本身就是语言传播规划的一种重要手段,而当这种传播行为不为目标受众所熟知时,以这种方式所开展的语言规划便很难发挥其应有的作用。

(五)语言态度

我们在村干部访谈和入户调查部分已经对麻栗树村村民的语言态度进行了初步调查,结果表明,受访者最喜欢的语言多为本民族母语,其次为汉语,外语排名最后。在本部分的调查中,我们主要调查该村村民对方言、普通话、本民族语言和其他民族语言的态度、重要性的认识,以及对本民族语言是否能继续存在下去的看法,外语未纳入其中。调查结果如表5.4.7:

表5.4.7 麻栗树村普通村民语言态度调查(N=30)

问题	统计分析(人数与比例)			
您更喜欢哪一种语言?	方言 2人(6.7%)	普通话 7人(23.3%)	本民族语 20人(66.7%)	其他民语 1人(3.3%)
您觉得您的民族语言?	比汉语好听 25人(83.3%)	不如汉语好听 3人(10%)	比其他民语好听 2人(6.7%)	不如其他民语好听 0人
您觉得您的民族语言?	比汉语重要 15人(50%)	不如汉语重要 12人(40%)	比其他民语重要 3人(10%)	不如其他民语重要 0人
您的民族母语是否会逐渐消亡?	会 3人(10%)		不会 27人(90%)	

表5.4.7中的统计结果表明,在方言、普通话、本民族语言和其他民族语言4个选项中,受调查者最喜欢的语言是本民族母语,其次为汉语,选择其他民族语言的是一位嫁入该村的哈尼族妇女。这与入户调查和村干部调查的结果是吻合的。而在方言与普通话二者之间,喜欢普通话的比例(23.3%)超过了方言的比例(6.7%),这与方言在家庭与乡村之外的社会生活中的主导地位不十分相称,但却反映了普通话作为国家通用语地位在部分受访者心目中的真实想法。就语言的声望来说,本民族母语在受访者心目中占有重要位置,超过八成(83.3%)的受访者认为本民族语言比汉语好听,这不仅反映了受访者有着较强的民族情感和民族语言认同,也构成了受

访者喜欢本民族语言的心理基础。就语言的重要性而言，50%的受访者认为本民族母语比汉语重要，认为汉语比民族语言更重要的比例为40%，另外有10%的受访者认为比其他民族语言重要。虽然认为本民族母语比汉语重要的比例看似更高，但差距并不十分明显。如果仅从麻栗树村彝族家庭或者彝族乡村的语言生活的角度来看，民族母语的地位尚高于汉语，这是因为彝语的使用多于汉语的缘故。但不可否认的是，汉语正不断以不同方式进入该村的家庭或者乡村的语言生活之中，这就难免有四成（40%）的受访者认为汉语更重要。尽管汉语使用日益广泛，但受访者仍然对其民族母语保持信心，受访者中90%的人认为其民族母语不会逐渐消亡，这可能是基于他们在日常生活中仍然使用本民族语言的现实所做出的判断。

（六）语言保持

有关麻栗树村村民语言使用的调查结果表明，麻栗树村村民大部分都是彝汉双语者，大多数人在家庭和村寨内部都稳定地使用本民族母语。可能正是基于这样的现实，有90%的受访者表示其民族母语不会逐渐消亡，这在一定程度上展示了受调查者对其民族母语充满了自信。然而，自信与现实不能完全画等号。鉴于当前少数民族语言的生存正引起越来越多的关注（黄行，2000；孙宏开，2006；戴庆厦，2017），少数民族语言保持和保护理所当然地进入了边疆民族地区语言规划的议事日程。因此，为更进一步了解麻栗树村彝族语言的未来，我们展开了针对性的调查，以全面了解该村村民对其民族母语保持的真实想法。调查结果如表5.4.8：

表5.4.8 麻栗树村彝族语言保持情况调查表（N=30）

问题	统计结果（人数与比例）	
您觉得您的民族语言会长期存在下去吗？	会 27人（90%）	不会 3人（10%）
如果您的民族语言出现了衰退现象，您对造成这种现象的看法是：	A. 汉语的影响 7人（23.3%） B. 其他民族语言的影响 0人（0%） C. 本民族不重视 5人（16.6%） D. 经济文化发展 18人（60%）	
您认为推广普通话是否会影响到您的民族语言的生存？	会 16人（53.3%）	不会 14人（46.7%）
您觉得是否有必要保护本民族语言，为什么？	有必要 25人（83.3%）	不必要 5人（16.7%）

表5.4.8中的调查结果表明，仍然有90%的受调查者认为其民族语言会长期存在下去，这和上面的调查结果完全一致。然而，社会在发展，人员的流动性在增强，汉语的影响不容忽视。面对这样的社会现实，假如少数民族语言出现了衰退，造成这一现象的原因会是什么呢？统计结果表明，选择社会经济文化发展的影响的占比为60%，选择汉语的影响的占比为23.3%，另外还有16%的人认为本民族不重视会导致这一现象的出现。在"您认为是否有必要保护本民族语言？"的调查中，超过八成（83.3%）的受访者认为"有必要"，只有16.7%的受访者认为"不必要"。不论是认为"有必要"还是"不必要"，在他们回答的"为什么"中，我们看出了麻栗树村语言保持所面临的严峻挑战。首先，认为"有必要"保护本民族语言的人是这样回答的，"因为很多彝族人不会说彝话了"，"因为孩子们出去读书、年轻人出去打工都说汉语"，"因为随着经济文化的发展，说民族语的机会越来越少"，"随着时间的推移，会说彝语的越来越少，现在好多词语都用汉语代替"。其次，即便是认为"不必要"的人并不是因为该民族语言仍然充满活力而不必要保护，而是正好相反，他们认为不必要是因为"（彝语）没有用处"，"顺其自然"，"不重要，用不到"。由此可见，虽然大多数受调查者对彝族语言保持仍然充满信心，但表象下面暗藏危机，如不采取措施，这种危机会很快显现，其最终打破的将不仅是对民族语言保持的信心，而是民族语言自身的生存问题。

五、小结

本节所调查的麻栗树村是红河哈尼族彝族自治州石屏县龙武镇龙车村委会下辖的一个自然村，该村属于山区，以彝族为主，周围村庄也多为彝族村寨，再加上长期以来地处偏僻，所以民族母语保持相对较好。但自2015年修通水泥路后，交通状况得到改善，村民的生活水平得到进一步提高。村民们到镇上赶集、到县城办事都方便了许多。年轻人外出打工的人数也逐年增加。虽然该村村民多与彝族通婚，但族际婚姻也不少见，除了彝汉族际婚姻外，还有彝哈尼族际婚姻、彝苗族际婚姻等。该村有小学一所，学前班由彝族老师任教，小学低年级班级由两位汉族老师任教。虽然该村有不少中专以上文化程度者，但这些人大多数在外务工，留在乡村的人大多文化程度不高，多为文盲和小学文化程度者。

干部访谈、入户调查和其他村民问卷调查结果表明，该村村民大多都是彝汉双语使用者。除了部分年龄较大的人汉语能力有限外，绝大多数都能熟练使用汉语，乃至有近五成的人能使用普通话。民族语言、方言和普通话三者之间各得其所。通常情况下，在家庭生活和村内相同民族之间的交流中，他们以本民族语言为交流媒介。而在外出活动中，比如赶集、到县城办事等则主要使用当地汉语方言，普通话主要用于辅导孩子功课，或者在更重要的场合使用。相对而言，族内婚姻家庭的语言态度比较一致，按照喜欢程度排列是民族语言—汉语—外语，而族际婚姻家庭成员的语言态度要复杂一些。但不论是哪一种情况，对下一代的语言学习又都变得比较一致起来，最支持下一代学习的语言是汉语，其次为本民族语言，最后是外语。受调查者对本民族语言的保持比较自信，但是从他们是否应该保护本民族语言的回答中不难发现，随着社会经济文化的发展，会说彝族语言的人越来越少，年轻人外出打工或求学都使用汉语，没有机会使用民族语言，彝族语言能否长期保持下去似乎并不像调查结果所展示的那样信心满满。

第五节 临沧佤族坝卡村和芒伞村的语言规划

佤族乃云南特有少数民族。根据第五次全国人口普查，云南有佤族383027人，主要分布于滇西和滇南的临沧、普洱、西双版纳、德宏、保山等地。以佤族聚居而形成的自治县有两个，分别为临沧的沧源和普洱的西盟。除此之外，与其他民族一起共同自治的还有耿马（傣族佤族自治县）、双江（拉祜族佤族布朗族傣族自治县），以及孟连（傣族拉祜族佤族自治县）。这些地区所分布的佤族人口占我国佤族总人口的80%以上。（赵明生，2004）佤族还是一个跨境而居的民族，境外主要分布于缅甸、泰国、老挝、柬埔寨等国家。（卿雪华，2014）此外，佤族还是一个古老的民族，有着悠久的历史和丰富多彩的文化。在历史的长河中，由于各种因素的共同作用，佤族分出了不同的支系，主要包括"勒佤""布饶"和"佤"3个分支。其中以"布饶"人口居多，分布最广，文化个性也最为显著。（赵明生，2004）根据第五次全国人口普查，使用"布饶"方言的佤族约有25万人，占佤族总人口的60%以上。佤族人所使用的佤语属南亚语系，是该语系孟高棉语族中的佤—德昂语支，按地理分布划分为布饶方言、阿佤方言和佤方言3种。（陈丽萍，2007）鉴于佤族语言文化的特殊性，尤其是佤族所处的特殊地理位置，佤语研究逐渐引起了学界的关注。

有关佤语的研究缘起于佤文的创制。我国佤族学者赵岩社（2000）把包含佤语在内的孟高棉语研究划分为两个阶段。第一阶段是新中国成立后五六十年代的语言调查、资料积累和文字创制工作。虽然早在20世纪初西方传教士为达到传教目的便为佤族创制了一套拉丁字母的拼音文字，但该方案并不完善，也不能准确地表达佤语含义，且传播范围较小，故大多数佤族还是处于有语无文状态。新中国成立后，党和政府在民族地区开展了大范围的语言调查，如罗常培、傅懋勣（1954）把中国孟高棉语分为两个语支，即佤崩龙语支（佤语、崩龙语）和布朗语支（布朗语）。来自中国科学院的专家们在大量调查和资料积累的基础上为佤族创制了文字，并随之开展了相关的研究，撰写了一些调查报告和著作，如中国科学院佤语调查组编写了《佧佤语言情况和文字问题》的调查报告（1957年，王敬骝执笔起草）（许鲜明、白碧波，2012）、《佧佤语小词汇》（1958）和《佧佤语简志》初稿（1958）等。随后佤语研究沉寂了一段时间。进入20世纪70年代末80年代初，受改革开放的影响，西方语言学思想传入中国，佤语研究进入了第二阶段。国内学者围绕佤语研究产生了丰硕成果，发表了大量的研究论文，如《佤语中的主语和谓语的语序》（肖则贡，1981）、《论古代佤语的元音系统》（周植志、颜其香，1985），《佤语细允话声调起源初探》（周植志，1988），《佤语浊送气声学特征分析》（鲍怀翘、周植志，1990）、《佤语"烟草"语源考》（肖玉芬、陈愚，1994）等等。出版了内容丰富、材料可靠的专著和辞书，如《佤语研究》（王敬骝等，1994）、《佤语熟语汇释》（王敬骝等，1992）、《佤语语法》（赵岩社、赵福和，1997）、《佤汉简明词典》（颜其香等，1981）等。这些成果的取得反映了学界在包括佤语在内的孟高棉语描写语言学研究上所达到的新水平。进入21世纪以后，佤语研究呈现了新的态势，佤语教育（魏娟娟、朱银银，2010），佤汉双语习得与使用（陈丽萍，2007；白志红、刘佳，2016）等开始引起学界关注。

  通过对佤语研究的回顾不难发现，国内学界针对佤语的研究主要围绕佤语语言的本体所展开。从语言规划的视角来看，既有研究主要涉及宏观层面的语言本体规划。关于语言本体的研究固然重要，但涉及佤语在社会生活中的演化情况，尤其是有关佤语使用情况的研究则微乎其微。近年来的应用研究虽然触及了佤汉习得、双语教育教学等一些问题和对策，但更深层次的语言规划（卿雪华，2014），尤其是微观层面的语言规划，比如佤族的语言选择、语言使用、语言态度等方面的研究更是严重不足。鉴于此，本节将以分别来自沧源和耿马两个佤族村寨的语言使用为案例，调查微观层面的佤族村寨的语言规划问题。通过乡村干部访谈、入户调查和普通居民问卷等方式，我们获取了有关两个村寨的各种一手资料，据此对两个村寨的微观语言规划进行探讨。

一、坝卡村与芒伞村简介

坝卡村隶属于临沧市沧源佤族自治县勐董镇，属于半山区，位于勐董镇北边，距离镇政府所在地约4公里，距离沧源县城3公里。坝卡村周围有刀董村、帕良村、永和社区、拢乃村等，这些村寨均是以佤族为主，间或有少量汉族和傣族杂居的村寨。因县城所在地为一个较小的山间盆地，这些佤族村寨均环绕县城坐落在山腰或半山腰地带。芒伞村则属于耿马县四排山乡。四排山乡位于耿马县城东部，其东部与双江县的沙河乡相连，南部与沧源县的岩帅镇和勐省镇隔河相望，西边与本县的贺派乡和耿马镇毗邻，北边与本县的芒洪乡交界。四排山乡芒伞村属于山区，距离乡政府所在地27公里，距离耿马县城24公里，与周边村落的距离大概7公里，周边村落都为佤族村落，其间也有一些因为婚姻关系而生活在佤寨的汉族和傣族。

不论是坝卡村还是芒伞村，它们与其附近村寨之间的关系都十分紧密，不仅相互通婚，而且节庆、民俗活动都相互参与。此外，他们与汉族、傣族等其他民族之间的关系也非常和睦。虽然坝卡村与芒伞村分属两个不同的自治县，但从地理位置上来看，两个村子都属于阿佤山乡。因此，他们的语言、生活习惯等完全一致。稍有不同的是，两个寨子与县城的距离不同。坝卡村因距离沧源县城和乡镇政府所在地勐董镇距离较近，故交通和通信极为方便。虽然芒伞村距离四排山乡政府和耿马县城的路程较远，但交通条件也不错。十年前的2007年四排山乡就已经实现了村村通公路，芒伞村也不例外。村民出行主要依靠摩托车、农用车辆和拖拉机等交通工具。不论是在坝卡村还是在芒伞村，几乎每户人家都有电视，中青年人几乎都使用手机进行通信联络，通信发达。

佤族是一个能歌善舞的民族，有着独具民族特色的传统节庆活动，人文生活丰富多彩，一年四季均有不同的节庆活动。主要的节庆活动有"卧节"（即春节）、"便克节"（农历六月二十四，与火把节类似）、农历七八月份的"斋节"（新米节）以及惹岛"节"（即播种节）。随着不同民族之间交流的加深，春节在佤族生活中的重要性日益增强。每年春节前后，不论是坝卡村还是芒伞村，不同村寨之间都会举办大型人文活动，比如在村子里打歌跳舞、剽牛、拉木鼓等，以辞旧迎新。每年的五一节时，沧源县还会在县城举办大型娱乐活动比如"摸你黑"，以及自治县成立的周年纪念活动等。这些活动不仅吸引了附近村寨的佤族群众，也吸引了大量来自国内外的游客，增强了佤族与外界的联系。

村民的主要收入来源是种植业。芒伞村主要种植甘蔗等经济作物，而坝卡村则主要种植水稻、玉米和烟叶。在国家扶贫项目的帮助下，各家各户都建盖了新房，经济比较困难的家庭或个人还得到了低保补贴。两个村子的经济状况和生活水平逐年提高。近年来，一些年龄在15岁至40岁之间的中青年人还有组织地外出务工，他们主要在广东、山东、浙江、上海等地打工。村里也有一些文化程度较高的人找到了比较正式的工作，他们工作的地点主要在本县以及邻县，也有少部分人在省城昆明工作。

二、坝卡村与芒伞村人口与教育

沧源坝卡村现有农户502户2079人，其中佤族有1837人，占总人数的88.4%；汉族有191人，占总人数的9.2%；傣族有51人，占总人数的2.4%。耿马芒伞村现有农户163户703人，其中佤族694人，占全村人口的98.7%；汉族9人，占全村人口的1.3%。

沧源坝卡村设有小学1所，附近的班棚老寨也有1所小学。坝卡村的学生可以选择在坝卡小学就读，也可以到邻近的班棚小学就读。而中学则要到县城的民族中学或者永和中学就读，但距离不远，仅1公里左右。目前该村义务教育在校学生中有小学生148人、中学生48人。耿马的芒伞村则只有小学1所，在校生83人，6个年级，每个年级1个班。该校有6位教师，其中4名汉族教师、2名佤族教师。佤族老师讲本民族语，主要承担五、六年级的佤汉双语课程。芒伞小学毕业后，初中要到四排山乡中学就读，高中则要到县城就读。目前芒伞村共有小学生83人、中学生43人。中学生分别在四排山乡中学和县城读初中或高中。

除了文化程度高的人到县城或者其他地区工作外，留在村里的村民文化程度均不太高。两个村子村民的文化程度统计如表5.5.1：

表5.5.1　两个佤族乡村村民受教育程度统计

乡村与人数		文盲	小学	初中	高中	中及以上	合计
沧源坝卡村	人数	310人	621人	862人	210人	76人	2079人
	百分比	14.9%	29.9%	41.5%	10.1%	3.6%	100%
耿马芒伞村	人数	73人	308人	217人	45人	60人	703人
	百分比	11.4%	43.9%	31.5%	6.3%	9.0%	100%

表5.5.1中统计结果发现，两村村民的受教育程度存在一定程度的差异。比如，就文盲率而言，沧源坝卡村将近15%，而耿马芒伞才11.4%。另外，坝卡村的小学文化程度者为30%，低于芒伞村的43.9%。就初中和高中文化程度而言，沧源的坝卡

村略高于耿马的芒伞村。而中专文化程度以上者，则芒伞村的比例高于坝卡村。从表5.5.1看来，两个村子村民受教育程度区别不大。但是，如果我们把文盲者和小学文化程度者合并统计，便会发现耿马芒伞村的文盲和小学文化程度者的比例超过了五成，达到了55.3%，而沧源坝卡村二者的比例才44.8%，不到五成。如果再把初中和高中文化程度者合并统计，结果会进一步明朗，沧源坝卡村村民受过初中或高中教育的比例超过五成，达到了51.6%，而耿马芒伞的比例才37.8%，低于沧源坝卡村的比例。由此可见，沧源坝卡村村民的总体受教育程度要高于耿马芒伞村村民的受教育程度。虽然后者中专以上文化程度的比例略高于前者，但鉴于很多中专文化程度以上者都在县城工作或者在外地打工，因此，这一比例不能从根本上提升该村村民的整体文化程度。导致沧源坝卡村村民总体受教育程度好于耿马芒伞村民的受教育程度的原因，初步分析可能与它们距离县城的距离有关。沧源坝卡村距离县城较近，仅3公里路程，而耿马芒伞则距离县城20多公里。相对而言，沧源坝卡村村民受教育的条件可能要好于耿马芒伞村民。尽管两个村寨村民的受教育程度存在一定差异，但总体而言，两个村寨村民的受教育程度均不十分理想，毕竟都有一成多的村民仍然处于文盲状态。

三、坝卡村与芒伞村语言使用与熟练程度

虽然坝卡村与芒伞村分别属于两个不同的县份，但因地理位置邻近，又都同属于佤山。因此，不论从大的地理位置还是从语言使用上来看，两个村都属于布饶支系，使用的都是佤语中的布饶方言。如前文所说，佤族原本并无文字，虽然传教士在20世纪初创制了文字，但传播范围有限，解放后党和政府又重新为佤族创制了新佤文，一直沿用至今。尽管如此，由于佤族并无固有的文字，新创文字必须要通过正规的学校教育才能获得，所以对绝大多数乡村居民来说，由于教育程度低，对佤文的掌握十分有限。

村干部访谈、入户调查和普通居民问卷等调查结果（见本节第四部分）表明，在家庭和村寨范围内普遍使用佤语，全体村民，不论老幼都能熟练使用本民族母语。虽然有其他少数民族如傣族因为婚姻关系进入两个村寨，但并不兼用他们的语言。除了年长者汉语能力有限外，两个村的村民大都能熟练使用当地的汉语方言，其中很多人还能熟练使用普通话。不同年龄段语言熟练情况调查如表5.5.2：

表5.5.2　坝卡村（N=2097）与芒伞村（N=703）村民语言熟练程度统计表

乡村	年龄段	人数	比例	佤语	佤文	汉语方言	普通话	傣语
沧源坝卡村	60岁以上	299人	14.2%	熟练	少数略懂	一般	不会	一般
	40—59岁	534人	25.5%	熟练	少数略懂	一般	少数会	少数一般
	20—39岁	659人	31.4%	熟练	不会	熟练	一般	不会
	13—19岁	397人	19.0%	熟练	不会	熟练	熟练	不会
	12岁以下	208人	9.9%	一般	不会	一般	一般	不会
耿马芒伞村	60岁以上	112人	16%	熟练	少数略懂	一般	不会	少数熟练
	40—59岁	176人	25%	熟练	少数略懂	一般	少数会	多数一般
	20—39岁	233人	33%	熟练	不会	熟练	一般	少数一般
	13—19岁	119人	17%	熟练	不会	熟练	熟练	不会
	12岁以下	63人	9%	一般	不会	一般	一般	不会

表5.5.2表明两个村的村民稳定地使用母语，除了12岁以下少年儿童母语能力尚处于习得阶段，熟练程度稍低外，不同年龄段都能熟练使用本民族母语。如前所述，虽然为佤族创制了新佤文，但乡村村民的佤文程度并不理想，中老年人中除少部分人略懂佤文外，其他年龄段的人都不懂佤文。中老年年龄段中之所以还有少数人略懂佤文，主要还是因为20世纪六七十年代创制佤文后开展扫盲教育时学会的，后来随着汉语水平的提高，佤文教育慢慢退出，故中青年以下的村民基本都不懂佤文。两个村村民的汉语方言和普通话能力非常一致。中老年人的汉语方言能力一般，年龄更长者中很多人能听不能说，甚至还有少部分不能听也不能说，而普通话的能力则更差，中老年人中除了少部分年龄较相对轻者普通话能力一般外，其余大部分都不懂，但有一个共同的趋势，中老年人中随着年龄的下降，方言和普通话的能力逐步提高。虽然少年儿童的汉语方言和普通话能力一般，但这只是暂时的，其汉语方言与普通话能力已经处于上升阶段，很快也将达到熟练程度。两个村庄村民语言能力的轻微差异体现在傣语的语言能力上。如表5.5.2所示，60岁以上的老年人中很多人还懂一些傣语，其中芒伞村还有少数人能熟练使用傣语，芒伞村大多数村民傣语水平一般；40—55岁年龄段坝卡村少数村民傣语水平一般，而芒伞村则有更多的人傣语水平一般。即便再降低一个年龄段，芒伞村还有少部分人傣语水平一般，虽然不会说，但还会听。芒伞村村民的傣语水平稍高于坝卡村的原因与他们生活在以傣族聚居的自治县有关。但无论其傣语水平如何，都不能从根本上动摇两个村庄语

言规划的同质性的基础。首先，随着年龄段的下降，两个村村民的傣语能力也随之降低，直至完全不会。其次，傣语几乎不存在于他们的日常生活中，故不影响家庭和乡村范围内的语言规划。

如前所述，两个佤族村寨大多数人能兼用当地汉语方言。虽然60岁以上的老年人汉语能力一般，其中有部分人不能顺利地使用汉语进行交流，但如果外出办事，比如到县城看病或者到集市购物不得不使用汉语的地方，他们往往会带上家里会讲汉语的人一同前往，以此方式解决交流沟通问题。如果仅看病就医而言，两个村子都有乡村诊所，医生都是当地佤族，能使用佤语和汉语，所以年龄大、汉语能力不好的人通常到这些诊所就医。此外，两个村里都有嫁入佤山的汉族或傣族姑娘，初来乍到时，他们只能用汉语进行交流，但是两三年后，他们也能听懂佤语，渐渐地能用佤语交流。另外，两个村里还有人家娶了邻国缅甸的媳妇，但因为都是同一民族，而且她们也会说汉语，所以交流不成问题。两个村都能收听收看到缅甸的广播电视节目，但因为是缅语，听不懂，故很少人收听收看。反倒是邻国的亲戚朋友们经常收听收看中国的广播电视节目，原因是他们能听懂汉语。村干部开会时方言、普通话和民族语言交替使用，汉语的使用情况不少。同其他民族语言一样，佤语中的现代词汇基本都从汉语借入，比如飞机、汽车、手机、辞典等。

四、村干部访谈结果与分析

通过对村干部的访谈，我们获取了两个佤族村寨的一些可能影响语言使用的背景信息，比如该村的地理位置、人文环境、村民的受教育程度以及语言使用等情况。除此之外，我们也调查了他们的语言态度和语言使用情况，因为村干部往往具有一定的权威性，他们的语言观念、语言态度、语言使用等会在很大程度上影响着其他村民的语言观念、语言态度和语言使用，从而对本村的语言规划产生作用。

（一）坝卡村村干部访谈

访谈1：陈明，男，佤族，年龄45岁，高中文化程度，担任村委会主任职务，总管全村各种事务，能熟练使用佤语、汉语方言和普通话。

> 我们村有500户2000人左右，下辖4个自然村。村民大多数都会说方言和民族语言，在家里和佤寨基本都说本民族语言。外出购物与其他民族的人交谈时说方言。我本人在家里、和亲戚朋友聊天时说本民族话；在工作中、与各级村干部开会或者上街买东西时说方言，如果有远方的客人来

访,就像你们来我们村一样,还有上级领导来检查指导工作时,说普通话。就我本人来说,使用佤语的情况多点,在50%左右;方言没有佤语多,可能有30%;说普通话的机会不多,20%左右吧。作为民族地区的村干部,既要与村民联系,又要接受上级的指示,所以必须要会说本民族语言和方言,最好还要会说普通话。虽然乡村干部任命没有明确规定,但会说本民族话和汉语是必需的。有些家庭不太重视本民族语言。虽然我们的佤族语言不会消失,也不会因为说普通话就不会说佤语言,但是还是要保护,要发扬民族的语言和文化。当前是有一些村民认为民族语言用处不大,不如汉语重要,但是随着国家对少数民族的重视,越来越多的外地游客来我们这里旅游参观,也有人开始注意到了民族特色的作用,所以也开始重视下一代的佤语教育。

访谈2:赵艾军,男,佤族,年龄49岁,中专文化程度,坝卡村党支部书记,负责党务宣传等工作。

能使用佤汉双语,也能熟练地使用普通话。到各个村民小组安排工作、闲聊时讲佤语,村委会开会、赶街、与汉族交谈时讲方言,与镇里或者县里来的领导交谈或者本人外出旅游时讲普通话。我感觉汉语越来越重要了,这些年会讲汉语的人越来越多,这可能是经济文化发展的结果吧。你看,就连邻国缅甸的佤族都听得懂汉语,他们经常收听收看我们中国的电视节目。我们虽然能收到他们的电视节目,但是很少收看他们的节目,因为他们也没有更为先进的设备,有些还借助我们的设备,他们也非常喜欢收看我们的节目,特别是关于本民族的节目,一心想着民族和繁荣。我们的经济发展状况、科技实力比邻国更为先进,在推广影视方面我们更占优势。可想而知,我们中国对他们的影响力是那么的大。关注民生问题,关心老百姓问题,我们做得非常好,而他们呢,贫富差距严重。

访谈3:李建,男,佤族,高中文化程度,村委会副主任,40岁。

我在工作中方言说的多一些,社区活动、召开村民会议都说方言。到镇上和县里开会也说普通话。民族语言只在家里使用。我们沧源县有专门的佤语电视节目，经常播放一些本民族的节目、风俗习惯，还有一些民族歌曲、电影等，但我不经常看，其他人的情况也差不多。因为都看得懂汉语节目，而且汉语节目更多更丰富，所以收听收看民族语言电视节目的人不多。以前人们文化水平低，交流方式用本民族语言（佤语），文化教育落后。慢慢地，随着经济的发展，人员流动，通信发达和交通改善，村里的人们在语言使用方面发生极大变化，因为要学习汉语。好多父母从小孩很小的时候就接触了汉语文学，却很少跟小孩用佤语交流，而且如果小孩出一点错，父母就会对他们更加严厉，而那些小孩也渐渐地和本民族语言越来越远。在语言观念上，父母觉得也没必要重视本民族语言，因为它用处不大，但是随着国家越来越重视少数民族语言文化的传承保护，有些父母也开始先让自己的孩子学好本民族语言。现在大力宣传民族特色，所以他们也很支持自己的孩子学好本民族语言，语言学得越多越好。

访谈4：肖三选，男，佤族，初中文化程度，53岁，副支书。

我在工作中民族语言使用得多一些，与村民打交道、在家里都说佤语。方言只是开会或者是上街办事的时候使用。普通话只有在更重要的场合才说。我们村佤族超过90%，有少数汉族和傣族居住，他们也听得懂佤语，有些不会讲但会听。我们佤族老一点的人也会讲一些傣语，我本人会听一点。如果要说哪种语言重要的话，可能还是汉语吧。但是我们佤语比傣语好听，对我们佤族来说，佤语也很重要。可是，一些小娃娃却不说佤语了。应该保护一些原生态的东西。现在国家的政策好了，也重视我们少数民族。

（二）芒伞村村干部访谈

访谈1：张宇志，男，佤族，初中文化程度，村主任，年龄38岁。会讲佤语和汉语，普通话熟练。

作为佤族村寨的村主任，当然要会说佤语了。不过因为村里大多数人都会讲汉语方言，所以说方言也可以。虽然如此，我们寨子里本民族之间还是主要说佤语，只有碰到其他民族的人时才会说汉语方言。一般情况下，村子里开会的时候主要说佤语，也会使用汉语方言，因为有些东西佤语说不了。到乡镇开会时主要说方言，因为乡镇开会的人有佤族、汉族、傣族，还有其他民族。村里能收看到佤语电视节目，有一个"佤山频道"，播放一些与佤族有关的节目。我和我的家人经常收听收看，因为是我们本民族的节目。如果我们的语言哪一天消失了，这是经济发展太快了，很多年轻人外出工作，老的一代去世后，说佤语的会越来越少。佤语好是好听，但是还是不能和汉语比，汉语更重要些。

访谈2：赵强，男，佤族，中专毕业，村支书，年龄42岁。

在工作中使用佤语和汉语，一般情况下做群众工作时使用佤语，在一般性的社会交往中使用本地汉语方言，到乡镇或县城开会时使用普通话。使用民族语言的比例超过一半，使用汉语方言的比例约四成，普通话也就一成左右。我们村的主要收入来源于种植业，主要种植的作物是甘蔗。经过政府的扶持和农民们自己的辛勤劳作，近些年来，村民的生活水平得到了很好的提高。

村里有7人在外工作，有20多人在外打工，他们的年龄在15岁到40岁之间，通常在山东、广东等地打工。外出工作回村后说其他民族话的人几乎没有，都说本民族语言。

我们在村里能收看到邻国缅甸的电视节目，但只是偶尔看，不经常看。村内很少有人能使用本民族的文字。赶街时是群体一起，所以主要使用本民族语，日常生活中穿民族服饰的主要为年长一些的，因为他们缺乏劳动力，大多数时间都是待在家里。年轻些的流动情况明显，民族服饰穿着有些不方便。

访谈3：陈红美，女，佤族，中专毕业，村党总支副书记，32岁。

我们村主要是一个佤族村寨，村子里通常用佤语交流，在寨子里聊天等都用佤语，不同民族很少兼用其他民族语言。有不懂汉语交流的老人，一般交流用佤语，看病和购物都要有儿女亲戚朋友陪着去，这样很麻烦，当然有些医生或护士也是本民族的，还有我们村有乡村诊所，医生与病人之间使用本民族语言，这样方便多了。乡镇领导在村里开会用普通话，兼用汉语方言和佤话。我本人在工作中普通话使用的不少，只是跟村民交流说佤语，有35%的样子。跟村里、乡里或者其他村的领导交流一般说汉语方言，到上级开会的时候说普通话，各占三成左右。我们村有到缅甸当上门女婿的，也有嫁到我们村的一些缅甸姑娘，她们除了会说本民族语外，还说汉语和缅语。我们村子还能收听收看到缅甸电视电台，他们播放的节目主要是战争片，但不怎么收听，因为听不懂说什么。他们也能收听收看到中国的广播电视，他们很喜欢收听收看。我认为中国这边的广播电视影响要大一些，因为中国的综合国力更强。

记得我小时候，村子里会说汉语的人相当少，但随着时间的推移、交通和通信的发展，几乎都会使用汉语，本民族一些古老的词语也消失了。而村民的语言使用、语言观念也改变了。说明汉语的传播对本民族语言的生存还是产生了影响。

访谈4：尹学强，男，佤族，高中文化程度，副主任，主要分管会计工作，49岁。

工作中主要使用佤语和本地方言。在汉语方言、普通话和佤语中，我佤语说得多些。说佤语能更好地与村民们沟通，也更容易接近本民族群众。在村上开会我也说佤语，不过到乡里开会就要说汉语方言了，还有赶街呀，这些都要会说汉语方言，因为有些卖东西的是城里的人、汉人，还有其他民族的人，讲方言方便一些。不过如果与本民族的人在一起时，还是说本民族话。我认为要保护民族语言，不管什么民族都有自己的民族尊严，少数民族语言也是中国特色社会主义不可缺失的一部分。

本次针对佤族村干部的访谈共涉及8人，每个村寨4人。访谈对象主要为村主任、副主任、村支书、副支书以及村长（村民小组组长）等。8人都是佤族，平均年龄43.5岁，年龄最大的为坝卡村53岁的副支书，年龄最小的为芒伞村32岁的副支书。8人中除1人为女性外，其余均为男性。此外，8人中高中和中专文化程度者各3人，初中文化者2人。让我们略感惊讶的是，本次调查的8位佤族村干部中，竟有3人为中专文化程度。在其他民族地区，很少有中专文化程度及以上的人担任村级干部。其他民族地区乡村的中专文化程度以上者大多外出务工。

虽然8位村干部分别来自两个不同村寨，且分别属于两个不同的民族自治县，但他们的语言使用、语言态度等仍存在诸多共性，比如与村民沟通使用民族语言，在村乡级别的会议上多使用汉语方言，与上级领导交流时多使用普通话。虽然对汉语是否影响到了民族语言的生存看法不一，但是都一致认为要保护好民族语言。然而就个体而言，不同受调查者在不同语言的使用比例上存在一定差异，有人可能佤语使用比例高一些，而有人则可能汉语方言使用比例高一些。但有一点基本是相同的，即走出村寨的范围，与不同民族的人之间交流使用汉语方言，在更重要的场合则使用普通话。

虽然两个县都有专门使用佤语的广播电视频道，但似乎佤族更愿意收听收看汉语频道的节目，主要原因在于他们有着较高的汉语水平，能听懂汉语广播电视节目。就连邻国缅甸的佤族也喜欢收看中国的电视节目。虽然两个村也能收听收看到邻国缅甸的广播电视节目，但收听收看者却不多，主要原因在于对方的技术比不上中国。从他们的言谈中，不时透露出他们对祖国的发展感到自信、自豪和满意。

五、佤族家庭的语言使用情况

（一）家庭基本情况

为深入了解乡村语境下佤族的语言规划情况，项目组在村干部的陪同下进入了一些佤族家庭开展了入户调查。总共调查了25个家庭，其中坝卡村13户、芒伞村12户，共105人，平均每个家庭4.2人。25户人家中，3户为佤汉族际婚姻家庭，其余均为佤族族内婚姻家庭；4户为三代同堂家庭，其余均为两代家庭。详细情况见表5.5.3。

表5.5.3　25户家庭基本情况调查统计表

家庭	成员	年龄	民族	文化水平	语言程度				语言态度			对下一代的态度		
					佤	方	普	傣	佤	汉	外	佤	汉	外
1	父亲	43	佤	小	熟	熟	般	略	最喜	喜	—	支	最支	—
	母亲	40	佤	小	熟	熟	般	略	最喜	喜	—	支	最支	—
	儿子1	18	佤	高	熟	熟	般	—	最喜	喜	—	支	最支	—
	儿子2	14	佤	初	熟	熟	般	—	最喜	喜	—	支	最支	—

续表

家庭	成员	年龄	民族	文化水平	语言程度 佤	语言程度 方	语言程度 普	语言程度 傣	语言态度 佤	语言态度 汉	语言态度 外	对下一代的态度 佤	对下一代的态度 汉	对下一代的态度 外
2	父亲	48	佤	高	熟	熟	熟	略	最喜	喜	—	最支	支	—
2	母亲	35	汉	小	熟	熟	熟	略	喜	最喜	—	支	最支	—
2	女儿	12	佤	初	熟	熟	熟	不	最喜	喜	—	—	—	—
2	儿子	1	佤	—	—	—	—	—	—	—	—	—	—	—
3	父亲	45	佤	初	熟	熟	般	略	最喜	喜	—	支	最支	—
3	母亲	43	佤	小	熟	熟	般	略	最喜	喜	—	支	最支	—
3	女儿1	17	佤	高	熟	熟	般	—	最喜	喜	—	支	最支	—
3	女儿2	15	佤	初	熟	熟	般	—	最喜	喜	—	支	最支	—
4	奶奶	66	佤	小	熟	般	般	略	最喜	喜	般	支	最支	般
4	父亲	40	佤	初	熟	般	般	略	最喜	喜	般	支	最支	般
4	母亲	39	佤	小	熟	般	般	略	最喜	喜	般	支	最支	般
4	儿子	18	佤	中	熟	般	般	—	最喜	喜	般	支	最支	般
5	父亲	42	佤	小	熟	熟	般	略	最喜	喜	—	支	最支	—
5	儿子	21	佤	大	熟	熟	般	略	最喜	喜	—	支	最支	—
5	女儿1	20	佤	初	熟	熟	般	略	最喜	喜	—	支	最支	—
5	女儿2	14	佤	小	熟	熟	般	略	最喜	喜	—	支	最支	—
6	父亲	43	佤	高	熟	熟	略	略	最喜	喜	—	支	最支	—
6	母亲	39	佤	小	熟	熟	略	略	最喜	喜	—	支	最支	—
6	儿子1	20	佤	高	熟	熟	熟	略	最喜	喜	—	支	最支	—
6	儿子2	18	佤	高	熟	熟	熟	略	最喜	喜	—	支	最支	—
7	父亲	46	佤	初	熟	般	般	略	最喜	喜	—	支	最支	—
7	母亲	44	佤	初	熟	熟	般	略	最喜	喜	—	支	最支	—
7	女儿1	24	佤	初	熟	熟	熟	略	喜	最喜	—	支	最支	—
7	女儿2	22	佤	初	熟	熟	熟	略	喜	最喜	—	支	最支	—
7	儿子	20	佤	初	熟	熟	熟	略	喜	最喜	—	支	最支	—

第五章 乡村语言规划

续表

家庭	成员	年龄	民族	文化水平	语言程度 佤	语言程度 方	语言程度 普	语言程度 傣	语言态度 佤	语言态度 汉	语言态度 外	对下一代的态度 佤	对下一代的态度 汉	对下一代的态度 外
8	父亲	44	佤	小	熟	般	般	略	最喜	喜	般	支	最支	般
8	母亲	39	佤	小	熟	般	般	略	最喜	喜	般	支	最支	般
8	儿子1	15	佤	高	熟	熟	熟	略	最喜	喜	般	支	最支	般
8	儿子2	10	佤	小	熟	般	熟		最喜	喜	般	支	最支	般
9	父亲	60	佤	小	熟	熟	般	略	最喜	喜	—	支	最支	般
9	儿子1	24	佤	小	熟	熟	般	略	最喜	喜	般	支	最支	般
9	儿子2	20	佤	初	熟	熟	般	略	最喜	喜	般	支	最支	般
9	女儿	17	佤	高	熟	熟	般	略	最喜	喜	—	支	最支	般
10	父亲	45	佤	初	熟	般	般	略	最喜	—	般	最支	支	般
10	母亲	41	佤	初	熟	般	般	略	最喜	—	般	最支	支	般
10	女儿1	16	佤	高	熟	熟	熟	—	最喜		般	最支	支	般
10	女儿2	12	佤	小	熟	熟	熟	—	最喜		般	最支	支	般
11	父亲	47	佤	中	熟	熟	熟	—	喜	—	—	最支	—	—
11	母亲	46	佤	小	熟	熟	般	—	喜	—	—	最支	—	—
11	女儿1	21	佤	大	熟	熟	熟	—	喜	—	—	最支		
11	女儿2	19	佤	大	熟	熟	熟	—	喜	—	—	最支		
12	丈夫	58	佤	小	熟	般	略	略	最喜	喜	—	—	最支	支
12	妻子	53	佤	小	熟	般	略	略	最喜	喜	—	—	最支	支
13	父亲	44	佤	小	熟	熟	般	—	最喜	般	不喜	—	最支	支
13	母亲	43	佤	小	熟	熟	般	—	最喜	般	不喜	—	最支	支
13	女儿1	21	佤	初	熟	熟	般	—	最喜	般	不喜	—	最支	支
13	女儿2	19	佤	高	熟	熟	般	—	最喜	般	不喜	—	最支	支
14	父亲	34	佤	小	熟	熟	般	—	最喜	般	不喜	—	最支	支
14	母亲	33	佤	初	熟	熟	般	—	最喜	般	不喜	—	最支	支
14	女儿	17	佤	初	熟	熟	熟	—	最喜	般	不喜	—	最支	支
14	儿子	15	佤	初	熟	熟	熟	—	最喜	般	不喜	—	最支	支

续表

家庭	成员	年龄	民族	文化水平	语言程度 佤	语言程度 方	语言程度 普	语言程度 傣	语言态度 佤	语言态度 汉	语言态度 外	对下一代的态度 佤	对下一代的态度 汉	对下一代的态度 外
15	父亲	46	佤	初	熟	熟	般	略	最喜	—	—	最支	—	—
	母亲	45	佤	初	熟	熟	般	略	最喜	—	—	—	最支	—
	儿子	21	佤	中	熟	熟	熟	略	最喜	—	—	—	—	—
	女儿1	18	佤	高	熟	熟	熟	略	最喜	—	—	—	—	—
	女儿2	16	佤	高	熟	熟	熟	略	最喜	—	—	—	—	—
16	父亲	49	佤	小	熟	熟	般	—	最喜	喜	般	最支	支	般
	母亲	46	佤	小	熟	熟	般	—	最喜	喜	般	最支	支	般
	儿子	24	佤	初	熟	熟	熟	—	最喜	喜	—	最支	支	般
	女儿	20	佤	高	熟	熟	熟	—	最喜	喜	—	最支	支	般
17	父亲	44	佤	小	熟	熟	般	略	最喜	喜	—	最支	支	—
	母亲	43	佤	小	熟	熟	般	略	最喜	喜	—	最支	支	—
	儿子1	23	佤	小	熟	熟	熟	略	最喜	喜	—	—	—	—
	儿子2	17	佤	小	熟	熟	熟	略	最喜	喜	—	—	—	—
18	祖父	59	佤	小	熟	般	略	略	最喜	喜	—	最支	—	—
	祖母	56	佤	小	熟	般	略	略	最喜	喜	—	最支	—	—
	父亲	31	佤	初	熟	熟	般	略	最喜	喜	—	最支	—	—
	母亲	30	佤	初	熟	熟	般	略	最喜	喜	—	最支	—	—
	女儿1	10	佤	小	熟	熟	熟	—	喜	最喜	—	—	最支	—
	女儿2	4	佤	—	熟	熟	略	—	喜	最喜	—	—	最支	—
19	父亲	38	汉	初	般	熟	般	—	—	最喜	—	—	最支	—
	母亲	33	佤	中	熟	熟	般	略	最喜	—	—	最支	—	—
	儿子	3	佤	—	—	—	—	—	—	—	—	—	—	—
20	父亲	57	佤	小	熟	熟	般	略	最喜	—	—	最支	—	—
	母亲	52	佤	小	熟	般	般	—	最喜	—	—	最支	—	—
	女婿	33	汉	中	略	熟	般	—	—	最喜	—	—	最支	—
	女儿	30	佤	中	熟	熟	般	—	—	—	—	—	最支	—
	孙女	6	佤	—	佤	般	般	—	—	—	—	—	—	—

续表

家庭	成员	年龄	民族	文化水平	语言程度 佤	语言程度 方	语言程度 普	语言程度 傣	语言态度 佤	语言态度 汉	语言态度 外	对下一代的态度 佤	对下一代的态度 汉	对下一代的态度 外
21	父亲	48	佤	小	熟	熟	般	熟	最喜	喜	—	最支	支	—
	母亲	45	佤	初	熟	熟	般	熟	最喜	喜	—	最支	支	—
	儿子	25	佤	高	熟	熟	熟	般	喜	最喜	—	最支	支	—
	媳妇	23	佤	高	熟	熟	熟	般	喜	最喜	—	最支	支	—
	女儿	21	佤	高	熟	熟	熟	般	喜	最喜	—	最支	支	—
22	父亲	37	佤	小	熟	熟	般	略	最喜	—	—	最支	—	—
	母亲	35	佤	小	熟	般	般	—	最喜	—	—	最支	—	—
	女儿	21	佤	初	熟	熟	熟	—	—	最喜	—	—	最支	—
	儿子1	18	佤	高	熟	熟	熟	—	—	最喜	—	—	最支	—
	儿子2	13	佤	初	熟	熟	熟	—	—	最喜	—	—	最支	—
23	父亲	38	佤	小	熟	熟	熟	略	最喜	喜	—	最支	支	—
	母亲	36	佤	小	熟	熟	般	—	最喜	喜	—	最支	支	—
	女儿1	13	佤	初	熟	熟	熟	—	最喜	喜	—	最支	支	—
	女儿2	10	佤	初	熟	熟	熟	—	最喜	喜	—	最支	支	—
24	祖母	60	佤	小	熟	熟	不会	略	最喜	喜	—	最支	支	—
	丈夫	35	佤	高	熟	熟	熟	略	最喜	喜	—	最支	支	—
	妻子	33	佤	小	熟	熟	般	—	最喜	喜	—	最支	支	—
	儿子	7	佤	小	般	熟	般	—	最喜	喜	—	—	—	—
25	父亲	53	佤	高	熟	熟	熟	般	最喜	喜	—	最支	支	—
	母亲	47	佤	高	熟	熟	熟	般	最喜	喜	—	最支	支	—
	女儿1	24	佤	高	熟	熟	熟	略	最喜	喜	—	最支	支	—
	女儿2	18	佤	高	熟	熟	熟	—	最喜	喜	—	最支	支	—
	儿子	13	佤	初	熟	熟	熟	—	最喜	喜	—	—	—	—

注：为便于制表，采用缩写形式。小、初、高、大分别对应小学、初中、高中和大学；佤族或佤语缩写为"佤"，本地汉语方言缩写为"方"，普通话缩写为"普"；熟练缩写为"熟"，一般缩写为"般"，略懂缩写为"略"；喜欢缩写为"喜"，最喜欢缩写为"最喜"；最支持缩写为"最支"，支持缩写为"支"。没有这种情况或者调查表中未填写项目为"—"。表中第1—13户来自坝卡村，第14—25户来自芒伞村。

从表5.5.3的统计情况来看，两个佤族村寨虽然分别属于两个不同的民族自治县，但存在较大的同质性，这可能与两个村庄地理位置相距不远，且同属于佤族聚居的佤山地区等因素有关。鉴于此，我们对所收集到的数据进行合并统计。结果表明，25户人家105人的平均年龄为30.5岁，其中男性49人，占比46.7%；女性56人，占比53.3%。所调查的25户人家105人的文化层次相对较低，小学文化程度者接近四成，占比38.1%（40人）；初中文化程度的人数比例近三成，为29.5%。仅这两个文化层次的人数就占了总数的67.6%。其余人员中高中文化程度者21人，占比20%；大学文化程度者3人，占比2.9%；中专文化程度者6人，占比5.7%。后两种人大多数在县城有固定工作，只是偶尔会回到乡村。就语言熟练程度来看，受访家庭仍然稳定地使用母语，同时兼用本地汉语方言或普通话，大多数年龄较大的人还懂一些傣语。详细统计结果见表5.5.4：

表5.5.4 受访家庭成员语言熟练程度统计（N=105）

项目	佤语 人数	佤语 比例	本地汉语方言 人数	本地汉语方言 比例	普通话 人数	普通话 比例	傣语 人数	傣语 比例
熟练	99人	94.3%	86人	81.9%	40人	38.1%	4人	3.8%
一般	2人	1.9%	17人	16.2%	55人	52.4%	5人	4.8%
略懂	1人	1%	0人	0%	7人	6.7%	53人	50.5%
不懂	2人	1.9%	2人	1.9%	3人	2.9%	41人	39%
缺省	1人	0.95%	0人	0%	0人	0%	2人	1.9%

表5.5.4显示，受访家庭中94.3%的人能熟练地使用母语，其余人员母语能力一般、略懂或者不懂者多为族际婚姻家庭中的汉族或者1岁左右的幼儿。就母语的熟练程度而言，几乎不存在代际差异。本地汉语方言熟练者超过八成（81.9%）。虽然年纪较大的人汉语方言能力较弱，但代际之间的差异并不大。只是在普通话的熟练程度上存在一定的代际差异，能熟练使用普通话者多为中青年以下的人群，中老年以上者普通话水平"一般"或者"略懂"。另外，50.5%的人还略懂一些傣语，但能熟练使用傣语的比例只有4人，占比3.8%。略懂一些傣语的人多为30岁以上的中老年人，随着年龄的下降，略懂傣语的比例越来越小。

（二）家庭成员语言态度

我们从两个方面调查了两个佤族村寨25户居民的语言态度，一是他们本人对不

同语言的态度,二是他们对下一代人学习语言的态度。详细统计结果见表5.5.5和表5.5.6:

表5.5.5 受调查本人语言态度(N=105)

项目	最喜欢		喜欢		一般		不喜欢		无态度	
	人数	比例	人数	比例	人数	比例	人数	比例	人数	比例
佤语	83人	79%	13人	12.4%	0人	0%	0人	0%	9人	8.6%
汉语	13人	12.4%	61人	58.1%	8人	7.6%	0人	0%	2人	1.9%
外语	0人	0%	0人	0%	13人	12.4%	8人	7.6%	84人	80%

表5.5.5调查结果表明,大多数人最喜欢本民族母语,比例将近八成(79%)。对汉语的态度表现为喜欢的占比为58.1%,最喜欢的比例为12.4%。说明在受调查者心目中,汉语的位置不如本民族母语。然而,在针对下一代语言学习的态度方面,两种语言的位置发生了微妙变化,大多数人最支持下一代学习的语言变成了汉语,占比为53.3%,超过了母语35.2%的占比,详见表5.5.6。

表5.5.6 对下一代语言学习的态度

项目	最支持		支持		一般		不支持		无态度	
	人数	比例	人数	比例	人数	比例	人数	比例	人数	比例
佤语	37人	35.2%	34人	32.4%	0人	0%	0人	0%	34人	32.4%
汉语	56人	53.3%	24人	22.9%	0人	0%	0人	0%	25人	23.8%
外语	0人	0%	10人	9.5%	20人	19%	0人	0%	75人	71.4%

需要指出的是,在填写调查表时,我们提供了本民族母语、汉语、其他民族语言和外语(英语或者缅语)让受访者进行选择。由于受访者只在母语、汉语和外语中进行选择,未对其他民族语言发表看法,故在统计时我们没有把其他民族语言如傣语列入统计表中。即便是外语,无态度的比例也分别高达80%和71.4%。在选择外语为英语的人数中,有12.4%的人持一般态度,另外7.6%的人表示不喜欢英语。对下一代的外语学习,有9.5%的人表示"支持",19%的人持"一般"支持态度。之所以有七成到八成的受调查者未对外语表达其态度,说明外语尚未进入佤族村民的语言生活之中,这也是当前大多数乡村语言生活的真实写照。

稍显意外的是，由于本次所调查的两个佤族村寨紧邻缅甸，原以为受调查者会对缅语产生兴趣，实际结果却是无一人选择邻国的缅语进行评价。之所以无人对缅语表示兴趣，可能因为与他们紧邻的缅甸区域为佤邦，与两个村寨的佤族属于同一民族，他们可以使用民族共同语佤语进行交流，也可以使用当地汉语方言。因为缅甸佤邦的很多佤族也会使用当地汉语方言，故本次调查对象不对缅语产生兴趣也在情理之中。

（三）家庭内部语言使用

除了乡村居民个人的语言熟练程度和语言态度影响语言规划外，最能揭示乡村语言规划实际的是家庭的语言使用。而语言使用则受语言能力的制约。从表5.5.4中可以看出，94.3%的人能熟练使用本民族母语，81.9%的人能使用汉语方言，还有33.1%的人能熟练使用普通话，此外尚有50.5%的人略懂一些傣语。这样的语言能力构成了两个佤族乡村语言规划的基调。

几乎毫无悬念的是，受调查家庭的语言使用几乎都是按照语言使用的场域和对象来进行规划的。族内婚姻家庭在家庭内部和村寨内部均使用本民族母语，只有当家中来了其他民族的客人的时候，或者在村寨里与汉族交流的时候，才使用汉语方言。而在族际婚姻家庭中，比如在3个佤汉家庭中，本民族母语的使用才在一定程度上受到汉族家庭成员佤语语言能力的制约。当汉族家庭成员佤语能力"一般"或者"略懂"时（比如第19户中的父亲和第20户中的女婿），家庭内部的语言使用出现了佤汉交替的情况。当佤语沟通难以进行时，这些家庭会自动地使用当地汉语方言来进行调节。而当这样的家庭成员佤语变得熟练起来（比如第2户中的母亲），这些家庭的语言使用又会偏向于佤语。虽然村民中能熟练使用普通话的比例不低，但是在家庭和村寨内部几乎很少使用普通话。普通话的使用仅仅限于有外地来客的时候才使用。比如，我们在入户调查中用汉语方言难以沟通时，部分受访者也会使用普通话进行辅助交流。相对而言，傣语的使用情况更少。这一方面是因为村民的傣语使用能力有限，50.5%的人只是略懂傣语，多数只限于"吃饭""喝酒"等简单的日常用语，更主要的原因还是缺乏交流的对象和场合。当然也有例外，比如第11户家庭（坝卡村）和第21户家庭（芒伞村）因为有傣族亲戚，更主要的是父母辈能熟练使用傣语，所以在傣族亲戚来访时会说一些傣语。但是，因为家庭中其他成员的傣语能力有限，大多数情况下还是使用方言进行交流。

走出家庭和村寨后的语言使用要稍显复杂一些，但是受访者也能进行合理的规划，以顺利完成交际任务。通常情况下，受访者的语言使用所遵循的规划原则是

"遇汉说汉（方言）""遇佤说佤"，当用汉语方言不能沟通时，则使用普通话来完成交际任务。而当年长者或者汉语能力有限的村民需要到县城办事时，他们往往会让能使用汉语方言或者普通话的家人陪同来帮助他们实现交流目的。

（四）家庭语言使用个案

为了揭示佤语、汉语方言、普通话等语言在乡村佤族生活中的规划情况，我们在入户调查的同时也对部分人员进行了访谈。以下是部分访谈的内容：

第6户（坝卡村）：全家4口人（祖父母单独生活，未统计在内），都在村里务农。两个儿子分别为20岁和18岁。农闲时候父母会到县城卖蔬菜，两个儿子则做些零活。全家都能熟练使用本民族母语和本地汉语方言，普通话也能说一些，只是不标准。傣语懂一些，但不会说。下面是对母亲杨小大的访谈记录：

我佤话和汉语都会说，经常到县城卖菜。平时遇到佤族讲佤话，遇到汉族讲汉话。和佤族讲佤话，会和他们拉近距离。大多数时候还是汉话说得多些。不过回到家里和公公婆婆还是说佤族话，因为他们很听不懂汉话，他们这些50—60岁的人有些会听不会讲，有些会讲一些简单的，难点的就不会了。我卖菜的时候会经常碰到佤邦的佤族，那里的佤族有些是从我们这边过去的，不过他们的发音和我们的有些不一样，如果说佤话听不懂时，就说汉语。他们也会说汉语，他们那边有佤族也有汉族。

第11户（坝卡村）：这是一个四口之家。父亲赵祥47岁，中专毕业后在县城工作，其妻赵叶嘎小学文化程度，在坝卡村务农。他们有两个女儿，大女儿在本地的一所职业技术学院读大学，明年毕业，小女儿在昆明一所大学读书。以下是对父亲赵祥的访谈记录：

我在县城工作。我在工作中主要说本地方言，但是回到家里主要说佤语。其他和我情况相似的人在县城工作时主要说方言，有时候也说佤语。下一代如果生活在城市的话，比如我有侄女和侄子，他们不会讲佤语，都说汉语了。现在机关单位的子女都是会听不会说了。如果照这样下去的话，不出几代人，佤语就消失了。所以你们问我佤语会不会濒危，我认为肯定会濒危的。不过好在农村情况好一些，小孩子还能讲（佤语）。我觉得和小孩子还是坚持和他们说佤语，这样本民族语言才能延续。我普通话讲得不好，但是到昆明的话，还是要说普通话，因为我讲方言人家就听不懂。我们县每年对50岁以下的公职人员都要考普通话。对普通话的要求越来越高。我偶尔也会到缅甸去，缅甸人的英语不错，但是我英语不好，所以都用佤语或者汉语交流。

第22户（芒伞村）：这是一个五口之家，父亲、母亲、一个女儿和两个儿子。祖父祖母单独生活，未纳入调查范围。全家人都能说佤语和方言，大女儿和两个儿子还能熟练使用普通话。女儿初中毕业后在县城务工，农忙时回家帮助父母做些农活。两个儿子分别读高中和初中，下边是对在读高中的大儿子刘润的访谈记录：

我在县城读书，平时在课堂上说普通话，课间老师和同学以及同学和同学之间主要说汉语方言。说方言的原因主要是有些同学不会说佤语。回到家里不说方言，主要说佤语，因为我爷爷不会说汉语，也听不懂。像他这个年纪的人在村子里大多数不会说汉语，只有少部分人能听懂汉语。他们一般情况都不会去县城的，如果非去不可的话，一般都有子女或同村的亲朋好友陪同。我爷爷会说傣语，遇到傣族就讲傣语。我个人不会说傣语，年轻人都不会。至于佤语会不会消失，我觉得不会，我们村里连小孩都会说佤语，而且说得很好。关于缅语和英语，我觉得还是英语重要，是国际通用语言，而且高考又不考缅语，学了也没有用处。

第24户（芒伞村），虽然只是四口之家，但却是三代同堂，祖母60岁在家里做些家务和农活，只会说佤语，方言能听懂一些，基本不会讲。父亲和母亲农闲时在县城做些买卖，大多数时候在村里做农活，能说佤语、方言和普通话，他们有一个7岁的孩子，在读小学。以下是对33岁的母亲李俄到的访谈记录：

我们在家里和村寨里都说佤语，方言说的不多，只有年龄大一些的人会说点傣语。给你们说说我表妹家吧。他们家住在缅甸佤邦，是我表妹的奶奶时从我们村搬到那里的。他们家中有好几个民族，会说傣语、缅语、景颇语和佤语，但是家中多数时候是说汉语，就是我们这边的汉语方言，与我们讲的方言没有区别。我表妹前些年去缅甸读书，这些年才回来佤邦住。她说缅甸的学校缅语和英语都是主课，但是佤邦没有把缅语和英语当回事，中文才是主课。不过去年缅甸在佤邦开办了缅语学校，教缅语课。

以上是我们在入户调查过程中对部分家庭成员的访谈记录，前面两户来自坝卡村，后面两户来自芒伞村。为了节省篇幅，我们省略了问题，只是记录了他们关于语言使用的一些反馈。他们的反馈不仅进一步验证了村干部对乡村语言规划境况的描述，还给我们提供了额外的信息。

乡村的语言使用情况明显不同于城镇，乡村的人口结构、居住状态更容易形成有利于民族语言保护与发展的人文与自然环境。相同的民族、相似的语言能力、人与人之间交流便利的居住模式等为村民们之间形成一个语言态度相对一致、语言使用趋同的言语社区创造了条件。在这一言语社区范围内，人们的语言使用往往遵循一定的规律，在家庭成员交流最核心的范围内即家庭范围内使用本民族母语。而由几十户、上百户不同家庭所构成的乡村社区基本维系了家庭的语言使用格局，从而共同形成了独特的乡村语言社区。这样的社区对民族语言的传承起到了积极作用。因此，从乡村语言社区的角度出发，少数民族语言不存在消亡的危险。而县城情况则有所不同，居住在县城的人们为了交流的便利必须寻求不同民族之间可以通用的语言，即所谓族际通用语来实现交际目标。对居住在云南边疆地区的人们来说，这种县城范围内的族际语往往是当地的汉语方言。只有当这种族际语不能完成与来自其他地域的人的交际任务时，人们才会尝试使用更大范围内的族际通用语，即普通话。从表面上来看，民族母语、汉语方言、普通话各就各位，各自在不同的语域（language domains）（Spolsky，2016）发挥作用，表现出了多语和谐的趋势。（李宇明，2013）然而，从另一个角度来看，语域决定着功能，在功能规划（李宇明，2008）的过程中必然产生竞争。有着更多更广使用领域和范围的本地方言在语言使用中表现为使用率更高，而民族母语的使用因囿于家庭范围而范围较小，从而导致其生存空间日愈逼仄，乃至在城市工作的受调查者感叹：民族母语存在濒危危机。

调查案例表明，佤族还是一个跨境而居的民族。对两个不同国家来说，也许存在一条显性的边界，由一个界桩和一条边界线把两个国家分割开来，而对同一民族来说，他们之间是没有界线的。他们民族相同，语言相通，文化相同。其中，很多人相互通婚，互为亲戚。此方的语言使用必然影响到彼方的语言使用，彼方的语言规划必然对此方的语言规划产生影响。从入户调查的访谈中可以看出，缅甸佤邦的佤族也使用当地汉语方言，说明汉语方言也对佤邦佤族的社会和经济发展产生了重要影响，以至于他们不把缅语教育当回事。而这种影响只可能来自佤族的族内交往。生活在缅甸的佤族对缅语都是如此态度,那么生活在中国的佤族必然不会对缅语产生积极的评价。虽然民族之间没有界限,但物理的分割还是会在语言上展现出来。随着岁月的流逝,中缅边界两边的佤族口音还是出现了差异,并可能在一定程度上影响了交际。而解决交流障碍的方法只能是大家都共通的语言,这就是本地汉语方言。从语言规划的角度来说,维系两种语言之间的平衡,或许能实现真正的语言和谐。

六、村民问卷调查结果与分析

在村干部访谈和入户调查的基础上,我们又在两个佤族村庄随机发放了问卷。调查内容仍然包括个人的基本情况如姓名、性别、年龄、婚姻状况,个人的语言使用和语言态度,以及当地宏观语言政策对乡村语言规划的影响,受调查者对民族语言保持的看法等几个方面。我们在两个村庄各发放了50份问卷,总共回收89份,剔除部分填写不完整以至于无分析价值的问卷,实际获得80份问卷。以下便是基于这80份问卷的统计与分析。

(一)基本情况

如上所述,我们在两个佤族村寨共收集了80份问卷,其中坝卡村41份、芒伞村39份。两个村庄所获取的问卷份数差距不大,调查结果如表5.5.7:

表5.5.7 佤族村民基本情况统计(N=80)

类别	对象	人数	比例	类别	对象	人数	比例
性别	男	44人	55%	民族	白族	1人	1.2%
	女	36人	45%		傣族	1人	1.2%
婚姻	已婚	27人	33.8%		佤族	78人	97.5%
	未婚	53人	66.2%	语言使用	白佤双语	1人	1.2%
年龄	18岁以下	14人	16.2%		汉语单语	1人	1.2%
	19—39岁	55人	68.8%		汉佤双语	19人	23.7%
	40—55岁	11人	13.8%		佤汉双语	59人	73.7%
	56岁以上	1人	1.2%				

从表5.5.7中可以看出,本次调查的80名佤族村民中男性占比55%,稍多于女性(45%)。从婚姻状况来看,未婚者人数超过六成(66.2%),已婚者仅三成多

一点（33.8%）。受调查者的年龄大多在中青年以下，39岁以下人数比例超过八成（85%），中老年以上即40岁以上受访者占比15%。之所以中青年以下受调查者人数比例远超中老年人数比例，这是因为填写问卷对文化程度有一定要求，所以很多家庭往往让家中的年轻人填写。此外，从民族构成来看，本次所调查的80人中，除了一名白族和一名傣族外，其余均为佤族，佤族受访者占比为97.5%，这符合我们对佤族乡村语言规划调查的要求。从语言使用情况来看，80名受访者中有一名汉语单语者，这是一名来自佤傣族际婚姻家庭的受访者；另有一名白佤双语者，其白语熟练程度超过佤语，这是一名白族，来自白佤族际婚姻家庭。除了这两名受访者语言使用情况比较特殊外，剩余97.4%的受访者均为双语者。鉴于我们调查的对象为佤族，故有必要对受调查者的语言熟练程度做出明确界定，即佤汉双语者和汉佤双语者。前者的母语熟练程度超过汉语水平，占比为73.7%，后者的汉语水平高于母语，占比为23.7%。鉴于受调查者超过三分之二的人为年龄在39岁以下的中青年人，表明当前乡村佤族还具有较高的母语水平，这为母语在乡村语言生活中的规划奠定了基础。

（二）语言使用

从上文的基本情况介绍中可以看出，受调查者中高达97.4%的人能使用佤汉双语，且母语熟练程度超过汉语水平的人比例超过三成。那么他们在现实生活中的语言使用是一种什么情况呢？我们从表5.5.8中可以一窥究竟。

表5.5.8 乡村佤族村民语言使用情况（N=80）

问题 选项	母语 N（人）	母语 比例（%）	方言 N（人）	方言 比例（%）	普通话 N（人）	普通话 比例（%）	佤汉双语 N（人）	佤汉双语 比例（%）	其他语言 N（人）	其他语言 比例（%）	缺省 N（人）	缺省 比例（%）
在家里	71	88.8	3	3.8	0	0	0	0	3	3.8	3	3.8
在村寨里	71	88.8	2	3.8	0	0	1	1.2	傣彝2	2.5	3	3.8
上街购物	4	5	67	83.8	0	0	2	2.5	0	0	6	7.5
村/乡开会	15	18.8	40	50	21	26.2	2	2.5	0	0	2	2.5
到城镇办事	4	5	58	72.5	16	20	0	0	0	0	2	2.5
到医院看病	4	5	59	73.8	16	20	0	0	0	0	1	1.2
医生使用	3	3.8	53	66.1	23	28.8	0	0	0	0	1	1.2
与其他民族交谈	14	17.5	17	21.2	43	53.8	0	0	4	5	2	2.5

表5.5.8统计结果表明，坝卡村和芒伞村村民在家庭和村寨内部使用本民族语言的比例接近九成，均为88.8%，说明两个佤族村寨仍然稳定地使用本民族母语。虽然有少部分族际婚姻家庭中存在使用其他语言如汉语方言、傣语或彝语的情况，但其较低的使用比例尚不能对佤语在家庭和村寨内部的使用构成威胁。而走出村寨的范围比如到了集市购物、到乡镇开会、到医院看病，或者是交际的对象发生了改变比如与其他民族人士交谈，佤族的语言使用则出现了分化。事实上，即便是在乡村范围内，语言使用也会随交际场合的改变而改变。比如，在乡村会议上，母语的使用则由88.8%降低为18.8%，而本地汉语方言的使用则由3.8%上升到了50%，普通话的使用也达到了26.2%，远超母语的使用。如果走出乡村的范围，赶街购物、进城办事、看病就医，则汉语方言的使用一直处于高位，且普通话的使用比例也不低。在后面这几种情况中，赶街购物使用方言的比例最高，超过八成（83.8%），进城办事和看病就医使用方言的情况非常相似，都超过了七成。但无论是在何种场域，离开家庭和乡村的范围，母语的使用比例均降到最低点，仅5%，几乎可以忽略不计。

当然，如果换作别人，面对佤族他们会使用什么语言呢？我们统计了医生在与佤族沟通交流过程中的语言使用情况。调查结果表明，医生使用佤族民族母语的比例仅3.8%，使用汉语方言和普通话的比例则分别达到了66.1%和28.8%。之所以大量使用汉语方言或者普通话，主要还是因为在看病就诊过程中，必然碰到诸多用少数民族语言无法表达的疾病名称和医药名称，碰到这种情况，医生只能使用汉语方言或者普通话进行解释，这正好也得到了调查结果的印证。在这种情况下，使用民族母语的比例也仅3.8%，使用汉语方言和普通话的比例二者相加也超过了九成，高达95%。虽然此处所陈述的是医生的语言使用情况，实际上将直接作用于佤族村民的语言规划，即要么自己掌握汉语方言或者普通话，要么就在看病就医或者类似情况下带上会讲汉语的家人一同前往。这与村干部访谈和入户调查中所了解到的情况完全一致。

同其他乡村少数民族一样，佤族有着强烈的民族认同感。但稍有不同的是，他们在与邻国佤族的交往中，深刻感受到了中国社会经济发展给他们带来的好处，对比缅甸的动乱以及经济文化发展的滞后，他们为自己国家的发展进步而感到自豪。可能正是由于这样的原因，即便是身处佤山的乡村居民，他们也有着较高的汉语方言和普通话能力，以至于即便是在家庭和乡村语境下，也即全民使用民族母语的语境下，他们中也有很多人会在必要情况下使用普通话。当然，如果遇到其他民族的人，则使用普通话的比例会更高。说明佤山佤族对汉语方言和普通话有着极高的认同感。

（三）对下一代语言学习的规划

语言规划也是一种干预活动，因此，就少数民族乡村和家庭来说，其语言规划的一个重要维度还体现在对下一代的语言学习干预上。我们在入户调查部分对25个家庭的语言态度进行了调查，从中可以看出，大多数人最喜欢的语言为本民族母语，其次为汉语；而对下一代的语言学习则发生了变化，大多数人最支持下一代学习的语言变成了汉语，母语其次。为了解乡村居民对下一代语言学习的干预情况，我们进行了非常显性的调查，详细情况见表5.5.9：

表5.5.9　佤族村民对下一代语言学习的规划（N=80）

问题	统计分析（人数与比例）			备注
您是否会对下一代的语言学习或语言使用进行干预？	会　22人（27.5%）	不会　56人（70%）	—	缺省　2人（2.5%）
孩子在学习民族语言（汉语）过程中，是否对其发音、用词进行纠正？	经常　35人（43.8%）	偶尔　43人（53.8%）	从不　2人（2.5%）	—
您觉得您的孩子应该学习英语吗？	应该　77人（96.2%）	不应该　2人（2.5%）	—	缺省　1人（1.2%）

就第一个问题而言，27.5%的受访者表示会对下一代的语言学习或者语言使用进行干预，70%的人表示不会干预。如果仅从调查数据来看，绝大多数人对下一代的语言学习或者语言使用采取了听之任之的态度和做法。这反映的是乡村少数民族对下一代语言规划的一种真实写照。在乡村居民受教育程度总体不高的情况下，他们很难明确地对自己或者下一代的语言学习或语言使用做出明确的规划，比如明确地要求下一代学习什么语言或者使用什么语言。而事实上，很多语言学习或者使用的规划行为往往是在隐性的不经意之间发生的，尤其是针对下一代的语言规划。因此，如果换一个角度进行调查，我们将得到不同的结果。这在第二题的调查中得到了印证。在对该题的回答中，只有2人（2.5%）表示不会对孩子在语言学习过程中的发音、用词错误等进行纠正，而经常进行纠正等干预活动的比例则超过了四成（43.8%），如果再加上偶尔纠正的比例（53.8%），会对下一代语言学习或使用进行规划的比例则超九成，达到了97.5%。

考虑到两个佤族村寨紧邻缅甸，我们试图在村干部访谈和入户调查部分了解他们对外语的态度，希望他们能在英语或者缅语之间做出选择（详见本节入户调查部分）。出乎预料的是，25个受访家庭中没有一例对缅语发表看法，倒是有12.4%的人对英语持一般喜欢态度，有9.5%和19%的人表示"支持"或者"一般支持"下一代学习英语。为此，我设计了这一问题"您觉得您的孩子应该学习英语吗？"表示肯定回答的比例高达96.2%。虽然这一结果远远超出了预期，但也不令人惊讶。虽然佤族紧邻缅甸，但与他们相邻而居的也是同一民族，使用着共同的民族母语或者族际共同语汉语方言，不对缅语产生学习和使用的兴趣也符合当地的语言规划实际。之所以认为下一代应该学习英语，除了英语所具有的国际地位外，这与中国的外语教育政策存在密切关系。作为中小学教育体系里的一门重要课程，作为中考高考中必考的一个重要科目，作为外语的英语也不可避免地将在佤族的语言生活中起到重要作用，也将是佤族村民语言规划中不可或缺的一个重要组成部分。

（四）宏观语言政策的影响

相对而言，佤族居住集中，稳定地使用民族母语，且有新创文字。从这个意义上来说，我们所调查的两个佤族自治县应该属于有使用佤族语言文字条件的地区。然而，就生活在乡村地区的广大少数民族群众来说，由于受教育条件的制约以及自身文化水平的限制，使用本民族新创文字尚有较大困难，传统的使用少数民族文字的平面媒介如报纸、书刊等便很难在乡村地区进行扩散。而广播电视因为以口头语言为主要传播方式便不受此限制。因此，以少数民族语言文字作为媒介，以宣传、教育、娱乐作为主要目的的广播电视成为了执行国家宏观语言政策的重要手段。有鉴于此，很多民族自治地方都有使用少数民族语言的广播电视频道和节目。那么，我们所调查的两个佤族乡村能否收听到使用本民族语言的广播电视？他们是否经常收听收看？收听收看到使用本民族语言的广播电视节目后，他们会有什么样的感受？调查结果见表5.5.10：

表5.5.10　佤族乡村村民收听收看本民族语广播电视情况调查

问题	统计分析（人数与比例）			备注
是否可收听收看到本民族语的广播、电视？	能 74人（92.5%）	不能 6人（7.5%）	—	—
如果能收听收看到的话，是否经常收听收看？	经常 20人（25%）	偶尔 56人（70%）	从不 3人（3.8%）	缺省 1人（1.2%）
当您收听收看到本民族语的广播、电视、电影时，您的感受是？	高兴 73人（91.2%）	没感觉 4人（5%）	—	缺省 3人（3.8%）

调查结果表明,有高达92.5%的受访者表示能收听收看到使用本民族语的广播电视,这与我们在其他少数民族乡村地区的调查结果形成鲜明对比。在怒江州的瓦嘎村,只有3.3%的白族受访者表示能收听收看到用本民族语广播的节目;在红河州的麻栗树村,只有6.7%的彝族受访者表示能收听收看到用彝语广播的节目。当然,宏观语言政策的执行与否并不由村民是否能收听收看到使用本民族语言的广播电视节目作为评判的依据。比如,在红河哈尼族彝族自治州,我们采访了该州的前广播电视台台长,还采访了现任哈尼语广播的播音员,了解到该州使用哈尼语和彝语广播的情况。结果表明,宏观层面的语言规划并没有缺位,只是可能在宣传推广方面存在不足。当然,从另一个角度来看,也可能是汉语的强势传播挤占了民族语言的位置,致使这些乡村的少数民族忽略了本民族语言广播电视的存在。然而,在佤族聚居区,超过九成的受访者表示能收听收看到本民族语言的广播和电视,而且还有25%的人经常收听收看,如果加上70%偶尔收听收看的人数,几乎所有佤族受访者都有收听收看本民族语广播电视的经历。从这个意义上来说,佤族聚居区的宏观语言政策直接对最微观的基层个体发生了作用。这种作用不仅仅在于显性的娱乐、获取资讯、消磨时光等传统媒介所要达到的目标,在民族地区所开展的与语言使用有关的任何规划行为都将对语言的使用、语言的保持乃至个人的语言态度产生影响。在入户调查和村干部访谈中,我们发现一些家庭意识到了民族语言的重要性。原因是他们感受到了来自政府宏观层面的对民族语言和文化的重视。而使用本民族语言的电视和广播何尝不是宏观层面重视少数民族语言的一种表现形式。

即便不是从政策的角度来考虑,单从民族感情的角度来解读,能收听收看到使用本民族语言文字的广播电视节目,也是开展民族地区语言规划的重要一环,毕竟有超过九成(91.2%)的受访者表示在收听收看到本民族语的广播、电视、电影时感到高兴。这种积极的心理将有利于本民族语言的使用和保持,将对微观层面的语言规划带来正面效应。

(五)语言态度

在对村干部的访谈和入户调查中,我们发现,不管是直接的还是间接的,佤族村民都表现出了强烈的本民族语言认同,最喜欢自己的民族语言,认为本民族语言比汉语、其他民族语言好听,也比汉语和其他民族语言重要。那么针对村里其他佤族村民的调查是否会有相同或相似的结果?表5.5.11是对两个佤族村寨80名其他村民所做的调查。

表5.5.11 佤族普通村民语言态度调查

问题	统计分析（人数与比例）				备注
您更喜欢哪一种语言？	汉语方言 11人（13.7%）	普通话 9人（11.2%）	本民族语 58人（72.5%）	其他民语 0人（0%）	缺省 2人（2.5%）
您觉得您的民族语言？	比汉语好听 10人（12.5%）	不如汉语好听 4人（5%）	比其他民语好听 64人（79.5%）	不如其他民语好听 1人（1.2%）	缺省 1人（1.2%）
您觉得您的民族语言？	比汉语重要 16人（20%）	不如汉语重要 8人（10%）	比其他民语重要 55人（68.5%）	不如其他民语重要 0人（0%）	缺省 1人（1.2%）
您的民族母语是否会逐渐消亡？	会 17人（21.2%）		不会 62人（77.5%）		缺省 1人（1.2%）

从表5.5.11中可以看出，在汉语方言、普通话、本民族母语和其他民族语言中，更喜欢本民族母语的比例超过七成（72.5%），而更喜欢汉语方言和普通话的比例仅一成多一点。更喜欢其他民族语言的比例为零，这主要是因为受调查者97.5%为佤族，另外2名受调查者分别为傣族和白族，他们可能放弃了选择。就语言的形象而言，受调查者认为佤语比汉语和比其他民族语言好听的比例二者相加超过了九成，高达92%，而认为不如汉语好听的比例仅5%，不如其他民族语言好听的比例仅1.2%，说明佤语在佤族受访者中具有良好的语言形象，这可能是佤族喜欢本民族语言的重要因素。就语言的重要性而言，调查结果与前面两个分项高度一致，认为佤语比汉语重要的比例为20%，比其他民族语言重要的比例为68.5%，如果把两者相加，其比例也接近九成（88.5%），而认为不如汉语重要的比例仅10%。这一调查结果再次充分显示了乡村佤族村民对本民族母语的高度认同。这种高度的民族母语认同带来的是语言自信。尽管处于强势汉语包围下的少数民族语言处于岌岌可危的地步，但是超过七成（77.5%）的佤族村民不认为自己的民族母语处于濒危地步。尽管如此，仍然有两成（21.2%）的村民可能意识到了危机，相信本民族母语会逐渐消亡。因此，民族语言保持必然成为语言规划的重要组成部分。

（六）语言保持

从语言态度的角度出发调查佤族语言是否会逐渐消亡，持否定态度的比例仅

77.5%（见表5.5.11），而从语言保持的角度调查佤族语言是否会长期保存下去，持肯定看法的比例几乎百分之百（98.8%）（见表5.5.12）。不论是在何种情况下，这种态度或者看法构成了当前乡村佤族语言规划的基调——在家庭和乡村范围内佤语普遍使用的情况下，受访者对本民族语言的保持所展示的不仅是自信和自豪。如果做更明确的调查，村民们会持有什么样的看法呢？具体情况见表5.5.12。

表5.5.12 佤族乡村语言保持情况调查表

问题	统计分析（人数与比例）		备注
您觉得您的民族语言会长期存在下去吗？	会 79人（98.8%）	不会 1人（1.2%）	—
如果您的民族语言出现了衰退现象，您对造成这种现象的看法是：	A. 汉语的影响 4人（5%） B. 其他民族语言的影响 5人（6.2%） C. 本民族不重视 37人（46.2%） D. 社会经济发展 25人（31.1%） CD 5人（6.3%）		缺失 4人（5%）
您认为推广普通话是否会影响到您的民族语言的生存？	会 31人（38.8%）	不会 44人（55%）	缺失 5人（6.2%）
您觉得是否有必要保护本民族语言，为什么？	有必要 74人（92.5%）	不必要 3人（3.8%）	缺失 3人（3.8%）

表5.5.12显示，尽管认为佤族语言会长期存在下去的比例几乎百分之百，但假如其民族语言出现了衰退，导致这一结果的原因却不容忽视。从调查者作为局外人的角度来看，可能汉语的影响要负主要责任，但出乎意料的是，受调查汉语影响的归因比例仅5%，而认为本民族不重视以及社会经济发展影响的比例则分别达到了46.2%和31.1%。这一结果较好地诠释了少数民族语言保持的内在因素和外部诱因。如果本民族不重视自己的民族母语，再多的外部努力都是徒然的。而少数民族放弃自己的民族母语往往又是不得已而为之的做法，因为民族地区社会经济文化的发展往往不是自发的，而是以国家通用语为代表的先进的生产方式所引发的。因此，社会经济发展等外部因素会让少数民族更倾向于国家通用语，从而享受到包括其他民族在内的全民族社会经济文化发展所带来的红利。从这个意义上来说，国家通用语的影响不可避免。这一假设在第三个题项的调查中得到了印证。该题项的调查结果显示，认为普通话推广会影响民族母语生存的比例达到了38.8%，接近四成，远远超过了第

二个题项中仅5%认为汉语会产生影响的比例。因此，假如少数民族语言真的出现了衰退，来自汉语的影响应该是客观存在的，伴随社会经济文化的发展以隐形的方式产生影响。当然，超过九成的人认为要保护少数民族语言，可能反映的是一种强烈的民族语言认同。但是，如果一门语言活力十足，不存在衰退的风险，那也就无需保护了。

本节调查了沧源坝卡村和耿马芒伞村两个佤族乡村的微观语言规划情况，探讨了影响佤族乡村语言规划的直接的和间接的因素。通过村干部访谈、入户调查和村民问卷的方式调查了可能对语言规划产生间接影响的因素，如两个佤寨的地理位置、人口分布、村民受教育情况等；我们也对直接作用于乡村微观语言规划的因素如村民的语言熟练程度、语言使用、语言态度、语言保持等语言因素进行了研究。此外，我们还调查了佤语广播电视的收听收看情况，目的是以其作为观测点，探究佤族宏观语言政策对乡村微观语言规划的影响。

从地理位置来看，虽然坝卡村和芒伞村分别属于两个不同的民族自治县，一个是佤族聚居的自治县，另一个是傣族和佤族聚居的民族自治县，但因两个佤族村寨相距不远，且人口分布、村民受教育程度等方面也存在诸多共性，故我们对所收集到的数据进行了合并统计，研究结论符合这两个佤族乡村的语言规划实际。

就语言使用而言，两个佤寨的佤族村民普遍使用民族母语，同时兼用本地汉语方言，但兼用情况受语言熟练程度的影响较大。一般情况下，中老年人的汉语方言能力一般，大多不会说普通话，但其中一些老年人懂一些傣语。中年以下的年轻人除了能熟练使用民族母语外，还能熟练使用本地汉语方言，其中很多人能熟练使用普通话，乃至于在用方言与外地人无法交流时能使用普通话辅助完成交际。通常情况下，民族母语、方言和普通话各得其所。同我们在其他乡村调查的情况相似，民族母语主要用于家庭成员和村寨内部本民族之间的交际。离开家庭或者乡村的环境，则遇汉说汉、遇佤说佤。

语言使用影响语言态度，抑或是语言态度影响语言使用。这两个佤族村寨整体上最喜欢的语言为自己的民族母语，汉语次之，但对于下一代的学习则认为汉语最重要，因此最支持下一代学好汉语。虽然佤族为跨境民族，所调查的两个佤族村寨紧邻缅甸，但是调查者中无一人对缅语发生兴趣。这主要有两个原因，一是边界对面为缅甸佤邦，居住在那里的多为佤族或者汉族，更重要的是佤邦使用的语言为佤语和汉语方言，故对生活在乡村的人们来说没有学习和使用缅语的必要；二是缅语的语言声誉在当地远不如汉语和佤语。相对而言，虽然村民们也没有使用英语的必要，但鉴于英语较高的国际声誉，尤其是在国家的教育体系里不可或缺的地位，一些村民也展示出了支持下一代学习英语的态度。

值得注意的是，虽然绝大多数受调查者认为佤语不存在消亡的危险，会长期存在下去。但这仅仅是从乡村的角度来看的，如果我们把乡村这一语言社区的范围扩大到包含乡镇、集市，如果再把范围扩大一些，包含城镇在内，那么，佤语的保持就不会那么自信了，保护佤语不让其消亡成为了九成以上佤族村民的共识就是最好的证明。另外，同样值得关注的是，虽然认为汉语尤其是普通话推广对佤语生存影响的比例较低，但是把本民族不重视以及社会经济发展影响作为主要归因的较高的比例则说明，如果要发展，要赶上全国的步伐，不使用国家的通用语是难以做到的。问题的关键是，一方面要保护民族母语，另一方面也要熟练使用国家的通用语言，这才是乡村微观语言规划的正确道路。

第六节 少数民族乡村居民语言规划剖析

正如我们在开头部分所论述的那样，自21世纪初以来，语言规划的生态环境引起了国内外学者们的广泛关注。从语言生态的角度出发，微观层面的语言规划开始进入学者们的研究视野。销售服务场所、生产制造部门、法庭、机关行政单位、学校（Kaplan、Touchstone，1995；McEntee-Atalianis，2006；Baldauf，2006）等都可能是语言规划的场域（Spolsky，2009）。地方语境下的微观语言规划成为热门话题（Baldauf，2006；Liddicoat、Taylor-Leech，2014）。在生态语言学研究和社会语言学研究取得巨大进展的语境下，尤其是在国外同行关于微观层面语言规划研究的影响下，国内学者掀起了空前的语言生活热。除了关于国家层面的宏观语言生活的探讨外（陈章太，2011；李宇明，2012），众多学者把研究视角转向了乡村，尤其是少数民族乡村地区的语言生活问题（戴庆厦，2014；周庆生，2015）。然而，从国内外研究现状来看，国外学者的研究极少涉及乡村层面的语言规划研究，研究对象主要是移民家庭的语言规划问题。（Hatoss，2006；Xiao，2009；Ellyson et al.，2016）国内学者的研究虽然另辟蹊径，但主要聚焦于语言生活，缺乏语言规划的视角，所得出的结论与民族地区的语言规划现实存在差异。

鉴于此，本节将根据对12个乡村的调查，尤其是结合本章针对怒江瓦嘎村、红河麻栗树村，以及临沧坝卡村和芒伞村的案例分析，探讨云南边疆民族地区乡村层面的微观语言规划。通过对民族地区乡村层面语言规划特征的剖析，深入揭示民族地区多语环境下不同语言之间的关系，为做好民族地区语言规划奠定理论基础。

一、语言使用规划

　　微观层面的语言使用就是语言规划的重要表现形式之一，因为在民族地区多语条件下，使用什么语言或者不使用什么语言不是任意的行为，而是一种有规划的行为。如果违背了一定的原则，即不按照某种约定俗成的方式去使用语言，语言交际便难以进行。虽然微观层面没有显性的语言政策来规约人们的语言使用，但在个人和家庭的语言使用过程中，或多或少都存在着一种左右人们语言使用的东西，比如语言信念、语言态度等，这些看不见的微观语言政策总是在语言规划过程中发挥隐性的作用。虽然这种作用似乎不显眼，但它与显性的宏观语言政策同等重要。

　　从我们在本章所进行的3个民族4个乡村案例分析中可以明显看出，居住于乡村的云南边疆少数民族大多为民汉双语者，在普遍全民使用民族母语的同时大部分兼用本地汉语方言，部分具备普通话交流能力。村民的汉语能力随着年龄的增长而逐渐减弱。在怒江瓦嘎村和临沧的两个佤族村寨，村民的汉语能力从中年阶段开始（即40岁开始），年龄越大汉语能力越差。虽然红河麻栗树村这一年龄推迟到了60岁，但无论如何，村民的汉语能力与年龄成反比的趋势并未发生改变。反过来说，随着年龄的降低，汉语能力则逐渐增强，且年龄越轻者兼具普通话的能力越趋明显。为比较直观地反应3个地方乡村少数民族的汉语能力，我们用10分来代表汉语的最高水平；9分代表"非常熟练"的本地汉语方言能力和"较强"的普通话能力；8分代表"熟练"的本地汉语方言能力和"一般"的普通话能力；5分代表"一般"的本地汉语方言能力和"较弱"的普通话能力；3分指"略懂"本地汉语方言，普通话不懂；0分指本地方言和普通话均不会。那么，3个地方乡村居民的汉语能力可用图5.6.1表示：

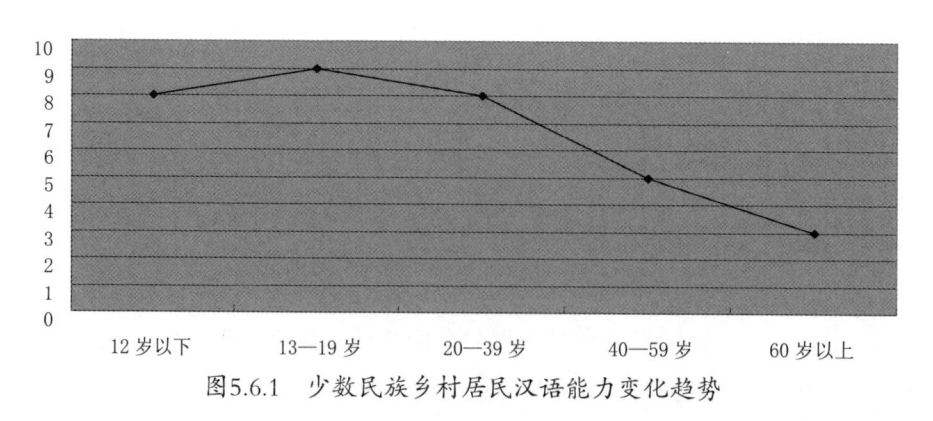

图5.6.1　少数民族乡村居民汉语能力变化趋势

图5.6.1显示，作为全民母语型和大部分民汉双语型，乡村居民的语言使用需要进行规划。那么，在何种情况下使用民族母语，又在什么情况下使用汉语方言或者普通话？通过针对3个乡村的村干部访谈、入户调查、村民问卷，我们发现不同地域不同民族的少数民族基本都遵循一定的语言使用规律：在家庭内部、在村寨内部，或者是在本民族内部，他们一般使用本民族母语，而走出家庭和村寨的范围，则"遇汉说汉、遇民说民"，比如赶街时遇到的交际对象为汉族或者其他民族的人士，他们会使用当地的通用语即本地汉语方言进行交际；如果另一方为本民族人士，他们便使用族内通用语即本民族语言进行交际；如果遇到来自州市、省城或者更远地方的交际对象，他们中的一些人会使用国家通用语即普通话进行交流。当然，除了交际对象和语言使用场合外，语言使用还受语言熟练程度的制约。针对年长者汉语能力差的人，如果非要使用汉语进行交流的话，则需要依靠家人或者亲戚朋友的帮助才能很好地完成交际。

上面所描述的是乡村少数民族语言使用的总体态势。针对不同的个体、民族、村寨，其语言使用情况还稍有不同。

首先，就怒江、红河和临沧3个地方的村干部来说，面对村民时他们使用民族母语，而在开会有其他民族的人参与时则可能会使用本地汉语方言；有的还会使用普通话，比如临沧两个佤族村的部分村干部。这可能是因为他们讲话的对象或者语言使用的场域发生了改变。随交际对象或者语言使用场域变化而改变语言使用的情况不仅发生在村干部身上，普通村民也具有同样的语言使用趋势。

为此，根据Fishman（1972）以及Spolsky（2016）对语言域的界定，语言域由语言参与者、地点和话题3个要素构成。结合乡村少数民族语言使用的特殊性，我们尝试把乡村居民的语言使用分成3个场域，分别为初级、次级和高级使用场域。

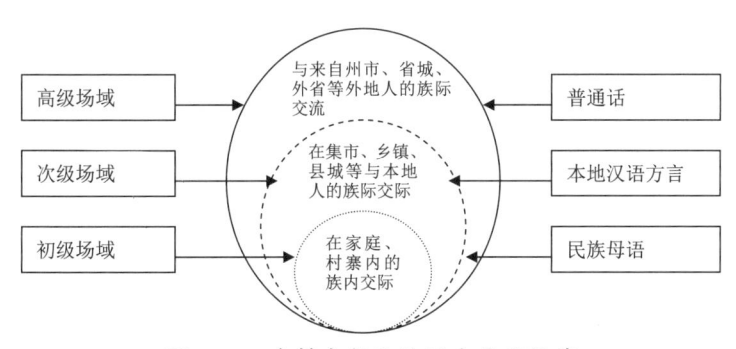

图5.6.2 乡村少数民族语言使用场域

如图5.6.2所示，我们把语言的使用分为3个不同的层级，即场域。以语言的使用场域和交际对象作为评价依据的话，语言使用包含正式的和非正式的场域，一般情况下初级和次级场域使用本民族语言或本地汉语方言，高级场域使用普通话。以交际对象作为评价依据的话，语言使用场域可分为族内交际场域，与本地人交流的族际交流场域和与外地人交流的族际交流场域。依据这样的划分方法，我们把家庭和乡村作为语言使用的核心场域，或称为初级场域，初级场域通常为非正式语言使用场域。与非正式场域相对应的是正式语言使用场域，在这一场域内往往使用比较正式的国家通用语言进行交际活动。而介于正式与非正式场域之间，还存在一个二级场域，这本应该是正式与非正式语言使用发生交集的场域，但在民族地区，这往往就是使用本地汉语方言的场域。

按照上面的划分方法，初级场域通常为民族母语的使用场域，因其语言使用范围小，交际时机为日常生活范畴，交流的都是日常生活话题，故语言使用随便、非正式，交际对象多为家庭成员、亲属、邻居以及有着相同生活习性的言语社区（Speech Community）（Labov, 1966；Spolsky, 2016）的成员，故初级场域所使用的语言为本民族母语。

次级场域为本地汉语方言使用场域，其语言使用范围比初级场域稍大，涉及诸如乡镇、集贸市场、县城等较大的范围。次级场域的交际时机超出日常生活范畴，比如购物、看病、参与其他社会活动等，但话题还是日常生活事项，虽然交际对象的成分较为复杂，有同一言语社区的成员，也有来自其他言语社区的成员，但由于受交际的时机所限制，所使用的语言仍然比较随便、非正式，但是由于交际对象包含来自其他言语社区的成员，此场域所使用的语言必须是不同交际对象之间能够通用的语言，而这正是本地汉语方言。

高级场域的发生源于交际对象和交际话题的改变。少数民族地方往往会因各种原因如政治、经济、文化和教育交流活动等而接待来自州市、省城或者外省的客人，由于交际对象的改变往往与交流话题的改变同步发生，并进而导致语言使用的改变。虽然这些交际对象来自不同的言语社区，但他们还都属于相同的语言社区（Language Community）（Hockett, 1958；Kachru, 1986），所以他们必须使用该语言社区的共同语，即普通话，才能完成交际任务。因此，在高级场域内，不管是什么民族、什么身份的交际者，他们均使用普通话作为族际通用语。

对语言使用作如上划分，分成3个不同的场域，明确了不同语言所处的位置，这有利于做好少数民族的语言使用规划。然而，必须指出的是，不同场域的语言使用不是绝对不变的，本属于其他场域的语言也可能因交际对象或交际话题的改变而进入其他语言的使用场域。比如在初级场域内，一些家庭内部可能因族际婚姻的缘故，会在一定程度上使用当地的汉语方言进行沟通，而另一些家庭可能因话题发生改变比如辅导孩子功课、与老师交谈等而使用普通话。在村寨的范围内，不同民族之间也可能使用方言；在次级场域内，比如在乡镇的会议上、在县城的一些地方也可能会使用普通话。总而言之，不论是在初级场域内还是在次级场域内，普通话的使用并不是完全不存在，这往往取决于交际对象和交际话题。正因如此，我们在图5.6.2中用虚线来表示初级场域和次级场域的范围，以表示不同语言在不同场域的相互渗透关系。必须指出的是，此处的语言渗透并不是相互的，往往只是高级场域的语言向低级场域渗透，而低级场域的语言难以向高级场域渗透。不同场域语言的渗透犹如水与地势的关系，水只能往低处流，却难以流向高处。

其次，针对有其他民族杂居的乡村来说，其语言使用情况又有所不同。众所周知，云南少数民族的居住格局总体呈现大杂居小聚居的状态。从一个或者几个乡村的小范围来说，少数民族往往呈小聚居居住格局，而从更大的范围来说，比如乡镇、县市或州市的范围来看，又表现出大杂居的居住格局。以怒江瓦嘎村为例，从该村的人口结构来看，这是一个白族聚居的乡村，而从其所处的乡镇六库镇乃至怒江州却是一个以傈僳族居多，普米族、独龙族、白族、彝族、藏族、汉族等多民族杂居的地方。即便瓦嘎村是一个白族聚居的乡村，但这里仍然有将近20%的汉族和傈僳族。多民族杂居在一起带来的主要问题是多语言造成的交流问题。因此，语言规划的首要任务是寻求族际沟通的共同语言。在瓦嘎村内，族际之间沟通的共同语为白语，即便是汉族或者傈僳族，如果生活在瓦嘎村这一特定语言使用场域内，即我们上文所描述的初级场域内，也早晚要学会并使用白语。然而，如果从该村不同年龄段村民的语言熟练程度来回顾或展望该村的语言使用情况，则会在我们的眼前呈现不同的语言规划情景：60岁以上的老年人一方面略懂傈僳语，另一方面汉语水平有限，说明该村历史上曾经兼用当地人口较多民族傈僳族的语言；而中青年以下的村民不懂傈僳语，而汉语水平随年龄下降而增加的情况说明，该村的语言规划出现了双语类型的转换，即从过去的白语—傈僳语双语类型转换成了当前的白语—汉语双语类型。

少数民族乡村的语言兼用与语言转用是乡村语言规划的一种普遍现象（李锦芳，2006），在不同地方、不同民族的村寨都或多或少以不同的方式存在。在临沧的两个佤族村寨坝卡村和芒伞村，年纪大一些的村民还懂一些傣语，说明佤族和傣族的联系曾经十分紧密。过去傣族在整个云南南部和西南部有着较大的影响力，很多与傣族杂居的少数民族如布朗族、哈尼族、苗族、阿昌族等都会兼用当地影响较大的语言傣语。然而，随着社会、经济和文化的发展，汉语的使用逐渐增多。这种转变就表现在语言的兼用上。现在的年轻人几乎已不再兼用傣语，转而兼用汉语。这种语言转用现象，反映了边疆地区少数民族随着社会经济的发展而重新规划和调整了自己的语言使用。

然而，很多乡村佤族家庭不让自己的子女学习本民族语言，认为学习或者使用本民族语言无用。幸运的是，由于国家的重视，尤其是近年来大量外地来访的游客对佤族文化所展示出的兴趣，又重新燃起了部分佤族的民族语言文化传承保护意识，又开始重视对下一代的民族语言教育问题。这为民族语言的传承保护带来了希望。

最后，在乡村语言使用场域内还存在另一个更重要的语言使用场域，那就是一个个独具特色的家庭，我们姑且称之为核心语言使用场域。从婚姻构成情况来看，这些家庭通常包括两种类型，一种为族内婚姻家庭，另一种为族际婚姻家庭。族内婚姻家庭的语言使用比较单纯和一致，语言规划的痕迹不如族际婚姻家庭那么明显。在族际婚姻家庭内，由于新加入者的语言熟练程度和语言使用情况与原有家庭成员不同，这些家庭不得不重新规划其家庭内部的语言使用。比如，在怒江瓦嘎村第5户家庭中，由于儿媳妇茶小花的傈僳语退化，而白语又只能听不能说，但她能熟练使用汉语，故这一个家庭的白语使用减少到了40%，而汉语方言和普通话则上升到了60%，与其他族内婚姻家庭的语言使用相比存在较大差异。

二、乡村语言规划的表现形式

事实上，不论是语言使用还是语言保持，语言声望规划还是形象规划，都要受到某种微观语言政策的影响。这种微观语言政策主要体现在具体的语言态度中。所谓语言态度，指的是人们对某种语言的主观评价及行为倾向，通常包含3个要素，即认识、情感和意向。认识指对某种语言的理解，比如认为某种语言重要还是不重要，或者赞成还是不赞成；情感指对某种语言的感情，是喜欢还是厌恶；意向主要指言语行为倾向，即在何种情况下使用什么语言。由此可见，语言态度不仅构成语言规划的原动力，也在很大程度上展示了乡村语言规划的特征。

鉴于我们已在上文探讨了语言使用规划问题，我们将重点讨论的是乡村少数民族对不同语言的认识问题和情感态度，即对不同语言重要性的看法，是否支持下一代学习某种语言,是喜欢还是不喜欢某一种语言,对某种语言好听与不好听的评价等。从语言使用的角度来看,主要涉及的语言为民族母语、本地汉语方言和普通话。但考虑到当前外语在学校教育中所处的特殊地位,再加上一些村寨紧邻他国,所以外语也纳入了本节的讨论范畴。

对某一种语言喜欢还是不喜欢的评价,这是对语言态度的最直接的展示。从表面上看,喜欢一种语言可能意味着使用、学习,甚至支持下一代继续学习或使用这门语言。不喜欢这门语言则意味着放弃、不学习、不使用,甚至反对下一代学习或使用这门语言。从我们所调查的所有12个少数民族村寨的情况来看,没有哪一个民族不喜欢自己的民族母语。即便更改了选项,在汉语方言、普通话、本民族语言和其他民族语言中,彝族受调查者最喜欢的语言还是本民族母语,其次为汉语。但在汉语方言与普通话二者之间,喜欢普通话的比例(23.3%)高于喜欢汉语方言的比例(6.7%),这反映了普通话作为国家通用语重要性在部分受访者心目中的客观存在。即便是在中缅边境的佤族村寨,大多数人(79%)还是最喜欢本民族母语,其次为汉语。而至于外语,很多受调查者选择了放弃回答,即80%左右的佤族村民没有对外语做出喜欢还是不喜欢的评价。在其余做出评价的受访者中,12.4%的佤族村民表示"一般(喜欢)",7.6%的人表示不喜欢英语。而对于邻国的缅语,竟无一人表达看法,说明包括缅语在内的外语尚不能在乡村少数民族的内心深处占有一席之地。

由此可见,在喜欢哪一种语言的态度方面,不同地域、不同民族身份的乡村居民高度一致,都是最喜欢自己的民族母语,其次为汉语,对外语持一般态度或者没有态度。那么,在语言的重要性的认识方面,乡村少数民族会有什么样的认识?不同地域、不同民族身份的少数民族对不同语言的重要性是否会有相同还是不同看法?从针对怒江瓦嘎村白族村干部的访谈和入户调查中,我们发现该村村民对语言的重要性认识与语言的使用场域有关,在家庭或村寨内部,他们认为白语比汉语更重要,而离开这两个场域后,民族语言的重要性则不如汉语。从问卷调查结果来看,白族村民虽然对本民族母语抱有高度认同,但普遍认为白语的重要性不能和汉语相比。红河麻栗树村的彝族稍有不同,村干部普遍认同汉语比民族语言重要,普通村民中则50%的人认为本民族母语比汉语重要,40%的人认为汉语比民族语言更重要。在特定情况下,彝族在汉语和本民族母语哪一种语言更重要方面表现出了一定程度的不确定性。这种不确定性也在佤族身上得到了体现。虽然认为佤语比汉语重要的比例(20%)超过了认为汉语比佤语重要的比例(10%),但是剩余近七成的人选择了佤语比其他民族语言更重要，这表明大多数佤族受调查者不愿意在本民族语言或者汉语中进行比较，或许在他们看来，两种语言都重要。这种推论应该是合乎情理的，因为从少数民族语言使用规划的情况来看，两种语言各得其所，汉语在家庭之外和村外发挥作用，而本民族母语则在村内和家庭内部发挥作用，二者之间的关系犹如某些传统家庭中夫妇二人的分工一样，一人主内一人主外，以此方式实现了家庭生活的和谐，汉语与本民族母语的关系也正如此。当然，这是从语言使用的角度所做出的类比，如果从语言影响的角度来看，少数民族的态度则十分明朗。瓦嘎村的白族感觉到汉语对白族语言的影响越来越大，白语中大量借用汉语，更主要的是年轻人的白族话已经不纯正了。临沧佤族坝卡村的村干部赵艾军认为汉语越来越重要了，因为会讲汉语的人越来越多，就连邻国缅甸的佤族都听得懂汉语，他们经常收听收看中国的电视节目。

　　喜欢一种语言和认为一种语言重要似乎不能完全画等号。从上面的分析可以看出，少数民族最喜欢的语言为本民族母语，这一观点非常明确并且一致。但是至于哪一种语言更重要，则存在不同看法，有人认为汉语更重要，有人认为本民族母语更重要。那么，针对下一代的语言学习，他们会支持哪一种语言呢？从3个民族4个乡村的情况来看，不同家庭存在不同看法。比如，在白族瓦嘎村苏正武家，全家都不喜欢外语，但在下一代的语言学习上，却没有人反对学习外语，甚至还有人把外语学习列入了"最支持"和"支持"的行列。除了不同家庭存在不同看法外，不同家庭成员之间也存在不同看法。同样是在瓦嘎村，王五成的家人对下一代的语言学习也难以保持一致，其妻子何杨娟支持学习汉语而反对学习外语，但王五成则支持学习外语，反对学习汉语，其两个儿子支持学习外语，但也不反对学习汉语。尽管不同家庭或者不同家庭成员之间存在不同看法，但总体上来说，大多数瓦嘎村村民最支持下一代学习的语言仍然为汉语，本民族母语次之。在彝族麻栗树村也存在相似情况，该村60%的受调查家庭支持下一代学习的语言为汉语，其次为本民族语言，外语排最后，另外40%的人最支持学习本民族母语，汉语次之，外语排最后。与此类似，在佤族坝卡村和芒伞村，尽管大多数人最喜欢本民族母语，汉语次之，但论及下一代的语言学习，这一态度则发生了转变，大多数人最支持下一代学习的语言变成了汉语，本民族母语次之。由此看来，大多数乡村少数民族支持下一代学习的语言按支持程度来排序的话则依次为：汉语、本民族母语、外语。那么，他们对本地其他少数民族语言持何种态度呢？以瓦嘎村为例，白族村民对当地的其他民族语言，其实就是傈僳族语言支持度最低，大多数对这样的语言持"不支持"或者"一般支持"态度。

支持还是不支持下一代学习某种语言在一定程度上比本人喜欢哪一种语言或者认为哪一种语言重要显得更为重要，因为下一代的语言学习在很大程度上规划着语言的未来，支持下一代学习什么语言则意味着这门语言能长期保持下去，并在其语言生活中扮演重要作用。反之，如果不支持下一代学习某一种语言，这种语言的保持将存在危机。从3个民族4个乡村的情况来看，大多数最支持下一代学习汉语，本民族母语次之，这样的态度为乡村民族地区双语社区的创建提供了依据。

三、语言形象与声望规划

从上面乡村少数民族对不同语言的态度中，我们似乎看到了不同语言的形象，感受到了不同语言的声望。乡村少数民族最喜欢自己的民族母语，说明民族母语在其认知系统中具有良好形象。汉语仅次于其民族母语，也表明汉语在少数民族的语言生活中占有重要一席。大多数村民对外语不做评价，说明外语在乡村少数民族的语言生活中尚无影响力，尚不具备足够的语言声望以影响其语言态度。临沧佤族对邻国缅语形象的评价可能与该国落后、战乱的形象相关，乃至于受访者未对该语言形成喜欢还是不喜欢、支持还是不支持的态度。明确表达出来的不支持下一代学习其他民族语言的态度，直接降低了这些语言的形象与声望。为了更明确不同语言的形象和声望，除了重要性认识、喜欢还是不喜欢、支持还是不支持下一代学习某种语言外，从村民们认为哪一种语言好听这一问题的看法中，也可窥见不同语言在他们心目中的形象和地位。

从怒江瓦嘎村白族对语言声望形象的评价中，我们发现30名接受问卷调查的普通村民中，超过三成（36.7%）的人认为本民族语言比汉语好听，而认为汉语比本民族语言好听的比例仅10%，认为本民族母语比其他民族语言（指傈僳语）好听的比例更是高达50%。而在该村5位村干部中，100%认为本民族语言比汉语好听，用该村村委会主任杨云中的话说，因为说惯了，还是白族话更亲切更好听些。在红河麻栗树村，受调查者对本民族语言彝语的声望和形象的认同更趋明显，不仅全部4位被访谈的村干部表示彝语更好听，"因为我是彝族，当然会认为我们的民族话更好听"，"对我们生活在村里的人来说，还是讲彝族话顺耳一些，听着亲切自然"，而且30名接受问卷调查的村民中超过八成（83.3%）的人认为本民族语言比汉语好听。在对临沧佤族的调查中我们发现，不论是村干部还是接受入户调查的家庭，他们都表现出了强烈的本民族语言认同，不仅最喜欢自己的民族语言，而且认为本民族语言比汉语和其他民族语言好听。在80名接受问卷调查的村民中，更是有高达94.5%的人认为佤语比汉语和比其他民族语言都要好听。

由此看来，除了程度上存在一定差异外，不同地域、不同民族类别的乡村居民都对自己的民族母语给予了积极评价，认为自己的民族母语比汉语和其他民族语言好听的比例都远远超过认为汉语比本民族母语好听的比例，反映了少数民族母语在乡村居民的语言生活中固有的形象。

四、语言保持规划

在社会经济快速发展的今天，少数民族语言正面临传承保护的重任。因此，在少数民族语言濒危、少数民族语言保护的语境下，从语言规划的角度探寻少数民族语言保持显得尤为迫切。然而，这可能是研究者的视角或者是局外人的观点。而作为当局者的少数民族会对本民族语言的保持持有什么看法，这可能是许多作为研究者的局外人不太重视的问题。在我们所调查的12个少数民族聚居的村寨，大多数受访者都对本民族的语言保持抱有乐观态度，认为自己的民族语言不会消亡。为了更好地说明这一观点，我们还是以3个民族个案为依据，以论证乡村居民对本民族语言保持的看法。

在怒江瓦嘎村，受访谈的5位村干部中有4位明确表示他们村的白族话不会消失。在接受问卷调查的30位村民中，只有10%的村民认为白族语言会消失，而认为不会消失的比例高达86.7%；即便是从语言保持的角度，也有超过七成（73.3%）的人认为其民族语言会长期存在下去。红河麻栗树村对彝语的保持似乎更有信心，该村90%接受问卷调查的彝族村民不认为自己的民族语言会消失，认为其民族语言会长期保持下去的比例也是90%；接受访谈的4位村干部中，3人明确表示彝族语言不会消失，仅1人因为考虑到外出打工者说汉话、与汉族通婚而担心几代人后不会说彝族话。在临沧2个佤族村寨，虽然认为本民族母语不会消亡的比例稍低，仅77.5%，但从语言保持的角度，则近98.8%的受调查者认为其民族母语会长期保持下去；在受访的8个佤族村干部中，只有2人谈到了佤语的保持问题，2人都不认为其民族母语会消亡。

显而易见，从乡村语言保持的角度来看，乡村居民对民族母语的生存持积极乐观态度，这与当前学术界探讨少数民族语言濒危、濒危语言保护的论调格格不入。为什么乡村居民会对本民族母语的保持抱有信心？这可能要从两个方面来进行衡量。

首先是在家庭和村寨内部普遍使用民族母语。比如，在怒江的瓦嘎村，两位村干部表示其个人的白族语言的使用分别为90%和99%；族内婚姻家庭的白语使用几乎百分之百，即便是族际婚姻家庭，如第1、2、3和第6户的白语使用也达到了90%，虽然其他族际婚姻家庭的白语使用稍低，但随着新加入人员的白语使用能力提升，家庭内部白语的使用也相应会增加；针对村内语言使用的问卷调查结果表明，白语在村内的使用也达到了86.7%。红河麻栗树村的语言使用情况稍显复杂，从村干部访谈和入户调查情况来看，虽然个人或者某些家庭比如族际婚姻家庭的彝族语言的使用比例不如怒江瓦嘎村的白族语言使用高，但在3种语言中，彝族语言的使用比例仍然最高，在50%—70%之间；而针对其他村民的调查结果表明，村内彝语的使用比例也高达90%，之所以家庭内部的彝族语言使用比例较低，仅为70%，这主要是因为其中有一些族际婚姻家庭的缘故。临沧坝卡村和芒伞村的情况也大同小异，村干部因为工作的缘故，语言使用情况各有差异，但总体来看，其民族母语的使用仍占据主导地位，虽然如坝卡村的村主任陈明佤语的使用为50%，方言和普通话各占30%和20%，但他明确说明在家庭内部和佤寨里都说佤语，对两个村庄80名村民的问卷调查结果也发现，坝卡村和芒伞村村民在家庭和村寨内部使用本民族语言的比例接近九成，均为88.8%，说明两个佤族村寨仍然稳定地使用本民族母语。因此，从使用的角度来看，不论是怒江瓦嘎村的白族，还是临沧坝卡村和芒伞村的佤族、红河麻栗树村的彝族，他们在家庭内部以及村寨内本民族之间都普遍使用本民族母语，即便是在外出赶街遇到本民族的人士时也使用本民族母语。因此，从民族母语被普遍使用的角度来对本民族语言保持做积极评价，这是合乎情理的。

其次，对本民族母语保持抱有积极乐观态度更主要的是因为他们对本民族母语的热爱。不论是在任何一个村庄，不论是对村干部的访谈，还是入户调查、针对村内其他村民的问卷调查，大多数个人或者家庭都把本民族语言放在了最喜欢的位置上。正是基于对本民族母语的热爱，当本民族母语的使用出现危机时，他们中的绝大多数人都认为要传承保护好民族母语。

总而言之，从语言使用和语言态度的层面来看，乡村民族地区均存在民族母语得以保持的有利环境。尽管也存在一些不利因素，比如一些乡村居民倾向于更多地使用本地汉语方言，或者对本民族母语的信念产生动摇，作为具有趋利倾向的个人来说，使用汉语也无可厚非，但当外界的影响对民族语言或文化产生积极作用后，比如临沧佤族因为受外界的关注，又感受到了独特民族语言文化的魅力或者价值，又会重新重视本民族母语。这充分说明，在社会经济文化高度发展的今天，只要正确引导，语言和文化的多样性依然可以得到维持，在这样的背景之下，保护少数民族语言，使之能长久传承下去，应该不是不可能的。

五、语言生态规划

之所以乡村居民对民族语言的保持充满信心，这是因为少数民族家庭和村寨内部还存在普遍使用民族母语的现象，也因为大多数少数民族对自己的民族母语持积极肯定和支持的态度。但另一个或许更为重要的原因是，在民族地区尚存在着一个有利于其民族语言使用和保持的语言生态环境。如果这样的生态环境不发生改变的话，少数民族的语言使用和保持将能得到很好的发展。而如果这样的语言生态环境发生改变，那么少数民族语言的使用和生存必将面临挑战。只是如今第二种情况正在发生，民族地区的语言生态环境正在发生改变。鉴于此，探讨有利于少数民族语言保持的语言生态环境，或者不利于少数民族语言保持的语言生态环境，已成为乡村语言规划研究不能回避的话题。

（一）有利于乡村语言保持的语言生态

除了上面提到的语言态度外，乡村少数民族语言得以保持在于其独特的生态环境。乡村的地理位置、村民的居住格局、乡村的人口构成、村民的受教育程度以及村民之间和谐的人际关系等，都构成了有利于民族语言使用和保持的生态环境。

在我们所调查的12个少数民族村寨中，除了临沧坝卡村距离沧源县城较近以及文山州者腊乡小新寨村距离砚山县城较近外，其余10个少数民族村寨距离县城的距离都在20公里甚至80公里以外的地方。在我们所做案例分析的3个民族地区，怒江瓦嘎村距离泸水县城的距离为30公里，红河麻栗树村距离石屏县城83公里，临沧芒伞村距离耿马县城24公里，只有坝卡村在沧源县城附近，距离仅3公里。这些乡村还有一个共同的特点，大多位于山区或者半山区，交通条件相对落后，到县城大多为乡村公路，只有麻栗树村2015年才修通了水泥路。对于这些生活在离县城较远、交通条件落后地区的人们来说，大多数人所遵循的是日出而作日落而息的生活方式，很多人的生活半径几乎就在村庄周围5公里的范围之内，到附近集市赶街几乎是他们到过的最远的地方，很多人一辈子都没有到过县城。而外地人员除了婚姻关系外，则很少进入这些乡村。长期以来所形成的相对封闭的自然环境为少数民族语言保持提供了天然的屏障。在没有外界打扰的情况下，少数民族语言得以世代相传，这是少数民族语言能够沿用至今的最主要因素。可以断言，如果这种自然生态环境被打破的话，少数民族语言长久保持下去是极困难的。

除了地理位置有助于乡村少数民族语言的保持外，少数民族的居住格局也起到了重要作用。不论是住在山区、半山区，还是住在距离城市较近的地区，少数民族大多聚族而居。不仅本村村民多为同一民族，即便周边村寨也基本是同一民族。比如，怒江瓦嘎村附近有白族村寨坡头村和中木坪村，距离在5公里左右，这些村庄均为白族，只有少量汉族和傈僳族杂居。红河麻栗树村周围有龙车、松树岗、水尾、旧沙、狐狸洞和峨爽6个村子，距离在2公里左右，每个村寨都有一些因婚姻关系而杂居的汉族、哈尼族和苗族，但是人口较多的仍然是彝族。临沧沧源坝卡村附近有刀董村、帕良村、永和社区、拢乃村等，这些村寨主要分布为佤族，只是间或有少量汉族和傣族杂居；耿马芒伞村的情况也完全一样，该村以及与其毗邻的沧源佤族自治县岩帅镇和勐省镇以及本县的贺派乡多为佤族聚居。由此可见，聚族而居的居住格局为本民族语言的使用提供了用武之地。更为重要的是，即便有少数其他语言使用者的加入，同为少数民族语言的傈僳语、傣语、哈尼语、苗语的使用远远比不上人口较多民族使用的语言。虽然本地汉语方言作为族际通用语在这些乡村也占有一席之地，但在乡村范围内大多数情况下使用本民族母语的格局并未改变。因此，乡村少数民族的居住格局也在少数民族语言的使用和保持方面扮演了积极角色。

语言使用或语言保持的关键在于人，也就是说，必须要有足够数量且数量稳定的人群在使用某种语言，这种语言才能得以保持。从上文关于乡村少数民族的居住格局的描述中我们可以看出，我们所调查的少数民族均为该地人口较多的民族。从人口比例来看，怒江瓦嘎村的白族占比83%，红河麻栗树村的彝族占比更高达96%，临沧坝卡村佤族占总人数的比例为91.3%，芒伞村的佤族占全村人口的98.7%。这些村庄的少数民族占比之高以至于生活在这些村庄的汉族都自我戏称为"少数民族"。由此可见，人口比例较多是少数民族语言在该地得以通用的根本保障。但语言能否保持则在更大程度上取决于语言使用人口的稳定性，换句话说，语言使用不能出现年龄断层。在很多地方少数民族语言之所以不能得到保持，最主要的原因除了使用人口逐渐减少外，另外一个原因就是出现了语言使用者的年龄断层，即某一年龄段的人群逐渐放弃自己的民族母语而转用其他语言，从而出现了该民族母语流失的现象。在我们所做案例分析的3个民族中，不管是瓦嘎村、麻栗树村、坝卡村还是芒伞村，白语、彝语、佤语的使用均未出现代际差异。也就是说，在3个少数民族中，不论是老年阶段、中年阶段、青年阶段、少年阶段还是儿童阶段，所有年龄段的村民均能熟练使用民族母语。一些地方的儿童虽然母语能力尚未达到熟练程度，但他们的母语能力还处于上升通道，最后也能达到熟练程度。因此观之，正是占绝对优势地位的人口比例和适当的人口结构保证了乡村语境下少数民族语言的使用和保持。

村民较低的受教育程度也形成了一种有利于民族语言使用与保持的生态环境，这似乎有些不可思议。毫无疑问，个人的语言能力与受教育程度紧密相关，乡村居民的语言使用与语言保持也不例外。只是不同于一般意义上的语言能力与受教育程度之间所展示的那种正相关，乡村居民民族母语的使用与保持和个人的受教育程度则正好相反。个人的受教育程度越高，民族母语的能力越低，民族母语的使用越少，母语的保持越差。以瓦嘎村的入户调查为例，在我们调查的8户人家中，大多数家庭的白语使用都在90%左右，但是第4户家庭和第8户家庭的白语使用却仅50%左右。通过仔细分析，我们发现这两个家庭的子女的文化程度较高，第4户家庭的儿子中专毕业后在县城工作，第8户家庭的1个儿子和1个女儿分别为中专和大学文化程度。这两个家庭的白语使用之所以低于其他家庭，是因为白语在家庭生活中的地位在一定程度上被汉语所挤占。由此我们可以尝试性地做出一个结论，个人或者家庭的文化程度与影响较大语言的使用成正比，而与民族母语的使用成反比。也就是说，在云南边疆民族地区，个人的教育文化水平越高，汉语的能力越强，汉语的使用越多；而民族语言的能力越低，民族语言的使用越少。反之，如果个人的受教育程度越低，则汉语能力越弱，汉语使用越少；而民族母语的能力则越高，使用也越多。事实上，这种情况不仅存在于瓦嘎村，在麻栗树村、坝卡村和芒伞村，文化程度越低的人越更多地使用本民族母语的情况也同样存在。导致这种情况的出现，主要是因为民族母语在整个教育系统中的缺位所导致。除了少数地区在小学低年级阶段还开设有数量有限的民汉双语课程外，大多数地区都没有专门的民族语言课程。因此，随着个人受教育程度的提升，其离开家乡到外地接受更高级别教育的几率就相应增加，而使用民族母语的机会必然相应减少。

事实上，为什么城市的少数民族语言使用不如乡村，为什么少数民族语言难以在城市生活中得以保持，除了其他因素外，语言使用者的总体受教育程度是一个不容忽视的因素。在我们所调查的12个少数民族村寨，很多人尚处于文盲或半文盲状态。比如，在怒江瓦嘎村，文盲在全部村民中的比例超过了六成（65%），受到过中学及以上教育的比例不到两成（15%左右）；在红河麻栗树村，文盲人数几乎占了三成，和小学文化程度者相加二者的比例则超过了六成（63.3%）；在临沧的芒伞村和坝卡村，文盲和小学文化程度者的比例也在五成左右，前者达到了55.3%，后者占44.8%，为4个村庄最低，这显然与该村距离沧源县城较近有关。

除了地理位置、居住格局、人口构成、受教育程度外，和谐的民族关系也为少数民族语言的使用和保持创造了有利的生态环境。得益于新中国成立以来各级党和政府所执行的各民族一律平等政策，云南26个民族长期以来和睦与共。不论是城市、乡村、内地，还是边境地区，各少数民族之间、少数民族与汉族之间相互帮助，共同发展，形成了良好的民族大团结的局面。在我们所调查的12个少数民族村寨，不同民族之间关系密切，除了常见的农村嫁娶丧葬等活动大家互相帮忙外，少数民族的传统节日往往吸引了附近村寨十里八乡的不同民族来共同参与和庆贺。在恰当的时机比如火把节或者祭龙，红河麻栗树村的村干部会在公房里举办文艺活动或者"办客"；临沧沧源的"摸你黑"等活动更是吸引了来自海内外众多的观光客。所有这些活动不仅加强了民族内部的团结，更促进了不同民族之间的和谐。正是这种内外和谐的民族关系造就了和谐的语言关系。只有在和谐的语言生态环境下，不同语言才能功能互补、各得其所。唯有如此，少数民族语言才能在家庭和乡村的范围内得以保持，汉语才能在少数民族的对外交往中发挥功能互补的作用。

（二）不利于乡村语言保持的语言生态

在乡村少数民族对本民族母语的使用与保持充满信心的同时，我们有必要从研究者或者旁观者的角度进行客观分析，毕竟还是那句老话，"当局者迷，旁观者清"。乡村少数民族之所以对本民族语言的保持尚信心满满，主要是因为当前还有比较适合少数民族语言保持的生态环境。然而，必须指出的是，这一语言生态环境正发生改变，而且这种改变正在对少数民族语言的传承保护带来挑战。

首先，乡村少数民族原本比较封闭的自然居住环境正在发生改变。虽然距离县城的路程还是很远，虽然乡村的地理环境还是山区或者半山区，但中国社会经济的高速发展正在给这些长期以来所形成的封闭环境带来巨大变革。交通状况逐步改善，县乡公路正由土路改扩建成水泥路或者柏油路，过去人背马驮的现象正被现代化的交通工具所取代。在我们所调查的12个乡村，很多人家都购置了摩托车、农用车，有些人家还购买了小汽车。过去到县城要走一天的山路，现在只需几个小时，有些只要一两个小时就能到达目的地。过去，很多50—60岁以上的中老年人一辈子都没有去过县城，而现在的年轻人到县城、省城已经相当便捷；过去的村民们一辈子守着几亩山地，代代相传，而现在的村民们外出求学、做生意，最远甚至到了山东、广东、深圳等地打工，人生观已经发生根本改变。显而易见，过去由于长期以来地处偏僻和交通落后所造成的相对封闭的语言生态环境正在被打破，乡村少数民族语言使用和保持的生态平衡需要重新规划。项目组在高校里所聘请的一些乡村向导感受最为明显，目前就读于某民族大学的田涛同学来自临沧沧源坝卡村，用他的话说，在他读小学时，村里几乎听不到一句汉语，大家说的都是清一色的佤族语言；目前就读于某师范大学的周杨丽同学家住怒江瓦嘎村，她对本村白语和汉语语言使用变化的感觉与远在数百公里之外的田涛并无二致。造成这一变化的最根本的原因就是原来起到屏障作用的封闭的语言生态环境发生了改变。就目前而言，少数民族语言尚能在家庭和乡村的范围内得以保持，但是能否像我们所调查的少数民族所认为的那样能够长期传承保护下去，这还要取决于其他条件。

其次，乡村少数民族的人口结构正发生改变。少数民族语言得以传承保护的另一个重要语言生态环境要素是合理的人口结构。如上文所言，在目前我们所调查的少数民族乡村，调查对象的民族仍然占乡村人口的绝大多数，所占比例均超过80%，部分甚至超过90%；就民族母语的熟练程度来看，这些乡村村民依然属于全民母语使用类型，即在民族母语熟练程度方面不存在代际差异。但是，目前中国内地乡村正发生的变革也在边疆民族地区上演，那就是城镇化所导致的乡村空心化。虽然边疆民族地区乡村的变化不如内地汉族乡村那样明显，但大量村民外出务工却是不争的事实。在我们所调查的瓦嘎村，村中20—45岁的青壮年大多在广东、深圳、江苏、浙江等地务工；在麻栗树村，外出打工者挣了钱买了车，以此形成了模仿效应，以至于越来越多的村民外出打工，只有年纪较大的妇女、儿童和老年人留守村中；即便是在最边远的佤族村寨，年龄在15—40岁的中青年人还有组织地外出务工，他们主要到广东、山东、浙江、上海等地打工。正是因为考虑到村民外出务工的现实，所以我们在乡村开展田野调查的时间段都安排在节假日，尤其是像春节这样的节假日，才能较好地完成调查任务。而有些村庄的情况则更不容乐观，一些村民离开自己祖祖辈辈生活的乡村后，再也不回来了。这存在两种情况，一种是政府为了解决贫困问题而进行的易地搬迁，原因是村民原来所居住的山区自然条件恶劣，把他们集体搬迁到自然条件和经济状况较好的地方，以便于解决他们的贫困问题；另一种是村民自发的搬迁，这些村民在外地打工过程中或者做生意的工程中找到了适合他们生存的地方后而举家搬迁，比如我们本次调查的12个村寨中人数最少的怒江州兰坪县的罗坪村，该村原先尚有32户人家，目前只剩下25户，其中还有一些人家正准备搬走。

大量的中青年以下的人口外出打工，再加上在外地上学的青年人，事实上很多村中所留下的大多数是老年人和妇女、儿童，乡村的人口结构正发生深刻变化。而这种人口结构的改变对少数民族语言的使用与保持所带来的影响将是十分深远的。

对于留在乡村的老年人和妇女、儿童而言，他们短时间内或许还能坚守自己本民族的语言家园，可是当老一代去世后，现在的儿童变成青年后继续外出打工，到那个时候又靠谁来自发地传承保护其民族语言？而对于那些背井离乡，远赴外省打工的人来说，离开了原生的语言环境，生活和工作在完全不同的语言环境中，他们又能拿什么来传承及保护其本民族的语言生态。虽然这些人在春节期间返乡后还能坚持使用本民族母语，但作为语言生态环境一分子的他们其实已经发生了改变，而这种改变最终将对乡村的整个语言生态产生影响，从而对少数民族的语言使用和传承保护带来挑战。

再次，汉语的影响不容忽视。虽然宏观语言规划的对象很难触及乡村百姓，比如国家推广普通话活动的主要对象为机关单位和教育系统，如临沧对50岁以下的机关干部要进行普通话测评，所有地方的中小学教学用语要使用普通话等，但是以本地方言为变体的汉语确实影响着少数民族的语言使用。在我们所调查的12个村庄的村民中，中青年以下的人能熟练使用本地汉语方言的比例将近百分之百，中老年以上的少数民族村民的汉语能力是"一般"或者"略懂"。瓦嘎村、麻栗树村、坝卡村和芒伞村的很多受访对象表示国家推广普通话不会影响少数民族语言的保持；假如少数民族语言出现衰退，把汉语作为归因的比例瓦嘎村白族仅3.3%，麻栗树村彝族23.3%，两个佤族村寨5%。

当然，汉语达到熟练水平不一定会对民族语言的保持带来直接的影响。案例分析中有两个地方的受访者把本民族不重视作为主要原因，瓦嘎村白族认为本民族不重视的比例高达50%，高于其他归因（汉语3.3%，其他民族语言13.3%，经济文化发展27%）；两个佤族村寨认为本民族不重视的比例为46.2%，也高于其他归因（汉语5%，其他民族语言6.2%，经济文化发展31.1%）。这两个案例说明，在社会经济文化发展的影响下，乡村居民中存在着不重视本民族母语的倾向。这种倾向不一定体现在他们的喜好当中，他们依然喜欢自己的民族母语，但在下一代的语言规划中，他们的语言态度发生了显性的改变。除了瓦嘎村白族的语言态度稍显复杂外，麻栗树村的彝族中绝大多数受访者表示最支持下一代学习的语言为汉语，其次为本民族语言，外语排名最后；在两个佤族村寨的调查中，虽然汉语的地位不如其民族母语，然而，在针对下一代语言学习的态度方面，佤语与汉语两种语言的位置发生了改变，大多数人最支持下一代学习的语言变成了汉语，占比为53.3%，超过了母语的占比（35.2%）。

现代通信技术的发展对乡村语言生态的影响不容小觑。不论是在怒江还是在红河，不论是在平坝地区还是山区，网络的覆盖已经蔓延到乡村，乡村村民的手机拥有量越来越大，40岁以下的人中手机的拥有量几乎百分之百。尤其是年轻人中大量使用微信、QQ等现代社交软件。通信工具的便利化促进了信息传播，对乡村地区的社会经济发展无疑能起到积极作用。然而，如果从语言保持的角度来看，也对少数民族语言的传承保护带来了一定的挑战。传统的信息传播能为少数民族语言提供被使用和被操练的机会，现代通信技术的发展需要加快少数民族语言文字的信息化工作，只有少数民族语言文字实现了信息化，才能为少数民族使用社交软件时提供使用和操练民族语言文字的机会，才能在民族语言的传承、保护与保存方面发挥积极作用。

宏观语言政策的调整也在一定程度上对乡村少数民族的语言生态带来影响。虽然少数民族拥有使用和发展本民族语言文字的权利早已写入宪法，民族区域自治法也提到在有条件的地区使用民族语言文字。但很多宏观政策的执行和实施与现实尚存在差距。以少数民族语言的广播电视为例，一些自治州虽然开设了民族语言的广播电视节目，但收听收看情况并不理想，很多少数民族不知道有这样的民族语言节目存在。再以双语教学为例，虽然政府和专家学者倡导要在有条件的边疆民族地区开展双语教学，但效果不够理想，这也在一定程度上影响着少数民族语言文字的传承保护。

第七节　本章小结

项目组用了一年多时间调查了云南边疆6个州市的12个少数民族村寨。通过村干部访谈、入户调查、村民问卷等方式调查了这些村庄的语言生态环境，如地理位置、人口结构、受教育程度、语言熟练程度以及村民的语言使用、语言态度、语言保持、对下一代语言学习的规划以及宏观语言政策等影响语言规划的语言因素与非语言因素。

考虑到少数民族乡村语言规划的特殊性，我们采取案例分析的方法对少数民族乡村语言规划进行了探究；又考虑到乡村村民语言行为具有同质性倾向，我们从12个少数民族村寨中选取了3个点（3个民族4个村寨）进行案例分析。从云南边疆沿线自北向南分别选取了怒江傈僳族自治州泸水市的白族村寨瓦嘎村，临沧市沧源佤族自治县的佤族村寨坝卡村和耿马傣族佤族自治县的佤族村寨芒伞村，以及红河哈尼族彝族自治州石屏县的彝族村寨麻栗树村，通过对这4个少数民族村寨、3个不同民族的微观语言规划实践的调查，探究了少数民族乡村语言规划的现状。案例分析发现，虽然3个少数民族相距遥远，有着不同的民族文化传统和居住环境，所使用的语言属于不同语言系属，但在相同的宏观语言政策环境下，他们的语言行为确实表现出了同质性趋势，比如在乡村和家庭范围内使用民族母语，在乡村以外的地方使用本地汉语方言。当然，在总体趋同的倾向下，也存在诸多的差异。这种差异并不是不同地域不同民族之间的差异，而是同一地域同一民族内部不同个人或者不同家庭成员之间的差异，这种差异可能与家庭成员的受教育情况、个人经历、个人的语言态度有关。

在案例分析的基础上，我们对乡村少数民族语言规划的特征进行了详细讨论。首先，乡村少数民族的语言使用有着明显的规划特征。在什么时间、什么地点、使用什么语言都不是任意的行为，少数民族的语言使用明显是按照语言使用的场域来进行规划的。乡村少数民族的语言使用大致可以划分为3个场域，在初级场域即家庭内部使用族内通用语即民族母语，在次级场域比如村寨内部除了使用民族母语外，也使用族际通用语即本地汉语方言，在高级场域内比如外地人来访时，他们中的一些人也能使用国家通用语即普通话。但由于受到来自宏观政策的影响，这些场域内部语言的使用不是绝对不变的，在初级场域内也可能使用本地汉语方言和普通话，在次级场域内也可能使用民族母语，即所谓"见汉说汉""见民说民"。其次，受乡村人口结构变化的影响，一些少数民族的语言使用出现了兼用或者转用现象。比如，在佤族聚居区，年纪大一些的村民还懂一些傣语，说明佤族和傣族的联系曾经十分紧密。在20世纪五六十年代以前，傣族确实在整个云南南部和西南部有着较大的影响力，很多与傣族杂居的少数民族如布朗族、哈尼族、苗族、阿昌族等都会兼用当地的影响较大语言傣语。然而，随着社会、经济和文化的发展，现在的年轻人几乎已不再兼用傣语，转而兼用汉语。这种语言兼用或转用现象，反映了边疆地区少数民族随着时事的变迁而重新规划和调整了自己的语言使用。

重新规划和调整本民族的语言使用在佤族聚居区得到了极好的展示。在从兼用傣语转向兼用汉语的过程中，可能在某种程度上出现了转用汉语的趋势。不过由于国家对少数民族语言文字传承保护的重视，加上近年来大量外地游客来访所表现出的对少数民族语言文化的兴趣，又促使人们在学习国家通用语言的同时重视本民族语言的传承及保护。

除了在语言使用上表现出明显的规划特征外，少数民族的语言态度也表现出受到了来自宏观层面语言规划影响的痕迹。就少数民族本人而言，他们中的大多数人最喜欢的是自己的民族母语，汉语次之，而在针对下一代的语言学习态度上，他们则最支持学习汉语，本民族母语次之。

在民族语言保持及传承保护方面，绝大多数乡村居民对本民族母语持积极态度。这可能展示的是少数民族对自己民族母语的热爱，也可能与民族母语在家庭和乡村范围内的普遍使用有关。事实上，在乡村地区确实存在有利于民族母语保持的语言生态环境，如乡村的地理位置、居住格局、人口结构、较低的受教育程度，以及和谐的民族关系等。不过，随着社会经济和文化的快速发展，乡村曾经封闭的自然环境正在被打破，人口结构正在发生改变，现代通信技术的快速发展等等，对少数民族语言的保持和传承保护也带来了挑战。

总而言之，尽管我们对乡村语言规划做了深入细致的分析，但由于本次调查面广、调查范围涉及边疆州市的12个村庄，受时间和精力的限制，未对每个村子的全部家庭做穷尽式的挨家挨户的入户调查，也没有对每一个村民都进行问卷调查。只是以访谈的方式重点调查了村干部，在每个村寨对8—10户人家进行了入户调查，对30名左右的村民进行了随机问卷调查。

不过，同一宏观语言政策影响下的乡村少数民族语言规划存在同质性。所以我们从12个乡村里挑选了3个民族及其所在的4个乡村进行了案例分析。从我们所调查的情况来看，同一乡村内各家各户的语言使用情况大同小异，这可能是因为乡村少数民族世世代代都生活在同一个村寨的缘故，形成了相似的生活习惯，具有相似的语言信念或者语言态度。在不同场合使用什么语言存在隐性约定，大家都会遵守，不会违背。因此，虽然只是调查了村干部、部分村民和部分家庭，调查的结果仍然能较好地反映乡村的语言生活状况。

第六章
城镇机关单位的语言规划

李宇明在《论语言生活的层级》一文中把语言生活划分为宏观语言生活、中观语言生活和微观语言生活3个层级。微观语言生活包含两个维度，分别为个人的语言生活和行业终端的语言生活。行业终端指的是社会的终端组织，李宇明（2012）列举了近20个这样的例子，如家庭、乡村、农场、工厂、矿山、商店、医院、车站、法庭、机关、学校、科研院所、广播电台、电视台、出版社、报社、杂志社、剧团、影剧院等。行业终端的语言生活具有鲜明的语言规划特征，行业不同，语言生活便有所不同。云南边疆民族地区由于存在多语现象，受"多元一体"宏观语言政策的影响，行业终端的语言规划特征尤为明显。

除个人和家庭的语言规划外，行业终端的语言规划也属于微观语言规划的范畴。虽然语言规划和政策研究自产生以来主要关注的是国家层面的宏观规划，注重国家或官方力量自上而下（top down）的政策对语言生活的干预（赵守辉、张东波，2012），但是经典语言规划的奠基者Cooper（1989）在传统语言规划二分法的基础之上提出习得/教育规划的时候，就寓意着语言规划离不开自下而上（bottom up）的作用。首先，Cooper在对过去语言规划的定义进行评述后重新进行了定义。他指出语言规划是"旨在通过语言符号的习得、通过结构和功能分配而影响他人行为的一种有目的（deliberate）的努力和追求"。他有意识地避免使用"权威规划机构"这个字眼，也不提"规划的理想形式和对象"，用"行为"取代"解决语言问题"，用"影响"而不用"改变"，所有这一切都意味着语言规划不仅仅是"来自权威机构的为解决语言问题而采取的行动"，这意味着语言规划还有更丰富的内涵，比如语言保护和保存等。语言规划的行动者或者实施者未必都是来自上层的权威机构，基层的行动者也可能对语言规划产生影响。为此他以提问的方式用一句话概括了语言规划的整个过程："什么样的实施者试图影响哪些人的什么行为为什么目的在什么情况下用什么手段通过什么决策过程取得了什么效果？"其中，"在什么情况下""通过什么决策过程""影响哪些人的什么行为"等寓意语言规划是自下而上的过程，而非自上而下的规定，强调了社会因素对语言规划的作用。（赵守辉，2008）

因此，自20世纪八九十年代以来，语言规划过程中自下而上的力量早已进入西方学界的视野，行业终端组织的微观语言规划成为研究的焦点。首先引起西方学者关注的是制造行业的语言规划情况，如Kaplan（1980）和Nekvapil、Nekula（2008）等。销售服务行业的语言规划也进入了研究者的视野，如Kaplan（1995）、Touchstone（1996）等。还有学者把研究视角转向了法庭的语言规划，如Skilton（1992）、Baldauf（2006）等。除了上述3个行业终端外，还有学者把研究的视角转向了国际组织，比如McEntee-Atalianis（2006）等。

国内关于语言规划的研究本来就晚于西方，而微观层面的研究则更晚，基本上是进入21世纪后，尤其是最近几年才引起关注。或许是受制于语言规划的影响，国内学者对微观层面语言实践的关注主要集聚于语言生活。虽然语言生活这一提法看似缺少了语言规划定义中的一些要件，但却能较好地反映微观层面的语言现实。其一，最受国内学者偏爱的领域为商业服务行业，如俞玮奇（2011）、胡淼（2013）、罗美娜（2013）、陈鹏（2014）、刘静文（2014）等。其二，医疗领域的语言规划也进入了国内学者的视野，如李现乐（2014）。其三，厂矿企业的语言规划也引起了学界的关注，如李星辉和段微（2011）、张黎和武瑞虹（2013）。其四，国内学者也开始尝试对司法或法律领域的语言规划进行研究，如谢俊英（2005）、邹玉华（2014）、董晓波（2015）等。其五，可能由于与语言文字关系密切的缘故，广播媒体行业的语言使用也受到国内学者的关注，视角也更丰富，不仅有社会语言学的视角，还有不少新闻传媒的视角，如柴玢（2009）、刘子琦（2011、2013）、姚喜双（2012）、郭龙生（2014）、丁婷婷（2015）等。

从上面的分析中可以看出，国内外学界关于行业终端语言规划的研究涉及面广，研究的领域涵盖了销售服务、生产制造、工矿企业、医疗机构、法庭审判、广播传媒等。不论是国外还是国内，研究者都把重点放在了最基层的语言使用上，强调了自下而上的作用。尽管某些领域比如一些跨国公司或者国际组织在一些学者眼中属于中观或者宏观层级（比如Spolsky从语言管理的角度把跨国组织归类到宏观语言管理的层级），但研究者仍然强调了该组织机构中微观语言规划的力量，这从另一个侧面证明，宏观语言规划最后要依靠微观语言规划才能真正发挥作用。也就是说，在某些特定情况下，宏观语言政策只是一种显性的存在，而在语言生活中真正起作用的实际上是微观语言规划。这再一次证明，研究行业终端的语言规划，即探究行业终端语言规划自下而上的作用具有十分重要的意义。

社会是一个庞大无比的机构，处于其最底层的机构难以计数，仅李宇明所提及的终端组织便有近20种之多。因此，没有任何机构或个人的研究能够囊括所有社会终端组织的语言规划。即便如此，尽可能多地研究与语言使用关系密切的终端组织的语言规划,仍然是社会语言学、应用语言学等要不断努力的方向。从国外学界的研究情况来看,销售服务行业、生产经营企业和跨国组织为其青睐的终端组织,研究的对象大多为外来移民,研究的内容多为多语环境下的语言规划问题。从国内的研究来看,商业服务、医疗行业、司法领域、厂矿企业、广播媒体等均有涉足,但研究的对象多为相应终端组织内部有关普通话与方言的使用问题、关于礼貌用语的情况以及语言服务等问题,多语环境下的语言规划相对较少。综观国内外有关行业终端组织的研究,有关边疆民族地区行业终端组织语言规划的研究十分罕见,除了我们在第四章和第五章中曾分析过国内有关边疆民族地区家庭和乡村的语言规划研究可以归类到行业终端的范畴外,国内关于边疆民族地区城镇机关单位的语言规划的研究尚属空白。

鉴于我们已经在第四章和第五章讨论了个人、家庭和乡村的语言规划,从一定程度上揭示了边疆民族地区自下而上的微观语言规划,本章将以少数民族地区城镇机关单位为研究对象。这不仅因为机关单位处于行业的终端,属于微观语言规划的范畴,还因为机关单位大多数位于城镇,研究边疆民族地区城镇机关单位的语言规划不仅能对本研究有关乡村的语言规划研究起到很好的补充作用,也是对全面探究边疆民族地区微观语言规划必不可少的组成部分。

因此,结合国内外学界的关切,根据云南边疆民族地区的实际,我们选取了与少数民族语言或者与语言服务等关系较为密切的单位作为研究对象,主要涉及新闻宣传单位(简称新闻单位)、文化教育单位(简称文教单位)、司法部门、医疗单位以及其他行政单位。在确定了拟开展研究的对象单位后,结合项目组的实际情况,我们选择了红河哈尼族彝族自治州蒙自市、屏边苗族自治县、金平苗族瑶族傣族自治县,普洱市墨江哈尼族自治县以及德宏傣族景颇族自治州等地作为数据采集的来源地。项目组通过各种正式(官方)的或非正式(私人)的渠道,在上述地区的城镇机关单位展开了调查研究,经过半年多的努力,总共获取有效问卷584份,其中新闻宣传单位128份、文化教育单位121份、司法单位112份、医疗单位130份、其他机关单位93份。详细情况见表6.1.1:

表6.1.1　城镇机关单位有效问卷回收情况统计（N=584）

单位名称	数量	问卷来源	涉及部门
新闻宣传	128份	蒙自、屏边、金平、墨江、芒市	广播电视、宣传部门、传媒部门
文化教育	121份	金平、屏边、墨江、芒市	民宗委（局）、教育局
司法单位	112份	蒙自、金平、屏边、墨江、芒市、盈江、澜沧	司法局、法院、律师事务所、公安局、派出所、戒毒所等
医疗单位	130份	金平、屏边、墨江	县第一人民医院
其他单位	93份	德宏州（位于芒市的州级单位，以及来自梁河县、盈江县、陇川县和瑞丽市等地在州党校学习的单位负责人或骨干）	州级单位：总工会、发改委、政府办公室、文体广电局、科技局、审计局等 县级单位：审计局、共青团、农场、组织部、国土资源局、政府办、人大办、史志办、统计局、安监局、运管局、食药监局等

鉴于调查对象为边疆民族地区的行业组织，存在普通话、汉语方言与少数民族语言3种语言或语言变体使用关系，故本章拟开展的研究主要包括单位内部的语言使用以及单位对语言使用的规定等，当然也包括受调查者个人在不同场合中的语言使用。考虑到民族语言与汉语方言和普通话之间的关系，民族语言保持也是本章拟研究的主要内容之一。当然，针对不同的行业组织，我们将会有不同的侧重点，比如针对司法部门，我们将侧重于法庭用语、普法宣传等；针对文教系统，则会侧重于有关少数民族语言文字教育的一些措施；针对宣传部门则偏向于宣传用语、广播电视使用少数民族语言播音的规定等；针对医院的研究则会包括针对少数民族的语言服务；至于其他机关单位，研究的重心则在于调查单位内部员工的语言使用等。

第一节　新闻宣传单位的语言规划

近年来，新闻传媒行业的语言规划也进入了学界的视野，相关研究涉及新闻传媒语言质量与语言地位的关系（柴玢等，2009）、媒体语言的功能（刘子琦等，2011、2013）、传统媒体与新媒体语言使用的立法问题（姚喜双，2012）、媒体在构建和谐语言生活中的关系问题等（丁婷婷，2015）。这些研究虽然对解释媒体语言规划进行了有益探索，对了解整个新闻传媒行业的语言规划起到了积极作用，但从微观语言规划的视角来看，我们还应立足于最基层的单位，研究这些单位从业者的语言使用、语言态度等隐性语言政策以及这些单位所采取的与语言相关的显性措施，如语言服务、对内对外语言使用条例、招聘员工时对语言的要求等。以这种方式不仅能较好地诠释基层单位的语言规划，也能更好地弄清楚国家层面语言政策在基层的执行情况，即宏观语言规划与微观语言规划之间的关系，这对国家层面制定合理的宏观语言政策大有裨益。

一、数据采集

在针对少数民族乡村地区进行调查的同时，我们也在相应地区的城镇机关单位展开了调查。因此，调查地区为红河哈尼族彝族自治州的蒙自市、屏边苗族自治县、金平苗族瑶族傣族自治县、普洱市的墨江哈尼族自治县以及德宏州芒市。调查的单位涉及红河日报社、红河广播台、红河电视台、红河网、墨江文体广电旅游局、墨江广播电视台、屏边广播电视台、屏边县文产办、屏边县委宣传部、金平县广播电视台、德宏州广播电视台等11个单位。我们在这些单位发放了200份问卷，共回收158份问卷，回收率71.8%，剔除无效问卷后，实际有效问卷为128份。故本节关于边疆民族地区城镇新闻宣传单位语言规划的研究主要基于这128份有效问卷的调查结果。

128名受调查者中男性76人、女性52人，男女比例分别为59.4%和40.6%，男性多于女性将近20%。仅从本次受调查的结果来看，似乎边疆民族地区从事新闻宣传工作的男性多于女性。从年龄构成来看，处于工作状态的受调查者年龄多为中青年人士，其中年龄在39岁以下者居多，共80人，占比62.5%；40—50岁之间次之，共31人，占比24.2%；年龄超过50岁者最少，共17人，占比13.3%。从文化程度来看，受访者大多受过高等教育，详细情况见表6.1.2：

表6.1.2　新闻宣传单位工作人员文化程度

文化层次	本科	初中	高中	研究生	中专	专科	合计
频率	99人	2人	2人	5人	3人	17人	128人
百分比	77.3%	1.6%	1.6%	3.9%	2.3%	13.3%	100%

表6.1.2结果显示，参与本次调查的新闻宣传单位工作人员本科文化程度以上者（含研究生）占绝大多数，比例超过八成，达到81.2%。这可能与他们所从事的工作性质有关。虽然他们工作的单位均为新闻或者宣传部门，但具体所做工作却各不相同。除了行政管理外，他们中有编辑、编务、播音、采编、记者、技术员、教育

培训、文化产业、新媒体运营、新闻宣传以及主持人等。这些工作均有较高技术含量，需要较高文化水平才能胜任。由于所开展调查的地区均为边疆民族地区，故受调查者中有一定比例的少数民族干部职工。受调查对象民族构成情况如表6.1.3：

表6.1.3 调查对象民族构成

民族	阿昌族	白族	傣族	哈尼族	汉族	回族	景颇族	傈僳族	苗族	瑶族	彝族	合计
频率	2人	1人	10人	28人	45人	2人	9人	3人	5人	2人	21人	128人
百分比	1.6%	0.8%	7.8%	21.8%	35.2%	1.6%	7%	2.3%	3.9%	1.6%	16.4%	100%

由表6.1.2可见，受调查的128名新闻宣传单位工作人员的民族成分较为复杂，共有包含汉族在内的11个民族，其中汉族45人，占比35.2%；少数民族83人，占比超过六成，为64.8%。由于我们所调查的地方主要为哈尼族、彝族、傣族和景颇族自治地方，故这4个民族人数相对较多，其比例分别为哈尼族21.8%、彝族16.4%、傣族7.8%和景颇族7%。

与乡村居民中超过90%的人会使用民族语言相比，城镇机关单位民族语言的使用范围明显减少。调查结果显示，在83名少数民族受访者中，只有44人（占受调查人数的34.4%）会使用民族语言。少数民族中能使用民族语言的比例也仅五成多一点（53%），换句话说，少数民族中尚有近一半的人（47%）不能使用民族语言。相较而言，汉族受访者中能使用民族语言的比例则更少，在45人中，仅8人懂一点少数民族语言，占比仅17.8%，其余大多数（82.2%）的人不懂少数民族语言。

二、新闻宣传单位语言实践

语言实践主要指语言研究、语言学习与语言使用。就工作域而言，语言实践主要指语言使用，而语言使用与工作单位的性质存在密切关系。除了外贸单位或者进出口行业由于存在外语使用需求须对语言使用进行规划外，表面上看大多数情况下语言使用似乎无须特别关注。然而，事实并非如此。任何单位、任何个人都面临语言使用问题，也即语言规划问题。一般情况下，大多数个人或者单位所面临的是使用方言还是普通话的问题。然而，即便仅仅只是使用普通话，也存在使用文明用语、避免粗俗词语等语言规划问题。因此，就工作域而言，语言规划无处不在。在边疆民族地区，除了可能存在上述问题外，还存在少数民族语言使用问题。少数民族地区的多语环境除了增加语言使用的复杂性外，也给语言规划带来契机。

（一）工作场域语言使用

在通常情况下，人们往往会把语言使用区分为正式场合的语言使用与非正式场合的语言使用。正式场合的语言使用往往和工作场域相联系，而非正式场合的语言使用往往指日常生活中的语言使用。事实上，即便是在比较正式的工作域，也仍然存在多种不同的情景。就新闻宣传单位而言，工作域的语言使用包括工作中同事之间的交流、接待来访、参加各种不同类型的会议，以及到乡村等更基层的单位进行宣传、报道、采访等工作。工作场域内不同情景下的语言使用可以在一定程度上反映该单位不同领域内宏观语言政策的执行情况，尤其是该层面微观语言规划的现状。调查结果如表6.1.4：

表6.1.4　工作域语言使用

场域＼选项	方言（A）	普通话（B）	民族语言（C）	AB	ABC	AC	缺省
一般工作中	87人 68%	28人 21.9%	6人 4.7%	3人 2.3%	1人 0.8%	— —	3人 2.3%
开会时	62人 48.4%	53人 41.4%	1人 0.8%	11人 8.6%	— —	— —	1人 0.8%
私下交谈	111人 86.7%	6人 4.7%	1人 0.8%	6人 4.7%	2 1.6%	2 1.6%	— —
基层工作	78人 60.9%	7人 5.5%	13人 10.2%	5人 3.9%	2 1.6%	19人 14.8%	4人 3.1%

从总体上来看，表6.1.4统计结果显示，新闻宣传单位一般工作域使用最多的语言为汉语方言，接近七成（68%）的受访者在一般工作中使用汉语方言，超过两成（21.9%）的受访者使用普通话，使用民族语言的比例最少，只有4.7%。除此之外，尚有少部分人同时使用汉语方言和普通话（2.3%）以及民族语言（0.8%）。三者之中，汉语方言的使用与普通话的使用明显会切换，而且与工作情景存在密切联系。当工作情景更为正式时，比如在开会这样的正式场合，方言的使用下降至48.4%，而普通话的使用则增加到41.4%，几乎到了持平的水平。而当工作情景改变，比如变成了员工之间的私下交流等正式程度较低的情景时，方言的使用飙升到了86.7%，而普通话的使用则下降到了个位数，仅4.7%。无论在什么情况下，少数民族语言的

使用都无法与方言和普通话的使用相提并论,只有当工作场景转移到乡村等基层单位时,少数民族语言的使用才上升到10.2%,当然还有14.8%的人同时使用汉语方言和民族语言。这里特别值得关注的是,在乡村等基层单位,汉语方言的使用依然占据主导地位,而普通话的使用与员工之间的私下交流相差不大,前者5.5%,后者4.7%,都为个位数。之所以少数民族语言使用比例较低,这存在2种可能:一是机关单位工作人员的民族语言能力不足,二是基层群众使用汉语方言的能力普遍较高。但无论如何,较低的普通话使用比例与较高的汉语方言使用比例,很好地显示了不同场景下汉语方言与普通话之间的使用差异。

(二)与少数民族交流时的语言使用

从上文的分析中我们发现,新闻宣传单位在工作域使用少数民族语言的比例仅4.7%,说明少数民族语言并非工作域的通用语,这符合当前中国的语言生活现实,也是民族地区城镇语言生活的真实写照。之所以尚有4.7%的人在工作域使用民族语言,是因为这些人几乎都是少数民族语言播音员或者电视主持人,使用民族语言是他们的工作职责。也就是说,除了少数特殊工作场景外,大多数城镇机关事业单位不存在使用民族语言的场域。只有当工作场景转移到更基层的地方比如乡村层面时,使用民族语言的可能性才会出现。即便如此,表6.1.4的调查结果表明,新闻宣传单位工作人员到基层时完全使用少数民族语言的情况也仅10.2%,与汉语方言相结合时使用民族语言的情况稍好一些,为14.8%。当然,这并不是说凡是到了基层都有使用少数民族语言的必要。是否使用少数民族语言在很大程度上取决于交流的对象。那么,如果不考虑工作域的具体场景,即不管是在城镇的机关单位还是在乡村等最基层的层面,受访者会使用什么语言呢?表6.1.5调查了新闻宣传单位工作人员在与少数民族交流时的语言使用情况。

表6.1.5 与少数民族交流时的语言使用

问题	选项	调查结果(人数与比例)		备注
与少数民族交流时使用的语言	A. 汉语方言	65人	50.8%	缺省 1人(0.8%)
	B. 普通话	7人	5.5%	
	C. 民族语言	35人	27.3%	
	A和B	7人	5.5%	
	A和C	13人	10.2%	

续表

问题	选项	调查结果（人数与比例）		备注
是否碰到过交流不畅的问题	A. 碰到过	71人	55.5%	—
	B. 没有碰到过	57人	44.5%	
您的想法是	A. 希望自己懂民语	77人	60.2%	缺省 2人（1.6%）
	B. 希望对方懂汉语	34人	26.6%	
	C. 希望互懂	15人	11.7%	

表6.1.5调查结果表明，虽然与少数民族交流时主要使用汉语方言（达到了50.8%），但民族语言的使用比例接近三成（27.3%），如果加上和方言共同使用的情况，则民族语言的使用达到了37.5%，明显高于其他场景下民族语言的使用比例。事实上，虽然与少数民族交流时产生了使用民族语言的语域，但这要取决于交流双方是否具备使用少数民族语言进行交流的能力。如果一方不能使用少数民族语言，他们就必须寻找一种共同语言来完成交际任务，大多数情况下，这种语言就是本地所通用的汉语方言，而非国家通用的普通话。然而在民族地区依然存在一方不懂民族语言，另一方不懂汉语的情况，即交际双方无通用语的情况。这种情况必然导致交际障碍。事实的确如此，表6.1.5统计结果表明，超过一半（55.5%）的受访者碰到过与少数民族交流不畅的问题，说明在边疆民族地区，依然有相当数量的少数民族未能掌握地区通用语，而城镇机关单位工作人员不懂民族语言的情况则更为明显。

虽然表6.1.5中有44.5%的人没有碰到过交际障碍，这并不能说明这些人都会使用民族语言，只能说明他们与交流对象之间存在通用语而已。通常情况下，这种通用语不是少数民族语言，而是汉语方言。换句话说，如果他们不具备对方的语言能力，而对方也不能使用汉语方言时，他们照样会碰到交际障碍。因此，真实情景中由于缺乏共同语言能力而导致的交际障碍可能更高，会远远超过55.5%的比例。这就是为什么表6.1.5中有超过六成（60.2%）的受访者希望自己能懂少数民族语言的原因。

此外，表6.1.5的统计结果显示，有11.7%的人希望交际双方互懂对方的语言，即自己懂民族语言，少数民族懂汉语。虽然有26.6%的人希望少数民族懂汉语，表明在乡村层面似乎还存在不少不懂汉语的情况。但我们在前面几章的研究表明，少数民族正努力学习汉语，也就是说，少数民族能使用汉语进行交际是迟早会发生的事情，而汉族尤其是在机关单位工作的人们是否能如他们所愿学会少数民族语言则有待观察。

三、对少数民族语言保持的看法

汉语方言、普通话和民族语言构成了边疆民族地区微观语言规划的3个重要维度，然而这并不是一个等边三角关系。大多数情况下，汉语方言和普通话在城镇机关事业单位里占据了主要地位，民族语言的使用难觅踪迹。即便是在与语言使用关系非常密切的新闻宣传单位，使用少数民族语言的场景也仅限于为数不多的播音、主持场域。从第五章关于乡村的语言规划所做研究来看，少数民族语言广播和电视宣传的对象主要生活在乡村地区。也就是说，乡村变成了少数民族语言传承保护的最后堡垒。随着城镇化的发展，城镇的语言生活方式、语言态度等将对生活在乡村里的人们的语言生活产生影响。因此，民族地区语言规划的重要任务之一就是民族语言保持。在采取具体措施对民族语言保护进行规划之前，来自城镇机关事业单位工作人员的语言态度、对民族语言保持的看法将不容忽视，而新闻宣传单位工作人员的看法尤为重要，因为语言正是他们进行宣传的最好手段。表6.1.6展示了新闻宣传单位工作人员对少数民族语言保持的看法。

表6.1.6 对少数民族语言保持的看法

问题	选项	调查结果（人数与比例）		备注
民族语言会否逐渐消亡？	A. 会	62人	48.4%	缺省 4人（3.1%）
	B. 不会	62人	48.4%	
有必要保护民族语言吗？	A. 有必要	127人	99.2%	缺省 1人（0.8%）
	B. 不必要	0人	0%	
普通话推广是否会影响到民族语言？	A. 会	45人	35.2%	缺省 2人（1.6%）
	B. 不会	81人	63.3%	
如果少数民族语言出现了衰退现象，造成这种现象的原因是？	A. 汉语影响	12人	9.4%	缺省 3人（2.3%） ABC 1人（0.8%） ABCD 7人（5.5%） ABD 1人（0.8%） AC 4人（3.1%） ACD 11人（8.6%） AD 8人（6.2%） CD 7人（5.5%）
	B. 其他民族语言影响	0人	0%	
	C. 本民族不重视	16人	12.5%	
	D. 经济文化发展等	58人	45.3%	

如表6.1.6所示，我们从4个方面调查了新闻宣传单位工作人员对少数民族语言保持的看法。首先，关于少数民族语言是否会逐渐消亡，持肯定和否定看法的受访者人数完全相同，各占一半的比例。而关于第二个问题即是否有必要保护少数民族语言，包括对少数民族语言会逐渐消亡持否定态度的人在内，受访者的态度几乎完全一致，除了1人未做出选择外，99.2%的受访者都认为应该保护少数民族语言。那么在宏观语言政策推广普通话的背景下，普通话的推广是否会影响到少数民族语言？表6.1.6的调查结果表明，仅35.2%的人持肯定态度，而高达63.3%的受访者持否定态度。由此可见，在民族地区推广国家通用语并不会像人们认为的那样会对少数民族语言的生存产生非常严重的影响。事实的确如此，如果把汉语影响同其他因素如"其他民族语言影响""少数民族本身不重视自己的民族语言""社会经济文化发展"等相提并论时，单独认为汉语影响到了少数民族语言生存的比例仅为9.4%。相比较而言，近半数的受访者（45.3%）认为"社会经济文化发展"影响到了少数民族语言的生存，其次为"本民族不重视"（12.5%）。当然，不容忽视的是，另有三成（30.5%）受访者认为是上述4种因素的共同作用。就这4种因素而言，有些因素的影响是难以回避的，比如国家推广普通话，比如社会经济文化的发展等。之所以有部分少数民族不重视自己的民族母语，其实这也是由于受到了全社会经济文化发展影响所产生的结果。从这个意义上来说，对少数民族语言保护进行规划就应该是全方位的，可以从语言的角度，可以从社会的角度，也可以从经济的角度来进行规划。但无论是何种方式，都要回到语言使用上来。

四、新闻宣传单位的语言培训与语言服务

新闻宣传单位既是政府的喉舌，其使命是把政府的各种宏观政策推而广之，又是一种重要的纽带，其目的要把来自基层的声音传递到政府高层。这种上情下达、下情上传的交互过程离不开语言使用。也就是说，从事新闻宣传的工作人员整天都要和语言文字打交道。他们本人必须具备良好的语言素质，比如在新闻宣传过程中使用文雅得体的语言文字。同时还要有一定的语言政策意识，因为他们所使用的语言往往会成为一种规范，成为人们模仿、学习和使用的范例。对于工作在边疆民族地区的新闻宣传单位工作人员来说，他们可能还要具备一定的外语知识以及少数民族语言知识，才能顺利完成其工作使命。就外语来说，许多专业术语正以各种不同方式源源不断地进入现代汉语乃至少数民族语言中，掌握一定的外语知识应该是新闻宣传从业者必备的技能；就少数民族语言来说，新闻采访中碰到少数民族人士能适时使用对方的语言，不仅能拉近与对方的距离，而且能获取通过常规采访难以获取的信息。因此，懂一些少数民族语言也应该是经常与语言文字打交道的新闻宣传从业者所必备的技能。由此可见，虽然熟练掌握国家通用语言应该是新闻宣传从业者必须具备的语言素质，但其中很多其他素质要求比如语言政策素质、外语素质和少数民族语言素质等必须通过行业培训方能获得。即便是能使用少数民族语言的少数民族本人，要能使用本民族的语言文字进行宣传报道，也同样需要获得语言支持。因此，从这个意义上来说，新闻宣传单位必须为自己的员工提供其业务范围内所需要的语言培训服务。

此外，作为基层地方政府的一个重要部门，新闻宣传单位在下情上传过程中承载着重要的为新闻受众服务的使命。边疆民族地区仍然存在众多不能使用国家通用语的少数民族人士，从这个意义上来说，除了开办少数民族语言广播电视节目外，新闻宣传单位为少数民族人士提供额外的语言服务就显得十分必要。那么，新闻宣传单位是否对内对外提供了相应的语言服务呢？表6.1.7对这一问题进行了调查。

表6.1.7 新闻宣传单位语言服务现状

问题	选项	调查结果（人数与比例）		备注
单位是否培训汉族职工少数民族语言？	是	6人	4.7%	缺省 2人（1.6%）
	否	120人	93.8%	
单位是否有普通话或英语能力提升计划？	有	33人	25.8%	缺省 8人（6.2%）
	没有	87人	68.0%	
单位是否有针对少数民族的语言服务部门？	有	12人	9.4%	缺省 3人（2.3%）
	没有	113人	88.3%	

表6.1.7结果显示，虽然有6位（4.7%）受访者表示单位对汉族员工提供了少数民族语言培训，但超过九成（93.8%）的受访者做出了否定回答，说明新闻宣传单位在少数民族语言培训方面存在不足。那么是否是因为在新闻宣传行业里不存在少数民族语言需求？从上文的分析中可以看出，在少数民族聚居地区不与少数民族打交道几乎是不可能的。当然，如果所有少数民族都能使用国家通用语（普通话）或者本地汉语方言，不使用少数民族语言尚不至于会影响到工作与服务的质量。然而从表6.1.5的统计中我们发现，超过半数（55.5%）的新闻宣传单位受访者曾经碰到过与少数民族因语言沟通不畅带来的交际问题。可以想见，在沟通交流不畅的情况下，其

宣传工作质量必然大打折扣。同样是表6.1.5中的调查结果显示，60.2%的人希望自己懂少数民族语言。由此可见，对边疆民族地区新闻宣传单位的工作人员来说，掌握少数民族语言存在客观需要，而单位所提供的少数民族语言培训服务明显满足不了他们的要求。

相对而言，在普通话或英语能力提升方面，有25.8%的受访者做出了肯定回答，说明新闻宣传单位在普通话或者外语培训方面的重视程度超过了对少数民族语言的重视程度。

语言培训是对内部员工的语言服务，其目的是提高员工的服务水平。对边疆民族地区的新闻宣传单位来说，其服务对象不仅包括上级政府部门，也包括生活在边疆地区的广大的少数民族群众。当然，在我们所调查的大多数边疆民族地区，新闻宣传部门均开设了针对少数民族的民族语言广播电视节目，如红河州的哈尼语和彝语广播、屏边县的苗语广播、德宏州的傣语和景颇语广播等。但这种语言服务是一种非接触性的语言服务。试想，如果某位不懂汉语的少数民族来到了新闻宣传单位反映某种诉求，这些单位能否为他提供相应的语言服务（比如为他提供翻译）？从表6.1.7的统计结果来看，类似的针对少数民族的语言服务，仅有12人（9.4%）做出了肯定回答，否定回答的比例高达88.3%。虽然我们没有对少数民族是否需要城镇机关单位提供类似的语言服务开展调查，但这在一定程度上反映了城镇机关单位对少数民族语言以及少数民族语言服务所持的态度，也反映了类似机关单位的语言规划现实。

五、新闻宣传单位的语言政策

新闻宣传单位的语言规划以及其所履行的语言政策不仅体现在员工的语言使用、员工的语言意识以及语言服务上，也体现在对员工的语言要求上。相对于某些特殊行业部门来说，它们可能还会制定相应的语言条例来规范特定场合的语言使用。因此，对员工的语言要求、制定行业内部语言使用的规范也是语言规划的表现形式。

（一）对个人的语言要求

语言是新闻宣传的重要介质之一，具备良好的语言素质应该是新闻宣传从业者的必备条件。相对于工作在边疆民族地区的新闻宣传工作者来说，或许还应该具备一定的少数民族语言能力？从上文的调查情况来看，绝大多数人不具备少数民族语言能力。那么他们所工作的单位是否对他们提出了相应要求？调查结果如表6.1.8：

表6.1.8 单位对个人的语言要求

问题	选项	调查结果（人数与比例）	备注
是否要求员工掌握少数民族语言？	有要求	8人　　6.2%	缺省　20人（15.6%）
	无要求	100人　78.1%	
招聘员工时是否有语言要求？	有要求	28人　21.9%	缺省　13人（10.2%）
	无要求	87人　68%	

就少数民族语言要求而言，表6.1.8调查结果表明，仅8人做出了肯定回答。跟踪调查发现，这8人均是从事少数民族语言播音和电视节目主持工作的人员。而做出否定回答的人数近八成（78.1%），说明大多数新闻宣传单位未对大多数员工提出民族语言能力的要求。事实上，我们注意到，这一问题有15.6%的缺省，即15.6%的受访者未对这一问题做出肯定或者否定的回答。进一步调查发现，缺省选项的受访者均为少数民族，其中很多人具备本民族语言能力。针对这一部分受访者来说，或许他们认为自己被招聘进入新闻宣传单位工作就是因为他们的少数民族身份，或者是因为他们具备了使用少数民族语言能力的缘故。为此，表6.1.8进一步调查了招聘员工时单位是否有语言要求，结果显示超过两成（21.9%）的受访者做出了肯定回答，缺省选项说明有10.2%的受访者在这一问题上不置可否，68%的受访者表示单位在招聘员工时没有具体的语言要求。

然而，针对第二个问题我们有必要做客观分析。21.9%的肯定回答所反映的是显性要求，比如对从事少数民族语言播音主持的人来说，必然有民族语言要求；对从事普通话播音的人来说，必然有对普通话证书的要求。而对文字记者来说，甚至还会有对文字表达能力的要求等，某些岗位甚至有对外语的要求，比如大学英语四级或者六级水平等。而对其他做出否定回答的受访者来说，某种隐性的语言要求可能被他们忽视了。从我们在前文对受访者受教育程度的调查中发现，受访者中超过了八成的人（81.2%）具有本科以上学历。通常情况下，较高的文化程度可以在一定程度上意味着较高的语言素质（不包含少数民族语言素质）。这表明新闻宣传单位中的某些部门或许在招聘员工时虽然未提出显性的语言要求，但对文凭的要求意味着对语言的隐性要求，只不过这一点可能未被受调查者注意到。

（二）有关语言使用的规定

如前文所言，作为政府喉舌的新闻宣传单位承担着上情下达、下情上传的使命。政府所制定的政策、拟采取的措施都必须通过使用语言才能向其目标受众广而告之，而基层群众的诉求也必须通过一定的语言手段方能上传到决策部门。在汉族聚居的地方，通常只存在使用汉语方言还是普通话的问题。而对于边疆民族地区来说，还存在是否使用民族语言的问题。因此，语言以及语言使用的重要性对边疆民族地区的新闻宣传部门来说再怎么强调都不过分。基于这样的现实而制定单位内部的语言使用条例理所当然地成为摆在新闻宣传单位面前的大事。调查情况见表6.1.9：

表6.1.9 新闻宣传单位语言使用规定

问题	选项	调查结果（人数与比例）		备注
是否有与少数民族语言文字有关的规定或者文件？	有	19人	14.8%	缺省 4人（3.1%）
	没有	105人	82%	
是否有上班时必须说普通话的规定？	有	55人	43%	缺省 4人（3.1%）
	没有	69人	53.9%	
单位内部是否制定语言使用条例？	有	62人	48.4%	缺省 7人（5.5%）
	没有	59人	46.1%	

首先，是否有关于使用少数民族语言文字的规定或者文件？表6.1.9调查结果显示，虽然仅14.8%的受访者给出了肯定回答，否定回答的人数达82.0%，占了绝大多数，但这一调查结果所反映的是单位对同一系统内部不同岗位的语言使用要求，也是宏观语言政策在基层单位的具体体现。在国家层面推广普通话的背景下，边疆民族地区新闻宣传的主要用语仍然是普通话，故新闻宣传单位只针对少数民族语言广播或者电视部门提出要求，而对其他部门不制定使用少数民族语言的规定，这是合乎情理的。那么，既然广播、电视、网络等传播媒介作为推广普通话的重要手段，新闻宣传单位是否制定有关于普通话使用的规定？从当前边疆民族地区广播电视的语言使用来看，大量使用普通话是不争的事实。但对于单位内部工作人员是否也有相关要求，表6.1.9结果显示，回答有规定上班必须使用普通话的比例（43.0%）低于没有规定的比例（53.9%），这基本符合当前新闻宣传单位工作域大量使用本地汉语方言的情况（见表6.1.3）。而对于单位内部是否制定有语言使用条例的问题，表6.1.9的结果显示，肯定回答的比例（48.4%）也与否定回答（46.1%）持平。一些持肯定回答的受访者解释道，其单位广告栏里常见"请讲普通话""请使用文明语言"等告示语。当然这些告示语是否是单位内部的语言使用条例尚值得商榷，但从单位内

部语言管理的角度来看（Spolsky，2008），也算得上是边疆民族地区推行国家宏观语言政策的一种行为。

六、新闻宣传中的隐性语言规划

新闻宣传的过程包括3个维度，分别为宣传的内容、宣传的手段和宣传所使用的语言。宣传内容指的是宣传单位向目标受众所提供的信息，如新闻、资讯，政府的方针、政策、法律、法规等；宣传手段指广播、电视、网络等传播媒介。宣传所使用的语言包含2个问题：一是使用什么语言或者语言变体的问题，比如是使用国家通用语还是使用少数民族语言，或者是使用国家通用语还是本地汉语方言的问题；另一个是语言使用的规范问题，新闻媒体所使用的语言属于语言本体规划的范畴。新闻用语往往要符合国家宏观层面有关语言文字应用的相关规定，因为出现在广播、电视、报刊中的语言文字，或者是记者、新闻主持人所使用的语言均会对普通受众起到示范作用。普通受众会把新闻宣传行业所使用的语言当成规范语言进行模仿、学习和使用。因此，新闻宣传不仅是在宣传方针或政策，也在宣传语言文字的规范化以及语言文字的使用等，只不过后者往往被前者所掩盖。

然而，由于宣传的载体是语言，也就是说，宣传离不开使用语言。在特定场合，比如在边疆民族地区，为达到特定的宣传目的，比如普法宣传（我们将在司法单位语言规划部分进行讨论），比如宣传政府的方针政策等，语言的作用会特别被凸显出来。近年来，德宏州新闻宣传部门在宣传党的方针政策时采用了"五用措施"，即"用民族干部宣传、用民族语言讲解、用民族文字阐述、用民族节庆展示、用民族文化体现"。（刘祥元、王云瑞，2014）"五用"中的第二、三条明确规定了宣传所使用的语言为民族语言，于是德宏州借助新媒体的传播优势，由州委宣传部组织制作了傣文、景颇文、傈僳文版本的党的十八届五中全会精神的双语对照电子微刊，通过朋友圈广泛传播分享，让干部群众参与、随手转发，获得了广大少数民族群众的点赞。目前，德宏傣族景颇族自治州少数民族语言广播和电视已开通景颇语、傣语、傈僳语等少数民族语言频道，每天晚上及时播放已译制为民族语言的中央台"新闻联播"、云南台的"云南新闻"等节目。用德宏州传媒集团民语译制中心主任岳太龙的话说，"民语电视有画面、有声音，便于老百姓的收看"。不仅如此，德宏州还在民族语言译制上做出了努力。只要党和政府一有重大决策和部署，该州民族出版社就及时组织将其编译为傣语、景颇语、傈僳语等，再将编译文本发放至乡镇、村委会，覆盖偏远山区，有效满足了少数民族群众的学习需求。

德宏州的"五用措施"不仅获得了广大少数民族群众的欢迎,而且得到了政府的嘉奖。2013年,该州的"五用并举,润泽边疆"入选中宣部《宣传思想文化工作案例》选编,2014年荣获第三届云南省宣传思想文化工作创新奖,德宏"五用"宣讲团也被评为云南省理论宣讲先进集体。(刘祥元,2015)该措施之所以获得了成功,在很大程度上得益于使用了少数民族语言和文字。虽然该措施的目的和使命在于宣传政府的宏观决策,但使用民族语言的规定无疑是为了城镇机关事业单位语言规划提供了机会。

使用民族语言进行新闻宣传有时候甚至比宣传本身还重要。生活在云南边疆地区的很多少数民族为跨境民族,其中很多人汉语能力有限,尚不能听懂普通话。以红河州为例,该州有哈尼族、彝族、苗族、瑶族、傣族、拉祜族等11个世居民族450万人,其中80%以上居住在边境线上。虽然该州于2010年和2012年分别实现了广播电视"村村通"和"户户通"工程,广播电视节目上百套,但并不能满足少数民族群众的真正需要,边境地区的新闻宣传仍然存在"邻强我弱"的态势。(马少斌,2014)比如,在该州边境线上的一个100多人的苗族村寨,虽然村民们可以看到包括中央电视台和各省卫视台在内的电视节目60多套,但苗族村民喜欢的节目少、能听懂看懂的节目更少,因此,村民转而收看邻国的电视节目,学会了邻国歌曲,跳邻国舞蹈,看邻国翻译的《三国演义》。鉴于此,如德宏州一样,红河州电视台也专门针对少数民族群众开办了"哈尼语新闻""彝语新闻"(见图6.1.1及图6.1.2)。

图6.1.1　红河电视台哈尼语新闻　　图6.1.2　红河电视台彝语新闻

红河州下辖的少数民族自治县也开办了相应的少数民族语言电视节目,如屏边苗族自治县开办了"苗语新闻",金平苗族瑶族傣族自治县开办了"瑶语新闻"等节目。红河州还成立了民族语译制中心,同时在边境县成立了拉祜语、傣语、壮语电视节目译制工作站,翻译制作各语种的电视节目,把一些精彩的电影、电视和

科教片翻译成各少数民族语言节目进行播放。为提高宣传效果，红河电视台的民族文化频道推出了"民族艺苑"栏目，专门针对边境地区的世居民族，每周一期，让哈尼族、彝族、苗族、傣族等民族兄弟姐妹登上舞台，用自己的语言唱自己民族的歌、跳自己民族的舞蹈、讲述自己民族的故事。这种文艺节目寓教于乐，深受少数民族的喜爱，收视率节节攀升，影响力也逐步扩大。

然而，受诸多因素影响，边疆民族地区的民族语言广播仍然受制于民族语播音人才的质量。据红河州原广播电视台张主任介绍，新闻宣传单位招聘员工时通常要求本科以上学历。而本科以上学历的人虽然普通话能力较强，但民族语言能力有限。即便是少数民族也存在同样的情况。虽然他们本来能使用本民族语言，但经过十多年的学校教育，即十多年的时间不使用民族语言后，其民族语言早已衰退到难以胜任民族语言播音的重任。为此，红河广播电视台的办法是专门留出人事指标到少数民族聚居的乡村招聘能使用民族语言的初高中文化程度者。虽然这些人的民族语言能力强，但汉语能力又难以胜任民汉翻译要求。电视台只能对这些人进行专门培训，以执行播音任务。相较而言，邻国越南的经验值得借鉴。该国与中国接壤的某电视台为了加大对边境的宣传，成立了专门的边境宣传服务中心，该中心的34名员工大都具有本科以上文化水平。他们不仅精通本国民族语言，而且还到过中国、美国、加拿大和法国的一些大学学习深造，参加过汉语、英语、法语的学习培训，他们每天均使用少数民族语言、英语、汉语、法语等向边境地区进行宣传。由此可见，境内外在针对边疆民族地区的宣传重视程度方面存在差异。

显而易见，新闻宣传需要投入，而采用民族语言、用少数民族喜闻乐见的方式进行宣传报道需要的投入更大。德宏州和红河州均从州的层面开设了少数民族语言广播电视节目，成立了民族语译制中心，以至于带动了县级城市如屏边县、金平县开通了少数民族语言广播电视节目。德宏州和红河州均为少数民族自治州，可能有专门的经费用于相关的新闻宣传活动。而普洱市墨江县作为全国唯一的哈尼族自治县却没有相应的机构，也没有专门针对该县哈尼族的哈尼语广播电视节目，要么是重视程度不够，要么是缺乏语言规划的意识。当然，即便是在缺乏显性语言规划意识的情况下，大多数边疆民族地区在针对少数民族开展新闻宣传时，也隐含了语言规划的成分。

七、结语

本节关于云南边疆民族地区新闻宣传单位微观语言规划研究所采用的数据主要

来自红河哈尼族彝族自治州、德宏傣族景颇族自治州和普洱市墨江哈尼族自治县。我们从单位内部的语言实践、对少数民族语言保持的看法、单位的语言要求和语言规定等几个方面分析了新闻宣传行业的微观语言规划特征。从语言实践的角度看，新闻宣传单位在工作场合使用汉语方言的比例超过了普通话和民族语言。民族语言使用较少，原因是大多数人缺乏少数民族语言能力。虽然新闻宣传对外推广时使用国家通用语言，但单位内部员工之间依然倾向于使用本地汉语方言。汉语方言与普通话之间的关系变成了工作语言与官方语言之间的关系。对许多边疆民族地区的人来说，不管是在日常生活中还是在一般工作中，把本地汉语方言作为工作语言是日常生活的一种延伸，同事之间在工作域使用彼此更亲近、更熟悉的语言或许能更好地传递思想感情、提高工作效率。当然，如果工作场景变得更正式后，他们还是会更多地使用普通话，以显示其官方特征。关于少数民族语言，他们中的绝大多数人都认为应该保护，毕竟少数民族语言也是中华文化的一个重要组成部分。当他们与少数民族交流碰到困难时，他们中的多数人希望自己能懂一点少数民族语言。事实上，这对工作在边疆民族地区新闻宣传单位的工作人员来说，掌握当地人口居多民族的语言应该是一种必备的技能，但遗憾的是，除了极少数民语播音、主持、记者以及少数民族中的部分员工外，他们中的大多数人不懂少数民族语言。这反映了两种倾向：一是少数民族语言不重要，二是工作中不需要使用民族语言。但无论如何，这都是少数民族语言在城镇机关事业单位使用情况的真实写照。

尽管工作域的普通话使用情况不如本地汉语方言，但单位层面对普通话的重视程度却远超民族语言。比如，虽然有为数不少的受访者有学习少数民族语言的需求，但单位并不提供民族语言培训。即便是在少数民族广泛分布的边疆地区，大多数新闻宣传单位内部也没有设置为少数民族提供语言服务的部门或岗位，而且这些单位在招聘员工时也没有对应聘者是否掌握少数民族语言提出要求。相比较而言，却有不少受访者（25.8%）的单位制定了针对员工的普通话或者外语能力提升计划，将近一半的受访者（48.4%）的单位规定必须说普通话或者要使用文明语言等。

总而言之，边疆民族地区新闻宣传单位存在显性和隐性两种语言规划行为。对少部分岗位如广播电视的播音、主持或记者等提出民族语言要求，要求他们掌握少数民族语言完全是因为工作的需要。在广播或者电视里使用少数民族语言符合宪法以及民族区域自治相关法律法规的要求。此外，在宏观语言政策推广普通话的背景下，新闻宣传单位提出了对员工的普通话使用要求，很多单位要求"说普通话""讲文明语言"等。所有这些都是显性的语言规划行为。然而，即便是在这样的语境下，大多数员工在工作域仍然更愿意使用本地汉语方言。即便新闻宣传单位通过广播、电视等传媒所发出的声音为国家通用的普通话，但所有这些工作的实施都主要是依靠汉语方言来完成的，因此汉语方言作为工作语言的地位得到强化。这是一种隐性行为，但也是一种普遍现象。另外，虽然针对少数民族的广播或者电视宣传的目的和使命不是为了语言传播，但宣传离不开语言使用，因此新闻宣传的过程意味着语言规划，只不过这也是一种隐性的行为。当地方政府为了达到向少数民族宣传中央政府的重大决策时，隐性的语言规划会走向前台，地方政府会明确指定使用民族语言和民族文字。此时，少数民族语言的价值和地位得到了凸显，隐性的语言规划变成了显性的语言规划。

第二节 文教单位的语言规划

云南边疆民族地区语言文字事业的发展离不开两个重要部门，其一为民族文化研究部门，其二为教育管理单位。就民族文化研究部门而言，各自治地方的县市都设置了专门的民族宗教事务局专司与少数民族的宗教信仰、少数民族语言文字使用、民族文化传承等相关联的事务。比如，德宏州民族宗教事务局在"2017年部门预算编制的说明"中第十三条阐明了其主要职责之一为"管理少数民族语言文字工作，指导少数民族语言文字的翻译、出版和民族古籍的收集、整理、出版规划等工作"。就教育部门而言，其在语言规划中的作用更不可小觑。首先是国家通用语传播，即普通话推广，比如德宏州教育局在对"云南省教育厅对州（市）教育局2016年度工作目标管理任务"进行分解时，明确了该单位在2016年的目标任务之一是"创建3所省级语言文字规范化示范学校、1所省级规范汉字书写特色学校"，"按照国家普通话水平测试管理规定……全年按质按量完成测试任务1000人次"。除了普通话推广外，德宏州教育局在2016年的另一重要任务就是民汉双语教育，比如"科学稳步推进双语教学，组织不少于1次双语教师培训……加强'直过民族'地区双语教学和汉语培训工作力度等"。同样，《云南省红河哈尼族彝族自治州民族教育条例》第五条也明确规定"农村小学应创造条件举办学前班，对学龄前儿童进行教育，帮助少数民族学生克服学习汉语言的障碍"。该条例第六条也指出"在不通晓汉语的少数民族聚居地区，应当用少数民族语言辅助教学。有通用规范民族文字的，应尊重本民族意愿，可用本民族文字扫盲"。由此可见，民族宗教事务和教育行政管理单位在边疆民族地区的语言生活和语言实践中扮演着重要角色。

一、研究过程

因负责民族语言文字管理的民族文化研究部门通常隶属于民族宗教局（下文简称民宗局），因此我们针对民宗局的调查其实主要针对的是民族文化部门。如上文所言，民族文化单位的职责之一是民族语言文字管理，而民族语言的教育主要由教育局负责。从语言规划的角度来看，语言文字管理与语言教育二者密不可分，因此我们把两个单位合并为一个整体进行研究，因此本项目针对民族文化与教育单位的研究虽然涉及两个不同的单位，但鉴于语言管理与语言教育之间的密切联系，我们合二为一，统称为文教单位。结合我们在其他领域所开展的研究，本次针对文教单位所做调查依然集中在红河哈尼族彝族自治州、普洱市和德宏傣族景颇族自治州，具体为红河州的金平苗族瑶族傣族自治县、屏边苗族自治县，普洱市的墨江哈尼族自治县以及德宏傣族景颇族自治州的民宗局与教育局。

（一）问卷发放与回收

我们在每个调查点的两个相关单位都分别发放了30份问卷，但因当时云南边疆民族地区正处于扶贫攻坚的关键时期，许多机关事业单位工作人员都接受了下乡扶贫任务，故给我们的问卷回收带来了难度。再加上一些单位如民族文化单位的职工本来就少，所以回收到的问卷相对更少。总之，在排除无效问卷后，我们实际回收到的有效问卷分别为金平县教育局11份、民宗局10份，合计21份；屏边县教育局17份、民宗局9份，合计26份；墨江县教育局19份、民宗局13份，合计32份；德宏州教育局28份、民宗局14份，合计42份。全部有效问卷共121份。

（二）研究对象

如上所述，121个调查对象分别来自红河州的金平县、屏边县，普洱市的墨江县和德宏州4个地方，包括汉族在内共10个民族。受调查对象的民族身份分布情况见表6.2.1：

表6.2.1 文教单位受调查对象民族构成情况

项目	傣族	哈尼族	汉族	回族	景颇族	满族	苗族	瑶族	彝族	壮族	合计
人数	10人	28人	46人	2人	5人	1人	12人	4人	10人	3人	121人
百分比	8.3%	23.1%	38%	1.7%	4.1%	0.8%	9.9%	3.3%	8.3%	2.5%	100%

由表6.2.1可见，文教单位的少数民族职工人数较多，共75人，占比超过六成，达到了62%，远超汉族职工38%的比例。少数民族中哈尼族人数最多，占比23.1%，

其次分别为苗族（9.9%）、彝族（8.3%）与傣族（8.3%），其余回族、景颇族、满族、瑶族和壮族人数均为个位数。

另外，121名受调查者中共有男性64人、女性57人，男女比例分别为52.9%和47.1%，虽然男性比例稍高于女性比例，但仅从本次调查情况来看，文教单位女性所占比例几乎与男性持平，这高于其他机关事业单位女性所占比例。从年龄构成来看，文教单位员工老中青结合，其中39岁以下中青年阶段人群共39人，占比62.5%；40—50岁之间中年人居多，共50人，占比41.3%；年龄超过51岁者共32人，占比26.4%。由此可见，文教单位年龄结构相对合理。从受调查者的文化程度来看，他们大多受过高等教育，具有大专以上文凭，详细情况见表6.2.2：

表6.2.2　文教单位受调查人员文化程度

项目	研究生	本科	专科	中专	合计
人数	5人	82人	33人	1人	121人
百分比	4.1%	67.8%	27.3%	0.8%	100%

表6.2.2调查结果显示，文教单位工作人员受教育程度较高，99.2%的受调查者受过高等教育，甚至有4.1%的人具有研究生学历。受调查者较高的文化程度与他们的工作性质密切相关。没有相应的受教育经历或者文化水平，他们是难以应对行业要求的，民族地区也不例外。

鉴于机关事业单位工作人员有着较高的文化水平，而文教单位工作人员的受教育程度似乎更高，因此我们没有对他们的普通话水平进行调查。考虑到民族地区存在使用民族语言的可能，故我们只对他们的民族语言使用情况进行了调查。结果发现，在全部121名受调查者中，共64人会使用民族语言（通常为本民族语言），占比52.9%；不会使用民族语言的人数57人，占比47.1%。会使用民族语言者多数为少数民族。在75名少数民族中，会使用民族语言者52人，占比近七成（69.3%）。尽管如此，少数民族中依然有三成左右（23人，30.7%）不会使用少数民族语言。在46名汉族受访者中，仅5人懂一点少数民族语言，占比10.9%，绝大多数汉族受访者（41人，81.9%）不会使用少数民族语言。

通常情况下，来自民族宗教事务局文化研究单位工作的受访者大多数为少数民族，且基本都会使用民族语言。比如金平县民宗局文化研究所共10名员工，10名员工都是少数民族，都会使用本民族语言；墨江县民宗局有员工23人，其中有少数民族20

人，20人都能使用民族语言。相比较而言，在教育局工作的员工民族母语使用能力较差，比如金平县教育局有员工82人，其中包含少数民族26人，全部员工中会使用民族语言者仅11人，占比仅一成多一点（13.4%）。屏边教育局会使用民族语言的情况稍好一些，该单位有员工55人，其中少数民族40人，该部门会使用民族语言者30人，占全部员工的54.5%。

（三）研究问题与目标

研究问题包括员工个人的语言实践和单位的语言实践两个方面，就个人的语言实践而言，主要调查文教单位工作人员在工作场合的语言使用情况、与少数民族交流时的语言使用情况以及对少数民族语言保持的看法等；就单位的语言实践来说，我们调查的内容主要包括单位的语言培训、语言服务以及语言政策等几个方面。希望通过这几个方面的调查，揭示文教单位的语言规划状况。

二、个人语言实践

从上文可知，尽管调查点均位于边疆民族地区，但文教单位工作人员依然有较高的文化素质，基本都接受过高等教育，且半数以上的受调查者能使用民族语言，表现出了较强的民族语言能力。这种情况与我们在关于家庭与个人，以及乡村语言规划研究所做调查不同。在其他场域，少数民族的母语能力有随受教育程度的提高而下降的趋势，而文教单位工作人员的民族母语能力似乎未表现出这样的趋势，这应该与他们的工作性质有关，比如在民族宗教事务单位工作的员工很多时候需要与少数民族打交道，会使用民族语言对他们来说或许是一种工作需要。既然文教单位工作人员文化程度较高，民族母语能力较强，那么他们的语言实践有何特点呢？下面我们拟从两个方面进行调查。

（一）工作域语言使用

云南边疆民族地区存在多语现象，这是毋庸置疑的事实。一般情况下，城镇机关单位工作场所面临3种语言选择，分别为本地方言、国家通用语言和少数民族语言。文教单位工作人员在工作场所做什么样的语言选择，这可能与具体的工作环境相关。为此，我们假设了4种语言使用工作场域，分别为常规工作中的语言使用，比如接待来访、处理日常公务等；开会时的语言使用，这主要指非常正式的场合的语言使用；员工私下交流时的语言使用，指在较为不正式的工作场所的语言使用；以及到基层时的语言使用，通常指到乡镇或者农村时的语言使用情况。调查结果见表6.2.3：

表6.2.3 文教单位工作人员工作域语言使用情况

场域＼选项	方言（A）	普通话（B）	民族语言（C）	AB	ABC	AC	缺省
常规工作	100人 82.6%	8人 6.6%	0人 0%	6人 5%	0人 0%	5人 4.1%	2人 1.7%
开会时	83人 68.6%	20人 16.5%	0人 0%	17人 14%	0人 0%	0人 0%	1人 0.8%
私下交流	101人 83.5%	1人 0.8%	0人 0%	1人 0.8%	1人 0.8%	17 14%	0人 0%
基层工作	79人 65.3%	2人 1.7%	3人 2.5%	1人 0.8%	1人 0.8%	35人 28.9%	0人 0%

表6.2.3统计结果表明，文教单位工作人员在常规工作中主要使用本地汉语方言，其比例达82.6%，而使用普通话的比例仅6.6%。虽然受调查中超过六成的受访者为少数民族，且其中能讲民族语言的人数也接近七成（见上文），但在常规工作中，他们纯粹使用民族语言的比例为零，只有4.1%的人把民族语言与汉语方言混合起来使用。这是常规工作情况下的语言使用情况。

如果工作的环境变得更正式，比如在开会时，文教单位受调查者的语言使用发生变化。首先是本地汉语方言的比例下降到了68.6%，普通话的使用上升到了16.5%，既使用普通话也使用方言的比例达到了14%，而民族语言的使用依然为零，即便和方言混合使用的情况也荡然无存。

换一种工作场景，即在非正式场合，比如工作人员私下交流时，他们又会做出何种语言选择呢？调查结果表明，文教单位工作人员在非正式场合会倾向于选择本地汉语方言，汉语方言的使用情况与常规工作时的使用情况差别不大，前者为83.5%，而后者为82.6%，但普通话的使用情况则变得更差，仅0.8%，且与方言混合使用的比例也只是0.8%。相对而言，民族语言的使用情况则有所好转，虽然没有纯粹使用民族语言的情况，但民族语言与本地汉语方言混合使用的比例则达到了14%。

同其他城镇机关事业单位工作人员一样，文教单位的工作人员也有可能下到最基层的乡镇或者乡村开展调研、检查指导、扶贫、宣讲国家政策等工作。工作场域的改变是否会影响到他们的语言选择？表6.2.3的调查显示，65.3%的人使用本地方言，1.7%的人使用普通话，2.5%的人使用民族语言。从表面上看，汉语方言的使用低于其他另外3种工作场域，但不可忽视的是，有近三成（28.9%）的受调查者在使用民族语言的同时，也使用本地汉语方言，如果包括这一部分选项在内，使用汉语方言的比例并未减少，而使用民族语言的比例则是所有工作场域中最高的。

（二）与少数民族交流时的语言使用

上面的调查结果表明，当文教单位工作人员把工作的场域转移到乡村后，其语言选择发生了轻微变化。虽然倾向于使用本地方言的态势未发生改变，但值得关注的是，近三成的工作人员同时使用本地方言和少数民族语言，说明在基层场域的语言使用存在语码转换现象，交际双方会在民族母语或汉语方言之间进行转换。事实上，除了将近1/3的人会在方言和民族语言两种语码之间进行转换外，尚有少部分人会在方言与普通话，甚至方言、普通话和民族语言之间进行转换，只不过这几种情况出现的概率较小而已。那么，假如不考虑工作场域，即既可以在工作单位也可以在乡村环境下，文教单位工作人员在与少数民族直接交流时会做什么样的语言决策，会碰到什么样的问题，有何看法？这也会在一定程度上反映民族地区机关事业单位的语言规划情况。详见表6.2.4：

与在乡镇、农村等基层环境下的语言使用相似的是，62.8%的人使用本地汉语方言，5%的人使用普通话，10.7%的人使用民族语言。虽然同时使用方言和普通话的比例较低，仅1.7%，但同时使用方言与少数民族语言的比例仍然较高，达到了18.1%。就单纯使用少数民族语言的情况而言，10.7%是最高的一次。如果我们把单纯使用民族语言的比例与混合使用方言和民族语言的比例相加，二者的比例为28.8%，这与其在基层时的语言选择情况几乎完全一致。

表6.2.4 文教单位工作人员与少数民族交流时的语言使用、问题与看法

问题	选项	调查结果（人数与比例）		备注
与少数民族交流时使用的语言	A. 汉语方言	76人	62.8%	缺省 2人（1.7%）
	B. 普通话	6人	5%	
	C. 民族语言	13人	10.7%	
	A和B	2人	1.7%	
	A和C	22人	18.1%	
是否碰到过交流不畅的问题	A. 碰到过	76人	62.8%	缺省 2人（1.7%）
	B. 没有碰到过	43人	35.5%	

续表

问题	选项	调查结果（人数与比例）		备注
您的想法是	A. 希望自己懂民语	58人	47.9%	缺省 1人（0.8%）
	B. 希望对方懂汉语	46人	38%	
	C. 希望互懂	16人	13.2%	

值得关注的是，尽管受调查者中62%的人为少数民族，且52.9%的人能使用少数民族语言，但表6.2.4的调查中发现，在基层或者在与少数民族的交流中直接使用少数民族语言的比例最高仅10.7%，与汉语方言和民族语言混合使用的比例最高也仅28.9%。假如乡村少数民族汉语能力不足的话，受调查者在与少数民族交流时必然碰到交流障碍。事实的确如此，表6.2.4显示，62.8%的受调查者表示在与少数民族交流中碰到交流不畅的情况，没有碰到交流障碍的比例仅35.5%。这似乎反映了两个客观现实：一是云南边疆民族地区的乡镇或者村寨中尚有不少人汉语能力有限；二是同样身为少数民族的城镇机关工作人员到乡村层级开展工作时，照样会碰到语言交流障碍。即便这些人中有不少人能使用民族语言，但这并不能保证他们能顺利沟通，原因在于少数民族语言支系庞杂，比如墨江哈尼族有9个支系，对于长期生活和工作在城镇的机关事业单位工作人员来说，要掌握这9个哈尼支系的语言几乎是不可能。当然，还有另一种情况也不容忽视，比如一个身为傣族能讲傣语的机关工作人员到了一个景颇族村寨开展工作，其碰到语言交流障碍的概率也必然不小。

交流中存在障碍无可避免，那么如何看待这一问题？正如预料中的一样，近半数受访者（47.9%）希望自己能懂民族语言，希望少数民族能懂汉语的比例稍低，为38%，有趣的是，仍然有13.2%的人希望互懂对方的语言，即成为双语人。这些观点虽然有趣，但能否实现则有赖于单位的语言规划。就拿第一个愿望来说，我们在云南边疆各地做田野调查时，最常产生的想法是希望我们自己也能讲少数民族语言，但想想云南25个世居少数民族，每个民族还有不同的支系，不同支系语言之间的差别大到无法交流的地步，所以我们的想法也仅仅只是想法而已。而对于生活和工作在民族地区的城镇机关单位工作人员来说，懂一点本地的少数民族语言的愿望应该是可以实现的。面对这一问题，最好的模式就是双语模式，即少数民族能讲汉语，城镇机关工作人员能讲少数民族语言，虽然持有这种观点的人数比例不高，仅13.2%，但这应该是边疆民族地区语言规划的最终目标。

三、个人对少数民族语言保持的看法

语言规划不仅仅是对语言以及语言使用进行干预。从Cooper（1989）的八问方案（Accounting Scheme）中可以看出，语言规划是语言规划者为达到一定的目的，通过一定的手段以影响一些人的行为，并为取得一定的效果所采取的决策过程。Kaplan和Baldauf（1997）概括了语言规划的11种目标，其中的语言保持目标尤其适用于云南边疆民族地区微观语言规划的实际要求。

在少数民族语言普遍衰退甚至部分濒危的语境下，从语言规划的视角探究这些语言的保护十分必要。从机关事业单位的语言使用来看，本地汉语方言的使用占据了主导地位，即便是国家通用语言的使用都只限于某些非常正式的场合，少数民族语言在机关事业单位里的地位便可想而知。面对这样的现实，文教单位工作人员会对当前少数民族语言的生存现状、保护措施等持何种态度？关于这些问题的探讨或许能在一定程度上对制订民族语言使用与保护政策产生一定的作用。相关调查见表6.2.5：

表6.2.5 文教单位工作人员对少数民族语言保持的看法

问题	选项	调查结果（人数与比例）		备注
民语会否逐渐消亡吗？	A. 会	55人	45.5%	缺省 2人（1.7%）
	B. 不会	64人	52.9%	
有必要保护民族语言吗？	A. 有必要	116人	95.9%	—
	B. 不必要	5人	4.1%	
普通话会威胁到民族语言吗？	A. 会	38人	31.4%	缺省 3人（2.5%）
	B. 不会	80人	66.1%	
如果少数民族语言出现了衰退现象，造成这种现象的原因是？	A. 汉语影响	10人	8.3%	缺省 1人（0.8%） ABC 2人（1.7%） ABCD 7人（5.8%） AC 4人（3.3%） ACD 8人（6.6%） AD 4人（3.3%） BD 2人（1.7%） CD 5人（4.1%）
	B. 其他民族语言影响	0人	0%	
	C. 本民族不重视	18人	14.9%	
	D. 经济文化发展等	60人	49.6%	

表6.2.5调查了文教单位工作人员对少数民族语言保持的看法，主要包括4个方面的内容，分别为民族语言的生存现状、导致民族语言衰退的原因、民族语言保持的

渠道、是否有必要保护民族语言等。首先，关于少数民族语言的生存现状，超过五成（52.9%）的受访者认为少数民族语言不会消亡，认同少数民族语言会逐渐消亡的受访者人数稍低，为45.5%。虽然受访者中有超过半数的人对少数民族语言的保持抱有信心，也许在他们看来，少数民族语言在当地的生存尚未受到特别严重的威胁，但是四成多（45.5%）的人认为少数民族语言会逐渐消亡，这些人的观点或许更值得关注。因为，从不同机关事业单位工作域的语言使用调查结果中可以看出，少数民族语言已经几乎完全退出城市，蜷缩到了边远偏僻的山区少数民族乡村。随着交通状况的改善，乡村人员的流动，少数民族语言的衰退可能不会以人的意志为转移，因此，尽管超过半数的受调查者对少数民族语言保持仍抱有信心，但这并不能阻挡住少数民族语言衰退甚至濒危的步伐。那么，是什么原因导致了这种情况呢？一些人认为是国家通用语的推广等，改变了民族地区的语言生态，从而导致了少数族裔语言的衰退（范俊军，2005；李宇明，2016；张世渊，2016；李芳，2018），但表6.2.5中认同这种观点的人仅三成多一点（31.4%），超过六成（66.1%）的人对此持否定态度。如果把汉语影响和其他影响因素相提并论的话，单纯认同来自汉语等语言影响的比例更低，仅8.3%。相对而言，更多的人（49.6%）把少数民族语言的衰退归咎于社会、经济、文化发展等因素的影响，还有不少人（14.9%）认为少数民族自身不重视自己的语言保护也是一个重要因素。当然，导致某种语言衰退的原因很多，有语言内部的原因，也有语言外部的原因，是各种元素交互作用的结果。这种观点也在表6.2.5中得到了体现，毕竟有接近三成（26.5%）的受访者认为是两种（AC 3.3%，AD 3.3%，BD 1.7%，CD 4.1%）或者三种（ABC 1.7%，ACD 6.6%）甚至四种（ABCD 5.8%）因素的共同作用导致了少数民族语言的衰退。

　　面对少数民族语言衰退的危险，唯一的应对之策就是保护。表6.2.5中对是否应该对少数民族语言进行保护的调查支持了这一论断，调查结果表明，95.9%的受调查者赞同保护少数民族语言，占了绝大多数，持反对意见者仅有4.1%。赞同者认为，"语言是一种文化的结晶，保护语言就是保护文化"（墨江教育局的一位彝族李先生），"少数民族语言中有许多道德瑰宝"（墨江教育局的一位哈尼族林先生），"少数民族语言也是一种非物质文化遗产"（屏边民宗局的一位苗族李女士），"保护少数民族语言是民族文化传承与发展的需要"（金平县教育局的一位傣族王先生）。

　　由此可见，虽然文教单位受调查者对少数民族语言是否会逐渐消亡看法不一，对导致少数民族语言使用减少的原因也存在不同理解，但在保护少数民族语言方面却显得非常一致，主要原因在于他们对少数民族语言的价值有着比较全面和客观的认识，所有这一切都将对民族地区的语言规划产生积极效应。

四、单位的语言实践

上面我们从文教单位员工的视角出发，调查了个人工作场域的语言实践以及他们对少数民族语言保持的看法。从工作域来看，受调查者偏向于选择本地汉语方言作为其工作用语。不论是在常规工作中，还是在更为正式的会议交流中或者是非正式的私下交流中，汉语方言均处于主导地位。作为国家通用语的普通话只有在比较正式的场域才能得到较多展示，但使用比例仍然远远落后于本地汉语方言。工作域少数民族语言的使用几乎为零，只有当工作场域迁移到乡村层面时，少数民族语言才会有被使用的可能，但比例仍然很低，且很多时候要与汉语方言共同使用。总而言之，不论是在何种场域，方言的使用均处于主导地位。面对汉语的强势和少数民族语言的弱势，超过九成的文教单位工作人员都赞同保护少数民族语言，他们中的很多人对少数民族语言的价值有着较为客观的评价。总而言之，虽然所有这一切所反映的都是文教单位工作人员个人的语言实践或者语言态度，但在很大程度上反映了城镇机关事业单位的语言生活现状，故能在一定程度上代表该单位的语言规划实际。

宏观层面的语言政策是全面推行国家通用语，少数民族有使用和发展本民族语言文字的权利。因此，边疆民族地区基层文教单位的主要使命之一就是履行这一宏观语言政策。为了达到这一目的，文教单位必然对本单位的语言使用进行规划，这是成功履行宏观语言政策的基础。这可以体现在两个方面：其一为单位内部的语言培训、对内和对外的语言服务，其二为单位内部的语言使用规定，包括单位对员工的语言要求以及相关的语言使用规定等。

（一）语言培训与语言服务

从上文关于个人工作域语言实践的调查来看，汉语方言使用占据主导地位，即便是到了乡村基层或者与少数民族交流时，汉语方言仍然是主要的交际用语。虽然汉语方言作为地方通用语得到了普遍接受，但偏僻地区仍然有不通汉语的少数民族，这必然导致交际障碍，超过六成（62.8%，见表6.2.4）的文教单位工作人员曾经碰到过与少数民族交流不畅的问题，近五成的人（47.9%）希望自己能懂少数民族语言。由此看来，从单位的角度开展针对员工的少数民族语言培训理应成为单位语言规划的重要表现形式。相关调查结果如表6.2.6：

表6.2.6 文教单位语言服务现状

问题	选项	调查结果（人数与比例）		备注
是否培训汉族职工少数民族语言？	是	16人	13.2%	缺省 7人（5.8%）
	否	98人	81%	
是否有普通话或英语能力提升计划？	有	16人	13.2%	缺省 16人（13.2%）
	没有	89人	73.6%	
是否有针对少数民族的语言服务部门？	有	6人	5%	缺省 9人（7.4%）
	没有	106人	87.6%	

就单位是否培训汉族职工少数民族语言而言，表6.2.6结果显示，13.2%的受调查者做出了肯定回答，81%的受访者做出了否定回答。尽管否定回答比例占了绝大多数，但我们不能据此认定单位没有开展过针对汉族职工的少数民族语言培训。事实上，我们在与红河州民族宗教事务局哈尼文化研究中心的普副研究员的交谈中得知，红河州自2016年起便有计划地开始了针对机关事业单位工作人员的少数民族语言培训，也欢迎其他行业的人员自愿参加。据普副研究员介绍，民宗局文化研究所负责培训任务，其本人任哈尼语老师，每次集中一个星期时间（五天）培训，结束后发一个结业证书。在针对红河州教育局基础教育科的访谈中得知，州里会根据需要选派部分员工参加少数民族语言培训。在职教科调查时我们发现，该科3名职员中有1名哈尼族胡老师，其职责之一就是负责哈尼族职教学生家长的来访。由此可见，边疆民族地区城镇机关单位正积极开展有关民族语言培训的规划活动，只不过当前的培训面有限，并不是针对全部员工的培训。假以时日，应该会有更多的员工获得少数民族语言的培训，这将有助于减少他们在与少数民族交际中可能碰到的语言障碍。

除了民族语言外，受调查单位普通话的使用情况也与国家推广普通话的态势格格不入。除了方言作为地方通用语或者是单位工作用语的地位暂时难以撼动以外，是否存在普通话能力不足而导致其使用率偏低的问题。如果是后一种情况的话，单位针对员工的普通话能力提升规划便显得十分必要。不幸的是，后一种情况确实存在。在对墨江县民宗局主任科员王先生（汉族）的访谈中我们得知，尽管单位要求大家说普通话，但因普通话水平参差不齐，故基本上不讲。这种情况在少数民族地区可能具有一定的代表性。

在边疆民族地区城镇机关单位，尤其是文教单位，语言规划的对象不仅是国家通用语和民族语言，外语也包括在内。作为对外交流和"一带一路"的交汇点，云南边疆民族地区正成为改革开放的前沿，外语的作用必将随着改革开放进程的加快而日益凸显。为此，我们针对单位所开展的语言能力提升计划自然包含了对外语的调查。结果显示（表6.2.6），13.2%的受调查者做出了肯定回答，73.6%的人做出了否定回答。值得注意的是，13.2%的缺省选项说明这部分人不清楚单位是否开展了这一方面的活动。同上一个问题一样，我们也不能根据多数人的否定回答而做出单位没有针对普通话或者外语能力提升规划的行为。我们为此也开展了实地调查，结果显示，文教单位在履行国家宏观语言政策方面确实做出了一些努力。除了组织每年9月份的自上而下的"普通话宣传周"活动外，墨江县文教系统于2015年组织全县干部职工参加了普通话水平测试，其他县市情况大同小异。相对而言，关于员工的外语能力提升培训的情况非常少，只有德宏州文教系统对少部分有需要的员工开展了傣语和缅语的培训，如德宏州民宗局于2016年4月选派了2名干部参加邻国语言培训。

如果说对单位员工的语言培训和语言能力提升计划属于内部语言服务的话，针对当地少数民族群众的语言服务则属于外部服务的范畴。那么，文教单位是否开展有外部语言服务活动，即针对少数民族群众的语言服务？表6.2.6调查结果显示，仅6人（占比5%）做出了肯定回答，另有9人（占比7.4%）表示不清楚，超过八成（87.6%）的人给出了否定答案。在实地调查中我们发现，仅德宏州教育局的排先生表示在便民服务部门或者一些党政办设置有专门的少数民族语言服务岗位和部门，但未明确表示这些部门和岗位属于文教系统。就外部语言服务，即对少数民族群众的语言服务而言，大多数文教单位的做法可能与红河州职教科的做法类似。当碰到需要提供少数民族语言服务时，红河州职教科的做法是让单位里能使用民族语言的工作人员来承担此项任务。但是这种情况毕竟不多。正如红河州教育局基础教育科的杨科长所言，一般到城镇机关单位来访的少数民族通常都能讲汉语，基本不存在语言交流问题。这恐怕是大多数文教单位不设置专门的少数民族语言服务部门或岗位的缘故。

（二）单位的语言政策

1. 对个人的语言要求

单位员工在工作场合使用何种语言所反映的不仅是国家层面的宏观语言政策，也在一定程度上反映了单位执行国家宏观语言政策时所采取的措施及其效果。从上文的分析来看，至少就国家通用语使用情况来看，受调查者及其所在单位的实施效果恐怕难以达到政策制定者的预期，而少数民族语言的使用情况也大同小异。那么，上述语言使用状况是否与单位在执行宏观语言政策时所采取的措施有直接关系？相关调查结果如表6.2.7：

表6.2.7 文教单位对个人的语言要求

问题	选项	调查结果（人数与比例）		备注
是否要求员工掌握少数民族语言？	有要求	27人	22.3%	缺省 3人（2.5%）
	无要求	91人	75.2%	
招聘员工时是否有语言要求？	有要求	24人	19.8%	缺省 13人（10.7%）
	无要求	84人	69.4%	

表6.2.7共2个问题，其实所调查的是单位对3种语言的要求。第一个问题调查的是对在职员工少数民族语言的要求，22.3%的受调查者做出了肯定回答，表示"无要求"的回答为75.2%。如前文所述，虽然否定回答占据了大多数，但这不能据此认定单位不要求员工掌握少数民族语言。根据我们在实地考察过程中的发现，单位对职工培训少数民族语言是最近两年才开始，而且每个单位只安排1—2名员工参加培训。因此，约两成的受调查者所做的"有要求"的选择是客观真实的。就第二个问题而言，如果民族语言不是人人必须掌握的话，那么单位在招聘新员工时是否对求职者的普通话、民族语言或者外语语言能力提出要求？调查结果显示，表示"有要求"的比例仅19.8%，远低于"无要求"的比例（69.4%），另外还有10.7%的人在这一题项上缺省未做出选择，说明这些人可能不清楚单位是否有相关要求。对这一问题，我们通过访谈获得了进一步的认知。墨江教育局的赵先生（彝族）说，教育系统每年招聘事业单位工作人员时，要求应聘者有教师资格证书，这其中就包含了对普通话的要求；另一位李先生补充说，招聘员工时要求有普通话合格证书。而至于民族语言，仅民宗局文化研究部门提出要求，比如该单位的杨女士（哈尼族）告诉我们说，墨江哈尼文化研究所招聘员工时要求会使用一种民族语言。

由此可见，文教单位在招聘员工时，对新进人员确实提出了语言要求。之所以近七成（69.4%）的受访者表示"没有要求"，或者有一成稍多（10.7%）的人做出缺省选择，说明这些人很可能不了解其所在单位的语言政策。当然，也可能是因为这些语言政策是最近几年才开始实施的，作为单位的老员工不了解新的语言政策，也是符合情理的。而至于外语要求，可能是因为我们所调查的单位未涉及外事工作，故未发现有对外语提出要求的情况。

2. 有关语言使用的规定

虽然近七成或者超过七成的文教单位工作人员认为单位不要求其掌握民族语言，招聘新员工时不对普通话或者英语提出要求，但这种情况正在发生改变。近两年来，除了传统的少数民族语言文化保护工作外，民族地区扶贫攻坚任务等都需要机关事业单位工作人员下到最基层的乡镇或者农村，因此，掌握当地少数民族语言可能会变得越来越迫切。过去不重视单位员工少数民族语言能力的现状正发生改变，当地的民族文化部门开始承担起了对机关单位工作人员少数民族语言培训的任务，只不过当前这种培训还是局部的有针对性的培训，受众尚十分有限，故很多人以为无此方面的要求。普通话和外语的情况也与此类似，过去单位可能确实没有相关的要求，受调查者可能以本人的经历而认定单位无普通话或者外语的要求，然而至少就普通话而言，教育局一方面要求有教师资格证，另一方面也要求有普通话资格证书，前者其实已经包含了对普通话能力的认定，而后者的要求不言自明。

如果说上述要求是一种隐性的语言规划而导致大多数人没有注意到单位语言政策的变化的话，单位是否制定有适合本单位语言使用的显性的语言政策？为此，我们从3个方面进行了调查，详细调查结果如表6.2.8：

表6.2.8 文教单位语言使用规定

问题	选项	调查结果（人数与比例）		备注
是否有与少数民族语言文字有关的规定或者文件？	有	21人	17.4%	缺省 6人（5.0%）
	没有	94人	77.7%	
是否有上班时必须说普通话的规定？	有	28人	23.1%	缺省 10人（8.3%）
	没有	83人	68.6%	
单位内部是否制定语言使用条例？	有	33人	27.3%	缺省 15人（12.4%）
	没有	73人	60.3%	

表6.2.8调查结果显示，对3个问题的否定回答都超过了六成，最高接近八成；肯定回答最高不足三成，最低的仅17.4%。虽然否定回答远远高于肯定回答，我们仍然不能据此对单位的语言规划视而不见。只要有一个表示肯定的回答，就足以证明单位内部语言规划的事实。从某种程度上看，问卷反馈所反映的是单位员工对语言规划的敏感度。当他意识到或者注意到了单位在语言使用上所采取的措施后，他便做出了"肯定"的选择，相反则会选择"否定"选项。

就第一个问题而言，墨江民族宗教局的王先生（彝族）做出了非常肯定的答复，他说2016年3月31日通过的《云南省墨江哈尼族自治县文化遗产保护条例》在第一章"总则"里的第三条明确规定"哈尼族、彝族等世居少数民族的语言、文字"属于本条例所包括的文化遗产。很显然，以哈尼族和彝族语言文字为代表的少数民族语言文字作为该县的文化遗产受到了法律保护。事实上，类似的规定与条例几乎在所有少数民族自治地方都存在，只是很多人没有注意到而已。那些对语言政策稍微敏感一点的受调查者便会结合本单位的性质做出比较符合实际的反馈，比如墨江县教育局行政科的张女士反馈道，教育系统要求在少数民族聚居地区使用双语教学；金平县教育局基教科的张老师说，与少数民族语言文字有关的规定是要对少数民族乡村教师进行双语教学培训。与此类似，金平县民族宗教局的局长李先生（哈尼族）告诉我们，该局的规定是要求干部职工掌握少数民族语言。副局长苗先生的反馈更为具体，他说，党政机关单位的名称除了使用汉字外，还应有当地人口居多少数民族的文字。事实上，红河州自2011年便启动了州县（市）党和国家机关、人民团体的名称标牌规范使用哈尼文、彝文、汉文3种文字书写更换工作，到2017年6月为止已经翻译并制作了3600多条单位名称、道路街道名称、旅游景点名称标牌。红河州民宗局民族文化研究所的普老师说，关于标牌文字的使用规定是，横排的牌匾最上面为哈尼文，中间为彝文，最下面为汉文，哈尼文与彝文的大小各占25%，汉文占50%，竖排的牌匾按从右到左的顺序排列，分别为哈尼文、彝文和汉文，文字大小的要求仍然是汉文占50%，哈尼文和彝文各占25%。尽管该州对不同文字的大小以及分布做了规定，但在具体使用中还是存在例外。比如，该州民宗局网站上的单位名称便把汉文置于最上面的位置，中间为哈尼文，最下面一行为彝文。见图6.2.1：

图6.2.1 红河州民族宗教局网站上的文字排列图

关于第二个问题，即单位是否规定上班时必须说普通话？虽然68.6%的受调查者做出了否定回答，他们的回答所反映的只是上班时普通话的使用现状。实际情况是，我们在实地采访中发现，很多单位在过道等醒目处都张贴有"说普通话""写规范字"的告示。虽然这可能只是基层单位执行国家宏观语言政策的一种体现，但是一些单位还是根据本单位的实际做了相应的规定。比如墨江县教育局的李先生说，单位要求员工"用普通话与不懂本地方言的人交流"。事实上，当我们于2017年3月在墨江做田野调查时，我们努力用方言与当地的干部群众进行交流，我们便发现当地的汉语方言并不容易理解。而对于外省的来访者来说，要听懂当地的汉语方言与听懂少数民族语言几乎没有差异。这种情况其实在云南各地都普遍存在，不同地区汉语方言差异极大。因此与外来者，尤其是来自外省的人交流时使用普通话根本就不需规定，那是必然的选择。当然，不仅只是对外交流要求使用普通话，对内交流也有类似要求。墨江县民宗局的李女士说，单位要求上班时"请讲普通话"。"请"可能只是一种提醒，而非规定；墨江县哈尼文化研究所的杨女士说，她所在单位的规定是"开会时必须说普通话"，"必须"二字表现出了明显的"规定"特征。当然，不同单位有不同要求，屏边县教育局徐女士的反馈是，该单位规定"上班必须用普通话交流"。至于包括文教单位在内的边疆民族地区城镇机关事业单位有多少人在使用普通话，我们在上文已有交代。显而易见的是，规定与现实之间仍然存在较大差异。规定要使用普通话，而现实中仍然大量使用汉语方言。之所以如此，原因很多。其中一条可能与他们的普通话能力有关，正如墨江民族宗教局的原主任王先生所言，"因普通话水平参差不齐"，所以"基本不讲"。

第三个问题在一定程度上是第二个问题的延伸，目的是要更进一步调查文教单位内部的语言规划状况。如我们在上文所讨论的一样，尽管很多人自认为单位没有对民族语言或者普通话的使用提出要求，但单位内部相关的语言政策并不缺位，只是可能很多人没有注意到罢了。当我们换一个角度，把问题问得更直白一些时，对第三个问题即"单位内部是否制定语言使用条例"的肯定回答便接近三成（27.3%），为3个问题中最高的比例。原因是许多人都注意到了单位内部相关的语言使用条例，如德宏州教育局的林女士表示，大多数机关事业单位都制定了在开展群众工作时文明用语的制度，比如要使用"请""您好""谢谢"等，类似的规定在墨江、金平、屏边都有发现。不论是民族宗教局还是教育局，都规定有诸如接访时要使用礼貌用语的要求。除了对语言使用是否得体做出规定外，一些具有多语现象的部门还对上班时使用何种语言做出了规定，比如墨江民宗局哈尼文化研究所的邓先生和杨女士告诉我们，该单位规定上班期间只能是使用汉语。由此可见，尽管不少受调查者对本单位是否有语言使用规定做出了否定回答，但是单位内部有关语言规划的活动是客观存在的，只是不同地区和不同部门有不同的表现形式而已。

五、结语

鉴于民族文化与教育行政管理部门在边疆民族地区语言文字教育及管理方面的独特作用，项目组对红河哈尼族彝族自治州及其下属的金平苗族瑶族傣族自治县、屏边苗族自治县，普洱市墨江哈尼族自治县以及德宏傣族景颇族自治州的教育部门进行了实地考察，通过问卷与访谈的方式对这些部门的工作人员及其单位的语言使用、语言政策等进行了探究。就个人的语言实践来看，受调查者在工作场所仍然主要使用本地汉语方言，普通话只限于比较正式的场合比如会议交流发言等，民族语言的使用比例极低且主要在乡村层面或者与少数民族交流时使用。虽然受调查者中少数民族占比超过汉族，且自诉会使用民族语言的比例不低，但在与少数民族的交流中超过六成的人曾经碰到过交流障碍，这说明两方面的问题：一是某些乡村地区仍然有相当数量的少数民族不通汉语，二是受调查者的少数民族语言能力不足。正因如此，才有许多受调查者希望自己能懂少数民族语言，当然也有不少人希望少数民族能懂汉语。

在学界普遍为少数民族语言活力日渐衰退而感到担忧的情况下，尚有超过五成的受调查者对少数民族语言的保持充满信心。尽管如此，在谈到少数民族语言的保护时，95.9%的人做出了肯定的选择。他们对民族语言的价值有着较为客观、全面的认识，一些人还能从语言战略的角度来认识保护少数民族语言的意义。至于导致少数民族语言衰退的原因，大多数人把它归咎于社会、经济和文化发展等综合因素，较少把它单独归咎于普通话推广所带来的影响。

从单位语言规划的角度来看，问卷调查结果与我们实地考察的结果存在一定差异。比如，针对员工的民族语言培训，普通话（或外语）能力提升计划，对少数民族的语言服务，以及单位对员工的语言要求、单位内部的语言使用规定和语言条例等，受访者给出的否定回答比例远远超过肯定回答的比例。但根据我们对一些工作人员的访谈以及实地考察，我们发现文教单位在上述语言实践与语言规划方面并不存在缺位现象。之所以有相当比例的人没有觉得单位在上述领域做出规划行为，这可能存在两方面的原因：一是很多单位相关的语言规划行为才刚起步且并非针对全部员工，比如少数民族语言培训、普通话能力测试等；另外一种原因可能是这些人对一些隐性的语言规划甚至显性的语言政策不敏感所致。就后一种情况而言，边疆民族地区机关事业单位工作人员有必要认真学习国家有关的语言政策，增强语言规划意识。毕竟在多语的边疆民族地区，作为代表政府形象的机关工作人员的语言政策和语言规划意识对国家通用语推广、少数民族语言保护将起到不可替代的作用。

第三节　司法单位的语言规划

尽管语言规划与语言政策的内涵存在差异，但在外延上却存在诸多重叠。二者相互作用，缺一不可。语言政策源于语言规划实践，反过来又对语言规划起指导作用，并在一定程度上制约着语言规划的成效。国家政体往往会根据本国实际制定旨在对该国语言规划实践起指导和引领作用的语言政策，而语言政策的实施或者执行又在很大程度上有赖于不同层面的司法行政单位。基层司法行政单位执行宏观或者中观层面语言政策的过程就是该领域微观语言规划的过程。由此可见，司法行政单位的语言规划活跃程度并不亚于新闻宣传单位和文教单位的语言规划活跃程度。这种情况在多语地区表现得尤为突出，而云南边疆民族地区无疑最具代表性。不同于一般意义上多语地区的人们普遍具备社区语言和国家通用语言等多语能力，云南边疆民族地区虽然亦同为多语地区，但这里尚有为数不少的人依然还是只能使用本民族语言的单语者，对国家通用语言仍然处于语盲或文盲状态。

有鉴于此，本节将聚焦于云南边疆民族地区司法行政单位的微观语言规划实践。首先将对宏观和中观层面语言政策进行梳理，然后简要介绍边疆民族地区司法领域语言规划的必要性。随之再以红河哈尼族彝族自治州、墨江哈尼族自治县和德宏傣族景颇族自治州所做调查结果为第一手资料，对云南边疆民族地区司法行政单位语言规划的现状进行探究。

一、司法领域宏观与中观语言政策

鉴于中国多民族、多语言的实际，从保护少数民族的语言权利、实现语言公平的角度出发，宏观语言政策对司法领域的语言使用做出了明确规定。《中华人民共和国宪法》第一百三十四条规定：

> 各民族公民都有用本民族语言文字进行诉讼的权利。人民法院和人民检察院对于不通晓当地通用语言文字的诉讼参与人，应当为他们翻译。在少数民族聚居或者多民族共同居住的地区，应当用当地通用的语言进行审理，起诉书、判决书、布告和其他文书应当根据实际需要使用当地通用的一种或者几种文字。

《中华人民共和国宪法》（1982年）

在宪法的框架下，民族区域自治法也做出了类似描述，其第四十七条规定：

>   民族自治地方的人民法院和人民检察院应当用当地通用的语言审理和检察案件，并合理配备通晓当地通用的少数民族语言文字的人员。对于不通晓当地通用的语言文字的诉讼参与人，应当为他们提供翻译。法律文书应当根据实际需要，使用当地通用的一种或者几种文字。保障各民族公民都有使用本民族语言文字进行诉讼的权利。
>
> 　　　　　　　　　　　　　　　　《中华人民共和国民族区域自治法》（1984年）

在宪法和民族区域自治法对少数民族聚居地区司法领域语言使用做出明确阐释的基础上，《中华人民共和国人民法院组织法》（第六条）、《中华人民共和国刑事诉讼法》（第九条）、《中华人民共和国民事诉讼法》（第十一条）以及《中华人民共和国行政诉讼法》（第八条）也进一步申明了各自领域有关少数民族聚居区语言使用的相关规定，比如，各民族公民都有用本民族语言文字进行（民事、行政）诉讼的权利、人民法院（人民检察院、公安机关）对于不通晓当地通用的语言文字的诉讼参与人，应当为他们翻译，在少数民族聚居或者多民族杂居的地区，应当用当地通用的语言进行审讯，用当地通用的文字发布判决书、布告和其他文件（如法律文书等）。

在司法领域宏观语言规划的框架下，中观层面的少数民族省、自治区以及其下属的少数民族自治州也对司法领域的语言使用进行了规划。以云南省为例，该省人大常委会于2013年3月28日通过并公布且于同年5月1日起施行了《云南省少数民族语言文字工作条例》，其中第二条重申了宏观层面民族地区语言使用的规定，并明确该省"鼓励各民族公民互相学习语言文字，推广和使用国家通用语言文字，规范使用少数民族语言文字"。针对司法领域的语言问题，该条例除了重申宪法、民族区域自治法以及其他相关规定外（参见该条例第十七条），还在第十条对少数民族语言使用以及人才培养做出了明确规定"各级人民政府应当培养和配备通晓国家通用语言文字和少数民族语言文字的国家工作人员和各类专业人才；注重培养和配备通晓国家通用语言文字和少数民族语言文字的警官和司法调解人员"，"各级人民法院和人民检察院应当培养和配备通晓国家通用语言文字和少数民族语言文字的法官和检察官"。此外，各少数民族自治州自治条例也对司法领域的语言使用做出了类似规定，在"保障各民族公民都有使用本民族语言文字进行诉讼的权利"的基础上，条例均有专门条款对司法领域的语言使用做出了描述，比如《红河哈尼族彝族自治州自治条例》第二十五条和《文山壮族苗族自治州自治条例》第二十条均规定："自治州中级人民法院和人民检察院使用通用的汉语言文字审理和检察案件。对不通晓汉语言文字的诉讼参与人，应当为他们提供翻译。制作法律文书使用规范汉字。"稍有不同的是，怒江州、西双版纳州和德宏州还把其当地人口居多民族的语言直接纳入了司法领域的语言使用范畴，如《怒江傈僳族自治州自治条例》第二十三条，"对不通晓汉、傈僳语言文字的诉讼参与人，应当为他们提供翻译。制作法律文书使用汉文，根据实际需要可以同时使用傈僳文"。《西双版纳傣族自治州自治条例》第二十条"自治州的中级人民法院和人民检察院分别或者同时使用傣、汉两种语言检察和审理案件……对于不通晓傣、汉两种语言文字的诉讼参与人，应当为他们翻译。制作法律文书，根据实际需要使用傣文或者汉文"；《德宏傣族景颇族自治州自治条例》第二十一条"自治州的人民法院和人民检察院可以分别或者同时使用汉族、傣族、景颇族的语言文字办理案件。对于不通晓汉语或者少数民族语言文字的诉讼参与人，应当为他们提供翻译"。

二、司法单位语言规划的必要性

国家治理主要依赖法治，但在偏僻地区，法治理念并非尽人皆有，社会秩序与人际关系的维系在很大程度上仍仰仗于传统遗留下来的是非观念与道德伦理。在云南边疆民族地区，过去数千年来存续下来的头人治理观念仍未完全被现代的法治理念所取代。一些人在产生冲突后首先想到的不是法律手段，而是他们认可的一套行为准则。如果不了解其解决冲突的方式，而贸然介入司法的手段，则会产生严重的后果。如果执法者不懂少数民族的语言，则产生严重后果的概率会更高。我们在边疆民族地区进行实地调查期间，来自普洱市澜沧拉祜族自治县人民法院的王法官就给我们讲了下面的故事：

> 一名哈尼小伙教唆他人偷牛，两人合伙偷了同村三户人家的牛卖了几千元钱。但该小伙只分给同伙300元钱，同伙不满便告发了小伙。可三户被盗人家未报案，而选择"私了"，把小伙家的牲畜杀了各自分掉。事后，因证据不足公安未对盗窃案立案，因此，小伙无事，但他却起诉了三户人家。因证据确凿，法院判这三户人家败诉，每户赔偿小伙1000余元，这引起了三户人家的不解。他们的牛被小伙偷走，他们把小伙家的牲畜杀了分

掉，是公平合理的。因此，他们认为法律是在保护坏人，因此判决结果遭到三家户人家的抵制。

多轮沟通无果后，法院决定强制执行，当时在场的哈尼族头人用哈尼语对三家户主说了一句，"给钱，晚上加倍报复"。这句话被当时一位懂哈尼语的法官听见，法院一行人立即取消了当天的执行。

这个故事反映了两个方面的问题：第一，在边疆民族地区法治观念并非人皆有之。虽然案件的始作俑者哈尼小伙及其同伙懂得"告发"和"起诉"这三户人家，似乎具有了法治的意识，懂得用法律的手段来维护个人的"权益"，但作为受害者的三户人家并未采取同样的手段，而是理所当然地按照自己的方式把对方的牲畜杀了分掉，从而由受害者变成了加害者。从故事中还可以看出，三户人家的行为得到了村民的认同。因为自认为通过法律的手段难以解决矛盾冲突，哈尼族头人决定采用传统的手段，即"晚上加倍报复"。这种方式曾经是很多边疆民族地区对待小偷的常用手段。正如墨江县人民法院的老法官所说，"过去哈尼村寨里抓到小偷，往往会把小偷绑在柱子上，被村民用石块乱砸"。第二，语言沟通存在障碍。在排除掉村民的法治知识欠缺的情况下，"法院的判决遭到抵制"，尤其是"多轮沟通无果"，表明法官在执行案件的过程中可能碰到了语言障碍。虽然法官中有一位懂哈尼语并听懂了哈尼头人的话，但这并不表明他们能完全顺畅地进行沟通。之所以沟通不畅，这存在两方面的可能：一是村民的汉语不够流利，二是法官的哈尼语仍有欠缺。

就第一个问题而言，少数民族需要普及法律知识。事实上，边疆民族地区机关事业单位，比如司法机关、教育文化等部门近年来一直在坚持不懈地在少数民族聚居的乡村开展普法活动，如云南沿边边疆民族地区普法促进民族团结维护边疆稳定（储皖中、张颖锋，2010），红河州"六五"普法亮点纷呈（孔跃光，2015），彝汉双语奏响彝家普法新章（葛涛，2017），双语普法进山寨（陆保文，2017），等等。然而，边疆民族地区的普法效果却在很大程度上取决于语言使用，这就是上述故事中所反映的第二个问题，即语言沟通问题。按照宏观语言政策的要求，作为国家机关的司法行政单位理应使用国家的通用语言文字，以便在普法的同时推广普通话。然而，从法律宣传的角度来看，普通话的使用却不一定有使用民族语言的效果好。据墨江哈尼族自治县的法院副院长范萍所说，2009年县人民法院组织下乡开展普法工作，可院长在哈尼族寨子里却受到了冷遇，原因是院长不懂哈尼话，寨子里的哈尼族村民对只讲汉语的院长敬而远之，反而对会讲哈尼话的驾驶员非常热情，这让院长很尴尬，主要原因在于村民听到自己民族的语言会感到亲切，他们欢迎懂自己语言和风俗的人。（杨桢宇，2012）在边远的少数民族乡村，说普通话的法官受到冷遇是常有的事情，而使用民族语言则可以让当地人的态度从戒备转为亲切。而从普法宣传的角度来说，使用民族语言与使用普通话的效果存在天壤之别，用澜沧县人民法院老法官胡德义的话说，"100句普通话也比不上3句民族话"，"法官说上一百句，不如头人来一句"。（杨桢宇，2012）即便是在法庭上，语言使用也常常让法官们感到困惑，澜沧县人民法院的书记员赵定国说，"很多时候当事人开始还讲汉语，讲着讲着就变成民族语了"，因此，庭审记录变得很困难，"经常要回头再问当事人"。（杨桢宇，2012）

综上所述，司法行政单位的工作不仅只是化解矛盾、调解纠纷。面对偏僻地区少数民族法治理念淡薄、法律知识欠缺的现状，司法单位的另一项使命便是普法宣传。而无论是在受理案件，还是在普法宣传中，都存在使用何种语言的问题。语言不通或者语言使用不当不仅不能解决问题，有时甚至会产生严重后果。而现实情况是，从执法者一方来看，工作人员存在不懂民族语言的问题；而从乡村少数民族一方来看，又存在不懂汉语的问题。即便是村民们能使用汉语，但对执法过程或者普法宣传来说，使用汉语还是民族语言，其工作的成效是完全不一样的。由此可见，做好边疆民族地区司法行政单位的语言规划便显得十分必要。

三、研究设计

（一）调查过程

在司法领域宏观和中观语言政策背景下，结合少数民族独特的民风民俗、语言使用情况，研究民族地区司法单位的语言使用情况，做好司法单位的语言规划便变得十分必要。出于方便考虑，我们仍然在红河哈尼族彝族自治州、普洱市和德宏傣族景颇族自治州开展调查，具体涉及的单位分别为红河州金平苗族瑶族傣族自治县人民法院，屏边苗族自治县公安局，蒙自市众序律师事务所，红河州中级人民法院；普洱市墨江哈尼族自治县人民法院，澜沧拉祜族自治县人民法院；德宏州芒市遮岛派出所，德宏州司法局，盈江县纪委和公安局，芒市公安局，德宏州戒毒所等单位。调查方式主要为问卷调查、访谈以及网络查询等。虽然调查的单位较多，但由于司法行政单位工作人员流动性较大，很多人外出执行任务，故在一些单位收到的问卷数量有限。经过半年多的努力，我们在上述3个州市的调查共获取了112份有效问卷。问卷包括3个部分，第一部分是受调查者及其单位的基本情况，第二部分是司法单位个人在工作岗位的语言使用情况、语言态度等，第三部分是司法单位的语言实践如语言培训、语言服务以及语言政策等。详细调查结果如下：

（二）调查对象

3个州市接受问卷调查者共112人，其中男性60人，占比53.6%；女性52人，占比46.4%。男性稍多于女性，但差距不大。从年龄分布情况来看，39岁以下年龄段共76人，占比67.9%，占了全部受调查者中的绝大多数；40—50岁年龄段27人，占比24.1%；51岁以上年龄段人数最少，只有9人，占比8%。由于受调查单位较多，故受调查者的分布比较分散。故这一结果只能代表本次样本的年龄分布情况。或许由于接受我们调查的样本中包含了一些执法者，比如法院的法警、公安人员以及派出所的员工等，故39岁以下年龄段偏多也是合乎情理的，因为年龄偏大的人难以胜任执法工作。从受教育程度来看，本次受调查者的文化程度与文教单位和新闻宣传单位工作人员的受教育程度差别不大。司法行政单位工作人员受教育程度如表6.3.1：

表6.3.1 司法单位受调查者文化程度

项目	研究生	本科	专科	高中	合计
频数	6人	83人	22人	1人	112人
百分比	5.4%	74.1%	19.6%	0.9%	100%

从表6.3.1可见，司法行政单位工作人员中受过本科教育的人数最多，超过七成。与其他机关行政事业单位一样，具有本科以上学历或许是承担相关工作所必备的条件之一。当然，不可否认，受调查者中尚有近两成的人只有专科文化程度，但通过仔细分析发现，这些人中多为法警或派出所的公安人员，具备专科文化层次也足以胜任其工作要求。但是，作为法官以及其他对专业知识要求较高的岗位来说，受调查者几乎都具有本科以上文化程度。而研究生学历者多为律师或者法官。

由于调查地点为红河哈尼族彝族自治州、普洱市和德宏傣族景颇族自治州，故样本中的少数民族主要包括哈尼族、彝族、苗族、傣族等。详细调查结果见表6.3.2：

表6.3.2 司法单位受调查者民族构成情况

项目	傣族	哈尼族	汉族	回族	景颇族	苗族	彝族	壮族	合计
频数	5人	14人	69人	5人	2人	2人	14人	1人	112人
百分比	4.5%	12.5%	61.6%	4.5%	1.8%	1.8%	12.5%	0.9%	100%

表6.3.2调查结果表明，受调查者中汉族所占比例最高，共69人，占比超过了六成（61.6%），少数民族人数仅43人，占比仅38.4%，不足四成。少数民族中仅哈尼族和彝族的比例超过一成，其余所占比例均为个位数。从民族构成情况来看，司法行政单位受调查者的民族成分与文教单位工作人员的民族构成情况正好相反，文教单位少数民族工作人员所占比例超过六成，汉族职工人数所占比例不到四成。（详见本章第二节）文教单位少数民族工作人员较多，可能是因为受调查者中有很多来自民族宗教文化部门，而该部门的工作人员大多是少数民族。而从事司法行政工作的人很多需要具有法学或者法律教育背景，相对而言，少数民族在受教育程度方面低于汉族是不争的事实，因此，这可能是受调查者中汉族工作人员偏多的缘故。这也从另一个角度反映了边疆民族地区司法行政单位缺乏具有法律教育背景的少数民族人才的现实。受调查者中少数民族比例低于汉族的现实也影响到了民族语言的使用。在112名受调查者中，能使用民族语言的仅21人，占比不足两成（18.8%），其余91人（占比81.2%）均不会使用民族语言。因此，不管是从司法公正还是从语言权利的角度出发，培养少数民族司法人才是司法单位语言规划必须面对的现实问题。

（三）研究问题

研究问题主要包括3个方面，分别为司法单位个人的语言实践、司法单位的微观语言政策以及单位的语言实践。

第一，就个人的语言实践而言，主要研究司法单位工作人员在工作场合的语言使用、与少数民族交流时的语言使用以及对少数民族语言保持的看法等。

第二，就司法单位的语言政策而言，调查的内容主要包括司法单位对内部员工的语言培训、对外的语言服务、语言使用规定等几个方面。

第三，就单位的语言实践而言，主要调查当前司法单位在语言规划方面的具体活动，重点为普法活动以及法庭审判中的语言使用问题。

四、调查结果与讨论

（一）司法单位个人语言实践

1. 工作域语言使用

不管承认与否，云南边疆民族地区都或多或少存在语言竞争问题，人们总会有意或无意地在本地汉语方言、普通话和少数民族语言之间做出选择。而有意识的语言选择则在很大程度上与语言使用的场域有关。就司法单位的语言使用而言，与之相关的语言使用场域至少可以分成3种，分别为常规工作域、普法宣传域和法庭工作域。下面将根据调查结果逐一论述。

常规工作域通常指机关单位范围内的语言使用，包括日常工作中的语言使用、较为正式场合比如会议上的语言使用、工作人员私下相互交流时的语言使用，甚至下基层工作时的语言使用4个方面。调查结果见表6.3.3：

表6.3.3 常规工作域语言使用情况及占比

场域\选项	方言（A）	普通话（B）	民族语言（C）	AB	ABC	AC	缺省
日常工作	88人 78.6%	16人 14.3%	1人 0.9%	4人 3.6%	1人 0.9%	—	2人 1.8%
开会	70人 62.5%	28人 25%	—	13人 11.6%	—	—	1人 0.9%
私下交流	102人 91.1%	2人 1.8%	—	3人 2.7%	—	4 3.6%	1人 0.9%
基层工作	90人 80.4%	3人 2.7%	2人 1.8%	3人 2.7%	1人 0.9%	12人 10.7%	1人 0.9%

表6.3.3结果表明，司法单位常规工作情况下本地汉语方言占主导地位，除了在比较正式的场合比如开会时方言的使用略有下降外（62.5%），日常工作中本地汉语方言的使用均接近八成（78.6%），而员工之间私下交流使用汉语方言的情况最多，甚至超过了九成（91.1%），即便是下到基层单位开展工作，本地汉语方言的使用比例仍然高达80.4%。相比较而言，作为国家通用语的普通话尤其是少数民族语言的使用则十分有限。除了日常工作中普通话的使用比例达到14.3%，以及开会时普通话的使用达到1/4外，其他情况下单纯使用普通话的比例极低，仅1.8%和2.7%。虽然有与

方言混合使用的情况，如开会时有11.6%的人混合使用方言与普通话，但其他情况下混合使用普通话的情况依然极少。虽然普通话的使用比例不高，但少数民族语言的使用则更少。除了在基层工作时把少数民族语言与方言混合使用的情况达到10.7%外，仅1人（0.9%）在日常工作中会使用民族语言，即便是到了基层开展工作，单纯使用少数民族语言的情况也仅2人，占比仅1.8%。

司法单位工作人员下基层开展工作的一项重要内容是普法宣传。正如我们在前文所言，少数民族由于受本民族传统是非观念的影响，法治理念以及法律知识尚十分欠缺。因此，从事司法领域工作的基层国家机关工作人员的职责之一便是定期或不定期地深入少数民族聚居的乡村进行普法宣传。普法宣传过程中的语言使用便是摆在他们面前的首要任务。表6.3.4调查了普法宣传过程中司法单位工作人员的语言使用情况。

表6.3.4 普法活动中的语言使用情况及占比

问题\选项	方言（A）	普通话（B）	民族语言（C）	AB	ABC	AC	缺省
普法宣传	44人 39.3%	49人 43.8%	7人 6.2%	4人 3.6%	1人 0.9%	1人 0.9%	6人 5.4%
是否把普法材料译为民族文字	是 25人（22.3%）			否 84人（75%）			3人（2.7%）

从表6.3.4中可见，普法活动中本地汉语方言的使用下降到不足四成（39.3%），普通话的比例则达到43.8%，而使用民族语言的比例最低，仅6.2%。我们知道，乡村等基层属于非正式的语言使用场域，通常情况下应该是方言或者民族语言使用占主导地位。然而，由于普法宣传本身所具有的官方性质，较多地使用国家通用语言文字开展普法宣传，从而导致普通话的使用超过方言和民族语言，这也是合乎情理的。之所以使用少数民族语言的比例较低，要么是因为普法人员的民族语言能力不足（这在上文已有论述），要么是因为普法宣传中涉及较多的法律或者政治词汇，使用官方语言更容易表达的缘故，当然也不排除宣传对象具备较好的普通话能力。就文字的使用情况来看，仅22.3%的受调查者表示在普法过程中有把普法材料翻译成少数民族文字的情况，否定回答者比例高达75%。当然，是否使用少数民族语言或者文字，要取决于被宣传对象的语言和文字的使用情况。针对有文字的少数民族来

说，使用其民族文字不仅能拉近与他们的距离，增强宣传的效果，也提供了使用少数民族语言文字的机会，为少数民族语言保持创造了条件。然而，遗憾的是，很多少数民族虽然有文字，但大多数乡村居民依然处于民族文字的文盲状态，虽会说但不会读写。对于另外一些没有文字的少数民族来说，普法宣传也只能依靠口头，无翻译成少数民族文字的必要或者可能。

除了常规工作以及下基层进行普法宣传外，法庭工作域的语言使用也是司法单位语言规划的独特领域。法庭审判中使用什么语言，这是司法单位从业者必须要认真做出的规划。通常情况下，法官以及法庭上的其他相关人员可能会在本地汉语方言或者普通话之间做出选择，而在边疆民族地区，如果当事人是少数民族的话，那么是否需要使用少数民族语言进行审判？这就是法庭工作人员必须面对的问题。

表6.3.5　法庭工作域语言使用情况及占比

问题＼选项	方言（A）	普通话（B）	民族语言（C）	AB	ABC	AC	缺省
针对少数民族案件使用什么语言？	42人 37.5%	53人 47.3%	8人 7.1%	1人 0.9%	2人 1.8%	2人 1.8%	2人 1.8%
法庭用语是否有规定？	是 63人（56.2%）			否 48人（42.9%）			1人（0.9%）
庭审中是否碰到过语言问题？	是 60人（53.6%）			否 50人（44.6%）			2人（1.8%）
法律文书、判决书是否有语言使用规定？	是 87人（77.7%）			否 24人（21.4%）			1人（0.9%）

如前文所述，按照宪法、民族区域自治法、人民法院组织法、刑事诉讼法、民事诉讼法以及行政诉讼法等相关条款的规定，"人民法院和人民检察院在少数民族聚居或者多民族共同居住的地区，应当用当地通用的语言进行审理，起诉书、判决书、布告和其他文书应当根据实际需要使用当地通用的一种或者几种文字"。而从表6.3.5的统计结果来看，受调查地区司法单位在针对少数民族的案件中单纯使用普通话的比例接近五成（47.3%），汉语方言的使用比例为37.5%，使用少数民族语言的案例仅7.1%。即便在不考虑混合使用两种或者三种语言的情况下，普通话的使用比例都超过了另外两个场域的使用比例，甚至超过了常规工作场域下比如会议上使

用普通话的比例（见表6.3.3）。如果按照宏观语言政策的要求，法院所使用的应该是当地的通用语，但从我们在其他领域所做的调查来看，似乎当地汉语方言作为地方通用语的情况更多，但法庭上使用普通话的比例却更高。这至少说明在云南边疆民族地区的司法领域，普通话享有地方通用语的地位。既然如此，法院是否对法庭用语作出规定？表6.3.5的调查结果表明，肯定回答超过五成（56.2%），否定回答的比例为42.9%。根据实地调查的情况来看，很多单位均在过道走廊处张贴有"请讲普通话"的告示，墨江法院的好几位法官均告诉我们法庭规定用语为普通话。这可能就是普通话使用比例居高的原因。当然，对于42.9%的受调查者做了否定的回答，我们尚不能据此而否认法院对法庭用语方面所做的显性或者隐性的规定，只可能是这部分受调查者不十分了解法庭审判过程，或者对法庭的语言政策不敏感的缘故所致。而对另一个问题"法律文书、判决书是否有语言使用规定"的回答，则有近八成（77.7%）的受调查者做出了肯定回答，否定回答者仅21.4%。之所以有两成多的否定回答，可能还是这一部分人不了解相关的语言政策的缘故。那么，大量使用汉语是否会给法庭审判带来困扰？另一个问题给出了答案，在回答"庭审中是否碰到过语言不通带来的问题"时，53.6%的受调查者给出了肯定答案，超过了持否定回答（44.6%）的比例。由此看来，边疆民族地区司法单位在法庭环境下的语言使用存在问题，需要进行合理的规划。

2. 与少数民族交流时的语言使用

从工作域的语言使用情况来看，无论是在常规工作中还是在普法宣传中，司法单位工作人员主要使用本地汉语方言，只有在法庭工作域内使用普通话的比例才接近五成（表6.3.5）。这里我们发现一个有趣现象，常规工作中的交际对象主要为本单位同事，而从我们的调查对象来看（见表6.3.2），受调查者中汉族所占比例高达61.6%，大量使用汉语方言应情有可原。此外，在普法宣传过程中，因受众可能有少数民族也可能有汉族群众，故大量使用地方通用语即汉语方言也有其合理的成分。然而，在法庭上当交流对象变成少数民族后，方言的使用却明显下降，而普通话的使用比例显著上升，同时少数民族语言的使用比例未见变化，仍然处于低位，这种状况则耐人寻味。为此，我们直接调查了司法单位工作人员与少数民族交流时所使用的语言、碰到的问题以及相应的看法，以便进一步探究司法单位工作人员在面对少数民族时的语言选择与语言态度。详见表6.3.6：

表6.3.6 司法单位工作人员与少数民族交流时的语言使用、问题与看法

问题	选项	调查结果（人数与比例）		备注
与少数民族交流时使用的语言是？	A. 汉语方言	60人	53.60%	缺省 2人（1.8%）
	B. 普通话	19人	16.90%	
	C. 民族语言	20人	17.90%	
	A和B	4人	3.50%	
	A、B和C	6人	5.40%	
	A和C	1人	0.90%	
是否碰到过交流不畅的问题？	A. 碰到过	77人	68.80%	缺省 4人（3.6%）
	B. 没有碰到过	31人	27.70%	
您的想法是？	A. 希望自己懂民语	42人	37.50%	缺省 3人（2.7%）
	B. 希望对方懂汉语	59人	52.70%	
	C. 希望互懂	8人	7.10%	

表6.3.6调查结果表明，使用方言的比例超过五成（53.6%），而使用普通话的比例则不足两成（16.9%），这与表6.3.5法庭工作域中普通话的使用近五成形成鲜明的对照。这进一步表明，语言使用受场域限制。一旦语言使用的场域由法庭转变为个体与个体之间的交流时，正式场域转变成了非正式场域。犹如一个老师在课堂上讲课时使用的是国家通用语，而与学生单独交流时则使用地方的通用语一样。值得注意的是，虽然民族语言的使用接近两成（17.9%），如果加上与普通话和方言混合使用的情况，民族语言的使用也超过了两成。但这远远不够，因为交际的对象就是少数民族，使用少数民族语言更能达到司法沟通的效果。大量使用汉语方言或者普通话，除了说明司法单位工作人员缺乏少数民族语言能力外，可能暗示着一种语言权势关系。因为对于国家机关工作人员，尤其是作为执法者的司法单位工作人员来说，使用地方或者国家通用语所显示的是一种权势，一种居高临下的官民关系。然而，如果抛开语言权势关系，大量使用地方或者国家通用语会带来什么结果呢？可想而知，这一定是交流沟通不畅的问题。事实的确如此，近七成（68.8%）的受调查者表示在与少数民族的交流中碰到过沟通不畅的问题，没有碰到交流问题的受调查者仅27.7%。面对这样的问题，受调查者有何想法？37.5%的受访者表达了愿意学习少数民族语言的意向，但更多的受访者（52.7%）则希望少数民族能懂汉语。仅从这一意愿来看，这还是反映出了一定的语言权势关系，希望不懂汉语的少数民族能使

用地方或者国家通用的语言,即让影响较小语言使用者向影响较大语言靠拢,这在一定程度上构成了当前边疆民族地区语言规划的现实。

3. 对少数民族语言保持的看法

虽然在与少数民族的交流过程中民族语言的使用有所上升,但不论是在何种场域,司法单位工作人员还是更倾向于使用作为地方通用的汉语方言或者国家通用的普通话。在这样的背景下,他们对少数民族语言的生存状况,是否应该保护少数民族语言持有何种看法?表6.3.7对此做了调查。

表6.3.7 司法单位工作人员对少数民族语言保持的看法

问题	选项	调查结果（人数与比例）		备注
民族语言是否会逐渐消亡?	A. 会	50人	44.6%	缺省 6人（5.4%）
	B. 不会	56人	50%	
有必要保护民族语言吗?	A. 有必要	104人	92.9%	缺省 1人（0.9%）
	B. 不必要	7人	6.3%	
如果少数民族语言出现了衰退现象,您对造成这种现象的看法是?	A. 汉语影响	6人	5.4%	缺省 2人（1.8%）
	B. 其他民族语言影响	2人	1.8%	ABCD 6人（5.4%） AC 2人（1.8%） ACD 6人（5.4%） AD 3人（2.7%） BCD 3人（2.7%） CD 7人（6.2%）
	C. 本民族不重视	13人	11.6%	
	D. 经济文化发展等	62人	55.4%	

首先,关于少数民族语言的生存状况,表6.3.7统计结果发现,认为少数民族语言会逐渐消亡的比例（44.6%）稍低于认为边疆民族语言不会消亡的比例（50%),二者差距不大。对于长期生活和工作在少数民族地区的城镇机关工作人员来说,少数民族语言是否会逐渐消亡似乎不在他们的工作范畴之内。面对这样的问题,他们可能会想到在少数民族聚居的乡村开展工作或者与少数民族交流时因不懂少数民族语言所带来的交流的障碍。为此,他们可能感受不到少数民族语言是否正面临生存危机,因此仍对少数民族语言的生存抱有信心。然而对另外一些人来说,日常观察和社会交往会使他们注意到少数民族变化的趋势,不仅衣着打扮、行为习惯发生变化,就连语言使用也表现出来相同的趋势,这些人会得出少数民族语言会逐渐消亡

的判断。但无论如何，可能绝大多数人不会否认少数民族语言逐渐衰退的现实，否则在下一个问题，即关于是否应该保护少数民族语言的调查中，就不会有92.9%的人做出了肯定选择。也就是说，即便边疆民族语言不会消亡，但少数民族语言出现衰退是大多数人所持的看法。那么，是什么原因导致了少数民族语言的衰退？我们知道，宏观层面出于多种原因要在少数民族地区推广国家通用语，考虑到普通话作为政治语言、教育语言、经济语言的优势地位，普通话是否会威胁到少数民族语言的生存，导致少数民族语言的衰退？从表6.3.7中我们可以看出，近七成（69.6%）的司法单位受调查者对此持否定态度，认为国家通用语推广和普及会影响到少数民族语言生存的比例不足三成（26.8%）。这与一些人担心"推普"会危及少数民族语言生存的担忧形成对照。相比较而言，其他因素诸如社会、政治、经济、文化乃至少数民族本身都存在导致少数民族语言衰退的诱因。在实际调查中，我们经常听到少数民族人士发出感叹：是少数民族本身不重视自己的民族语言，怪不得其他原因。那么，司法单位工作人员对此有何看法呢？调查结果与这一现实存在高度吻合。在汉语影响、其他民族语言影响、本民族不重视、社会经济文化发展等4个选项中，调查结果显示，55.4%的人把少数民族语言衰退归因于社会经济文化发展，11.6%的人归因于本民族不重视，而归因于汉语影响和其他民族语言影响的比例仅5.4%和1.8%，微不足道。事实上，4个因素中，"社会经济文化发展"是一个综合性因素，超过五成的受调查者选择这一选项意味着是多种因素导致了少数民族语言的衰退。除了"社会经济文化发展"外，还有其他语言影响的因素以及少数民族本身不重视的因素，毕竟还有二成多的受调查者做出了多项选择（比如5.4%的人选择了ABCD，1.8%的人选择了AC，5.4%的人选择了ACD，2.7%的人选择了AD，2.7%的人选择了BCD，6.2%的人选择了CD），进一步说明，在不少人看来导致少数民族语言衰退的原因不是单一的，而是多种因素共同作用的结果。

（二）单位的语言实践

1. 语言培训与语言服务

从工作域的语言使用情况来看，本地汉语方言在司法单位常规工作中居主导地位，即便是在开会这样较为正式的场合，普通话的使用也难以超过本地汉语方言。只有在法庭上，普通话的使用比例才超过汉语方言（见表6.3.5），即便是针对少数民族的案件也不例外。但不论是在何种场域，少数民族语言的使用比例均极小。因此，司法单位工作人员在与少数民族的交流中或者在法庭审判中出现沟通障碍在所难免。鉴于此，对员工培训少数民族语言或者为少数民族提供语言服务便显得十分必要。

表6.3.8 司法单位语言服务现状

问题	选项	调查结果（人数与比例）		备注
是否培训汉族职工少数民族语言？	是	14人	12.5%	缺省 9人（8%）
	否	89人	79.5%	
是否有普通话或英语能力提升计划？	有	52人	46.4%	缺省 1人（0.9%）
	没有	59人	52.7%	
是否有针对少数民族的语言服务部门？	有	58人	51.8%	缺省 1人（0.9%）
	没有	53人	47.3%	
是否为不懂汉语的少数民族提供翻译？	是	83人	74.3%	缺省 2人（1.8%）
	否	27人	23.9%	

表6.3.8调查结果表明，虽然司法单位对员工培训少数民族语言并未缺位，但从受调查者所反馈的情况来看，近八成（79.5%）的否定回答说明绝大多数员工尚未获得相关少数民族语言的培训。相比较而言，单位可能更重视员工的普通话能力。在司法单位是否有提高员工普通话或英语能力计划的问卷中，肯定回答与否定回答的比例十分接近。在46.4%的肯定回答中，大多数表示的是有关普通话水平测试的计划与活动，未见有关于英语等外语能力方面的提升计划。从当前边境地区涉外人员走私、贩毒等违法案件时有发生的情况来看，开展相应的邻国语言培训似乎更有必要。虽然一些自治州或县级的司法单位也开展了一些针对关键人员的邻国语言培训活动，但这方面的努力还十分有限。

可能是由于在与少数民族有关的案件中或者与少数民族的直接交流中使用汉语方言或普通话较多的缘故，也或许是因为近七成的人碰到过沟通交流障碍的原因，司法单位相较其他部门而言，在对少数民族提供语言服务方面是做得最好的。超过七成（74.3%）的受调查者均表示司法单位为不懂汉语的少数民族提供语言翻译服务，而表示单位内部设置有为少数民族语言服务的岗位或者部门的比例也达到了51.8%，表明边疆民族地区司法单位比较认真地履行了宏观语言政策。

归纳起来说，司法单位在常规工作域普遍使用本地汉语方言，在与少数民族相关的案例或者直接交流中大量使用方言或者国家通用语，以及在少数民族语言使用比例较低的情况下，为少数民族提供语言服务，这便是司法单位语言规划的一个显著特征。

2. 单位的语言规定

（1）对个人的语言要求

对工作人员的语言要求可以在很大程度上反映单位的语言政策，而对单位员工提出语言要求也是语言规划的一种体现。边疆民族地区司法行政单位免不了要面对处理与少数民族相关的案件的问题，虽然大多数情况下可以使用地方通用的汉语方言或者国家通用的普通话来完成相关法律程序，但是总会有使用汉语难以完成任务的情况出现。那么，司法单位的语言规划和语言政策是如何通过对员工的语言要求表现出来的呢？详细调查结果如表6.3.9：

表6.3.9 司法单位对个人的语言要求

问题	选项	调查结果（人数与比例）		备注
是否要求职工掌握少数民族语言？	有要求	17人	15.2%	缺省 6人（5.4%）
	无要求	89人	79.5%	
招聘员工时是否有语言要求？	有要求	38人	33.9%	缺省 4人（3.6%）
	无要求	70人	62.5%	

对从事司法领域工作的机关工作人员来说，是否需要掌握少数民族语言可能受到两种因素的制约。首先，如果其司法管辖范围内的少数民族具备较好的汉语水平，能熟练地使用汉语方言或者普通话进行诉讼或者辩护，则无须要求其工作人员掌握少数民族语言。其次，如果其管辖范围内尚有少数民族不通汉语，这种情况下掌握少数民族语言则明显有利于其工作人员顺利地开展相关的司法活动。从我们所调查的情况来看，大多数云南边疆民族地区属于第二种情况。也就是说，司法单位工作人员掌握少数民族语言不是可有可无。不论是从顺利开展司法工作的角度来看，或者是从执行宏观语言政策的角度来看，都应该要求员工掌握少数民族语言。那么，实际情况如何呢？表6.3.9调查结果显示，仅15.2%的人做出了肯定选择，近八成的受调查者（79.5%）做出了否定选择。仅从肯定与否定回答的绝对数字来看，结果与前面所做预期存在较大差异。当然，我们尚不能仅因为做出否定回答的人多而否认司法单位对员工提出少数民族语言的要求。对一个部门来说，根据工作性质，只要求其中一部分人掌握少数民族语言，其余人员不做要求，这应该是无可厚非的。毕竟从语言经济学的角度出发，要求大多数或者全部成员掌握某一种非通用语

言，必然会产生较大的经济成本。

除了少数民族语言外，司法单位是否对其他语言比如普通话或者外语提出要求？鉴于在法庭范围内使用普通话的比例接近五成，司法单位在招聘员工时是否对求职者的普通话水平提出要求？另外，鉴于当前社会上对大学毕业生的英语四级或六级普遍存在预期，司法单位是否也要求应聘者具备大学英语四级或者六级成绩证明？表6.3.9中的调查结果显示，仅三成多（33.9%）做出了肯定回答，表示否定回答的比例为62.5%。同样道理，虽然否定回答的比例高于肯定回答的比例，我们仍然不能据此做出司法单位不对普通话或者英语能力提出要求的结论。从实际情况来看，司法单位和其他城镇机关单位一样都免不了要对其单位内部的语言使用进行重新规划。这和当前国家的具体情况有关。首先，社会上人才储备越来越丰富。过去招聘员工主要看学历和专业，近来由于求职者众多，很多单位除了上述必备条件外，越来越关注应聘者所具有的其他素质，比如语言交流能力，这其中就包含了对普通话以及外语的要求。其次，社会经济文化的快速发展所导致的人员流动逐年加大。少数民族大量走出山村到城市工作就业，边境地区对外交流的增加等都促使边疆民族地区机关事业单位不断地调整其语言政策，对司法单位的工作人员尤其是法官和律师来说，不仅要具备良好的语言沟通交流能力，而且还需要具备包含少数民族语言甚至外语在内的多语能力。当然，这些变化都是最近几年才发生的。这或许是否定回答比肯定回答比例多的主要原因。

（2）有关语言使用的规定

很多受调查者之所以对相关问题做出否定回答，除了一些单位确实在语言规划方面无所作为外，更多的情况是一些个人对单位的语言政策与语言规划缺乏敏感性，或者是因为单位所执行的是一种隐性语言规划而未被注意到的缘故。为此，表6.3.10调查的3个问题所涉及的语言政策或语言规划均属显性范畴，应能比较直观地反映单位在相关领域内执行国家宏观语言政策，也即单位范围内语言规划的实际情况。调查情况见表6.3.10：

表6.3.10　司法单位语言使用规定

问题	选项	调查结果（人数与比例）		备注
是否有与少数民族语言文字有关的规定或者文件？	有	20人	17.9%	缺省　4人（3.6%）
	没有	88人	78.6%	

续表

问题	选项	调查结果（人数与比例）		备注
是否有上班时必须说普通话的规定？	有	24人	21.4%	
	没有	88人	78.6%	
单位内部是否制定语言使用条例？	有	64人	57.13%	缺省 3人（2.7%）
	没有	45人	40.2%	

关于单位是否制定有与少数民族语言文字有关的规定或者文件？表6.3.10调查结果表明，有17.9%的受调查者做出肯定回答，否定回答者近八成，占绝大多数。那么是否因为否定回答占比高于肯定回答就可否定单位在这一问题上所做出的规划行为？显然不能。通过对做出肯定回答的部分受调查者的访谈得知，不同地方司法行政单位在有关少数民族语言文字的规定方面都采取了一定的措施。金平县人民法院段法官（汉族）的回答直接明了，他说"刑事诉讼法关于使用少数民族语言文字做出了规定，我们在具体工作中根据实际情况按照相关要求执行"，该院的李法官（傣族）说，单位有关少数民族语言文字的规定是"培养与培训双语法官"；红河州中级人民法院杨审判员（汉族）的回答和金平县段法官的类似，他说其单位的做法是"依刑诉法的规定执行少数民族语言文字政策"；墨江县的周法官（哈尼族）说，他们法院的做法是"少数民族法官培训"，虽然似乎是培训少数民族法官的法务能力，其实依然考虑到了少数民族法官所具备的少数民族语言文字能力，表明该院在少数民族语言文字的规划方面并未缺位。德宏州中院的张法官（汉族）告诉我们说，其单位所发布的文件头都是用了傣文、景颇文和汉文，这是比较明显的语言规划行为；该院的赵法官（景颇族）说，在进行普法宣传时要贯彻该州的"五用措施"，其中一条是"要使用少数民族的语言文字"。

关于单位是否制定有"上班时必须说普通话的规定"，虽然否定回答的比例仍然高于肯定回答的比例，但21.4%的肯定回答说明我们所调查地区的司法单位在推广国家通用语言、执行国家层面宏观语言政策方面并非无所作为。红河中院的何法官和杨法官都说，该院规定开会和接待来访时必须使用普通话；德宏州的李法官（女）说，每年9月份所开展的普通话推广活动都会使人们想到在单位必须要说普通话；墨江县法院的朱法官说，单位要求上班必须使用普通话，相关标示还张贴在墙上。相对而言，公安部门对普通话的使用似乎更为严格，德宏州瑞丽市的杨警官说，单位规定接警时要求使用普通话。当然，司法单位规定工作场合使用普通话，除了这是执行宏观语言政策的一种表现形式外，这也是司法单位根据其工作性质所做出的一种语言规划。既然单位制定了上班必须使用普通话的规定，但为什么近八成（78.6%）的受访者依然做出了否定回答呢？德宏州的李法官说，"单位之前制定过上班使用普通话的规定，但现在一般开会才用，工作中依然使用方言居多"。由此可见，之所以绝大多数人对单位是否规定"上班必须说普通话"做出了否定回答，是因为方言的大量使用掩盖了单位执行宏观语言政策的事实。大多数情况下方言占主导地位的现象反映了特定场域基层单位对宏观语言政策的"不理睬"或者"对抗"。（Fairbrother，2015）东京索菲亚大学（Sophia University）的Lisa Fairbrother（2015）针对日本工作域语言规划进行了调查，她发现东京的一些外资公司（一家瑞典公司、一家法国公司和另外一家德国公司）规定公司的官方语言为英语或法语等，在会议等正式场合必须使用所规定的语言，然而现实情况是，刚开始的时候还能使用公司所规定的语言，但在会议进行中，规定语言逐渐被日语所取代，作为资方代表的公司经理也从熟练的英语共同语使用者（lingua-franca user of English）转变成了不太熟练的日语非本族语使用者（non-native speaker of Japanese），原因就在于使用英语时，日本员工几乎不参与讨论，而转用日语后，日本员工发言和参与会议讨论的意愿大为增强。这种对宏观语言政策的漠视要么是源于员工不擅长使用公司所规定的语言所致，要么是对本土语言的偏爱所致，要么是二者兼备。但无论如何，这种现象与我们所调查的边疆民族地区机关单位的语言规划现象别无二致。

除了规定或者要求使用普通话外，单位是否还制定有其他类似的语言使用条例？对此问题所做肯定回答的比例超过五成，达57.13%，超过了对另外两个问题的肯定回答（见表6.3.10）。实地调查和访谈发现，很多单位除了张贴有"请讲普通话"作为对工作语言使用的规定外，还制定有"使用文明用语"的条例，以规范人们的语言行为。一些单位的做法是编制专门的文明手册或条例，要求使用国家法定的语言文字，接待来访时使用文明用语。除了上述显性的语言使用条例外，包括司法单位在内的其他机关事业单位工作人员还会遵守一种约定俗成的隐性语言使用准则，即不使用带有侮辱性的词汇，在与少数民族交流时避免使用可能让少数民族感觉不快的词汇，比如与彝族打交道时，避免使用"倮倮"这样的文字或者与之相同的发音，与苗族群众交流时不说"苗子"，以免引起不快。因此，从显性的角度来看，边疆民族地区城镇机关单位不仅要使用"普通话"和"规范汉字"，还必须使用文明用语；从隐性的角度来看，与少数民族交流时还需注意不使用有损民族感情的词汇。在特定情况下，一些隐性的语言政策甚至会显性化，比如我们在红河可邑彝族小镇的宣传栏上就看到这样的用语规范：不可称呼汉族为"老汉人"，不可称呼彝族为"倮倮"，不可称呼苗族为"苗子"，不可称呼回族为"回子"。这本来属于隐性的语言政策，即多民族杂居地区绝大多数人在日常生活中都遵循的原则，但在特定场合，隐性的语言规定也变成了显性的语言政策。

五、基层司法单位语言规划现状

从上文针对红河州、普洱市和德宏州3个地方部分县市不同司法行政部门的调查情况来看，不论是针对个人语言使用，还是针对单位语言政策的调查结果均表明，大多数受调查者似乎都更倾向于使用本地汉语方言。尽管司法单位在少数民族语言实践方面并未缺位，但仍然有不少受调查者在有关少数民族语言规划方面的问卷中做出了否定回答。之所以产生这样的结果，一方面可能是因为部分受调查者对单位的语言规划缺乏敏感性，另一方面也可能是因为一些语言规划活动仍然处于隐性状态，公众认知度不高。为此，下文将从普法宣传、法庭审判、双语法官培训、教材编写、微电影宣传等5个方面对边疆民族地区司法单位的民族语言规划活动进行探讨。

（一）民语普法宣传接地气

虽然普法宣传使用国家通用的普通话理所当然，且顺理成章，但在边疆民族地区却未必有效。正如全国人大代表、普洱市司法局的李主任所言："在民族地区开展普法工作要接地气，要结合少数民族的语言习惯、风土人情和文化背景等，用少数民族喜闻乐见的方式才能把法律知识送到他们的心坎里。"（王芳，2017）

事实上，这种看法早已为边疆民族地区司法行政单位付诸行动。早在2010年，文山州富宁县便尝试把与少数民族群众生产生活密切相关的法律法规翻译成壮语、苗语，编排成山歌、快板等文艺作品并制作成光碟，在少数民族聚居地开展普法宣传。怒江州甚至每年都把普法经费列入同级财政预算，并安排一定的普法经费，聘请专人将全国普法办编印的《农民法律知识读本》翻译成傈僳文读本，免费发放到农村和教堂。（储皖中、张颖锋，2010）一些州市还尝试把普法活动融入其他相关活动中，比如临沧永德县在"创先争优"活动中，采取双语释法的方式，在佤族、傣族和布朗族聚居的山寨送法进佤家、送法进傣家、送法进布朗山寨，不仅获得了少数民族的一致好评，还收到事半功倍的效果。（景朝荣、蒋金月，2011）红河州借2012年底"法制走边关"活动，即利用边民互市、民族节日等有利时机，在把法律知识送到边境一线村民手中的同时，还深入少数民族聚居的重点区域，用汉语和民族语言普法，将相关法律法规知识翻译成民族语言，制作成光碟发放至各民族村寨，通过广播、闭路电视进行播放，充分发挥民族语言的优势开展"以歌唱法"等方式开展法治宣传教育。（孔跃光，2015）临沧市临翔区结合当前在民族地区开展的扶贫工作于2017年7月在拉祜族聚居的南美乡用拉祜语和汉语"双语"开展了富有特色的法治宣传教育活动，分别用拉祜语和汉语向不同民族的群众提供法律服务。（陆保文，2017）

总而言之，针对边远村寨少数民族群众汉字识字率低、语言不通、交流困难的实际，不同州市均在少数民族聚居的乡镇开展双语普法活动。以普法为目标，对语言使用进行了合理规划：往往采取以少数民族语言为主导、汉语为辅助的方式，用少数民族语言宣讲法治，用少数民族文字诠释法治，以此方式既提高法治宣传效果，又获得了广大少数民族群众的好评。（葛涛，2017）

（二）民语审判开先河

如果说普法宣传采用民汉双语相结合的方式起到了良好的效果的话，一些民族地区的法官则开始尝试完全使用少数民族语言判案，也同样起到了满意的结果。早在十年前的2007年9月27日，德宏州盈江县人民法院便运用傣语言文字审理了"晚波晚保诉晚咩晚保"离婚纠纷案。鉴于原告和被告均为傣族，只能使用傣语，且公诉人、法官和书记员也会使用傣语，故庭审上全程用傣语进行庭审交流，取得了良好的法律效果和社会效果，开创了德宏州运用当地少数民族语言全程开庭的先河。（陶明辉、李雪萍，2007）

对于不懂汉语的少数民族来说，他们往往在司法纠纷中面临语言和心理障碍，不能很好地维护自身的合法权利。（付雪晖、李寿华，2009）鉴于此，怒江州泸水县人民法院民事庭在2009年9月9日下午公开审理"妹波妞起诉丈夫四波付"的离婚案件中，便全程使用傈僳语进行审判。在庭审中，傈僳族法官密贵四用傈僳语宣布开庭，原被告双方也用傈僳语在法庭上进行陈述。庭审结束后，双方当事人都表示用傈僳语审案"阿克几"（傈僳语"很好"的意思），因为法官讲什么，对方说什么，都听得清清楚楚，可以把自己的理由充分讲出来。这是怒江州法院首次用少数民族语言审理民事诉讼案。（付雪晖、李寿华，2009）同样的一幕于2017年8月30日在德宏州中级人民法院再次重现。在该案中，家住芒市的被告人景某某为傣族，汉语能力有限，难以表达想法，在提审时，景某某表示希望法院提供翻译服务。为维护其合法权利，德宏州中级人民法院研究后决定开启全程傣语庭审，即公诉人用傣语对景某某的犯罪事实进行公诉，用傣语向其出示并讲述犯罪证据等，景某某及其辩护律师也用傣语进行辩护与陈述。这一案件引起了媒体的广泛关注，新浪司法和云南新闻联播于2017年8月30日分别进行了报道，且采用了这样的标题"云南首例！德宏州中级人民法院全程用傣语进行刑案庭审，旁听的芒市傣族大妈惊呆了"。德宏州中院审判长表示，全程傣语庭审，让对汉语不熟悉或表达不清楚的傣族人民更加清晰地认识到了法律的重要性和庄严性。并承诺以后在公诉人、书记员等具备条件的前提下，还将采用景颇语进行庭审。

这里有一个很有趣的现象，当媒体对使用少数民族语言庭审的案例进行报道时，多倾向于使用"首例"或者"第一次"等字眼。以德宏州中级人民法院于2017年8月30日的审判为例，云南电视台、新浪司法，甚至德宏州中级人民法院的官网等均使用了"云南首例"一词。事实上，从上文可知，同样是德宏州、同样为傣族的案例，该州盈江县人民法院于十年前便首开先河，全程使用了傣语进行庭审。怒江州于2009年关于傈僳族的案例中全程使用了傈僳语，媒体也报道为"这是怒江州法院首次用少数民族语言审理民事诉讼案"。事实上，怒江州维西县人民法院塔城法庭原庭长、现任该院立案庭庭长的熊贵全担任法官32年，每年由他立的案子有200多件。由于其精通普米语、傈僳语、纳西语和藏语4种少数民族语言，故其使用民族语言的案件每年高达150件左右，其中仅使用傈僳语言的案件就有80多件。（刘百军，2012）由此可见，怒江州使用少数民族语言进行庭审的案例不止一件，2009年的案例也绝不会是"首开先河"。之所以媒体喜欢使用"第一次"或者"首次"这样的词汇，说明媒体对使用少数民族语言进行庭审感到新奇，或许希望能得到其他边疆民族地区的效仿，当然从另一个侧面来看，使用少数民族语言进行庭审可能还不是常态。

（三）法官双语培训有实效

法官懂少数民族语言案子好调解，使用民族语言不仅能更好地维护少数民族当事人的合法权利，还有利于拉近法官与少数民族的距离。（刘百军，2012）增强少数民族当事人的认同感和信任感后，案子往往容易调解成功。许多在民族地区工作的法官亲身体验到，法官到乡下办案，如果不会说点少数民族语言，有时候就连问路都很困难。然而，现实与实际需求之间却存在巨大差异。如前文所述，在我们所调查的112名受访者中，能使用民族语言的仅21人，占比仅18.8%。在这些人中，民族语言达到熟练程度即能听会说民族语言的比例更低，根本满足不了民族地区司法实践对双语人才的需求。由此可见，培养法官的少数民族语言能力或者双语能力必须纳入司法单位的语言规划范畴。

宪法和民族区域自治法赋予了少数民族拥有使用和发展本民族语言文字的权利，人民法院组织法、刑事诉讼法、民事诉讼法以及行政诉讼法也进一步申明各民族公民都有用本民族语言文字进行（民事、行政）诉讼的权利。也就是说，虽然宏观政策为民族地区双语法官培训打开了绿灯，但双语法官的培训似乎进展不大，民族地区缺乏既懂少数民族语言又精通法务能力的法官的现象依然没有得到缓解。这一现象引起了高层决策者的重视。为此，2008年11月，中央政法委发布了关于《深化司法体制和工作机制改革若干问题的意见》，2009年3月，最高人民法院颁布"三五"改革纲要。两份部门条例均明确要求民族地区大力培养双语干警和法官。（王毅，2010）2015年4月，最高人民法院、国家民族事务委员会又联合印发了《关于进一步加强和改进民族地区民汉双语法官培养及培训工作的意见》，要求进一步加强和改进民族地区民汉双语法官培养及培训工作，着力解决民族地区人民法院双语法官短缺的问题，依法保障民族地区公民的基本权利和诉讼权利。

在上述宏观语言政策的背景下，云南边疆民族地区自2009年以来便积极响应，在双语法官的培养与培训方面做出了努力。根据云南省高级人民法院政治部招录办公室的统计，云南边疆民族地区自2009年以来在双语法官培训方面采取了一些措施，取得了一定的成绩，具体如下：

（1）红河州屏边县人民法院于2009年4月举行了双语培训会，由原行政、执行庭杨庭长为全体干警进行彝语培训。

（2）同年5月22日，云南省高级人民法院在德宏州芒市举办了全省少数民族法官师资培训工作会议，来自全省8个民族自治州中级人民法院和29个自治县人民法院的96名少数民族法官齐聚一堂，探讨少数民族双语法官培训及法官师资培训的问题。

（3）2009年6月，怒江州兰坪县人民法院正式启动了少数民族法官双语培训，培训对象为所有在职的法官和人民陪审员。培训的主要内容就是结合当地实际学说普米语和傈僳语。

（4）2010年5月，文山壮族苗族自治州根据当地少数民族聚居的情况，首次组织全州两级法院在富宁县开展了少数民族法官双语培训，后来又在文山市开展了同样的活动，进一步深化了该州的双语培训工作。

双语法官培训还需要与本地少数民族以及少数民族语言的使用情况相结合，制定明确合理的目标。就这一点而言，怒江州做出了有益的尝试。怒江州中级人民法院根据怒江实际,即其50余万人口中90%以上为少数民族,而傈僳族又占52%以上的现实,确定傈僳语为怒江州的"普通话",并明确了双语培训的目标:要求各级人民法院45岁以下干警掌握傈僳族语言文字;县级法院再根据各县不同民族构成安排培训其他民族语言如怒语或白语等培训活动。

(四)编写双语教材因地制宜

法官双语培训的核心不仅是语言问题,还有法律概念以及专业术语的问题。因此编写符合法官双语培训的教材就必须既兼顾语言也要兼顾法律实务,更要与当地少数民族的语言实际相结合。还是以怒江州中级人民法院为例,该院专门邀请了怒江报社总编恒开言副教授(傈僳族)、州委原副秘书长李绍恩副教授(怒族)参与编写了专门的语言学习教程及教材,并由立案庭副庭长桑金波(怒族,懂怒语和傈僳语)提供法律方面的注释说明。最后正式汇编了由恒开言、桑金波编著,蒲世宝(副院长)审定的《傈僳族日常用语》。该书不仅仅是教授傈僳语,还尝试把法律知识融入到对话练习中。

(五)拍摄微电影宣扬双语的必要性

《禄劝双语法官背着国徽深入民族乡村开庭受好评》(李海曦,2014)一文报道了年轻法官李光学在彝族聚居的乡村开展工作的感人经历。1993年大学毕业的李光学怀着梦想来到禄劝撒营盘人民法院,成为一名法官。十余年来,他身背国徽,翻山越岭,把法庭设置在乡镇、山村,为村民排忧解难。由于禄劝是一个少数民族自治县,大多少数民族听不懂汉话,作为彝族的李光学不仅了解当地彝族群众的民风民俗,而且懂得彝族语言,因此在处理纠纷的过程中使用彝语与当事人交流,很好地化解了少数民族群众之间的纠纷,从而广受当地民众的好评。其成功的关键除了勤奋、忠于职守、勇于奉献外,双语已成为他为少数民族化解矛盾的金钥匙。

为此,当地宣传部门以他为原型拍摄了微电影《双语法官》。在影片中,年轻法官刚开始不懂少数民族语言,导致少数民族村民之间的纠纷越闹越大:劝架还被打出鼻血;办理离婚案时,被男方父亲用镰刀威胁不让儿子、媳妇离婚。种种困难让年轻法官意识到学习少数民族语言的必要性,因此下决心通过各种渠道努力学习彝语,甚至陪同小学生上下学的路上都在学习彝语。最后,年轻法官终于能使用少数民族语言成功调解纠纷。影片的主题虽然是宣扬年轻法官恪尽职守,但在很大程度上宣扬了边疆民族地区掌握少数民族语言的必要性。

六、结语

不同于其他领域语言规划的是，宏观层面对司法领域有关少数民族语言的使用做出了明确规定，边疆民族地区多语言、部分少数民族尚不懂汉语等实际情况等都对基层司法单位的语言规划带来了挑战。

首先，就司法单位工作人员个人的语言规划而言，常规工作环境下本地汉语方言占主导地位，而在特殊工作域比如法庭工作域，普通话的使用比例超越本地汉语方言，但不论是在哪种场域下，少数民族语言均处于从属地位。少数民族语言使用比例极低的主要原因在于司法单位工作人员的少数民族语言能力不足，这不仅妨碍了其执行宏观语言政策要求使用少数民族语言的规定，也给很多人的工作或者与少数民族的沟通带来了障碍。鉴于此种情况，很多受调查者都表现出了学习少数民族语言的意愿，这为宏观层面开展民族地区双语法官培训提供了心理基础。虽然大多数受调查者对少数民族语言的生存充满信心，但绝大多数人认为应该保护少数民族语言。对影响少数民族语言生存的因素，绝大多数人不认为推广普通话或者汉语本身会影响到少数民族语言的生存，是社会发展和少数民族本身不重视等因素给少数民族语言的生存带来了威胁。仅从司法单位这一调查结果来看，宏观层面在少数民族地区推广国家通用语与保护少数民族语言并不矛盾。

其次，就司法单位所执行的语言政策来说，尽管为数不少的受调查者在相关问卷上做出了否定回答，但通过实地调查以及针对相关人员的访谈得知，司法单位在语言培训与语言服务、对工作人员的民族语言或者普通话语言能力的要求、相关场域的语言使用以及语言使用条例等方面并未缺位，而是采取了积极行动。

最后，司法单位根据行业特色在语言规划方面做出了积极努力：使用双语普法接地气，使用民族语言庭审首开先河，双语法官培训落在实处，因地制宜编写具有行业特色的培训教程，以真人真事为原型拍摄微电影宣传双语必要性，奖励先进树立双语模范等。所有这些都是民族地区司法行政单位在微观语言规划方面所做出的积极努力。

当然，上述很多语言规划活动尚不具普遍性，一些还处于隐性状态，这可能是导致其认知度不高、受调查者做出否定选择的主要原因。另外，许多有关少数民族语言规划的活动开展的时间不长，上面所提到的双语普法宣传活动、法庭审判使用民族语言的情况以及双语法官培训等开展的时间均不长，都是最近几年才开展且不具有持久性，说明司法单位语言规划尚存在空间。

第四节　医疗单位的语言规划

同司法单位的语言规划一样，医疗单位语言规划也同样存在两类完全不同的参与者，一类是控制该领域的专业人员，另一类是对该领域一无所知但又不得不来寻求帮助的公众。（斯波斯基，2016）司法单位的专业人员如律师、法官或公安人员面对前来寻求帮助的公众时所面临的不仅是法律专业领域的问题，还面临法律专业的术语表达所带来的语言问题。同样道理，医疗单位的医生或者护士在帮助公众解决病患时所面临的也不仅仅是医疗专业领域的问题，他们也面临与司法领域相似的语言问题。换句话说，当语言活动的参与者不属于同一类人，即一方为专业人员，而另一方为普通公众时，他们之间的言语交际必然碰到障碍，而造成这种障碍的主要原因往往在于专业语言与普通语言之间所存在的差异。然而，还必须指出的是，这里所说的专业语言或者普通语言虽然存在差异，但它们还属于同一语言范畴，尚有可以协商或者妥协的余地。而如果语言活动的一方比如普通公众所使用的语言与另一方比如专业人员所使用的语言不属于同一语言范畴，他们之间沟通交流的障碍则成倍增加，因为他们所面临的不仅是专业语言与普通语言之间的差异，而且还有交际双方所使用的不同类别语言之间的差异。这种情况就发生在边疆民族地区，且表现得十分突出。作为专业领域的司法单位或者医疗单位的工作人员，他们往往使用的是国家或者地方的通用语言，而作为普通公众的少数民族除了部分会使用国家或者地方通用语言外，仍然有为数不少的人只能使用本民族语言。因此，可能导致边疆民族地区司法领域或者医疗卫生领域语言交际困难的原因不仅是存在两类不同的参与者，还存在两类甚至三类不同的语言。两种情况的叠加给诸如此类领域的语言实践带来了挑战，但也给研究这些领域的语言规划带来了机遇。鉴于我们在上一节已讨论了司法领域的语言规划问题，本节将重点讨论医疗单位的语言规划。

一、医疗单位语言规划的必要性

Spolsky（2004）在撰写《语言政策》（*Language Policy*）一书时，一开始便介绍了一个医疗案例：某家德国医院因为担心一位移民患者听不懂医嘱而可能带来的后果就拒收了这名需要接受心脏手术的移民患者。在Spolsky看来，医疗领域类似缺乏语言管理的案例并不在少数，如医生因为无法听懂患者的语言而导致误诊，或不能记载准确的病历而使患者在医院受到不公平对待；再如，患者由于看不懂药品说明书或听不懂医嘱而吃错药；又如，在一些人命关天的医患交流中，医院利用患者的亲属来充当翻译等等。(Spolsky，2008)这不由得使笔者想起前段时间读到的一则新闻，一位生活在西班牙的中国女性移民因医学专业术语与普通语言的差异而误解医嘱从而导致其子宫被错误割除。诸如此类的医患交流障碍以及由此导致的医疗纠纷或者医疗事故数不胜数。根据美国《贫民与服务不足者卫生保健杂志》(2006年2月)所刊载的一项研究表明，美国每年因为医疗事故而导致的死亡人数高达9.8万人。该研究还指出，如果医疗单位能够提供使用患者的文字书写的prescription label（处方单），类似的医疗事故案例会显著下降。

因医疗事故或者沟通障碍所造成的医患紧张关系在中国则有过之而无不及。输入百度检索"医患冲突"可得到282万条相关内容（2017年9月28日上午9点30分），表明医患之间的冲突已成为中国社会所面临的重要问题之一。根据复旦大学健康风险预警治理协同创新中心于2015年4月份的报告，中国从2005年到2015年十年间仅仅是引起媒体和社会公众高度关注的医患冲突重案数量便增加了20余倍。（环球网，2015）北京市社会科学院和社科文献出版社2016年6月1日在京发布的《北京社会治理发展报告（2015—2016）》显示，北京市医疗纠纷诉讼数量持续增加，七年间增长了近2.4倍，医患关系仍呈现紧张状态，北京市进入诉讼程序的医疗纠纷逐年上升。（左袖阳，2016）又根据复旦大学健康风险预警治理协同创新中心的报告，在各种医患纠纷中，语言冲突高达61.59%。（环球网，2015）而在所有语言冲突中，作为特定场域言语主体的医务人员起主要作用，而作为言语交际客体的患者在医疗场域里始终处于从属地位。根据王晓燕等（2011）对B市5家医院的实地调查，有84.1%的医务人员和68.6%的患者认为，导致医患紧张、影响医患关系的医方因素是医务人员语言使用不当。医务人员语言不当主要表现在两个方面，一是语言暴力，二是专业语言使用不当。有学者所举例子虽然看似极端，但却极有代表性：有位长期患腰痛病的老人要求拍一张X光片，医生竟不满地训斥道："你是医生还是我是医生？这里是医院，不是照相馆，要拍照到照相馆去！"气得老人愤然离去，拒绝接受治疗。另有一位来自农村的母亲问："大夫，我孩子是啥病啊？"大夫说："缺钙。"那位母亲忙说："不对呀！晚上睡觉时，我总是给他'盖得严严实实的'。"（王孝军，1990）不论是前一个例子中的语言暴力，还是第二个例子中的医生不区分对象使用专业术语，归根结底都是由于医方主体地位意识所决定的。但不论如何，这都给医患关系带来了危害。

很显然，上述医患冲突多表现为语言冲突。尽管这些冲突主要由交流障碍引起，但都发生在同一类语言使用者当中。如果医务人员和患者使用不同类型的语言，则医患之间的交流就会变得更为微妙，医患冲突则更难避免。在前文关于德国与西班牙的案例中，患者均受到了不公平待遇，这显然都是因为医患双方属于不同类型的语言使用者所致。就国内的情况来看，医患双方使用不同类型的语言在边疆民族地区尤为典型。从本书第五章关于乡村语言规划的调查中可以看出，在少数民族聚居的乡村，仍然有一些人不能使用汉语或者普通话，而普通话或者汉语方言正是医疗单位医务人员所普遍使用的语言。当只能使用自己民族语言的患者与只能使用汉语的医务人员进行交流时，他们将如何解决交流沟通问题呢？解决这一问题的办法只能依靠翻译。那么，谁又能充当这种专业性很强的翻译任务呢？即使是受过专门训练的翻译人员在医疗卫生系统做翻译时也常常感到力不从心，除非他们接受过某些具体医学和疾病知识的训练。（斯波斯基，2016）而现实情况是，不会使用汉语的少数民族生病后不得不到县城医院就医时，他们往往是通过会讲汉语的亲朋好友或者是自己的孩子来承担就连受过专门训练的翻译人员都感到吃力的翻译任务，这样的沟通效果可想而知。所以解决医患双方交流问题的最首要的任务是双方能使用对方的语言。就医方来说，会使用少数民族的语言所带来的好处是显而易见的。广西百色医院的医务人员记述了这样的一个案例（蒙金兰等，2006）：

> 一名40岁女性患者，由其丈夫陪同来到候诊大厅。进入后，女患者坐下等待，其丈夫目光在大厅里游移，面对各种示意牌，他似乎什么也看不懂，就连佩戴"导医服务"绸带的导医护士是干什么的也弄不明白。导医护士主动过去询问，他一脸茫然，不作回答。导医护士改用壮语、苗语、瑶语等询问，均不能交谈。护士正在无奈之际，仔细观察患者的服饰，知道患者穿戴的是仡佬族服装，于是用仡佬语试试，果然一说即通。患者感到非常亲切，了解其病情后，带到内科就诊，确诊后又带到住院部住院，全程陪同，使他们感动得流下了眼泪。

此案例中潜在的医患冲突之所以能得到顺利解决，主要原因就在于医务人员掌握了患者的语言。而现实生活中是否所有不会使用汉语的少数民族就医时都能如此幸运地获得能使用其民族语言的医务人员的协助，则值得怀疑。通过百度输入关键词"少数民族医患冲突"，可获得47万余条相关检索结果（2017年9月28日），虽然其中很多冲突并非都由语言引起，但交流沟通不畅的原因却不能忽视。国外医疗卫生机构及其专业人员越来越意识到本系统内由语言障碍所带来的交际问题。（斯波

斯基，2016）

二、医疗单位语言政策回顾

针对上述问题，一些国家在医疗卫生领域进行了卓有成效的语言规划。以美国为例，自21世纪以来，美国相关部门在医疗卫生领域便制定了相关语言政策，在医疗卫生领域开展了一系列的语言规划。2001年3月，美国卫生及公共服务部颁布了《国家医疗卫生领域的语言文化服务标准》，其中第四条规定，医疗卫生机构必须在本系统的各个环节中为英语水平有欠缺的患者提供免费的、及时的和不间断的语言服务。据Spolsky（2016）介绍，美国的一家商业电话翻译公司根据美国移民语言服务的需求实际而开展了专门从事医疗卫生方面的翻译服务，可以全年全天候提供150种语言的口译服务；美国北加州的一些医院正在筹建视频翻译系统（video-based interpreting），为需要语言翻译的患者提供语言服务。除此之外，制定相应的细则或者条例以规范行业内部的语言服务乃是语言规划者义不容辞的责任。2006年9月，美国纽约州卫生厅（NYSDH）便专门制定了医疗卫生领域翻译服务管理细则，对医院的译员、对患者的语言服务等做出了明确的规定。

尽管中国的国情不同于美国，中国不是移民国家，除边疆民族地区外大多数医患双方所使用的语言均为同一类别的语言，仅存在普通语言与专业语言之间的差异，然而随着中国国际化进程的加快，来自不同国家使用不同类型语言的患者接受中文环境下语言服务的几率正在增加，而一些外资医院在国内的创建以及中文患者接受外文医疗服务的情况也偶有报道。由此看来，国内医疗卫生领域的语言规划问题难以回避。鉴于我们主要讨论边疆民族地区医疗卫生领域的语言规划问题，我们仍需探究宏观或者微观层面在医疗卫生领域语言规划方面所做出的努力。从上文分析来看，美国在宏观或者中观层面做出了一些努力，那么中国国内情况如何呢？为了使国家通用语言文字在社会生活中更好地发挥作用，促进各民族、各地区经济文化交流，中国的宏观决策者根据宪法规定制定了《中华人民共和国国家通用语言文字法》（2001年1月1日），对不同行业包括医院、商业、邮电、文化、铁路、交通、民航、旅游、银行、保险等在内的公共服务行业的语言文字规范化、标准化及其健康发展做出了明确规定。（王正，2003）鉴于此，中国国家卫生部（2002）制定了《病历书写基本规范》，中国国家卫生部与国家中医药管理局于2002年8月16日联合发出《关于印发〈病历书写基本规范（试行）〉的通知》，2010年又对病历书写规范进行了修订，并于2010年3月1日正式颁布实施。（倪静等，2010）显而易见，中国宏观层面对医疗卫生领域语言规划所采取的措施主要聚焦于语言文字的规范化问题，未涉及具体的语言使用问题，即未对使用不同类别语言的少数民族患者的语言翻译或者语言服务做出显性的规划。虽然微观层面的一些医疗单位制定了文明用语条例，要求医疗服务提供者使用文明语言（李现乐等，2014），其目的是减少不文明用语可能带来的医患纠纷，但并未从语言规划的角度对医疗单位的语言使用做出合理的规划，更未对语情更为复杂的边疆民族地区医疗行业的语言使用做出显性的规划。

宏观层面语言政策的目的在于对中观或者微观层面的语言实践进行调节，微观层面的语言实践对宏观层面制定相应的语言政策提供决策参考甚至决策依据。虽然当前医疗领域缺乏宏观层面的语言政策，但微观层面的语言实践并不缺位。在缺乏宏观层面显性语言政策的情况下，边疆民族地区医疗行业微观层面的语言规划有何表现便理所当然地成为了本节研究的重点。

三、研究设计

（一）问卷发放与回收

为揭示边疆民族地区医疗单位语言规划的现状，我们对红河州屏边苗族自治县县医院、金平苗族瑶族傣族自治县县医院以及普洱市墨江哈尼族自治县县医院进行了调查。研究发现，3所不同民族自治县医院的规模大体相当。包含正式职工与合同工在内，屏边县医院共有职工389人，金平县医院413人，墨江县医院468人。3所医院总人数中正式职工与合同制工人的人数比例大体相当，比如墨江县医院的468人中，正式职工253人，合同制职工217人。3所医院能使用民族语言的职工人数存在一定差异，其中金平县医院会使用民族语言的职工人数最多，达133人，占比32.3%；其次为屏边县医院，该院有36人会使用民族语言，占比9.25%；墨江县医院会使用民族语言的比例最低，共43人能使用民族语言，占比9.18%。

我们在3所医院各发放了55份问卷，其中金平县医院回收33份有效问卷，屏边县回收48份有效问卷，墨江县回收49份有效问卷，合计130份。通过对130名医生、护士、管理人员以及技术人员的问卷调查，从他们的语言使用、语言态度、医院的语言政策以及语言服务等方面入手，对这些医院的语言规划进行了研究，尝试揭开少数民族地区医疗单位语言规划的面纱。

（二）调查对象

在3所医院接受问卷调查的130人中，男性49人，占比37.7%，女性81人，占比

62.3%,女性明显多于男性,这明显与在医院从事护理工作的人多为女性有关。从年龄分布情况来看,受调查者中39岁以下年龄段共81人,占比62.3%,占了全部受调查者中的绝大多数;40—50岁年龄段32人,占比24.6%;51岁以上年龄段人数较少,共17人,占比13.1%。之所以39岁以下年龄段偏多的缘故也可能是因为从事护理工作的护士大多数年纪较轻,且在本次调查对象中占据相当多的比重。从受调查对象所从事的工作来看,绝大多数为医生和护士,其中医生人数最多,为51人,占比39.2%;其次为护士,共45人,占比34.6%;其余人员包括管理人员18人,占比13.9%;技术人员6人,占比4.7%;挂号5人,占比3.8%;药剂师3人,占比2.3%;检验师2人,占比1.5%。参见图6.4.1:

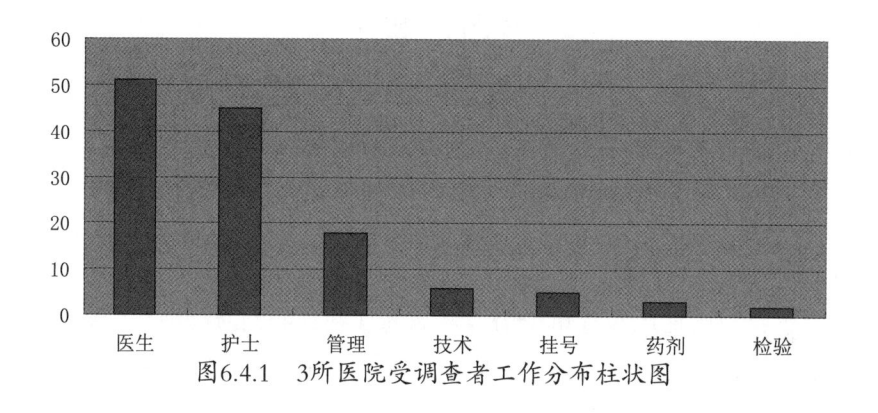

图6.4.1 3所医院受调查者工作分布柱状图

由图6.4.1可见,医生和护士占了本次调查对象中的绝大多数,占比高达73.8%。就受调查者的民族构成来看,汉族所占比例接近七成,少数民族占比仅三成左右,包括傣族、哈尼族、回族、苗族、彝族和壮族。详细情况如表6.4.1:

表6.4.1 3所医院受调查者民族构成情况

项目	傣族	哈尼族	汉族	回族	苗族	彝族	壮族	合计
人数	1人	10人	90人	1人	6人	18人	4人	130人
百分比	0.8%	7.7%	69.2%	0.8%	4.6%	13.8%	3.1%	100%

如表6.4.1所示,在6个少数民族中,彝族所占比例最高,为13.8%,其余民族占比均为个位数,其中傣族和回族分别仅1人接受了调查。在我们所调查的少数民族占比接近或者超过七成的3个少数民族自治县,医疗单位接受调查的汉族医护人员占比接近七成,而少数民族医护人员占比仅三成,这虽然不能完全反映这3所医院医护

人员的民族构成情况，但也在一定程度上说明在边疆民族地区的医疗机构，汉族医护人员比例多于少数民族医护人员。这进一步说明，在专业性较强的工作领域，汉族工作人员比例超过少数民族工作人员的比例，这往往是由于汉族受教育程度高于少数民族受教育的程度所决定的。那么，本次参与调查的医护人员的受教育程度如何？详见表6.4.2：

表6.4.2　3所医院受调查者文化程度

项目	研究生	本科	专科	中专	初中	合计
人数	2人	53人	50人	24人	1人	130人
百分比	1.5%	40.8%	38.5%	18.5%	0.8%	100%

很明显，医疗单位工作人员总体上受教育程度不如其他城镇机关单位工作人员。与其他城镇机关单位工作人员本科以上学历占比超过七成相比，3所医院受调查者接受过本科及以上教育程度的比例不足五成，明显偏低，而且中专以下文化程度者所占比例接近两成，更明显拉低了医疗单位工作人员受教育的总体程度。医疗单位医护人员受教育程度偏低这一现象在本次调查的所有其他城镇机关单位中是十分罕见的。当然，导致这一现象的原因除了很多护理人员多为专科及以下学历外，一些年龄较大的医生所受教育程度不高，这也是客观事实。但是为何医护人员的受教育程度会低于其他城镇机关单位工作人员的受教育程度？这或许与其他单位多属于政府部门（比如教育行政部门、司法单位、宣传部门等）有关，也或许是因为这些单位的政治地位或者社会地位较高的缘故。虽然医护人员因为专业性强需要具备更高的受教育程度，却仍然无法与政府机关单位较高的政治或者社会地位相匹敌。但本次参与调查的医护人员的受教育程度或许能更好地反映云南边疆民族地区医疗单位工作人员受教育程度的现状。

从我们针对乡村语言规划的调查来看，少数民族使用民族语言的能力表现出随文化程度升高而下降的趋势。反过来说，即文化程度较低者反而母语能力更高。那么鉴于医疗单位总体文化程度低于其他城镇机关单位，这是否说明医疗单位能使用民族语言的能力会高于其他城镇机关单位呢？调查结果表明，在医疗单位130名受调查者中，能使用民族语言的人数仅18人，占比13.8%，与新闻宣传单位的34.4%（见本章第二节）、文教单位的52.9%（见本章第三节）、司法单位的18.8%（见本章第四节）相比明显偏低，尤其是显著低于新闻宣传单位和文教单位能使用民族语言的比例。说明城镇机关单位工作人员能否使用民族语言的比例与其受教育程度的高低关系不大，但有一点似乎比较肯定，即在需要较高专业技术能力的2个部门，即司法单位和医疗单位，工作人员能使用民族语言的能力显著低于对专业技术要求较低的部门。

（三）调查问题

鉴于医疗部门与司法部门同属专业技术要求较强的单位，根据边疆民族地区医疗单位的实际情况，结合相关语言政策与语言规划的理论，参照司法单位研究问题的设计，本节拟从下面两个方面对医疗单位的微观语言规划进行探讨：

首先，从个人语言实践的角度出发，研究医疗单位医护人员在工作场合的语言使用、与少数民族交流时的语言使用以及对少数民族语言保持的看法等。

其次，从医疗单位所实施的语言政策的角度出发，调查医疗单位对医护人员语言培训、语言服务、语言使用规定等几个方面的问题。

四、调查结果与讨论

（一）医疗单位医护人员语言实践

1. 工作域语言使用

对医护人员来说，医院作为其主要工作场所这是毋庸置疑的。在通常情况下，除了日常工作中和患者打交道外，医护人员也需要与同事交流互动。与同事的这种交流可能是比较正式的交流，比如会议交流、学术交流、病例讨论、不同科室之间医生的会诊互动等，也可能是非正式的同事之间的私下交流。除此之外，如同其他城镇机关单位一样，边疆民族地区的医护人员也需要下到基层，即送医下乡。因此，医护人员的工作场所也不完全仅限于医院范围。那么，在普通话、本地汉语方言和少数民族语言之间，医护人员在上述不同工作场域会做何选择呢？调查结果详见表6.4.3：

表6.4.3 医护人员工作域语言使用情况及占比

场域 \ 选项	汉语方言（A）	普通话（B）	民族语言（C）	AB	ABC	AC	缺省
日常工作中	114人 87.7%	3人 2.3%	6人 4.6%	5人 3.8%	—	2人 1.5%	—

续表

场域\选项	汉语方言（A）	普通话（B）	民族语言（C）	AB	ABC	AC	缺省
开会时	82人 63.1%	25人 19.2%	— —	19人 14.6%	— —	— —	4人 3.1%
私下交流	118人 90.8%	— —	— —	6人 4.6%	4人 3.1%	2 1.5%	— —
基层工作	116人 89.2%	1人 0.8%	— —	— —	6人 4.6%	6人 4.6%	1人 0.8%

表6.4.3统计结果表明，在日常工作中，即主要和患者打交道的过程中，医护人员使用本地汉语方言的比例接近九成，高达87.7%，而使用普通话和民族语言的比例微乎其微，分别仅2.3%和4.6%。虽然也有混合使用汉语方言和普通话以及汉语方言和民族语言的情况存在，但其比例也极低，仅3.8%和1.5%。普通话的使用只有在比较正式的场合比如开会时才稍有增加，接近20%，但仍然有14.6%的汉语方言与普通话混合使用的情况存在。不论是在哪种情况下，民族语言的使用都很低，除了日常工作中有4.6%的人会使用民族语言外，即不论是在正式的场合如开会或者是非正式的场合如私下交谈，单纯使用民族语言的比例均为零，即便是下到基层开展送医活动时也不例外。即使基层语域可能催生使用民族语言的可能，但也要和汉语方言、普通话混合使用，且使用比例仅4.6%。总而言之，方言的使用不论是在哪种情况下都处于主导地位，除了日常工作外，同事之间的私下交流或者在基层工作时使用方言的比例都接近甚至超过九成。虽然在正式场合方言的比例下降到了63.1%，但仍然有14.6%的人在使用普通话时混合使用汉语方言，所以汉语方言的主导地位并未发生动摇。相对而言，普通话与民族语言的使用在医疗单位则完全处于从属地位，几乎是可有可无。由此可见，普通话与民族语言在边疆民族地区医疗领域处于极低地位。

2. 与少数民族交流时的语言使用

即便是在基层工作范围内，医护人员使用本地汉语方言的比例也将近九成（见表6.4.3），如果直接与少数民族交流时，医护人员的语言使用是否会发生变化？当然，这可能要取决于是一般性的交流还是专业性的交流。一般性交流主要涉及日常话题，而专业性的交流无疑指的是就诊过程中医护人员与患者之间的交流。从上文的分析来看，医护人员在不同工作域主要使用汉语方言，原因之一除了汉语方言作为地方通用语处于主导地位外，这可能与他们的民族语言能力不足有关（我们在上文曾经提到过仅13.8%的受调查者能使用民族语言）。那么他们是否会碰到与少数民族患者沟通交流不畅的问题，如何解决这些问题，等等。调查结果如表6.4.4：

表6.4.4 医疗单位医护人员与少数民族交流时的语言使用、问题与看法

问题	选项	调查结果（人数与比例）		备注
与少数民族交流时使用的语言是？	A. 汉语方言	105人	80.8%	
	B. 普通话	3人	2.3%	
	C. 民族语言	17人	13%	
	A和B	3人	2.3%	
	A、B和C	1人	0.8%	
	A和C	1人	0.8%	
在给患者看病时使用什么语言？	A. 汉语方言	107人	82.3%	
	B. 普通话	17人	13.1%	
	C. 民族语言	2人	1.5%	
	A和B	4	3.1%	
是否碰到过交流问题？	A. 碰到过	75人	57.7%	缺省 2人（1.5%）
	B. 没有碰到过	53人	40.8%	
个人想法是？	A. 希望自己懂民语	46人	35.4%	
	B. 希望对方懂汉语	77人	59.2%	
	C. 希望互懂	7人	5.4%	

表6.4.4调查结果表明，即便是在与少数民族的直接交流中，汉语方言仍然占据主导地位，使用比例高达80.8%。民族语言的使用比例虽然较低，仅13%，但却与本次受调查者能使用少数民族语言的人数比例相吻合。同样，即便是在给患者看病的过程中，受调查者使用汉语方言的比例也居高不下，仍然超过八成（82.3%）。但出乎意料的是，在给患者看病的过程中，使用民族语言的比例不升反降，仅1.5%的人使用民族语言，这与第一项的调查结果以及与本次受调查者中能使用民族语言的人数比例形成较大的反差。但如果把一般性交流与专业性交流的差别考虑进去，这种反差似乎可以得到一定程度解释。在一般性的交流中，使用民族语言或许能更好地

沟通感情，而在专业性的交流中，或许使用汉语更能胜任其工作要求。毕竟少数民族语言在表达科技术语等专业性强的概念时，其表达能力低于汉语是不争的事实。

在汉语方言使用较多而医护人员的民族语言能力又不足的情况下，医护人员在与患者的交流中碰到语言障碍可能在所难免。从本次的调查结果来看，有57.7%的受调查者曾经碰到过交流障碍，没有碰到过交流障碍的受调查者仅40.8%。事实上，这可能只是时间问题。表示没有碰到过交流障碍的受访者并不能保证其今后不会碰到因语言问题而带来的交流障碍。面对这样的问题，他们是如何解决沟通交流问题的呢？下面的调查提前给出了答案。在表6.4.6中可见，医生请翻译、患者请翻译或者双方互请翻译的比例接近八成（79.2%），而采用其他手段的比例不足两成（18.5%），说明边疆民族地区的医疗单位有必要为医护人员或者患者提供专门的少数民族语言翻译服务。

其实，除了少数民族语言翻译服务外，学习对方的语言也不失为一种有效的应对之策。那么医护人员对此问题有何看法呢？表6.4.4调查结果发现，有35.4%的医护人员表示希望懂民族语言，即表现出了愿意学习民族语言的愿望。但更多的受访者（59.2%）希望少数民族能懂汉语，而这正是诸如普通话推广等宏观语言政策在少数民族地区希望实现的目标。

3. 医护人员对少数民族语言保持的看法

与少数民族患者沟通交流存在障碍的主要原因就在于部分少数民族患者只能使用少数民族语言，而医护人员又不能使用对方的语言。这就是说，只要少数民族语言继续存在，或者只要医患双方一直保持相互不通对方语言的情况存在，双方沟通交流的障碍就将永远存在。当然，这里还存在一种语言规划者最不愿意见到的情况，那就是少数民族全部转用汉语，或者说少数民族语言消亡。当医患双方都使用国家或者地方通用的语言（普通话或者汉语方言），交流障碍自然就消除了。事实上，这种情况确实在某些地方和某些领域，在某种程度上正在发生。然而从语言多样化、语言资源观以及少数民族语言文化保护的角度来看（陈章太，2008；黄行，2017；周晓梅，2017），宏观决策者以及专家学者乃至广大少数民族都在关注着这种现象是否真的会发生。不过，在我们所调查的3个地方，即哈尼族、苗族、彝族、傣族、瑶族等少数民族聚居的屏边县、金平县和墨江县，这种情况尚未发生，少数民族语言仍然充满活力，边远地区仍然存在部分只能使用本民族语言的人群，也就是说，医患双方潜在交流障碍的可能仍然存在。那么，从语言交流的角度出发，医护人员对少数民族语言保持会持什么样的看法？详见表6.4.5：

表6.4.5　医疗单位医护人员对少数民族语言保持的看法

问题	选项	调查结果（人数与比例）		备注
民族语言会否逐渐消亡吗？	A. 会	36人	27.7%	缺省　1人（0.8%）
	B. 不会	93人	71.5%	
有必要保护民族语言吗？	A. 有必要	118人	90.8%	缺省　2人（1.5%）
	B. 不必要	10人	7.7%	
普通话会影响到民族语言吗？	A. 会	22人	16.9%	缺省　2人（1.5%）
	B. 不会	106人	81.5%	
如果少数民族语言出现了衰退，造成这种现象的原因是？	A. 汉语影响	10人	7.7%	缺省　1人（0.8%）
	B. 其他民族语言影响	5人	3.8%	ABCD 2人（1.5%）
	C. 本民族不重视	25人	19.2%	AC 2人（1.5%）
	D. 经济文化发展等	79人	60.7%	AD 2人（1.5%）
				CD 4人（3.4%）

表6.4.5调查结果显示，71.5%的医护人员认为少数民族语言不会消亡，对少数民族语言保护持积极和支持态度的医护人员的比例更高，超过九成，达到了90.8%。从医护人员的角度来看，大多数人（81.5%）不认为普通话会影响到少数民族语言的生存。即便是少数民族语言出现了衰退，也只有7.7%的人归咎于汉语的影响，远低于认为少数民族不重视的比例（19.2%）。相对而言，超过六成（60.7%）的受调查者认为，造成少数民族语言衰退的原因主要来自于社会经济文化的发展等因素。

这样的调查结果对边疆民族地区微观语言规划具有重要意义。首先，绝大多数医护人员不认为少数民族语言会消亡这一事实意味着医患双方之间所存在的或者潜在的交流障碍不会消失，解决问题的办法要么是医护人员学习少数民族语言，因为表6.4.4中有超过半数（59.2%）的受调查者希望自己能懂少数民族的语言；要么是少数民族学习汉语或者普通话。其次，国家在民族地区所开展的"推普"工作不仅是宏观语言规划的需要，也符合民族地区微观层面语言交际的需求。

（二）医疗单位的语言实践

1. 语言培训与语言服务

从上文针对医护人员个人语言实践的调查中发现，汉语方言在医疗单位的沟通交流中居主导地位，作为国家通用语的普通话的使用仅在正式场合比如会议交流中稍有增加，少数民族语言在医疗领域处于极低地位，医护人员中少数民族比例较低，能使用少数民族语言者更少，因此医患双方存在交流障碍。导致这种情况的出现是否与医疗单位的语言政策有关？我们拟从医疗单位的语言服务着手进行调查。

表6.4.6. 医疗单位语言服务现状

问题	选项	调查结果（人数与比例）		备注
是否培训汉族职工少数民族语言？	是	7人	5.4%	缺省 1人（0.8%）
	否	122人	93.8%	
是否有普通话或外语能力提升计划？	有	15人	11.5%	缺省 2人（1.5%）
	没有	113人	86.9%	
是否有针对少数民族的语言服务部门？	有	16人	12.3%	缺省 1人（0.8%）
	没有	113人	86.9%	
您如何与不懂汉语的少数民族患者沟通？	A. 您请翻译	72人	55.4%	缺省 3人（2.3%）
	B. 患者请翻译	18人	13.8%	
	C. 其他手段	24人	18.5%	
	A和B（互请翻译）	13人	10%	

首先，关于医患双方存在的或者潜在的沟通交流障碍，医疗单位内部对医护人员提供了怎样的语言服务？表6.4.6调查结果显示，仅7名（5.4%）受调查者反馈医院培训过少数民族语言，这显然与解决医患沟通交流障碍的实际需求存在较大差异。在为解决交流障碍而必须付出努力的少数民族语言培训方面处于严重不足的情况下，医疗单位对医护人员的普通话能力或者外语能力提升方面是否也采取了积极措施？调查结果显示，仅11.5%的受调查者做出了肯定回答，这或许从一定程度上解释了医疗单位普通话使用比例极低的部分原因。其次，关于对外语言服务问题，即在对患者的语言服务方面医院做出了怎样的努力？表6.4.6调查表明，当医患双方存在沟通交流障碍时，79.2%的情况下医患双方是通过翻译来实现沟通任务的，其中55.4%的情况下由医方请翻译，13.8%的情况由患方请翻译，另外有10%的情况是双方互请翻译。但无论何种情况，尤其是从医疗行业的专业特性来说，医方提供语言翻译服务更应该理所当然。然而，表6.4.6结果显示，仅12.3%的受调查者反馈，医院有针对少数民族的语言服务部门。因此，即便是医院确实设置了专门为少数民族提供语言服务的部门，但86.9%的受调查者所做出的否定回答至少表明他们不知道这种服务的存在，当他们碰到与少数民族患者的沟通交流障碍时，他们也很难及时获得来自院

方的专业的语言翻译服务。

上述各项调查结果说明，边疆民族地区医疗单位语言规划尚存在诸多有待提升和改进的空间。

2. 单位的语言政策

（1）对个人的语言要求

医疗单位对医护人员的语言要求也是该领域语言政策的一种表现形式。通常情况下，在专业技术特征比较显著的领域比如司法单位或者医疗单位，单位对工作人员的专业技能可能会提出明确要求，比如要求应聘者必须是专科以上或者本科以上学历且所学专业要符合行业需求，如果工作人员达不到上述要求，可能还会采取相应的措施比如在职培训等以提高其专业技能水平。除此之外，一些行业还会根据其工作性质提出语言要求，比如司法领域在宏观层面制定了相应的语言政策，对边疆民族地区法庭用语做出了显性规定（见本章第五节）。相比较而言，医疗领域除了《病历书写规范》中有对语言文字规范化的描述外，很难发现其他类似的语言规划行为。那么，就基层具体的医疗单位，尤其是边疆民族地区的医疗单位来说，他们除了对医护人员提出专业技能要求外，是否也会制定相应的语言政策对员工的语言能力等提出要求？

表6.4.7 医疗单位对个人的语言要求

问题	选项	调查结果（人数与比例）		备注
是否要求医护人员掌握民族语言？	有要求	9人	6.9%	缺省 1人（0.8%）
	无要求	120人	92.3%	
招聘医护人员时是否有语言要求？	有要求	11人	8.5%	缺省 2人（1.5%）
	无要求	117人	90%	

表6.4.7结果表明，仅6.9%的受调查者表示单位对少数民族语言使用提出要求，即要求医护人员掌握少数民族语言。超过九成（92.3%）的受调查者做出了否定选择，说明大多数情况下，医院对医护人员无相关少数民族语言的要求。事实上，除了大多数情况下不对医护人员提出少数民族语言要求外，医疗单位可能对员工的汉语方言或普通话能力也不提出要求，因为这可以从招聘时对应聘者的要求中得到反映。从表6.4.6中可知，90%的受调查反馈医院在招聘医护人员时无语言要求。既然不对国家通用语等提出要求，那么，不对员工的少数民族语言或者外语等提出要求，

也符合这些医疗单位所采取的基本不作为的语言政策,这在一定程度上反映了边疆民族地区医疗单位语言规划的现实。

(2)有关语言使用的规定

受调查的3所医院是否对医护人员的少数民族语言、普通话能力等提出要求可能属于隐性语言政策的范畴而未被大多数医护人员所知悉,故高达90%的受调查者做出了否定回答。为较准确把握边疆民族地区医疗单位的语言实践,我们转换了视角,直接调查了医院在语言以及语言使用方面所采取的具体措施,从更为显性的角度调查了医院的语言政策,结果如表6.4.8:

表6.4.8 医院语言使用规定

问题	选项	调查结果(人数与比例)		备注
是否有与少数民族语言文字有关的规定或者文件?	有	10人	7.7%	缺省 2人(1.5%)
	没有	118人	90.8%	
是否有上班时必须说普通话的规定?	有	11人	8.5%	缺省 1人(0.8%)
	没有	118人	90.7%	
单位内部是否制定语言使用条例?	有	50人	38.5%	缺省 2人(1.5%)
	没有	78人	60%	

从表6.4.8中可以看出,有关少数民族语言文字使用的显性政策,比如有关的规章制度或者文件等,以及关于上班时是否必须说普通话等显性规定,调查结果与表6.4.7中的调查结果几乎完全一致,对相关调查结果做肯定回答者仅7.7%和8.5%,否定回答均分别为90.8%和90.7%。仅仅在关于单位内部语言使用条例方面肯定回答的比例稍高,达到38.5%,但通过实地调查得知,部分单位所制定的内部语言使用条例主要是关于文明用语方面的规定,即要求医护人员在接待患者时要使用文明语言,其目的主要在于消除可能因使用不文明语言而引起医患冲突,其中并无有关民族语言使用或者普通话使用的显性规定。即便如此,对这一问题做否定回答的比例仍然占大多数,达到了60%,说明多数部门未制定有文明用语条例,或者即便制定了这样的条例,但大多数受调查者并不知晓。

五、结语

作为一个特殊的语言规划领域,医疗单位的语言问题尚未引起足够重视。事实上，从患者一进入医院的那一刻起，他都无时无刻不面临语言交际问题。首先是与导医员的交流，接下来是与挂号员的沟通，更重要的是就诊过程中与医护人员的互动，在到药房取药之前还要完成缴费结算等程序；如果是对需要接受住院治疗的患者来说，其所需经历的流程会更复杂，与医护人员的互动会更多。在如此之多的环节内，本身由于病患已处于焦虑之中的患者所面临的还不只是使用普通语言交流就可以完成的任务，他们还面临使用专业语言交际所带来的困扰。可以毫不夸张地说，任何一个环节的交流出现问题，都可能增加患者的焦虑情绪，进而引发医患冲突的可能。在使用汉语作为普通语言和专业语言的医疗单位尚且存在或潜在医患冲突的情况下，边疆民族地区医疗单位的语言使用更为复杂，因语言交流问题所导致的潜在风险更高，医患冲突更加在所难免。显而易见，研究医疗单位尤其是少数民族地区医疗单位的语言规划，做好医院内部的语言规划具有重要意义。

根据对云南边疆民族地区3个民族自治县县医院130名医护人员、管理人员和技术人员的调查结果表明，边疆民族地区少数民族医护人员所占比重与该地区总体人口结构比例形成较大反差；包括少数民族在内的医护人员能使用少数民族语言的比例极低；相比其他城镇机关单位工作人员的文化水平来说，医疗单位医护人员等受教育程度仍然偏低。所有这些因素的共同作用影响到了医护人员的语言使用。从个人的语言实践来看，医护人员在不同工作场域与少数民族交流时主要使用本地汉语方言，普通话和少数民族语言的使用比例极低，超过半数的医护人员与少数民族患者交流时碰到过沟通障碍。医护人员对少数民族语言保持总体上持乐观态度，大多数人不认为使用汉语方言或者普通话会影响到少数民族语言的生存。但这也从另一个侧面反映了医患双方交流障碍的风险依然存在。

医患双方出现交流障碍时主要依靠翻译来解决沟通问题。而就语言服务来说，超过九成的医护人员反馈医疗单位未提供有关少数民族语言的培训服务，也无有关民族语言甚至普通话使用的显性的、明确的规定，仅在文明用语方面制定有条例，但也仅限于部分部门。当然，这也不能完全说明医院在有关语言规划方面无所作为，只要有受调查者在某些问题上做出肯定回答，就说明语言规划行为的客观存在，只不过这些规划行为可能比较微小、规模有限，或者仍然处于隐性状态而未被大多数人所感知。据红河哈尼族彝族自治州民宗委哈尼文化研究所的普副研究员介绍，该州从2017年起开始对红河州医院的护士进行哈尼语培训，以提高护理质量。由此可见，以语言服务为代表的语言规划行为正在部分边疆民族地区悄然兴起。

虽然不同司法单位的语言规划存在相似之处，即都存在两类完全不同的参与者，分别为控制该领域的专业人员和对该领域一无所知但又不得不来寻求帮助的公众，但司法单位在语言规划与语言实践方面做出了积极努力。为消除两类不同类型的语言交际者之间的沟通问题，司法领域除了在宏观层面制定了显性的语言政策，微观层面也进行了相应的语言规划。相比较而言，医疗单位不论是在显性的还是隐性的方面，在语言规划或语言政策方面所做出的努力都十分有限，这或许是当前医疗单位医患冲突较多的原因之一。事实上，医疗领域语言规划的目标并不只是消除医患冲突、解决沟通交流障碍问题。语言作为一种治疗的手段正引起越来越多的关注（张锦英，2014），但云南边疆民族地区尚无此类报道，因此今后针对医院的语言规划研究需要把作为治疗工具的语言问题纳入语言规划的范畴。

第五节　其他机关事业单位的语言规划——以德宏州为例

我们在前面分别讨论了新闻宣传单位、文教单位、司法单位和医疗单位的语言规划。由于这些单位均位于云南边疆民族地区，再加上其特殊的行业性质，故与少数民族和少数民族语言关系十分密切，并有着鲜明的语言规划特征，能较好地反映边疆民族地区微观语言规划的现状。然而，由于处于社会末梢的行业终端组织众多，要全面完整地揭示边疆民族地区各行业终端组织的微观语言规划超乎想象。尽管如此，我们还是利用项目组所具有的优势，针对在德宏州委党校学习的学员展开了调查。鉴于这些学员来自该州不同的机关事业单位，通过对他们的研究，可以在一定程度上了解其所在单位的语言使用现状。由于参训学员所在单位分散，且每个单位只有一两个人参加培训，故本节所做研究不针对某一个单位或某一具体行业，而是把他们当作一个整体，作为云南边疆民族地区机关事业单位语言规划的进一步补充。

一、研究对象

我们所调查的对象为参加德宏州委党校第二十四期中青年干部培训班的学员，他们来自德宏州三县两市的不同机关事业单位，共120人。我们在全部参加培训的学员中发放了问卷，回收110份，剔除无效问卷后共获得93份有效问卷。在93人中，男性48人，占比51.6%；女性45人，占比48.4%。由于参加培训者为中青年人，故39岁以下年龄段居多，比例超过80%，仅18.5%的受访者年龄在40—50岁之间。作为不同单位的培养对象，且许多人已经担任了一定职务，故受访者文化程度较高。在全部

93人中，本科学历77人，占比82.8%；专科文化程度者6人，占比6.5%；另外还有10人具有研究生学历，占比10.8%，详见下表6.5.1：

表6.5.1　受访单位工作人员文化程度

文化层次	研究生	本科	专科	合计
频率	10人	77人	6人	93人
百分比	10.8%	82.8%	6.5%	100%

由于德宏州为傣族景颇族自治州，少数民族较多，在全州总人口中的比例接近50%，故我们的调查对象中有相当数量的少数民族干部，详见下表6.5.2：

表6.5.2　受访者民族构成情况

民族	阿昌族	傣族	汉族	回族	景颇族	傈僳族	满族	合计
频率	2人	14人	55人	2人	17人	2人	1人	93人
百分比	2.2%	15.1%	59.1%	2.2%	18.3%	2.2%	1.1%	100%

由表6.5.2可见，受调查者中汉族最多，共55人，占比59.1%；少数民族38人，占比41%。在少数民族中，景颇族最多，共17人，占比18.3%；其次为傣族14人，占比15.1%；其他民族如阿昌族、傈僳族、回族、满族人数较少，占比仅个位数，且不超过3%。如果仅从本次所调查的情况来看，少数民族所占比例与其在该州总人口中所占的比例48.7%相比较略显偏低，有些不相称，但考虑到少数民族的总体受教育程度偏低的情况，这一比例已经难能可贵了。

如上所述，93名受访者来自德宏州三县两市不同的机关事业单位，其中大多数为各级各类政府机关，州级的机关事业单位主要来自芒市，包括州总工会、州道路运输管理局、州发改委、州政府办公室、州文体广电局、州纪委、州司法局、州戒毒所、州科技局、州审计局等；县级的机关事业单位包括来自梁河县、盈江县、陇川县和瑞丽市的县（市）审计局、纪委、共青团、农场、组织部、公安局、国土资源局、政府办、人大办、史志办、统计局、安监局、运管局、食药监局等单位。另外，尚有15个乡镇政府也包含其中，如梁河县久保乡党委、陇川县护国乡政府、瑞丽市勐卯镇政府等。虽然我们在第五章关于乡村的语言规划中有部分针对乡村干部的调查，但作为单位的语言规划尚未论及，故把这15个乡镇机关也纳入调查对象。

由此可见，州、县、乡3个级别的机关事业单位共计39个。虽然涉及的部门多，但每个单位仅有1—3名中青年骨干或干部参加了第二十四期党校培训，故很难对某一具体单位或者行业做针对性研究。鉴于我们已在前面几节针对不同行业或单位进行了针对性研究，故本节拟把所有这些单位或行业作为一个整体进行探讨，试图更全面地揭示边疆民族地区机关单位等基层组织的微观语言规划现实。

二、语言实践

云南边疆民族地区存在本地汉语方言、普通话与少数民族语言等多语共存局面。人们在不同场合使用不同语言。不同语言之间功能互补，虽然语言使用率差距较大，但总体上依然呈现出了和谐语言生活局面。我们在前面几章已讨论了农村家庭、村寨、集市等不同场域的语言使用。总体上来看，少数民族聚居区农村家庭和村寨内部普遍使用民族语言，在这一范围之外的地方，人们所遵循的总体原则是遇汉说汉、见民说民。然而，在边疆民族地区的城镇机关单位，在宏观语言政策的影响下，工作场合的语言使用又会遵循什么样的原则呢？下面我们分别从两个方面来揭示机关单位的语言使用现状，一是工作域的语言使用，二是机关单位工作人员与少数民族交往时所使用的语言。

（一）工作域语言使用

工作场合通常为正式场合，人们的行为举止与言谈理应展示出与日常生活也即非正式场合的不同。就语言使用而言，人们在工作场合往往会选择使用范围更广，更能为大家所普遍接受的语言。在国家推广普通话这一宏观语言政策的背景下，边疆民族地区机关单位工作人员在工作场合是否也会遵循使用国家通用语即普通话这一语言政策，或者会兼顾到边疆民族地区的实际而使用少数民族语言？为此，我们设计了机关单位的4种不同工作域的语言使用情况，分别为一般工作中的语言使用、开会时的语言使用、员工在工作域私下交谈时的语言使用以及到最基层开展工作时的语言使用。表6.5.3是工作域语言使用情况的调查结果：

表6.5.3 工作域语言使用

场域 \ 选项	汉语方言 A	普通话 B	民族语言 C	AB	AC	缺省
一般工作	81人 87.1%	5人 5.4%	0人 0%	1人 1.1%	1人 1.1%	5人 5.4%

续表

场域 \ 选项	汉语方言 A	普通话 B	民族语言 C	AB	AC	缺省
开会时	65人 69.9%	17人 18.3%	0人 0%	8人 8.6%	0人 0%	3人 3.2%
私下交流	88人 94.6%	1人 1.1%	0人 0%	0人 0%	4人 4.3%	0人 0%
基层工作	71人 76.3%	0人 0%	2人 2.2%	1人 1.1%	19人 20.4%	0人 0%

表6.5.3统计结果表明，4种场景下机关单位工作人员使用最多的语言不是国家通用语，也不是本地少数民族的语言，而是本地汉语方言。在工作中使用普通话的比例仅5.4%，完全使用民族语言的比例为零，方言与民族语言结合使用的比例仅1.1%，而使用本地汉语方言的比例则高达87.1%。即便是在开会这一较为正式的工作场合，方言的使用仍然接近七成（69.9%），虽然普通话的使用有所上升，但也不到两成，仅18.3%，而民族语言的使用依然为零。由此看来，在员工私下交谈等正式程度有所下降的场域，方言的使用进一步上升至94.6%，这一点也不令人惊讶，而民族语言和普通话的使用依然保持极低比例也属正常范畴。那么，如果语言使用的场域发生改变，同样的人员其语言使用是否也会发生改变？表6.5.3结果表明，机关单位工作人员如果到了最基层的地方，比如到了乡镇或者农村，他们还仍然主要使用本地汉语方言，虽然比例表面上下降到了76.3%，但汉语方言与民族语言结合使用的比例则上升到了20.4%。就汉语方言使用来说，虽然工作场所从城镇迁移到了乡镇或农村等基层单位，但其使用的总体态势没有改变，唯一发生改变的是少数民族语言使用的比例有所上升，与汉语方言相结合使用的比例为20.4%，但全部使用民族语言的比例仍然只有2.2%。普通话的使用情况同样没有好转，如果要说有变化的话，这种变化就是普通话的使用比例下降为零。

（二）与少数民族交流时的语言使用

边疆民族地区机关单位工作人员或多或少都存在到最基层地方工作的情况，这是国家宏观政策的要求。除了常规性工作外，比如执法人员到乡镇、到街道、到社区甚至到少数民族乡村进行普法宣传，一些新的国家政策比如扶贫工作、救灾减灾工作、卫生防疫工作等，都要求城镇机关工作人员把工作场所从城镇转移到最基层的场域。从上面的调查情况来看，机关单位工作人员把工作域换成更基层的地方后，汉语方言的使用仍然占据主导地位；虽然少数民族语言的使用比例有所上升，但普通话的使用情况则下降为零。那么，如果在最基层的工作场域直接与少数民族交流，来自城镇机关工作人员的语言使用会发生什么变化呢？

表6.5.4 与少数民族交流时的语言使用

问题	选项	调查结果（人数与比例）		备注
与少数民族交流时的语言使用？	汉语方言	63人	67.7%	缺省 1人（1.1%）
	普通话	2人	2.2%	
	民族语言	13人	14%	
	方言与民语	14人	15.1%	
是否碰到过交流不畅的问题？	碰到过	69人	74.2%	缺省 2人（2.2%）
	没有碰到过	22人	23.7%	
您的想法是？	希望自己懂民语	68人	73.1%	缺省 2人（2.2%）
	希望对方懂汉语	10人	10.8%	
	希望互懂	13人	14%	

表6.5.4结果显示，本地汉语方言仍然是来自城镇机关单位工作人员与少数民族沟通交流时使用的主要语言，其使用比例接近七成（67.7%），使用普通话的比例仅2.2%，仍然处于低位。民族语言的使用情况有所好转，完全使用民族语言的比例达到14%，民汉结合使用的比例为15.1%。与少数民族交流时大量使用本地汉语方言说明存在两种情况：一种情况是大量少数民族具备了汉语方言能力，这一点在我们针对乡村的研究中得到了证实。另一种情况是来自城镇机关单位的工作人员缺乏使用少数民族语言的能力，这恐怕也是不争的事实。然而，在我们针对乡村的调查中，发现乡村地区仍然存在为数不少的少数民族，尤其是年长的少数民族汉语交流能力有限，这必然意味着与这些人用汉语方言进行交流存在困难。那么，事实是否如此？表6.5.4调查结果表明，超过七成（74.2%）的城镇机关单位工作人员在与少数民族交流时都碰到过语言交流不畅的问题。这种问题显然是由于与之交流的少数民族汉语能力不足所致，但从另一个角度来看，这也是由于城镇机关单位的工作人员不能使用少数民族语言的缘故。其实，语言沟通不仅是汉族和少数民族之间的沟通，还有少数民族与少数民族之间的沟通，比如身为傣族的来自德宏州发改委的雷

先生，能讲傣语和汉语，但作为机关干部被派到盈江县参与扶贫工作，其间就碰到因语言问题而无法与该县苏典村傈僳族交流的困难。很显然，要让沟通顺利进行，双方就必须掌握对方的语言。在针对乡村的调查中我们还发现，少数民族为获得自身的发展都在努力学习汉语，大多数对汉语存在高度认同。那么，城镇机关单位工作人员是否也对少数民族语言存在相同看法？调查结果令人惊讶，73.1%的受访者表示希望自己懂少数民族语言，而希望少数民族懂汉语的比例仅10.8%，另有14%的受访者表示应该互通对方的语言，即少数民族懂汉语、汉族懂少数民族语言。这应该是最理想的模式。在汉语使用较广泛的语境下，少数民族可以通过学校或者自然习得的方式学会汉语，而汉族要学会少数民族的语言，尤其是在城镇机关单位工作的汉族，要学会少数民族的语言，最好的办法莫过于参加正规的培训。

三、对少数民族语言的态度

我们在针对家庭与个人以及乡村的语言规划部分专门调查了受访者的语言态度，但研究的内容主要是受访者本人所使用的语言或者可能潜在要使用的语言的态度，包括本民族语言、汉语方言、普通话，甚至外语等。本节主要讨论的是大多数受访者对其可能不使用，也无潜在使用可能的语言态度，也即机关单位工作人员对少数民族语言的态度。正如我们在第五章第六节所论述的那样，语言态度包含认识、情感和意向三个维度。鉴于情感维度主要围绕"喜欢"与"不喜欢"展开，且机关单位工作人员在工作域几乎不使用少数民族语言，故针对情感的研究无实际意义，而关于使用意向的研究更无必要。因此，本节主要围绕机关单位工作人员对少数民族语言的认识这一维度展开调查，调查边疆民族地区机关单位工作人员对少数民族语言保持的看法，这将有助于制定相关的民族语言政策，这也是边疆民族地区微观语言规划的重要内容之一。为此，我们设计了5个问题，调查结果见表6.5.5：

表6.5.5　对少数民族语言保持的看法

问题	选项	调查结果 （人数与比例）	备注
民族语言会逐渐消亡吗？	会	44人　47.3%	缺省　3人（3.2%）
	不会	46人　49.5%	

续表

问题	选项	调查结果（人数与比例）		备注
有必要保护民族语言吗？	有必要	88人	94.6%	缺省 3人（3.2%）
	不必要	2人	2.2%	
普通话是否会影响到民族语言？	会	31人	33.3%	缺省 4人（4.3%）
	不会	58人	62.4%	
如果少数民族语言出现了衰退现象，您对造成这种现象的看法是？	A. 汉语影响	7人	7.5%	缺省 1人（1.1%） ABC 1人（1.1%） ABCD 7人（7.5%） AC 7人（7.5） ACD 10人（10.8%） AD 3人（3.2%） CD 3人（3.2%）
	B. 其他民语影响	2人	2.2%	
	C. 本民族不重视	15人	16.1%	
	D. 经济文化发展	37人	39.8%	

就第一个问题而言，表6.5.5的调查结果表明，认同少数民族语言会逐渐消亡或者不会消亡的比例十分接近，前者为47.3%，后者为49.5%。不论他们出于何种原因做出少数民族语言会或者不会逐渐消亡的结论，少数民族语言面临威胁或者面临潜在威胁都是客观存在的，而且这一论断似乎也得到了受调查者的认同。在第二个问题中，认为有必要保护少数民族语言的比例占了绝大多数，高达94.6%，说明大多数人认同少数民族语言受到了威胁，故需要保护。至于保护少数民族语言的原因，最具代表性的回答是，少数民族语言是民族文化的重要元素，是少数民族的象征，语言的消亡就意味着民族的消亡，因此需要进行保护。

给少数民族语言带来冲击，甚至致其濒危的原因多种多样，比如使用人口的下降、城镇化的影响、居住环境的改变、人员流动的增加，尤其是少数民族离开故土到异地就业、求学等。从语言规划的角度来看，语言使用也是一个重要诱因。受汉语的影响，尤其是近年来国家通用语的推广，少数民族的语言使用出现了减少的迹象。年轻的一代由于在学校、在工作岗位上缺少使用民族母语的语言环境，其母语使用能力逐渐下降。从这个意义上来说，汉语的影响应该是一个重要因素。那么，究竟普通话是否会影响到少数民族语言？从针对生活和工作在民族地区的机关工作人员的调查中发现，认为普通话会威胁少数民族语言生存的比例仅三成多一点（33.3%），超过六成的受访者（62.4%）持否定态度。也就是说，大多数受访者不认同推广普通话会影响到少数民族语言的生存。汉语方言或者普通话只是众多影响因素之一，相比较而言，可能还存在其他更重要的原因。因此，在下一个题项的调查中，在汉语影响、其他民族语言的影响、本民族不重视以及社会经济文化发展这四个要素中，单独认为受汉语的影响而导致少数民族语言出现衰退的比例仅7.5%，低于认为本民族不重视的16.1%的比例，更远低于认为社会经济文化发展导致少数民族语言衰退的比例。单独认为社会经济文化发展给少数民族语言生存带来威胁的比例近四成（39.8%），这是最重要的归因。而至于其他民族语言的影响，2.2%的比例几乎可以忽略不计。当然，上述各种因素的综合作用不容忽视，因为尚有10.8%、7.5%、3.2%和1.1%的受访者认为是上面的4种、3种或2种因素的综合作用给少数民族语言带来了影响。

四、语言服务

语言服务是近年来国内学界的热点话题之一，但研究对象多为商业服务领域的语言服务，比如农贸市场、住宿、餐饮、批发零售、金融行业以及旅游业等，研究的内容主要是这些行业的从业者在普通话、方言、文明用语和外语等语种方面的语言使用情况。而针对机关事业单位语言服务的研究尚处空白，边疆民族地区的相关研究更无从谈起。事实上，就语言服务而言，边疆民族地区存在紧迫的语言服务需求。不仅不通汉语的少数民族需要汉语服务，就连不懂少数民族语言的基层机关事业单位工作人员也需要适当的少数民族语言服务。我们在第五章针对乡村的语言调查中发现，很多年长的少数民族由于不懂汉语，生病就医时只能找乡村医生，而到县城看病就医时往往要由会说汉语的家人或亲友陪同，否则便难以得到恰当治疗。不仅如此，边疆民族地区机关事业单位工作人员都或多或少有与少数民族打交道的经历，其间由于语言问题而导致交流不畅的情况高达74.2%（见表6.5.4），而希望自己能懂民族语言的比例也超过了七成（73.1%，见表6.5.4）。可见，不仅服务对象即少数民族需要得到语言服务，就连服务的提供者即机关事业单位工作人员也需要得到相应的语言服务。

在国际化进程不断加快的时代，尤其是国家改革开放如"一带一路"倡议的实施等，边疆民族地区往往变成了改革开放的前沿地带。因此，边疆民族地区不仅需要国家通用语言服务、少数民族语言服务，某些领域甚至需要外语服务。从这个意义上来说，边疆民族地区的语言服务问题是语言规划研究难以回避的话题。那么，目前边疆民族地区的语言服务现状如何？我们从几个方面开展了调查，包括针对机关单位工作人员的少数民族语言培训、普通话或英语能力提升计划以及是否开设有专门的针对少数民族的语言服务部门。详细调查结果见表6.5.6：

表6.5.6 边疆民族地区语言服务现状

问题	选项	调查结果（人数与比例）	备注
单位是否培训汉族职工少数民族语言？	是	8人　8.6%	缺省　7人（7.5%）
	否	78人　83.9%	
单位是否有普通话或英语能力提升计划？	有	14人　15.1%	缺省　8人（8.6%）
	没有	71人　76.3%	
单位是否有针对少数民族的语言服务部门？	有	13人　14%	缺省　8人（8.6%）
	没有	72人　77.4%	

就单位是否培训汉族职工少数民族语言来说，表6.5.6的调查结果显示，仅有8.6%的受访者给出了肯定回答，而表示单位没有培训少数民族语言的比例高达83.9%。尽管可能某些机关事业单位没有直接与少数民族打交道的必要，对这些单位来说，忽略针对员工的少数民族语言培训似乎是合乎情理的，然而，从表6.5.4中所反映的73.1%的受访者希望自己能懂民族语言的反馈来说，忽视对员工的少数民族语言培训与员工的需求形成了矛盾。毕竟在边疆民族地区开展工作，为少数民族服务的首要前提是双方之间的沟通交流不存在障碍。从服务提供者的角度来看，他们应主动向服务接受者的语言使用聚合，即所谓"向下聚合"（俞玮奇，2011），学习并使用对方的语言。从这个意义上来说，要为少数民族提供良好的服务，边疆民族地区城镇机关事业单位有责任为自己的员工提供民族语言培训的服务。

当然，要培训全部员工少数民族语言可能既不符合语言经济学的相关原理，也不是国家语言政策的硬性要求，毕竟少数民族语言不具有地方通用语言的法定地位或社会地位。从相关法律法规来看，宏观语言政策的宗旨是推广国家通用语即普通话，少数民族有权利使用和发展本民族的语言文字。但从语言服务的角度来看，为不懂国家通用语的少数民族提供语言服务应该是边疆民族地区机关事业单位应尽的责任。如果不是多数人都需要懂一点民族语言的话，在单位内部设置相关的语言服务部门或者岗位，在有需要时为少数民族提供语言服务，这应该是民族地区机关事业单位努力的方向。然而，表6.5.6的调查结果依然不令人满意，高达77.4%的受访者表示本单位内部没有针对少数民族的语言服务部门，肯定回答者仅14%，这显然难以满足边疆民族地区服务者和被服务者双方的语言需求。

民族语言服务存在对内（服务者）和对外（被服务者）的不足，那么在国家通用语言与外语（英语）方面，民族地区机关事业单位是否制定有语言能力提升计划，即针对员工的语言培训服务计划？表6.5.6的调查结果表明，仅15.1%的受访者做出了肯定回答，否定回答的比例依然高达71%。从这一调查结果来看，结合表6.5.2和表6.5.3的调查结果，边疆民族地区机关事业单位的语言规划存在与宏观语言政策相脱节的地方，也就是说，在某种程度上，宏观语言规划未能在边疆民族地区的基层单位产生积极作用。从这个意义上来说，基层单位微观层面的语言规划值得重视。

五、语言政策

（一）单位对个人的语言要求

边疆民族地区机关事业单位工作人员不与少数民族打交道几乎是不可能的。在与少数民族交流过程中使用什么语言可在一定程度上反映一种隐性的语言规划。作为政府代言人的机关事业单位工作人员，如果使用少数民族的语言，不仅说明少数民族语言得到重视，获得了相应的交际地位，而且也可在少数民族不通汉语的情况下提高工作的效率。然而，从表6.5.3中可见，边疆民族地区机关事业单位工作人员在较为正式的工作域大量使用本地汉语方言，使用比例超过七成，某些情况下甚至超过九成。而作为国家通用语的普通话的使用比例却很少，在某些情况下几乎为零，少数民族语言的使用情况则更少。在当前宏观语言政策推广国家通用语的背景下，作为推广普通话的重要阵地之一的机关事业单位不使用或者较少使用普通话，说明宏观语言规划在边疆民族地区存在缺位现象。当然，大量使用当地汉语方言可能是长期以来隐性语言规划的结果：比如少数民族也能使用本地汉语方言。本地汉语方言才是边疆民族地区真正意义上的通用语。然而，如果从显性语言规划的角度来看，上述语言使用现象可能与机关事业单位对员工的语言要求有关，这种假设在表6.5.7中获得了一定程度的支持。

表6.5.7 单位对个人的语言要求

问题	选项	调查结果（人数与比例）		备注
是否要求员工掌握少数民族语言？	有要求	11人	11.8%	缺省 5人（5.4%）
	无要求	77人	82.8%	

续表

问题	选项	调查结果（人数与比例）		备注
招聘员工时是否有语言要求？	有要求	11人	11.8%	缺省 9人（9.7%）
	无要求	73人	78.5%	

表6.5.7显示，82.8%的受访者表示其所在单位不要求其会使用民族语言。因此，即便有74.2%（见表6.5.4）的受访者在工作中曾经碰到过与少数民族的交流因语言问题而产生困难的情况，73.1%（见表6.5.4）的人希望自己能懂少数民族语言，但因为大多数单位无此要求，故希望也只是停留在希望上，而未真正采取行动去学习或者使用少数民族语言。事实上，除了民族语言和国家通用语外，当前的全球化发展趋势，尤其是国家宏观政策的实施都对外语比如英语提出了要求。那么，边疆民族地区的机关事业单位在招聘员工时是否要求求职者掌握民族语言、普通话证书以及大学英语四级、六级成绩证明等？表6.5.7结果表明，78.5%的受访者表示其所在单位无此类要求，仅11.8%的受访者做了肯定回答。我们对做了肯定回答的单位进行了调查，这些单位主要包括4种类型，一是政府部门，二是公安系统，三是边境单位，四是部分民族乡镇政府。尽管如此，这些单位也只是在招聘部分少数民族岗位时提出了掌握少数民族语言的要求，并非全部岗位都有语言要求。而至于外语，未曾发现有对英语的要求，仅瑞丽口岸国际道路运输管理局在招聘新员工时提出了缅语要求（除傣语外），这是该口岸与缅甸直接接壤的缘故。而就普通话而言，在所调查的全部对象中，鲜有机关事业单位在招聘新人时对其提出具体要求。

（二）单位关于语言使用的规定

上面的调查结果表明，仅有11.8%的受访者表示其单位对民族语言提出要求，但这并非针对全部职员，而是针对该单位内部某一特定的少数民族岗位，而且主要是在招聘时对该岗位提出了民族语言要求。这一要求在一定程度上反映了该单位内部所遵循的语言政策。那么，这些单位是否制定了与少数民族语言文字相关的规定，对工作期间是否有使用普通话的规定，其单位内部是否有语言使用条例？也就是说，边疆民族地区机关事业单位是否制定了显性的内部语言政策来规划和制约其员工的语言使用？详细调查结果如表6.5.8：

表6.5.8 单位语言使用规定

问题	选项	调查结果（人数与比例）		备注
是否有与少数民族语言文字有关的规定或者文件？	有	10人	10.8%	缺省 6人（6.5%）
	没有	77人	82.8%	
是否有上班时必须说普通话的规定？	有	11人	11.8%	缺省 7人（7.5%）
	没有	75人	80.6%	
单位内部是否制定语言使用条例？	有	28人	30.1%	缺省 6人（6.5%）
	没有	59人	63.4%	

表6.5.8统计结果表明，仅10.8%的受访者表示其单位制定了与少数民族语言文字有关的规定或者文件。事实上，虽然其中一些单位在针对少数民族的宣传工作中有使用少数民族语言文字的具体做法，但其实并无明确的规定。进一步调查发现，做出肯定回答，即认同本单位制定了与少数民族语言文字有关的规定或者文件的受访者均来自政府机关，比如州政府办公室、芒市市政府、梁河县公安局等，通过针对这些人的电话访谈得知，他们所谓的有关使用民族语言文字的规定其实是自治州条例中的相关条款，而不是其单位内部的规定或条款。故这些人把民族自治条例中的相关条款看成是本单位的规定，这是一种误解。值得注意的是，关于普通话的使用规定，仅11.8%的受访者表示其单位规定上班期间要说普通话，而表示单位内部制定有语言使用条例的受访者占比则高达三成（30.1%），他们表示其单位内部规定有上班要说普通话、要使用礼貌语言等语言使用条例。之所以11.8%和30.1%这两个数字之间存在差异，其实所反映的是宏观语言政策与微观语言规划之间的矛盾。单位所制定的语言使用条例，比如要求上班"说普通话""使用文明语言"其实是一项国家层面的宏观语言政策，很多单位都把这两句话当成标语张贴在单位的橱窗内。然而，很多人其实对此视而不见，在具体的语言实践中仍然坚持其本人或者其他人所普遍使用的语言，即本地汉语方言。

六、结语

针对93名参加2017年第二十四期德宏州州委党校中青年干部培训班学员的调查结果表明，边疆民族地区机关事业单位存在不同于其他行业终端组织比如农村和农村家庭的语言规划。虽然作为少数民族自治地方的机关事业单位工作人员应该具备一定的少数民族语言知识，但超过七成的受访者都有过与少数民族语言沟通不畅的经历，说明机关事业单位这一层级未有把少数民族语言列入行政工作范畴的规划。尽管机关事业单位工作人员作为政府雇员应该在履行国家宏观语言政策即推广普通话方面起到带头示范作用，但在工作域这样比较正式的场合，普通话的使用比例最高情况下也不超过两成（18.3%）。相反，不论是在比较正式的工作环境中，还是在与少数民族的沟通交流中，本地汉语方言的使用比例均接近或者超过七成。因此，在普通话作为国家通用语的宏观语言规划背景下，边疆民族地区微观语言规划的结果是汉语方言成为了地方通用语。与汉语方言较高的使用率形成鲜明对照的是，少数民族语言的使用却日益逼仄。在这种情况下，民族语言保护理应成为语言规划的重要组成部分。虽然少数民族语言衰退的成因仁者见仁，甚至就连少数民族语言是否终将会消亡也智者见智，但是在保护少数民族语言的看法方面却非常一致，高达94.6%的受访者持支持态度。

当前，边疆民族地区语言使用的现状就是处于社会终端的不同单位或者行业语言规划的直接结果。从单位所提供的语言服务来看，不仅对外语言服务比如设置专门的少数民族语言服务部门或者岗位，而且对内服务比如为员工提供少数民族语言培训等，均存在不足。从语言使用与语言要求上来看，近八成或者超过八成的单位未对具体的语言使用或者新招聘人员的语言能力提出要求，而至于相关的语言使用条例，除了宏观层面的民族自治条例中有相关民族语言使用的规定外，绝大多数机关事业单位未做具体要求。虽然很多受访者也反馈说单位的告示栏内张贴有"请讲普通话""请使用文明语言"的告示，但是大家还是习惯使用本地汉语方言。

第六节　不同单位之间语言规划对比分析

为探究边疆民族地区城镇机关单位的语言规划情况，我们调查了红河、普洱和德宏3个州市584名城镇机关单位工作人员，他们分别来自不同县市的新闻宣传单位（128人）、文化教育单位（121人）、司法单位（112人）、医疗单位（130人），以及来自德宏州其他机关单位（93人）。为了从整体上把握城镇机关单位的语言规划现状，我们对5个单位的数据进行了汇总，对不同单位受调查者在所调查问题上的反馈进行了对比。为了更客观地揭示这些单位在相关问题上是否存在差异，我们利用SPSS16.0进行卡方检验。鉴于5个部门受调查的人数存在差异，卡方检验时使用的数据为受调查人数的百分比。在进行卡方检验时先对数据进行加权处理，然后再进行拟合度检验。

首先，就受调查者的文化程度而言，虽然总体上城镇机关单位工作人员的文化程度较高，但不同单位之间仍然存在一定差距。为便于统计，我们把他们的受教育程度分为本科以上受教育程度（含本科和研究生）和专科以下受教育程度（含专科、中专和中学）。汇总统计及卡方检验结果如表6.6.1：

表6.6.1　不同城镇机关受调查对象文化程度差异性对比

文化程度	N／%	新闻	文教	司法	医疗	其他[1]	卡方检验
本科以上	人数	104人	87人	89人	55人	87人	X^2=20.499[2], df=4, Asymp. Sig.=.000
	比例	81.2%	71.9%	79.5%	42.3%	93.6%	
专科以下	人数	24人	34人	23人	75人	6人	X^2=54.932[3], df=4, Asymp. Sig.=.000
	比例	18.8%	28.1%	20.%	57.8%	6.5%	
合计N	584人	128人	121人	112人	130人	93人	

[1] "其他"指德宏州机关单位受调查对象（下同）。

[2] 0 cells (.0%) have expected frequencies less than 5. The minimum expected cell frequency is 73.8.

[3] 0 cells (.0%) have expected frequencies less than 5. The minimum expected cell frequency is 26.6.

表6.6.1分别对本科以上和专科以下受调查者在总人数中所占的比例进行了卡方检验，统计结果显示，本科以上文化程度的卡方值为X^2=20.499，自由度df=4，P值Asymp. Sig.=.000；专科以下受教育程度的卡方值为X^2=54.932，自由度df=4，P值Asymp. Sig.=.000，说明上述5个单位受调查者的文化程度存在显著差异。从表6.6.1中可以看出，医疗单位的总体受教育程度最低，"其他"的受教育程度最高，主要原因在于医疗单位的护理人员多为专科及以下文化程度者，而"其他"的受调查者主要来自德宏州党校参与培训的工作人员，这些人员多为各个单位的骨干，故文化程度较高。

就不同单位的民族构成来看，汉族与少数民族所占比例可以在一定程度上反映不同单位影响语言规划的因素，如语言使用、语言服务、语言态度等。我们把不同少数民族作为一个整体，比较了少数民族与汉族在单位的人数以及比例，汇总统计及卡方检验结果如表6.6.2：

表6.6.2 不同城镇机关单位少数民族与汉族构成对比

民族构成	N／%	新闻	文教	司法	医疗	其他	卡方检验
汉族	人数	45人	46人	69人	90人	55人	X^2=17.513[1], df=4, Asymp. Sig.=.002
	比例	35.2%	38%	61.6%	69.2%	59.1%	
少数民族	人数	83人	75人	43人	40人	38人	X^2=19.435[2], df=4, Asymp. Sig.=.001
	比例	64.8%	62%	38.4%	30.8%	40.9%	
合计	584人	128人	121人	112人	130人	93人	

[1] 0 cells（.0%）have expected frequencies less than 5. The minimum expected cell frequency is 52.6.

[2] 0 cells（.0%）have expected frequencies less than 5. The minimum expected cell frequency is 47.4.

表6.6.2统计结果显示，汉族在不同单位占比的卡方值为X^2=17.513，自由度df=4，P值Asymp. Sig.=.002；少数民族所占比例的卡方值为X^2=19.435，自由度df=4，P值Asymp. Sig.=.001。说明上述5个单位汉族与少数民族的构成情况存在显著差异。从表6.6.2中可以看出，新闻宣传单位和文教单位的少数民族占比较高，均超过了六成，司法单位和医疗单位少数民族的占比较低，仅三成多一点，其中医疗单位的占比最低，仅30.8%。导致这种差异的原因与单位的工作性质存在一定关系。新闻宣传单位和文教单位均有专门的少数民族岗位，比如新闻宣传部门的少数民族语言电视广播节目岗位，文教单位的民族宗教文化研究岗位等。司法单位和医疗单位汉族占比较高，而少数民族占比较低的原因是因为这两个单位的工作具有较强的专业性质，对员工需要较高的受教育程度，相比较而言，少数民族的总体受教育程度往往低于汉族，这也可能是原因之一。

关于工作域的语言使用，我们主要调查了不同单位在常规工作中、单位会议上、员工私下交流以及到基层工作时本地汉语方言、国家通用语以及少数民族语言使用的情况。为便于分析，多项未纳入卡方检验。只检验了单独选择上述3种语言或者语言变体的数据。另外，在对数据进行汇总时，也略去了缺省项的人数和百分比。①常规工作中语言使用汇总及卡方检验情况如表6.6.3：

---

① 本节所有汇总表均做相同处理。

表6.6.3　常规工作中的语言使用

名称	N/%	新闻	文教	司法	医疗	其他	卡方检验
汉语方言	人数	87人	100人	88人	114人	81人	X^2=3.325[1], df=4, Asymp. Sig.=.519
	比例	68%	82.6%	78.6%	87.7%	87.1%	
普通话	人数	28人	8人	16人	3人	5人	X^2=25.800[2], df=4, Asymp. Sig.=.000
	比例	21.9%	6.6%	14.3%	2.3%	5.4%	
民族语言	人数	6人	0人	1人	6人	6人	因文教单位人数为0，不适于拟合度卡方检验
	比例	4.7%	0%	0.9%	4.6%	6.5%	

[1] 0 cells（.0%）have expected frequencies less than 5. The minimum expected cell frequency is 81.0.

[2] 0 cells（.0%）have expected frequencies less than 5. The minimum expected cell frequency is 10.0.

从表6.6.3可以看出，常规工作中方言使用的卡方值为X^2=3.325，自由度df=4，P值Asymp. Sig.=.519，说明不同单位使用方言的情况不存在显著差异；普通话使用的卡方值为X^2=25.800，自由度df=4，P值Asymp. Sig.=.000，说明所调查的5个单位在普通话的使用方面存在显著差异。从表6.6.3中可见，新闻单位的普通话使用率最高，其次为司法单位，其他单位普通话的使用比例均为个位数。关于少数民族语言的使用，由于文教单位的使用为0，不适于卡方检验，故未做差异性检验。但从使用人数和所占百分比来看，常规工作中民族语言的使用非常少，这是毋庸置疑的。

表6.6.4　单位会议上的语言使用

名称	N/%	新闻	文教	司法	医疗	其他	卡方检验
汉语方言	人数	62人	83人	70人	82人	65人	X^2=4.939[1], df=4, Asymp. Sig.=.294
	比例	48.4%	68.6%	62.5%	63.1%	69.5%	
普通话	人数	53人	20人	28人	25人	17人	X^2=16.667[2], df=4, Asymp. Sig.=.005
	比例	41.4%	16.5%	25%	19.2%	18.3%	
民族语言	人数	1人	0人	0人	0人	0人	因多个单位人数为0，不适于拟合度卡方检验
	比例	0.8%	0%	0%	0%	0%	

[1] 0 cells（.0%）have expected frequencies less than 5. The minimum expected cell frequency is 62.6.

[2] 0 cells（.0%）have expected frequencies less than 5. The minimum expected cell frequency is 24.0.

表6.6.4结果表明，单位会议上方言的使用情况与常规工作中方言使用情况的卡方检验结果相似，卡方值为X^2=4.939，自由度df=4，P值Asymp. Sig.=.294，即不同单位在方言的使用方面不存在差异。单位会议上普通话使用的卡方值为X^2=16.667，自由度df=4，P值Asymp. Sig.=.005，小于0.05，说明普通话的使用存在差异，从表6.6.4中可以明确看出，新闻宣传单位在会议上使用普通话的比例超过四成，远高于其他单位普通话的使用情况。民族语言在单位会议上的使用几乎都为0，无卡方检验的意义。

表6.6.5　私下交流时的语言使用

名称	N／%	新闻	文教	司法	医疗	其他	卡方检验
汉语方言	人数	111人	101人	102人	118人	88人	X^2=.795[1], df=4, Asymp. Sig.=.939
	比例	86.7%	83.5%	91.1%	90.8%	94.6%	
普通话	人数	6人	1人	2人	0人	1人	因医疗单位人数为0，不适于拟合度卡方检验
	比例	4.7%	0.8%	1.8%	0%	1.1%	
民族语言	人数	1人	0人	0人	0人	0人	因多个单位人数为0，不适于拟合度卡方检验
	比例	0.8%	0%	0%	0%	0%	

[1] 0 cells（.0%）have expected frequencies less than 5. The minimum expected cell frequency is 89.6.

至于单位员工私下交流时的语言使用，表6.6.5统计结果表明，方言使用的卡方值X^2=.795，自由度df=44，P值Asymp. Sig.=.939，表明不同城镇单位员工私下交流时使用方言的情况高度一致，而普通话和民族语言的使用情况均处于低位，并由于部分单位使用普通话和民族语言的情况为0，故未进行统计。

表6.6.6　基层工作时的语言使用

名称	N／%	新闻	文教	司法	医疗	其他	卡方检验
汉语方言	人数	78人	79人	90人	116人	71人	X^2=6.938[1], df=4, Asymp. Sig.=.139
	比例	60.9%	65.3%	80.4%	89.2%	76.3%	

续表

名称	N / %	新闻	文教	司法	医疗	其他	卡方检验
普通话	人数	7人	2人	3人	1人	0人	因"其他单位"的普通话和医疗单位的民族语人数为0,不适于拟合度卡方检验
普通话	比例	5.5%	1.7%	2.7%	0.8%	0%	
民族语言	人数	13人	3人	2人	0人	2人	
民族语言	比例	10.2%	2.5%	1.8%	0%	2.2%	

[1] 0 cells（.0%）have expected frequencies less than 5. The minimum expected cell frequency is 74.2.

城镇机关单位工作人员离开城镇范围到基层开展工作时,使用的语言仍然以方言为主。表6.6.6统计结果表明,方言使用的卡方值为X^2=6.938,自由度df=4,P值Asymp. Sig.=.139,不同单位在方言的使用方面不存在差异。普通话和少数民族语言的使用比例极低,只有新闻单位在基层开展工作时使用民族语言的比例达到10.2%,其他单位不论是在民族语言的使用还是普通话的使用比例均为个位数,部分甚至为0。

从工作域的语言使用来看,不论是在何种情况下,所调查的城镇单位普遍使用方言,且方言的使用高度一致;普通话在常规工作和会议场合的使用存在一定差异,使用稍多的主要是新闻宣传单位(见表6.6.3和表6.6.4)。文教单位、医疗单位和其他单位使用普通话的情况均为个位数,有些情况下甚至为零。少数民族语言的使用情况更少,因在多种场合均处于缺位状况而未进行卡方检验。鉴于此,我们设计了针对与少数民族直接交流时语言使用情况的问卷,同时也对不同单位的少数民族语言使用情况进行了对比。(注:同时选择2种或者3种语言者未纳入统计)

表6.6.7 与少数民族交流时的语言使用汇总及卡方检验

名称	N / %	新闻	文教	司法	医疗	其他	卡方检验
汉语方言	人数	65人	76人	60人	105人	63人	X^2=9.041[1], df=4, Asymp. Sig.=.060
汉语方言	比例	50.8%	62.8%	53.6%	80.8%	67.7%	
普通话	人数	7人	6人	19人	3人	2人	X^2=23.938[2], df=4, Asymp. Sig.=.000
普通话	比例	5.5%	5%	16.9%	2.3%	2.2%	
民族语言	人数	35人	13人	20人	17人	13人	X^2=9.711[3], df=4, Asymp. Sig.=.046
民族语言	比例	27.3%	10.7%	17.9%	13%	14%	

[1] 0 cells（.0%）have expected frequencies less than 5. The minimum expected cell

frequency is 63.4.

[2] 0 cells（.0%）have expected frequencies less than 5. The minimum expected cell frequency is 6.4.

[3] 0 cells（.0%）have expected frequencies less than 5. The minimum expected cell frequency is 16.6.

从表6.6.7可以看出，不同单位受调查者在与少数民族交流时使用方言的卡方值 X^2=9.041，自由度df=4，P值Asymp. Sig.=.060，说明在方言的使用方面不存在显著差异，方言使用比例均高于普通话和民族语言的使用比例。就普通话的使用而言，表6.6.7中普通话的卡方值为X^2=23.938，自由度df=4，P值为symp. Sig.=.000，说明不同单位受访者在与少数民族交流时，普通话的使用存在差异。尽管与方言相比普通话的使用处于低位，但司法单位使用普通话的比例明显高于其他城镇单位，这可能与法庭审判较多使用普通话有关。与普通话的使用相类似，受访者与少数民族交流时使用少数民族语言的情况也存在一定差异，这可从表6.6.7中得到反映。表6.6.7中少数民族语言使用的卡方值为X^2=9.711，自由度df=4，P值Asymp. Sig.=.046便说明，虽然民族语言的使用比例也不高，但却存在一定差异。相对而言，新闻单位受访者使用民族语言的比例明显高于其他单位受访者，这可能与新闻单位使用少数民族语言开展电视和广播的情况有关。与少数民族交流时存在一定的语言使用差异，是否意味着交流障碍？表6.6.8对此也做了调查：

表6.6.8 与少数民族交流时是否碰到语言障碍的卡方检验

项目	N/%	新闻	文教	司法	医疗	其他	卡方检验
是	人数	71人	76人	77人	75人	69人	X^2=3.531[1], df=4, Asymp. Sig.=.473
	比例	55.5%	62.8%	68.8%	57.7%	74.2%	
否	人数	57人	43人	31人	53人	22人	X^2=8.816[2], df=4, Asymp. Sig.=.066
	比例	44.5%	35.5%	27.7%	40.8%	23.7%	

[1] 0 cells（.0%）have expected frequencies less than 5. The minimum expected cell frequency is 64.0.

[2] 0 cells（.0%）have expected frequencies less than 5. The minimum expected cell frequency is 34.8.

从表6.6.8中可以看出碰到过交流障碍的卡方值为X^2=3.531，自由度df=4，P值Asymp. Sig.=.473；未碰到过交流障碍的卡方值X^2=8.816，自由度df=4，P值Asymp. Sig.=.066。两项检验的P值均大于.05，说明不同单位受调查者在是否碰到过交流障碍方面不存在差异。从"是"与"否"的对比结果来看，"是"的比例远高于"否"的比例，说明多数受调查者在与少数民族交流中碰到过语言障碍。那么，如何解决交流障碍，是否也希望自己能懂得对方的语言？不同单位之间在这一问题上是否存在差异？

表6.6.9　是否希望互懂对方的语言

调查项目	N/%	新闻	文教	司法	医疗	其他	卡方检验
希望自己懂民语	人数	77人	58人	42人	46人	68人	X^2=19.661[1], df=4, Asymp. Sig.=.001
	比例	60.2%	47.9%	37.5%	35.4%	73.1%	
希望对方懂汉语	人数	34人	46人	59人	77人	10人	X^2=40.298[2], df=4, Asymp. Sig.=.000
	比例	26.6%	38%	52.7%	59.2%	10.8%	
希望互相懂	人数	15人	16人	8人	7人	13人	X^2=6.157[3], df=4, Asymp. Sig.=.188
	比例	11.7%	13.2%	7.1%	5.4%	14%	

[1] 0 cells（.0%）have expected frequencies less than 5. The minimum expected cell frequency is 50.8.

[2] 0 cells（.0%）have expected frequencies less than 5. The minimum expected cell frequency is 37.6.

[3] 0 cells（.0%）have expected frequencies less than 5. The minimum expected cell frequency is 10.2.

卡方检验结果表明，希望自己懂少数民族语言受调查者的卡方值X^2=19.661，自由度df=4，P值Asymp. Sig.=.001，说明不同单位受调查者在是否希望懂少数民族语言方面存在显著差异，而造成这种差异的主要选项存在于医疗单位和其他单位，医疗单位仅35.4%的受调查者希望自己能懂少数民族语言，这可能与医疗单位使用的不仅是普通交际语言，还有专业语言有关，而其他单位希望懂少数民族语言的比例高达73.1%，则主要是因为受访者来自德宏州党校学习的不同机关单位的中青年骨干，作为各单位的培养对象，懂得少数民族的语言不仅有利于其未来的工作，也可能有利于个人事业的发展。希望少数民族懂汉语的卡方值为X^2=40.298，自由度df=4，P值

Asymp. Sig.=.000，表明不同单位之间仍然存在显著差异，其中希望少数民族懂汉语比例最高的为医疗单位，这可能与该单位需要使用专业语言有关，也可能是因为该单位汉族工作人员构成比例较高的缘故。除此之外，尚有部分人员希望互懂对方的语言，该项的卡方值X^2=6.157，自由度df=4，P值Asymp. Sig.=.188，说明不同单位之间的差异并不显著，但这一选项所占比例并不高。

导致交流障碍的主要原因就在于部分少数民族不具备汉语能力，以及大部分汉族受调查者不能使用少数民族语言。在汉语方言作为地方通用语以及普通话作为全国通用语的背景下，少数民族语言的使用范围日益缩小，使用人数也逐年减少。从语言交际的角度来看，少数民族语言的逐渐消亡似乎有利于减少民汉双方的交际障碍。那么，对于生活和工作在边疆民族地区机关单位的工作人员来说，他们是否认为少数民族语言会逐渐消亡？

表6.6.10　您认为少数民族语言是否会消亡

名称	N/%	新闻	文教	司法	医疗	其他	卡方检验
会	人数	62人	55人	50人	36人	44人	X^2=6.514[1], df=4, Asymp. Sig.=.164
会	比例	48.4%	45.5%	44.6%	27.7%	47.3%	X^2=6.514[1], df=4, Asymp. Sig.=.164
不会	人数	62人	64人	56人	93人	46人	X^2=7.165[2], df=4, Asymp. Sig.=.127
不会	比例	48.4%	52.9%	50%	71.5%	49.5%	X^2=7.165[2], df=4, Asymp. Sig.=.127

[1] 0 cells（.0%）have expected frequencies less than 5. The minimum expected cell frequency is 42.8.

[2] 0 cells（.0%）have expected frequencies less than 5. The minimum expected cell frequency is 54.6.

表6.6.10中的卡方检验结果表明，认为"会"的卡方值为X^2=6.514，自由度df=4，P值Asymp. Sig. =.164，说明不同单位受调查者在认为少数民族语言会逐渐消亡的态度上不存在显著差异。认为"不会"的检验结果也十分相似，其卡方值X^2=7.165，自由度df=4，以及PAsymp. Sig. =.127，也说明不同单位受调查者对这一问题的看法依然比较一致。从绝对人数以及百分比来看，认为少数民族语言"会"与"不会"消亡的比例十分接近，几乎各占一半，认为"不会"消亡的比例稍多。尽管如此，从表6.6.10中可以明显看出，医疗单位受访者对少数民族语言是否"会"与"不会"消亡的看法存在较大差异，认为"会"消亡的比例不足三成（27.7%），而认为"不会"

消亡的比例超过七成（71.5%）。这虽然能从一定程度上反映受调查者对少数民族语言保持存有信心，但也从另一个侧面说明，如果不及时提供相应的语言服务，受调查者与少数民族之间的语言交流障碍将依然并且可能长期存在。

少数民族语言长期保持的结果意味着交流障碍存在的可能。面对这样的现实，城镇单位工作人员对少数民族语言的保持有何种态度，他们对少数民族语言保护的看法是否存在差异？

表6.6.11 对少数民族语言保护看法的差异性检验

名称	N／%	新闻	文教	司法	医疗	其他	卡方检验
要必要	人数	127人	116人	104人	118人	88人	X^2=.388[1], df=4, Asymp. Sig.=.983
	比例	99.2%	95.9%	92.9%	90.8%	94.6%	
不必要	人数	0人	5人	7人	10人	2人	因新闻单位人数为0，不适于拟合度卡方检验
	比例	0%	4.1%	6.3%	7.7%	2.2%	

[1] 0 cells (.0%) have expected frequencies less than 5. The minimum expected cell frequency is 94.8.

从表6.6.11中可以清楚地看出，超过九成的受访者对少数民族语言保护不持异议，而持否定意见者比例仅为个位数，且部分单位受调查者在此选项上的人数和比例为零，故无卡方检验的必要性。针对赞同对少数民族语言进行保护的卡方检验结果发现，卡方值X^2=.388，自由度df=4，P值Asymp. Sig.=.983，说明城镇机关单位受调查者在"有必要"保护少数语言的看法上高度一致。

因此，尽管超过五成的受访者在与少数民族的交流中碰到过语言交流障碍，也有超过五成的受访者表示少数民族语言会继续存在下去，但超过九成的受访者认为"有必要"保护少数民族语言，说明边疆民族地区城镇单位工作人员对少数民族语言持包容、开放和积极的态度。那么，对普通话的广泛使用，尤其是"推普"活动对少数民族语言保护是否产生了冲突，他们又持何种态度呢？

表6.6.12 普通话推广是否会影响少数民族语言的生存

名称	N／%	新闻	文教	司法	医疗	其他	卡方检验
会	人数	45人	38人	30人	22人	31人	X^2=7.105[1], df=4, Asymp. Sig.=.130
	比例	35.2%	31.4%	26.8%	16.9%	33.3%	

续表

名称	N／%	新闻	文教	司法	医疗	其他	卡方检验
不会	人数	81人	80人	78人	106人	58人	X^2=3.837[2], df=4, Asymp. Sig.=.429
	比例	63.3%	66.1%	69.6%	81.5%	62.4%	

[1] 0 cells（.0%）have expected frequencies less than 5. The minimum expected cell frequency is 28.6.

[2] 0 cells（.0%）have expected frequencies less than 5. The minimum expected cell frequency is 68.8.

表6.6.12关于普通话是否会影响少数民族语言生存的统计表明，大多数单位三成左右的受访者持肯定态度，而做否定回答的比例则超过六成。对"会"与"不会"威胁少数民族语言生存所做的卡方检验结果发现，"会"与"不会"之间存在相似性。"会"的卡方值为X^2=7.105；自由度df=4，P值Asymp. Sig.=.130；"不会"的卡方值为X^2=3.837，自由度df=4，P值Asymp. Sig.=.429。二者的P值均超过了.05，说明二者内部存在较大的一致性。从绝对数与百分比来看，认为"不会"的比例远高于认为"会"的比例，说明大多数受访者不认为推广普通话会影响少数民族语言的生存。在所有受调查的单位中，医院受访者认为汉语推广不会影响少数民族语言生存的比例最高，超过了八成（81.5%）。总之，仅从受访者的反馈来看，推广国家通用语与保护少数民族语言并不矛盾，造成少数民族语言衰退的原因存在其他可能。

表6.6.13 造成少数民族语言衰退的因素

因素	N／%	新闻	文教	司法	医疗	其他	卡方检验
汉语影响	人数	12人	10人	6人	10人	7人	X^2=1.211[1] df=4, Asymp. Sig.=.876
	比例	9.4%	8.3%	5.4%	7.7%	7.5%	
本民族不重视	人数	16人	18人	13人	25人	15人	X^2=2.000[2] df=4, Asymp. Sig.=.736
	比例	12.5%	14.9%	11.6%	19.2%	16.1%	
社会经济文化发展	人数	58人	60人	62人	79人	37人	X^2=5.394[3] df=4, Asymp. Sig.=.249
	比例	45.3%	49.6%	55.4%	60.7%	39.8%	
两项及以上原因	人数	39人	32人	27人	10人	31人	X^2=15.951[4] df=4, Asymp. Sig.=.003
	比例	30.5%	26.4%	24.1%	7.7%	33.3%	

[1] 0 cells（.0%）have expected frequencies less than 5. The minimum expected cell

frequency is 7.6.

[2] 0 cells（.0%）have expected frequencies less than 5. The minimum expected cell frequency is 15.0.

[3] 0 cells（.0%）have expected frequencies less than 5. The minimum expected cell frequency is 50.2.

[4] 0 cells（.0%）have expected frequencies less than 5. The minimum expected cell frequency is 24.4.

　　果不其然，从表6.6.13中可以明显看出，在汉语影响、本民族不重视、社会经济文化发展3种因素中，汉语影响的比例仅为个位数，且P值为Asymp. Sig.=.876（卡方值为X^2=1.211，自由度df=4），说明不同单位受访者在此项上的看法高度一致。相比较而言，本民族不重视的比例却更高，均超过了一成，不同单位受访者的看法也非常一致（卡方值为X^2=2.000，自由度df=4，P值Asymp. Sig.=.736）。在3种因素中，大多数受访者把少数民族语言衰退的原因归因于社会经济文化发展的影响，比例接近或者超过了四成，有些单位甚至超过五成达到了六成，而且在这一选项上不同单位受访者所持看法的P值Asymp. Sig.=.249（卡方值为X^2=5.394，自由度df=4），说明他们之间的看法不存在显著差异。当然，从表6.6.13中还可以发现，一些受访者把少数民族语言衰退的原因归咎于上述两种或者两种以上原因，但因P值Asymp. Sig.=.003（卡方值为X^2=15.951，自由度df=4），说明不同单位之间受访者在这一问题上存在不同看法，有人归咎于两种原因，有人归咎于三种原因。

　　边疆民族地区尚有不通汉语的少数民族以及超过五成的城镇单位受访者曾经遇到过因语言障碍所带来的交流问题，这充分说明，在某些特定领域比如医疗领域、司法领域、文化教育领域、新闻宣传领域等提供针对性的语言服务是非常必要的。然而，必须明确指出的是，语言服务的提供者不应该是个人，更不应该是少数民族个人。最应该提供语言服务的只能是作为多数人群体的、代表政府行使职能的城镇机关单位。而语言服务的对象不仅只是不通汉语的少数民族群众，也应该包含可能与少数民族交往比较密切的工作人员。针对不通汉语的少数民族群众来说，除了常规的语言教育或者国家通用语的推广普及外，工作域的语言服务就是翻译服务；而针对工作人员来说，除了特定场域比如少数民族患者就医或者寻求司法帮助时及时获得语言翻译服务之外，另一项重要的语言服务就是专门的少数民族语言培训。从本章前文对不同单位的调查来看，不同单位在有关少数民族的语言服务方面具有一定的相似性，但也存在一定差异。详细情况见表6.6.14：

表6.6.14 城镇单位少数民族语言培训情况卡方检验

项目	N／%	新闻	文教	司法	医疗	其他	卡方检验
是	人数	6人	16人	14人	7人	8人	X^2=7.111[1], df=4, Asymp. Sig.=.130
	比例	4.7%	13.2%	12.5%	5.4%	8.6%	
否	人数	120人	98人	89人	122人	78人	X^2=78.438[2], df=3, Asymp. Sig.=.000
	比例	93.8%	81%	79.5%	93.8%	83.9%	

[1] 0 cells（.0%）have expected frequencies less than 5. The minimum expected cell frequency is 9.0.

[2] 0 cells（.0%）have expected frequencies less than 5. The minimum expected cell frequency is 108.3.

表6.6.14中关于城镇机关单位少数民族语言培训情况的统计结果表明，虽然城镇机关单位在少数民族语言培训方面并不缺位，卡方值为X^2=7.111，自由度df=4，P值Asymp. Sig.=.130，表明受调查的城镇机关单位都比较一致地开展了相关的语言培训服务，但从认同单位开展了少数民族语言培训的人数以及百分比来看，受过少数民族语言培训的工作人员数量仍然十分有限，除了司法单位和文教单位超过一成外，其他单位的比例均为个位数。更明显的是，回答"否"，即不认同单位开展过少数民族语言培训的比例均超过了八成，虽然不同单位存在一定差异（卡方值为X^2=78.438，自由度为df=3，P值Asymp. Sig.=.000），但绝大多数人的否定回答表明至少这些人未曾接受过少数民族语言培训。那么，城镇单位是否为少数民族提供相应的语言服务呢？不同单位之间是否存在一定差异？汇总统计情况如表6.6.15：

表6.6.15 城镇单位设置少数民族语言服务部门情况

项目	N／%	新闻	文教	司法	医疗	其他	卡方检验
有	人数	12人	6人	58人	16人	13人	X^2=79.196[1], df=4, Asymp. Sig.=.000
	比例	9.4%	5%	51.8%	12.3%	14%	
没有	人数	113人	106人	53人	113人	72人	X^2=16.036[2], df=4, Asymp. Sig.=.003
	比例	88.3%	87.6%	47.3%	86.9%	77.4%	

[1] 0 cells（.0%）have expected frequencies less than 5. The minimum expected cell

frequency is 18.4.

[2] 0 cells（.0%）have expected frequencies less than 5. The minimum expected cell frequency is 77.4.

从表6.6.15中可以看出，认同和否认单位设置有专门针对少数民族语言服务部门的人数比例均存在显著差异（认同的卡方值为X^2=79.196，自由度df=4，P值Asymp.Sig.=.000；否认的卡方值为X^2=16.036，自由度df=4，P值Asymp.Sig.=.003）。司法部门受访者中超过半数的人做出了肯定回答，说明司法单位在针对少数民族的语言服务方面做出了积极的努力，而其他单位仅一成多一点或者不足一成的人做出肯定回答，不仅说明不同单位之间在针对少数民族的语言服务方面存在差异，也说明这些单位所做努力尚存在较大提升空间。值得注意的是，超过五成的受访者认同司法单位为少数民族提供语言服务，这可能与司法领域涉及较强的专业知识有关，然而同样存在较强专业知识以及专业语言使用的医疗单位，认同为少数民族提供语言服务的比例为12.3%。

不同城镇单位受调查者的汉语方言、普通话和少数民族语言的使用受制于使用场域，不同单位之间既存在差异，也存在相似性。虽然与少数民族交流时多数人曾经遇到过困难，而且潜在的交流障碍依然存在，但单位在语言服务方面所做出的努力与现实需求之间尚存较大差距。但无论何种情况，这些现象都在很大程度上与单位的语言规划以及语言政策存在密切关系。鉴于此，比较不同单位对员工的语言要求以及对语言使用做出的一些规定应能较好地揭示造成这些现象的原因。首先，单位是否要求员工掌握少数民族语言？汇总统计以及卡方检验结果如表6.6.16：

表6.6.16　城镇单位是否要求工作人员掌握少数民族语言的卡方检验

项目	N／%	新闻	文教	司法	医疗	其他	卡方检验
有要求	人数	8人	27人	17人	9人	11人	X^2=13.645[1]，df=4，Asymp. Sig.=.009
	比例	6.2%	22.3%	15.2%	6.9%	11.8%	
无要求	人数	100人	91人	89人	120人	77人	X^2=2.074[2], df=4, Asymp. Sig.=.722
	比例	78.1%	75.2%	79.5%	92.3%	82.8%	

[1] 0 cells（.0%）have expected frequencies less than 5. The minimum expected cell frequency is 12.4.

[2] 0 cells（.0%）have expected frequencies less than 5. The minimum expected cell

frequency is 81.6.

从上表可见,要求员工掌握少数民族语言的卡方值为X^2=13.645,自由度df=4,P值Asymp. Sig.=.009,说明不同城镇单位在"要求"员工掌握少数民族语言方面存在显著差异。其中,文教单位要求员工掌握少数民族语言的比例最高,为22.3%;司法单位次之,为15.2%。文教单位之所以占比最高,是因为受调查者中包含了部分从事民族宗教文化研究的工作人员,对这部分人提出少数民族语言要求是由其工作性质所决定的;而司法单位中也有超过一成的占比,可能主要受来自司法领域宏观语言政策的影响。但无论如何,与做出"无要求"掌握少数民族语言的比例相比,"有要求"的占比较低。说明大多数情况下大多数单位不要求员工掌握少数民族语言。虽然医疗单位"无要求"的占比超过了九成,但卡方检验结果表明,不同单位在不要求员工掌握少数民族语言方面不存在显著差异(卡方值为X^2=2.074,自由度df=4,P值Asymp. Sig.=.722)。那么,除了少数民族语言外,单位是否对其他语言比如汉语、外语等提出要求?相关调查围绕单位招聘员工时展开。

表6.6.17 城镇单位招聘员工时是否有语言要求

项目	N/%	新闻	文教	司法	医疗	其他	卡方检验
有要求	人数	28人	24人	38人	11人	11人	X^2=19.753[1], df=4, Asymp. Sig.=.001
	比例	21.9%	19.8%	33.9%	8.5%	11.8%	
无要求	人数	87人	84人	70人	117人	73人	X^2=6.271[2], df=4, Asymp. Sig.=.180
	比例	68%	69.4%	62.5%	90%	78.5%	

[1] 0 cells(.0%)have expected frequencies less than 5. The minimum expected cell frequency is 19.4.

[2] 0 cells(.0%)have expected frequencies less than 5. The minimum expected cell frequency is 73.8.

表6.6.17对不同单位招聘员工时是否有语言要求做了汇总统计,并进行了卡方检验。从中可见,相对于少数民族语言来说,城镇单位对员工的包含普通话、外语在内的总体语言要求有所增加,但不同单位对员工的语言要求仍然存在显著差异(卡方值为X^2=19.753,自由度df=4,P值Asymp. Sig.=.001)。在所调查的单位当中,司法单位对员工的语言要求最高,超过三成的受访者做出"有要求"的选择;新闻单位

和文教单位次之，超过或者接近两成。相对而言，医疗单位要求最低，占比不足一成，说明医疗单位可能尚过多地关注于与专业相关的服务，语言问题尚未引起足够重视。但无论如何，所有单位选择"无要求"的比例最少都超过六成，且不同单位之间卡方检验的P值达到了Asymp. Sig.=.180（卡方值为X^2=6.271，自由度df=4），说明不同城镇单位在不重视员工的语言要求方面存在高度的一致。

因此，仅从对员工的语言要求来看，无论是少数民族语言，还是汉语，或者是外语，都尚未引起城镇机关单位的高度重视。如果换一个角度，纯粹调查城镇机关单位在语言文字以及语言文字的使用方面是否有所作为，这或许能有助于解释当前城镇机关单位语言规划的现状。关于少数民族语言文字规定的汇总统计以及卡方检验结果如表6.6.18：

表6.6.18　单位内部是否有关于少数民族语言文字及使用的规定

项目	N／%	新闻	文教	司法	医疗	其他	卡方检验
有	人数	19人	21人	20人	10人	10人	X^2=5.130[1], df=4, Asymp. Sig.=.274
	比例	14.8%	17.4%	17.9%	7.7%	10.8%	
没有	人数	105人	94人	88人	118人	77人	X^2=1.274[2], df=4, Asymp. Sig.=.866
	比例	82%	77.7%	78.6%	90.8%	82.8%	

[1] 0 cells（.0%）have expected frequencies less than 5. The minimum expected cell frequency is 13.8.

[2] 0 cells（.0%）have expected frequencies less than 5. The minimum expected cell frequency is 82.6.

表6.6.18的统计及检验结果表明，不同单位在少数民族语言文字及使用的规定方面不存在显著差异，不论是肯定回答还是否定回答的P值均超过了0.05。相对而言，否定回答的P值更高（Asymp. Sig.=.866），说明不同单位在不对少数民族语言文字及使用做出规定方面存在高度一致性；肯定回答的P值较低（Asymp. Sig.=.274），说明不同单位在对少数民族语言文字及使用的规定方面虽然差异不显著，但仍然有高有低。从表6.6.18中可以看出，司法、文教和新闻宣传单位肯定回答的比例均超过了一成，明显高于医疗单位和"其他"单位的比例。在对少数民族语言文字及使用的要求处于极低的状态下，对普通话的要求是否有所提升，是否存在差异？表6.6.19进行了汇总并进行了差异性比较：

表6.6.19　单位是否有关普通话使用的规定

项目	N/%	新闻	文教	司法	医疗	其他	卡方检验
有	人数	55人	28人	24人	11人	11人	$X^2=32.926$[1], df=4, Asymp. Sig.=.000
	比例	43%	23.1%	21.4%	8.5%	11.8%	
没有	人数	69人	83人	88人	118人	75人	$X^2=10.492$[2], df=4, Asymp. Sig.=.033
	比例	53.9%	68.6%	78.6%	90.7%	80.6%	

[1] 0 cells (.0%) have expected frequencies less than 5. The minimum expected cell frequency is 21.6.

[2] 0 cells (.0%) have expected frequencies less than 5. The minimum expected cell frequency is 74.8.

相对少数民族语言文字的使用规定而言，表6.6.19的汇总统计表明，单位对普通话的使用规定明显上升，新闻宣传单位"有规定"的比例高达43%，文教和司法单位也超过了两成。尽管如此，不同单位在对普通话的使用规定方面存在显著差异。卡方检验结果表明，回答"有"规定的卡方值为$X^2=32.926$，自由度df=4，P值Asymp. Sig.=.000。这种差异主要体现在一高和一低上，高的新闻宣传单位超过了四成，而最低的医疗单位不足一成，仅8.5%。同新闻宣传单位相比，医疗单位对员工是否使用普通话的规定似乎并不那么严格。反过来，从否定回答的卡方检验中可以看出，不同单位之间仍然存在一定的差异，在P值Asymp. Sig.=.033的情况下（卡方值为$X^2=10.492$，自由度df=4），新闻宣传单位最低，医疗单位则超过了九成。不过，从总体上来看，否定回答的比例均超过了肯定回答，这比较客观真实地反映了城镇机关单位普通话使用的现状，也解释了为什么本地汉语方言被普遍使用的原因。

虽然方言使用在城镇机关单位的主导地位难以撼动，但是一些单位在特定场合还是对语言使用做出了显性规定。一些单位除了在醒目之处标示"请讲普通话""请说文明语"外，对汉语语言文字、对少数民族语言文字的使用也制定有相应条例。针对有文字的民族地区来说，城镇机关单位的名称、街道的名称等都尽量使用了民汉双文或者三文。以红河哈尼族彝族自治州为例，因为该州的哈尼语和彝语均有相应的文字，所以除了机关单位名称使用了汉—哈—彝3种文字外，一些重要的政府文件的抬头，甚至文件本身都有使用少数民族语言文字的现象。当然，最能客观真实反映少数民族语言文字使用的莫过于少数民族语言的广播电视。对于这些语言的使用，包括汉语的礼貌或者文明用语来说，不同单位之间是否相应地制定有语言使用条例，不同单位之间是否存在差异？相关情况见表6.6.20：

表6.6.20 单位内部语言使用条例

项目	N/%	新闻	文教	司法	医疗	其他	卡方检验
有	人数	62人	33人	64人	50人	28人	$X^2=15.493$[1], df=4, Asymp. Sig.=.004
	比例	48.4%	27.3%	57.1%	38.5%	30.1%	
没有	人数	59人	73人	45人	78人	59人	$X^2=7.673$[2], df=4, Asymp. Sig.=.104
	比例	46.1%	60.3%	40.2%	60%	63.4%	

[1] 0 cells（.0%）have expected frequencies less than 5. The minimum expected cell frequency is 40.2.

[2] 0 cells（.0%）have expected frequencies less than 5. The minimum expected cell frequency is 53.8.

表6.6.20的汇总情况表明，受调查单位内部均制定有语言使用条例，其中新闻宣传单位和司法单位占比最高，接近或超过五成。差异性检验的卡方值为$X^2=15.493$，自由度df=4，P值Asymp. Sig.=.004，表明不同单位之间在语言的内部使用条例方面存在差异，从表6.6.20中可以看出，新闻宣传单位和司法单位的比例接近或超过五成，而另外3个单位的比例却只是三成左右或者比三成稍多。认为单位未制定有语言使用条例的比例与前者非常接近，但不同单位之间无显著差异（卡方值为$X^2=7.673$，自由度df=4，P值Asymp. Sig.=.104），但我们不能据此而否认单位在相关领域所做出的努力。这些人之所以做出否定选择，或许是因为单位内部语言使用规定的知晓度不高，抑或是个人对语言规划不敏感所致。

第七节 本章小结

在个人和家庭的语言规划以及乡村语言规划研究的基础之上，本章将研究的视角转向了边疆民族地区城镇机关单位的语言规划上。根据城镇机关单位的属性，尤其是单位与语言关系的密切程度，本章主要调查了云南边疆民族地区新闻宣传单位、文教单位、司法单位、医疗单位以及其他行政单位的语言规划问题。调查地点主要集中于红河哈尼族彝族自治州的蒙自市、屏边苗族自治县、金平苗族瑶族傣族自治县，普洱市墨江哈尼族自治县以及德宏傣族景颇族自治州的部分县市。调查对象为在这些单位工作的机关工作人员、管理人员以及其他技术人员，调查对象共计584人。调查的内容主要包括受调查者的基本情况如受教育情况、民族构成、工作域语言使用、与少数民族交流时的语言使用、对少数民族语言保持的看法、针对少数民族的语言服务、单位的语言政策（包括对个人的语言要求以及单位内部的语言规定）等。

虽然不同城镇机关单位工作人员的总体受教育程度存在显著差异，比如医疗单位受调查者中有相当比例的护理人员受教育程度仅为专科及以下文化程度，但绝大多数单位的工作人员均具有本科及以上文化程度，其中不乏研究生。就民族构成来看，因调查地区均为少数民族自治州或自治县，故少数民族员工所占比例不低，但单位与单位之间仍存在较大差异。相对来说，新闻宣传单位和文化教育单位少数民族占比较高，均超过了六成，但司法单位和医疗单位占比较低，其中医疗单位中少数民族员工所占比例最低，仅三成左右。

单位的性质、员工的受教育程度和民族构成等对他们的语言使用和语言态度产生了一定程度的影响。就语言使用而言，方言的使用比例远远超过普通话和少数民族语言。不管是在正式场合还是非正式场合，即不论是员工的私下交流，在常规工作中，在更为正式的单位会议上，甚至是在最基层的地方，不同单位之间在方言的使用上都不存在差异。相对而言，普通话在常规工作中、在较为正式的会议场合等，其使用存在一定差异，使用稍多的主要是新闻宣传单位，其余单位如文教单位、医疗单位等的使用情况均较差。少数民族语言的使用情况更差，只有在特殊工作场域如针对少数民族的宣传部门，如广播电视部门，才有使用少数民族语言的情况。虽然受调查的单位中少数民族员工所占比例不低，但在交流过程中却有超过五成的人碰到过语言交流障碍，且不同单位在这一问题上不存在差异。面对语言交流障碍，不同单位员工在是否愿意学习少数民族语言方面存在显著不同，其中医疗单位员工希望自己懂少数民族语言的比例最低，而来自德宏"其他"部门的受访者希望懂少数民族语言的比例最高。

在对待少数民族语言的态度上，受访者中超过半数的人都认为少数民族语言不会消亡，且不同单位之间无明显不同。尽管如此，他们中的绝大多数人都赞同要保护少数民族语言。在少数民族语言保护方面持开放态度，且观点一致。另外，对造成少数民族语言衰退的原因，不同单位受调查者的看法也高度一致。在可能导致少数民族语言衰退的3种因素中，社会经济文化发展因素＞本民族不重视＞汉语影响，这一发现对边疆民族地区推广普通话与少数民族语言保护具有积极意义。

就语言服务而言，虽然不同单位工作人员在与少数民族的交流中都碰到过语言交流障碍，但在有关少数民族语言的培训方面却存在差异。相对来说，司法和文教单位在少数民族语言培训方面比其余单位做得稍好，但总体上来看，城镇单位针对员工的少数民族语言培训与实际需求之间存在较大差距。在为少数民族群众所提供的语言服务方面，司法单位的认同比例最高，这可能与司法领域涉及较强的专业知识有关，但更主要的原因可能还在于司法领域受宏观语言政策的影响较大，因为同样存在较强专业知识以及专业语言使用情况的医疗单位，在为少数民族提供语言服务方面则明显不足。

以上语言使用、语言态度、语言服务等语言实践活动既反映了单位的语言规划，也是单位所实施的语言政策的结果。比如在少数民族语言的要求方面，只有文教单位的要求较高，但也仅有二成多一点的受调查者给出肯定回答。总体上来看，绝大多数受访者都否认单位要求其掌握少数民族语言，除了文教单位外，其余部门差别不大。事实上，即便是汉语或者外语，受调查者中超过六成的人都表示单位并无具体要求，只有司法单位中三成多一点的人表示单位有要求。在包括普通话以及少数民族语言文字在内的规定方面，认为单位无相关规定的受访者人数均超过肯定回答的人数。只是在单位内部的语言使用条例方面，新闻宣传单位和司法单位有近五成的人表示单位有相关的规定，其余单位人数比例仅两成或者三成。总之，认为单位未制定语言使用条例的比例仍然多于前者，且不同单位之间无显著差异。

综上，虽然否定选择比例高于肯定选择，但不能据此否认单位在语言规划方面所做出的努力。之所以很多受访者在有关语言规划的选项上做出了否定回答，原因可能是很多单位的语言规划仍然处于隐性状态，从而导致单位的语言政策、语言使用条例、语言要求等知晓度不够。比如，很多单位招聘时要求本科以上学历，其中一些教育岗位要求普通话水平，某些甚至要求英语四、六级等。因此，要客观看待否定选择的比例，主要原因可能还是受调查者尚无语言规划意识，或者语言规划不敏感所致。为此，做好城镇单位语言规划的对策在于增强员工的语言规划意识。而要达到这样的目的，最重要的是要提高单位的语言规划意识。很多单位的语言规划仍然处于隐性状态其实就是缺乏语言规划意识的一种表现，解决问题的办法是加大宣传，让隐性的语言规定变成显性的语言规定，增强边疆民族地区广大群众的语言规划意识，在少数民族语言得到保护、尊重和恰当使用的同时，在工作场域积极推广和倡导使用国家的通用语，但在个人生活中又要尊重个人使用本地汉语方言的习惯，毕竟乡音是地域、亲缘的标志。真正实现不同语言和不同语言变体之间的和谐与共，真正做到两全其美、美美与共，这是和谐语言生活的根本保障。

第七章
学校教育领域的语言规划

与全国广大汉族同胞一样，生活在云南边疆地区的少数民族同样需要学习和使用国家通用语言文字，因此普通话推广一直是边疆民族地区语言规划的重要任务之一；稍有不同的是，很多少数民族都有属于本民族的语言或文字，保护和传承民族语言文字不仅是少数民族的权利和义务，更是语言规划的重要内容。近年来，"一带一路"倡议的实施对云南的对外交流与合作提出了更高要求，要求生活在这些地区的人们不仅能使用国际通用的英语进行更大范围的国际交流，而且要能使用区域内不同国家的语言进行局部沟通。新时期改革开放给云南边疆民族地区的外语规划带来了契机：经济全球化需要各行各业具备使用国际通用的英语作为对外交流手段的能力，而区域经济一体化尤其是云南作为面向南亚东南亚辐射中心、"一带一路"前沿地带等定位更催生了学习和掌握邻国语言的需求。因此，从语言规划的角度来看，云南边疆民族地区还需要在通用外语和非通用外语即东南亚南亚国家语言之间做好合理规划。

　　总之，不论是国家通用语的推广、少数民族语言的传承保护，还是英语或者邻国语言的学习，都需要通过教育这一重要手段才能得到实施。从语言规划的内涵来看，教育领域的语言规划起着承上启下的重任。它一方面上承宏观语言政策，另一方面又下启微观层面的语言规划。对于像边疆民族地区这样的基层教育单位来说，他们同样也是微观层面的语言规划者，因为宏观语言政策一方面通过教育单位实现了下传，另一方面也要依靠基层的教育单位才能得到实施。因此，边疆民族地区教育领域的语言规划属于微观规划的范畴，对该领域的语言规划进行探讨自然便具有了相应的理论价值和实践意义。

第一节　调查范围与调查对象

　　根据云南边疆民族地区的语言使用实际情况，结合少数民族的语言使用类型特征，以及国家通用语推广、通用外语与非通用外语学习的需求现状，本章拟从以下两个方面开展研究：

　　第一，民族地区汉语文规划。新时代背景下，即国家宏观政策调整背景下云南边疆民族地区小学、中学和大学在语文教育方面所做出的规划行为。

第二，外语规划。包括两个方面，一是通用外语的教育情况，二是非通用外语的规划行为。鉴于通用外语存在同质现象，故研究的重点是非通用外语在当前边疆民族地区的教育规划实践。

为此，我们在云南边疆州市学校教育领域开展了较大范围的研究，调查了3个教育行政部门，分别为红河州教育局、德宏州教育局和墨江县教育局，对相关管理人员进行了访谈。并通过上述教育管理部门对13所中小学进行调查，包括2所高中、7所初中、4所小学。在中小学校的调查方式主要为问卷调查，共回收252份有效教师问卷和584份学生有效问卷。

一、受调查教师基本情况

252名中小学教师分别来自红河哈尼族彝族自治州的蒙自市、屏边县和金平县，普洱市墨江哈尼族自治县和德宏傣族景颇族自治州的芒市。这些教师分别来自2所高中（58人）、7所初中（145人）、4所小学（49人），详细情况见表7.1.1：

表7.1.1 受调查教师所属学校分布表（N=252）

类别	学校名称	频数（人）	百分比（%）	有效百分比（%）	累积百分比（%）
高中	蒙自一中	33人	12.9	12.9	46.3
	墨江一中	25人	9.8	9.8	74.1
初中	金平八一中学	6	2.4	2.4	3.5
	芒市民族中学	42	16.5	16.5	20
	蒙自冷泉中学	10	3.9	3.9	33.3
	蒙自雨过铺中学	18	7.1	7.1	53.3
	墨江民族中学	28	11	11	64.3
	屏边白河中学	21	8.2	8.2	82.4
	屏边第四中学	20	7.8	7.8	92.2
小学	芒市那目民族小学	14	5.5	5.5	25.5
	芒市遮晏民族小学	10	3.9	3.9	29.4
	屏边民族小学	5	2	2	84.1
	屏边玉屏中心校	20	7.8	7.8	100
	合计	252	100	100	

受调查者中有男教师83人，占比32.9%，女教师169人，占比67.1%，女教师多于男教师，这在一定程度上反映了当前中小学教师中女教师数量偏多的现实。受调查者都接受过高等教育，具有本科学历208人，占比82.5%；专科学历42人，占比16.7%；研究生学历2人，占比0.8%；从年龄结构来看，受调查者中46%（116人）属于年龄在39岁以下的青年教师；40—50岁之间的中年教师83人，占比32.9%；51岁以上年龄偏大者15人，占比6%；另有38人（15.1%）的受调查者未在年龄选项上作答。由于调查点主要位于少数民族自治地区，故受调查者中有相当数量的少数民族教师。尽管如此，汉族教师所占比例仍然超过了半数，达到了56.3%，少数民族教师占比43.7%，详见表7.1.2：

表7.1.2 受调查教师民族类别统计（N=252）

教师民族	频数（人）	百分比（%）	有效百分比（%）	累积百分比（%）
阿昌族	2	0.7	0.7	1.2
白族	1	0.4	0.4	1.2
傣族	14	5.6	5.6	6.7
哈尼族	23	9.1	9.1	15.9
汉族	142	56.3	56.3	72.2
回族	4	1.6	1.6	73.8
景颇族	1	0.4	0.4	74.2
拉祜族	1	0.4	0.4	74.6
蒙古族	1	0.4	0.4	75
苗族	14	5.6	5.6	80.6
彝族	44	17.5	17.5	98
壮族	5	2	2	100
合计	252	100	100	

如表7.1.2所示，少数民族教师中彝族所占比例最高，共44人，占比17.5%，其次为哈尼族，占比9.1%（23人），再其次为傣族和苗族，各为14人，其余民族如阿昌族、拉祜族、壮族等人数均为个位数。

身为民族地区的教师，具备一定的少数民族语言能力应有助于教学工作。通过以自述的方式对128名教师的民族语言能力进行调查发现，能熟练使用民族语言（能听能说）者仅17人，占比13.3%；民族母语能力一般（能听但说的能力较弱）者23人，占比18%；其余88人（68.8%）不能使用民族语言，详细调查结果见表7.1.3：

表7.1.3 受调查教师民族语言使用能力（N=128）

语言熟练程度	民族语言	人数（人）	合计（%）
熟练（能听会说）	哈尼语	5	17人（13.3%）
	彝语	4	
	苗语	6	
	彝语与苗语	1	
	壮语	1	
一般（能听但说较弱）	哈尼语	14	23人（18%）
	苗语	6	
	彝语	2	
	哈尼语与苗语	1	
不会（不会说也听不懂）	无	88	88人（68.8%）

由于本次调查围绕与语言有关的主题开展，故调查对象中语言教师占比最高，其中语文教师114人，占比45.12%，英语教师47人，占比18.7%，剩余近四成受调查者（36.18%）为其他科目任课教师，涵盖了中、小学阶段几乎全部课程科目。详见表7.1.4：

表7.1.4 受调查教师担任课程情况（N=252）

授课科目	频数（人）	百分比（%）	有效百分比（%）	累积百分比（%）
缺省	5	2	2	2
地理	4	1.6	1.6	3.6
化学	9	3.6	3.6	7.1
计算机	1	0.4	0.4	7.5
科学	4	1.6	1.6	9.1
历史	8	3.2	3.2	12.3
美术	3	1.2	1.2	13.5

续表

授课科目	频数（人）	百分比（%）	有效百分比（%）	累积百分比（%）
品德与社会	1	0.4	0.4	13.9
生物	4	1.6	1.6	15.5
数学	30	11.9	11.9	27.4
数学与英语	1	0.4	0.4	27.8
体育	7	2.8	2.8	30.6
物理	5	2	2	32.5
音乐	4	1.6	1.6	34.1
英语	47	18.7	18.7	52.8
语文	114	45.2	45.2	98
政治	5	2	2	100
合计	252	100	100	

二、受调查学生基本情况

参与本项目调查的584名中小学学生与上述教师来自相同地区，即红河哈尼族彝族自治州屏边苗族自治县、金平苗族瑶族傣族自治县，普洱市墨江哈尼族自治县和德宏傣族景颇族自治州芒市。受调查的学生来自1所高中、4所初中、3所小学，详细统计结果如表7.1.5：

表7.1.5　受调查学生分布表（N=584）

学校名称	频数（人）	百分比（%）	有效百分比（%）	累积百分比（%）
金平八一中学（初中）	94	16.1	16.1	16.1
蒙自冷泉中学（初中）	88	15.1	15.1	31.2
墨江民族中学（初中）	50	8.6	8.6	39.7
墨江一中（高中）	49	8.4	8.4	48.1
芒市那目小学	64	11	11	59.1
屏边民族小学	50	8.6	8.6	67.6
蒙自雨过铺中学（初中）	103	17.6	17.6	85.3
芒市遮晏小学	86	14.7	14.7	100
合计	584	100	100	

受调查的中小学生中有男生269名，占比46.1%，女生313人，占比53.6%。（有2名学生未填写性别）从性别比来看，受调查的中小学生中，女生比重偏高。从年龄结构来看，由于调查对象主要包括了高中学生和小学生，故存在一定的年龄差异，详见表7.1.6：

表7.1.6　受调查学生年龄情况统计（N=584）

N Valid	N Missing	Mean	Mode	Minimum	Maximum
582	2	13.49	15	9	20

表7.1.6统计显示，受调查者中年龄最大者20岁，最小者9岁，平均年龄为13.49岁。由于受调查者中初中三年级（九年级）学生人数较多（见表7.1.7），故众数为15，即多数受调查者年龄为15岁。考虑到填写问卷需要一定的阅读和写作能力，未调查三年级以下学生，受调查学生就读的年级分布见表7.1.7：

表7.1.7　受调查学生就读年级分布情况（N=584）

年级	频数（人）	百分比（%）	有效百分比（%）	累积百分比（%）
小学四年级	50	8.6	8.6	8.6
小学五年级	64	11	11	19.5
小学六年级	86	14.7	14.7	34.2
初中一年级	48	8.2	8.2	42.5
初中二年级	94	16.1	16.1	58.6
初中三年级	193	33	33	91.6
高中三年级	49	8.4	8.4	100
合计	584	100	100	

从表7.1.7中可见，受调查者均为小学四年级以上学生，能较好地理解问卷内容，所回答的问题能比较客观地反映该学生群体对相关问题的看法。另外，小学四年级以上到高中三年级学生的平均年龄在13岁左右，且大多数达到15岁（见表7.1.6中的众数），相关的语言能力已经基本定型，并逐步对不同语言形成较为稳定的语言观。

与受调查教师中汉族占比超过五成（56.3%）的情况相反，接受调查的汉族学生比例要少得多。在584名受调查学生中，汉族仅73人，占比12.5%，其余均为少数民族学生，人数为511人，占比高达87.5%，少数民族学生明显占多数，详见表7.1.8：

表7.1.8　受调查学生民族构成情况（N=584）

民族	傣族	哈尼族	汉族	回族	苗族	瑶族	彝族	壮族	合计
频数（人）	145	95	73	1	68	16	179	7	584
百分比（%）	24.8	16.3	12.5	0.2	11.6	2.7	30.7	1.2	100
有效百分比（%）	24.8	16.3	12.5	0.2	11.6	2.7	30.7	1.2	100
累积百分比（%）	24.8	41.1	53.6	53.8	65.4	68.2	98.8	100	

就民族母语的使用而言，学生的民族母语使用情况也明显好于教师。在接受调查的128名教师中（见表7.1.3），仅三成左右（31.3%）的人会使用民族语言（包含熟练程度者和一般水平者）。学生中排除73名汉族学生后，在511名少数民族学生中，自述能使用民族语言的比例高达70.1%，明显高于教师中能使用民族语言的比例。统计结果见表7.1.9：

表7.1.9　受调查学生民族语言使用情况（N=511）

民族语言	频数（人）	百分比（%）	有效百分比（%）	累积百分比（%）
不会	153	29.9	29.9	29.9
会	358	70.1	70.1	100
合计	511	100.0	100.0	

之所以有超过七成的少数民族学生会使用民族语言，这可能与他们所处的家庭环境相关。除此之外，几乎所有学生都能熟练使用汉语方言或者普通话，但在熟练程度上存在一定差异。会熟练使用本地汉语方言的比例高达93%（543人），会熟练使用普通话的比例也达到了89.6%（523人），还有125人（21.4%）自述能使用英语。因此，相对教师而言，受调查学生的语言能力更为多样化。

另外，我们还通过实地调研和网络查询的方式调查了边疆7个州市8所高等院校在汉语文、民族语文以及外语课程方面的教育情况。需要说明的是，怒江州尚无高等院校，而西双版纳州则有两所。这8所院校分别为文山学院、红河学院、普洱学院、保山学院、德宏师范高等专科学校、临沧滇西科技师范学院、西双版纳职业技术学院以及滇西应用技术大学傣医学院。

第二节　汉语文规划

学习和使用国家通用的汉语言文字（下文简称汉语文或语文）是宪法赋予全体国民的光荣使命。《宪法》第十九条以及《国家通用语言文字法》第二条均对此做出了明确规定。因此，在包括边疆民族地区在内的全国范围内推广国家通用的普通话与规范汉字既是法律的要求，也是社会与时代发展的需要。因为推广和使用一国之通用语言文字是国家统一、民族团结、社会经济发展的必然选择，所以自1949年新中国成立以来，党和政府在推广通用语言文字方面做出了不懈的努力：在宏观层面制定了诸多法令法规在全国范围内不同层面建立了各种语言文字规划机构如语言文字委员会、语委办、普通话水平测试站点等，在微观层面采取了切实有效的措施如普通话推广周等，其目标就是推行通用的普通话以及规范汉字的书写。新中国成立以来的历史经验证明，党和政府在汉语言和文字规划方面所做出的努力取得了实效：中国各民族团结，社会经济文化发展，综合实力跻身世界前列，所有这一切成就的取得都包含了语言文字规划方面所做出的努力。

汉语言文字规划在云南边疆民族地区也取得了不俗的成绩。众所周知，云南的25个世居少数民族使用着27种不同的语言文字，即便是同一民族内部尚存在不同的方言和土语。因此，不同民族之间，甚至同一民族内部的沟通交流没有统一的语言文字是无法想象的。虽然一些少数民族在与汉民族的长期交往中逐渐习得了当地的汉语方言，但不同地区所使用的汉语方言也存在差异，实现有效沟通同样离不开国家通用的语言文字。从当前云南社会经济文化发展、民族团结，各个州市争先创建少数民族团结示范州市的活动中，我们深刻感受到了推行国家通用语言文字的重要意义以及其所产生的实际效果。

尽管云南边疆民族地区汉语文规划取得了巨大成效，但实地调查发现，不论是乡村还是城镇机关单位，人们对国家通用语言的使用仍然存在诸多问题：虽然对普通话存在高度认同，但在实际使用中，甚至包括工作场域，方言土语的使用仍然很多；边疆民族地区不同民族之间包括汉族群众在内普遍存在发音不准、乡音重、口头甚至书面用字不规范等问题，一些少数民族所使用的汉语方言就连当地人都难以听懂，而另一些生活在偏远地方的少数民族尚不能使用汉语方言。因此，在新时期社会经济发展日新月异的背景下，新词汇、新知识、新概念不断涌现，方言土语难以跟上时代的发展步伐。在这样的背景下推广国家通用语言文字，做好汉语文规划依然面临严峻挑战。

鉴于此，宏观层面决策机构相机而动。2016年9月，教育部和国家语委联合发布了《国家语言文字事业"十三五"发展规划》，明确指出"十三五"时期国家的语言文字事业就是要加大教学研究、课程开发等支持力度，以提升少数民族学生学习国家通用语言文字的基础性条件。2017年1月，教育部与国家语委又联合发布了《〈国家语言文字事业"十三五"发展规划〉分工方案》的通知，对新时期边疆民族地区国家通用语言文字的推广和普及工作做出了明确的责任分工，对包括教育部在内的不同机关单位如国家语委、民委、人社部、团中央以及地方语委在"推普"中的职责做出了规定与分工。提出要以提升教师、基层干部、青壮年通用语言运用能力为突破口，加快"推普"进程；加强"推普"教学，加大教学研究、课程开发、教材建设力度，实施民族地区双语教师普通话培训计划，在边远地区实施公益性语言文字培训计划，鼓励并推动少数民族对口支援省市将"推普"培训工作纳入对口支援工作的范畴等。

基于上述宏观语言政策背景，我们拟从以下两个方面对边疆民族地区学校教育领域的微观语言规划进行探讨：中小学领域的汉语文规划（分别从学生和教师两个层面进行探讨）；民族地区高等教育领域的汉语文规划。

一、中小学领域的汉语文规划

（一）学生层面的汉语文规划

语文课程由于其特殊属性而在基础教育阶段起着举足轻重的作用。从人文属性的角度来看，语文担负着培养学生人文素养的重任，它不仅要向学生传输"知识与能力、过程和方法"，还要向学生输送"情感态度和价值观"（黄厚江，2010）；从其工具属性来看，语文课程更是"百科之母"（吴健玲，2002），因为所有学科知识的获取均有赖于语文课程所发挥的阶梯作用。缺乏汉语文课程所赋予的获取知识的工具能力，任何学科知识的学习均无从谈起。在边疆民族地区，语文课程对少数民族学生获取公平的教育权利、享受语文课程所带来的人文情怀与工具属性所能发挥的作用再怎么强调都不过分（为了与民族母语文字相区别，我们在下文的讨论中使用汉语文这一术语）。因此，除了决策部门专门对民族地区的汉语文课程做出特别宏观规划外，少数民族学生也做出了微观努力。不同于宏观决策以显性的方式发布政策或号令,微观层面直接从个体的行动中做出了响应。

1. 提高学生汉语文能力的措施

微观层面对宏观语言政策做出响应的最直接的方式就体现在个体对被规划语言的使用上,而要使用某种语言则必须具备该语言的能力。具备某种语言的能力所表现的不仅是对这种语言的认同,更在很大程度上展现出了这种语言被使用的状态。因此,使用一种语言就是微观层面对这种语言进行规划的结果。那么,云南边疆地区少数民族学生是否具备了汉语文使用能力?调查结果见表7.2.1:

表7.2.1 少数民族学生汉语使用能力(N=393)

语言变体	使用能力	频数(人)	百分比(%)	有效百分比(%)	累积百分比(%)
汉语方言	不会	27	6.9	6.9	6.9
	会	366	93.1	93.1	100
	合计	393	100	100	
普通话	不会	41	10.4	10.4	10.4
	会	352	89.6	89.6	100
	合计	393	100	100	

注:蒙自雨过铺中学和冷泉中学191名学生未参与该项调查,故人数为393人,下同。

从所调查的3个州市(红河州、普洱市、德宏州)6所中学的393名小学、初中和高中生的汉语使用情况来看,能使用本地汉语方言的比例超过九成(93.1%),能使用普通话的比例也接近九成(89.6%)。虽然不是百分之百的受调查者在汉语的两种变体上都达到熟练使用的程度,但考虑到部分学生由于受各种因素的影响而只能使用本地汉语方言或者普通话中的一种,上述结果合乎情理。

受生活和学习环境的影响,绝大多数学生往往是通过自然习得的方式获得汉语方言或者普通话的能力的。然而对于少数民族学生来说,他们可能要通过学校教育或者学校环境才能习得或者学会汉语方言或普通话。由于表7.2.1中初中学生和高中学生较多(金平八一中学94人、墨江民族中学50人、墨江第一中学49人),经过多年的学校教育,他们中的绝大多数人必然学会并掌握了汉语方言或普通话,再加上其中还有部分汉族学生(见第一节表7.1.8),所有这些都可能在一定程度上掩盖少数民族学生汉语文能力的真实情况,因此表7.2.2专门统计了德宏两所民族小学四年级到六年级150名小学生的汉语能力。

表7.2.2 民族小学学生汉语使用能力调查（N=150）

语言变体	语言能力	频数（人）	百分比（%）	有效百分比（%）	累积百分比（%）
汉语方言	缺省	7	4.7	4.7	4.7
	熟练	84	56	56	60.7
	一般	49	32.7	32.7	93.3
	略会	10	6.7	6.7	100
	合计	150	100	100	
普通话	缺省	17	11.3	11.3	11.3
	熟练	72	48	48	59.3
	一般	54	36	36	95.3
	略会	5	3.3	3.3	98.7
	不会	2	1.3	1.3	100
	合计	150	100	100	

由于担心低年级少数民族学生不能有效理解和填写问卷，故表7.2.2中只调查了两所民族小学四年级以上学生的汉语能力。从表7.2.2中可见，受调查的少数民族学生能熟练使用（指能听会说）本地汉语方言的比例仅56%，一般程度（指能听但说的能力较弱）者占32.7%，另有6.7%的受调查者略会（指能简单地说一些日常用语）。相比较而言，受调查民族小学生的普通话能力更弱，能熟练使用者不足五成（48%），一般程度者占36%，略会者占3.3%，另有1.3%的学生还不具备使用普通话的能力。

对比表7.2.1和表7.2.2的统计数据可以看出，民族小学生的汉语文能力明显落后于总体样本的汉语文能力。虽然总体样本中近九成的受调查者能使用普通话，超过九成的学生能使用本地汉语方言，但两所民族小学生能熟练使用汉语方言和普通话的比例仅五成左右，这就意味着另外有五成或者超过五成小学生的汉语能力尚不足以满足其接受汉语文教学的需要。教师有必要为提高他们的汉语文能力做出努力。那么，教师或者学校针对汉语文水平低的学生是否采取了措施？采取了什么样的措施？下面我们分别进行了调查。

表7.2.3 学校是否采取措施提高学生的汉语使用能力（N=393）

选项	频数（人）	百分比（%）	有效百分比（%）	累积百分比（%）
不了解	51	13	13	13
采取措施	160	40.7	40.7	53.7
未采取措施	182	46.3	46.3	100
合计	393	100	100	

表7.2.3统计结果表明，回答学校或者教师采取措施以提高民族学生汉语水平的比例仅40.7%，回答未采取措施和不了解学校或老师是否采取措施的比例接近六成（59.3%）。虽然我们不能据此判断多数学校或老师未对汉语水平较低的民族学生给予足够的重视，但近六成的受调查者做出否定或者不知情的回答，说明教师或学校在提升学生的汉语文能力方面存在空间。

事实上，不同地区、不同学校，甚至不同班级都可能存在不同的情况。有些班级或者有些学校学生的总体汉语水平可能好一些，而另外一些可能稍差。如果汉语水平较低者在前者中的数量较少，他们就可能被遗忘；反之，如果汉语水平较低者在后者中的数量较多，他们就可能被注意到。另外，有些学校或者有些老师可能语言规划意识强一些，他们会对汉语水平较低的学生采取相应的措施；而另一些学校或者老师可能缺乏语言规划意识，即使他们注意到了学生的汉语水平较低，也不可能会采取相应的措施，即便做出了努力，但往往由于缺乏系统性，没有规划意识，而起不到好的效果。德宏两所民族小学的情况便是很好的例子。

表7.2.4 德宏两所民族学校是否采取措施提高学生的汉语使用能力（N=150）

学校名称	选项	频数（人）	百分比（%）	有效百分比（%）	累积百分比（%）
遮晏小学	不了解	9	10.5	10.5	10.5
	采取措施	77	89.5	89.5	100
	未采取措施	0	0	0	
	合计	86	100	100	
那目小学	采取措施	9	14.1	14.1	14.1
	未采取措施	55	85.9	85.9	100
	合计	64	100	100	

从表7.2.4中可见，同样是位于德宏的两所民族小学，针对提升民族学生汉语文水平的做法却存在明显差别。遮晏小学回答"采取措施"的比例接近九成（89.5%），回答"未采取措施"者为零。而那目小学的情况则存在不同，回答"采取措施"的比例仅14.1%，"未采取措施"的比例高达85.9%。进一步调查发现，在回答"采取了什么措施"的问卷中，遮晏小学受调查者高度一致地填写了"课前3分钟"。通过对部分教师的访谈得知，该校高度重视学生的汉语水平，要求教师在讲解课文前用3分钟时间让学生进行朗读比赛或者演讲比赛，开展口语训练、口语交际等活动，以全面提升少数民族学生的汉语文水平。而针对那目小学9位做出肯定回答的学生的调查发现，该校的做法为"上课都说汉话"，"老师会说我们的民族语言，慢慢教"，"老师很辛苦地教"，"老师教的很细"等。显而易见，遮晏小学采取了具体的措施来提升民族学生的汉语文水平，表现出了一定的系统性；而那目小学则未见具体行动，可能部分老师采取了一些措施，但没有全校性的统一规划，缺乏系统性。

2. 形成积极的汉语文语言态度

语言态度也是一种语言规划，因为语言态度左右着人们的语言选择与语言使用。受多数人喜欢的语言往往具有较高的社会声望，使用的范围更广、功能更强大，从而具有更高的语言地位。反之，如果人们不喜欢某一语言，则该语言的使用范围会缩小，使用功能必然下降。与此相反，社会声望好、使用范围广、功能强大的语言往往受到人们的青睐。因此，语言态度与语言的声望规划和地位规划息息相关。针对普通话、汉语方言、本民族语言和外语（英语）的调查在很大程度上反映了这样的趋势。

表7.2.5　少数民族学生语言态度调查（N=393）

喜欢的语言	频数（人）	百分比（%）	有效百分比（%）	累积百分比（%）
缺省	34	8.7	8.7	8.7
普通话	145	36.9	36.9	45.5
普通话与汉语方言	5	1.3	1.3	46.8
普通话、汉语方言与本民族语言	4	1	1	47.8
普通话、汉语方言与外语	2	0.5	0.5	48.3

续表

喜欢的语言	频数（人）	百分比（%）	有效百分比（%）	累积百分比（%）
普通话与本民族语言	9	2.3	2.3	50.6
普通话与外语	4	1	1	51.7
汉语方言	59	15	15	66.7
汉语方言与本民族语言	1	0.3	0.3	66.9
本民族语言	112	28.5	28.5	95.4
外语（英语）	18	4.6	4.6	100
合计	393	100	100	

表7.2.5中的统计结果表明，很多受调查者不仅只是喜欢某一种语言，除了36.9%的受调查者喜欢普通话、15%的人喜欢汉语方言、28.5%的人喜欢本民族语言以及4.6%的人喜欢外语（英语）外，尚有为数不少的受调查者喜欢上述语言中的2种甚至3种。之所以存在这样的情况，这应该与少数民族学生的民汉双语甚至多语身份有关。为了更直观地反应受调查者的语言态度，我们把凡是被受调查者选中的语言都挑选出来并重新统计，得出的结果为：喜欢普通话的比例最高，达到43%；喜欢民族语言的比例次之，为32.1%；喜欢汉语方言的比例再次之，为18.1%；喜欢外语（英语）的比例仅6.1%。

考虑到上述受调查的学生中还包括了部分汉族学生，我们再对德宏两所民族小学150名四年级到六年级学生的语言态度进行了统计，得出表7.2.6的结果：

表7.2.6 两所民族小学学生语言态度（N=150）

喜欢的语言	频数（人）	百分比（%）	有效百分比（%）	累积百分比（%）
缺省	27	18	18	18
普通话	34	22.7	22.7	40.7
普通话与汉语方言	1	0.7	0.7	41.3
普通话与本民族语言	5	3.3	3.3	44.7
汉语方言	5	3.3	3.3	48
本民族语言	77	51.3	51.3	99.3

续表

喜欢的语言	频数（人）	百分比（%）	有效百分比（%）	累积百分比（%）
外语（英语）	1	0.7	0.7	100
合计	150	100	100	

鉴于部分受调查者选择了两种语言，也为了直观地反映受调查者的语言态度，我们把被受调查者选中的语言挑选出来重新统计，得出的结果是：喜欢普通话的比例为26.7%，喜欢民族语言的比例为54.6%，喜欢汉语方言的比例为4%，喜欢外语（英语）的比例为0.7%。把表7.2.6与表7.2.5进行对比可见，小学生的语言态度与总体样本之间存在明显差异。表7.2.5中总体样本中喜欢普通话的比例最高，而表7.2.6中民族学校小学生喜欢本民族母语的比例最高。这似乎意味着受调查者的语言态度会随年龄的改变而改变，为此我们分别对初中阶段和高中阶段学生的语言态度进行了统计，让学生在普通话、汉语方言、本民族语言、外语（英语）中挑选自己喜欢的语言，结果如表7.2.7：

表7.2.7 中学生语言态度

项目	初中（N=143）频数（人）	初中（N=143）百分比（%）	高中（N=49）频数（人）	高中（N=49）百分比（%）
缺省	5	3.5	0	0
普通话	50	35	31	63.3
普通话与汉语方言	2	1.4	2	4.1
普通话、汉语方言与民族语言	2	1.4	1	2
普通话、汉语方言与外语	2	1.4	0	0
普通话与民族语言	1	0.7	3	6.1
普通话与外语	2	1.4	2	4.1
汉语方言	36	25.2	4	8.2
汉语方言与民族语言	1	0.7	0	0
本民族语言	29	20.3	3	6.1
外语（英语）	13	9.1	3	6.1
合计	143	100	49	100

从表7.2.7可见，虽然不少学生进行了多选，但他们最喜欢的语言还是集中在普通话、汉语方言和民族语言上。为展示不同阶段学生语言态度的变化情况，我们对表7.2.7的数据进行了重新处理，把所有被选中的语言挑选出来单独统计，结果发现初中学生喜欢普通话的比例上升到了41.3%，喜欢民族语言的比例为23.1%，喜欢汉语方言的比例为30.1%，喜欢外语（英语）的比例为11.9%；高中学生喜欢普通话的比例高达79.6%，喜欢民族语言的比例与喜欢本地汉语方言的比例几乎完全一样，喜欢民族语言的比例为14.2%，喜欢汉语方言的比例为14.3%，喜欢外语（英语）的比例为10.2%。

从表7.2.6和表7.2.7的统计结果来看，这似乎说明中小学生的语言态度会随年龄变化而变化，尤其是对普通话的态度和对民族语言的态度更是如此。图7.2.1可以比较直观地反映了这一变化趋势。

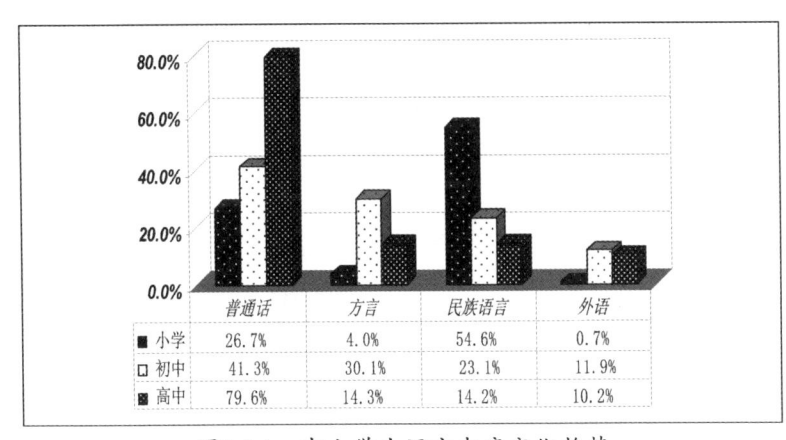

	普通话	方言	民族语言	外语
小学	26.7%	4.0%	54.6%	0.7%
初中	41.3%	30.1%	23.1%	11.9%
高中	79.6%	14.3%	14.2%	10.2%

图7.2.1　中小学生语言态度变化趋势

由图7.2.1可见，中小学生对普通话的喜爱程度由小学阶段的26.7%上升到了初中阶段的41.3%，再上升到高中阶段的79.6%，展示出了明显的随年龄上升而上升的趋势。对汉语方言的喜爱程度由小学阶段的4.0%上升到了初中阶段的30.1%，但到了高中阶段又下降到了14.3%。对民族语言的态度与对普通话的态度正好相反，小学阶段喜欢民族语言的比例还超过五成（54.6%），而到了初中阶段则下降到了23.1%，到高中阶段更下降到了14.2%，所展示的是明显的随年龄上升而下降的趋势。对外语的喜爱程度由小学阶段的近乎无（0.7%）上升到初中阶段的11.9%，到了高中阶段则停顿不前，甚至还略有下降（10.28%）。

上述结果正是当前宏观语言规划在微观层面的具体体现。就普通话而言，长期以来持续不断地推广活动,再加上普通话作为国家通用的法定语言,其声望和地位是任何其他语言或者语言变体都无法企及的。随着岁月的流逝,普通话推广所产生的作用日益增强。小学阶段的少数民族学生更多接触的是本民族的同龄人、父母、亲戚、邻居、朋友等,有更多的机会使用本民族语言,故对本民族语言有更多的认同。这个阶段的儿童尚未完全走向社会,故接触本地汉语方言的机会相对较少,因此难以对本地汉语方言产生较高的认同。进入初中后,随着社会交往范围的增加,接触和使用汉语方言和普通话的机会越来越多,对汉语方言和普通话的认同逐渐增强。而民族母语的情况则正好相反,与汉语方言和普通话的使用出现了此消彼长的态势。尤其是进入高中后,原来的语言环境渐行渐远,普通话在他们的生活环境里使用更广泛,而汉语方言和民族语言均为之让步。就外语而言,当前学校教育领域的外语主要为英语,边疆民族地区也不例外,条件较好的地方从小学三年级开始,很多民族地区是从初中才开始学习。即便是从小学三年级开始学习外语,但因为不作为考试课程,故小学生对英语没有积极的认同,喜爱程度几乎为零,这不难理解。进入初中后,外语作为考试科目在整个课程系统里所占的比重逐渐加大,故对外语的喜爱程度有所上升,达到了11.9%。值得注意的是,高中阶段的外语作为高考科目,往往与汉语文、数学相提并论,形成"语数外"三角关系,本应该在高中生的认同里占据与汉语文和数学相等的位置,然而调查结果表明,高中生对外语的喜爱程度并未上升,反而比初中阶段有所下降。这说明民族地区的外语教育规划值得反思。我们将在本章第五节做专门论述。

总而言之,就语言态度而言,宏观层面在边疆民族地区所开展的汉语文规划如普通话推广等在学校教育领域产生了积极作用,取得了明显的成效。这是少数民族更好地融入中华民族大家庭,促进民族地区社会经济文化发展,保证民族团结和边防稳定的根本保障。

3. 学生对推广普通话的认知

少数民族学生之所以对普通话持积极态度,存在两种可能:第一种可能是个人为融入主流学校教育环境而采取的隐性语言规划。由于学校的教学语言为普通话,因此汉语不仅是教学的媒介,也是教学的目的。对学生个体来说,普通话既是工具,也是目标。掌握普通话可以带来明显的益处,比如通过普通话获取所有学科知识,通过普通话实现人生目标等。基于这样的现实,认同汉语文并对汉语文形成积极态度,这是个人隐性规划的结果。这种规划比较微观,而且难以察觉,但切实存在。第二种可能来源于外界的显性规划,"推普"活动就是典型例子。"推普"的语言规划目标非常明确，就是要提升少数民族学生的汉语文水平。通过提升汉语文水平来增强语言认同。鉴于上文已讨论了语言态度，即隐性规划，下面拟对显性规划，即"推普"活动进行调查，结果见表7.2.8：

表7.2.8 民族地区中小学"推普"情况（N=393）

是否开展"推普"活动	频数（人）	百分比（%）	有效百分比（%）	累积百分比（%）
不知道	12	3.1	3.1	3.1
开展了	171	43.6	43.6	46.6
没有开展	210	53.4	53.4	100
合计	393	100	100	

对学校是否开展普通话推广活动的调查有些出乎意料，不仅肯定回答比例不足五成，低于否定回答的比例近10%，而且尚有3.1%的受调查者表示"不知道"。客观事实是，国家相关部门每年9月份都会在全国范围内开展"推普宣传周"来推广普通话，而中小学校园正是推广普通话的主要阵地，作为这一阵地的主人翁中超越半数的人不知道学校是否开展了"推普"活动，只能说明要么是受调查者对"推普"活动不敏感，要么是这些学生所在的学校所开展的"推普"活动不是特别显性。

不管承认与否，学校教育领域的"推普"活动一直存在，"推普周"只是"推普"活动的一种方式而已。"推普"的活动各种各样，有显性"推普"也有隐性"推普"。《中华人民共和国国家通用语言文字法》第十条规定，学校及其他教育机构以普通话和规范汉字为基本的教育教学用语用字。第十八条规定，初等教育应当进行汉语拼音教学。第十九条规定，凡以普通话作为工作语言的岗位，其工作人员应当具备说普通话的能力。教师的普通话水平应当分别达到国家规定的等级标准。另外，《中华人民共和国民族区域自治法》第三十七条规定："招收少数民族学生为主的学校或班级和其他教育机构……根据情况从小学低年级或者高年级起开设汉语文课程，推广全国通用的普通话和规范汉字。"《中华人民共和国教育法》第十二条规定："学校及其他教育机构进行教学，应当推广使用全国通用的普通话和规范字。"《中华人民共和国义务教育法实施细则》第二十四条规定："实施义务教育的学校在教育教学和各种活动中，应当推广使用全国通用的普通话。"上述宏观语言政策对"推普"活动做出了明确的界定，即教育教学中使用普通话、开展汉语拼音教学、教师上课使用普通话、在民族地区从小学低年级起开设汉语文课程、学校在各种活动中使用普通话等等，都属于"推普"的范畴。"推普"其实已经融入学校教育领域的各个环节，其融入程度之深，以至于受调查者"只缘身在此山中"而视而不见。尽管表7.2.8中超过五成受调查者对是否开展"推普"活动做了否定回答，我们依然可以认定这种隐性的或显性的语言规划对中学生产生了积极作用，因为从学生随年龄增长而逐渐增强的汉语文认同中，我们找到了答案。

事实上，学生们所理解的"推普"活动可能是指显性的"推普"，比如那些为制造声势、提高士气、渲染氛围所开展的活动，而对那些隐性的"推普"活动，比如教师的教学用语使用普通话等熟视无睹。果不其然，当换种方式问到"学校是否开展有关提升汉语文水平的比赛活动"时，肯定回答的比例陡然升高，详细情况参见表7.2.9：

表7.2.9　民族地区中小学开展提升汉语文水平的情况（N=393）

选项	频数（人）	百分比（%）	有效百分比（%）	累积百分比（%）
不知	8	2	2	2
经常	49	12.5	12.5	14.5
偶尔	336	85.5	85.5	100
从不	0	0	0	
合计	393	100	100	

表7.2.9统计结果表明，除2%的受调查者表示不知情外，认可经常开展此类活动的比例为12.5%，偶尔举行此类活动的比例为85.5%，而表示从不开展此类活动的比例为零。也就是说，98%的受调查者均表示学校开展了各种形式的活动来提升学生的汉语文水平，比如"普通话演讲比赛""书法比赛""汉语成语竞赛""汉语作文比赛""汉语诗歌朗诵赛"等。虽然这些活动没有打着"推普"的旗号，但其性质与"推普"并无二致。

上述两个统计结果中存在的差异暗示，在边疆民族地区推广国家通用语言文字的方式多种多样。就教育领域而言，隐性语言规划的作用不容小觑，润物细无声的语言规划能起到潜移默化的作用。当然，显性的语言规划在语言氛围营造、学生学习积极性的提高方面所能产生的作用也应受到重视。

（二）教师层面的汉语文规划

如果说学生是语言规划对象的话，那么教师则是名副其实的语言规划者，因为教师的一言一行、语言信仰、语言态度等等无时无刻不在规划着学生的语言行为。为了展示教师语言规划的作用，下文将以来自红河哈尼族彝族自治州蒙自市、屏边苗族自治县和金平苗族瑶族傣族自治县，普洱市墨江哈尼族自治县和德宏傣族景颇族自治州芒市的2所高中、7所初中、4所小学的252名教师（详见本章第一节表7.1.1至表7.1.4的统计）的调查为依据，对教师层面的汉语文规划情况进行讨论。

1. 课堂语境下积极推广国家通用语

人具有多重身份，首先是作为普通个体的身份，其次是扮演与特定场域相适应的身份。然而，即便是普通个体，其语言使用也要受制于场域，也就是说，个人的语言使用要与场域即个人的身份相适应。比如，当个人以教师身份承担起教书育人的责任时，其语言使用就要与教师身份相适应，即必须起到示范作用。这种与语言使用场域相适应的语言规划模式或源自内在的责任意识，或源于外部的强制措施。内在的和外在的因素共同作用，制约着教师的语言使用，从而形成了教师语言使用规划的特征。作为民族地区的教师，他们普遍具有使用本地汉语方言和普通话的能力，部分少数民族教师还具有使用本民族语言甚至其他民族语言的能力，如果担任外语课程的话，他们还需能使用外语。显而易见，民族地区的教师具备多语使用能力。在全面推广国家通用语的大背景下，他们会如何规划其语言使用？让我们首先关注其课堂场域的语言使用，详细情况参见表7.2.10：

表7.2.10　民族地区教师课堂语言使用情况调查（N=252）

选项	频数（人）	百分比（%）	有效百分比（%）	累积百分比（%）
缺省	11	4.4	4.4	4.4
普通话	229	90.9	90.9	95.2
普通话与汉语方言	1	0.4	0.4	95.6
普通话与英语	9	3.6	3.6	99.2
本地汉语方言	2	0.8	0.8	100
民族语言	0	0	0	
合计	252	100	100	

表7.2.10统计结果表明，在普通话、本地汉语方言、少数民族语言和外语4种语言或语言变体中，普通话在教师的课堂语言使用中占据绝对优势地位。252名教师使用普通话进行教学的比例（含与方言和英语混合使用情况）高达94.9%，使用本地

汉语方言者仅1.2%（含与普通话混合使用者）。尽管受调查的教师中少数民族教师占比43.7%（见本章第一节表7.1.2），且超过三成的教师（31.3%，见本章第一节表7.1.3）能不同程度使用民族语言，但课堂用语或者教学语言均为国家通用的普通话，说明教师在认真按照课堂场域的要求使用相应的语言进行教学，在身体力行地践行推广国家通用语言的职责。

普通话在课堂里的主导地位或许源于教师教书育人的责任意识，但与教师潜意识里的推广国家通用语的隐性规划不无关系。除此之外，源于外部的语言规划作用也不容忽视。针对红河和普洱两地中小学186名教师的调查发现，当被问到学校是否对课堂用语有要求时，大多数教师给出了肯定的回答。

表7.2.11　民族地区学校对教师课堂用语的规定（N=186）

选项	频数（人）	百分比（%）	有效百分比（%）	累积百分比（%）
不清楚	9	4.8	4.8	4.8
有规定	157	84.4	84.4	89.2
无规定	20	10.8	10.8	100
合计	186	100	100	

注：德宏3所学校的教师未参与该问题的调查，详细调查人数可参阅本章第一节表7.1.1，下同。

表7.2.11显示，84.4%的教师表示学校对课堂用语有规定，即"上课必须讲普通话""要用普通话教学"等。虽然有一成的人（10.8%）表示学校没有课堂用语的规定，这部分人或许同4.8%的受调查者一样不清楚学校的相关规定。事实上，在我们所走访的任何中小学，没有不在醒目处张贴了"请讲普通话""使用规范汉字"的标示。事实表明，学校对教师的课堂教学用语存在显性要求。少部分教师虽然做出了否定选择，但并不一定就意味着这些教师在课堂上不使用普通话。当然，也不排除部分教师出于个人的语言能力、语言态度或者学生的实际需求等方面的原因而采用本地汉语方言教学的现象，但这种现象较少，不具有普遍性和典型性。

进一步调查发现，学校不仅对教师的课堂用语提出要求，甚至对教师是否具备普通话能力都有规定。在招聘教师时，学校往往要求教师持有普通话水平证书，针对在岗教师，也往往要求使用普通话授课。

表7.2.12 民族地区学校对教师普通话能力的要求（N=186）

选项	频数（人）	百分比（%）	有效百分比（%）	累积百分比（%）
缺省	11	5.9	5.9	5.9
须有普通话合格证书	35	18.8	18.8	24.7
上课要用普通话	111	59.7	59.7	84.4
无要求	29	15.6	15.6	100
合计	186	100	100	

通过表7.2.12的统计可以看出，18.8%的受调查者反馈说学校要求教师持有普通话合格证书，59.7%的人反馈说学校要求上课使用普通话。两者相加，学校对教师普通话水平提出要求的比例仍然高达78.5%。尽管如此，仍然有15.6%的受调查者对学校是否对其普通话能力提出要求做出否定选择，且另外有5.9%的人未做出肯定或否定的选择，或许是因为这部分人不知道有相关普通话水平的要求，又或许是他们对相关规定不够敏感所致。事实上，在前些年当民族地区师资极度匮乏时，一些学校确实未曾顾及教师是否持有普通话合格证书，也未能对教师是否具有上课使用普通话教学的能力进行考察。可能正是因为这一缘故，部分受调查的教师选择了"无要求"。近年来，随着师范类毕业生人数的增加，教师储备日益丰富，再加上宏观层面"推普"政策的要求，对新进教师必须持有普通话合格证书已经成为检验其是否具有上课使用普通话教学能力的一种标准，且这一现象正变得普遍起来。

2. 强化学生的汉语文认同

看似"推普"的工作重心在于教师，其实不然，"推普"的重心是学生，只有当受教育者接受了学校教育的成果后，教育才可谓获得了成功。就汉语文的教学而言，除了身体力行在课堂教学用语中力推国家通用语言文字外，未持有普通话合格证书的教师还需按照学校要求参加普通话测评，以提高其运用国家通用语言文字的能力。教师的普通话能力以及课堂教学用语可以对学生的汉语文认同产生潜移默化的影响。除此之外，外在的显性要求对学生的汉语文认同还可以起到进一步的强化作用。因此，教师是否要求学生在课堂上使用普通话便显得十分重要。表7.2.13对此进行了统计：

表7.2.13 教师对学生课堂用语的要求（N=186）

选项	频数（人）	百分比（%）	有效百分比（%）	累积百分比（%）
缺省	10	5.4	5.4	5.4
要求使用普通话	167	89.8	89.8	95.2
无要求	9	4.8	4.8	100
合计	186	100	100	

表7.2.13中针对186位教师的调查结果表明，近九成（89.8%）的教师要求学生在课堂上使用普通话，无要求者仅4.8%。虽然另有5.4%的受调查者对这一问题缺失数据，但教师对学生使用普通话的要求已具相当的广泛性和代表性。需要指出的是，隐性语言规划，即教师通过自身的语言使用来产生潜移默化的作用，需要一定外力的助推才能产生显性的作用。隐性和显性力量的共同作用，不仅能为学生使用国家通用语言文字创造一种环境，形成一种氛围，更重要的是可以起到强化少数民族学生对国家通用语言文字的认同。从本节图7.2.1的描述中可见，中小学生对普通话的喜爱程度由小学阶段的26.7%上升到了初中阶段的41.3%，再上升到高中阶段的79.6%，充分显示了教师在国家通用语言文字规划方面所发挥的积极作用。这种作用还可从教师对学生的语言态度的看法中得到进一步证实。

表7.2.14 教师对学生语言认同的看法（N=186）

您认为学生喜欢哪门课	频数（人）	百分比（%）	有效百分比（%）	累积百分比（%）
缺省	26	14.0	14.0	14.0
汉语文课程	144	77.4	77.4	91.4
汉语文和英语课程	5	2.7	2.7	94.1
英语课程	11	5.9	5.9	100
合计	186	100	100	

我们已在前文对学生的语言态度做过调查，在汉语、少数民族语言和外语3种语言中，学生明显倾向于认同国家的通用语言文字（见本节表7.2.5至表7.2.8）。那么在教师的心目中，学生是否对汉语文课程也持有相同的看法？鉴于我们所调查的中小学没有开设专门的民族语言课程，故我们只调查了教师心目中学生对汉语文课程和英语课程的态度。结果如表7.2.14所示，受调查的186名教师中，近八成（77.4%）教

师认为学生喜欢汉语文课程，而认为学生喜欢英语课程的教师不足一成（5.9%）。由于教师与学生朝夕相处，教师对学生的语言态度，即学生喜欢什么课程或者不喜欢什么课程有着最直观的感受，因此上述统计结果是可信的，更何况教师对学生语言态度的看法和我们对学生语言态度的调查结果高度一致。

所有事实说明，不论是学生本人的态度，还是教师对学生语言认同的看法，学生都对国家通用语言文字持有高于其他语言的认同，这不仅是学生本人语言规划的结果，也是教师或者学校通过隐性语言规划所产生的潜移默化的结果，更是教师通过外部渠道对学生提出普通话使用要求的结果。

3. 非课堂环境下使用汉语方言

不管学校对教师的普通话能力是否提出要求，教师在课堂上使用普通话已经成为一种常态。正如前文所言，课堂上使用普通话可能是教师自身内部的隐性语言规划，也可能是外部环境对教师课堂用语的显性要求。不论哪种情况，当他们在履行教师职责时，他们都毫不犹豫地站在推广国家通用语言文字的最前沿。然而，离开讲坛，当教师又恢复其普通个体的身份时，也就是说，当他们不再需要课堂上明显的言传身教时，他们的语言使用又会发生何种变化？详细情况见表7.2.15：

表7.2.15 教师课后的语言使用情况（N=252）

您课后使用什么语言	频数（人）	百分比（%）	有效百分比（%）	累积百分比（%）
缺省	11	4.4	4.4	4.4
普通话	50	19.8	19.8	24.2
普通话与汉语方言	17	6.7	6.7	31
普通话、汉语方言与民族语言	1	0.4	0.4	31.3
普通话与民族语言	1	0.4	0.4	31.7
汉语方言	146	57.9	57.9	89.7
民族语言	26	10.3	10.3	100
合计	252	100	100	

表7.2.15对全部252名教师的统计结果显示，离开课堂环境后，教师的语言使用变得多元起来，这与课堂上高度一致使用普通话的情况形成了对照。从表7.2.15中可见，除了普通话外，汉语方言和民族语言也进入了教师的语言使用范畴，部分人甚至混合使用不同语言或语言变体。尽管教师的课后语言使用出现多元化规划趋势，

但偏向汉语方言的倾向更为明显。与94.9%的教师在课堂上使用普通话形成对照的是，课后单纯使用普通话的比例不足二成，即便加上与其他语言或语言变体混合使用的情况，使用普通话的比例也仅27.3%。相反，使用汉语方言的比例却上升到57.9%，接近六成，加上与普通话和民族语言混合使用的情况，使用汉语方言的比例达到了65%。这一数字值得关注，作为普通话推广的主要语言规划者，一离开课堂环境，他们中六成多的人便加入汉语方言的使用人群中，是一种什么样的力量驱使他们做出这样的转变？

事实上，当我们在云南边疆民族地区开展田野调查时，非常明显的感受是，不论是在滇西北的怒江，还是在滇东南的文山和红河，还是在滇南的普洱和西双版纳，抑或是在滇西的临沧和德宏，我们与不同民族、不同身份的调研对象交谈时，他们所使用的语言90%以上均为汉语方言。虽然偶尔因地方口音出现交流障碍，当地陪同的同志依然用本地方言进行解释，很少使用普通话的情况。本书专门针对城镇机关工作人员、针对乡村村民语言规划情况的调查也发现，受调查者主要使用的语言也是本地汉语方言。

之所以产生这样的现象，可能是人们长期以来聚族而居而在潜意识里形成了一种乡情，亦可谓之乡愁。乡愁是一种特殊情愫，它会在人们所使用的语言里留下印记。不同地方、不同民族的人士拥有不同的情愫，因此带有特殊印记的语言才演变成了形形色色的具有地域和民族特色的方言。人们通过方言的使用可以认出老乡、辨别身份，寻找到最后的归属。这可能就是人们坚持使用方言的原因，也可能是教师从课堂语境下国家通用语的积极推广者变成了茶余饭后日常生活中本地汉语方言的积极使用者的原因。

无论是学生层面还是教师层面的语言规划，所有的规划活动都是在学校语境下进行的。首先，从本节第一部分中小学生语言态度的转变中可明显感受到学校语言规划的力量。小学生喜爱汉语文的比例由26.7%上升到了初中阶段的41.3%，再上升到高中阶段的79.6%，之所以展示出随年龄上升而上升的趋势，除了汉语文本身所具有的魅力外，学校扮演了重要角色。这可以从学生的汉语文使用能力上得到体现。上文中两所民族小学的学生能熟练使用汉语方言和普通话的比例仅五成左右，但随着在学校接受教育时间的增加，他们的汉语文水平逐步提高，以致最后总体样本中超过九成的学生都能熟练使用汉语方言或普通话。这显然也是学校语言规划的结果。虽然部分学生对学校推广汉语文规划方面的活动不十分敏感，但教师和学校无时无刻不在开展"推普"工作。必须指出的是，除了显性的语言规划活动外，大多数提升学生汉语文能力的规划活动润物细无声，已经融入学校生活的各个环节，与教师和学生的校园生活构成了一个有机的整体，以至于一些学生注意不到学校语境下语言规划的存在。其实这正是隐性语言规划的力量之所在。当然，学校并未完全忽视显性语言规划在创造语言氛围、提升民族学生汉语文学习积极性方面的作用。除了响应自上而下的"推普"宣传外，不同地区的学校都会定期或者不定期地开展提升学生汉语文水平的活动，诸如普通话演讲比赛、书法比赛、诗歌朗诵比赛等等。正是这些显性和隐性的语言规划的共同作用，才提升了民族地区学生的汉语文水平，强化了他们的汉语文认同。

从教师层面来看，民族地区的很多教师都是多语者，一些少数民族教师能使用本民族的语言、汉语方言和普通话，其余绝大多数教师都是汉语方言和普通话使用者。多语或多语变体使得他们必须对自己的语言使用进行规划。从课后大量使用方言的情况来看，他们加入到了积极使用方言乡音的队伍中；而从课堂上普遍使用普通话的情形来看，他们又参与到了推广国家通用语言文字的活动中。他们既是语言规划者，也是被规划者。作为教师，他们上课使用普通话，要求自己的学生讲普通话，希望自己的学生对国家的通用语言文字持高度认同，并采取措施尽力提升学生的汉语文水平。从这个意义上来说，他们是汉语文的积极推广者，属于语言规划者的行业。而作为学校的一名雇员，他们必须持有普通话合格证书，上课必须使用普通话，这是学校对他们提出的硬性要求。从这个意义上来说，他们又是语言规划的对象，是被规划者。

总之，不论是学生还是教师，正是学校这个机构提升了他们的语言认同，促成了他们的语言规划。鉴于上文已对民族地区中小学语言规划情况做了比较深入的探讨，下文拟对边疆民族地区高等院校的汉语文规划做一梳理。

二、高等教育领域的汉语文规划

边疆民族地区高等院校对内承担人才培养、文化传承和社会服务的重要使命，对外还承担传播中华优秀文化的责任。

从对内人才培养的角度来看，培养符合民族地区社会经济文化发展人才的责任非民族地方高等院校莫属，这是因为地方高等院校植根于民族地区，熟悉民族地区社会经济文化发展的需要，按照这种需求进行人才培养是其他地区高等院校不能完成的使命。从文化传承的角度来看，除了教授传统优秀汉文化外，教授并传承少数民族独具特色的民族文化对民族地区高等院校来说更具有得天独厚的优势。从社会服务的角度来看，地方高等院校的运作主要依靠地方财政，其中包含了民族地区纳税人的贡献，因此为本地提供社会服务，当地的高等院校责无旁贷。当然，在高等教育全球化的背景下，边疆民族地区的高等院校也要承担对外传播包括民族文化在内的中华优秀传统文化的责任。要实现上述使命，高等教育领域的语言规划便显得格外重要，因为不论是人才培养、文化传承、社会服务，还是对外传播中华优秀传统文化，都离不开语言的桥梁作用。因此，合理的语言规划便是地方高等院校实现上述使命的根本保障。

云南边疆8个州市除怒江傈僳族自治州外，几乎每个州市都有一至两所高等院校。我们在每个州市选取了一所具有代表性的高校，分别为文山壮族苗族自治州的文山学院、红河哈尼族彝族自治州的红河学院、普洱市的普洱学院、西双版纳傣族自治州的西双版纳职业技术学院、德宏傣族景颇族自治州的德宏师范高等专科学校、保山市的保山学院以及临沧市的滇西科技师范学院，通过实地调查和网络查询，对这些高等院校的汉语言规划进行了调查。

（一）汉语文教育教学机构更名

近年来，受高校升级和改名浪潮的影响，云南边疆地区高校也不甘落后，文山师专升级为本科后更名为文山学院，蒙自师专升级为本科后更名为红河学院，其他学校的情况也大同小异，唯有德宏师专尚在升级和更名的路上，相信不久也会更名。

高校升级和更名对汉语文教育规划带来了契机，比如保山学院在原中文系的基础上组建了人文学院；滇西科技师范学院在原临沧师专中文系和临沧教育学院中文系的基础上组建了文学院，文学院还同时加挂"汉语国际教育学院"和"国门高校国学研习中心"两块牌子；红河学院合并了该校的中文系、新闻传播系和历史系，组建了新的人文学院；普洱学院采取了与红河学院类似的办法，整合中文系和历史系，组建了新的人文学院。文山学院的做法大同小异，也是在原来汉语言文学等专业的基础上组建了人文学院。

撤并中文系组建新的文学院或人文学院对提升汉语文课程的地位来说是一把双刃剑。如果汉语文专业在新组建的学院属于优势专业，则该专业可能会随着学院的升级而获得更多的关注。反之，如果汉语文专业没什么优势，其本应该获得的资源很可能会转移到其他学科专业上。毕竟中文或汉语言文学只是文学院或人文学院下的一个学科，其他学科如历史、新闻传播等自然会与其形成竞争关系。

（二）提升汉语文专业的学科地位

民族地区高等院校以中文系为基础组建人文学院或者文学院，本身就说明汉语文学科具有一定的优势。即便如此，在新升格的学院里，汉语文学科要保住自己的优势地位，就必须在与其他学科的竞争中不断提升其教育教学质量，根据民族地区人才培养和社会经济文化发展的需要对汉语文课程进行重新布局，做好汉语文课程规划，才能使自己立于不败之地。

事实上，民族地区高等院校在汉语文教育规划方面确实是这么做的，而且起到了很好的成效。比如保山学院所设置的汉语文课程"教师口语"已完成校级精品课程建设工作，汉语文"写作"已申报省级精品课程，语文教育专业于2007年便被云南省教育厅评选为重点建设专业；德宏师专中文系开设了语文教育、文秘和初等教育（文科方向）3个专业并面向全省招生；滇西科技师范学院的汉语言文学专业为该校文学院两个本科专业之一，开设有中小学语文教学、汉语国际教育等4个方向的课程，另外还建有语文教育专业、文秘专业、新闻采编与制作专业等4个专科专业；红河学院的汉语言文学属于一级学科门类，被纳入了学校的重点建设专业行业；普洱学院有3个本科专业，其中的2个便是汉语言文学和汉语国际教育，另外开设有语文教育等4个专科专业，而汉语言文学专业为该校的校级重点专业；文山学院的汉语言文学专业是该校首批升本的专业，于2009年便开始招收本科生。

总体看来，汉语文课程发扬了原来中文系里汉语文学科的优良传统，并继续在新组建的文学院和人文学院里保持了优势地位，且不断努力，进一步提升了该学科的学科地位。

（三）多措并举提升学生的汉语文水平

经过多年的初等和中等教育后，高校学生的汉语文水平显著提升。尽管如此，民族地区大学生的普通话能力以及规范汉字书写能力与内地高等院校学生之间尚存在较大差距。毕竟刚升本的民族地区三本院校所招收学生的文化功底远低于内地二本和一本院校学生，再加上这些学校的生源大多数来自边远民族地区，他们的普通话能力尚有较大的提升空间。因此，多措并举提升少数民族学生的汉语文水平便成了摆在边疆民族地区高校面前的重要任务之一。

毫无疑问，这一重要使命必然落在文学院或人文学院的肩上。人文学院也责无旁贷地担当起了提升学生汉语文水平的重担。除了常规教学外，人文学院往往举办各种与语文有关的活动，既营造了良好的学习氛围，又达到了提升学生使用普通话和规范汉字、提升其人文素养的目的。比如，德宏师专中文系多年来坚持教学改革，积极推进素质教育，从为基础教育培养"能说、会写、善教"合格师资的目的出发，除按高校课程标准进行教学外，还开设了"三字两话（画）"课程（即钢笔字、毛笔字、粉笔字，普通话、简笔画），取得了良好的效果。滇西科技师范学院文学院通过举办"弘文杯"比赛活动，达到了提升学生汉语文水平和人文素养的目的。该校每年5月到11月举行的"弘文杯·诗歌朗诵"比赛、"弘文杯·三笔字"（钢笔、粉笔、毛笔）比赛、"弘文杯·礼敬中华优秀传统文化"经典诵读大赛等活动极大地激发了学生对中华汉字书写的热情，对汉字的规范书写起到了重要的宣传作用，在弘扬汉字艺术特色的同时，又丰富了学生的精神文化生活。（赵丽萍、杨莲凤，2016）此外，文学院针对师范专业学生开展了语文教学技能大赛，既提高了学生的汉语文水平，也为民族地区储备了合格的汉语文师资。（韩艳娇，2017）

事实上，除了人文学院在积极推广国家的通用语言文字外，民族地区高校还有一个重要的"推普"阵地，那就是普通话水平测试中心或站点。比如，文山学院普通话水平测试站主要负责全校师生的普通话培训和测试工作。该测试站设有站长1名，由文山学院校长兼任，副站长1名，干事2名，另有国家级测试员4名、省级测试员10名，在云南省普通话测试中心和学校的领导下开展工作。该测试站自2010年开展普通话水平计算机测试工作以来，平均每年完成7000余人次的测试任务，累计完成10000余人次的普通话培训任务，先后多次得到云南省普通话测试中心和云南省语言文字工作委员会的表彰。其他院校的情况大同小异。除了常规的测试工作外，普通话测试站还定期举行活动，以提高学校师生的普通话水平。比如，保山学院利用普通话推广周的契机举办各种比赛活动如"四个自信"征文比赛、"规范汉字书写大赛"、"用普通话诵读经典"大型读书会、"心手相连一家亲——奏团结之歌，抒中华情怀"演讲比赛。通过一系列的活动，既弘扬了中华优秀传统文化，又提高了学生的文化自觉和文化自信，更重要的是增强了学生规范使用国家通用语言文字的意识。（李新梅、吴茂萍，2017）

（四）利用区位优势积极对外传播中国语言文化

云南有着绵延4060公里的边界线，分别与越南、老挝和缅甸接壤，毗邻泰国和柬埔寨。云南边疆高校便充分利用这一区位优势，积极参与到对邻近国家传播中华优秀传统文化的活动中来，其中招收邻国留学生，开展针对邻国不同人员的汉语教育与培训便是这些活动中的重要一环。

利用邻近缅甸的区位优势，保山学院积极开展了缅甸留学生的汉语教学、缅甸华文教师培训，并派教师到缅甸进行汉语教学支教活动；德宏师专借助缅甸学生学习汉语的热潮以及来校缅甸留学生的不断增加，经常性地开展"汉语桥"系列活动，如歌咏比赛、汉语知识竞赛、普通话演讲比赛等。这些活动既丰富了留学生的

校园生活,更提高了他们学说普通话的能力。(聂根香,2013)

与其他学校不同的是,普洱学院还成立了专门招收留学生的东盟学院,承担非学历留学生教育和本科学历留学生教育任务。非学历留学生教育主要包括汉语语言生、专业进修生和访问学者3类,本科学历留学生教育采用"1+4"教学模式进行培养,即第一年集中在东盟学院学习汉语,留学生通过汉语水平考试(HSK)后分配到各相关学院进行专业学习。为此,该院设有汉语水平考试考点,2017年12月3日东盟学院便组织了年度第二次留学生汉语水平四级、五级、六级考试。2017年该校留学生比例在全国接受来华留学生的500多所高校中位居第五十位、云南第二位。此外,利用与老挝邻近的区位优势,该校东盟学院开展了针对老挝丰沙里省人才培训项目"汉语言培训",对老挝学生开展短期培训。

文山学院和红河学院由于邻近越南,招收了大量越南留学生,承担起了培训越南留学生汉语文的任务。比如文山学院于2013年招收了第三批来自越南太原大学外国语学院的30名越南学生,为他们开设了"中国概况""高级汉语听说""中国文学""旅游汉语""阅读与写作""汉语跨文化交际""现代汉语语法"等课程。红河学院自2003年升本以来,一直把面向越南的留学生教育工作作为该校国际化办学的重点。2004年12月,96名首批越南留学生正式到红河学院接受学历教育。在留学生培养上,红河学院也和普洱学院一样,采取了"1+4"培养模式,即第一年汉语预科教育,打牢汉语基础并通过汉语水平考试后,再根据本人意愿进入各专业学习。截至目前,该校先后招收了来自越南20多个省市的800余名学生。此外,红河学院还积极组织学生参加国家汉办组织的对外汉语教师志愿者选拔,迄今已有20多位学生被国家汉办选派到泰国、越南、柬埔寨、孟加拉国等国家从事汉语传播工作,另有60多名对外汉语专业毕业生走出国门,在越南、泰国、柬埔寨、缅甸等国家从事汉语教学工作。该校于2014年成功申报了斯里兰卡科伦坡大学孔子学院。因为其在汉语文传播规划方面的出色工作,该校成为省级华文教育基地。

总之,借助更名升级的机会,云南边疆民族地区高校在各自中文系的基础上组建起了人文学院或者文学院,对内采取了形式多样的"推普"活动和提升学生汉语文水平、规范汉语文使用的活动,对外利用自身的地缘优势,采取"请进来"(招收邻国留学生)和"走出去"(外派教师支教或参与汉语教学)等方式,既提高了地方高校国际化的程度,又传播了中华优秀传统文化,把汉语文规划和课内教学、课外活动以及对外交流合作做了紧密结合,取得了良好成效。

第三节 外语规划

进入21世纪以来，全球化与多元化正逐渐发展成为新的时代特征。而云南边疆民族地区的外语规划正是这一时代特征的典型代表。从全球化的角度来看，以英语为代表的外语教育在学校的地位得到巩固，因为少数民族要走向世界，要学习其他国家先进的思想、文化、科学技术等都离不开作为全球通用语的英语，因此英语教育不仅是大学里的一门必修课程，更是各类升学考试的重要科目，甚至就连偏远地区的少数民族乡村都不甘落后而在小学阶段开设了英语课程。从多元化的角度来看，地缘特征、民族构成、国际格局的变化比如澜湄合作[①]，以及"一带一路"倡议的实施，均为云南边疆民族地区开展多元外语教育创造了条件，在学校教育领域教授邻国语言如泰语、越南语、缅甸语、老挝语等便具备了天时地利人和的优越条件。云南边疆民族地区当然没有放弃这一千载难逢的机会。然而，外语教育的全球化与多元化也给这一地区的语言规划带来了挑战，做好该地区的外语规划不仅有助于少数民族自身的发展，也符合国家的政策。

一、以英语为外语的规划

20世纪70年代末80年代初开始的改革开放掀起了中国向西方学习先进科学技术的高潮，而要实现这一目标就必须要掌握与西方国家交流的工具。英语作为实现这一目标的主要工具顺势进入学校教育领域。随着改革开放的深入，英语在学校教育领域的地位进一步得到加强，英语成为了所有外语的代名词。凡是提及外语，进入人们心目中的往往不是法语、日语、俄语或德语，更不是东南亚各国的语言。作为升学考试必考科目，英语、语文和数学共同在基础教育阶段形成了语数外铁三角关系，外语（英语）获取了与语文和数学几乎同等重要的作用。由于英语作为外语给学习者所带来的学习困难，学校、学生和家长在英语学习上所投入的资源有时甚至超越了其他科目。进入高等教育阶段后，英语的地位继续得到巩固。中国绝大多数学生都要接受为期近两年的大学英语教学，大多数都要经历大学英语四级、六级考试，一段时间内还出现了大学英语四年不断线的现象。（杨治中，1999）如果学生要继续攻读硕士和博士学位，他们还要通过比较严苛的外语考试。由此可见，英语

[①] 澜湄合作指中国、柬埔寨、老挝、缅甸、泰国、越南六国围绕澜沧江-湄公河流域实施可持续开发和开展互惠务实合作。2016年3月23日，在海南三亚召开了澜沧江-湄公河合作（澜湄合作）首次领导人会议。

在教育领域获得了独特地位。而这种独特地位在一定程度上对母语的地位形成了冲击，带来了一定的负面作用，从而引起了来自各方面的质疑。

上述情况在云南边疆民族地区显得尤为突出。云南边疆民族地区有着不同于全国大多数地区的语言生态。除了学习、使用和保持本民族母语外，少数民族学生还必须学习和掌握全国通用的汉语语言文字。而居住在边境地区的少数民族可能还有学习和使用邻国语言的需求。在这样的语言生态环境下，英语在边疆民族地区教育领域的传播、所占用的资源、所拥有的地位便值得探讨。

（一）中小学的英语规划

英语进入中学课堂的历史大概可以追溯到高考制度恢复之时，这在云南边疆民族地区也不例外。作为高考考试科目，初中和高中阶段开设英语课程的时间大致始于20世纪80年代。而由于受各种因素的制约，小学阶段开设英语课程的时间相对晚一些。从全国的情况来看，我国自1999年开始在小学试点开设外语课（英语），但主要在发达地区的大城市进行试点。（欧阳胜美，2007）从2001年秋季开始，全国县城以上小学逐步从三年级起开设英语课程，一些大城市如北京、上海、广州等的部分学校从一年级起开设英语课。（吕万英、罗虹，2012）由于边疆民族地区的社会、经济、文化发展相对滞后从而导致教育基础薄弱等原因的影响，国家没有对边疆民族地区的英语教育做出强制要求，只是国务院在2003年提出"在民族中小学逐步形成少数民族语言和汉语教学课程体系，在有条件的地区应开设一门外语课程"。（马仲荣，2005）可以肯定的是，进入21世纪以来，英语已经普遍进入了边疆民族地区的中小学课堂，只是条件较好地区的英语课程从小学三年级起开设，而教育教学条件较差的地区从初中一年级起开设。

作为外语的英语之所以能作为升学考试的科目，在教育领域享有与语文、数学以及其他科目同等重要的地位，除了与英语作为所谓国际通用语或者世界语言的地位有关外，也与国家宏观层面的决策有关。虽然不同于宪法对汉语言文字推广和少数民族语言文字使用做出明确规定，宪法等国家层面的法律法规并未对外语的地位做出任何描述，但是教育部门的教学大纲和考试大纲对外语所做出的要求以及采取的措施所发生的作用似乎更为有效。以民族语言为例，因为教育部门未把民族语言列入升学考试的科目，民族语言在教育领域的地位便无法与英语相提并论。所以，教学大纲比如英语课程标准、英语考试大纲等对英语热起到了推波助澜的作用。当然，社会对英语的预期，比如企事业单位招聘工作人员要求应聘者需具有一定的大学英语四级、六级水平证明等，也助推了英语热。

然而，如上所述，云南边疆民族地区有着不同于全国大多数地区的语言生态。在这些地区与全国一样形成以英语为主的外语热潮是否与该地区的社会、经济、文化、历史、地理等因素相匹配，这值得我们做深入的研究。下面拟从边疆民族地区英语学习开始时间，中小学阶段英语课程设置，以及学生、教师和学校三方对英语课程的态度入手展开调查。

1. 英语学习开始时间

学生什么时候开始上英语课，每周上几节课等可以直观地反映英语在教育体系里的规划情况。虽然20世纪末发达地区就已经开始在小学试点英语课，教育部门自21世纪初也要求县城以上有条件的学校从三年级起开设英语课，但这些要求与边疆民族地区的现实情况存在较大差异。针对红河、德宏和普洱三地部分教师和学生的调查情况来看，不同民族地区学生开始学习英语的时间存在差异，总体上来看，条件较好的地区，比如坝区和距离县城较近的地区，大多从小学三年级起学习英语课程，而条件较差的地区比如山区或者距离县城较远的农村乡镇中学，学生往往从初中才开始学习英语。然而这只是面上的情况，具体到不同地区，学生开始学习英语的情况十分复杂。为此我们对来自红河州蒙自市雨过铺镇中学和冷泉镇中学的191名初三学生进行了调查，详细结果如表7.3.1：

表7.3.1 边疆民族地区学生开始学习英语的时间（N=191）

中学名称	开始年级	频数（人）	百分比（%）	有效百分比（%）	累积百分比（%）
冷泉中学	缺省	3	3.1	3.1	3.1
	三年级	32	33	33	36.1
	四年级	2	2.1	2.1	38.1
	五年级	3	3.1	3.1	41.2
	六年级	3	3.1	3.1	44.3
	七年级	53	54.6	54.6	99
	八年级	1	1	1	100
	合计	97	100	100	

续表

中学名称	开始年级	频数（人）	百分比（%）	有效百分比（%）	累积百分比（%）
雨过铺中学	缺省	2	2.1	2.1	2.1
	学前	1	1.1	1.1	100
	一年级	2	2.1	2.1	4.3
	三年级	15	16	16	20.2
	四年级	4	4.3	4.3	24.5
	五年级	2	2.1	2.1	26.6
	六年级	2	2.1	2.1	28.7
	七年级	65	69.1	69.1	97.9
	九年级	1	1.1	1.1	98.9
	合计	94	100	100	

从表7.3.1可见，受调查民族地区学生开始学习英语的时间大多数为七年级，即初中才开始，其次为小学三年级。但仔细比较，还是会发现两个乡镇受调查者开始学习英语的时间仍然存在一定差别。雨过铺镇位于蒙自坝区，距离蒙自市区仅10余公里，这里的经济条件相对较好；而冷泉镇则距离蒙自市区将近20公里，主要为山区，经济条件远不及雨过铺镇。然而，冷泉镇小学三年级开始学习英语的学生比例为33%，超过了雨过铺镇受调查学生开始学习英语的比例（16%），这意味着地处坝区距离城市更近且经济条件更好的地方的学生到初中才开始学习英语的学生（69.1%）比例远远超过了前者（54.6%）。这似乎有些令人费解。但进一步调查发现，位于山区的冷泉镇中学的学生相对集中，生源多来自本地，撤点并校后学生集中到中心校点上课，故有超过三成的学生从小学三年级起开始接受英语教育。而地处坝区的雨过铺镇中学的学生构成比较复杂，生源分散，很多学生其实来自山区，随父母在县城附近打工而就近入学，故该校学生学习英语的时间总体晚于冷泉镇中学学生。

虽然学界对外语学习的起始时间对其后期英语学习的成效还存在一定程度的争议。（桂诗春，1987；王永祥，1998；刘润清，1999）但绝大多数人包括中小学教师在内，仍然倾向于认为学习外语越早越好，即所谓"外语学习要从娃娃抓起"。（钟扬，1992；孙丽芳，2009）因此，外语学习的开始时间不仅是宏观规划者要考虑的问题，也是微观层面个人、家庭和学校要规划的对象。

2. 英语课程设置

除了开始学习英语的时间可能是影响英语学习效果的一个变量外，英语课程的数量也不容小觑，毕竟语言学习需要投入时间。通常情况下，投入的时间越多，学习的成绩往往越好。因此，英语课时安排可以反映教育规划者对英语学习成绩的预期。如果决策者对英语成绩有要求且希望学生在英语成绩上取得成效，其在课程规划方面便会对英语课时做出倾斜，反之，则可能不纳入重点规划范畴。

对3个州市不同学校的调查情况发现，英语的课时量随学段增加而增加，小学阶段每周通常只有2节英语课，比如金平八一小学、屏边民族小学、屏边玉屏中心校半坡希望小学等。到了初中阶段，英语课时便增加到了10节左右，但不同地方的学校存在不同，比如金平八一中学每周11节英语课，屏边白河中学和屏边四中每周9节英语课，墨江民族中学每周10节英语课，而蒙自雨过铺中学和冷泉镇中学的英语课则每个学年都不一样，初一8节、初二7节、初三6节。进入高中后，英语课程普遍不低于每周10节，比如墨江第一中学和蒙自第一中学的英语课程都在每周12节及以上。导致这种现象的出现，主要原因就在于教育决策者对英语科目成绩存在较高预期，当然也与学校的师资存在联系。就前者而言，小学阶段的英语不是考试科目，故课时量有限；进入初中后，由于英语变成考试科目，故课时量增加到了10节左右；而进入高中后，英语作为重要的高考升学考试科目，且在云南所占比例与语文和数学相同，故英语课时高达12节及以上，这是因为英语成绩与学校的高考升学率直接相关。当然，师资因素也是一个重要原因，很多学生从初中才开始学习英语，主要原因就在于小学阶段没有英语教师。

学校对英语课程的重视程度是微观层面英语规划的主要动因，而课时安排是这一动因的最直接反应。小学阶段英语不是升学考试科目，故课时有限，且开始时间不一，除了大多数小学三年级开始上英语课外，也有四年级、五年级甚至六年级才开始开设英语课程的情况。进入初中后，由于英语成为考试科目，故英语的课时增加到了10节左右，但由于不是升学考试科目，故不同学校之间赋予英语课程的课时仍然存在差别。进入高中后，英语作为高考升学考试科目所受到的重视程度进一步提高，课时基本都在12学时以上，且不同地方的高中重视程度几无差别。

3. 学校对英语课程的重视程度

通过课时安排来展示学校对该门课程的重视程度是一种显性的语言规划。除此之外，教师态度以及教师对学校重视程度的感知则构成了隐性的语言规划。对红河州蒙自市3所学校部分教师的问卷调查和访谈结果或许能揭示更深层次的原因，这3

所学校分别为1所县城高中（蒙自第一中学）、2所乡镇初中（雨过铺镇中学、冷泉镇中学）。

表7.3.2 您认为学校更重视哪一门课程？

类别	项目	频数（人）	百分比（%）	有效百分比（%）	累积百分比（%）
初中	缺省	5	17.9	17.9	17.9
	语文	4	14.3	14.3	32.1
	语文和英语	15	53.6	53.6	85.7
	英语	4	14.3	14.3	100
	合计	28	100	100	
高中	缺省	7	21.2	21.2	21.2
	语文	5	15.2	15.2	36.4
	语文和英语	3	9.1	9.1	45.5
	英语	18	54.5	54.5	100
	合计	33	100	100	

表7.3.2对比了初中和高中阶段学校对英语课程的重视程度。从表7.3.2中可以看出，虽然初中阶段英语仅仅是一门考试科目，但在教师的心目中，学校对英语课程的重视程度与语文课程没有差异，选择学校最重视语文课程和英语课程的人数比例完全一致，均为14.3%。选择学校更重视语文课程的老师认为，因为语文是母语，是各科的基础；而认为学校更重视英语课程的老师认为，因为英语相对较难，英语更难学，英语成绩更难抓，所以学校更重视英语课程。此外，超过五成（53.6%）的受访教师认为学校对两门课程都重视，他们的观点是，因为两门课程都是主科，都是中考科目，也都是为了加强学生的语言能力，而且都是课程标准里要求的课程，所以学校对两门课程的重视程度相同。也就是说，大多数初中教师认为初中阶段学校对两门课程都很重视。

那么，到了高中阶段，学校对英语课程的重视程度是否会发生变化？从表7.3.2中可以看出，高中教师与初中教师的调查结果出现了较大差异，高中教师认为学校更重视语文课程的比例仅15.2%，认为两门课程都重视的教师比例更低，仅9.1%，而认为学校更重视英语课程的比例则超过了五成（54.5%）。换句话说，到了高中阶段，大多数教师认为学校更重视英语课程。对部分教师的访谈发现，学校更重视英语课程主要基于以下3个方面的原因：第一，学生英语基础差，英语决定高考成败；第二，英语更难掌握，是高考必考科目，而学生高考英语成绩普遍偏低；第三，现在的评估方式是语文高分不易，故把重点放在英语上，而英语比语文更容易获得高分。基于以上3个方面的原因，学校更重视英语课程。

4. 学生对英语课程的态度

学校对英语课程的重视程度随着学段的上升而上升，到了高中阶段甚至超过了对汉语课程的重视程度。那么学生对英语课程的态度如何呢？我们从以下几个方面展开了调查：（1）教师心目中学生对英语课程的看法；（2）学生自述对英语课程的看法。为了更全面地了解学生的真实想法，我们从不同侧面展开了调查，并与其他课程比如汉语课程等进行了对比。

关于教师心目中学生对英语课程的重视程度，我们调查了6所学校的159名教师，他们来自1所高中、4所初中、1所小学。详细调查结果如表7.3.3：

表7.3.3 您认为学生更重视哪一门课程？（N=159）

学段	学校名称	人数（人）	语文 人数（人）	语文 比例（%）	英语 人数（人）	英语 比例（%）	两门都重视 人数（人）	两门都重视 比例（%）	缺省 人数（人）	缺省 比例（%）
高中	墨江第一中学	25	21	84	4	16	0	0	0	0
初中	墨江民族中学	28	21	75	1	3.6	0	0	6	21.4
初中	屏边白河中学	21	18	85.7	0	0	0	0	3	14.3
初中	屏边第四中学	20	17	85	0	0	1	5	2	10
初中	芒市民族初中	42	29	69	5	11.9	2	4.8	6	14.3
小学	屏边玉屏中心校半坡希望小学	23	19	82.6	0	0	0	0	4	17.4

表7.3.3中调查结果显示，在教师的心目中，不论是小学生、初中生，还是高中生，对英语课程的重视程度远远不及对语文课程的重视程度，而且这种情况从小学到高中都未显示出太大差异。屏边玉屏中心校半坡希望小学没有一个老师认为学生重视英语课程的学习；初中阶段认为学生重视英语课程的教师比例变化不大，只有芒市民族中学有11.9%的老师认为学生重视英语课程，墨江民族中学仅3.6%，而另外两所学校即屏边白河中学和屏边四中没有教师认为学生重视英语课程；到了高中阶

段，墨江一中认为学生重视英语课程的教师比例也仅16%，不足两成。由此可见，虽然学校层面对英语课程的重视随着学段的上升而上升，但在教师心目中学生对英语的重视程度并未发生相应的变化，虽然高中阶段可能出于升学压力原因而有16%的教师认为学生重视英语课程，但与对语文课程的重视程度相比，这一比例微不足道。为什么如此高比例的教师认为学生不重视英语课程？主要原因还在于英语作为外语给学生学习所带来的困扰所致。小学阶段因为英语不是考试科目，对升学不产生影响，而且很多地方从初中才开设英语课程（见表7.3.1），没有教师认为学生应重视英语课程，这不足为奇。但是到了初中，尤其是高中阶段，当英语成为中考会考科目，成为高考升学考试科目，而且学校越来越重视的情况下，为什么学生对英语课程的重视程度依然未发生根本改变？笔者一行对墨江民族初中6位教师、屏边白河中学13位教师进行了访谈，他们几乎一致认为因为英语难学，学生提不起兴趣，故不重视这门课程的学习；对墨江一中11位教师的访谈结果同样如此，他们认为英语太难，没有语言环境，学而不用，大多数学生提不起兴趣。很显然，即便把英语作为会考科目和升学考试科目，但英语作为外语的地位并不会在民族地区学校教育领域里发生根本变化。这一现实是民族地区开展语言规划必须要考量的因素。

上面的调查结果反映的是教师对学生英语课程重视程度的看法，虽然不是最直接的反馈，但作为与学生朝夕相处的教师来说，他们对学生的观察和反馈结果是值得信赖的。尽管如此，我们还是从不同侧面对学生的英语态度进行了调查，以期更真实、更直观地反映学生的英语语言态度，同时与上述调查结果进行对比。

首先，我们让学生在语文、英语和民汉双语3门课程中进行选择，调查结果如表7.3.4：

表7.3.4　你（学生）更重视哪一门课程？（N=393）

选项	频数（人）	百分比（％）	有效百分比（％）	累积百分比（％）
缺省	21	5.3	5.3	5.3
语文	239	60.8	60.8	66.2
语文与英语	10	2.5	2.5	68.7
语文、英语与民汉双语	1	0.3	0.3	69
语文与民汉双语	2	0.5	0.5	69.5
英语	79	20.1	20.1	89.6

续表

选项	频数（人）	百分比（%）	有效百分比（%）	累积百分比（%）
民汉双语	41	10.4	10.4	100
合计	393	100	100	

注：此项调查未包含蒙自雨过铺中学和冷泉中学的191名学生，故受调查人数为393人，下同。

表7.3.4对393名学生的调查结果发现，自述重视英语课程的学生比例仅为20.1%，即使加上多选项目（即同时也重视其他课程的比例），重视英语课程的比例也只不过22.9%。这一结果虽然比教师认同学生重视英语课程的比例稍高，但是与对汉语文课程的重视程度相比，依然相形见绌。鉴于393名学生中包含了不同学段的学生，我们又调查了不同学段学生对英语课程重视程度的变化情况。

表7.3.5　不同学段学生对英语课程的重视程度（N=393）

学段	人数	缺省	语文	语文与英语	语文与民汉双语	英语	民汉双语	备注
高中	49人	1人 / 2%	34人 / 69.4%	1人 / 2%	1人 / 2%	10人 / 20.4%	2人 / 4.1%	墨江一中
初中	144人	12人 / 8.30%	82人 / 56.9%	8人 / 5.6%	1人 / 0.7%	31 / 21.5%	10人 / 6.9%	金平八一中学、墨江民族中学
小学	200人	8人 / 4%	123人 / 61.5%	1人 / 0.5%	1人 / 0.5%	38人 / 19%	29人 / 14.5%	屏边民小、芒市遮晏小学、那目小学

表7.3.5调查结果显示，即便按不同学段进行统计，结果相差并不明显。也就是说，小学阶段、初中阶段和高中阶段学生对英语的重视程度十分接近，小学阶段19%、初中阶段21.5%、高中阶段20.4%，高中阶段比初中阶段甚至还下降了1个百分点。如果说小学阶段由于英语不是升学考试科目，而且课时较少，学生尚未对英语形成较为完整固定的语言观而对英语不太重视的话，那么，进入初中尤其是进入高中后，经过数年的英语教学，学生对英语及其重要性也有所认识，且英语也成为了会考和高考科目后，学生对英语的重视程度依然未有多大起色。究其原因，也正如教师们所反馈的结果一样，英语对少数民族学生来说太难了，让他们望而生畏。

因此，对大多数少数民族学生来说，要想让他们对英语形成较为积极的态度，光是增加课时或者把英语纳入会考或者高考范畴，换句话说，光是学校或者决策部门重视，那是不够的。

表7.3.4与表7.3.5中仅20%左右的学生自述重视英语课程，或许是由于与语文课程、与民汉双语课程相比较而分散了他们对英语选项的关注（尽管他们可以多选），即所谓形成了干扰，又或许不同地方的少数民族学生有不同的语言态度。为此，我们又从另一个侧面进行了调查，并更换了调查对象。在对红河州蒙自市2个少数民族聚居的乡镇中学——雨过铺中学和冷泉中学的191名初中生的问卷中，问题设置为"你喜欢英语吗？"选项为：喜欢、不喜欢、一般。调查结果如表7.3.6：

表7.3.6　两所乡镇中学初中生对英语的态度（N=191）

选项	频数（人）	百分比（%）	累积百分比（%）	有效百分比（%）
缺省	4	2.1	2.1	2.1
喜欢	58	30.4	30.4	32.5
不喜欢	31	16.2	16.2	48.7
一般	98	51.3	51.3	100
合计	191	100	100	

在不受语文、民汉双语等其他选项干扰的情况下，不同地方民族地区学生对英语的态度也未见显著变化。表7.3.6的结果表明，在红河州民族地区2所乡镇初中学生中，喜欢英语的比例也仅30.4%，持不喜欢态度，或者一般态度者的比例接近七成，高达67.5%。这两所中学教师对学生英语学习的印象与学生的反馈基本一致。我们访谈了雨过铺镇中学7位老师、冷泉镇中学6位老师，他们中没有一人觉得学生喜欢英语课程。他们的反馈要么是"学生对英语的喜爱程度一般，因为英语太难了"，要么就是"学生不喜欢英语，没有语言环境，羞于开口"等等。因此，要让对英语持一般或者不喜欢态度者重视一门他们认为学习困难、没有语言环境也不使用的语言，那是相当困难的。

5. 制约英语课程发展的因素

边疆民族地区总体教育水平偏低，这是客观事实。而在所有学科教育中，尤以外语（英语）水平较低而备受关注。那么是什么因素制约了英语课程的发展？相关研究汗牛充栋。有人从社会、经济、文化发展的角度（陈荣，2008），有人从地理位置与信息沟通的角度（何清、杨海波，2014），有人从师资建设或者经费投入的角度（吕万英、罗虹，2012），还有更多的人从语言干扰的角度（石常艳，2015），对导致这一现象产生的原因进行了多维度的探究。然而，这些研究大多数都是宏观的探讨，缺乏微观的分析。为此，我们针对这一问题在部分教师和学生中进行了调查。针对蒙自雨过铺中学、冷泉中学和蒙自一中61位教师的调查围绕以下3个方面的问题展开，分别为师资问题、学生问题和投入问题。调查结果如表7.3.7：

表7.3.7 教师认为制约英语课程发展的因素（N=61）

选项	频数（人）	百分比（%）	有效百分比（%）	累积百分比（%）
缺省	8	13.1	13.1	13.1
师资问题	6	9.8	9.8	23
师资与学生问题	4	6.6	6.6	29.5
师资、学生与投入问题	2	3.3	3.3	32.8
学生问题	33	54.1	54.1	86.9
投入问题	8	13.1	13.1	100
合计	61	100	100	

表7.3.7中的61位受访教师分别来自1所高中（蒙自一中）和2所初中（雨过铺中学、冷泉中学）。在他们看来，制约英语课程发展的主要因素是学生问题，持有这种看法的受调查教师比例超过五成（54.1%），如果加上复选项，这一比例则超过了六成多（64%）。而归咎于师资问题的比例仅占9.8%，如果加上复选项，也不足两成（19.7%）。认为是投入不足制约英语课程发展的比例为13.1%，加上复选项也仅16.4%。

之所以受调查者中仅一成左右的教师把制约英语课程发展的因素归咎于自身，除了可能存在自我维护意识外，他们的受教育程度、学历水平等为他们带来了信心。调查发现，近年来，即便是在乡镇中学，大多数教师都具有本科学历，且毕业于师范院校，只有部分年纪较大的教师为专科毕业，但也都毕业于当地高等师范专科学校，比如蒙自师专[①]。因此，从师资力量来看，这不应该成为制约英语课程发

[①]现已升本，并更名为红河学院。

展的主要原因。再从投入的角度来看，目前边疆民族地区社会、经济、文化持续发展，地方财政状况日益改善，再加上中央和省级部门对民族地区教育的各种扶持和重视，教育投入状况已大为改观，故只有一成多的受访教师把投入因素作为制约英语课程发展的因素。因此，绝大多数教师未把师资问题和投入问题作为制约英语课程发展的因素，这应该是比较客观的。那么，为什么绝大多数受调查者把原因归咎于学生呢？蒙自一中的老师认为，制约英语教学效果的主要原因是学生不爱学、不重视，学生时间和精力投入不够，英语学习意识不强，学习观念存在问题，没有语言环境；雨过铺中学的教师认为制约英语课程发展的因素是英语教学效果不佳，而主要原因在于学生小学未学过英语，英语基础差，再加上英语难学，学生渐渐失去了兴趣，当然缺乏语言使用环境也是一个重要因素；冷泉镇中学的教师认为没有语言环境，学生与外界接触少，英语学习需要花大量时间背，而学了没用，又难学，加上学习意识不够，便惰学甚至不学，从而阻碍了这门课程的发展。归纳起来看，大多数教师之所以把制约英语课程发展的因素归因于学生，主要在于英语难学，学生对英语持消极态度等。除此之外，缺乏语言使用环境也是一个重要原因，而这一原因其实是由于英语作为外语的性质所决定了的，这本来应该与学生本人无关，但却可能导致学生不愿意讲，"羞于开口"，故也成为了学生因素，这也是冷泉中学老师说得最多的词。

那么，学生对这一问题又持何种看法？考虑到地域差异因素，我们针对芒市2所民族小学150名学生做了调查，调查结果或许能在一定程度上揭示部分原因。在"你对当前的英语教学是否满意"的调查中，针对芒市2所民族小学学生的调查结果如表7.3.8：

表7.3.8 少数民族学生对英语教学的满意度调查（N=150）

选项	频数（人）	百分比（%）	有效百分比（%）	累积百分比（%）
缺省	6	4	4	4
满意	39	26	26	30
不满意	43	28.7	28.7	58.7
一般	62	41.3	41.3	100
合计	150	100	100	

在大多数教师把制约英语课程发展的因素归咎于学生的同时，学生也对教师的

教学表达了同样的不满。表7.3.8统计结果显示，对英语教学满意的学生比例仅26%，不足三成；对英语教学不满意的比例为28.7%，认为英语教学一般的比例最高，达到了41.3%。可见，学生对英语课程的满意度并不高。导致学生英语教学满意度低的原因可能是多方面的。除了学生对英语持消极态度，即不喜欢或者不重视外，教师的教学方法、教学内容等都可能导致学生降低对该门课程的满意度。

此外，教学过程中所使用的教材也是一个不容忽视的因素。由于使用统编教材，教材内容脱离少数民族学生的生活实际，与少数民族的语言文化相脱节，这也可能降低少数民族学生对英语教学的满意度。表7.3.9是学生对教材满意度的调查结果：

表7.3.9　学生对英语教材的满意度调查（N=150）

选项	频数（人）	百分比（%）	有效百分比（%）	累积百分比（%）
缺省	8	5.3	5.3	5.3
喜欢	65	43.3	43.3	48.7
不喜欢	19	12.7	12.7	61.3
一般	58	38.7	38.7	100
合计	150	100	100	

表7.3.9结果表明，少数民族学生对教材的满意度存在不足。虽然有43.3%的受调查学生表示喜欢英语教材，但仍然有为数不少的学生表示不喜欢（12.7%）或者对教材的满意度一般（38.7%），二者相加的比例超过了总人数的一半。教材虽然不是教学成败的关键，但却是教学环节的重要构成要件。在教师无权自编教材的情况下，教师只能使用统编教材，边疆民族地区也无例外。由于受教师个人阅历、个人学术能力的影响，不同教师对教材编者意图的理解必然存在差异。如果教师对教材意图把握不到位，不能很好处理教材内容，不能以恰当的方式方法来实现教材所要达到的目标，其教学效果必然十分有限。如果大多数学生对教学不满意，如表7.3.8中所反映的那样，再加上有半数的学生对教材不满意，这门课程要想达到理想状态，那几乎是不可能的。

综合起来看，学校层面对英语的重视程度随学段的上升而上升，这主要是因为英语进入初中和高中阶段后变成了中考和高考科目。然而，学生对英语的重视程度并未水涨船高。不论是教师反馈，还是学生自述，大多数学生都不喜欢英语，也不重视英语课程。主要原因源自于学生的英语语言意识和学习体验，他们认为学习英语无用，感到英语难学，便逐渐丧失了英语学习兴趣。从这个意义上来看，大多数教师把制约英语课程发展的因素归根于学生因素，并不无道理，毕竟语言态度构成了语言学习的内在动因。然而，导致学生不喜欢英语、不重视英语课程的现象也不能完全归咎于学生的语言意识或者语言态度，教师的教学以及教学中所使用的教材也是不容忽视的因素，受调查学生对教学和教材较低的满意度便充分说明了这一问题。

（二）地方高校的英语规划

尽管小学生、初中生和高中生对英语的喜爱程度并未逐级递增，但是学校对英语的重视程度却随着学段的上升而上升，而且持续进入了高等教育阶段。云南边疆民族地区除了怒江州目前尚未建立高等教育机构外，其余各州市均有1所以上的高校。英语教育几乎无一例外地都进入了这些高校的规划范畴。

英语教育进入云南边疆民族地区高等教育领域的时间，几乎与内地或沿海发达地区同步，有些高等师范专科学校（目前大多数已经升本并更名为学院）开设外语系从事英语教育的历史甚至早于很多发达地区的一些重点院校，比如文山学院于1978年便建起了英语教研室。值得注意的是，中国高等教育领域的英语教育通常包含两个层面，一个是把英语作为专业的教育，即英语专业；另一个层面是把英语作为公共课，针对的是非英语专业的学生，这一类型的英语教育叫作公共英语，或者普通英语，目前称为大学英语。这种情况在云南边疆民族地区也不例外，所以高等院校外语系（学院）通常承担把英语作为专业的教育和把英语作为公共课的教育任务，前者即英语专业，后者则是大学英语。

1. 外语专业教育规划

云南边疆民族地区高等院校虽然地处偏僻，但对英语进行规划，开展英语教育的历史并不滞后。改革开放恢复高考后不久，英语教育便被纳入了规划范畴，开始进入了民族地区高等院校的课堂。如前文所言，文山学院的英语教育始于1978年的英语教研室，该教研室于2004年重组为英语系，2009年学校升本后更名为外语系，2013年又组建了外国语学院。德宏师范高等专科学校的英语教育规划也可追溯到1978年，其外语系乃该校成立时间最早的系部之一。滇西科技师范学院的英语教育始于1985年的临沧师专外语系，虽然时间稍晚于其他地区，但也是该校成立最早的院系之一。其余学院如红河学院、保山学院、普洱学院、西双版纳职业技术学院等开展英语教育规划的情况与上述3所学校的情况大同小异，在此不一一赘述。

高等教育领域对英语作为外语的重视程度不仅从开展英语规划的历史上得到呈现，而且从各个院校建立英语教育机构的行为上得到反映。几乎所有院校的英语教育都源于最早的教研室，后发展成为英语系，再发展成为外语系，及至当前的外语学院。英语教育以及由英语教育所衍生的外语教育规模逐渐扩大，表明包含英语在内的外语规划日益活跃，外语的地位在逐步提升。

由英语教研室发展为英语系，再在其基础上发展成为外语系或外国语学院，正是民族地区高等教育领域外语规划的结果，表明边疆民族地区由英语引发的外语教育规划与时俱进，与地方社会经济和文化的发展、与国家的发展相同步；表明以英语为单一语种的外语教育已经不能满足地方社会经济文化的发展。由英语发展成为包含英语以及其他语种在内的外语教育正成为常态。到目前为止，边疆民族地区高校的外语系或者外语学院已无一例外地把东南亚国家的语种纳入其外语教育中。这些高校都根据其地理位置，充分利用地缘优势，开展了邻国语言教育。比如，文山学院和红河学院把越南语等纳入其外语教育体系，普洱学院和西双版纳职业技术学院则分别开展了缅甸语、老挝语和泰国语等国家语言的教育，滇西科技师范学院、德宏师专、保山学院则把缅甸语等邻国语言纳入其外语教育的范畴。

边疆民族地区外语教育规划与时俱进不只是扩大了外语教育的外延，还增加了外语教育的内涵。以英语为例，英语已经由传统单一的语言技能培养发展成为了包含英语教育、英语语言文学、商务英语以及英语+（English plus）等复合型的英语课程体系。早期传统的英语教研室、英语系或者外语系，所注重的只是培养学生的语言能力。这种人才培养模式适合早期的中小学师资培养目标的要求。但随着改革开放的深入，传统的教育模式已经不能满足社会对外语人才的需求：所谓懂外语的人不懂专业，懂专业的人不懂外语。受这一现实的驱使，培养复合型外语人才变成了外语教育规划的首选。各高校都正在或者已经在拓展了外语教育外延的基础上力图丰富英语教育的内涵，产生了英语+这一特殊现象。所谓英语+，即在英语教育的基础上增加其他学科知识的教育，以使学生能更好地满足社会需求。

最初从英语专业衍生出来的学科非英语教育专业莫属，这主要是因为边疆民族地区高校大多数属于师范性质，英语教育主要培养的是满足地方的师资需求。最近几年，随着一些师范专科学校升级为本科院校，英语专业呈现了既向学术方向也向应用方向发展的趋势。向学术方向发展的英语专业主要专注于英语语言文学，而向应用方向发展的英语专业发展成为了商务英语、旅游英语等专业或学科。比如，保山学院在开展英语教育等专科层面教育的基础上，还开办有英语和商务英语的本科专业，建有语言与翻译教研室、文学与文化教研室、商务英语专业教研室等；红河学院也在英语专业的基础上于2014年起开办了商务英语专业等；德宏师范专科学校形成了英语教育、旅游英语和应用缅甸语等多专业的办学格局。近年来，英语+又有了新的内涵，一些地方高校在英语专业的基础上增加邻国语言，形成了双外语教育模式，比如普洱学院的应用英语专业就包含了两个方向，分别为英语+泰语和英语+老挝语；滇西科技师范学院为培养具有关键能力的复合型应用外语类专业人才，实施了"外语+专业技能""英语+东南亚语"和"2+1国际合作"培养模式。

总而言之，在以英语为外语的教育模式下，边疆民族地区外语教育的内涵和外延都正在发生深刻变化，而这种改变正是学校教育领域微观层面语言规划的直接结果。然而，就英语规划而言，以英语为专业的教育只是高等教育领域内的一个方面而已。以英语为基础课或者公共课并被称为大学英语的课程在民族地区高等教育领域的规模或者影响力比英语专业而言有过之而无不及。因此，大学英语教育规划是无论如何都不能回避的话题。

2. 大学英语教育规划

针对非英语专业学生的英语教育被称为大学英语。与大学英语有关的规划活动从正名开始。在20世纪70年代末80年代前半期，高等教育领域针对非英语专业学生开展的英语教育，先后被称为普通英语和公共英语。由于没有明确的专业倾向，且不同于基于内容的专业英语，把高等教育阶段的英语教育称为普通英语，这是名副其实的。又由于教育的对象为非英语专业的学生，且与英语专业相对应，故被称为公共英语，这也无伤大雅。但是，无论是普通英语，抑或是公共英语，其教学的本质与高中阶段的英语并无太大差异。由于多种因素的制约，比如师资力量的限制，比如学生生源的质量问题，再比如学生的学习动机等等，大学阶段的英语教育质量相比中学阶段并未有显著提升，很多学生的英语水平不升反降。因此，高等教育阶段针对非英语专业的英语教育颇受非议。为了提高普通英语或者公共英语的教育质量，也为了给学生的学习、教师的教学乃至学校的综合教育质量提供一个评价的依据，教育部门推出了各种各样的考试，其中最著名、影响面最大的考试当属于1987前后年推出的大学英语四级、六级考试。大学英语四级、六级考试的对象就是高等教育阶段非英语专业的全体学生。由于这是一项由教育部统一标准、统一模式、统一时间所安排的一项统一考试，它在一定程度上能够较客观地反映学习者个人的学习成绩、教师的教学效果乃至一个学校的教育质量，故一段时间以来曾经被一些高校作为学生是否能够毕业、是否能够获取学位，教师是否能够获奖、是否能够晋升职称的重要依据，也成为了各个学校相互攀比的砝码。这种现象由高校波及社会，以至于很多用人单位招聘时把大学英语四级、六级成绩作为准入门槛。正是大学英语四级、六级考试给普通英语或者公共英语赋予了大学英语这一新的名称，并自20世纪80年代后期起，逐渐固化为高等教育阶段除英语专业以外的、针对全体非英语专业学生的英语教育。

云南边疆民族地区高等院校的前身几乎都是各种师范高等专科学校，由于学生所接受的主要是专科层次的教育，故大学英语四级和六级考试并不像一般院校那样搞得热火朝天，但是大学英语这一名称同样被用来指代与英语专业相对应的、针对非英语专业学生所开设的英语课程。随着近年来一些高校逐渐升本，大学英语四级、六级考试也渐次进入了这些学校的规划视野。

（1）大学英语的地位规划

大学英语在高等教育领域的地位是各种教学文件所赋予的。无论是20世纪80年代中后期的《文理科大学英语教学大纲》和《理工科大学英语教学大纲》（韩江，1990），还是90年代中期起文理科与理工科合并的《大学英语教学大纲》，还是21世纪初试行并实施的《大学英语课程教学要求》，抑或是自2014年开始实施的《大学英语教学指南》，都明确规定大学英语为大学基础教育阶段学生的必修课程。不仅如此，这些教学文件还对大学英语的听、说、读、写、译技能做了定性和定量的描述，并对大学英语的学时与学分提出了建议。就全国的情况来看，随着高等教育的发展，非英语专业学生的英语水平也大有提升，考入重点院校的学生几乎进校时就达到了大学英语四级水平。因此，很多高校正逐渐压缩大学英语的学时与学分。以笔者所在高校为例，大学英语由原来的16学分压缩为12学分，而另外一些高校甚至降低到了8学分。因此，仅就大学英语的学时与学分来看，大学英语的地位发生了动摇，以至于学界使用了"后大学英语"这一词语来概述当前大学英语在高等教育领域里的地位。

然而在云南边疆民族地区，虽然高等教育也取得了长足进展，很多地方高校也完成了由专科学校向本科院校的华丽转身。但这些新晋三本院校的生源质量根本无法与一本、超一本院校（比如211、985等双一流高校）的生源质量相比，甚至无法与很多二本院校相比。生源质量限制了这些学校学生的英语水平。为此，很多边疆民族地区高校制定了本校的大学英语教学文件，以此方式对大学英语的学科属性及地位做出了规定。以保山学院为例，该院外语学院根据教育部《大学英语教学指南》（2014年）、云南省教育厅《关于加快云南省高等学校小语种人才培养工作的实施意见》的文件精神及保山学院人才培养的定位及发展规划，为切实提高大学外语教学的水平和质量，培养具有国际视野的应用型、复合型人才，于2017年制定了保山学院《大学外语本科教学改革方案》。该方案明确大学英语课程是大学生的一门必修基础课程，并对大学英语的学时、学分甚至教学模式做出了描述。就教学模式而言，该院规定大学英语采取2+1+1的教学模式，2为基础模块，目标是培育学生的语法、词汇、阅读、翻译、写作等方面的语言读写应用能力；第一个1指"听说"，指培养学生的听说应用能力；第二个1，即教师指导下的网络自主学习模块，主要学习与教材配套的网络课程内容。读写每学期2学分，听说和网络课程每学期各1学分，4学时/周折算为4学分，合计16学分。读写课程合计140学时，听说70学时，网络课程70学时，合计280学时。

为确保上述方案的顺利实施，也为了保障大学英语在高等教育阶段的地位，就必须建立相应的机构来执行这一使命。在一些重点高校，比如云南大学等，大学英语部是一个独立于外语学院的部门，其级别与外语学院完全相同。大学英语教学部这一机构本身就赋予了大学英语独特的地位，作为一个相对独立的部门，它能确保各项与大学英语相关的计划得到充分彻底的实施。而作为边疆民族地区的高校，由于学校规模难以与云南大学之类的重点院校相比，再加上这些院校的教育资源贫乏，因此，就我们的调查来看，边疆8个州市中尚未有任何1所高校成立1个二级部门来专司大学英语教学。尽管如此，这些学校的二级部门即外语系或者外语学院依然设置了大学英语教研室，有专门的管理人员，有固定的师资力量来负责大学英语教学。因此，大学英语作为1门基础课程的地位，在边疆民族地区高等教育领域得到了保障。

（2）大学英语的目标规划

虽然宏观层面的教学文件，比如教育部制定的大学英语教学大纲或者课程指南对大学英语的教学目标做出了界定，但各所高校依然根据本地的实际，尤其是学生的实际做出了重新规划。就云南边疆民族地区高等院校而言，大学英语必须要面对的现实是学生的民族背景复杂、学生的英语基础普遍较差。基于这样的现实，保山学院对该校大学英语的目标做出了这样的描述，即大学英语的目标是提高学生的英语综合应用能力、跨文化交际能力和人文素养，以适应区域社会经济发展与对外交流的需要。对学生的大学英语能力也做出了规定，要求修学大学英语的学生四级（CET-4）成绩为文科320分、理科300分、艺体类280分。显然，这一规定与全国大多数地方要求学生四级、六级达到425分（总分710分）的要求存在差异。但这也正是边疆民族地方高校根据学校定位以及学生实际做出的合理的规划。为了确保学生在修学完大学英语课程后不放松对英语的学习，该校还要求非英语专业的学生在第八学期参加由学校组织的学位外语考试，成绩合格方能毕业。这一规定不仅是为了实现大学英语的目标定位，也为进一步巩固大学英语在该校高等教育领域的地位奠定了基础。

3. 英语的形象声望规划

当人们提到外语时，多数情况下想到的是英语。这不仅是因为当前我国外语教育规划存在偏好英语的倾向，也与英语具有比其他语种更好的声望有关。英语的声望除了其作为世界通用语的先天优势外，还与其母国强大的政治、经济、教育、文化、军事、科技实力有关。当然，中国语境下高等教育领域内所开展的各种与英语或者与英语学习有关的活动也起到了推波助澜的作用。

各种考试不仅为学生学习英语提供了动力，大规模的标准化考试也固化了英语在学习者心目中的形象。在英语作为外语的语境下，即在没有语言使用环境的语境下，考试作为一种衡量学生学习成绩的参照，也为学生学习这门语言提供了动机。初中毕业有中考，高中毕业有高考，到了大学如果没有考试的话，学生不仅可能会失去约束，更可能会丧失学习的动机。因此，进入大学阶段的学生同样要面对各种考试。大学英语四、六级考试便是其中的典型例子。在四、六级考试对少数民族地方高校学生可能要求过高的情况下，一些学校便降低分数要求，比如保山学院的做法。其实，除了全国范围的大学英语四、六级考试外，云南省教育厅还推出了"大学英语应用能力考试"（AB级），A级针对地方高校本科学生，B级针对专科学生。因此，学生一进入大学，考试便与英语紧紧地捆绑在一起。考试给学生带来了约束，也给他们继续学习英语提供了动力。这是大学英语形象在学生心目中得以固化的源泉。

大学英语形象被固化的结果就是，所有学生都会自觉或不自觉地接受英语必学的现实。因此，这种心理活动会带来两种结果，一种是积极的，即学生认为英语重要、英语是国际通用语，这些学生会积极主动地学习英语；另一种则可能是消极的，即学生认为英语不得不学，他们的英语学习是被动的，其学习效果往往不如前者。为了促成第二种学生转变其英语学习态度，也为了进一步强化第一种学生的积极态度，学校往往会开展各种各样的活动，为英语和英语学习造势。换句话说，即树立起英语或者英语学习的良好形象。就这种情况而言，民族地方高等院校可谓不遗余力。比如，德宏师专几乎每年都要开展各种英语竞赛活动，2017年6月的"讲好中国故事"英语词汇竞赛便吸引了来自全校10个系部多个专业的学生参加；滇西科技师范学院2017年3月以"青春梦·中国梦"为主题举办了全校性的外语口语大赛，得到了全校所有学院的积极响应；普洱学院的英语竞赛活动更是丰富多彩，自2014年该校升本后便好戏连台，英语辩论赛、英语小故事比赛、英语书法比赛、英语戏剧表演比赛、英语口语大赛、英语词汇竞赛、英语口译大赛、英文歌曲比赛等几乎从未间断。

除了学校自发组织各种英语竞赛活动外，行业内部也积极参与。边疆民族地区高等院校还同时具有高职高专身份。高职高专学校系统在营造英语学习氛围、树立英语形象声望方面也不甘落后，而地方高校也积极参与。比如，2017年4月15日在云南外事外语职业学院举行的云南省高等学校学生职业技能大赛"英语口语竞赛"中，来自德宏师专的两位学生分别获得了二等奖和三等奖，来自文山学院的参赛选手也获得了好成绩，其中两个同学分别获得了英语专业组和非英语专业组二等奖。

很显然，高校或者行业内部组织各种英语竞赛活动的目的是要鼓励学生说英语、用英语，营造良好的校园英语氛围，以调动学生学习英语的积极性和主动性。殊不知，这些活动还起到了帮助提高英语声望和形象的作用，是一种隐性的语言形象声望规划。而为了提升英语的形象和声望，商家更为积极主动。由上海外语教育出版社和北京外语教学与研究出版社两大出版商所发起，并以两大出版商命名的比赛遍及全国各地高校，云南边疆民族地区高等院校也不例外。由于有出版社的资助，学校在开展英语竞赛活动方面显得更积极主动。如由红河学院主办、北京外语教学与研究出版社赞助的"外研社杯"全国英语演讲比赛、写作比赛和阅读比赛红河学院赛区选拔赛于2017年10月12—28日在红河学院举办，3项活动共吸引了1000多名学生报名参赛。同样的活动也在文山学院拉开帷幕，为选拔出优秀学生进入决赛，文山学院先在二级学院开展选拔赛，然后由各二级学院选拔2—3名优秀选手参加学校的初赛，最后有17位来自9个学院的选手进入了初赛。由上海外语教育出版社设置的"外教社杯"英语竞赛活动也不甘落后。仅红河学院就举办了多轮次的"外教社杯"英语竞赛活动，比如2015年6月举行的第二届"外教社杯"大学英语词汇竞赛，2016年6月的"外教社杯"英语话剧比赛等。

除了两大出版商外，天仁报业集团英语辅导报社也加入了有助于提升英语学习兴趣的竞赛活动。由其发起、教育部批准并得到广泛认可的全国大学生英语竞赛（NECCS）正吸引着越来越多的大学生参与，笔者所在高校每年都有近3000名学生报名参赛。近年来，这项活动表现出了向边疆民族地区高校蔓延的趋势。由于NECCS

的奖项是根据各校学生报名的比例设置,即报名学生越多,获奖比例越多,这就促使很多学校乐于鼓励学生报名参赛。比如,在2015年的NECCS竞赛中,红河学院便有953名学生参赛,最后6名学生获得全国一等奖,15名学生获全国二等奖,28名学生获全国三等奖,另有28名学生获省级优秀奖。文山学院也决定组织学生参加2018年4月至5月间举行的NECCS竞赛,为了达到动员学生参赛的目的,文山学院对参赛学生制定了专门的奖励计划,比如除了正常获取比赛的奖励外,该校还另设文山学院一等奖、二等奖和三等奖,并按竞赛类型和参赛人数的6%、12%进行评选,由文山学院颁发获奖证书。对凡是参加NECCS竞赛者均可获得一次平时成绩加分机会,具体为:参赛者加5分,获奖者加10分。

不同学校之所以积极参与此类英语竞赛活动,主要目的当然是要营造良好的英语学习氛围,提高学生的英语水平。然而,正如很多学校在给学生颁奖时常说的一句话"希望广大同学再接再厉,在今后的比赛中为××学院争得更大的荣誉"。显而易见,组织学生参加各种比赛活动也是学校自我形象规划的一个部分,因为如果有学生在全国性比赛中获奖,学校的知名度便会有所提升。而从另一个角度来看,每开展一次英语竞赛活动,英语在学生心目中的声望形象也会随之升高。对于在竞赛中获得名次的学生来说,来自学校或者赞助商的奖励会对他们产生积极的激励作用,会增加他们对英语的好感;而对于未获得名次的学生来说,同学所获得的奖励也会让他们心生羡慕,并最终转化为学习英语的动力。由此可见,各类英语竞赛活动在给学生学习英语创造机会、营造环境的同时,也在不断改善英语的形象,并对英语的形象规划产生积极作用。

通过考试或者开展英语学科竞赛来创造一种学习英语和使用英语的氛围固然可以在一定程度上改变少数民族学生对英语学而无用的印象,但所有这些活动所创造的语言环境都显得太人工化,与自然的语言使用环境存在较大差异。缺乏自然的语言使用环境乃是外语语境下影响学生外语习得或学习的最大障碍,也是很多学生不喜欢外语的重要原因之一,如本节针对中小学教师和学生本人的调查。然而,随着改革开放进程的加快,云南边疆民族地区正积极融入国家"一带一路"建设中。为发挥云南作为面向南亚东南亚辐射中心等"三个定位"的作用,云南边疆民族地区积极主动地承办了一些重要的国际性活动,为改革开放发挥积极作用。比如,2017年11月在德宏州芒市举办了亚洲咖啡协会成立大会暨2017亚洲咖啡年会,该活动吸引了17个亚洲国家及15个非洲、欧洲、美洲、大洋洲国家的外宾参加,德宏师专外语系师生承担起了会议的翻译和接待任务。2012年11月和2018年1月,普洱分别举办了世界乡村音乐节和世界咖啡师大赛，两项活动均吸引了大量来自世界各国的游客、商人和学者到普洱观光考察，所需的英语翻译和志愿者工作都由普洱学院的师生承担。显而易见，这些活动消除了部分学生心目中英语学而无用的印象，也给云南边疆民族地区使用英语创造了真实、自然的语言使用环境。

当然，云南边疆民族地区还拥有无比美丽的自然风光，每年都吸引着来自世界各地的游客。除此之外，各地还积极挖掘民族文化资源，一年四季各地都会举办不同的民族文化节庆活动，比如普洱墨江的哈尼族太阳节和国际双胞胎节、临沧沧源等地佤族的摸你黑狂欢节、西双版纳和德宏等地傣族的泼水节，以及怒江等地傈僳族的阔时节等等，都吸引着来自世界各地的游客。这些操着不同语言的游客来到边疆民族地区，不仅为边疆民族地区的学生使用英语创造了机会，也改变了英语作为外语的形象。英语作为国际通用语的形象在少数民族学生心目中悄然形成。

二、以邻国语言为外语的规划

新中国成立以来，我国的外语教育取得了长足进展，为国家的现代化建设、为改革开放发挥了重要作用，这是不可否认的事实。然而，外语教育中存在的问题也不容忽视，最典型的是外语教育"一边倒"。新中国成立初期，外语教育倒向俄语，导致很多学习英语的老师和学生都转学俄语。而当中苏关系降温后，尤其是改革开放后，外语教育又全部倒向英语，很多教俄语的老师又转学英语，包括笔者20世纪80年代上大学期间的部分老师就是原来学俄语又转向英语的。即便到了现在，在外语教育多元化趋势越来越明显的时代，外语教育"一边倒"向英语的趋势，即英语在整个外语教育系统里的垄断地位并未发生根本改变。中国外语教育规划的失衡现象引起了越来越多有识之士的关注。近十多年来，胡文仲（2009、2011）、戴伟栋等（2009、2010、2011）、庄智象（2009）、李宇明（2010）、石毓智（2012）等纷纷撰文，对中国的语言教育政策尤其是外语教育问题表达了关切。

自21世纪初以来，世界政治、经济、文化格局发生了重大变化。经济全球化浪潮席卷世界各地，而多元化的呼声也日渐高涨。要获得自身的发展，一个民族或者一个国家就必须改革开放，把自己融入到世界发展的潮流中去。在这一过程中，获取来自不同民族、不同国度的文化精华，并为自身所用，这是多元化的要义。外语教育也不例外，在国家或者民族融入世界发展潮流的过程中，英语全球化的影响不容忽视，但作为多元化表现形式的一些国家的语言也必须纳入规划当中，因为这些国家的语言可能发挥英语发挥不了的作用。

云南边疆民族地区的情况就是上述现实的真实写照。长期以来，云南由于地处偏僻、交通闭塞、对外开放程度低等原因而落后于东部省区。然而在21世纪交替之际创建的中国—东盟自由贸易区等一系列对外合作的行动把云南推向了改革开放的前沿，尤其是自2010年和2011年以来，党和政府计划把云南建设成为面向南亚东南亚开放的陆上通道。特别是自2013年以来，国家领导人习近平提出"一带一路"倡议以来，云南边疆民族地区作为面向南亚东南亚辐射中心的地位愈加凸显。外语的作用变得越来越重要。在这样的背景下，虽然英语依然重要，但是"唯英语"为外语的教育难以满足对外开放过程中各行各业与邻近国家人们交流的需要。鉴于此，云南省教育厅相机而动，发布了一系列文件，对云南教育领域的外语进行了重新规划，要求并鼓励云南各高等院校开设东盟国家或者南亚国家的语言课程。比如，2006年发布了《关于加强高等院校小语种教学的意见》，2007年又发布《关于在高等院校开设小语种教研室的通知》，明确指示要求云南的高等院校建立小语种教研室，负责南亚东南亚国家的语言课程如越南语、泰国语、缅甸语、柬埔寨语等小语种的教学与研究。2009年5月，云南省教育厅公布了《关于培养小语种人才的通知》，指出上述语言以及印地语为重要语言。其目标是到2013年开设上述语言课程的高校数量能达到10所左右，主修这些语言的学生数量能达到3000人，辅修者的数量能达到10000人以上。除此之外，云南省教育厅于2012年再度发文，要求各高校改革大学英语课程计划，指出学生可以选修大学越南语、大学泰语、大学老挝语、大学柬埔寨语、大学缅甸语等来取代大学英语。在这样的背景下，云南边疆民族地区高等院校如何规划邻国语言，这将是值得关注的话题。

1. 邻国语言语种规划

在国家战略背景下，利用地缘优势开展邻国语言教育是云南边疆民族地区高等教育领域外语规划的一大特色。从上述7个州市（怒江州除外）的高等院校来看，几乎每一个州市的高校都开设了邻国语言课程。少的学校开设了1—2门，多的高校开设了5门邻国语言课程。各高校的邻国语言表现出了按地缘、按国家重要程度进行分布的特征。详细情况如表7.3.10：

表7.3.10　高等院校邻国语言分布情况

学校名称	本科层次	专科层次	语种数量
保山学院	缅甸语	应用缅甸语	1种

续表

学校名称	本科层次	专科层次	语种数量
德宏师专		应用缅甸语	1种
滇西科技师范学院		应用缅甸语、应用泰语、应用越南语、应用老挝语	4种
红河学院	越南语、泰语、缅甸语、柬埔寨语、老挝语		5种
普洱学院	老挝语	应用英语泰语方向、应用英语老挝语方向	2种
文山学院	越南语、泰语		2种
西双版纳州职业技术学院		应用泰语、应用老挝语	2种

从地缘关系来看，滇西的德宏师专、保山学院和滇西科技师范学院均开设有缅甸语专业，而滇南的普洱学院和西双版纳职业技术学校则开设有泰语和老挝语专业，而滇东南的文山学院和红河学院均开设了越南语专业。另外，泰语专业有5所学校开设，缅语和老挝语专业有4所学校开设，越南语有3所学校开设，而柬埔寨语专业只有1所学校开设。邻国语言专业开设的频率可能与这些语言的母国存在关系，也可能和学校的师资，尤其是学校对某种语言的重视程度有关，当然学校的实力也不可忽视。从表7.3.11中可见，开设语种最多的红河学院开设了5种邻国语言，几乎囊括了各紧邻国家的语言，而德宏师专和保山学院只开设了1种邻国语言，这就是其近邻的语言缅语。就目前而言，虽然尚有不少邻国语言仍属专科层次，但很多学校已经把它们纳入了升本计划。

2. 邻国语言教学研究机构及激励机制

一方面为响应云南省教育厅有关邻国语言小语种人才培养和小语种教研室建设的倡议，另一方面也为了确保这些语种的教育能够顺利实施，边疆民族地区各高等院校都建立了小语种教研室，比如德宏师专缅甸语教研室等。这些教研室大都设置在传统的外语院（系），与英语并行纳入学校的外语教育规划系列。然而，部分学校可能为了凸显其对邻国语言的重视程度，还单独设置了专门负责邻国语言教育且与传统的外语学院级别相同的二级学院，比如红河学院成立了国际学院，普洱学院成立了东盟学院，专门负责诸如邻国语言这样的小语种教育。有固定的教研机构，再加上固定的师资，便可以确保邻国语言之类的小语种教育顺利进行。

可能是由于邻国语言专业建设时间晚的缘故，也可能是由于邻国语言作为小语种容易被忽视，也可能是为了展示宏观层面对小语种教育的重视程度，从中央到地方都对南亚东南亚小语种教育给予了各种各样的特殊扶持，比如德宏师专缅甸语教研室获云南省高等学校小语种人才培养"小语种公共外语教研室建设"项目支持；滇西科技师范学院的应用缅甸语专业为中央财政重点支持建设专业，应用泰国语和应用老挝语专业是云南省财政扶持专业；西双版纳职业技术学院的应用泰国语和应用老挝语为云南省级重点示范建设专业，其中的应用泰国语还获批云南省省级特色专业，该院的南亚东南亚语种教研室获中央财政支持，被授予省级南亚东南亚语种教研室称号。

3. 邻国语言教育目标与教育模式规划

在确定语种，尤其是建立了相关教育教学研究机构后，需要对语言教育的目标和教育模式进行相应的规划。就培养目标而言，本科类与专科类存在一定的差异。本科类的培养目标除了要求学生具备扎实的语言基础外，更偏向于学生掌握目标语国家的相关知识。比如保山学院缅甸语专业的培养目标是具备较好的缅甸语听、说、读、写、译基本技能，了解缅甸的历史、文化、政治、经济、社会、文学等相关知识。所开设的课程也与这些目标相关，比如其主干课程包括基础缅甸语、缅甸语语音、缅甸语精读、缅甸语听力、缅甸语口语、缅甸语阅读、高级缅甸语、缅甸语语法、缅甸社会与文化、缅甸语写作、东南亚文化发展史等。相比较而言，专科类的培养目标除了要求学生掌握必要的语言技能外，还倾向于培养学生某一方面的职业技能。比如，滇西科技师范学院应用老挝语（非教师教育类）的目标是培养学生具有扎实的老挝语语言基础，熟悉财务会计专业技能，能从事涉外经贸、旅游、翻译、对外汉语教学等工作，具有良好的职业道德和可持续发展能力的国际化技术应用型专门人才。其开设的主要课程除了老挝语的听说读写等课程外，还包括老挝国家概况、经贸老挝语以及其他与财会方面相关的课程。

就培养模式而言，各院校充分利用与周边国家邻近的地缘优势，开展了与邻国合作办学的模式来提高教学质量，比如普洱学院的英语兼泰语和英语兼老挝语方向便采用了"2+1"中外合作办学模式，即学生前两年在普洱学院就学，第三年分别到泰国清莱皇家大学和老挝国立大学学习，而该校的老挝语本科专业则有所不同，该专业采用的是"3+1"培养模式，即学生大学三年级时到老挝知名大学留学一年，其余三年在普洱学院学习。与此类似，滇西科技师范学院也采取了"英语+东南亚语"和"2+1国际合作"培养模式，与缅甸的仰光外国语大学、德贡大学、曼德勒外国语大学和泰国的程逸皇家大学、博乐大学、百柳皇家师范大学开展了国际教育合作。德宏师专的缅甸语专业也采取了"2+1"国际合作办学模式,即前两年在德宏师专学习,第三年到缅甸的曼德勒外国语大学学习缅甸语,仅2014年便有9名学生申请到缅方学习深造。

4. 邻国语言声望形象规划

与其他英语以外的外语一样,东南亚邻国语言也被称为小语种。当云南省教育厅发布加强高等院校小语种教学的意见,要求在高等院校建设小语种教研室、培养小语种人才时,人们所理解的小语种指的就是东南亚邻国的语言。于是乎,"小语种"便构成了东南亚国家语言在所有教育者或受教育者心目中的形象。显然,与英语作为国际通用语或者世界语言的形象相比,东南亚邻国语言显得微不足道。要让学校接受"小语种",只需一纸行政命令;而要让学生接受"小语种",则需开展相应的形象声望规划。鉴于学生在进入大学前所学外语均为英语,而邻国语言需从零开始。不论学生在进入大学前已经对英语形成了积极印象,还是消极印象,这种印象都可能会迁移到新学语言上,并对新语言的形象产生影响。而这种迁移或者影响往往趋向消极,因为如果英语已经在学生心目中树立了良好形象,学生对转学邻国语言可能会心有不甘。反之,如果英语未在学生心目中形成良好形象或者声望的话,他们可能也会把这种负面情绪带入邻国语言的学习中。因此,开展邻国语言声望形象规划,让学生对目标语言持积极态度,这将对邻国语言的教育产生积极作用。

就学校而言,开展邻国语言形象声望规划,无非就是举办各式各样的活动,一方面可以营造良好的语言学习氛围,另一方面可以调动学生学习的积极性。让目标语言在学习者心目中产生良好的形象,这是触发学习者学习目标语言内在动机的不二选择。事实表明,云南边疆民族地区高校正是这样做的。

(1) 服务社会,树立语言使用形象

学以致用构成了学习者接受一门外语的重要心理基础。很多中小学生之所以对英语持消极态度,主要原因之一就是认为学而无用。因此,一旦有使用邻国语言的机会,边疆民族地区高校当仁不让。这不仅是为了争得语言使用和实践的机会,更重要的是还达到了服务社会的目的。把二者相结合,便可以在学生心目中树立起邻国语言"实用"的形象。比如,2018年初,保山市红十字会开展了"社区健康师资(缅甸)培训"活动,保山学院缅甸语专业的学生全程参与,负责了培训教材、授课及课外考察活动的翻译。通过此类活动,提升了该院缅语专业学生的专业素质,增强了服务地方的意识。2017年4月，中国第二届南传佛教高峰论坛在德宏举行。论坛需要大量的泰国语、缅甸语甚至傣语翻译。为做好翻译服务工作，以确保论坛顺利进行，德宏师专外语系承接了所有翻译任务，不仅为师生提供了使用外语的机会，更在学生心目中树立起了邻国语言有用的形象。

（2）开展文艺活动，树立语言亲善形象

开展与所学语言有关的文艺活动，不仅可以丰富学生的业余生活，还可以拉近学生与所学语言之间的距离。尤其是如果能通过这些活动，让学生与来自目标语国家的人士交流接触，建立起友谊，便可树立起语言亲善形象。这对外语学习尤其如此。不管是出于这样的考虑，还是另有其他原因，语言类专业院系往往都会开展大量的与语言相关的文艺活动。比如，为了增进保山学院缅甸语专业学生对缅甸文化的了解，调动学生对缅甸语学习的积极性，该院外语系南亚东南亚语教研室于2017年10月22日晚举办了缅甸语歌曲演唱晚会。这次活动的参加者不仅包括该院全体缅甸语专业学生、老师和辅导员，还包括缅甸外教和缅甸留学生等。晚会取得了成功，不仅丰富了学生的校园生活，还通过缅甸语歌曲演唱，让学生深入了解了缅甸音乐，加深了学生与缅甸外教的情感交流，增强了学生对缅甸语的喜好程度，提高了学生的缅甸语学习积极性。

5. 邻国语言传播规划

在外语语境下，真正使用目标语的机会十分有限。虽然边疆地区紧邻目标语国家，但在学校范围内，语言使用的环境或者机会仍需人工创造。再由于长期受英语作为主要外语的影响，加上东南亚国家语言处于小语种的地位，为了让更多的人了解邻国语言、学习邻国语言，就必须加强对邻国语言的宣传。不论是创造语言使用的机会，还是为了达到传播语言的目的，在高等教育领域内，最好的模式莫过于举办各种与目标语相关的竞赛活动。因为通过举办语言类竞赛活动，让参与比赛的学生有机会使用目标语，也让不参与比赛的学生感受到语言使用的氛围，可以起到事半功倍的作用，既创造了语言使用环境，也达到了传播语言的目的。

就邻国语言学科比赛而言，高等教育系统内乐此不疲，有校内比赛，也有校际比赛，更有全省范围内的比赛。比如，为激发学生学习缅甸语的兴趣，鼓励学生敢于开口说缅甸语，提高缅甸语学习效率，形成重视缅甸语、热爱缅甸语、乐于学习缅甸语的良好氛围，德宏师专缅甸语教研室于2013年6月分别举行了缅甸语口语演讲比赛和缅甸语词汇比赛。基于同样的目的，红河学院国际学院于2017年3月举办了"魅力云南 世界共享"柬埔寨语演讲比赛；滇西科技师范学院共青团于2017年4月举办了全校性的外语口语比赛，其中缅甸语和泰语比赛分专业组和非专业组，老挝语和越南语设非专业组。这些比赛拓展了大学生的国际视野，调动了他们的学习积极性和主动性。

此外，东南亚邻国语言学科竞赛正向规模化和系列化方向发展。2018年4月在红河学院国际学院举办的"中国高校学生泰语演讲、泰语技能大赛"吸引了省内15所高校和省外4所高校共108名选手参加，比赛项目包含演讲、书法、讲故事、歌唱等。而云南省高校东南亚语演讲比赛自2012年以来，至今已举办6届。该赛事由云南省教育厅主办，不同学校承办，云南省非通用语种类专业教学指导委员会协办，每年都吸引了各高校100多名选手参赛，评委甚至包含像缅甸驻昆领事、缅甸著名学者、外籍教师等。边疆民族地区高校积极动员学生参赛，如德宏师专缅甸语参赛选手每年都能获得优异成绩，滇西科技师范专科学校为此还在校内开展选拔赛，扩大了学生的参与面，达到了语言传播的目的。

综合起来看，包括边疆民族地区在内，云南各高等院校对云南省教育厅关于小语种教学的通知要求等做出了积极响应，很多高校立即行动起来，纷纷创建了小语种教研室来负责东南亚国家或南亚国家的语言课程的教学。至2014年底，已经有60多所高等院校或职业技术院校建立了小语种教研室或者类似的机构来负责邻国语言的教学。尽管就全省的情况来看，当前的课程已经涵盖了几乎所有东南亚国家的语言以及部分南亚和西亚国家的语言等，但边疆民族地区高校还主要开设相邻国家的语言课程。尽管这些课程才刚刚开始，但其中一些很快获得了国家和省级教育和财政部门的特别支持。

值得注意的是，一些高校的东南亚国家语言课程并不是设立在传统的外语学院或外语系里，而是成立了专门的机构来负责其具体实施，比如普洱学院的东盟学院和红河学院的国际学院。之所以做这样的安排，或许是担心这些小语种在传统的外语学院里会受到英语的压制。这显然是为保护小语种教学而采取的一种显性的规划行为。此外，从一些小语种教研室的称谓上，比如保山学院的东南亚南亚语言教研室等，似乎可以看出，边疆民族地区高校正规划开设更多的邻国语言课程，甚至还会把南亚国家语言如孟加拉语、印地语等纳入其小语种教育体系。

三、英语还是邻国语言——新时期云南边疆民族地区外语规划

从本节第一部分关于英语作为外语的规划，以及第二部分东南亚邻国语言作为外语的规划来看，初等和中等教育阶段的外语教育主要围绕英语展开。而进入高等

教育阶段后，外语教育出现了多元化的趋势。从小学到初中再到高中，学校和教师对英语的重视程度日益递增。这种趋势还一直延伸至高等教育阶段，及至发展成了英语专业和大学英语两个相对独立的教学单元。为了巩固英语尤其是大学英语在高等教育阶段的地位，上至教育部的教学文件，下至不同学校的教学实践，都对英语作为公共、基础、必修的性质做出了明确界定，并开展了各种教学活动和学科比赛等来强化其独特地位。然而，就在英语广泛传播的同时，十多年来，东南亚邻国语言悄然兴起于边疆各地的高等院校，各高校纷纷建立起了东南亚南亚国家语言教研室，或称小语种教研室，一些学校甚至建立了与传统外语学院相对应的二级学院如国际学院或东盟学院等，同样也开展了各种竞赛活动来推动和传播小语种教学。东南亚国家小语种大有与英语一较高下的味道。因此，是英语还是邻国语言，便成为了摆在边疆民族地区语言规划面前的首要任务。

（一）英语大语种的地位

英语之所以能在中国享有所谓"大语种"的地位，这也不是朝夕之间所形成的。改革开放初期，为了向西方学习先进的科学技术，就必须掌握与西方沟通的交际工具。随着世界经济一体化尤其是信息全球化的加剧，英语在国际传播、网络信息共享等方面的统治地位得到了更进一步的强化。因此，不论是向内引进或学习西方的先进科学技术，还是对外传播中国的声音，英语都能起到其他语种难以实现的"铺路"作用。这就是为什么会在中国形成英语热现象的根本原因。更为重要的是，在以英语为母语的美国、英国、加拿大、澳大利亚等国家政治、经济、教育、科技、文化等有力支撑下，英语作为世界语言的地位难以撼动。在这样的背景下，英语在中国的使用和传播短期内不会发生改变。

1. 英语在边疆民族地区的地位

英语的强大影响力渗透到了不同领域和地域。即便是在云南边疆民族地区，英语在与少数民族语言、汉语、邻国语言的使用中，也占有一席之地。首先，英语在学校教育领域受重视的程度随着学段的上升而上升，从小学三年级起，或者至少是从初中开始，英语教育便从未间断，以至于到了高等教育阶段发展成了以英语为专业的教育（英语专业）和以英语为基础课或公共课的教育（大学英语），更为重要的是，后者还一度被要求四年不断线。

相比之下，以双语教育名义而存在的民族语言教育通常在三年级便终止，有些甚至在学前班便宣告结束，初中和高中阶段更鲜见有民族语言教育，即便是在高等教育阶段，也仅仅只是为数不多的几所高校开设有民族语言专业课程。作为国家通用语的汉语在教育领域的情况也大同小异，虽然在初等和中等教育阶段汉语的受重视程度达到了顶峰，但进入高等教育阶段后，汉语教育明显弱化。在我们所调查的边疆地方高等院校中，除了汉语言文学专业外，大多数学校未开设有针对非汉语言专业学生的大学（汉）语文课，更没有所谓汉语教学四年不断线的提法。

虽然近年来东南亚邻国语言教育发展迅速，几乎各校都开设了一种或者数种邻国语言课程，建立了邻国语言教研室，但教育对象仅限于数量有限的以邻国语言为专业的学生，其他大多数学生学习邻国语言的情况并不普遍。虽然云南省教育厅于2012年3月2日发出通知，建议高校使用东南亚邻国语言代替大学英语，即非外语专业学生可以选择大学泰语、大学越南语、大学缅甸语等来代替大学英语，但实施效果并不明显。由此观之，至少就课程设置来说，英语受重视的程度超过了民族语言、邻国语言。

走出学校的范围，英语与有着天时地利人和优势的邻国语言相比也不落后。即便在与东南亚国家相邻的口岸地区，英语的使用频率也超过了邻国语言。根据张彪（2017）对云南少数民族聚居的景洪、河口和瑞丽3个边境口岸地区的466名受访者外语使用情况的调查，在英语、日语、越南语、泰语、缅甸语、老挝语、柬埔寨语和阿拉伯语中，受访者使用频率最高的语种为英语，使用比例为55.6%。在一些重要的国际活动中，比如普洱市举行的世界乡村音乐节和世界咖啡师大赛、德宏州芒市举办的亚洲咖啡协会成立大会暨2017亚洲咖啡年会上，是英语而非邻国语言成为了这些活动的工作语言。

2. 英语在东南亚邻国的地位

即便是在多民族的边疆地区，在推广国家通用语和保护民族语言的语境下，英语也展示出了强大的生命力。那么，在与之相邻的东南亚国家，英语是否也展示了同样的强势？事实上，英语在一些东南亚国家的地位比在云南边疆民族地区有过之而无不及。除了这些国家也需要以英语铺路学习西方先进的科学技术，与以英语为母语的强国开展政治、经济、教育与文化交流活动外，英语还成为了一些邻国的官方语言，享有了法定的语言地位。这主要是因为这些国家曾经沦为过英国或美国的殖民地。据余江英（2017）的统计，在东南亚南亚的19个国家中，有新加坡、不丹、印度和巴基斯坦等4个国家的国语或官方语言为英语，另外有马来西亚、文莱、菲律宾、尼泊尔、孟加拉国、斯里兰卡和马尔代夫等7个国家通用英语。在剩余的越南、老挝、柬埔寨、泰国、缅甸、印度尼西亚、东帝汶、阿富汗等8个国家中，英语的使用也很广泛，英语在这些国家也享有较高的声望，即使不是官方语言，也是大部分

国家的第一外语。(张治国，2016)

如前所述，英语之所以在东南亚和南亚国家享有重要地位，这与历史上英国对该地区的殖民活动有关。以缅甸为例，在1824年到1885年半个多世纪的时间内，英国曾经向缅甸发动了3次殖民侵略战争，导致缅甸沦为英国殖民地，并被称为"英属缅甸"。(刘书琳、邹长虹，2015)于是英国当局在缅甸开始了重英轻缅的语言政策，使英语成为统治阶层的语言，而缅语则岌岌可危。直至1948年1月缅甸独立后，才确立了缅语的国语地位。但在外语教育方面，缅甸政府依然规定从小学五年级开始把英语列为必修课；1989年缅甸实行改革开放政策，急需大批外语人才，因此英语得到相应重视，并被确立为第一外语。

这或许就是邻国英语普及程度超过与之相邻的中国的原因，也就是为什么我们在边疆地区调研，常常听到受访者反馈说邻国的英语能力好于境内中国人的英语能力。因此，不论是从全球化的角度，还是从英语在东南亚和南亚国家的使用情况来看，使用英语与邻国进行沟通都是合情合理的，这或许就是为什么在云南边疆口岸地区英语的使用能超过其他语言的主要原因。

（二）东南亚国家小语种的优势

虽然英语在云南边疆口岸地区占了外语使用的半壁江山，在邻国也有着广泛使用，但这并不意味着英语可以完全取代邻国语言。事实上，邻国语言在云南边疆民族地区具有英语等其他外语所不具有的优势。

1. 地缘优势

云南边疆民族地区多与缅甸、老挝和越南三国山水相连，共饮一江水，鸡犬之声相闻，形成了同一民族跨境而居的特殊情况。此外，云南还与泰国和柬埔寨通过澜沧江–湄公河相连，并与马来西亚、新加坡、印度、孟加拉国等国邻近。改革开放以来，中国政府已在云南先后设置了16个一类口岸、7个二类口岸，开通了90余条各类通道，设置了103个边境互市点，所有这些举措为境内外不同人员之间的经贸往来和交流活动提供了便利。不同层面、不同语境需要使用不同的语言进行交流。在口岸地区较为正式的对外交流活动中，操不同语言的人们更倾向于以英语作为共同语，这导致英语的使用频率高于其他语言；但在非正式场合，比如不同类型的通道、边民互市点等，在交流双方可能不具备英语能力的情况下，使用本民族的语言或者邻国语言的概率就将远胜于使用英语。就外语能力而言，英语能力要通过学校教育才能获得，而边疆少数民族往往接受教育的程度较低，故大多数不具有英语能力。相邻国家的语言则不同，彼此之间的语言可以在日常交流中自然习得，而这完全是因为相邻的地缘优势所决定的。仅从外语习得的角度来看,利用地缘优势来学习邻国语言可以节约大量成本。从这个意义上来说,邻国语言拥有英语所不具有的地缘优势。

所谓地缘优势,就是距离优势,物理距离会转化为心理距离优势。相邻的语言更容易发生接触,它们之间的融合度高于物理距离较远的语言,从这个意义上来说,物理距离较近的语言较之于物理距离远的语言更容易发生正迁移,更容易习得。物理距离在一定程度上影响心理距离,比如与缅甸接壤的德宏、临沧、怒江等民族容易接受相邻的缅甸语言,但是心理距离会在一定程度上受到语言地位和语言声望的影响,从这个意义上来说,影响较大的语言容易缩短语言学习者的语言心理距离。心理距离近的语言更容易获得认同,但如果物理距离较远的话,语言差异往往导致负迁移,增加语言学习者的难度。东南亚国家语言具有物理距离较近的优势,虽然可能在语言地位与语言声望方面不如西方语言,但语言接触、语言亲缘关系等所带来的正迁移可以大大降低语言习得的难度,提高语言学习的效率,这种语言学习的高效率可以在一定程度上缩短语言学习者的心理距离,从而获得逐渐增高的认同。这便是东南亚邻国语言所拥有的地缘优势之所在。

2. 人文优势

云南边疆民族地区与东南亚邻国在地理上的亲缘关系构成了双方民族和文化上的亲缘关系。从民族源流来看,东南亚国家的主要民族都可以在云南的少数民族中找到相同或相近的族源。(刘稚,1999)从语言系属的角度来看,属于汉藏语系藏缅语族的民族源于氐羌,属于壮侗语族的民族源于百越,而属于南亚语系孟高棉语族的民族则源于百濮。在20世纪50年代以前,云南边疆民族地区的民族构成、分布格局、社会经济形态、文化模式、生产力发展水平、社会发育程度等,均与东南亚国家北部地区基本相同。(刘稚,1999)及至现在,在云南4000余公里的边界上,仍居住着壮族、傣族、布依族、苗族、瑶族、彝族、哈尼族、景颇族、傈僳族、拉祜族、怒族、阿昌族、独龙族、佤族、布朗族、德昂族等16个民族,他们与境外越南、老挝和缅甸三国接壤的同一民族跨境而居。这些跨境民族语言相通、习性相同,相互之间仍然保持着密切的经济、文化联系。以中缅边境的景颇族为例,两国边民长期以来都能自由地"互市""互婚"与走亲串戚。五天一次的"街子天"(集市),更是境内外同一民族见面、交流、互换产品的喜庆日子,而一年一度的景颇族目瑙纵歌"狂欢节"更是吸引了数万民众。在这些文化交流中,边民们只分族内的亲戚远近,而不讲国别的界限。共同的传统文化的交流,增进了两国景颇族

的情感。（戴庆厦，2016）

此外，境内外同一民族大多以不同形式保留用自己的民族语言记载的传统诗歌、传说、故事、谚语等文化遗产。例如，景颇族的创世史诗《勒包斋娃》，便以口传文学的形式记载了景颇族古代社会的历史、地理、经济、文化、习俗等社会文化形态。更为重要的是，创世史诗中提到他们都源于中国古代西北的甘肃、青海、西藏高原，都属于氐羌族群的后代。这种同祖同根的意识早已固化在这些跨境民族的文化和语言之中。（萧家成，2008）

族源相同与文化相通为边疆地区少数民族学习和使用对方国家的语言奠定了心理基础，因为相同的文化传统可以缩短不同国籍同一民族之间的心理距离，让他们更容易去接受近在咫尺的对方国家的语言。

3. 语缘优势

既然东南亚邻国的众多民族与云南边疆少数民族拥有相同和相近的族源，那么他们所使用的语言也一定存在渊源。就云南边疆民族地区而言，16个跨境民族所使用的语言属于汉藏语系和南亚语系，分属于藏缅语族、壮侗语族、苗瑶语族和孟高棉语族四大语族。其中前三大语族属于汉藏语系，而孟高棉语族则属于南亚语系。属于汉藏语系藏缅语族的民族包括彝族、哈尼族、傈僳族、拉祜族、景颇族、阿昌族、怒族和独龙族等，这些民族在云南边疆8个州市均有分布；属于汉藏语系壮侗语族的民族包括壮族、傣族和布依族，主要分布在滇东南的文山、红河以及滇南的西双版纳和滇西的德宏、临沧等地；属于汉藏语系苗瑶语族的民族即苗族和瑶族，主要分布在滇东南的文山和红河；属于南亚语系孟高棉语族的民族为佤族、德昂族和布朗族，主要分布在滇西的临沧等地。就东南亚邻国语言来说，缅甸语属于汉藏语系藏缅语族，泰语与老挝语属于汉藏语系壮侗语族，柬埔寨语属于南亚语系的孟高棉语族，越南语虽系属不明（张治国，2016），但越南与云南边疆跨境地区居住着为数不少的属于苗瑶语族的跨境民族（李炳泽，1996）。

虽然同一语系或同一语族的民族由于跨越国界，长期受所在国政治、经济和文化的影响，语言本体和语言使用均发生了变化，导致了民族语言"同源异流"现象的发生。（杨丽萍，2017）但是，通过语言对比分析，可以发现同一语言在不同国家的演变规律。比如，陈国庆（2000）发现，在原始孟高棉语族语言中，词的语音结构主要表现为前置音加词根形式，随着语言的不断演化，现代孟高棉语族大多数语言的前置音节已变成为前置辅音，但在柬埔寨语中，原始的语音结构形式得到了较好的保存，而中国的佤语在语音形式和语法形态方面则发生了很大变化。尽管如此，它们的构词仍有规律可循，通过对语言演变规律的解释，可以发现"同源异流"语言之间仍然存在相同或相似之处，这对边疆少数民族习得邻国语言大有裨益。再比如，在壮侗语族的2000个常用词中，有500个词为壮语、傣语和泰语3种语言共有，其中傣语和泰语有1500个相同；3种语言中都相同的词汇大多为单音节词根，这些词汇主要是由于社会发展到一定阶段后产生的文化词。（杨丽萍，2017）诸如此类的发现有着重要的语言学意义，因为以民族母语比如壮语和傣语为突破口和切入点，将非常有利于学习属于同一语族的壮侗语族的泰语和老挝语。说明民族母语为壮语或傣语的学习者学习同一语族的泰语或老挝语具有明显优势。按照这样的思路，学习邻国语言反过来还可以促进民族母语习得。

即便在不同语系和语族中，长期的语言接触以及语言之间的相互影响在不同语言之间也留下了印迹。这些印迹为操不同语言之间的人们相互学习对方的语言提供了便利。以佤语和傣语为例，前者属于南亚语系孟高棉语族，后者属于汉藏语系壮侗语族，由于佤族自古以来就和傣族毗邻或交错杂居，彼此来往频繁，两种语言互相影响，导致大量的傣语借词进入佤语中。当古傣语的诸多特点从现代傣语中消失后，从佤语中傣语借词的复辅音声母、清鼻音声母中仍能发现古傣语的特征。（尹巧云，2016）事实上，类似的情况不仅发生在壮侗语族与孟高棉语族之间，也发生在其他语族之间。比如，王敬骝和陈相木（2009）研究发现，傣语（包括壮侗语族）的语言结构跟缅语、越南语以及柬埔寨语、德昂语、布朗语、克木语都非常相似。近二十年来，类似的比较研究取得了重大进展，表明东南亚邻国语言虽然属于不同语族，但由于语言接触，它们之间都在彼此的语言系统里留下了印迹，人们总能在这些不同语族语言之中发现相似的语音、语法与词汇结构。（赵岩社，2000）这为生活在这些地区的人们学习这些语言提供了便利。

总而言之，如果母语与目的语具有同源关系，加上相近的文化背景和相似的语言特征，就会促进目的语的学习，形成所谓"正迁移"。（塔娜，2014）相反，如果母语与目的语之间存在较大差异，这将阻碍目的语的学习，这就是所谓的"负迁移"。因此，以民族语言为母语的学生学习东南亚邻国语言比汉族学生更具优势。

（三）云南边疆民族地区关键外语规划

显而易见，云南边疆民族地区外语规划的对象主要为英语和东南亚邻国语言。就前者而言，在包括边疆民族地区在内的全中国范围内，英语在学校教育领域内受重视的程度随学段的上升而上升，与语文和数学并列形成了语数外三角关系。在东南亚邻国，英语的重要性有过之而无不及，英语的使用程度和使用能力展示出强劲姿态，以至于在一些重要的涉外场域比如对外开放的口岸地区，操不同语言的人似乎更倾向于使用英语作为交际共同语。尽管如此，作为小语种的东南亚邻国语言也并非无立锥之地。就云南边疆民族地区而言，东南亚邻国语言具有地缘优势、人文优势和语缘优势，这是英语所无法比拟的。东南亚语言的3个优势为云南边疆民族地区开展邻国语言的教与学带来了便利。那么，在英语和东南亚邻国语言之间该做何选择？

1. 教师和学生的态度

鉴于本章主要探讨学校教育领域的语言规划问题，因此教师和学生的态度极为关键。在作为外语的英语和东南亚邻国语言之间，教师和学生会做何选择？这是开展教育领域外语规划必须首先要面对的问题。为此，我们调查了红河州和德宏州部分教师和学生的态度。鉴于大多数地区从初中才开始学习英语，针对教师的调查主要来自2所初中和1所高中。针对学生的调查未包括高中生，因为高中阶段学生高考必考英语，担心这会影响他们的英语态度从而降低调查结果的客观性，因此调查对象为初中生和小学生，他们分别来自蒙自的2所乡镇中学（雨过铺中学、冷泉中学）和来自芒市的2所民族小学（遮晏民小、那目民小）。首先，关于教师的态度，我们的调查问题是：如果用邻国语言（如泰语、越南语、缅甸语等）来代替英语，您是赞同还是反对，为什么？调查结果如表7.3.11：

表7.3.11 教师的语种选择（N=61）

选项	频数（人）	百分比（%）	有效百分比（%）	累积百分比（%）
缺省	3	4.9	4.9	4.9
赞同	11	18	18	23
反对	47	77	77	100
合计	61	100	100	

表7.3.11中的统计结果表明，在61名受调查教师中，反对用邻国语言代替英语的比例超过七成，达到了77%，赞同用邻国语言代替英语的比例仅18%。也就是说，绝大多数教师主张教授英语而非邻国语言，他们的主要观点为：邻国语言不通用也不实用；英语是国际通用语，用途更广、更有价值；邻国语言的使用范围太局限。

那么，学生会做出什么样的选择呢？首先，我们针对芒市两所小学150名学生开展了调查，我们的调查问题是：在英语和缅语、泰语等邻国语言中，你更愿意学习哪一种语言，为什么？结果如表7.3.12：

表7.3.12　小学生的语种选择（N=150）

选项	频数（人）	百分比（%）	有效百分比（%）	累积百分比（%）
缺省	44	29.3	29.3	29.3
缅甸语	9	6	6	35.3
英语	91	60.7	60.7	96
泰语	6	4	4	100
合计	150	100	100	

表7.3.12中的调查结果表明，有近三成（29.3%）缺省，可能是受调查对象刚开始接触外语，对外语还没有建立起良好的感性认识（据调查，这两所小学从三年级起开设英语课程，每周2节）。尽管如此，仍然有60.7%的小学生更愿意学习英语，选择邻国语言的比例极低。只有6%的学生选择缅语，4%的学生选择泰语，没有选择其他邻国语言的情况。当然，对小学生来说，绝大多数选择英语可能是因为学校开设英语课的缘故，比如很多学生在回答为什么选择英语时？他们的回答是：我喜欢、好读，等等。但也有不少学生对英语的作用有了较为理性的认识，比如"英语是世界语""很多国家都说英语""学了英语可以和外国人交流"等等。虽然选择邻国语言的比例仅为个位数，但小学生的见解也不缺理性。在9名选择缅语的学生中，除了2名学生说因为他（她）的妈妈或者爷爷是缅甸人外，其余给出的答案均为：因为缅甸是近邻，所以要学他们的语言。在选择泰语的学生中，他们的解释是"因为我喜欢泰拳""因为我想去泰国看看"等等。从这些回答中不难看出，邻国语言的地缘优势与文缘优势是难以抹杀的，即便是小学生都能有所意识。

刚开始接触英语，便有超过半数的学生选择英语而非邻国语言。不管这是否是因为学校开设英语课程的缘故，还是因为英语的形象和声望对小学生产生了影响从而使学生更亲近英语的缘故。进入初中后，学生的态度是否会发生变化？为此我们对蒙自两所乡镇中学191名初中学生做了进一步调查。问题是：如果可以在英语和邻国语言中选择，你更愿意选择英语还是邻国语言，为什么？调查结果如表7.3.13：

表7.3.13　初中学生的语种选择（N=191）

选项	频数（人）	百分比（%）	有效百分比（%）	累积百分比（%）
缺省	10	5.2	5.2	5.2
英语	155	81.2	81.2	86.4
邻国语言	26	13.6	13.6	100
合计	191	100	100	

表7.3.13中的结果明显表明，与小学生相比，初中生更倾向于英语，愿意选择英语的比例高达81.2%，愿意选择邻国语言的比例仅13.6%。进一步调查发现，学生之所以选择英语而不是邻国语言，存在以下3种可能性。其一是学生意识到了英语的重要性。在回答为什么选择英语时，代表性答案为"英语是世界通用语""学好英语有助于今后的交流"；其二是学生真正喜欢英语，比如"英语有趣""对英语有好感等"；其三是受学校教育的影响，学生因为学过英语，对英语有所认识，故愿意选择一门熟悉的语言，比如很多学生回答"因为英语好学""比邻国语言好学"。在学校未开设邻国语言课程的情况下，学生如何知道英语比邻国语言好学？很显然，是学校教授英语的缘故让英语先入为主，才使得学生觉得英语好学。事实上，英语是否真的好学，这可能是相对于一门他们未曾认识的邻国语言而做出的判断。这种判断未必能够真实地反映受调查者对英语难易程度的认识。从上文表7.3.4、表7.3.5和表7.3.6的调查中发现，当单独调查学生对英语的重视程度、对英语的喜欢程度时，对英语重视或者喜欢的受调查者仅20%—30%，说明大多数学生对英语持消极态度，而其中的主要原因就是英语"难学"。事实上，在选择邻国语言的13.6%的受调查者中，当回答为什么做这种选择时，大多数学生的回答是"因为英语难学""恨英语，学不会"等。出乎意料的是，在选择邻国语言的学生中，几乎没有人从地缘、文缘和语缘的角度来说明为什么要选择邻国语言。当然，由于蒙自2所乡镇中学的受调查者主要为彝族、哈尼族和苗族，境外相同民族的语言未成为所在国的国家通用语，故受调查者不会从文缘和语缘的角度出发来做出解释，甚至连地缘关系也被忽视。

由此可见，不论是教师、小学生还是初中生，不论是德宏州的受调查者还是红河州的受调查者，绝大多数人都倾向于学习英语。这一结果与王希（2016）的调查结果基本一致，即大多数学生在英语与邻国语言之间会首选英语作为外语。这似乎说明，学校教育对学生的外语意识产生了重要作用，英语作为国际通用语的形象与声望已经固化在了学生的心目之中。

2. 关键外语的概念

既然英语在边疆民族地区接受度较高，学校教育领域主要开设以英语为外语的课程，而且老师和学生都更倾向于学习英语，那为什么还要对边疆民族地区的外语进行规划呢？答案就在于国家政策的调整、"一带一路"倡议的实施等等。为了实现国家的发展，各国大都制定了相应的"关键语言"计划。关键语言（Critical Language）概念由美国于2006年首次提出，指由政府认可的，对国家安全、经济发展、科学发展和全球竞争力至关重要的语言和方言。（李艳红，2015）关键语言问题的研究，实质是国家语言战略的重要组成部分，以语言资源观为理论基础，关乎国家语言能力的提升，进而影响国家的发展。（余江英，2017）因此，关键语言概念引起了国内学界的关注，纷纷提出了中国的关键语言计划。（张治国，2011；张天伟，2015）

受这一趋势的影响，有学者结合云南的实际，提出了云南的关键语言（余江英，2017）或者关键外语。比如原一川等（2013）提出，云南少数民族自治县宜采用民族语"就近"选择，非少数民族自治县宜采用邻国语种"优先"选择；张彪、彭庆华（2016）按照需求顺序，提出云南边疆民族地区的"关键外语语种"为英语、越南语、泰语、缅甸语和日语。结合本项目所做调查，我们也尝试对云南边疆民族地区的关键外语进行规划。

3. 规划的原则

云南边疆民族地区外语规划可以借鉴美国关键语言的概念，即纳入规划的语言要得到政府的认可，要对国家安全、民族团结、边防稳定乃至边疆民族地区社会经济发展起至关重要作用的语言。根据这一界定，英语和东南亚邻国语言均属此范畴，这可从上文关于英语语言地位的讨论以及云南省有关东南亚小语种的规划中得到佐证。也就是说，英语和东南亚邻国语言均属于云南边疆民族地区的关键外语。

在本已处于多语状态的边疆民族地区开展外语规划，必须考虑两个层面的问题：第一个层面分别为国家通用语推广与少数民族语言保护，第二个层面指"边疆"与"民族"这两个核心概念。

就第一个层面而言，边疆民族地区语言规划的核心任务为国家通用语推广和少数民族语言保护，这一规划行为自20世纪50年代以来从未停歇。宪法规定少数民族有使用和发展本民族语言文字的自由和权利，同时也有义务学习和使用国家通用语言文字。20世纪五六十年代国家曾为无文字的少数民族创制文字，为有文字的少数民族改进文字，并使用少数民族语言文字开展了大范围的扫盲工作。与此同时，国家通用语言文字的推广工作，比如新闻、宣传、教育领域使用普通话，以及每年一度的"推普活动"也开展得如火如荼。然而，时至21世纪的今天，边疆民族地区国家通用语言文字推广依然任重道远，边疆民族地区尤其是较为偏僻的地区尚有为数不少的少数民族群众不通汉语，少数民族的国家通用语言文字能力总体仍然较低。另一方面，一些少数民族语言文字已处于濒危状态，因此科学保护少数民族语言文字也已纳入规划范畴，并被写入政府文件。在这样的前提下，在英语早已进入学校教育领域的背景下，东南亚邻国语言的介入，为重新规划边疆民族地区的外语以及外语教育创造了条件。

第二个层面涉及两个核心概念，分别为"边疆"和"民族"。"边疆"意味着与他国接壤或者邻近，云南有8个州市分别与越南、缅甸和老挝三国接壤，边界线长达4060公里，并通过澜沧江和湄公河等水道与泰国、柬埔寨等国相连。规划中的陆上大通道将从云南省延伸至马来半岛的马来西亚和新加坡，而孟中印缅经济走廊更把云南乃至中国的影响通过云南边疆延展到了南亚的孟加拉国和印度。另外，边疆还意味着和平与冲突的潜在风险。迄今为止，缅北的武装冲突时断时续，严重地威胁到了与之接壤的云南边疆的和平与安宁。因此，从"边疆"这一概念出发，云南边疆地区的外语规划必须考虑地缘政治因素，规划的原则要符合国家安全需要，要有利于边防稳定和边疆民族地区社会经济和文化的发展。

第二个层面的第二个核心概念为"民族"。云南边疆地区生活着16个跨境民族。跨境而居的同一民族之间文化传统相同、语言相近，以"民族"为出发点开展外语规划，民族文化和民族语言是两个重要选项。仅从语言系属的角度来看，让同一语族之间的人们学习彼此的语言，减少语言负迁移的影响，可以大大提高语言学习的效率，这是在边疆民族地区开展外语规划不能忽视的要素。

4. 外语规划的内容

根据上述原则，我们尝试提出4种规划模式，分别为小语种模式、英语模式、英语+模式、零外语模式。

（1）小语种模式

所谓小语种模式，即只开展以邻国语言为外语的教育模式，换句话说，即在特定地域和特定民族中以邻国语言取代当前的英语教育。就地域而言，具体做法是根据地缘结构按照"就近原则"，在学校教育领域里教授邻国语言，比如在德宏和临沧边境一线地区的学校开设缅语课程，在西双版纳和普洱边境一线的地区教授泰语或老挝语，在红河和文山边境一线教授越南语。就民族关系而言，应根据文缘和语缘关系，让少数民族学习属于同一语族的语言，比如文山的壮族和西双版纳和德宏等地的傣族学习泰语或老挝语，因为他们属于壮侗语族；再比如让临沧、普洱、德宏等地的佤族、德昂族和布朗族学习柬埔寨语，因为他们都属于南亚语系的孟高棉语族。考虑傣语为区域影响较大语言，一些民族在与傣族的长期交往中导致其语言与傣语发生接触，这些民族比如佤族等也可学习泰语。

小语种模式的出发点是充分利用语言的正迁移作用以减轻目的语的学习负担。同一语族的语言在不同的国度虽然发生了"同源异流"现象，但它们在语音、语法和词汇方面总存在相似之处，发生正迁移的概率远超其他语族的语言，可以极大地提高目的语的学习效率。此外，在当前民族语言学习与使用情况日趋弱化的语境下，对邻国"同源"语言的学习还可以反过来促进本民族语言的学习和使用，起到一定的反哺作用。当然，小语种模式是否能顺利实施，尚取决于与之相配套的语言政策。这意味着当前的中考和高考只考英语的做法需要改革。把小语种纳入中考和大学升学考试的范畴，是小语种模式得以实施的前提。

（2）纯英语模式

此为当前模式，即在小学、中学和大学只学习以英语为外语的模式。如前所述，在适合小语种模式的地区和民族中应该采取小语种模式，也就是说，在地缘和语缘优势弱化的地区和民族中可采用纯英语模式。从地缘的角度来看，距离边境线较远的边疆地区，即不直接与邻国接壤的县市，宜采用纯英语模式；从语缘关系的角度来看，一些民族虽然与邻国的民族属于同一语族，但他们的民族语言已经退化，他们完全不能享受到学习邻国语言的正迁移带来的好处，针对这些民族来说，也应采用纯英语模式。虽然纯英语模式是导致外语规划失衡的重要因素，但却符合英语国际通用语言地位的现实，也符合大多数老师和学生倾向于英语（如表7.3.11、表7.3.12和表7.3.13）的需求。

纯英语模式的好处显而易见，即对当前的外语教学模式不做任何改变，不会因为师资、考试改革等给政府带来额外的负担。但不利之处也不容忽视，部分学习者的需求可能受到忽视，外语规划的不均衡发展仍将持续。

（3）英语+模式

虽然受调查的教师和学生大多数（见表7.3.11、表7.3.12和表7.3.13）更倾向于英语，但不能忽视部分学生对邻国语言的需求。许多受调查者尤其是学生之所以倾向于英语，主要是因为学校开设了英语课程。如果学校也同样开设了邻国语言课程，再让他们重新选择，相信结果会发生改变。从学生的实际需求出发，结合"一带一路"倡议的实施，可以在特定条件下尝试英语+模式，即英语+邻国语言模式。具体地说，从地缘政治的角度出发，可以尝试在靠近越南的部分县市如河口县、马关县、麻栗坡县等实施英语+越南语模式，在德宏的瑞丽、芒市、陇川、盈江等地实施英语+缅甸语的模式。从语缘关系出发，可以在壮族或傣族学生为主的学校实施英语+泰语或老挝语的模式，在佤族比较集中的学校实施英语+柬埔寨语的模式。

英语+模式的好处是考虑到了外语教育的平衡发展，也照顾到了不同地方不同民族外语学习的实际需求。但不利之处也很明显，开设两种外语课程会给学校带来师资压力，增加政府的财政负担和学生的学习压力。

（4）零外语模式

虽然外语的重要性再怎么强调都不过分，但并不是人人都有必要学习外语。以英语学习为例，包括边疆少数民族学生在内，从小学到初中，到高中再到大学，都在学习英语。学了十多年的英语，国家、家庭和个人在英语学习上付出了大量的人力、物力和财力，但很多人走出校门进入社会后，根本就用不着英语。邻国语言虽然也很重要，但并非人人都有学习的需求。相反，作为中华民族的一个重要组成部分，少数民族有责任和义务学习及使用国家的通用语言文字，有责任和义务传承保护好自己的民族语言。如果连国家的通用语言文字尚不能完全掌握，如果连自己本民族的语言文字都处于濒危境地甚至面临消亡，还去学习一门或者两门外语，这岂不滑稽可笑。作为英语老师，本人在教学中就碰到不少来自偏远地区的少数民族学生，他们的汉语能力不足，普通话表达有限，还要勉为其难地学习英语。其结果就是每学期考试都要补考再补考，直到大学毕业都要通过补考才能结业。因此，针对部分尚未完全掌握国家通用语言文字的少数民族，不论他们的地缘或者语缘关系如何，可以在尊重他们的意愿的前提下，不要求他们学习任何外语。对他们的要求就是学好用好国家的通用语言文字，传承保护好濒危的民族语言。

零外语模式的出发点是减轻少数民族学生的学习负担，针对的对象是尚未完全掌握国家通用语言文字的少数民族。与其让他们去学习一门与自己的实际需求无关的语言，还不如让他们把时间和精力用于学习汉语言文字上，让国家把有限的财力用于国家通用语言文字的推广上，用于少数民族语言文字的保护与发展上。当然，有人可能会从教育公平的角度对这种模式提出批评，以为少数民族学生也要和汉族学生一样学习外语，这样将来他们才能和汉族学生具有同等的机会。事实上，换一个角度看，让少数民族学生既要学习汉语，又要学习外语，还要守护自己的民族语言。额外增加少数民族的学习负担,这是另外一种教育不公平现象。(塔娜,2014)当然,零外语模式乃是一种大胆的想法,虽然反映了微观层面许多个体的心声(从本节表7.3.5和表7.3.6的调查结果中可见一斑),但能否让这些少数民族学生在各类升学考试中免考外语,这需要宏观层面做出大胆的决策,需要得到来自上层的语言政策的支持。

此处讨论了四种外语模式,所涉及的语言均为云南边疆民族地区的关键外语,但这并不意味着所有语言都要纳入学校教育系统。不同地区不同民族在考虑地方社会经济文化发展需求的同时,也应根据地缘关系、语缘关系乃至文缘关系确定本地区的关键外语,采用适合本地区和本民族的外语模式。

四、结语

本节讨论了云南边疆民族地区学校教育领域的外语规划,涉及英语教育规划和小语种的东南亚邻国语言规划。小学、初中和高中阶段的外语教育主要针对英语,邻国语言尚未进入初等和中等教育范畴。相比较而言,高等教育阶段的外语教育出现多元化发展的态势,一方面英语作为大语种的地位得到巩固和加强;另一方面,东南亚邻国语言强势进入高等教育范畴,边疆各州市所有高等院校均开设了东南亚邻国语言课程。

不论是从边疆地区社会经济文化发展,还是从国家战略的实施等角度来看,英语和所有邻国语言都符合关键外语标准。但从地缘政治、文化传统与语言系属的角度来看,不同民族地区宜采用不同的外语教育模式,选择适应本地实际的关键外语。然而在选择关键外语时,还要有一定的战略眼光,因为语言的重要程度往往与该国的政治、经济和文化实力相关。因此,边疆地区的外语规划需要有一定的前瞻性,要为国家的战略安全做好语言人才储备。

总而言之,云南有着丰富的少数民族语言资源,但在改革开放的语境下,尤其是国家实施"一带一路"倡议的背景下,外语尤其是与云南邻近国家的语言也是构成云南乃至国家的重要战略资源的成分之一,因此做好云南边疆民族地区的外语规划具有十分重要的意义。

第四节 本章小结

本章讨论了云南边疆民族地区学校教育领域的语言规划,主要涉及汉语文规划和外语规划两个维度。

就汉语文规划而言，我们着重讨论了中小学和高等教育领域的汉语文规划。总体上来看，边疆民族地区中小学生的汉语文能力以及对汉语文的认同随学段的上升而上升，表明学校领域国家通用语言文字推广取得积极成效。为响应当前汉语教育走出去的需要，边疆民族地区高等院校还充分利用地缘优势，积极开展了汉语传播工作。

就外语规划而言，我们讨论了学校教育领域作为大语种的英语教育规划和作为小语种的东南亚邻国语言规划。总体而言，初等和中等教育阶段的外语教育以英语为主，邻国语言尚未进入。而高等教育阶段的外语教育则呈多元化发展态势，表现为英语和东南亚邻国语言相互竞争的局面。为此，我们根据关键语言的概念，讨论了边疆民族地区的关键外语规划。鉴于云南边疆民族地区表现出地缘性和语缘性特征，我们提出了4种外语规划模式，以应对不同地区、不同民族的外语需求。

虽然学校层面对英语的重视程度随学段的上升而上升，也虽然学生在东南亚邻国语言和英语中宁愿选择英语，但事实上学生对英语的认同并未相应增加。对学生来说，虽然他们认识到这是一门国际通用语，但现实生活中英语除了升学考试要考外，几乎没有任何实际价值，因此，在学生的潜意识里，英语只不过是一门课程而已。从语言功能规划的角度来看，英语对大多数少数民族学生来说既起不到交际作用，也不能像民族语言或者汉语那样能起到认知作用，更不具备民族文化功能和民族身份象征。仅仅是一门课程，花费了大量的资源。从语言经济学的角度来看，这是得不偿失的。

就民语、汉语和外语3种语言来说，民族语言在小学三年级就退出，很多地方就压根未开设民族语言课程，故我们未调查民族语言规划问题。汉语基本高考结束也就结束了，大学阶段除了汉语言文学专业的学生在学习和发展汉语外，其余学生几乎不学汉语，学校也不开设汉语课程。而外语从小学三年级（有些地方更早）便进入学校，并几乎要陪伴学生的整个受教育的生涯。且其在各种考试以及就业、升学、评奖等活动中所占份额越来越大。这显然是宏观语言政策与微观语言规划较量的结果。从宏观层面来看，虽然英语教育未写入国家宪法等法律法规当中，但教育行政部门以及各级各类学校的所作所为，以及其所发挥的作用超越了宪法等法律法规的力量。民族语言不作为升学考试的科目，以及汉语能力不作为非语言类或教育类学生就业的硬性要求，大大降低了这两种语言在教育教学系统里的地位。相反，由于英语乃升学考试科目，就业、晋升等英语所起的作用大大提高了英语的地位。

显而易见，当前边疆民族地区3种语言的规划是失衡的。除了教学微观环节可能存在一定问题外，整个的针对少数民族学生的外语教育规划明显存在不足。如果以英语为外语学不好的话，不如放弃，把这些资源用于民族语言的教与学，或许对促进民族教育、实现民族教育公平更有积极意义。

第八章
结论——新时期云南边疆民族地区语言政策

语言规划研究由宏观向微观转向，既是学科发展的必然，更是认识论发展的结果。首先，语言规划从地位规划和本体规划发展到习得规划和声望规划，就是由宏观向微观发展的一种态势，因为地位规划涉及官方语言的确立，本体规划关注语言文字的规范化问题，这两者都需要政府的权力运作，故属于宏观规划的范畴；而习得规划和声望规划更强调宏观语言政策在基层所发挥的作用，需要开展微观研究才能展现自上而下的作用，故属于微观规划范畴。其次，语言规划从语言问题取向逐渐过渡到语言生态取向，再发展到语言权利取向和语言资源取向，也是语言规划由宏观向微观转向的标志，因为以问题为取向的语言规划注重的是宏观层面的语言交际问题，其目的是消除由于多语所带来的交际障碍以实现国家和民族的统一，故属于宏观规划范畴；而以语言生态，尤其是以语言权利和语言资源为取向的语言规划更关注多语环境下少数民族的语言生态、语言使用、语言资源保护以及语言权利等问题，这些问题往往存在于草根层面，故也属于微观规划范畴。最后，由于受福柯微观权力观（governmentality）的影响，人们逐渐认识到权力作为艺术和技术主要体现在对个体的实际控制能力上，左右个体行为的是复杂的权力运作方式，而像语言使用这样的人类行为远非国家机器所能真正控制（赵守辉、张东波，2012），因此，必须重视自下而上的作用，这是语言规划由宏观向微观转向的认识论基础。在这样的学科发展背景下，我们顺势而为，对云南边疆民族地区的微观语言规划开展了研究。

一

借鉴Spolsky（2009）关于可以从家庭、工作场所、公共空间、学校、立法与健康、军队、地方与中央政府、语言权利组织、超国家组织等领域进行语言管理的观点，我们根据云南边疆民族地区的实际，针对民族地区个人与家庭、乡村、城镇机关单位、学校等领域开展了调查，试图为新时期云南边疆民族地区语言政策的构建寻找依据。

就个人和家庭而言，我们对176名少数民族个人及其家庭的语言规划进行了调查。研究发现，个人和家庭的语言规划与家庭的语言使用类型、家庭所在地、家庭的民族构成存在密切联系。针对语言本体，少数民族对新创文字认同较低，大多数受访个人及其家庭成员处于有语无文状态。部分研究对象对本民族文字发生兴趣，能借助百科知识，对本民族语言中一些特殊词汇的含义进行自我校正，一些人认为少数民族语言中掺杂汉语是民族语言"汉化"现象，并对这种情况表示担忧。就语言地位而言，少数民族个人和家庭的语言地位规划是通过个人和家庭语言使用的类型来实现的，不同的语言使用类型揭示了不同语言的地位。此外，他们还通过不同场域的语言选择、语言学习、语言使用等方式实现了这些语言在其个人生活或者家庭生活中所处地位的规划。在语言的习得和教育规划方面，除汉语的习得和教育规划成效显著外，民族语言和外语习得规划方面存在问题，对外语而言，为什么学、什么时候开始学、是否加重了语言学习负担一直是一个挥之不去的问题。就语言的声望/形象来说，受访者觉得汉语"更重要"，本民族语言虽然"好听"，但民族文字的形象却逊色得多，而且很多人认为"难学"，无论如何，少数民族语言文字的声望与形象难以与国家通用语言文字的普通话与规范汉字相提并论。

就乡村域的语言规划而言，我们调查了云南边疆12个少数民族村寨，对其中的3个民族4个村寨进行了案例分析。研究发现，乡村少数民族的语言使用有着明显的规划特征，在什么时间、什么地点、使用什么语言都不是任意的行为，少数民族的语言使用明显是按照语言使用的场域来进行规划的。我们把这样的场域划分为3类，分别为初级场域、次级场域和高级场域。在初级场域即家庭内部，乡村少数民族主要使用族内通用语即民族母语；在次级场域比如村寨范围内，他们除了使用民族语言外，也使用族际通用语即本地汉语方言；在高级场域内比如有外地人来访时，他们中的一些人也能使用国家通用语即普通话。此外，乡村少数民族的语言态度也受到了宏观层面语言规划的影响，他们中的多数人最喜欢自己的民族母语，而在针对下一代的语言学习态度上，他们最支持学习汉语。案例调查显示，少数民族意识到他们必须要会使用汉语，否则生活将十分不方便。宏观语言规划以一种非明示的方式在发挥作用，而微观层面的个体会形成指导其语言规划实践的隐性语言政策。虽然乡村少数民族的语言使用和语言态度有着明显的规划特征，但乡村语言规划往往是受外界的影响而触发的，换句话说，乡村语言规划不会自然发生。除了社会、经济和文化的发展促进人员交流而导致语言接触，由语言接触而触发乡村内部的语言规划外，来自上级的宏观层面的语言规划很难直接对乡村的语言生活产生显性的影响。乡村的语言规划实践往往是居住在乡村的人们为了适应家庭和乡村内部的日常交流需要，为了适应外部社会、经济和文化发展需要而采取的一种隐性的自我调节。

针对云南边疆民族地区城镇机关单位的语言规划，我们根据单位与语言规划的密切程度，以问卷和访谈的方式调查了来自新闻宣传单位、文教单位、司法单位、医疗单位以及其他行政单位的584人。调查结果显示，虽然不同城镇机关单位在汉语方言使用方面存在一致，但在普通话与民族语言的使用以及语言服务方面却存在差异；虽然城镇机关单位在语言规划方面并不缺位，但很多单位的语言规划仍然处于隐性状态，从而导致受调查者对单位的语言政策、语言使用条例、语言要求等知晓度不高。为此，做好城镇单位语言规划的对策在于增强员工的语言规划意识，尤其是要提高单位的语言规划意识。

针对学校教育领域的语言规划研究主要涉及汉语文和外语两个层面。在汉语文规划层面，边疆民族地区中小学生的汉语文能力以及对汉语文的认同随学段的上升而上升，表明学校领域国家通用语言文字推广取得积极成效；高等院校则充分利用地缘优势，在汉语教育国际化，尤其是针对东南亚邻国的汉语传播工作方面发挥积极作用。在外语规划层面，初等和中等教育阶段的外语教育以英语为主，邻国语言尚未进入，而高等教育阶段的外语教育则呈多元化发展态势，表现为英语和东南亚邻国语言相互竞争的局面。就民、汉、外3种语言来说，民族语言大多在小学三年级就退出，很多地方压根就未开设民族语言课程；汉语高考后基本就结束了；而外语从小学三年级（有些地方更早）便进入学校，并几乎要陪伴学生的整个受教育的生涯。显而易见，除了教学微观环节可能存在一定问题外，针对少数民族学生的外语教育规划明显存在不足。如果以英语为外语学不好的话，何不如适当放弃，把这些资源用于民族语言的教与学，或许对促进民族教育、实现民族文化传承保护更有积极意义。

除民族外，云南边疆民族地区尚有另一大特色，那就是"边疆"。"边疆"意味着云南存在与他国接壤的情况。事实的确如此，在云南4060公里的边界线上，分别有8个州市25个县市与越南、老挝和缅甸三国接壤，并通过水路与泰国和柬埔寨等国相连。而接壤便意味着民族和民族语言跨境。调查发现，在数千公里的边界线上，共有16个民族跨境而居，这些民族所使用的语言均为跨境语言。由于地缘政治的影响，尤其是不同国家由于政治制度和意识形态所采取的语言政策不同，这些跨境语言发生了分化，产生了同源异流现象，以至于很多跨境语言已经难以相互通话。总体而言，云南边疆跨境语言具有如下特点：跨出型多于跨入型、分布范围广、跨国数量多、地位与活力不一，以及不同跨境民族通话水平高低不一等。虽然跨境语言规划存在较大难度，但通过跨境民族来实现宏观语言规划目标，中国则占有天时地利人和的便利。首先，随着中国国力逐渐增强，边疆民族地区的社会、经济和文化发展水平往往高于境外相同民族，这会对境外跨境民族形成天然的向心力，此为天时。利用这样的机遇做好跨境语言规划，对中华语言文化的发扬具有积极作用。其次，云南与周边国家山水相连，边境地区社会秩序良好，境内外相同民族之间交流便捷、频繁，这是中华文化对外传播的天然保障，此为地利。最后，云南边疆地区和平安宁，境内外跨境民族相处融洽，由于很多跨境民族源于中国，他们对其民族的源头带有强烈的好感。因此，通过跨境民族向他们传播汉语言文化，增强他们对源头国语言文化认同，这是难得的人和。总而言之，虽然跨境语言规划存在不同国家之间政治制度和意识形态差异，但从我方的角度来看，做好自己一侧的语言规划并非不可能。

总而言之，不论是个人与家庭，乡村还是城镇，抑或是学校还是跨境地区其他场域，微观语言规划所涉及的语言无外乎国家通用语、民族语言和外语。由于语言随使用者的流动而流动，随使用者的接触而接触，因此，语言之间难免发生关系。处理好这些语言关系，使各种语言或者语言变体和谐相处，并能在实现国家大政方针方面发挥作用，这便是语言规划的要旨，也是制定新时期云南边疆民族地区语言政策的初衷。

二

宏观层面推广国家通用语的语言政策是毋庸置疑的，但微观层面的语言规划却要复杂得多，尤其是在边疆多民族多语言的地区更是如此。总体而言，不论是宏观还是中观层面，国家均有较为合适的语言政策（李宇明，2012），语言规划的开展有条不紊，并取得积极成效。相对而言，微观层面的语言规划不仅未进入宏观语言规划的视野，其所面临的问题还往往受到忽视。考虑到微观语言生态系统的复杂性，以及某些环节的脆弱性，制定相应的语言政策，对微观层面的语言规划起到引领作用，这对实现微观层面的和谐语言生活，使语言规划服务地方社会经济文化发展，为实现国家发展贡献自己的力量，对铸牢中华民族共同体意识，就显得十分必要。

（一）关于汉语言规划的问题

尽管汉语言文字在云南边疆民族地区很受重视，少数民族中能使用汉语的人越来越多，对汉语的认同也越来越强烈；即便是在偏远的少数民族语言保存和使用较好的乡村地区，很多少数民族都能"见汉说汉"。但必须指出的是，这里所说的汉语，即绝大多数少数民族所使用、认同的汉语，与国家正在推行的普通话即国家通用语还不能完全画等号。虽然作为汉语的一种变体，汉语方言在语言本体方面与普通话并不存在本质差异，但不同地方的汉语方言却有着极强的地域特征，以至于同属于西南官话的云南汉语方言常常被冠以各种不同的名称，如红河话、普洱话、临沧话、怒江话等。不同地方的人使用各自的方言要实现零障碍交流，还真不是件容易的事情。此外，对长期生活在这些地方的大多数汉族而言，同一地方的人们相互交流时，基本都遵守使用汉语方言的习惯。汉语方言被认为是"家乡话"，成为不同地方人们身份认同的重要标志，身在异乡碰到使用相同口音的人便会被认同为老乡。方言乡音可以很快拉近人们之间的距离。少数民族在与汉族的长期交往中，学会并使用了当地的汉语方言，同时也沿袭了相同的语言观念，长期以来所形成的语言使用习惯也在一定程度上影响了作为国家通用语的普通话的发展和传播。

在全球化背景下，信息化、数字化、知识化、国际化加快了社会变革的步伐。要跟上这样的步伐，边疆民族地区必须要有如普通话这样的全国通用语为其铺路。虽然汉语方言具有地方通用语的作用，也确实促进了少数民族与当地汉族以及其他民族之间的交流，但要与来自其他地区尤其是外省人员交流则困难重重。原因是不同地方方言土语在语音，乃至部分词汇表达方面存在差异。我们虽然长期生活在这片土地上，但调研过程中还是常常碰到使用汉语方言无法沟通的情况。对本省人来说尚且如此，而外省人要听懂不同地方的方言，更是难上加难。除此之外，至今尚有很多少数民族不通汉语，即就连本地汉语方言都不能使用，作为国家通用语的普通话使用更无从谈起。

不同地方方言土语在语音乃至部分词汇表达方面的差异在很大程度上阻碍了这种交流，使他们不能及时获取相关信息，也难以准确表达他们的想法，从而导致其长期处于落后状况。许多少数民族之所以长期处于贫困状态，成为国家扶贫攻坚的主要对象，语言扶贫成为帮助少数民族摆脱贫困的一种手段，所谓"扶贫先扶智，扶智先通语"。（中国政协报道组，2018）所有这一切说明，在边疆民族地区推广作为国家通用语的普通话，需进行科学合理的规划。

由此看来，语言扶贫也好，还是在边疆民族地区推广国家通用语也罢，要区分两种情况。一是能使用本地汉语方言，但由于受传统语言习惯使用的影响而普通话能力不足的情况；二是尚不通汉语，即就连汉语方言都不能使用的情况。对前者而言，推广普通话的难度较低，因为云南汉语方言大多为西南官话，隶属于北方方言。虽然与普通话存在一定差异，但主要是语调方面的问题，大多数人跟着电视就能学会，虽然难以达到标准程度，但达到能与不同地方的人交流应该不成问题。对这部分人来说，语言规划的重点是转变他们的语言信念，首先要让他们意识到学会和使用国家通用语能带来的好处，全面提升他们对普通话的价值期望；其次，还要让他们意识到，普通话不仅仅是汉族的语言，更是全体中华民族的共同语，因为在普通话的发展过程中，它融入了各民族的智慧，包含了各民族的贡献，因而才能成为全国人民的通用语言；最后，还要让少数民族认识到，普通话是重要的语言资源，不仅能通过普通话学到知识，获取信息，还会学会新的思维方式，改变传统观念，从而摆脱贫困，与全国人民一同迈上全面小康大道。

对于第二种人即尚不通汉语的少数民族来说，"推普"的难度之大可想而知。青少年儿童可以通过学校教育学会普通话，事实上这已经成为现实。而对于成年人来说，学会国家通用语言就不会那么轻而易举了。目前，在直过民族中开展的"小手拉大手，'推普'路上一起走"，即通过在学校上学的孩子回家后教会父母等长辈普通话，这不失为一条捷径。但并不是每个家庭都有孩子在上学，也不是每只小手都能牵起一只或几只大手。"推普"活动必须是全方位的，除了加大宣传力度外，还需采取针对性措施，比如举办培训班、夜校、汉语言文字扫盲等。另外，要创造普通话的使用环境，把普通话使用与生产生活联系起来，比如结合边疆民族地区的旅游服务、产业发展、劳务输出等，让少数民族感受到能使用普通话进行交流所带来的好处，相信普通话推广的目的一定会实现。

（二）关于民族语言规划的问题

推广国家通用语言，并不是不保护少数民族语言，而是要建立少数民族语言和国家通用语言和谐并存、功能互补、共同发展的语言关系。（中国政协报道组，2018）相比较而言，少数民族对汉语的认同以及汉语能力的发展，过去和现在相比，已经不能同日而语了。新中国成立初期，汉语学习是需要动员才有人愿意学习，而现在的情况正好相反，大多数人不需要做特别的宣传动员，都会积极地学习汉语。在一些家庭中，比如族际婚姻家庭、受教育程度较高的家庭，以及子女在学校就读的家庭中，汉语的使用超越了民族语言。在边疆民族地区的实地调查中，我们经常听到一些村民说道，十多年前，村里还很少听到讲汉语的情况，现在情况正好相反，除了使用民族语言外，另外一种使用得最广泛普遍的语言就是汉语。尤其是在村里组织各种民族文化活动时，因大量游客来访，汉语方言、普通话交替使用的现象比比皆是。双言双语正成为一些边疆民族地区独特的语言景观。然而，在很多地方，尤其是交通便捷、经济发展程度较好、距离城市较近的地方，民族语言与汉语的使用出现了此消彼长的局面，民族语言的使用出现了下降的趋势，很多家庭的语言使用类型由过去的民语单语型发展到民汉、汉民双语甚至汉语单语型，民族语言使用、保护与传承成为了边疆民族地区语言规划的核心议题。鉴于诸如此类的原因，民族语言规划应围绕民族语言使用与传承保护来进行。

1. 重视个人和家庭的传承作用，创建双语示范家庭

语言的使用与传承保护终归要由个人来完成，而个人的语言使用与传承保护离不开家庭环境。作为社会的一个重要细胞，家庭域往往是人类语言生活的起点与终点，国家和社会中存在的各种语言竞争和语言冲突都会在家庭层面显现出来。（方小兵，2018）就母语使用与传承而言，学界注意到，家庭乃最佳场所（Romaine，2007），家庭语言规划对使用不够广泛的语言保持与传承具有重要意义（Smith-Christmas，2016）。除此之外，家庭语言规划还能反映宏观或中观语言政策在家庭层面的实施效果及影响，反过来也能为更高层级语言政策的制定与修订提供依据。（张治国、邵蒙蒙，2018）鉴于个人与家庭在语言规划中的作用，从民族语言使用、保护和传承的角度来看，可以建立民族语言继承机制，培养面临失传的少数民族语言文字的专门人才。（于东兴，2019）仿照当前盛行的非物质文化遗产传承人的做法，命名专门的少数民族语言传承人，给予其适当的物质资助，赋予他们在少数民族青少年中传承民族语言的责任。除此之外，还可以在各地设立一些双语使用示范户，对能使用民汉双语，较好地保存了民族语言的家庭进行褒奖，以达到对其他家庭的示范作用，从而能够吸引到更多的人关注和支持，进而提高民族语言的保护和继承力度。（郭建华，2018）

2. 发挥社区的作用，创建少数民族双语示范村

除家庭语言规划外，社区语言规划乃微观语言规划的又一个典型。从某种程度上来看，国家在宏观层面所开展的语言规划成功与否，很大程度上取决于微观层面家庭和社区的参与和支持。（Kaplan et al.，2003）虽然家庭语言规划的重要性不可否认，但家庭语言规划不是孤立的行为，它必须要借助更广泛的社会、政治、经济、文化、教育等外部力量，才能顺利进行。（方小兵，2018）以儿童的母语习得为例，如果没有获得社区的支持，无论家庭成员多么努力，儿童的语言维持都难以成功。（Fishman，2005）因为在儿童的社会化过程中，家庭内部和外部社区有着不同的双语使用情形，而家庭外部环境对儿童语言发展的影响比家庭内部环境更为重要。（Lanza，2007）因此，不能忽视整个社区语言生态和语言生活特征对家庭语言规划的影响。（Lewis、Simons，2016）有鉴于此，我们认为非常有必要在不同地方

创建少数民族双语示范村,为民汉双语使用,尤其是民族语言的保护、保持与传承创造有利的语言环境。而创建少数民族双语示范村可谓正当其时。当前,边疆各地都在打造特色村寨和特色小镇,其目的主要在于吸引游客,发展旅游业。而云南最大的优势就在于民族文化。特色村寨和小镇的"特色"二字就体现在民族文化上。我们曾经调研过红河州弥勒市可邑小镇,该小镇实为彝族阿细人世居的一个山村。该地民族文化氛围浓郁,景色优美,每年都吸引了大量外地游客来参观考察。我们发现,该村村民无论老幼,相互之间交流均使用阿细语,而与外地人交流则使用本地汉语方言或者普通话,是一个典型的双语社区。如果地方政府把民族语言纳入特色小镇建设的范畴,开发一些使用民族语言的产品,比如民族语言歌舞表演、使用民汉两种文字(针对有文字的民族)的小镇介绍、带有民族语言文字的旅游纪念品等。这样一方面可以增加小镇的"特色",吸引更多的游客,提高当地的经济收入;另一方面还可以起到民族语言保护与传承的作用。

3. 改革双语教育,发挥学校在民族语言人才培养方面的优势

尽管有学者对学校在民族语言复兴中所发挥的作用持怀疑态度,比如斯波斯基认为希伯来语复活的关键是依赖了语言的自然代际传承,而不是依赖传统的、有限的学校语言教学。但依然有不少学者认为民族语言的传承"关键在于学校"。(李德鹏,2018)我们在临沧南美拉祜族乡调研时就发现,该乡拉祜语面临失传危险,50岁以下中青年人大多不会说自己的民族语言,但最近几年在小学阶段开展的拉祜—汉双语教育又为拉祜语的传承带来了希望,小学阶段的拉祜族少年儿童又恢复了民族语言能力。这显然是学校教育在民族语言复兴中发挥作用的典范。虽然学校教育有限,但通过长期坚持不懈的努力,学校在民族语言人才培养方面所能发挥的作用依然不可小觑。据李强和杨光远(2018)调查,改革开放以来,云南地方高校为傣族自治州、市、县培养输送傣语言文学专业大学本科毕业生高达2500名。这一数字充分说明,学校在民族语言复兴与传承中所发挥的作用不容否认,因为除了傣语人才外,云南地方高校还培养了其他民族语言人才,也为其他民族语言的传承做出了贡献。当然,这并不表明学校教育领域在民族语言教育规划方面不存在问题。就初等教育阶段的民汉双语教育来说,当前开展的民汉双语教学多为辅助性双语教学,多数情况下民族语言未成为教学用语,双语教学持续时间短,在许多地方甚至名存实亡。从民族语言保持与传承的角度来看,有必要开展真正意义上的双语教学,实施双语并行模式,让民汉两种语言都成为教学用语,比如民族语言、文化、传统类课程使用民族语言为教学用语,其他课程使用汉语为教学用语。民族地区双语课程中

的民族语言文化类课程要贯穿义务教育阶段，在中考和高考中占一定权重，作为地方和省属高等院校录取的依据。高等教育阶段要加大对民族语言人才培养的力度。云南民族大学本来肩负为地方培养民族人才的重任，其中包括培养民族语言人才，但受高等教育转型的影响，目前云南民族大学20多个学院中只有一个学院即民族文化学院在担负民族语言文化人才培养的责任，只有二十几分之一的努力投入"民族语言文化"，这显然与其所应该承担的使命不相符。即便如此，该学院目前只招收有11个语种，且所招收的人数有限，尚不能完全满足云南多民族语言传承与发展的需要。近年来，一些州属高等院校加入了民族语言人才培养的队伍，这是一个积极的信号，但仍然不够，比如红河学院开设了哈尼语专业，但彝语专业尚未纳入规划；而文山学院则连壮语专业都未开设，更不用说苗语专业。上面所提及的两个学院分属两个民族自治州，所提及的民族都是自治的民族，其他人口较少民族的语言传承需求要得到满足，则尚有许多工作要做。这或许就是斯波斯基认为不能依赖有限的学校语言教学的缘故。其实，斯波斯基并未怀疑学校教育在民族语言传承方面的作用，他所抱怨的是学校教育的有限性。如果政府能加大投入，在人力和物力方面给以更多支持，同时改革现行的中高考模式，各级各类学校在民族语言传承方面的作用必将得到进一步的发展。

4. 构建和谐语言生态环境，打造民族语言文化景观

语言不是孤立的社会存在，其功能、使用、发展、濒危和消亡等都与社会环境休戚相关。制定语言政策必须考虑社会、文化和经济的发展。少数民族语言复兴不完全是语言政策的功效，还有其他社会因素，比如国家的民族政策、各种民族文化活动、民族地区旅游业的发展、民族意识觉醒，以及对自己民族语言式微的担忧等，都会对民族语言复兴起到关键作用。我们在西双版纳基诺山和傣族聚居地区调查时发现，很多少数民族群众深深感受到了民族文化给他们带来的好处，每年来自世界各地游客大量涌入，给他们带来了丰厚的现金收入，促进了当地社会经济的发展。同时，他们也意识到，正是独特的民族文化吸引了外地游客。如果民族语言和文化不复存在，因旅游业而带来的好处也将消失殆尽。因此，凡是我们所调查到的少数民族群众都会毫不含糊地表示，要求自己的下一代学习和使用民族语言。

之所以少数民族群众有了使用和发展民族语言文化的意愿，这完全是当前社会环境发展变化的必然结果。而作为社会环境的一个重要组成部分，少数民族和谐语言生态在其中扮演了重要角色。在很多民族地区的调查发现，语言生态好的地方往往形成了良性循环，一方面旅游业发展好，少数民族生活得到改善，民族文化意识

也得到了不同程度的恢复，民族语言文化也保持得相对较好；而在语言生态环境不好的地方，民族文化意识也比较淡漠，民族语言文化保持也存在不足。遗憾的是，当前很多边疆民族地区的语言生态环境比较脆弱，民汉两种语言的使用此消彼长，一些少数民族的民族语言文化意识正变得淡漠起来。部分少数民族会认为自己的民族文化落后，认为下一代学习和使用民族语言是浪费时间。有鉴于此，创建和谐语言生态，打造民汉双语景观，恢复和培养少数民族的民族语言文化意识，保留住少数民族的文化特征，发展具有民族特色的旅游文化产业，让少数民族群众在本民族的语言文化中产生获得感，这对民族语言文化的保留将产生积极作用。具体办法如下。

首先，建立真正意义上的双语社会，培养少数民族"遇汉说汉，遇民说民"的良好习惯。凡是有文字的边疆民族地区的标语口号等均使用民汉双语或三语；使用边疆民族语言文字宣传党的方针政策；开发少数民族文字手机操作界面，创建少数民族文字网站；增设少数民族语言文字的广播和电视频道，增加播出时间；公共交通、机场、车站等应适当使用民汉双语报站、发布通告等。

其次，发展民族语言文化产业，举办民族语言文化活动，比如民族歌舞表演、民族文字书法展览、带有民族文字的手工艺品等。通过民族旅游带动地方社会经济发展，让少数民族感受到民族语言文化给他们带来的好处，提高其民族文化传承发展意识，从而起到使用和保护民族语言的目的。

最后，创造少数民族语言景观，城市街道名称、路标、公交车站台、机关单位、商场店铺等适当使用少数民族语文；公交车报站要使用民汉两种语言；农村的宣传栏、标语口号、扶贫宣传、脱贫技术等也可以使用民汉两种语言文字。语言景观既可以打造语言使用环境，也可以在一定程度上增加地方的旅游色彩。

5. 建立保障机制，成立民族语言管理委员会

建立保障机制，发挥政府职能部门作用。（李春风，2019）为此，各自治州、县应成立民族语言管理委员会，负责协调上述各领域各部门在民族语言教育、使用和传承方面的作用。目前民族地区的语言文字由民族宗教事务局下属的文化单位民语办负责，因单位级别尤其是人手不够等诸多原因影响，民族语言文字的重要性没有得到足够重视。尽管很多民族地区强调少数民族传统文化发掘，但大多数主要从文化产业的角度去开发，比如德宏州注重景颇族的织锦等等，民族语言文字在一定程度上受到忽视。成立专门的民族语言保护与研究单位，专司民族语言文字管理，建立保障机制，这是必要的。民族语言文字管理委员会在民族语言的使用、保护和

发展方面负有重要使命，下面略举数例。

首先，加强协调，提高语言政策的执行力。当前边疆民族地区民族语言规划面临的最大问题是不同部门之间协调不好，对语言政策执行不力等，这些问题在一定程度上影响了民族语言教育、使用与保护的效果。宪法、民族区域自治法、教育法、民诉法和刑诉法等都对少数民族语言文字的使用做出了明确规定，但这些法律法规在各地的执行情况却存在差异，执行力也受到诸多因素影响。（敖俊梅、祁进玉，2018）比如，对民汉双语教育的定位与功能认识存在偏差；民汉双语教育存在随意性；与民族语言有关的事务存在相互推诿的情况。我们在某地调研时发现，基础教育部门把有关民族语言的教育任务推给民宗部门，而民宗部门又认为语言教育教学应由教育部门负责。可见，成立专门的民族语言管理机构，加强不同部门之间的协同，这对搞好边疆民族地区民族语言的教育、使用与保护极其重要。

其次，加强宣传，提高少数民族的母语保护意识。少数民族语言的使用与保护不能完全依靠政府，少数民族才是民族语言使用、发展与传承的主体。因为，政府的行政效力只能从外围进行扶持、抢救，而积极、自主的维护、使用还得靠母语人的文化自觉。（杨彬，2018）因此，少数民族语言管理委员会可以致力于民族语言文化的宣传工作，协同相关部门创造民族语言文字的使用机会，比如以民族语言（文字）的形式呈现于文学作品、音乐影视、刊物报纸等，以增强母语的感染力，开发民族语言产品，培养少数民族的母语资源意识，通过各种方式来提高少数民族自我保护和自我救赎的意识，这是民族语言使用与保护的关键。

再次，设立专项基金，为少数民族语言的使用与保护提供保障。民族语言的使用与保护需要专门的机构，更需要有相应的基金支持，因此设立少数民族语言保护专项基金，为各种有关民族语言文字的使用与保护提供保障，民族语言管理委员会才能真正发挥作用。（李宝贵等，2018）在专项基金的支持下，可以建设少数民族语言文字博物馆，收集保存有关民族语言文字的相关资料，比如各种论著、词典、调查报告、方言土语地图等。随着新媒体技术的发展，建立和保存实态语言或方言成为可能。（王春玲，2018）因此，民族语言文字博物馆还可以以多媒体语料库及相关数据库的方式永久地保存少数民族语言，这不仅起到了保护民族语言的作用，也为民族语言的教育教学以及专家学者的研究提供了方便。

最后，科学保护，维持民族地区语言的多样性。民族语言委员会既是行政机构，也是科研机构，除了一般的行政事务外，要加强对民族语言的研究，才能起到科学保护的作用。比如，当前一些地方在民族语言的推广方面存在一定误区，他们尝试模仿普通话的做法，以某地的语音为标准音，试图统一同一民族的语言。鉴于少数民族支系繁多，虽然同属于同一个少数民族，但要尝试使用标准的少数民族语言未必能为不同支系的少数民族所接受。广西曾经尝试使用标准壮语在不同地方开展教育与宣传活动，但收效甚微，为此广西的靖西和那坡采用当地壮语开展教育宣传，反而起到了良好的效果。（袁善来、康忠德，2014）其实，在大多数不同支系少数民族都能使用汉语的情况下，以汉语为通用语，保留少数民族的支系语言，这是科学保护少数民族语言的表现形式。

总之，民族语言规划可以多管齐下，但不外乎在其地位、本体、习得和声望方面给予科学规划。就地位规划而言，要从功能和使用的角度给予少数民族语言相应的地位；要加强对现有民族语言文字（包括古文字）的规范化、标准化、信息化建设，要在这些民族语言文字记载的文献中挖掘反映中华民族共同体意识内涵的内容；在习得规划方面，要从教育、教学、学习和习得的角度开展论证，提高教育教学的效果；在声望规划方面，要营造有益的语言景观，塑造少数民族语言有用的形象，要让他们在文化传承、身份象征、信息传递、交际功能等方面感觉到本民族语言有用，且能带来经济效益。可见，成立专门的语言管理委员会，协调各方力量，才能真正地做到科学保护和使用。总之，民族语言规划要围绕铸牢少数民族中华民族共同体意识的目标展开，这样的民族语言规划才更有生命力。

（三）关于外语规划的问题

从宏观上来看，云南外语规划正处于关键时期。一方面云南与越南、老挝、缅甸接壤，与柬埔寨、泰国、孟加拉国毗邻，与新加坡、马来西亚、印度尼西亚相距不远，且作为"一带一路"开放的前沿，面向南亚和东南亚的辐射中心，这些国家的语言理应成为教育领域的外语，并占有相应的地位；另一方面，云南外语教育语种单一、英语一家独大的局面并未发生根本改变。

从"一带一路"之"互联互通"，即从政策沟通、设施联通、贸易畅通、资金融通、民心相通的本质来看，语言是"五通"的关键，因为语言有"通事"和"通心"之功效。（李宇明，2018）一般来说，外语的主要功能是"通事"，母语除能"通事"外，更能"通心"。（李宇明，2015）对云南及其邻国而言，英语作为外语，只能起"通事"作用；而邻国语言作为邻国的母语，除了"通事"外，还能在一定程度上起到"通心"的作用。从这个角度来看，学习和掌握邻国语言能起到的功效明显大于英语。可能正是基于这一现实，自21世纪初以来，云南省教育厅发布了一系列文件，要求在高等教育领域开展以邻国语言为外语的小语种教学，如《关于加强高等院校小语种教学的建议》（2006）、《关于在高等院校开设小语种教研室的通知》（2007）、《关于培养小语种人才的通知》（2009）等，其目标是在2013年开设邻国语言课程的高校数量能达到10个左右，主修这些语言的学生数量能达到3000人；2012年云南省教育厅再度发文，要求各高校改革大学外语教学计划，允许学生选修大学越南语、大学泰语、大学老挝语、大学柬埔寨语、大学缅甸语等。（Hao et. al., 2017）现在十余年过去了，开设邻国语言课程的高校不止10所，云南60余所高校几乎都开设了邻国语言课程：有些高校少一些，比如笔者所在高校只开设了越南语和泰语两个专业；有些高校开设的多一些，而新近成立的民办独立院校和高职高专在申办邻国语言方面最为积极，这些院校所开设的邻国语言最多。但限于师资，这些高校所开设的邻国语言主要集中于泰语、缅语和越南语等。相对而言，云南民族大学、云南师范大学和云南大学开设邻国语种最多，除了涵盖东南亚所有国家语言外，还开设了南亚甚至西亚国家语言，如印度语、乌尔都语和阿拉伯语等。主修这些语言的学生数量也远远超过了预期目标。

虽然邻国语言教学大行其道，教育部门在专业审批方面较为宽松，但主要限于高等教育领域。从总体上来看，基础教育领域仍然是英语一家独大。就目前我们所调查的情况来看，没有任何一所小学或中学把邻国语言纳入教学规划范畴。即便是在高等教育领域，邻国语言仍然是小语种，大学英语仍然牢牢占据主导地位，虽有少数学生选修大学泰语或大学缅语以取代大学英语，但这些学生数量非常有限，而且往往是各个学校中英语学习困难的学生不得已而为之的选择。之所以如此，这明显与这些语言的需求状况有关。有针对国内政府机构、企事业用人单位的调查显示，英语依然是最常用的外语，其余依次为日语、俄语、法语、西班牙语、德语、阿拉伯语、越南语、马来语、土耳其语、乌克兰语、波斯语等。（戴曼纯、李艳红，2018）与云南邻近的东南亚邻国语言只有越南语和马来语，且排位在第八、九名，其他邻国语言排名更靠后。即便是在与邻国接壤的口岸地区比如河口与瑞丽，据张彪和彭庆华（2016）的调查，英语的需求仍位居第一，其次才是越南语、泰语和缅甸语，且呈现强烈的地缘需求特征。

从上面的论述中可以发现，云南曾经的小语种人才缺乏的问题已经不成问题，即便真的还存在问题，那也不是单纯的数量问题，而是质量问题。一方面，部分语种比如泰语、越南语和缅甸语相对集中，几乎每个学校都有开设，从而造成这些语种人才过剩，学生就业困难。另一方面，很多学校的小语种专业教学水平不高、培养模式单一、培养层次低（多为高职高专三本院校），形成"大才难觅，小才拥挤"（沈骑、夏天，2018）现象。之所以"大才难觅"，除了培养层次低外，大学阶段从零起点开始学习也存在一定关系。此外，在高等教育阶段尝试用大学越南语、大学泰语等来取代大学英语的做法得不偿失。选修大学泰语或越南语的学生往往英语成绩不是很好，经过初中高中的英语学习，尚学不好英语，而邻国语言从零开始，只学习两年时间，他们能学到什么程度、能否胜任社会需求？这显然值得怀疑。

考虑到"一带一路"国家小语种不仅有"通事"甚至还有"通心"的作用，结合地缘需求特征，建议在边境部分地区的部分有条件的中小学开设邻国语言实验班，高考时代替英语，为高等教育阶段提供优质生源，这样可以解决当前高等教育阶段从零起点开始学习小语种的问题。另外，考虑到小语种人才需求有限，为避免"小才拥挤"，要专注于高端人才培养，建议由一本院校负责小语种人才的培养，在科学合理的需求分析基础上，对语种做合理分配。

从微观层面来看，外语教育领域英语一家独大的局面短期内难以改变，即便是在部分边疆民族地区利用地缘、语缘、人缘优势开设部分相邻国家的语言课程，以取代中考及高考英语，为大学高端人才培养提供优质生源，这也只应是局部现象。至于是否所有边疆民族地区都有必要开设英语课程，这需要进行合理的规划。虽然各种调查显示社会对英语的需求在所有外语中排名第一，但并非人人都有学习和使用英语的需求。尤其是在云南边疆多民族多语言的地区，一方面存在国家通用语的推广问题，另一方面还存在民族语言的使用、保护与保持的问题，部分地区部分领域甚至存在邻国语言使用需求。在这样的背景下，微观层面的外语规划大有可为，但原则上应该围绕"什么人在什么时候为什么以什么方式学习什么语言"而展开，搞清楚了这几个问题，外语规划的问题便迎刃而解。

三

由此看来，不论是家庭和个人、机关单位、学校，还是其他领域，不论是乡村还是城镇、跨境地区，云南边疆民族地区语言规划主要涉及国家通用语、民族语、汉语方言和外语等语言或语言类型。语言规划在很大程度上就是要处理好不同语言之间的关系。首先，要处理好作为国家通用语的普通话与本地汉语方言的关系。不管在何种层面，普通话均处于核心位置。（刘群，2017）而且推广普通话是既定的国策，但作为汉语特殊类型的各地方言仍有其存在的必要。方言不仅是民族地区各族人民的共同语,除了具有交际功能外,还有社会情感功能,能在很大程度上留住人们的乡愁;同时也具有一定的身份认同功能,人们往往通过口音便可分辨出说话者的属地。此外,方言也是普通话的基因库,是普通话发展壮大的源泉。必须指出的是,方言还是少数民族学习国家通用语的桥梁,云南绝大多数少数民族首先学会使用的是本地汉语方言,再在其基础上学会使用普通话。因此,推广普通话,保留方言,这是处理好普通话与方言关系的前提条件。

其次,边疆民族地区的语言规划更要处理好国家通用语与少数民族语言的关系。使用国家通用语是少数民族融入祖国大家庭、分享改革开放红利、增强少数民族的国家认同的重要手段,更是民族团结、国家统一、边疆稳定、富民强国的重要保障。但是,不论是从语言资源、语言权利、语言规划的角度来看,少数民族语言都必须得到保护。保护少数民族语言的渠道很多,我们在上文已有论述。需要强调的是,在民族语言保护方面,很多专家学者(陈卫亚,2013;王军,2013;戴庆厦,2014)都认为要尊重少数民族的意愿。但我们认为,尊重少数民族意愿与科学保护要相结合。如果一味尊重少数民族意愿,则可能实现不了少数民族语言保护的目标,毕竟少数民族对语言价值、语言权利、语言保护的意识不能与专家学者相提并论。以少数民族文物保护为例,沧源佤族翁丁古寨的很多茅草房作为原始聚落的遗存,具有较高的文物价值,政府要求作为文物加以保护,而居住在里边的佤族村民根本不知道什么是文物,他们需要把原来的茅草房拆掉,建起新的现代化的楼房,这显然给政府的保护工作带来了极大的阻力。少数民族语言保护也面临同样的问题,很多少数民族往往会认为自己的民族语言落后无用,羞于使用,如果要按照这样的意愿,保护民族语言则无从谈起。

科学保护少数民族语言必须把握好度,更不能采取一刀切的方式,必须具体问题具体分析。对于功能下降,处于衰退甚至濒危的民族语言,要倾全力给予保护;而对于生命力强的语言,尤其是有着非常强大的境外语言作为支撑的少数民族语言,还要警惕语言民族主义可能带来的潜在危害。以语言认同为例,民族语言认同要与民族的独立以及国家的主权作为参照系,比如缅甸克钦族一直在追求民族的独立,成为缅北长期不得安宁的潜在因素。如果境内的边疆少数民族也有因语言认同而产生类似的意愿,这必然导致边陲的不稳定。因此,虽然语言认同有利于民族独立,但民族独立可能给多民族国家的统一甚至主权带来冲击,从这个意义上来说,少数民族的民族语言,尤其是跨境语言的认同要保持一定的度,必须是在对国家语言认同即国家认同基础上的民族认同或者民族语言认同,二者之间要保持好平衡关系。从国家主权和边疆稳定的角度来看，对国家语言的认同应该大于对民族语言的认同，这是开展跨境民族语言规划的前提。如果民族语言认同大于国家语言认同，则可能会导致国家主权受损。

最后，要处理好英语与小语种以及民族语言的关系。英语作为大语种的地位难以改变，但不同民族地区应根据实际情况，从与邻国的地缘、语缘、族缘关系的角度出发适当在中小学阶段开设邻国语言课程，为高等教育阶段高端小语种人才培养提供优质生源。高等教育阶段的邻国小语种教育要避免一哄而上，最后造成需求过剩，学生无法就业。此外，英语开始学习的时间不应与民汉双语教育发生冲突，很多边疆民族地区也开始从小学三年级起开设英语课程，认为英语越早学越好。其实，外语学习的质量受多重因素的影响。非英语环境下，外语学习开始的时间早晚与后期的英语学习成绩并不直接相关。（Song，2011；Hamid et. al.，2014；张蔚磊，2018）我们在第七章的调查也发现，小学三年级开始学习英语和初中开始学习英语的少数民族学生相比，后者自述的英语能力还高于前者，说明小学三年级起学习英语对少数民族学生来说，不仅浪费了时间和精力，甚至挤占了学习本民族语言和普通话的机会。难怪有国外学者（Eggington，2010；转引自张蔚磊，2018）曾经指出，早期外语教育会破坏语言生态系统，一些濒临灭绝的语言会因此消失得更快，尤其是在目标语言仅通过学校教学而没有社会语境的情况下，基础教育阶段的孩子更不适合进行早期外语教育。这对少数民族学生来说，尤其如此。与其在小学阶段花费时间和精力学习一门可能一辈子都用不上的英语，何不如用这些时间和精力去学习本民族的语言，虽然民族语言的使用功能逐渐下降，但至少可以起到保护和传承的目的。

综上所述，云南边疆民族地区语言规划就是要搞好不同语言或者语言类型之间的关系。从这些语言关系中不难看出，虽然不同语言之间总体和谐，但语言竞争无时无处不在。自发的语言竞争往往导致使用较少的语言的消亡。而语言规划就是避免自发的语言竞争，要保证不同语言之间竞争关系的合理可控。一方面国家通用语得到推广，另一方面少数民族语言得到保护。（李宇明，2018）除了国家通用语和民族语言外，特定的人群还必须具备相应的外语能力。因此，新时期云南边疆民族地区语言规划的根本目标就是实现多语主义。不论是从语言关系（戴庆厦，2010；蔡永良，2017；刘群，2017），还是从语言战略（沈骑等，2018；于东兴，2019）、国家语言能力建设（戴曼纯，2011；周庆生，2016），抑或是从国家安全（赵蓉晖，2010；张日培，2018）的角度来看，多语主义正当其时。在这样的背景下，新时期云南边疆地区各民族应大量具备双语或多语能力。一般的少数民族群众应能使用本民族语言和本地汉语方言，更要具备使用国家通用语言的能力。此外，在熟练使用普通话的基础上，一般的汉族干部应具备民、汉双语能力，跨境地区的汉族或少数民族干部还应该具备民、汉、外（邻国语言）三语能力；部分接受过中等和高等教育的少数民族也应该具备民、汉、外（英语或邻国语言）三语能力，绝大多数受过高等教育的少数民族群众至少应该具备民、汉双语能力；针对语言学习能力强的少数民族学生，还要培养他们的民、汉、外三语能力。要实现这样的目标，唯有开展科学合理的语言规划。概而言之，既要自上而下，更要自下而上，这是制定新时期云南边疆民族地区语言政策的根本原则。

参考文献

一、中文参考文献

[1] 阿呷热哈莫.全球现代性视野下的凉山彝区双语教育思考[J].中央民族大学学报(哲学社会科学版),2013(4).

[2] 敖俊梅,祁进玉.中国促进语言教育平等法规的研究——基于民族教育条例的文本分析[J].民族教育,2018(5).

[3] 巴战龙.如何打造双语家庭——裕固族语言文化遗产传承问题研究[J].民族文化,2016(5).

[4] 白志红,刘佳.佤汉双语的习得、使用与文化政治:云南沧源新村双语教育实施个案研究[J].北方民族大学学报,2016(5).

[5] 板永明.当前民族地区高校培养少数民族语文师资存在的问题及对策研究——以德宏师范高等专科学校培养民文师资为例[J].时代教育,2016(4).

[6] 包冬梅.谈城市散居蒙古族青年家庭内部语言的变化[J].语文学刊,2011(12).

[7] 鲍怀翘,周植志.佤语浊送气声学特征分析[J].民族语文,1990(2).

[8] 毕俊峰.南亚国家语言政策与我国面向南亚的外语教育规划研究[J].外语教学,2016(5).

[9] 蔡慧萍.英汉语的不对应现象与外语学习中的负迁移[J].外语教学,1999(2).

[10] 蔡基刚.国家战略视角下的我国外语教育政策调整——大学英语教学:向右还是向左?[J].外语教学,2014,35(2).

[11] 蔡永良.语言战略与外语教育:新时期我国外语教育规划思考[J].中国外语,2017,14(5).

[12] 曹志耘.中国语言资源保护工程的定位、目标与任务[J].语言文字应

用，2015（4）．

［13］曾丽．儿童三语习得中元语言意识的发展对我国少数民族外语教育政策制定的启示［J］．外语教学与研究，2011（5）．

［14］柴玢，宋岩．对广播电视语言规划问题的思考［J］．新闻爱好者，2009（6）．

［15］陈保亚．语势、家庭学习模式与语言传承——从语言自然接触说起［J］．北京大学学报（哲学社会科学版），2013，50（3）．

［16］陈国庆．柬埔寨语与佤语的构词形态［J］．民族语文，2000（6）．

［17］陈丽萍．佤族学生学习普通话教学研究［J］．保山学院学报，2007，26（4）．

［18］陈丽湘．论新时代民族地区国家通用语言文字的推广普及［J］．陕西师范大学学报（哲学社会科学版），2021，50（6）．

［19］陈鲁直．联合国的语文杂谈［J］．世界知识，2001（14）．

［20］陈鹏．行业语言服务的几个基本理论问题［J］．语言文字应用，2014（3）．

［21］陈荣．少数民族外语教育中的文化冲突与整合［J］．贵州民族研究，2008，28（4）．

［22］陈升雅．从文化安全的角度看布朗族语言文化传承和双语教学师资培养［J］．科技经济导刊，2016（28）．

［23］陈章太．《国家中长期语言文字事业改革和发展规划纲要》与国家语言生活［J］．语言文字应用，2013（1）．

［24］陈章太．当代中国的语言规划［J］．语言文字应用，2005（1）．

［25］陈章太．构建和谐语言生态［J］．语言战略研究，2016，1（2）．

［26］陈章太．关注中国语言生活［J］．北华大学学报（社会科学版），2011，12（5）．

［27］陈章太．论语言资源［J］．语言文字应用，2008（1）．

［28］陈章太．我国的语言资源［J］．郑州大学学报（哲学社会科学版），2008b，41（1）．

［29］陈章太．语言资源与语言问题［J］．云南师范大学学报（哲学社会科学版），2009，41（4）．

［30］程晓堂．语言学理论对制定我国外语教育政策的启示［J］．外语教学与研究，2012，44（2）．

[31] 储皖中, 张颖锋. 云南沿边少数民族地区普法促进民族团结维护边疆稳定 [N]. 法制日报, 2010-11-19.

[32] 寸红彬, 汪榕. 仙岛语——云南濒危少数民族语言调查 [J]. 贵州民族研究, 2014（6）.

[33] 戴曼纯, 贺战茹. 法国的语言政策与语言规划实践——由紧到松的政策变迁 [J]. 西安外国语大学学报, 2010, 18（1）.

[34] 戴曼纯, 李艳红. 论基于国家语言能力建设的外语规划 [J]. 语言战略研究, 2018, 3（5）.

[35] 戴曼纯. 国家语言能力、语言规划与国家安全 [J]. 语言文字应用, 2011（4）.

[36] 戴曼纯. 乌克兰语言规划及制约因素 [J]. 国外社会科学, 2012（3）.

[37] 戴曼纯. 乌克兰语言政治及语言生活现状 [J]. 中国社会语言学, 2013（2）.

[38] 戴曼纯. 语言政策与语言规划的学科性质 [J]. 语言政策与规划研究, 2014（1）.

[39] 戴庆厦, 董艳. 中国少数民族双语教育的历史沿革（下）[J]. 民族教育研究, 1997（1）.

[40] 戴庆厦, 和智利, 杨露. 论边境地区的语言生活——芒海镇吕英村语言生活个案分析 [J]. 贵州民族研究, 2015（4）.

[41] 戴庆厦, 李春风. 语言和谐与边疆稳定——云南省文山州都龙镇各民族语言关系的理论分析 [J]. 中南民族大学学报（人文社会科学版）, 2017, 37（4）.

[42] 戴庆厦, 乔翔, 邓凤民. 论跨境语言研究的理论与方法 [J]. 云南师范大学学报（哲学社会科学版）, 2009, 41（3）.

[43] 戴庆厦, 和智利, 李旭芳. 丽江市古城区七河镇共和村的语言和谐 [J]. 青海民族研究, 2014, 25（3）.

[44] 戴庆厦. "科学保护各民族语言文字"的理论与实践——"语言保护"实施后的五年回顾 [J]. 贵州民族研究, 2017（2）.

[45] 戴庆厦. 基诺族语言使用现状及其演变 [M]. 北京: 商务印书馆, 2007.

[46] 戴庆厦. 景颇语参考语法 [M]. 北京: 中国社会科学出版社, 2012.

[47] 戴庆厦. 开展我国跨境语言研究的构想 [J]. 百色学院学报, 2013, 26

（4）.

［48］戴庆厦. 跨境语言研究［M］. 北京：中央民族学院出版社，1993.

［49］戴庆厦. 跨境语言研究当前面临的三个理论问题［J］. 广西民族大学学报（哲学社会科学版），2016（5）.

［50］戴庆厦. 跨境语言研究的历史和现状［J］. 语言文字应用，2014（2）.

［51］戴庆厦. 论跨境语言的和谐与冲突——以中缅景颇语个案为例［J］. 语言战略研究，2016，1（2）.

［52］戴庆厦. 云南玉龙县九河白族乡少数民族的语言生活［M］. 商务印书馆，2014.

［53］戴庆厦. 中国濒危语言研究的四个认识问题［J］. 玉溪师范学院学报，2015，31（1）.

［54］戴庆厦. 中国少数民族双语的现状及对策［J］. 语言与翻译（汉文），2007（3）.

［55］戴庆厦. "科学保护各民族语言文字"研究的理论方法思考［J］. 民族翻译，2014（1）.

［56］戴庆厦. 论跨境语言的和谐与冲突——以中缅景颇语个案为例［J］. 语言战略研究，2016，1（2）.

［57］戴庆厦. 语言关系与国家安全［J］. 云南师范大学学报（哲学社会科学版），2010（2）.

［58］戴庆厦. 中国语言生活状况研究的新篇章——喜读《中国语言生活状况报告（2005）》［J］. 语言文字应用，2007（1）.

［59］戴炜栋，王雪梅. 经济全球化背景下我国外语教育规划的再思考［J］. 中国外语，2011（2）.

［60］戴炜栋，吴菲. 我国外语学科发展的约束与对策［J］. 外语教学与研究，2010（3）.

［61］戴炜栋. 立足国情，科学规划，推动我国外语教育可持续发展［J］. 外语界，2009（5）.

［62］道布. 语言活力、语言态度与语文政策——少数民族语文问题研究［J］. 学术探索，2005（6）.

［63］邓瑶，何稳菊. 云南大理喜洲白族居民语言生活调查［J］. 民族翻译，2012（3）.

［64］邓瑶. 城市边缘白族乡村的语言生活调查——云南昆明沙朗白族个案研

究［J］．昆明学院学报，2011，33（1）．

［65］丁婷婷．地方媒体在和谐语言生态环境构建中的角色［J］．边疆经济与文化，2015（12）．

［66］董晓波．法律领域的语言规划研究：问题与方法［J］．外语教学理论与实践，2015，V4（4）．

［67］董晓波．语言意识形态下的中国语言战略选择研究［J］．外语教学，2016（5）．

［68］董燕萍．从广东省小学英语教育现状看"外语要从小学起"的问题［J］．现代外语，2003，26（1）．

［69］范宏贵．泰族起源与迁徙再探［J］．东南亚研究，1991（3）．

［70］范宏贵．壮族在东南亚最亲密的兄弟——越南的岱、侬、拉基、布标、山斋族［J］．广西民族学院学报（哲学社会科学版），2005（1）．

［71］范俊军．濒危语言个案研究——云南盈江仙岛语［D］．中国社会科学院民族学与人类学研究所，中国社会科学院，2009．

［72］范俊军．我国语言生态危机的若干问题［J］．兰州大学学报，2005（6）．

［73］方小兵．从家庭语言规划到社区语言规划［J］．云南师范大学学报（哲学社会科学版），2018，50（6）．

［74］费孝通．乡土中国［M］．北京：外语教学与研究出版社，2012．

［75］冯志伟．论语言文字的地位规划和本体规划［J］．中国语文，2000（4）．

［76］付荣文．生态视域下民族地区儿童语言教育规划及文化传承研究［J］．黔南民族师范学院学报，2017（6）．

［77］付雪晖，李寿华．怒江州法院首次用少数民族语言审理民事诉讼案［N］．云南日报，2009-9-16．

［78］高长江．文化语言学［M］．辽宁教育出版社，1991．

［79］谷禾，谭庆莉．云南跨境民族多元历史文化与身份认同［J］．云南民族大学学报（哲学社会科学版），2009，26（1）．

［80］桂诗春，宁春岩．语言学方法论［M］．外语教学与研究出版社，1997．

［81］桂诗春．"外语要从小学起"质疑［J］．外语教学与研究，1992（4）．

［82］桂诗春．外语学习时间要越早越好吗？——从宏观上考虑中学英语教学改革［J］．外语教学与研究，1987（1）．

［83］郭熙．语言规划的动因与效果——基于近百年中国语言规划实践的认识［J］．新疆师范大学学报（哲学社会科学版），2013（1）．

［84］郭建华．国际文化竞争下的民族语言文化保护与传承研究［J］．贵州民族研究，2018（11）．

［85］郭龙生．略论中国当代语言规划的类型［J］．语言教学与研究，2007（6）．

［86］郭龙生．媒体语言中的跨境语言规划研究［J］．文化学刊，2014（3）．

［87］郭龙生．中国现代化进程中的语言生活、语言规划与语言保护［J］．中国人民大学学报，2008，22（4）．

［88］郭龙生．媒体语言中的跨境语言规划研究［J］．文化学刊，2014（3）．

［89］郭熙，朱德勇．当代语言生活［M］．凤凰集团，2006．

［90］郭熙．当前我国语文生活的几个问题［J］．中国语文，1998（3）．

［91］郭熙．《中国语言生活状况报告》十年［J］．语言文字应用，2015（3）．

［92］哈正利．论我国少数民族语言文字政策的完善与创新［J］．中南民族大学学报（人文社会科学版），2009（5）．

［93］海路．中国少数民族新创文字的语言规划及其实践［J］．中央民族大学学报（哲学社会科学版），2012（1）．

［94］韩江．浅析理工科和文理科大学英语教学大纲中的词表［J］．外语界，1990（2）．

［95］郝兴跃，尹枝萍．影响少数民族外语／二语习得的因素［M］．光明日报出版社，2012．

［96］郝亚明．论民族居住格局对少数民族语言传承的影响——以乡村蒙古族为例［J］．学术探索，2011（2）．

［97］何朝俊．彝族阿务语支语言的衰落研究［J］．语文学刊，2016（21）．

［98］何丽，李秋杨，王雪梅．和谐社会之语言和谐：云南省多民族地区语言使用、语言关系与语言态度研究——昆明市沙朗白族乡个案分析［J］．西南民族大学学报（人文社会科学版），2010，31（3）．

［99］何清，杨海波．云南德宏"直过民族"基础教育阶段英语学习状况调查研究［J］．德州学院学报，2014（s1）．

［100］洪爱英，张绪忠．近10年来国内语言规划研究述评［J］．社会科学战线，2016（9）．

［101］侯敏．有关我国语言地位规划的一些思考［J］．语言文字应用，2005（4）．

［102］胡淼．大连地区服务行业普通话及方言使用情况调查——以商务服务业为例［J］．语文学刊，2013（24）．

［103］胡文仲．关于我国外语教育规划的思考［J］．教育科学文摘，2011（3）．

［104］黄行．当前我国少数民族语言政策解读［J］．中南民族大学学报（人文社会科学版），2014（6）．

［105］黄行．中国少数民族社会语言生活的可持续发展［J］．语言科学，2016，15（4）．

［106］黄行，许峰．我国与周边国家跨境语言的语言规划研究［J］．语言文字应用，2014（2）．

［107］黄行．汉语拼音方案与拉丁化民族文字字母设计［J］．语言文字应用，2018（4）．

［108］黄行．我国与"一带一路"核心区国家跨境语言文字状况［J］．云南师范大学学报（哲学社会科学版），2015（5）．

［109］黄行．中国少数民族语言活力研究［M］．中央民族大学出版社，2000．

［110］黄行．中国语言资源多样性及其创新与保护规划［J］．语言学研究，2017（1）．

［111］黄晓蕾．20世纪语言规划研究方法的流变［J］．中国社会科学院研究生院学报，2014（2）．

［112］加洛木呷．试析汉语言强势竞争对凉山彝族母语传承的影响［J］．北方文学：下，2012（8）．

［113］教育部．教育部关于积极推进小学开设英语课程的指导意见［J］．教育部政报，2001，24（3）．

［114］巨静．美国当代联邦教育立法中的语言政策及规划［J］．语文学刊，2015（2）．

［115］孔跃光．红河州"六五"普法亮点纷呈［N］．红河日报，2015-11-10．

［116］邝永辉，林立芳，庄初升．韶关市郊石陂村语言生活的调查［J］．方言，1998（1）．

［117］雷蕾．应用语言学研究设计与统计［M］．华中科技大学出版社，2016．

［118］李宝贵，史官圣，魏宇航．意大利少数民族语言保护政策及其启示

[J]．大连大学学报，2018（4）．

［119］李炳泽．从苗瑶语和孟高棉语的关系词说濮人南迁［J］．云南民族大学学报（哲学社会科学版），1996（A01）．

［120］李春风．民族杂居区的语言和谐与语言生活变迁初探——以云南省丽江玉龙县九河乡为例［J］．民族教育研究，2014（2）．

［121］李春风．我国跨境语言研究三十年［J］．当代语言学，2016（2）．

［122］李春风．国内语言传承研究综述［J］．海外华文教育，2019（1）．

［123］李德鹏．我国家庭语言规划的基本要素分析［J］．云南师范大学学报（哲学社会科学版），2018（6）．

［124］李芳．和谐共生：普通话和民族语言的理想关系格局［J］．贵州民族研究，2018，39（1）．

［125］李佳．缅甸的语言政策和语言教育［J］．东南亚南亚研究，2009（2）．

［126］李锦芳．论中越跨境语言［J］．百色学院学报，2013，26（4）．

［127］李锦芳．西南地区双语类型及其历史转换［J］．广西民族大学学报（哲学社会科学版），2006，28（1）．

［128］李锦芳．中国濒危语言认定及保护研究工作规范［J］．广西大学学报（哲学社会科学版），2015，37（2）．

［129］李锦芳．双语和双语类型转换——中国西南地区个案研究［M］．中央民族大学出版社，2009．

［130］李克勤，朱庆葆．加强语言战略研究确保国家文化安全［J］．汉语学报，2009（1）．

［131］李丽生．经济全球化背景下实施区域性多元外语教育政策的必要性［J］．中国外语，2011，8（4）．

［132］李明琳，李雯雯．语言规划的目标及规划者［J］．北华大学学报，2007（6）．

［133］李强，杨光远．中国云南傣族与印度阿萨姆邦傣族母语教育比较研究［J］．学术探索，2018（7）．

［134］李荣刚．城市化对乡村语言变化的影响［J］．重庆社会科学，2011（10）．

［135］李荣刚．乡村社区的社会语言学价值阐释［J］．南京邮电大学学报（社会科学版），2016，18（1）．

［136］李儒忠．"丝路语言"研究的几个问题——"丝路语言"研究重要文献

述略［J］．新疆教育学院学报，2017，33（1）．

［137］李文钢．小龙洞回族彝族乡民族居住格局与民族关系研究［J］．昭通学院学报，2012，34（1）．

［138］李现乐，龚余娟，刘松．医疗行业语言服务状况［R］．中国语言生活状况报告，2014．

［139］李现乐．语言资源和语言问题视角下的语言服务研究［J］．云南师范大学学报（哲学社会科学版），2010，42（5）．

［140］李小萍．从"遗产"到"资源"：中国当代语言保护观的形成与完善［J］．江西社会科学，2016（7）．

［141］李星辉，段微．涟源钢铁厂语言使用情况调查［J］．桂林航天工业学院学报，2011，16（4）．

［142］李艳红．美国关键语言教育政策的战略演变［D］．北京外国语大学，2015．

［143］李宇明．《李宇明语言传播与规划论文集》后记［J］．辽宁师范大学学报（社会科学版），2018（1）．

［144］李宇明．2007年中国语言生活状况述要［J］．世界汉语教学，2008（3）．

［145］李宇明．当代中国语言生活中的问题［J］．中国社会科学，2012b（9）．

［146］李宇明．构建健康和谐的语言生活——序《中国语言生活状况报告（2005）》［J］．长江学术，2007（1）．

［147］李宇明．和谐语言生活减缓语言冲突［J］．语言文字应用，2013（1）．

［148］李宇明．领域语言规划试论［J］．华中师范大学学报（人文社会科学版），2013，52（3）．

［149］李宇明．论语言生活的层级［J］．语言教学与研究，2012（5）．

［150］李宇明．论中国语言资源有声数据库的建设［J］．中国语文，2010（4）．

［151］李宇明．提升国家语言能力的若干思考［J］．南开语言学刊，2011（1）．

［152］李宇明．语言功能规划刍议［J］．语言文字应用，2008（1）．

［153］李宇明．语言也是"硬实力"［J］．华中师范大学学报（人文社会科学版），2011，50（5）．

[154] 李宇明. 中国外语规划的若干思考［J］. 外国语，2010（1）.

[155] 李宇明. 中国语言规划续论［M］. 商务印书馆，2010.

[156] 李宇明. 中国语言生活的时代特征［J］. 中国语文，2012a（4）.

[157] 李宇明. "一带一路"需要语言铺路［N］. 人民日报，2015-09-22.

[158] 李宇明. 领域语言规划试论［J］. 华中师范大学学报（人文社会科学版），2013，52（3）.

[159] 李宇明. 语言功能规划刍议［J］. 语言文字应用，2008（1）.

[160] 李宇明. 语言竞争试说［J］. 外语教学与研究，2016，48（2）.

[161] 李宇明. 语言在全球治理中的重要作用［J］. 外语界，2018（5）.

[162] 林伦伦，洪英. 广东潮安县李工坑村畲民语言生活调查［J］. 语言研究，2005（4）.

[163] 林泳海，张茜，王勇. 少数民族儿童语言能力优势及双语教育对策［J］. 民族教育研究，2011（4）.

[164] 刘海涛. 语言规划的生态观——兼评《语言规划：从实践到理论》［J］. 北华大学学报（社会科学版），2007，8（6）.

[165] 刘宏宇，李琰. 北京藏族知识分子城市社区语言调查［J］. 西北民族大学学报（哲学社会科学版），2012（3）.

[166] 刘佳. 佤汉双语教育实施效果的人类学研究——以云南省沧源县L村为例［D］. 云南大学，2016.

[167] 刘劲荣，张琪. 美国加州维塞利亚镇拉祜族家庭的母语传承［J］. 语言战略研究，2018，15（3）.

[168] 刘劲荣. 订单式培养：走出双语人才培养的新路子［J］. 中国民族教育，2015（4）.

[169] 刘静文. 扬州市服务行业语言使用状况调查研究［J］. 现代语文：语言研究，2014（1）.

[170] 刘丽川. 坑梓新村、卢屋客民语言状况考析——一种有趣的文化认同［J］. 深圳大学学报（人文社会科学版），1999（2）.

[171] 刘强. 让家庭教育成为幼儿语言发展的温馨港湾［J］. 课程教育研究，2014（27）.

[172] 刘群. 家庭语言规划和语言关系［J］. 江西师范大学学报（哲学社会科学版），2017，50（6）.

[173] 刘汝山，刘金侠. 澳大利亚语言政策与语言规划研究［J］. 中国海洋大

学学报（社会科学版），2003（6）.

［174］刘润清. 论大学英语教学［M］. 外语教学与研究出版社，1999.

［175］刘书琳，邹长虹. 中国与缅甸语言政策、语言规划的对比研究及启示［J］. 广西师范学院学报（哲学社会科学版），2015（6）.

［176］刘祥元，王云瑞. 德宏州发挥"五用"宣讲团作用，搭建五级联动宣传格局［N］. 云南日报，2014-11-20.

［177］刘祥元. 德宏"五用"宣讲"接地气"凝聚民心［N］. 云南日报，2015-11-27.

［178］刘泽海. 越南的少数民族语言政策和语言教育［J］. 民族论坛，2016（4）.

［179］刘镇发，梁慧敏. 珠江三角洲方言阴入声受广州话影响的演变情况［J］. 语言研究，2011（4）.

［180］刘稚. 东南亚文化圈与云南民族文化大省建设［J］. 今日民族，1999（5）.

［181］刘子琦，姚喜双. 媒体语言功能及其规划原则初探［J］. 社会科学战线，2011（11）.

［182］罗常培，罗季光，等. 国内少数民族语言文字的概况［M］. 中华书局，1954.

［183］罗美娜. 多语环境下的和谐语言社会建构——以义乌国际商贸城的语言生活为例［J］. 浙江师范大学学报（社会科学版），2013，38（2）.

［184］骆牛牛. 彝族语言传承与保护的思考［J］. 贵州民族研究，2015（3）.

［185］吕静，侯汝艳，杨志稳，等. 民族地区双语教学的师资问题及其解决途径——以云南省德宏傣族景颇族自治州为例［J］. 楚雄师范学院学报，2016，31（8）.

［186］吕万英，罗虹. 少数民族外语教育面临的困境及对策研究［J］. 中南民族大学学报（人文社会科学版），2012，32（5）.

［187］马米奇. 云南省少数民族地区普通话推广对策——以开远市大庄回族乡为例［J］. 红河学院学报，2014（3）.

［188］马庆株. 谈中国的语言地位规划［C］// 全国社会语言学学术研讨会. 2004.

［189］马少斌. 边境地区民族语电视节目宣传研究［J］. 科技传播，2014（4）.

[190]马效义.试析民族语文政策对少数民族新创文字的影响[J].民族教育研究,2009(4).

[191]马学良,戴庆厦.语言和民族[J].民族研究,1983(1).

[192]马仲荣.甘肃省民族地区小学英语教学现状调查与思考(一)[J].基础教育外语教学研究,2005(8).

[193]蒙金兰,韦玉兰.浅谈多民族地区门诊导医护士的语言技巧[J].现代医药卫生,2006,22(1).

[194]眸子.语言生活与精神文明[J].语文建设,1997(1).

[195]木乃热哈,李晶.甘洛彝族语言使用情况调查研究[J].中央民族大学学报(哲学社会科学版),2009,36(6).

[196]倪静,王艳萍,封宗超,等.《病历书写基本规范》新旧比较[J].中国病案,2010,11(11).

[197]倪明霞,王珏,孔秀丽.瑞丽市姐相乡小学的傣汉双语教育现状及思考[J].滇西科技师范学院学报,2017(1).

[198]聂丹."一带一路"亟需语言资源的互联互通[J].人民论坛·学术前沿,2015(22).

[199]牛耕耘.浅论云南地区的民族教育与民族语文[J].中国民族教育,1994(4).

[200]欧阳胜美.我国小学英语教学的历史演变与现实发展[D].湖南师范大学硕士学位论文.2007.

[201]彭茹.中越边境泗邦屯壮族的语言生活[J].贵州民族研究,2016(7).

[202]彭泽润,彭建国.20世纪中国的语言生活、语言教育和语言理论[J]湖南师范大学社会科学学报,2001(4).

[203]朴爱华.中国境内少数民族汉语语言能力培养及建立描述语库刍议[J].语言科学,2013,12(6).

[204]秦和平.论凉山新彝文创制与新老彝文使用的争论及后果[J].西南民族大学学报(人文社科版),2014(9).

[205]卿雪华.佤语研究述评[J].民族翻译,2014(1).

[206]桑哲.新中国的语言规划及未来工作展望[J].语文研究,2011(3).

[207]沈骑."一带一路"建设中的语言安全战略[J].语言战略研究,2016,1(2).

［208］沈骑，冯增俊．建国60年以来我国外语教育政策研究综述［J］．江苏社会科学，2009（s1）．

［209］沈骑，夏天．国际学术交流领域的语言规划研究：问题与方法［J］．外语教学与研究，2013（6）．

［210］沈骑，夏天．外语教育政策发展的战略变革［J］．教育评论，2014（1）．

［211］沈骑，夏天．"一带一路"语言战略规划的基本问题［J］．新疆师范大学学报（哲学社会科学版），2018，39（1）．

［212］石修堂．侗语口语词汇层面汉化趋势——家庭电话会话个案研究［J］．湖北民族学院学报（哲学社会科学版），2016，34（2）．

［213］石毓智．为什么中国出不了大师：探讨钱学森之问［M］．科学出版社，2012．

［214］斯波斯基．语言管理（张治国译）［M］．商务印书馆，2016．

［215］苏琪．美国外语政策对我国外语规划的启示［J］．民族教育研究，2015（5）．

［216］苏连科．彝族有声语言与口传文化保护和传承的数字化方法及其基础理论研究［J］．玉溪师范学院学报，2015，31（1）．

［217］苏琪．从国家安全视角看外语教育规划［J］．西安外国语大学学报，2015，23（1）．

［218］苏晓青，付维洁．两所工业社区子弟学校学生语言使用状况的比较研究［J］．徐州工程学院学报（自然科学版），2008，23（1）．

［219］孙宏开．汉语拼音方案与少数民族文字的创制与改革［J］．语言文字应用，2013（s1）．

［220］孙宏开．进一步完善规范彝文方案促进彝族地区文化经济发展［J］．西南民族大学学报（人文社会科学版），2008，29（12）．

［221］孙宏开．少数民族语言规划的新情况和新问题［J］．语言文字应用，2005（1）．

［222］孙宏开．中国濒危少数民族语言的抢救与保护［J］．暨南学报（哲学社会科学版），2006，28（5）．

［223］孙宏开．中国少数民族语言规划百年议［J］．青海民族研究，2015，26（2）．

［224］孙丽芳．语音教学应从娃娃抓起［J］．中国校外教育旬刊，2009

（11）.

［225］塔娜. 以教育公平视角审思当前少数民族英语教育中的两大问题——以内蒙古蒙古族学校为例［J］. 内蒙古师范大学学报（教育科学版），2014，27（11）.

［226］唐庆华. 越南历代语言政策的嬗变［J］. 东南亚纵横，2009（12）.

［227］滕星，张霜，海路. 对中国少数民族新创文字扫盲教育的思考［J］. 民族教育研究，2008（2）.

［228］田静，金海月，时建，等. 彝汉杂居区彝族的语言生活——云南通海县里山乡彝族个案研究［J］. 西南民族大学学报（人文社会科学版），2009，30（5）.

［229］田有兰，周晓梅. 国外少数民族濒危语言教育研究［J］. 贵州民族研究，2013（2）：197-200.

［230］王辉. 基于语言规划观的澳大利亚语言政策模型构建及启示［J］. 北华大学学报（社会科学版），2012，13（6）.

［231］王辉. 语言规划研究50年［J］. 北华大学学报（社会科学版），2013，14（6）.

［232］王玲. 语言生活中的弱势群体——概念、界定和原因分析［J］. 外语研究，2013（1）.

［233］王春雷. 德宏州少数民族双语教育回顾与反思［J］. 课程教材教学研究：教育研究，2014（4）.

［234］王春玲. 中国语言资源保护研究［J］. 贵州社会科学，2018（12）.

［235］王戈柳. 民族语言文字的发展与双语化［J］. 语言与翻译，1989（3）.

［236］王海滨. 云南丽江永胜县他留人语言使用、语言态度调查研究［J］. 楚雄师范学院学报，2015（7）.

［237］王建勤. 美国"关键语言"战略与我国国家安全语言战略［J］. 云南师范大学学报（哲学社会科学版），2010，42（2）.

［238］王建勤. 语言问题安全化与国家安全对策研究［J］. 语言教学与研究，2011（6）.

［239］王敬骝，陈相木. 傣语声调考［J］. 东方语言学，2009（2）.

［240］王敬骝，陈相木等. 佤语熟语汇释［Z］. 云南民族出版社，1992.

［241］王敬骝. 佤语研究［M］. 云南民族出版社，1994.

［242］王丽，施璐. 大理巍山彝族语言使用现状及其发展调查研究——以大仓镇啄木郎村为例［J］. 保山学院学报，2011，30（3）.

［243］王丽，施璐. 构建多元文化交融下的语言和谐——柔若语使用情况调查研究［J］. 保山学院学报，2016，35（1）.

［244］王丽娟，岳小艾. 德宏少数民族双语教学研究［J］. 德宏师范高等专科学校学报，2014（4）.

［245］王烈琴. 世界主要国家语言规划、语言政策的特点及其启示［J］. 河北学刊，2012，32（4）.

［246］王玲. 语言意识与家庭语言规划［J］. 语言研究，2016（1）.

［247］王蔷. 我国小学英语课程政策与实施分析［J］. 中国外语，2011，8（4）.

［248］王铁琨，侯敏. 从2008年度调查数据看中国的语言生活［J］. 语言文字应用，2010（5）.

［249］王希. 高校少数民族外语教育文化认同探索［J］. 黑龙江高教研究，2016（1）.

［250］王艳，张雨江. 民族语言教育现状与特点探析——基于文本分析与田野调查［J］. 贵州民族研究，2016（10）.

［251］王艳霞，吕静，侯汝艳. 云南少数民族地区小学双语教学存在的问题及对策［J］. 现代职业教育，2016（18）.

［252］王永祥. 外语学习的起始时间与成效简析［J］. 外语学刊，1998（3）.

［253］王远新. 构建民族地区双语和谐社会的思考［J］. 民族教育研究，2010（5）.

［254］王远新. 广东博罗、增城畲族语言使用情况调查——保护濒危语言的重要途径［J］. 中央民族大学学报（哲学社会科学版），2004（1）.

［255］王远新. 新疆锡伯族聚居区的语言生活——察布查尔锡伯自治县乌珠牛录居民语言使用、语言态度调查［J］. 语言与翻译（汉文版），2011（2）.

［256］王兆燕. 云南澜沧"直过民族"边境村寨拉祜族国家通用语言认同及应用能力提升研究［D］. 云南师范大学博士学位论文，2018.

［257］王正. 医疗卫生领域语言文字规范问题摭谈［J］. 黑龙江医学，2003，27（1）.

［258］卫生部编. 病历书写基本规范［S］. 卫医政发，〔2010〕11号.

［259］魏娟娟，朱银银. 西盟马散语言文字及教育情况调查［J］. 今日民族，

2010（1）．

［260］温科秋．老挝的多语现象与语言政策［J］．东南亚纵横，2010（1）．

［261］文秋芳．国家语言能力的内涵及其评价指标［J］．云南师范大学学报（哲学社会科学版），2016，48（2）．

［262］文山州教育委员会．积极稳妥推广"双语双文"教改实验［J］．云南教育，1998（10）．

［263］邬美丽．家庭语言使用的代际差异及思考［J］．语言文字应用，2008（4）．

［264］邬美丽．在京少数民族大学生民汉双语态度调查［J］．语言教学与研究，2008（6）．

［265］吴海燕．我国跨境语言发展与安全研究［J］．贵州民族研究，2015（6）．

［266］吴欣欣．论语言规划及其应用领域［J］．湖北第二师范学院学报，2013，30（12）．

［267］伍慧萍．德国的欧盟语言政策：从边缘化到重视［J］．德国研究，2003，18（2）．

［268］郗卫宁．云南民汉双语教学的实践和建议［J］．民族翻译，2014（1）．

［269］肖玉芬，陈愚．佤语"烟草"语源考［J］．民族语文，1994（4）．

［270］肖则贡．佤语中的主语和谓语的语序［J］．民族语文，1981（2）．

［271］萧家成．勒包斋娃研究［M］．社会科学文献出版社，2008：101-111．

［272］谢倩．当代英国语言战略探析及借鉴［J］．外语界，2015（4）．

［273］谢俊英．城市化进程中的农民工语言问题［J］．云南师范大学学报（哲学社会科学版），2011，43（3）．

［274］谢俊英．中国不同民族群体对普通话的态度差异分析［J］．语言文字应用，2006（3）．

［275］邢富坤．多语种语言资源的建设原则与方法［J］．现代教育技术，2011，21（5）．

［276］徐大明．当代社会语言学［M］．中国社会科学文献出版社，1997．

［277］徐世璇，廖乔婧．濒危语言问题研究综述［J］．当代语言学，2003（2）．

［278］许鲜明，白碧波．云南濒危语言保护传承的问题及对策［J］．玉溪师范学院学报，2014，30（9）．

［279］许鲜明，白碧波．王敬骝的民族语言研究及学术思想初探［J］．暨南学报，2012（4）．

［280］杨彬．国外少数民族语言保护及其对我国的借鉴［J］．贵州民族研究，2018（11）．

［281］杨洪，张红．墨江哈尼族自治县哈尼支系与人口现状调查研究［J］．红河学院学报，2010，08（3）．

［282］杨丽萍．"一带一路"建设进程中壮语教育的新机遇和新使命［J］．民族教育研究，2017（4）．

［283］杨利红，袁习渊．在探索中前进在践行中收获——云南省德宏州双语教育教研的特色之路［J］．中国民族教育，2017（6）．

［284］杨艳．元江县羊街乡中梁子彝族的语言使用现状［J］．玉溪师范学院学报，2008，24（6）．

［285］杨雨菡．云南贡山边境"直过民族"村寨国家通用语言认同及传播研究［D］．云南师范大学博士学位论文，2019．

［286］杨治中．坚持大学英语教学四年不断线［J］．外语界，1999（4）．

［287］姚喜双．新媒体背景下的广播电视语言研究［J］．语言文字应用，2012（3）．

［288］易红，杨勇．土家语言资源与非物质文化遗产［J］．贵州民族研究，2016（7）．

［289］尹巧云．从佤语中的傣语借词看古傣语声母［J］．民族语文，2010（6）．

［290］尹少君，邹长虹．菲律宾语言政策及其对中国外语教育政策的启示［J］．社会科学家，2016（4）．

［291］尹蔚彬．词汇借用对语言结构的影响［J］．玉溪师范学院学报，2017，33（1）．

［292］尹小荣，李学民，靳焱．言语社区理论下的语言资源价值评估［J］．江汉学术，2013，32（5）．

［293］尹小荣，刘静．锡伯族家庭语言保持现状透析［J］．新疆师范大学学报（哲学社会科学版），2013（6）．

［294］于东兴．"国家安全中的语言战略"高峰论坛会议综述［J］．中国图书评论，2019（1）．

［295］于根元．应用语言学［M］．商务印书馆，2004．

［296］余江英．"一带一路"背景下云南关键语言政策刍议［J］．南昌师范学院学报，2017，38（1）．

［297］俞玮奇．市场领域的语言生活状况——在南京、苏州和常州农贸市场的非介入式观察［J］．语言文字应用，2011（4）．

［298］袁华．国内外语言迁移研究十年综观［J］．江西师范大学学报（哲学社会科学版），2017（2）．

［299］袁善来，康忠德．中越跨境语言与边疆安全研究［J］．黑龙江民族丛刊，2014（4）．

［300］原一川，钟维，吴建西，等．三语背景下云南跨境民族外语教育规划［J］．云南师范大学学报（哲学社会科学版），2013，45（6）．

［301］张彪，彭庆华．我国少数民族边境口岸地区外语需求调查研究［J］．民族教育研究，2016（2）．

［302］张浩明．加强语言规划，提升语言能力［J］．语言科学，2016，15（4）．

［303］张建新．云南世居25个少数民族大学生获得高等教育机会的差异［J］．贵州师范大学学报（社会科学版），2009（2）．

［304］张锦英，姜华茂．临床医学新趋势：语言作为一种治疗工具的复兴［J］．医学与哲学，2014（24）．

［305］张静，聂永芬．对德宏傣族景颇族自治州双语双文教育的思考［J］．现代阅读（教育版），2011（12）．

［306］张静．少数民族杂居区的语言生态环境及其保护［J］．贵州民族研究，2016（11）．

［307］张黎，杜氏秋姮．中越边民互市语言生活调查研究——以浦寨和新清市场为例［J］．语言文字应用，2014（1）．

［308］张黎，武瑞虹．宁波外贸企业语言生活调查［J］．中国社会语言学，2013（1）．

［309］张林．危机中的云南少数民族语言——以云南文山谷拉乡布央语为例［J］．云南社会科学，2015（3）．

［310］张鹭．论汉语对彝族语言传承的影响及传承路径研究［J］．贵州民族研究，2015（2）．

［311］张强，杨亦鸣．语言能力及其提升问题［J］．语言科学，2013，12（6）．

［312］张日培. 国家安全语言规划：总体国家安全观下的范式建构［J］. 新疆师范大学学报，2018（6）.

［313］张世渊. 推广普通话与保护少数民族语言的关系研究［J］. 东南大学学报（哲学社会科学版），2016（S1）.

［314］张苏. 联合国使用的语言［J］. 求知，2002（7）.

［315］张天伟. 我国关键语言战略研究［J］. 中国社会科学院研究生院学报，2015（3）.

［316］张维佳，崔蒙. 日本20世纪国语政策的嬗变及其背景［J］. 语言政策与规划研究，2014（2）.

［317］张卫民，张敏. 苗族地区苗汉双语教学坚守的意义、困境与突破——以重庆市秀山县梅江镇民族小学为例［J］. 湖南师范大学教育科学学报，2016，15（6）.

［318］张蔚磊. 非英语国家外语教育政策与规划的焦点问题探究［J］. 外国中小学教育，2018，311（11）.

［319］张晓传，唐子恒. 我国少数民族现代语言规划历程及当代发展策略［J］. 中央民族大学学报（哲学社会科学版），2013（5）.

［320］张余蓉. 彝汉双语教学概况及发展前景［J］. 西南民族大学学报（人文社科版），1996（S1）.

［321］张振江，张晓斌. 多族群家庭的语言生活——以揭东县会中岭村为例［J］. 广西民族大学学报（哲学社会科学版），2008，30（5）.

［322］张志伟. 文化生态视角下新疆少数民族外语教育研究［J］. 内蒙古师范大学学报（教育科学版），2017（6）.

［323］张治国，邵蒙蒙. 家庭语言政策调查研究——以山东济宁为例［J］. 语言文字应用，2018（1）.

［324］张治国. 关于语言政策和语言规划学科中四个术语的辨析［J］. 语言政策与规划研究，2014（1）.

［325］张治国. 中国的关键外语探讨［J］. 外语教学与研究，2011（1）.

［326］赵凤珠. 对傣族语言产生影响的诸因素——以嘎洒镇部分村寨为例［J］. 云南师范大学学报（哲学社会科学版），2010，42（1）.

［327］赵金灿，闫正锐，张钰芳. 白族语言使用现状及语言态度调查［J］. 大理学院学报，2012，11（8）.

［328］赵敏. 云南省新平县哈尼族卡多人语言使用［J］. 云南师范大学学报

（哲学社会科学版），2007，39（4）．

［329］赵明生．论佤族支系"巴饶"的含义及其形成［J］．云南民族大学报（哲学社会科学版），2004，21（5）．

［330］赵蓉晖．语言战略与语言政策研究渐成体系［J］．海外华文教育动态，2016（1）．

［331］赵蓉晖．国家安全视域的中国外语规划［J］．云南师范大学学报（哲学社会科学版），2010（2）．

［332］赵世举．语言能力与国家实力全球竞争中的国家语言能力［J］．中国社会科学，2015（3）．

［333］赵世开．学习外语的漫长道路［J］．外国语，2002（5）．

［334］赵守辉，王一敏．语言规划视域下新加坡华语教育的五大关系［J］．北华大学学报（社会科学版），2009，10（3）．

［335］赵守辉，张东波．语言规划的国际化趋势：一个语言传播与竞争的新领域［J］．外国语（上海外国语大学学报），2012（4）．

［336］赵守辉．语言规划国际研究新进展——以非主流语言教学为例［J］．当代语言学，2008，10（2）．

［337］赵岩社，赵福和．佤语语法［M］．云南民族出版社，1998．

［338］赵岩社．中国孟高棉语研究的现状与展望［J］．云南民族大学报（哲学社会科学版），2000，17（3）．

［339］赵燕．试析缅甸独立后语言地位的演变及其原因［J］．西南学林，2012（1）．

［340］赵长雁，李鹏，杨正瞬．民族语广播电视在农业科技信息传播中的问题与对策——基于云南边疆少数民族地区的调查［J］．昆明理工大学学报（社会科学版），2014（4）．

［341］中国政协报道组．同一个国家，相通的语言——全国政协"加强国家通用语言文字普及，促进各民族交往交流交融"双周协商座谈会综述［Z］．中国政协，2018（20）．

［342］中华人民共和国教育部．教育部关于积极推进小学开设英语课程的指导意见教基〔2001〕2号［Z］．2001年1月18日．

［343］钟扬．口语教学从娃娃抓起——《中小学英语情景对话》在沪开播［J］．外语电化教学，1992（1）．

［344］周明朗．跨境语言关系动力学［J］．双语教育研究，2014（1）．

［345］周明朗. 他山之石，可以攻玉——评周庆生等编译的《国外语言政策与语言规划进程》［J］. 语言文字应用，2003（2）.

［346］周庆生. 国民政府时期国共两党的民族语言政策［J］. 民族语文，2000（1）.

［347］周庆生. 跨境少数民族语言状况［J］. 中国语言生活状况报告，2013.

［348］周庆生. 语言规划发展及微观语言规划［J］. 北华大学学报（社会科学版），2010，11（6）.

［349］周庆生. 语言生活与语言政策：中国少数民族研究［M］. 社会科学文献出版社，2015.

［350］周庆生. 国家语言能力的结构层次问题［J］. 语言政策与规划研究，2016（1）.

［351］周庆生. 国外语言规划理论流派和思想［J］. 世界民族，2005（4）.

［352］周庆生. 中国跨境少数民族语言类型［J］. 文化学刊，2014（3）.

［353］周晓梅. 语言政策与少数民族语言濒危及语言多样性研究［J］. 贵州民族研究，2017（6）.

［354］周玉忠，王辉. 语言规划与语言政策：理论与国别研究［M］. 中国社会科学出版社，2004.

［355］周植志，颜其香. 论古代佤语的元音系统［J］. 语言研究，1985（1）.

［356］周植志. 佤语细允话声调起源初探［J］. 民族语文，1988（3）.

［357］朱艳华. 论跨境语言资源保护［J］. 贵州民族研究，2016（3）.

［358］庄初升，岳嫣嫣. 连南瑶族自治县石蛤塘村的语言生活［J］. 文化遗产，2011（2）.

［359］庄智象. 中国外语教育发展战略论坛［C］. 上海外语教育出版社，2009.

［360］邹玉华，刘家瑶，于慧媛. 司法领域的语言服务［J］. 佛山科学技术学院学报（社会科学版），2014（2）.

［361］左袖阳. 北京社会治理发展报告（2015~2016）［M］. 社会科学文献出版社，2016.

二、英文参考文献

［1］Ager, D. *Motivation in Language Planning and Language Policy* [M]. Multilingual Matters Ltd, 2001.

［2］Ager, D. Prestige and image planning [A]. In E. Hinkel (eds.), *Handbook of Research in Second Language Teaching and Learning. Mahwah*[C]. Erlbaum, 2005.

［3］Ager, D. Prestige and image planning [J]. *Current Issues in Language Planning*, 2005b(6).

［4］Baldauf, Jr, R.B. Rearticulating the case for micro language planning in a language ecology context[J]. *Current Issues in Language Planning*, 2006(7).

［5］Baldauf, R. B. *Language Planning and Language Policy: Recent Trends, Future Directions*[M]. Oregan, 2004.

［6］Baldauf, Richard B., Jr. Micro Language Planning [A]. In Bruthiaux, Paul(eds.) *Directions in Applied Linguistics: Essays in Honor of Robert B. Kaplan*[C]. Multilingual Matters Ltd, 2005.

［7］Blackshire-Belay C. The Role of the First Language in Foreign Language Learning[J]. *Language*, 2001, 66(3).

［8］Brewis, J. The Ethics of Researching Friends: On Convenience Sampling in Qualitative Management and Organization Studies[J]. *British Journal of Management*, 2014, 25(4).

［9］Clyne, M. G. *Pluricentric Languages: Differing Norms in Different Nations*[C]. Mouton De Gruyter, 1992.

［10］Cooper, R. L & Carpenter, S. Language in the market[A]. In M. L. Bender, et al. (eds.), *Language in Ethiopia* [C]. Oxford University Press, 1976.

［11］Cooper, R. L. *Language Planning and Social Change*[M]. Cambridge University Press, 1989.

［12］Corson, D. *Language Planning in Schools*[M]. Lawrence Erlbaum, 1999.

［13］Daniels R V. Making the Most of Positive Transfer: From Teaching Foreign Language to Teaching ESL. [J]. *Classroom Techniques*, 1996.

［14］Deumert, A. Language planning and policy [A]. In R. Mesthrie, J. Swarm, A. Deumert & W. Leap (eds.). *Introducing Sociolinguistics (2nd edition)* [C]. Edinburgh University Press, 2009.

［15］Dil, A.S. *The Ecology of Language, Essays by Einar Haugen* [C]. Stanford University Press, 1972.

［16］Diller,K.C.(ed.) *Individual Differences and Universals in Language Learning Aptitude*[C]. Newbury House, 1981.

[17] Eggington, W. Towards accommodating the "tragedy of the commons" effect in language policy development[J].*Current Issues in Language Planning*, 2010, 11(4).

[18] Eggington, William G. Introduction of Part 5 [A]. In Bruthiaux, Paul(eds.) *Directions in Applied Linguistics: Essays in Honor of Robert B. Kaplan* [C]. Multilingual Matters Ltd, 2005.

[19] Ellis, R. *Understanding Second Language Acquisition*[M]. Oxford University Press, 1986.

[20] Ellyson, C., Andrew C, Clément R. Language planning and education of adult immigrants in Canada: Contrasting the provinces of Quebec and British Columbia, and the cities of Montreal and Vancouver[J]. *London Review of Education*, 2016.

[21] Fairbrother, L. Language management in the Japanese workplace [A]. In Davis, W. V. & Ziegler, E. (eds.) *Language Planning and Microlinguistics: From Policy to Interaction and Vice Versa* [C]. Palgrave Macmillan, 2015.

[22] Ferguson, C. A. *Religious Factors in Language Spread: Studies in Diffusion and Social Change*[M]. Stanford University Press, 1982.

[23] Fishman, J. A. (eds.). *Advances in Language Planning* [C]. Mouton, 1974.

[24] Fishman, J. A. *Reversing Language Shift: Theoretical and Empirical Foundations of Assistance to Threatened Languages*[M]. Multilingual Matters, 1991.

[25] Fishman, J. A. *Sociolinguistics: A Brief Introduction* [M]. Newbury House, 1970.

[26] Fishman, J. A. *The Sociology of Language: An Interdisciplinary Social Science Approach to Language in Society*[J]. *Hispania*, 1972, 57(2).

[27] Gupta D, John J. Language, communication and control in North India. Working Paper Number 7 [J]. *Communication*, 1968.

[28] Haarmann, H. Language planning in the light of a general theory of language: a methodological framework[J]. *International Journal of the Sociology of Language*, 1990, 86(1).

[29] Hamid, M. O., Baldauf, R. B. Public-private domain distinction as an aspect of LPP frameworks: A case study of Bangladesh [J]. *Language Problems & Language Planning*, 2014, 38(38).

[30] Haugen, E. Dialect, language, nation[J]. *American Anthropologist*, 1966(68).

[31] Haugen, E. Language planning [A]. In U. Ammon N. Dittner, J.K. Mattheier (eds.) *Sociolinguistics: An International Handbook of the Science of Language and Society*[C]. de

Gruyter, 1987.

［32］Haugen, E. The implementation of corpus planning: Theory and practice [A]. In J. Cobarrubias and J. A. Fishman(eds.), 1983.

［33］Holmquist, J.C., Social correlates of a linguistic variable: A study in a Spanish village[J].*Language in Society*, 1985(14).

［34］Hornberger, N. H. Framework and Models in Language Policy and Planning[A]. In T. Ricento, (eds.), *An Introduction to Language Policy: Theory and Method* [C]. Blackwell, 2006.

［35］Hornberger, N.H. Frame and models in language policy and planning [A]. In T. Ricento (eds.), *An Introduction to Language Policy: Theory and Method* [C]. MA, Blackwell, 2006.

［36］Ionin T, Zubizarreta M L. Introduction to the Special Issue: Selective first language influence and retreat from negative transfer [J]. *Second Language Research*, 2010, 26(3).

［37］Jernudd, B. Language education policies– Asia [A]. In B. Spolsky (eds.)*Concise Encyclopedia of Educational Linguistics* [C]. Elsevier, 1999.

［38］Jones, M.C. Language shift in Brittany: The importance of local surveys for the study of linguistic obsolescence[J]. *Journal of Celtic Linguistics*, 1996(5).

［39］Kachru B. B. World Englishes and English–Using Communities.[J]. Annual Review of Applied Linguistics, 1997, 17(17).

［40］Kachru, B. B. *The Alchemy of English: The Spread, Functions and Models of Non-Native Englishes* [M]. Pergamon Institute of English, 1986.

［41］Kaplan, R. B., Baldauf, R. B. Jr. *Language Planning: From Practice to Theory*[M]. Multilingual Matters Ltd, 1997.

［42］Kaplan, R.B. *The Language Needs of Migrant Workers* [M]. New Zealand Council for Educational Research, 1980.

［43］Kaplan, R.B., and Baldauf, R.B. *Language Planning from Practice to Theory* [M]. Multilingual Matters, 1997.

［44］Kaplan, R.B., Baldauf, R.B. *Language and Language in Education Planning in the Pacific Basin*[M]. Kluwer Academic Publishers, 2003.

［45］Kaplan, R.B., Touchstone, E.E. and Hagstrom, C.L. Image and reality: Banking in Los Angeles[J]. *Text*, 1995(15).

［46］Kaplan, Robert B., Ed.|Baldauf, Richard B., Jr., Ed. *Language Planning in Malawi, Mozambique and the Philippines*[C]. Multilingual Matters 113, 1999.

［47］Kaplan,R. B, and Baldauf, R. B., Jr. *Language and Language-in-Education Planning in the Pacific Basin*[M].Springer Netherlands, 2003.

［48］Kloss, H. *Research Possibilities on Group Bilingualism: A Report* [R]. International Center for Research on Bilingualism, 1969.

［49］Kloss. H. The Types of Language Planning [A] In Bonifacio P. Sibayan and A.B. Gonzalez, (eds.) *Language Planning and Building of National Language: Essays in Honor of Santiago Fonacier on His Ninety-Second Birthday* [C]. the Linguistic Society of the Philippines and Language Study Center, 1977.

［50］Knight, S.M., Palka K. A., Palka K. A. *Positive* transfer: How an elementary perspective can transform the secondary foreign language classroom [J]. *Action in Teacher Education*, 1998, 20(2).

［51］Kontra, M. Language: *A Right and a Resource: Approaching Linguistic Human Rights*[M]. Central European University Press, 1999.

［52］Kosonen, K. Community participation in minority language education in Thailand[J]. *Journal of Southeast Asian Education*, 2003, 4(1).

［53］Kosonen, K. Vernacular literacy in community development: the Chong of Thailand [A]. In J. Lo Bianco(eds.) *Voices from Phnom Penh, Development and Language: Global Influences and Local Effects* [C]. Language Australia, 2002b.

［54］Kyaw Yin, H, Laing. The politics of language policy in Myanmar: managing togetherness practicing difference? [A]. *Language, Nation and Development in Southeast Asia* [C]. Institute of Southeast Asian Studies, 2007.

［55］Labov, William. *The Social Stratification of English in New York City* [M]. Center for Applied Linguistics, 1966.

［56］Lanza, E. Multilingualism in the Family [A]. In P. Auer & L. Wei (eds.), *Handbook of Multilingualism and Multilingual Communication* [C]. Walter do Gruyter, 2007.

［57］Lenneberg, E.H. *Biological Foundations of Language* [M]. Wiley, 1969.

［58］Lewis, M. P. et al. *Ethnologue: Languages of the World* [M]. SIL International, Dallas, 2009.

［59］Lewis, M. Paul and Gary Simons. *Sustaining Language Use: Perspectives on*

Community-based Language Development [M]. SIL. international, 2016.

［60］Liddicoat, A. J.& K. Taylor-Leech. Micro language planning for multilingual education: agency in local contexts [J]. *Current Issues in Language Planning*, 2014.

［61］Lipski J M. Second Language Acquisition and Linguistic Theory (review)[J]. *Language*, 2002.

［62］Mac Giolla Chriost, D. Language planning in Northern Ireland[J]. *Current Issues in Language Planning*. 2002, 3(4).

［63］Macias, R. F. Bilingual workers and language-use rules in the workplace: A case study of nondiscriminatory language policy [J]. *International Journal of the Sociology of language*, 1997 (127).

［64］Malone, D.L. Language development in a minority language community: Report of the Chong writers workshop, Klong Phlu village, Khao Kichakut district, Chantaburi province, 4-6 August 2000 [J]. *Mon-Khmer Studies*, 2001(31).

［65］MOE. *Final Country Report Lao PDR. Education for All: The Year 2000 Assessment, 2nd December 1999* [R]. Vientiane: National EFA 2000 Assessment Group, Ministry of Education, 1999.

［66］Morse, D.L. & Tehan,T.M. How do you write Lisu?[A]. In N. Ostler and B. Rudes (ed.) *Endangered Languages and Literacy. Proceedings of the Fourth EFL Conference. University of North Carolina, Charlotte*[C]. Foundation for Endangered Languages, 2000.

［67］Paciotto, C. Language and literacy planning and local contexts: The case of a Rarámuri community[J]. *Anthropology & Education Quarterly*, 2010, 41(2).

［68］Person, K.R. Language revitalization or dying gasp? Language preservation effects among the Bisu of Northern Thailand [J]. *International Journal of the Sociology of Language*, 2005(173).

［69］Piller, I. *Bilingual Couple Talk: the Discursive Construction of Hybridity* [M]. John Benjamins, 2002.

［70］Ricento, T. Historical and theoretical perspectives in language policy and planning [J]. *Journal of Sociolinguistics*, 2000(4).

［71］Robinson, J. et al. Demographic and sociopolitical predictors of American attitudes towards foreign language policy [J]. *Language Policy*, 2006(5).

［72］Romaine, S. Preserving Endangered Languages[J].*Language and Linguistics Compass*, 2007(1).

［73］Rubin J, Jernudd B H. *Can Language be Planned? Sociolinguistic Theory and Practice for Developing Nations* [C]. University Press of Hawaii, 1971.

［74］Ruby, M. The role of a grandmother in maintaining bangla with her granddaughter in East London [J]. *Journal of Multilingual and Multicultural Development*, 2012(1).

［75］Ruiz R. Orientations in Language Planning [J].*Journal of the National Association for Bilingual Education*, 1984, 8 (2).

［76］Schiffman, H. *Linguistic Culture and Language Policy* [M]. Routledge, 1996.

［77］Schwartz, M. Exploring the relationship between family language policy and heritage language knowledge among second generation Russian–Jewish immigrants in Israel [J]. *Journal of Multilingual and Multicultural Development*, 2008 (5).

［78］Sharifian, F. *English as an International Language: Perspectives and Pedagogical Issues* [M]. Multilingual Matters Ltd, 2009.

［79］Shohamy, E. *Language Policy: Hidden Agendas and New Approaches* [M]. Routledge, 2006.

［80］Siiner, M. Planning language practice: A sociolinguistic analysis of language policy in post–communist Estonia [J]. *Language Policy*, 2006 (5).

［81］Skilton E E. Acquisition policy planning and litigation: Language planning in the context of Y.S. v. school district of Philadelphia [J]. *Working Papers in Educational Linguistics*, 1992, 8(2).

［82］Skutnabbkangas T. *Language in the Process of Cultural Assimilation and Structural Incorporation of Linguistic Minorities* [M]. National Clearinghouse for Bilingual Education, 1979.

［83］Skutnabb–Kangas T. *Linguistic Genocide in Education or Worldwide Diversity and Human Rights?* [M]. Lawrence Erlbaum, 2000.

［84］Smalley, W.A. *Linguistic Diversity and National Unity: Language Ecology in Thailand* [M]. University of Chicago Press, 1994.

［85］Smith–Christmas, C. *Family Language Policy; Maintaining an Endangered Language in the Home*[M]. Palgrave Macmillan, 2016.

［86］Song, J. J. English as an official language in South Korea [J].*Language Problems & Language Planning*, 2011, 35 (1).

［87］Spolsky, B. *Family Language Management: Some Preliminaries*[M]. Magnes Press, 2008.

[88] Spolsky, B. *Language Management* [M]. Cambridge University Press, 2009.

[89] Spolsky, B. *Language Policy* [M]. Cambridge University Press, 2004.

[90] Spolsky, B. *Sociolinguistics* [M]. Shanghai Foreign Language Education Press, 2000.

[91] Stavans, A. Language policy and literacy practices in the family: the case of Ethiopian parental narrative input[J]. *Journal of Multilingual and Multicultural Development*, 2012(1).

[92] Talalakina E. Fostering positive transfer through metalinguistic awareness: A case for parallel instruction of synonyms in L1 and L2 [J]. *Social Science Electronic Publishing*, 2015, 1(4).

[93] Terence, O. *Language Transfer: Cross-Linguistic Influence in Language Learning* [M]. Cambridge University Press, 1989.

[94] Tollelson, J. W. Language planning and language policy [A]. In Mesthrie, R. (ed.).*The Cambridge Handbook of Sociolinguistics* [C]. Cambridge University Press, 2011.

[95] Tollefson, J. & Tsui, A. B. M. *Medium of Instruction Policies: Which Agenda? Whose Agenda?*[M]. Lawrence Erlbaum, 2004.

[96] Touchstone, E.E., Kaplan, R.B. and Hagstrom, C.L. 'Home, sweet casa' – access to home loans in Los Angeles: A critique of English and Spanish home loan brochures [J]. *Multilingua* 15, 1996.

[97] Trosterud, Trond. Language assimilation during the modernisation process: experiences from Norway and North-West Russia [J]. *Acta Borealia*, 2008, 25(2).

[98] Upton, Thomas A, Lee,Thompson, et al. The role of the first language in second language reading [J]. *Studies in Second Language Acquisition*, 2001, 23(4).

[99] Wiley, T. G.. & Wayne E.Wright. Against the undertow: language minority educational policy and politics in the age of accountability [J]. *Educational Policy*, 2004(18).

[100] Woolard, K. Language variation and cultural hegemony: Toward an integration of sociolinguistics and social history [J]. *American Ethnologist*, 1985(40).

[101] Wright, S. Language policy and language planning [A]. In C. Llamas, L. Mullany & P. Stockwell (eds.). *The Routlege Companion to Sociolinguistics* [C]. Routledge, 2007.

[102] Yoshimitsu, K. Japanese school children in Melbourne and their language maintenance efforts[J]. *Journal of Asian Pacific Communication*. 2000, 10 (2).

[103] Zhao, S. H. & Baldauf, R. B. Jr. *Planning Chinese Characters: Evolution,*

Revolution Or Reaction[M]. Springer, 2008.

［104］Zhao, S. H. and Liu, Y.B. Issues of status and prestige planning: Chinese and English in Singapore [Z]. *International Conference of Redesigning Pedagogy: Culture, Knowledge and Understanding*, National Institute of Education, Singapore, 2007.

附 录

附录一（第四章）

一、少数民族个人与家庭语言使用情况调查

你好！我们来自昆明理工大学，目前正在承担一项国家级科研项目，目的是调查少数民族的语言使用状况。研究成果仅供学术交流与探讨。你的回答对项目研究十分珍贵。我们承诺本调查只用于科学研究，不会对你带来任何不利影响。我们将对你的个人信息进行保密处理。感谢你抽空填写本问卷！

一、基本情况

1. 姓名_____；性别_____；民族____；就读学校_____学院专业_____；年级_____

家庭所在地_____州_____县_____乡/镇_____村委会/居委会_____小组_____

2. 父母受教育程度：父亲_____母亲_____；父母的职业：父亲_____母亲_____

3. 家庭人数_____；主要成员_____

4. 您的语言熟练程度（请在合适的选项上打√）？说明：A．熟练（能听会说） B．一般（能听但说较弱） C．略懂（会说会听简单的几个单词） D．不会（完全不懂）

（1）民族母语：A　B　C　D

（2）汉语：A　B　C　D

（3）英语：A　B　C　D

（4）其他语言：A　B　C　D（请填写是什么语言）_____

5. 你的家庭成员会说几门语言？请在空白处写上会说的语言，并按语言的熟练程度排序。

　　父亲_____　母亲_____　祖父_____　祖母_____　兄弟姐妹_____

6. 家庭的民族成分构成是什么？请把民族成分填写在空白处。

　　爷爷_____　奶奶_____　父亲_____　母亲_____

7. 你的民族成分跟谁？　A. 祖父　B. 祖母　C. 父亲　D. 母亲

为什么？_____

二、相关问题

1. 你学会说的语言顺序是：

　　1_____, 2_____, 3_____, 4_____（请填写在空白处）

2. 你几岁或几年级开始学习英语？

　　A. 几岁？_____　B. 几年级？_____

3. 你本民族母语是如何学会的？

　　A. 向父母　B. 向祖父母　C. 向同龄人　D. 学校学习

4. 你本地汉语方言是如何学会的？

　　A. 向父母　B. 向祖父母　C. 向同龄人　D. 学校学习

5. 你普通话是如何学会的？

　　A. 向父母　B. 向祖父母　C. 向同龄孩子　D. 学校学习

6. 你在语言学习中碰到的困难主要来源于：（可多选）

　　（1）民族语：

　　　A. 发音难学　B. 没有文字　C. 自己不愿学　D. 学了没用

　　（2）普通话：

　　　A. 发音难学　B. 文字难学　C. 自己不愿学　D. 学了没用

　　（3）英语：

　　　A. 发音难学　B. 文字难学　C. 语法难学　D. 学了没用

7. 请对母语、汉语与外语学习的关系进行评价：

　　（1）A. 母语有助于汉语　B. 母语妨碍了汉语

　　　　C. 汉语有助于母语　D. 汉语妨碍了母语

　　（2）A. 母语有助于外语　B. 母语妨碍了外语

　　　　C. 外语有助于母语　D. 外语妨碍了母语

8. 父母等长辈是否对你在语言（母语或汉语）学习过程中的发音、用词错误进行纠正？

  A．经常 B．偶尔 C．从不

  被纠正后的感受是？_____

9. 你曾就读的学校是否开设民族语言课程，成效如何？A．是 B．否

  你的评价是：A．好 B．不好 C．一般

  为什么？_____

10. 你曾就读的中学／小学的民族语课程从几年级开始？_____。什么时候结束？_____。

11. 你喜欢英语吗？

  A．喜欢 B．不喜欢 C．一般 为什么？_____

12. 生活中你更喜欢哪一种语言？

  A．汉语方言 B．普通话

  C．本民族语言 D．其他民族语言 为什么？_____

13. 在学校你更喜欢学习哪一种语言？

  A．汉语 B．英语 C．本民族语言 D．其他民族语言

  为什么？_____

14. 你觉得本民族语言比其他语言好听吗？

  A．比汉语好听 B．没汉语好听

  C．比其他民族语言好听 D．没其他民族语言好听

15. 你觉得本民族语言比其他语言更重要吗？

  A．比汉语重要 B．没汉语重要

  C．比其他民族语言重要 D．没其他民族语言重要

16. 在英语和邻国语言（泰国、越南、缅甸、柬埔寨等）中，你更喜欢学习哪一种？

  A．英语 B．邻国语言，比如_____ 为什么？_____

17. 在英语和本民族语言中，你更喜欢学习哪一种？

  A．英语 B．本民族语言 为什么？_____

18. 你打电话使用什么语言？

  给父母打电话使用：A．本地汉语方言 B．普通话

    C．本民族语言

给同学打电话使用：A．本地汉语方言　B．普通话

C．本民族语言

给伙伴打电话使用：A．本地汉语方言　B．普通话

C．本民族语言

19．你使用QQ或者微信聊天时使用什么语言？

A．本地汉语方言　　B．普通话　　C．本民族语言

20．在家庭内部使用民族母语、汉语方言、普通话的比例是多少？

母语_____占比_____%；方言_____占比_____%；普通话_____占比_____%

21．到别人家做客时，如果对方不是你的民族，使用什么语言？

A．汉语方言　　　B．普通话

C．本民族语言　　D．对方的语言_____（请注明什么语言）

22．别人到你家做客，如果对方的民族成分和你不同，使用什么语言？

A．汉语方言　　　B．普通话

C．本民族语言　　D．对方的语言_____（请注明什么语言）

23．在中学／小学上课回答问题时使用什么语言？

A．汉语方言　　B．普通话　　C．本民族语言

24．你中学／小学下课后交谈时使用什么语言？

A．汉语方言　　B．普通话　　C．本民族语言

25．你中学／小学老师上课时使用什么语言？

A．汉语方言　　B．普通话　　C．本民族语言

26．你会在家庭或村子里讲普通话吗？

A．会　　B．不会　　为什么？_____

27．你和其他民族的人交流时会讲普通话吗？

A．会　　B．不会　　为什么？_____

28．你对将来的语言学习有什么打算？

_____为什么？_____

29．你的长辈对你的语言学习是否有规划，比如要不要学本民族语言、外语等？

A．有　　B．没有　　请简单说明_____

30. 你的民族有没有本民族固有的文字？

    A. 有　　B. 没有

31. 你觉得你的民族文字怎么样？（可以多选）

    A. 难学　　B. 容易　　C. 写起来漂亮　　D. 读起来好听

    E. 无用　　F. 不好听　　G. 难看

32. 如果你的民族无固有的文字，你有听说过新创文字吗？

    A. 有　　B. 没有　　如有，请参照上题对其进行评价：_____

33. 你会不会使用（读、写）本民族文字？

    A. 会　　B. 不会

34. 用汉语表达本民族语言中没有的词语时，汉语词语发音是否会改变？

    A. 会，使它听起来更像本民族的词语

    B. 不会，使它保持原来的发音

如你愿意接受访谈，请留下联系方式，手机_____ 邮箱_____

再次感谢你的合作！

二、个人语言学习与使用回忆录（邓成英样本）

本人邓成英，女，苗族，昆明理工大学2016级制药工程161班学生，会使用苗、汉、英三种语言。家庭所在地为云南省红河州蒙自市冷泉镇所基口村，村民以苗族居多，主要使用苗语。村子隶属于冷泉镇楚冲行政村，属于山区，位于冷泉镇东边，距离楚冲村委会3.5公里，距离冷泉镇20公里，全村人口170多人，农民收入主要以种植业、养殖业为主。

我们家里有五口人，爸爸、妈妈、哥哥、妹妹和我。爸爸、妈妈、哥哥在家务农，在家里无活做时，也经常出去打工。妹妹现就读蒙自二中，初一。我们都是苗族，在家里都使用苗族语言，也偶尔讲蒙自方言。现在全家居住在蒙自市雨过铺镇安南邑村四应所，主要经济来源是租地种玉米，在老家（所基口村）种植姜。一年四季，在老家与新家之间跑，雨过铺是一个坝区，交通比所基口村方便，去赶集、出售农作物都方便，在与外人交流时都使用当地方言。

多语言生活虽然在学习的过程中有点困难，母语与汉语的语法及语序有些完全相反，有些毫无联系，但在学习的过程中也有乐趣。在学会之后交流方式多了，可以和更多的人交流，困扰之后是便利吧！

多种语言虽然在交流的过程中有些隔阂，但人都是在慢慢的交流中互相学习的。第一次听都会有不懂的时候。家庭都是会讲本民族语言的，交流上没有什么不便。所在的村子边也有其他民族的，彼此听不懂各自的民族语言，在交流的过程中也存在问题，特别是从小到大都没有上过学的，汉语也不会讲。当和别人交流时，总会掺杂着自己的民族语言，以致别人听不懂，最后弄得彼此都很尴尬。比如，亲戚们常常外出打工，别人叫你做什么，而你却做了另外一件事。

村里有些家庭也有不同民族结婚的，据我所知，没有因为语言不同发生过冲突，孩子都是父母的，爸爸妈妈讲不同的语言，爸爸教孩子讲爸爸使用的语言，妈妈教孩子讲妈妈使用的语言，孩子两种语言都学，这样长大后的孩子两种语言都会讲。

我对自己的学习生活和未来的事业没有过语言方面的规划。但我认为本民族语言也不应该放弃学习。随着文化的交流，我们的民族语言中已经掺杂着很多汉字，很多外出的人多年后已经不会讲自己的民族语言了。身为一个苗族人，自己的语言有很多都听不懂，有自己的文字，但却看不懂。想想，有时间时也应该学习自己的民族文字了。

我没有上过民汉双语课程，但我家人上过。听妈妈说他们小的时候上过，只是早上上，下午就回家干活了。上了几个月，还教唱本民族歌曲，听着挺有趣的。

我七年级开始学习外语，开始学习时觉得挺难的，发音总是不对，音标不会读，但找到规律后学起来就轻松了。在民族语言、汉语、外语中，就我本人而言，民族语言较好学吧！因为自己家里人都是苗族，一回到家，都是讲自己的民族语言。用得多，讲得多，听得多，自然而然就学会了，但目前没有学习文字。这三门语言没有可比性，各有各的优缺点，可以互补，当不会用自己的民族语言表达时，可以用汉语来表达。有些表达用不同的语言意思是相同的，但感情色彩会有所区别。有些语言无法说出来，可以通过汉字的形式体现出来。比如，自己犯错了，但不好意思用自己的语言亲自对爸爸妈妈说，可以通过短信或者写信的方式向他们道歉。他们也能接受，也会感动。汉语从上学开始学，日常生活中也经常用到，学起来相对容易。英语主要靠上课来学，日常生活中用的也少，因此学了几年也没有学好，虽说喜欢，但不会讲。

任何一门语言的学习都是从一个字一个字学起的，本民族语言也是从一个词一个词学起的。开始都是学习如何说爸爸妈妈、吃饭,还有一些简单物品的名称,看见不懂的,不知道怎么说的就问爸爸妈妈,他们总是耐心地解答。他们说一句,自己跟着说一句。很多时候爸爸妈妈在互相交谈或者与他人交谈时,自己会重复他们的语言,他们听到后都笑了。

慢慢会说话后,爸爸妈妈会教如何数1、2、3……自己的语言学会后开始学习汉语方言了,汉语方言也是从吃饭学起,民族语言"闹猫",汉语方言"吃饭","闹"与"吃"相对,"猫"与"饭"相对,挺好学的。民族语言"告要么哦咱",汉语方言"你要克干吗",一个字一个字地对着学。方言在日常生活中经常听人说,去逛街,做客,和同学聊天,都是用方言。普通话是平时看电视和在课堂上学的。英语因为学习条件的限制,初一才刚开始学,觉得挺难的,要先学习音标,拼读单词,拼写单词,再由词构成句,还有语法、时态,学自己的民族语言时没有那么多,只知道跟着别人说就行了。听得多、说得多也就会了。

在不同地方对不同人讲不同语言,在和别人讲的过程中也在学习。在家学习苗族的语言、文化,而在学校、在外面学习汉语和英语。坚持学习语言。

万事开头难,开始学说话时,因为家里都是苗族,所以在上学之前都说苗语,有时陪爸爸妈妈去逛街,听不懂人家讲汉话,自己也不会讲,连买东西也不敢买,记忆中自己是胆小的,卖东西时别人问也不会回答。

后来上学了,认为上学就是学汉语,学会了汉语,能自己上街买东西,不会被别人骗,自己会使用钱。那时还小,就问爸爸妈妈:为什么有些人已经会说汉话了,还要去学校学习汉语呢?爸爸妈妈笑着说:会说但也要会写、会看啊!

由于村子离学校较远,我没有上学前班,一来就上一年级。上课完全听不懂老师在说什么,不知道翻到哪页、上到哪里,致使作业不会做,最后成绩自然不好。那时完全是害怕上课、讨厌上课,一想起老师就害怕。在课堂上不敢回答问题,或者回答出来的问题也是掺杂着本民族语言。老师也听不懂,小学老师教的学生中大多是少数民族的,要把学生教好也是有一定难度的。老师们在教我们汉语时也学习我们的民族语言。当然,老师中也有很多是本民族的,他们在课堂上,如果讲汉语我们听不懂,他们也会用本民族语言和我们讲。

多种语言的学习,虽然有点难,但在学习的过程中是开心的,觉得很有趣。高中时我们寝室有四人,四个民族,我是苗族,其他三个分别是汉族、哈尼族、彝族。彝族的同学已经不会讲彝语了,而哈尼族的同学平时打电话,和她的同伴聊天都用他们的哈尼族语言,她讲话时我们完全听不懂。我们就互相学习各自的语言,学着数1、2、3，还有花草怎么叫。挺有趣的，但学了一会儿就忘了。

我认识的一个朋友，离开家乡去其他省份服役，三年后才休假回家，回到家后自己的民族语言都基本上忘记了，一张口就结巴。我的堂姐嫁给了汉族，差不多五年了，现在她讲苗语也是结巴的。语言真的是学了要用要听，不然时间久了就不会了。

三、面对面访谈（佤族田韬样本）

地点：昆明理工大学呈贡校区博文楼606教师工作室

时间：2016年12月9日星期五19:30至19:50

对象：田韬（佤族，来自临沧市沧源佤族自治县勐董镇坝卡村班棚老寨七组，目前就读于云南民族大学2016级佤语班佤语专业）

（正式访谈前，先做了自我介绍，再次说明访谈的目的，给受访对象赠送了小礼品）

A：你好！感谢你抽空接受我们的访谈！

B：不用谢！听说你们研究少数民族语言，我们很高兴，很乐意回答你们的提问。

A：收到你写的个人语言学习和使用回忆录，非常有意思，很想再进一步聊一聊。

B：好的。

A：能不能再说说你为什么觉得要学习本民族语言？

B：就我个人来说，民族语言是一个民族的特色。我们那个地方一些家长不重视孩子学民族语言，认为学了没有用，但是现在国家很重视少数民族语言，我们也应该争气，学了民族语言能传承保护好我们的民族文化。

A：是的，少数民族语言文化是我们国家的重要资源，要保护好少数民族语言就要有人来学习和使用。那么，你觉得为什么你或你们村的人要学习汉语呢？

B：不会使用汉语就不能更好地发展，学会本地的汉语方言，我们才能走出家门，才能融入当地社会，做工、上街购物、看病等，都要会说。当然，普通话比汉语方言更重要。普通话是我们国家的通用语言，在学校、在昆明……如果我们说我们的民族语言或者我们本地的方言，就没办法沟通，要使用普通话才能与老师与外地同学交流。

A：那么你还学习外语吗，你学的是缅语还是英语？

B：学的，不学缅语，学英语，从初中开始就学了，现在在大学也在学。

A：你认为有必要学英语吗？

B：不好说，反正我也学不好，可能是英语是国际通用语吧，但我觉得学了也没啥用。不过，因为是学校要求学，我们就学。

A：请你谈谈你是如何学会民族语言、本地汉语方言和普通话的，还有英语？

B：民族语言从小就跟父母说，从小就会了，好像没怎么学，反正在家里都使用，就这样学会的。方言是在学校跟同学学会的，村里也有很多人会说，赶街、进城时也会说。普通话是在学校跟老师学的。

A：你现在的语言学习有什么计划吗？父母对你的语言学习有没有要求？

B：现在在学校学习本民族语言，重点是文字和文化方面的东西，口头表达本来就会。汉语想好好学学写作，感觉自己的表达不好，汉语的成语比较难懂。英语尽力而为吧，没有什么特别的计划。父母的文化水平不高，没有什么要求。但感觉得出来，他们还是希望我把民族语言文字学好，把普通话学好。

A：你最喜欢哪一种语言？

B：我最喜欢的语言是佤族语言，因为在家说的多。

A：又是民族语言，又是汉语方言，又是普通话，使用时会不会产生冲突，造成交流障碍？

B：没有碰到过这种情况。正好相反，当用汉语表达不了的时候，就用民族语言。民族语言表达不了时，就用汉语。一般情况是，与其他民族的人交往时讲汉语，本民族之间主要说民族语言。当然，如果汉语或者民族语言有欠缺，就会有交流问题。

A：你是先学会民族语言还是汉语？

B：当然是民族语言了，汉语是到学校后才学会的。

A：你认为你的语言熟练程度如何？

B：民族语言的听读说没有问题，都很熟练，只是文字书写差一点，现在正在学。汉语听说读写都没有问题。英语读还马马虎虎，其他不行。

A：你就读的中小学校是否开展民汉双语教学？

B：有的，我们村小学一年级、二年级就有佤汉双语教学。

A：很好！非常感谢！如有需要，可能还会联系你，希望你能继续合作。

B：没有问题。

附录二（第五章）

一、村干部访谈及样本

（通过村干部访谈了解乡村的人文地理情况，包括乡村的地理环境、历史、人口结构、村民受教育情况、村民的主要经济来源以及乡村的语言使用情况，关于语言使用情况的访谈问题及样本如下）

一、访谈问题（个人和乡村基本情况略）

1. 您会说什么语言，在工作、家庭生活中使用不同语言所占的比例是多少？
2. 村干部任用是否有对语言和民族身份的要求？
3. 村子里召开村民会议使用什么语言，乡镇或县里开会使用什么语言？
4. 村子里是否可收听到本民族语的广播、电视？如果能，您是否经常收听收看？民族语广播电视节目的内容是什么？
5. 您认为本民族语言是否会逐渐消亡？是否有必要保护少数民族语言，为什么？
6. 您认为普通话是否会影响到少数民族语言的生存，为什么？
7. 如果少数民族语言出现了衰退现象，您认为是什么原因所导致的？
8. 在本民族母语、汉语和其他民族语言中，您觉得哪一种更好听？

二、访谈样本（个人和乡村基本情况略）

（访谈对象为怒江泸水市六库镇白水河村委会瓦嘎村村干部张季仁，白族，高中文化，42岁。访谈时均使用汉语方言）

A：您好！打扰了。我们主要问几个关于语言使用的问题，不会占用您太多时间。

B：不怕得。

A：您会说什么语言？在工作、家庭生活中使用这些语言所占的比例是多少？

B：我会说白话、汉话，也会说普通话。在家里、在村上都说白族话，只有到镇里开会办事会说泸水话，普通话也会说。90%以上都是白族话，说泸水话有5%左右，普通话很少，2%—3%吧。

A：选举村干部要不要规定是白族？是不是要求会说汉话？

B：好像没得规定。我们村大多数人都是白族，村干部全部是白族。没得规定要白族才能当村干部。对会说什么话，也没得规定。

A：村里召集村民开会时说白族话还是泸水话？在乡镇或县里开会使用什么语言？

B：村里都说白族话，都是白族，有几家汉族和傈僳族，他们也听得懂白族话。在白水河村还是讲白族话，有时也讲泸水话。在六库镇，也就是泸水市，基本上讲泸水话，很少说普通话。

A：村子里给可以收听到本民族语的广播、电视？如果能，您是否经常收听收看，民族语广播电视节目的内容是什么？

B：收不到。我们村没有白族话的广播电视。

A：您觉得白族话会渐渐地消亡吗？有必要保护吗？为什么？

B：我看不会，全村的人都会说白族话。但是还是要保护，现在年轻人说的汉白话已经不纯正了，不过普通话是应该多学习的。

A：您看广播电视都说普通话，学校也说普通话，普通话会影响到白族话吗，为什么？

B：我认为不会，而且我们村大多还是在说白族话。

A：假设白族话出现了衰退，比如年轻人说汉白话，您认为是什么原因引起的？

B：与普通话没得关系，主要还是自己不注意。

A：在白族话、汉话和傈僳话中，您觉得哪一种好听？

B：我觉得白族话好听，而且生活中用的多。

A：非常感谢！

B：不客气！

二、入户调查表（调查员使用）

一、入户调查表

1. 家庭成员

姓名	关系	年龄	民族身份	会使用的语言	文化程度

2. 家庭内部语言使用情况：在什么情况下会使用什么语言，比例多少

	使用比例	在什么情况下（时间、事件）使用
民族母语		
本地汉语方言		
普通话		
其他民族语言		

3. 语言熟练程度（熟练=能听会说；一般=能听但说较弱；略懂=会简单的几个单词）

成员	本民族母语	本地汉语方言	普通话	其他（民族语言）

4. 不同家庭成员（其本人）对待语言的态度，在方框内填入外语、本民族语或者汉语，外语要注明是英语还是邻国语言如缅语等

成员	最喜欢	喜欢	一般	不喜欢

5. 家庭成员对下一代语言学习的态度（在空格内填入语言名称如本民族母语、汉语、外语等，外语要注明是英语还是邻国语言如缅语等）

成员	最支持	支持	一般	不支持

三、村民问卷

您好！我们来自昆明理工大学，目前正在承担一项国家级科研项目，目的是调查少数民族的语言使用状况。研究成果仅供学术交流与探讨。您的回答对项目研究十分珍贵。我们承诺本调查只用于科学研究，不会对您带来任何不利影响。我们将对您的个人信息进行保密处理。感谢您抽空填写本问卷！

一、个人基本情况

1. 姓名_____ 性别_____ 婚否_____ 民族_____ 民族语言_____

2. 年龄：

　　A．18岁以下　　B．19岁至39岁之间　　B．40岁至55岁之间　　C．56岁以上

3. 您会说几门语言？按熟练程度填写_____

4. 家庭成员的语言熟练程度（按熟练程度填写，比如民族语、方言、普通话，不会的不填）

　　父亲_____　　母亲_____　　配偶_____

　　兄弟_____　　姐妹_____　　祖父母_____

5. 家庭的民族成分构成是什么？请把民族成分填写在空白处（不同民族组成的家庭，需要填写谁是什么民族，比如父亲白族、母亲傈僳族等）：_____

二、相关问题

a01．在家里使用什么语言？

　　　A．民族母语　B．其他民族语言　C．汉语方言　D．普通话

a02．在村寨里使用什么语言？

　　　A．民族母语　B．其他民族语言　C．汉语方言　D．普通话

a03．上街购物使用什么语言？

　　　A．民族母语　B．其他民族语言　C．汉语方言　D．普通话

a04．村／乡开会使用什么语言？

　　　A．民族母语　B．其他民族语言　C．汉语方言　D．普通话

a05．到城镇办事使用什么语言？

　　　A．民族母语　B．其他民族语言　C．汉语方言　D．普通话

a06．到医院看病使用什么语言？

　　　A．民族母语　B．其他民族语言　C．汉语方言　D．普通话

a07．医生和您交谈使用什么语言？

　　　A．民族母语　B．其他民族语言　C．汉语方言　D．普通话

a08．与其他民族的人交谈时使用什么语言？

　　　A．民族母语　B．其他民族语言　C．汉语方言　D．普通话

b01．您是否会对下一代的语言学习或语言使用进行干涉？

　　　A．会　　B．不会

b02．孩子在学习民族语言（或汉语）过程中，是否对其发音、用词进行纠正？

　　　A．经常　　B．偶尔　　C．从不

b03. 您觉得您的孩子应该学习英语吗？

    A．应该　　B．不应该

c01. 您是否可以收听到本民族语的广播、电视？

    A．能　　B．不能

c02. 如果能收听收看到的话，是否经常收听到？

    A．经常　　B．偶尔　　C．从不

c03. 收听收看到本民族语的广播、电视、电影时，您的感受是：

    A．高兴　　B．没感觉

d01. 您更喜欢哪一种语言？

    A．汉语方言　B．普通话　C．本民族语言　D．其他民族语言

d02. 您觉得您的民族语言_____？

    A．比汉语好听　　　　B．不如汉语好听

    C．比其他民族语言好听　D．不如其他民族语言好听

d03. 您觉得您的民族语言_____？

    A．比汉语重要　　　　B．不如汉语重要

    C．比其他民族语言重要　D．不如其他民族语言重要

d04. 您的民族母语是否会逐渐消亡？

    A．会　　B．不会

e01. 您觉得您的民族语言会长期存在下去吗？

    A．会　　B．不会

e02. 如果您的民族语言出现了衰退现象，您对造成这种现象的看法是：

    A．汉语的影响　　　B．其他民族语言的影响

    C．本民族不重视　　D．经济文化发展

e03. 您认为推广普通话是否会影响到您的民族语言的生存？

    A．会　　B．不会

e04. 您觉得是否有必要保护本民族语言？

    A．有必要　B．没有必要　为什么？_____

再次感谢您的合作！

四、乡村田野调查实录样本（墨江哈尼族自治县联珠镇）

2017年2月19—21日，项目组一行四人到墨江进行了为期三天的关于少数民族语言使用的田野调查。之所以选择墨江作为本次田野调查的目的地，是因为该县为全国唯一的哈尼族自治县，哈尼族人口占全县总人口的60%以上，加上其他少数民族如彝族、瑶族、傣族、拉祜族等，少数民族人数超过了全县总人口的70%。该县的少数民族语言文化保存较好，存在多语现象，是理想的语言规划研究场所。另外，该县地处普洱市西北，普洱市与老挝和缅甸接壤，为边疆民族地区，作为本课题调研的目的地具有较好的代表性和典型性。此外，该县为项目组所在学校长期合作单位。学校近二十年来一直派驻科技副县长、科技副书记，在该县建有希望小学（目前为联珠镇三小），与学校建立了长期的友好合作关系。本次调研就得到了曾在该县任科技副县长近三年时间，目前任学校副校长的牛治亮副校长的大力支持。

正如上面所描述的一样，本次调研得到了该县的大力支持。县委宣传部、哈尼文化研究所根据调研目的做出了精心安排，大大提高了调研效率。原来计划需要一个星期才能完成的任务，仅三天时间便基本完成。在整个调研过程中，县委宣传部的张副部长、哈尼文化研究所的赵所长全程陪同，调研进展非常顺利。

19日下午1点左右，项目组一行驱车沿昆磨高速公路驰行近300公里，于下午5时左右达到目的地，下榻双胞大酒店。次日上午9时左右到县委宣传部与本次调研所涉及的单位负责人进行了一个小时左右的座谈，发放了问卷调查表。

座谈会后即驱车前往第一个哈尼村寨进行语言使用调查。项目组一行四人以及县委宣传部的几位同志离开县城，沿着蜿蜒的县乡公路向东北经过了一个多小时的行驶，到了隶属于联珠镇的癸能村。该村共有13个自然村、18个村民小组。项目组在村委会做了短暂的停留，即刻在村委会所在地的癸能村民小组展开了入户调查。该村以哈尼支系豪尼族为主体，哈尼族占总人口的94%，有少数汉族杂居。

该村有三百余年历史，村民住房为极具地方民族特色的土掌房。传统的土掌房户户相连，村内有弯弯曲曲的小道，犹如迷宫。据说既可供村民之间相互沟通，也可起到一定防御外敌的作用。

在开展本次调查之前，宣传部的同志建议我们使用方言，不使用普通话，因为当地村民听不懂普通话。故整个调查过程中均使用方言。四位调查人员所使用的方言分别为：一位使用昆明方言，两位使用红河方言，最后一位使用大理南涧方言。这些方言与墨江方言交流均顺畅无阻。总体上来说，云南各地汉语方言大多属于西南官话，虽然来自不同地域，但交流不存在障碍。而大理南涧因与普洱市的景东县接壤，故南涧方言中很多音调与当地的汉语方言音调相近。这无形中拉近了项目组与受调查村民之间的距离，使得访谈进行得十分顺利。

项目组在村委会陈书记的带领下对10户家庭展开了调查，其中9户为哈尼族、1户为汉族。因该天为赶街天。村里大部分人都到县城赶街。村中多为老人和小孩。故所访谈的对象均为老年人。所访谈的9户哈尼族人家几乎都是哈汉双语家庭，在家里和村子内部使用哈尼语，进城和到镇上办事使用当地汉语方言。

入户访谈给我留下的总体印象是，该村70—80岁的老人中大多数会使用汉语方言，几乎不使用普通话。40—60岁的中老年人能使用汉语方言和本民族语言，为熟练的双语者，少数能使用普通话。受访者都表示要继续教自己的后代学习本民族语言，至于如何教，他们表示，只要在家中说民族语言，孩子自然就会了。双语现象持续了较长时间，估计还会再继续下去。如果该村的交通等不发生深刻改变的话，民族母语短期内不会消亡，但是随着汉语能力的加强，尤其是青年一代大量外出打工、读书等影响，民族语言还能保持多长时间还很难说。

中午项目组在县委宣传部和哈尼文化研究所两位同志的陪同下一起到了联珠镇上的一个回族餐馆用了便餐。

下午在他们的带领下，经过近半个多小时的车程，同样是在蜿蜒的山路和乡村公路上行驶，最后到了一个叫作克曼村的山村。该村位于山头稍微平坦开阔的地带。这是哈尼族的另一个支系，使用碧约语。

首先到了村委会，因村委会主任不在，项目组便在村内随意走访。首先见到了在路边铲沙的一位老奶奶。交谈得知，老奶奶已90多岁，基本能使用汉语方言交流。见到我们交谈，另一位老人主动加入了我们。后一位老人也年过七旬，汉语使用非常流利。了解得知，该村大多数人能使用汉语，但在家庭和村内还主要使用碧约语。70多岁的这位老奶奶还不时地使用普通话与我们交流。当我们问会不会说和能否听懂普通话时，她反复摇头表示不会。陪同调查的当地干部告诉她说，她刚才说的就是普通话，但她还是依然摇头。附近有一些小孩在嬉戏，调查得知，这些孩子不太会说民族语，但能听懂。

采访完成后，村主任已返回。陪同我们进入一户人家进行访谈。访谈得知，这家人中母亲马灵芝78岁，为当地的摩匹，为非物质文化遗产传承人。其子朱文宏48岁，为当地牛皮大鼓的传人，初中毕业。其妻马云珍，43岁，小学文化程度。有两个女儿，大女儿朱宛婷8岁，读二年级，小女儿朱宛松，4岁，上学前班。全家使用碧约语的比例超过80%，大人能使用豪尼语和西摩罗语。最小年仅4岁的小女孩还不会使用民族母语。我们感到很诧异。后经过了解得知，主要是因为在学前班学习的是汉语，故只会说本地汉语方言。当我们表示还是应该教他们说本民族语言时，奶奶和父亲均表示他们愿意教她说民族语言。他们还举例这个孩子模仿大人说民族语言的情形，估计再过几岁，她也能和大一点的孩子一样能说民族母语了。

这明显出现了一种新情况，即部分少数民族的语言习得顺序发生了改变，首先习得的不是母语，而是汉语。从这个意义上来说，汉语为第一语言，民族母语为第二语言。

利用村主任陪同访谈的同时，也对村主任进行了访谈。

村主任姓白，在家大部分使用民族语言，汉语方言的使用情况为30%—40%。能熟练使用豪尼语。本村的汉族也能讲碧约语。

笔者一行对克曼村访谈的总体印象是：克曼村的汉语能力超过了上午访谈的癸能村的汉语能力，但是民族母语能力出现了下降的趋势，表现在小孩子能听不能说的趋势。问及原因时，村主任表示，主要是因为该村交通状况较好，与外界的联系较为密切。

事后查阅得知，该村曾经接待过外国游客的来访。

该村大多数村民姓马。据陪同调研的同志介绍，该村村民原为回族。元明时期因躲避战乱迁徙至此，改为哈尼族。

在访谈中获知，哈尼语支系间差距较大，因为无文字，可能会造成误会。同样的发音在此支系表示褒义，但在另一支系里便表示完全相反的意思，成了骂人的话。

该地宣传部的一位副部长对新创文字也有看法，他认为，新创文字汉语老师看不懂，英语老师也看不懂，哈尼族更看不懂，除非要经过特殊训练。这种观点本人也有同感。

哈尼文化研究所的所长对双语教学的观点：过去用哈尼语辅助学习汉语，现在用汉语辅助学习哈尼语。他对此持反对意见，认为还是应该坚持过去的做法。当然，如果从学习的目标来看，此种做法无可厚非。但如果从语言使用上来看，他的观点也未尝没有道理。使用什么语言，从一定程度上来说，其实是对某种语言的一种肯定，并对这种语言提供了一种语言环境，可能这种语言的能力会相应提高。因此，双语教学既要考虑教学的目标，更要考虑教学的用语。

在本次针对哈尼村寨的田野调查中，项目组还在两个村子发放了50份针对村干部和村民的问卷,因填写问卷需要一定时间,且完成时间难以确定,所以项目组委托当地村干部回收,然后再以邮递的方式寄给项目组,大约半个月后,项目组收到了来自两个乡村的问卷。共回收问卷48份,其中3份因填写不完整无效,实际有效问卷45份。45份有效问卷中,10份为村干部问卷,35份为普通村民问卷。

附录三（第六章）

一、云南边疆民族地区新闻宣传部门微观语言规划问卷

您好！我们来自昆明理工大学，目前正在承担一项国家级科研项目，目的是调查少数民族的语言使用状况。研究成果仅供学术交流与探讨。您的回答对项目研究十分珍贵。我们承诺本调查只用于科学研究，不会对您带来任何不利影响。我们将对您的个人信息进行保密处理。感谢您抽空填写本问卷！

您的称呼_____先生／女士　　性别_____　民族_____　职务_____

　　文化程度_____

年龄：A．39岁以下　B．40岁至50岁之间　C．51岁以上

单位名称：_____　职工人数_____　您的工作是_____

　　是否会使用民族语言_____

1. 一般工作中使用什么语言？
   A．本地汉语方言　　B．普通话　　C．少数民族语言
2. 开会时使用什么语言？
   A．本地汉语方言　　B．普通话　　C．少数民族语言
3. 同事之间私下交流时使用什么语言？
   A．本地汉语方言　　B．普通话　　C．少数民族语言
4. 到基层工作时使用什么语言？
   A．本地汉语方言　　B．普通话　　C．少数民族语言
5. 与少数民族交流时使用什么语言？
   A．本地汉语方言　　B．普通话　　C．少数民族语言
6. 与少数民族交流时是否碰到过语言交流障碍？
   A．是　　B．否

7. 碰到语言交流障碍时您的想法是？

　　A．希望自己懂民族语言　　B．希望对方懂汉语

8. 您认为少数民族语言会逐渐消亡吗？

　　A．会　　B．不会

9. 您认为有必要保护少数民族语言吗？

　　A．有必要　　B．不必要

10. 您认为普通话是否会影响到少数民族语言的生存？

　　A．会　　B．不会

11. 如果少数民族语言出现了衰退现象，您对造成这种现象的看法是？

　　A．汉语的影响　　B．其他民族语言的影响

　　C．本民族不重视　　D．社会经济文化的发展

12. 单位是否培训汉族职工少数民族语言？

　　A．是　　B．否

13. 单位是否有普通话或英语能力提升计划？

　　A．有　　B．没有

14. 单位是否有针对少数民族的语言服务部门？

　　A．有　　B．没有

15. 单位是否要求员工掌握少数民族语言？

　　A．有要求　　B．无要求

16. 单位招聘员工时是否提出语言要求？

　　A．有要求　　B．无要求

17. 单位是否有关于少数民族语言文字的规定或者文件？

　　A．有　　B．没有

18. 单位是否有上班时必须说普通话的规定？

　　A．有　　B．没有

19. 单位内部是否制定语言使用条例？

　　A．有　　B．没有

如您愿意接受访谈，请留下联系方式：

电话：_____ 电子邮箱：_____

谢谢合作！

二、云南边疆民族地区文化教育部门微观语言规划问卷

您好！我们来自昆明理工大学，目前正在承担一项国家级科研项目，目的是调查少数民族的语言使用状况。研究成果仅供学术交流与探讨。您的回答对项目研究十分珍贵。我们承诺本调查只用于科学研究，不会对您带来任何不利影响。我们将对您的个人信息进行保密处理。感谢您抽空填写本问卷！

您的称呼_____先生／女士　性别_____　民族_____　职务_____

文化程度_____

年龄：A．39岁以下　B．40岁至50岁之间　C．51岁以上

单位名称：_____　职工人数_____　您的工作是_____

是否会使用民族语言_____

1. 一般工作中使用什么语言？
   A．本地汉语方言　　B．普通话　　C．少数民族语言
2. 开会时使用什么语言？
   A．本地汉语方言　　B．普通话　　C．少数民族语言
3. 同事之间私下交流时使用什么语言？
   A．本地汉语方言　　B．普通话　　C．少数民族语言
4. 到基层工作时使用什么语言？
   A．本地汉语方言　　B．普通话　　C．少数民族语言
5. 与少数民族交流时使用什么语言？
   A．本地汉语方言　　B．普通话　　C．少数民族语言
6. 与少数民族交流时是否碰到过语言交流障碍？
   A．是　　B．否
7. 碰到语言交流障碍时您的想法是？
   A．希望自己懂民族语言　　B．希望对方懂汉语

8. 您认为少数民族语言会逐渐消亡吗？

　　A．会　　B．不会

9. 您认为有必要保护少数民族语言吗？

　　A．有必要　　B．不必要

10. 您认为普通话是否会影响到少数民族语言的生存？

　　A．会　　B．不会

11. 如果少数民族语言出现了衰退现象，您对造成这种现象的看法是？

　　A．汉语的影响　　　　B．其他民族语言的影响

　　C．本民族不重视　　　D．社会经济文化的发展

12. 单位是否培训汉族职工少数民族语言？

　　A．是　　B．否

13. 单位是否有普通话或英语能力提升计划？

　　A．有　　B．没有

14. 单位是否有针对少数民族的语言服务部门？

　　A．有　　B．没有

15. 单位是否要求员工掌握少数民族语言？

　　A．有要求　　B．无要求

16. 单位招聘员工时是否提出语言要求？

　　A．有要求　　B．无要求

17. 单位是否有关于少数民族语言文字的规定或者文件？

　　A．有　　B．没有

18. 单位是否有上班时必须说普通话的规定？

　　A．有　　B．没有

19. 单位内部是否制定语言使用条例？

　　A．有　　B．没有

如您愿意接受访谈，请留下联系方式：

电话：＿＿＿＿＿＿　　电子邮箱：＿＿＿＿＿＿

谢谢合作！

三、云南边疆民族地区司法部门微观语言规划问卷

您好！我们来自昆明理工大学，目前正在承担一项国家级科研项目，目的是调查少数民族的语言使用状况。研究成果仅供学术交流与探讨。您的回答对项目研究十分珍贵。我们承诺本调查只用于科学研究，不会对您带来任何不利影响。我们将对您的个人信息进行保密处理。感谢您抽空填写本问卷！

您的称呼_____先生／女士　　性别_____　民族_____　职务_____

文化程度_____

年龄：A．39岁以下　B．40岁至50岁之间　C．51岁以上

单位名称：_____　职工人数_____　您的工作是_____

您是否会使用民族语言_____

1. 一般工作中使用什么语言？

   A．本地汉语方言　　B．普通话　C．少数民族语言

2. 开会时使用什么语言？

   A．本地汉语方言　　B．普通话　　C．少数民族语言

3. 同事之间私下交流时使用什么语言？

   A．本地汉语方言　　B．普通话　　C．少数民族语言

4. 到基层工作时使用什么语言？

   A．本地汉语方言　　B．普通话　　C．少数民族语言

5. 普法宣传时使用什么语言？

   A．本地汉语方言　　B．普通话　　C．少数民族语言

6. 是否把普法宣传材料翻译成民族文字？

   A．是　　B．否

7. 针对民族的案件，法庭上使用什么语言？

   A．本地汉语方言　　B．普通话　　C．民族语言

8. 法院对法庭用语是否有规定？

   A．是　　B．否

9. 法庭中是否碰到过语言不通带来的问题？

   A．是　　B．否

10. 法院对法律文书、判决书是否有语言使用规定?

   A. 是　　B. 否

11. 与少数民族交流时使用什么语言?

   A. 本地汉语方言　　B. 普通话　　C. 少数民族语言

12. 与少数民族交流时是否碰到过语言交流障碍?

   A. 是　　B. 否

13. 碰到语言交流障碍时您的想法是?

   A. 希望自己懂民族语言　　B. 希望对方懂汉语

14. 您认为少数民族语言会逐渐消亡吗?

   A. 会　　B. 不会

15. 您认为有必要保护少数民族语言吗?

   A. 有必要　　B. 不必要

16. 您认为普通话是否会影响到少数民族语言的生存?

   A. 会　　B. 不会

17. 如果少数民族语言出现了衰退现象,您对造成这种现象的看法是?

   A. 汉语的影响　　B. 其他民族语言的影响

   C. 本民族不重视　　D. 社会经济文化的发展

18. 单位是否培训汉族职工少数民族语言?

   A. 是　　B. 否

19. 单位是否有普通话或英语能力提升计划?

   A. 有　　B. 没有

20. 单位是否有针对少数民族的语言服务部门?

   A. 有　　B. 没有

21. 单位是否要求员工掌握少数民族语言?

   A. 有要求　　B. 无要求

22. 单位招聘员工时是否提出语言要求?

   A. 有要求　　B. 无要求

23. 单位是否有关于少数民族语言文字的规定或者文件?

   A. 有　　B. 没有

24. 单位是否有上班时必须说普通话的规定?

   A. 有　　B. 没有

25. 单位内部是否制定语言使用条例？
    A. 有   B. 没有

如愿意接受访谈，请留下联系方式：
电话：_____   电子邮箱：_____

谢谢合作！

四、云南边疆民族地区医疗单位微观语言规划问卷

您好！我们来自昆明理工大学，目前正在承担一项国家级科研项目，目的是调查少数民族的语言使用状况。研究成果仅供学术交流与探讨。您的回答对项目研究十分珍贵。我们承诺本调查只用于科学研究，不会对您带来任何不利影响。我们将对您的个人信息进行保密处理。感谢您抽空填写本问卷！

您的称呼_____先生/女士   性别____   民族____   职务____
文化程度_____
年龄：A. 39岁以下   B. 40岁至50岁之间   C. 51岁以上
单位名称：_____   职工人数_____   您的工作是_____
是否会使用民族语言_____

1. 一般工作中使用什么语言？
    A. 本地汉语方言   B. 普通话   C. 少数民族语言
2. 开会时使用什么语言？
    A. 本地汉语方言   B. 普通话   C. 少数民族语言
3. 同事之间私下交流时使用什么语言？
    A. 本地汉语方言   B. 普通话   C. 少数民族语言
4. 到基层工作时使用什么语言？
    A. 本地汉语方言   B. 普通话   C. 少数民族语言
5. 与少数民族交流时使用什么语言？
    A. 本地汉语方言   B. 普通话   C. 少数民族语言

6. 给患者看病时使用什么语言?

  A．本地汉语方言　　B．普通话　　C．少数民族语言

7. 与少数民族交流时是否碰到过语言交流障碍?

  A．是　　B．否

8. 碰到语言交流障碍时您的想法是?

  A．希望自己懂民族语言　　B．希望对方懂汉语

9. 您认为少数民族语言会逐渐消亡吗?

  A．会　　B．不会

10. 您认为有必要保护少数民族语言吗?

  A．有必要　　B．不必要

11. 您认为普通话是否会影响到少数民族语言的生存?

  A．会　　B．不会

12. 如果少数民族语言出现了衰退现象,您对造成这种现象的看法是?

  A．汉语的影响　　B．其他民族语言的影响

  C．本民族不重视　　D．社会经济文化的发展

13. 单位是否培训汉族职工少数民族语言?

  A．是　　B．否

14. 单位是否有普通话或英语能力提升计划?

  A．有　　B．没有

15. 单位是否有针对少数民族的语言服务部门?

  A．有　　B．没有

16. 您如何与不懂汉语的少数民族患者沟通?

  A．您请翻译　　B．患者请翻译

17. 单位是否要求医护人员掌握少数民族语言?

  A．有要求　　B．无要求

18. 单位招聘医护人员时是否提出语言要求?

  A．有要求　　B．无要求

19. 单位是否有关于少数民族语言文字的规定或者文件?

  A．有　　B．没有

20. 单位是否有上班时必须说普通话的规定?

  A．有　　B．没有

21. 单位内部是否制定语言使用条例?

A. 有　　B. 没有

如您愿意接受访谈，请留下联系方式：

电话：_____　　电子邮箱：_____

谢谢合作！

附录四（第七章）

一、云南边疆民族地区中小学生问卷

您好！我们来自昆明理工大学，目前正在承担一项国家级科研项目，目的是调查少数民族的语言使用状况。研究成果仅供学术交流与探讨。您的回答对项目研究十分珍贵。我们承诺本调查只用于科学研究，不会对您带来任何不利影响。我们将对您的个人信息进行保密处理。感谢您抽空填写本问卷！

姓名_____　　性别_____　　民族_____　　年龄_____

学校_____　　年级_____

1. 您会说本地汉语方言吗？

    A. 会　　B. 不会

2. 您会说普通话吗？

    A. 会　　B. 不会

3. 您会说本民族语言吗？

    A. 会　　B. 不会

4. 请对自己的语言能力进行评价（熟练表示能听会说，一般表示能听但说的能力较弱，略懂表示能听说简单的日常用语，不会则听不懂也不会说）

    ①汉语方言　　　A. 熟练　B. 一般　C. 略懂　D. 不会

    ②普通话　　　　A. 熟练　B. 一般　C. 略懂　D. 不会

    ③民族母语　　　A. 熟练　B. 一般　C. 略懂　D. 不会

    ④外语（英语）　A. 熟练　B. 一般　C. 略懂　D. 不会

5. 学校或教师是否采取措施提高学生的汉语使用能力？

    A. 有措施　　B. 无措施　　C. 不了解

6. 您喜欢哪种语言？（可以多选）

    A. 普通话　　B. 汉语方言　　C. 本民族语言　　D. 英语

7. 学校是否开展普通话的推广活动，如普通话测评比赛等？

    A．有开展　　B．没有开展　　C．不清楚

    如有开展，请说明＿＿＿＿＿＿＿＿＿＿＿＿＿＿＿＿＿＿

8. 学校是否开展有关提升汉语水平的比赛活动，比如书法比赛、成语比赛、写作比赛、诗歌朗诵比赛等？

    A．经常　　B．偶尔　　C．从不　　D．不了解

    如有请举例＿＿＿＿＿＿＿＿＿＿＿＿＿＿＿＿＿＿＿＿

9. 家长是否支持您学习本民族语言？

    A．支持　　B．不支持　　C．不清楚　　为什么？＿＿＿＿＿＿＿＿

10. 您上过民汉双语课程吗？

    A．上过　　B．没有上过

11. 民汉双语课程的教学目标是什么？

    A．教汉语　　B．教民族语言　　C．民汉都教

12. 学校开展与民族语言文化有关的课外活动情况如何？

    A．经常　　B．偶尔

13. 您是否参加过学校举办的与民族语言文化有关的课外活动？

    A．参加过　　B．没参加过

14. 您的老师会讲民族语言吗？

    A．会　　B．不会

15. 您从什么时候开始学习英语的？＿＿＿＿＿＿年级

16. 您本人更重视哪一门课程？

    A．语文　　B．英语　　C．民汉双语

17. 您喜欢英语吗？

    A．喜欢　　B．不喜欢　　C．一般

18. 您对当前的英语教学是否满意？

    A．满意　　B．不满意　　C．一般

19. 您对当前的英语教材是否喜欢？

    A．喜欢　　B．不喜欢　　C．一般

20. 在英语和邻国语言中（如缅语、泰语等），您更愿意学习哪一种语言？

    A．英语　　B．邻国语言（比如＿＿＿＿）为什么？＿＿＿＿＿＿

如您愿意接受访谈，请留下电话_____电子邮件_____

谢谢配合！

二、云南边疆民族地区中小学教师问卷

您好！我们来自昆明理工大学，目前正在承担一项国家级科研任务，目的是调查少数民族的语言使用状况。研究成果仅供学术交流与探讨。您的回答对项目研究十分珍贵。我们承诺本调查只用于科学研究，不会对您带来任何不利影响。我们将对您的个人信息进行保密处理。感谢您抽空填写本问卷！

1. 您的称呼_____老师　　性别_____　　民族_____
2. 您教授的课程是_____　　您教的年级是_____
3. 学校名称_____　　学生人数_____　　教师人数_____

1. 您上课时使用的语言是？
　　A．普通话　B．本地汉语方言　C．英语　D．少数民族语言
2. 学校对教师的授课语言是否有规定？
　　A．有规定　　B．无规定　　C．不清楚
如有，请举例_____
3. 学校对教师的普通话要求是？
　　A．需有普通话合格证书　B．上课要用普通话　C．无要求
4. 您对学生的课堂用语有没有要求？
　　A．有要求　　B．没有要求　　如有，请说明_____
5. 相对而言，您认为学生更喜欢哪一门课程？
　　A．语文课　　B．英语课　　为什么？_____
6. 您课后使用什么语言？
　　A．普通话　　B．本地汉语方言　　C．本民族母语　　D．外语
7. 学校是否要求教师掌握民族语言？
　　A．有要求　　B．无要求
8. 您是否接受过少数民族语言培训？
　　A．培训过　　B．未培训过

9. 您认为民族地区的教师有必要掌握少数民族语言吗？

  A．有必要　　　B．没有必要

10. 您的学生家长支持学生学习民族语言吗？

  A．支持　　B．不支持

11. 您认为有必要为少数民族学生开设民汉双语课程吗？

  A．有必要　　　B．不必要

12. 您是否接受过双语或者双语教学培训？

  A．是　　B．否

13. 您认为学校更重视哪一门课程？

  A．语文　　B．英语　　C．语文和英语

14. 您认为学生更重视哪一门课程？

  A．语文　　B．英语　　C．语文和英语

15. 您认为制约英语课程发展的因素是什么？

  A．师资问题　　B．学生问题　　C．投入不足

请简单说明＿＿＿＿＿＿＿＿＿＿＿＿＿＿＿＿＿＿＿＿＿＿

16. 如果用邻国语言（如泰语、越南语、缅甸语等）来代替英语，您的意见是？

  A．赞同　　B．反对　　为什么？＿＿＿＿＿＿＿＿＿＿＿＿＿

如您愿意接受访谈，请留下电话＿＿＿＿＿＿电子邮件＿＿＿＿＿＿＿＿

谢谢合作！

附 录

附录五（部分调研图片）

城镇机关单位调研座谈会　　　　　　　填写问卷

乡村调研　　　　　　　中小学调研：学生填写问卷

新时期
云南边疆民族地区微观语言规划研究

入户调查 　　　　　　　　　　　　　乡村调研

入户调查 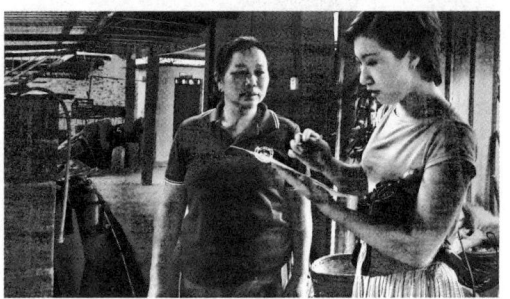　　　　　　　　　　　　　调查员调查村民

调研村委会 　　　　　　　　　　　　访谈

后　记

　　自本项目作为2016年国家社科基金年度项目立项以来，倏忽之间数年已逝。之所以没有意识到时间的快速流逝，是因为我们完全投入到调查研究之中，完全沉浸在云南丰富多彩的民族语言文化之中，而产生了有些忘我的感觉。在不知不觉之间，项目组的足迹遍及了云南边疆8个州市，调查了来自这些地方的176名少数民族大学生、预科生和中学生以及他们的家庭，对其中19名受访者做了个案研究。在此基础上，又走访了12个少数民族乡村，访谈了49名村干部，进入127户家庭开展入户调查，对386名普通村民做了问卷调查，对其中比较典型的4个乡村（涉及3个民族）做了较为详尽的分析。与此同时，我们还调查了城镇机关单位，所调查的城镇机关单位几乎囊括所有部门，但重点在与语言使用比较密切的新闻宣传单位、文化教育单位、司法单位和医疗单位等，对来自这些单位的584人进行了问卷调查或访谈。在学校领域的调查涉及边疆8个州市的8所大专院校、2所高中、7所初中、4所小学。针对中小学的调查涉及252名教师、584名学生。正是上述受调查单位、个人、家庭、乡村等给我们提供了及时反馈，我们才能在规定时间内完成调研任务，汇集成本项目的研究成果，所以我们要首先感谢受调查对象给我们提供的便利与帮助。

　　要完成上述调研任务而仅凭项目组区区数人，那几乎是无法想象的。由于某些单位或部门对外来调研比较敏感，通过正式渠道难以获取有用信息，为此我们借用了生长在斯的亲朋好友，通过他们的热心帮助，使得本来难以进行的调研得以顺利开展。对他们所给予的帮助，我们感谢万分！

　　在深入基层调研之际，与我们接洽的相关单位给我提供了极大的方便。这些单位在扶贫工作极为繁重的情况下，仍然抽空为我们做了安排接待。没有他们的配合与周到细致的工作，我们的调研工作是无法想象的。因此我们要特别感谢这些部门为我们所做的一切工作！它们分别是普洱市墨江哈尼族自治县县委宣传部和县民宗局，德宏州民宗局、瑞丽民宗局、瑞丽菩提学校以及州教育局，红河州教育局与民宗局、红河州电力公司，怒江州民宗局与泸水灯笼坝基督培训中心，西双版纳政府办、景洪市教育局等地。其余各地恕不一一列举。

当然，项目组所在校人文社科研究院、校办公室等也为本项目的顺利开展提供了便利，校领导牛副校长亲自为我们联系调研单位，对他们所提供的帮助，我们感激不尽！

最后，在本书的出版过程中，云南人民出版社给予了大力支持，省民族宗教委的专家提出了宝贵意见。没有他们的帮助，本研究成果也难以及时面世。总而言之，正是来自社会各界的帮助，我们才得以不辱使命，为探究云南边疆民族地区语言规划和完善新时期云南边疆地区民族语言政策尽了绵薄之力。

岁月如梭，自本项目2016年立项，到成果面世，已过了8个年头。虽然书中采用的数据来自2016、2017年所做田野调查，但所反映的微观语言规划实践必定在云南边疆跨境地区构建中华民族共同体、铸牢各民族中华民族共同体意识中发挥了应有的作用。因此，探究西南边疆民族地区语言规划铸牢中华民族共同体意识的机理与路径，将是我们今后努力的方向。

2023年7月16日